RED BOOK

내가 당신에게 이야기를 들려주었던 그 시절이,
그러니까 나 자신의 내면의 이미지들을 추구했던 그 시절이
내 인생에서 가장 중요한 시기였다.
그 밖의 모든 것은 여기서 비롯된다.
그것은 그 시기에 시작되었고,
그 후의 세부적인 사항들은 결코 그 이상으로 더 중요하지 않다.
나의 평생은, 무의식에서 폭발하듯 터져 나와서 불가사의의 강물처럼 덮치며
나를 산산조각 낼 듯 위협했던 것들을 해석하는 일에 바쳐졌다.
그것은 한 사람의 평생 그 이상을 위한 중요한 자료들이었다.
그 후의 모든 것은 단순히 그 자료들을 외적으로 분류하고,
과학적으로 정교하게 다듬고, 삶 속으로 통합시키는 작업에 지나지 않았다.
그러나 모든 것을 잉태한 그 신비한 시작은 바로 그때였다.

# CARL JUNG

# RED BOOK

칼 구스타프 융 지음 김세영· 정명진 옮김

차례


**옮긴이의 글** 자기를 찾아 떠나는 영혼의 여행 … 6

## 제1권

**프롤로그** 다가올 것의 길 … 9

**1장** 영혼의 재발견 … 18
**2장** 영혼과 신 … 21
**3장** 영혼의 쓸모에 대하여 … 27
**4장** 사막 … 31
**5장** 미래의 지옥으로 하강 … 37
**6장** 정신의 분리 … 46
**7장** 영웅 살해 … 50
**8장** 신의 잉태 … 53
**9장** 신비스런 조우 … 61
**10장** 가르침 … 69
**11장** 결심 … 77

## 제2권

죄의 이미지들

**1장** 붉은 존재 … 89

2장 숲 속의 성 … 97
3장 나의 비천한 반쪽 … 109
4장 은자, 첫째 날 … 118
5장 은자, 둘째 날 … 128
6장 죽음 … 139
7장 옛 신전들의 잔해 … 145
8장 첫 번째 낮 … 154
9장 두 번째 낮 … 170
10장 주문들 … 178
11장 알을 열다 … 196
12장 지옥 … 207
13장 제물 살해 … 212
14장 신성한 어리석음 … 236
15장 두 번째 밤 … 241
16장 세 번째 밤 … 255
17장 네 번째 밤 … 267
18장 세 명의 예언자들 … 282
19장 마법의 선물 … 288
20장 십자가의 길 … 303
21장 마법사 … 310

정밀 검증 … 371

에필로그 … 452
칼 구스타프 융 연보 … 453

**옮긴이의 글**

# 자기를 찾아 떠나는 영혼의 여행

칼 구스타프 융이 손수 책의 형태로 묶은 『RED BOOK』은 말하자면 융의 유작이다. 융은 1913년부터 펜으로 직접 글을 쓰고 그림까지 그린 이 책의 제목을 라틴어로 '새로운 책'이라는 뜻으로 'Liber Novus'라 붙였다. 한편으로 융은 빨간색 가죽 장정을 한 이 책을 'RED BOOK'이라 부르기도 했다. 융이 1959년에 이 책 말미에 '에필로그' 형식의 글을 쓴 것으로 봐서 출판할 뜻을 가진 것 같지만 무슨 사정에선지 에필로그를 미완성으로 남겼으며, 원고는 1961년 융이 세상을 떠난 직후 출판되지 못했다. 학자들이 이 원고를 보는 것도 2001년이 되어서야 허용되었다. 이 책은 그러고도 한참 더 지난 2009년에야 독일과 미국에서 처음 소개되었다.

칼 융에 대해서는 새삼 설명할 필요가 없을 것 같다. 현대 심리학과 정신의학 분야의 형성에 결정적 역할을 했을 뿐만 아니라 서양 사상사에도 뚜렷한 족적을 남긴 인물이다. 그의 사상은 예술과 인문, 대중문화 등에 적잖은 영향을 끼쳤다. 현대 심리학 하면 가장 먼저 지그문트 프로이트가 떠오를지 몰라도, 후대에 미친 영향력의 측면에서 보면 융도 프로이트에 못지않으며 오히려 프로이트를 가릴 정도다. 그런 그의 책이 사후 50년이나 되어서야 대중에게 읽히게 되었다는 사실은 그저 놀라울 뿐이다.

이 책을 쓰기 시작한 1913년은 융에게 개인적으로나 세계사적으로 큰 의미를 지니는 시기다. 개인적으로는 6년여 지속되었던 오스트리아 심리학자 지그문트 프로이트와의 관계가 최종적으로 단절된 때였다. 프로이트와 그의 애제자 소리까지 들었던 융의 결별은 리비도와 종교 등을 둘러싼 이견 때문이었다. 프로이트와의 결별을 계기로 칼 융은 개인적으로나 직업적으로 앞날에 대해 깊이 고민했다. 이 시기에 융은 어쩔 수 없는 선택이기도 했지만 많은 공적 활동을 접고 자신의 이론을 개발하는 일에 몰두했다. 그 결실이 바로 분석심리학이다. 이 시기에 융은 환상과 환청에 많이 시달린 것으로 전해진다.

그즈음 유럽은 보통 사람들의 눈에는 평화로워 보였을지 몰라도 지식인들의 눈에는 고요 뒤에 전운이 감돌고 있는 것이 보였다. 특히 감수성이 예민한 융 같은 지식인들에게는 그 정세가 더욱 불안하게 다가왔을 것이다. 이 책에도 세계대전을 예견하는 내용이 자주 나오지만, 실제로 전쟁이 발발함에 따라, 칼 융은 자신의 환상이나 공상, 상상이 개인적인 것만은 결코 아니라는 것을 깨닫게 되었다. 자신의 정신세계에서 일어나고 있던 일이 유럽 대륙의 전체 분위기와 무관하지 않다는 확신이 섰던 것이다.

이런 상황에서 융은 자신을 대상으로 심리학 연구에 들어갔다. 이 책은 융이 직접 경험한 정신의 세계를 문학 형태로 담아내고 그림까지 곁들여 이해를 돕고 있다.

이처럼 융이 예술가와 작가로서 심리학 영역을 탐구하려는 노력을 보인 것은 20세기 초 지식인 사회의 실험적인 분위기와도 무관하지 않다. 당시엔 예술과 심리학, 비주얼 아트 등에서 다양한 실험이 행해졌다. 특히 꿈과 환상 같은 내면의 경험을 탐험하려는 움직임이 두드러졌다. 융도 이런 분위기에 합류했던 것 같다.

이런 배경 때문에 『RED BOOK』은 융의 표현 그대로 융의 인생에서 가장 중요한 시기에 관한 기록이 되었다. 융은 그 후에 나온 자신의 이론들은 모두 이 책에서 잉태되었다고 밝히고 있다. 이 책을 쓰는 16년 동안에 융은 원형, 집단무의식, 개성화 이론을 개발했다.

융이 말하는 원형이란 사람, 행동 또는 성격의 모델을 뜻한다. 융은 사람의 정신이 3가지 요소, 즉 의식과 개인 무의식과 집단 무의식으로 이뤄져 있다고 주장한다. 개인 무의식은 억눌린 기억을 포함하여 그 사람 본인에게 일어난 일들에 관한 기억을 말하며, 집단 무의식은 인간들이 하나의 종(種)으로서 공유하는 지식과 경험을 말한다. 융에 따르면 바로 이 집단 무의식에서 원형들이 나온다.

원형들 중에서 가장 중요한 것은 자기(self)이다. 어떤 사람의 내면에서 의식과 무의식이 통합을 이룬 상태가 자기이다. 그런 상태에 있는 사람의 정신은 하나의 전체로서 적절히 작용하게 된다. 융이 자주 쓰는 개성화가 바로 이 자기를 실현하는 것을 두고 하는 말이다. 말하자면, 개성화는 한 인간이 진정한 자기로 성숙해가는 과정을 말한다. 타고난 성격적 요소들과 다양한 인생 경험, 정신적 요소들이 세월을 두고 서로 통합되어 하나의 전체로 완성되는 과정을 말한다. 융은 이 과정을 대단히 중요하게 여겼으며, 이 책은 바로 그 과정을 기록한 것이다.

분석심리학에서 자기는 원으로 상징된다. 흔히 만다라로 부르는 것이 자기 또는 개성화의 상징으로 통한다. 그래서 분석심리학에서 보면 인격의 중심은 두 곳이다. 의식의 중심이 있고 전체 인격의 중심이 있는 것이다. 전자는 자아로 불리고, 후자는 자기로 불린다.

융은 기본적으로 기독교에 부정적인 입장을 보였다. 이웃에 대한 사랑을 가르치는 기독교를 2,000년 가까이 믿어 온 유럽에서 세계대전 같은 전쟁이 일어났으니 당시에 유럽인의 정신적 충격은 미뤄 짐작해볼 수 있다. 자연에 반하는 이타적인 사랑을 강조할 것이 아니라 생명을 강조해야 한다는 것이 칼 융의 입장이다. 칼 융은 기독교 이전의 종교, 말하자면 기독교 형성 당시에 기독교와 경쟁을 벌였던 종교들에 호의적인 시선을 보인다. 또한 융은 윤회와 음양의 원리 등 동양 사상에도 관심이 아주 많았다. 이런 기본적인 사항을 알고 읽으면 영혼의 본질, 사고와 감정의 관계, 남성성과 여성성의 관계, 기독교의 의미 등에 대한 융의 관점을 조금이라도 더 쉽게 파악할 수 있다. 옮긴이에겐 이 책이 훌륭한 철학서로 읽혔다.

부글북스에서 저작권에 대한 이해가 부족한 상태에서 2012년에 『레드 북』으로 출간했다가 절판시킨 바가 있음을 밝혀둔다. 이 번역서의 성경 구절은 국제가톨릭 성서 공회에서 편찬한 '해설판 공동 번역 성서'를 참고했다.

옮긴이

프롤로그

# 다가올 것의 길

이사야[1]가 말했다.

"우리에게 들려주신 이 소식을 누가 곧이 들으랴? 야훼께서 팔을 휘둘러 이루신 일을 누가 깨달으랴? 그는 메마른 땅에 뿌리를 박고 가까스로 돋아난 햇순이라고나 할까? 늠름한 풍채도, 멋진 모습도 그에게는 없었다. 눈길을 끌 만한 볼품도 없었다. 사람들에게 멸시를 당하고 퇴박을 맞았다. 그는 고통을 겪고 병고를 아는 사람, 사람들이 얼굴을 가리고 피해갈 만큼 멸시만 당하였으므로 우리도 덩달아 그를 업신여겼다. 그런데 실상 그는 우리가 앓을 병을 앓아 주었으며, 우리가 받을 고통을 겪어

1 아시리아가 서쪽으로 세력을 확장하던 때인 B.C. 8세기에 예루살렘에서 활동한 예언자. '구약성경'에 포함된 '이사야서'는 환상 속에서 하느님을 본 이사야가 저자인 것으로 알려져 있다. 아시리아가 이스라엘을 위협하는 것을 이사야는 하느님이 믿음을 저버린 백성에게 내리는 벌로 해석했다.

*주었구나. 우리는 그가 천벌을 받은 줄로만 알았고 하느님께 매를 맞아 학대받는 줄로만 여겼다."('이사야서' 53장 1-4절)*

*"우리를 위하여 태어날 한 아기, 우리에게 주시는 아드님, 그 어깨에는 주권이 메어지겠고 그 이름은 탁월한 경륜가, 용사이신 하느님, 영원한 아버지, 평화의 왕이라 불릴 것입니다."('이사야서' 9장 5절)*

*요한[2]이 말했다.*
*"말씀이 사람이 되셔서 우리와 함께 계셨는데, 우리는 그분의 영광을 보았다. 그것은 외아들이 아버지에게서 받은 영광이었다. 그 분에게는 은총과 진리가 충만하였다."('요한복음서' 1장 14절)*

*이사야가 말했다.*
*"메마른 땅과 사막아, 기뻐하여라. 황무지야, 내 기쁨을 꽃피워라. 아네모네처럼 활짝 피워라. 기뻐 뛰며 환성을 올려라. … 그때에 소경은 눈을 뜨고 귀머거리는 귀가 열리리라. 그때에 절름발이는 사슴처럼 기뻐 뛰며 벙어리도 혀가 풀려 노래하리라. 사막에 샘이 터지고 황무지에 냇물이 흐르리라. 뜨겁게 타오르던 땅은 늪이 되고 메마른 곳은 샘터가 되며 승냥이가 살던 곳에 갈대와 왕골이 무성하리라. 그곳에 크고 정결한 길이 훤하게 트여 "거룩한 길"이라 불리리라. 부정한 사람은 그리로 지나가지 못하고 어리석은 자들은 서성거리지도 못하리라."('이사야서' 35장 1-8절) 〈칼 구스타프 융이 1915년 취리히 퀴스나흐트의 집에서 쓰다.〉*

'이 시대의 정신'에서 말한다면, 나는 이렇게 말해야 한다. "내가 그대에게 선언해야 하는 것을, 그 누구도, 그 어떤 것도 정당화하지 못한다." 나에게 정당화는 불필요하다. 왜냐하면 그렇게 선언하는 외에 달리 선택이 없기 때문이다. 나는 이 시대의 정신 외에 또 하나

2 기독교 전통에 따르면, A.D. 1세기에 활동했으며 '요한복음'과 '요한묵시록', 요한의 세 편지의 저자이다. 세례자 요한과 다른 인물이며, 축일은 12월 27일이다.

의 정신이 작용하고 있다는 것을 배웠다. 즉, 이 시대의 모든 것들의 깊은 곳을 지배하고 있는 정신이 바로 그것이다. 이 시대의 정신은 효용과 가치에 대해 듣기를 바란다. 나 또한 그런 식으로 생각했으며, 나의 인간성은 지금도 여전히 그런 식으로 생각하고 있다. 그럼에도 불구하고, 그 다른 정신, 즉 깊은 곳의 정신이 나로 하여금 정당화와 효용, 의미에 구애받지 않고 말을 하도록 강요하고 있다. 인간이라는 자만심이 강한 데다가 뻔뻔스런 시대 정신 때문에 판단력까지 잃게 된 나는 오랫동안 이 다른 정신을 멀리 떼어놓으려고 애를 썼다. 나는 깊은 곳의 정신이, 다시 말해 태곳적에 시작해서 아득한 미래까지 이어질 그 깊은 곳의 정신이 세대마다 변하는 이 시대의 정신보다 더 막강한 힘을 지녔다는 생각을 하지 못했다. 깊은 곳의 정신은 모든 자만심과 오만을 판단력에 종속시켰다. 깊은 곳의 정신은 과학에 대한 나의 신뢰를 앗아갔고, 사물들을 놓고 설명하고 정리하는 즐거움을 강탈해갔으며, 나의 안에서 이 시대의 이상(理想)들에 대한 헌신이 시들도록 만들었다. 깊은 곳의 정신은 나로 하여금 더없이 단순하고 최종적인 것들을 직시하도록 강요했다.

깊은 곳의 정신은 나의 이해력과 나의 모든 지식을 빼앗아서 불가해하고 역설적인 것들이 그것들을 마음대로 이용할 수 있도록 했다. 깊은 곳의 정신은 자신의 과제에, 말하자면 센스와 난센스를 함께 녹여 궁극의 의미를 만들어내는 작업에 도움이 되지 않는 모든 것을 뜻하는 말과 글을 빼앗았다.

*그러나 궁극의 의미는 다가올 것에 닿는 경로요, 길이요, 다리다. 그것은 아직 오지 않은 신이다. 그것은 다가오는 신 자체가 아니라 궁극의 의미로 나타나는 신의 이미지이다. 신은 하나의 이미지이며, 신을 숭배하는 사람은 궁극의 의미를 나타내는 이미지로 신을 숭배해야 한다.*

*궁극의 의미는 하나의 의미도 아니고 하나의 부조리도 아니다. 그것은 하나가 된 이미지와 힘이며, 장엄과 힘이 함께 있는 것이다.*

*궁극의 의미는 시작이며 끝이다. 그것은 저편으로 건너가는 다리이며 성취이다.*

*다른 신들은 일시적인 성격 때문에 죽었다. 그래도 궁극의 의미는 결코 죽지 않는다. 궁극의 의미는 의미가 되었다가 다시 부조리가 되며, 의미와 부조리의 충돌에 따른 불과 피에서 궁극의 의미가 새롭게 부활하며 다시 나타난다.*

*신의 이미지엔 그림자가 있다. 궁극의 의미는 실체이며 그림자를 드리운다. 실질적이고 현실적인 것이 어찌 그림자를 갖지 않을 수 있겠는가?*

*그림자는 난센스다. 그림자는 힘을 결여하고*

*있으며 그 자체로는 절대로 계속 존재하지 못한다. 그러나 난센스는 결코 떼어놓을 수도 없고 죽지도 않는, 궁극의 의미의 형제이다.*

*식물들처럼, 사람들도 성장한다. 어떤 사람들은 빛 속에서 성장하고 어떤 사람들은 그림자 속에서 성장한다. 빛이 아니라 그림자를 필요로 하는 사람들이 많다.*

*신의 이미지는 그 자체만큼이나 중대한 그림자를 드리운다.*

*궁극의 의미는 위대하고 작다. 그것은 별이 총총한 하늘만큼 넓고 또 살아 있는 육체의 세포만큼 작다.*

나의 안에 있는 이 시대의 정신은 궁극의 의미의 위대함과 광대함에 대해서는 인정하길 원하면서도 궁극의 의미의 사소함에 대해서는 인정하려 하지 않았다. 그러나 깊은 곳의 정신이 이런 오만을 정복했으며, 나는 나의 안에 있는 불멸성을 치료하는 한 수단으로 사소함을 삼켜야 했다. 이 사소함이 나의 정신을 온통 들쑤셔 놓았다. 이유는 사소함이 영광스럽지도 않고 영웅적이지도 않기 때문이다. 사소함은 심지어 우스꽝스럽기도 하고 반감을 품게 만들기도 했다. 그러나 깊은 곳의 정신이 억센 손아귀로 나를 꼼짝 못하게 붙잡았기 때문에, 나는 하는 수 없이 쓰디쓴 약을 들이켜야 했다.

이 시대의 정신은 이 모든 것들이 신의 이미지의 그림자 부분에 해당할 뿐이라는 식의 생각으로 나를 유혹하려 들었다. 이것은 치명적인 기만일 것이다. 이유는 그림자가 난센스이기 때문이다. 그러나 작고 좁고 평범한 것은 난센스가 아니라 신성(神性)을 이루는 두 가지 본질 중 하나이다.

나는 일상이 신성의 이미지에 속한다는 생각을 받아들이지 않으려고 버텼다. 나는 이 생각으로부터 멀리 달아났다. 나는 가장 높고 가장 차가운 별들 뒤로 숨었다.

그러나 깊은 곳의 정신이 나를 붙잡아서 그 쓰디쓴 것을 나의 입술 사이로 밀어 넣었다.

이 시대의 정신이 나에게 속삭였다. "궁극의 의미, 신의 이미지, 뜨거운 것과 차가운 것의 융합, 그게 바로 너야, 그건 너일 뿐이야." 그러나 깊은 곳의 정신은 나에게 이렇게 말했다. "너는 끝없이 이어지는 어떤 세계의 한 이미지야. 지금까지 생성되고 사라진 모든 신비들이 너의 안에서 살고 있어. 네가 이 모든 것들을 갖고 있지 않다면, 네가 어떻게 그런 것들을 알 수 있겠어?"

나의 인간적인 나약함을 고려하면서, 깊은 곳의 정신은 나에게 이런 말을 해주었다. 그럼에도 이 말도 마찬가지로 불필요하다. 왜냐하면 내가 자유롭게 말하는 것이 아니라 그렇게 말을 해야만 하기 때문이다. 내가 말하는 이유는 말을 하지 않을 경우에 이 시대의 정신이 나에게서 기쁨과 생명을 강탈하기 때문이다. 지금 나는 무엇인가를 갖고 오면서도 정작 자기가 들고 있는 것이 무엇인지를 모르는 그런 노예와 비슷하다. 노예가 주인이 명령하는 곳에 그것을 놓지 않으면, 그것이 노예의 손을 태워 버릴 것이다.

우리 시대의 정신이 나에게 말했다. "어떤 긴박한 필요성이 네가 이런 온갖 말을 하도록 강요하고 있는가?" 이것은 무시무시한 유혹이었다. 나는 어떤 내적 또는 외적 끈이 나로 하여금 이런 말을 하도록 강요하는지 곰곰 생각해 보려 했으며, 그래도 떠오르는 것이 하나도 없자, 나는 그런 끈을 하나 꾸며내려 했다. 그러나 곧 우리 시대의 정신이 말을 하지 않고 슬그머니 끈을 하나 끄집어내려 할 때, 나는 다시 이유와 설명에 대해 생각하고 있었다. 그때 깊은 곳의 정신이 나에게 말했다. "어떤 사물을 이해하는 것은 그 경로로 되돌아가는 다리이고 가능성이야. 그러나 어떤 문제를 설명하는 것은 독단적이며 간혹 살인이 될 때도 있어. 너는 학자들 중에서 살인자들을 헤아려 보았는가?"

그러나 이 시대의 정신이 나에게 다가와 나의 모든 지식이 담긴 거대한 책들을 내 앞에 놓았다. 그 책들의 페이지는 광석으로 만들어졌고, 무서운 글이 강한 철필로 새겨져 있었다. 이 시대의 정신은 이 난해한 단어들을 가리키며 말했다. "네가 하는 말, 그것은 모두 광기야."

그렇다. 맞다. 내가 하는 말은 광기의 위대함이고, 도취이고 추함이다.

그러나 깊은 곳의 정신이 나에게 다가와 말했다. "네가 하는 말은 현실이야. 위대함도 현실이고 도취도 현실이고, 품위 없고 지겹고 보잘것없는 일상도 모두 현실이야. 그런 것들이 온 거리를 돌아다니고 있고, 모든 집에 살고 있으며, 모든 인간의 낯을 지배하고 있어. 영원한 별들조차도 평범해. 광기는 신의 위대한 연인이고 신의 한 핵심이야. 누가 그것을 비웃고 있구나. 웃음도 마찬가지야. 이 시대의 인간아, 너는 웃음이 숭배보다 아래라고 믿는가? 엉터리 평가자여, 당신의 기준은 어디에 있는가? 삶의 총량은 웃음과 숭배로 결정되지, 당신의 판단에 의해 결정되는 것이 아니야."

나는 터무니없는 말도 해야 한다. 앞으로 올 인간들이여! 그대들은 궁극의 의미가 웃음이고 숭배라는 사실을, 지독한 웃음이고 지독한 숭배라는 사실을 근거로 궁극의 의미를 알아볼 것이다. 제물(祭物)로 바치는 피는 양극(兩極)을 서로 연결시킨다. 이 진리를 아는 사람은 동시에 웃고 숭배한다. 그러나 이어서 나의 인간성이 나에게 다가와 이렇게 말했다. "네가 그런 식으로 말할 때, 내가 얼마나 고독해지고 슬퍼지는지 몰라! 깊은 곳의 정신이 요구하는 그 무서운 제물에서 흘러나올 피의 강과 존재의 파괴에 대해 곰곰 생각해 보도록 하려무나."

그러나 깊은 곳의 정신이 말했다. "누구도 희생을 멈추지 못하며, 멈춰서도 안 돼. 희생은 파괴가 아니야. 희생은 다가올 것들을 위한 주춧돌이야. 수도원들이 있지 않은가? 무수히 많은 사람들이 사막으로 들어가지 않았는가? 너는 너의 내면에 수도원을 두고 있어야 해. 사막이 너의 안에 있어. 사막이 너를 불러 뒤로 잡아당길 거야. 만일 네가 이 시대의 세계에 쇠로 묶여 있다면, 사막의 부름이 모든 사슬을 끊어줄 거야. 정말이지, 나는 네가 고독을 맞을 준비를 하도록 해야겠어."

이 후로, 나의 인간성은 침묵을 지켰다. 그러나 나의 정신에 무슨 일이 일어났으며, 그것을 나는 은총이라고 불러야 한다.

나의 말은 불완전하다. 내가 말로 빛나길 원해서 그러는 것이 아니라 적확한 단어를 찾는 것이 불가능하기 때문에, 나는 이미지로 말한다. 그 외의 다른 것으로는, 깊은 곳에서 나오는 말들을 표현하지 못한다.

나에게 일어난 은총이 나에게 믿음과 희망과 충분한 용기를 주었다. 말하자면, 깊은 곳의 정신에게 더 이상 저항하지 않고 그 정신이 하는 말을 그대로 옮길 수 있게 되었다는 뜻이다. 그러나 나는 진정으로 그렇게 할 수 있도록 나 자신을 다잡기 전에, 나의 깊은 곳에 있는 그 정신이 동시에 세상사의 깊은 곳의 지배자라는 사실을 눈으로 확인할 필요가 있었다.

그 일은 1913년 10월에 일어났다. 내가 홀로 어떤 여행을 막 떠나려 할 때였다. 그날 나는 환한 대낮에 별안간 어떤 환상에 사로잡혔다. 무서운 홍수가 보였다. 북해와 알프스 산맥 사이에 있는 북부의 낮은 땅을 모조리 삼킨 홍수였다. 홍수는 영국에서부터 러시아까지, 북해 해안에서부터 알프스 산맥까지 넘치고 있었다. 나는 누런 물결과 물에 떠내려 오는 파편들, 그리고 무수히 많은 사람들의 죽음을 보았다.

이 환상은 2시간 동안 이어지면서 나를 어리둥절하게 만들고 아프게 만들었다. 나는 그것을 해석하지 못했다. 2주일이 지난 뒤 그 환상이 다시 찾아왔다. 이번에는 그때보다 더 포악했다. 나의 내면에서 어떤 목소리가 말했다. "그걸 잘 봐. 그건 완전히 현실이야. 그 일이 일어날 거야. 그걸 의심하면 안 돼." 나는 다시 2시간 동안 이 환상과 사투를 벌였다. 환상이 나를 단단히 물고 늘어졌다. 나를 지치게 만들고 혼란스럽게 만들었다. 이러다 미쳐버리는 것이 아닌가 하는 생각이 들었다.

그 이후로 줄곧, 우리 앞에 서 있던 그 무서

운 사건에 대한 불안이 거듭 나타났다. 언젠가 나는 북쪽 땅 위로 피의 바다를 보았다.

1914년 6월 초와 말, 그리고 7월 초에 나는 똑같은 꿈을 세 번이나 꾸었다. 내가 외국 땅에 가 있는데, 한여름에 갑자기 하룻밤 사이에 무시무시한 추위가 몰아쳤다. 모든 바다와 강이 얼음으로 뒤덮였고, 초록색의 살아 있는 것들은 모조리 얼어붙었다.

두 번째 꿈도 똑같았다. 그러나 7월 초에 꾼 세 번째 꿈은 이랬다.

나는 먼 영국 땅에 있었다. 그때 빠른 배를 타고 가능한 한 빨리 고향으로 돌아가야 할 필요가 있었다. 나는 서둘러 집에 도착했다. 고향에서 나는 한여름에 무시무시한 추위가 닥쳤다는 사실을 발견했다. 그 추위가 살아 있는 모든 것을 얼음으로 바꿔놓았다. 거기에 잎은 났지만 아직 열매를 맺지 않은 나무가 한 그루 서 있었다. 이 나무의 잎들이 서리의 작용을 통해 치유의 즙을 듬뿍 머금은 달콤한 포도로 바뀌었다. 나는 포도를 몇 송이 따서 기다리고 있던 군중들에게 주었다.

현실 속의 일이 꼭 그랬다. 유럽의 민족들 사이에 대(大)전쟁이 발발했을 때, 나는 스코틀랜드에 있었다. 그 전쟁이 나로 하여금 가장 빠른 배와 가장 빠른 길을 택하도록 만들었다. 나는 모든 것을 얼어붙게 만든 혹한을 경험했다. 나는 홍수를, 피의 바다를 목격했으며, 열매를 맺지 않던 나의 나무의 잎을 서리가 특별한 치유의 힘을 가진 것으로 바꾸어 놓은 것을 확인했다. 그리고 나는 익은 열매를 따서 당신에게 주었다. 내가 당신을 위해 부어준 것이 무엇이었는지, 나는 모른다. 취하게 만드는 달콤쌉싸름한 액체였는데, 그것이 당신의 혀에 피의 뒷맛을 남겼다.

나를 믿으라. *"내가 당신에게 주는 것은 가르침도 절대로 아니고 교육도 절대로 아니다. 무슨 근거로 내가 감히 당신을 가르치려 하겠는가? 나는 당신에게 이 인간의 길에 관한 소식을 전하고 있다. 당신의 길에 관한 소식이 아니다. 나의 길은 당신의 길이 아니다. 그렇기 때문에 나는 당신을 가르치지 못한다. 그 길은 우리 안에 있다. 신들에게도 있지 않고, 가르침에도 있지 않고 법(法)에도 있지 않다. 우리 안에 그 길과 진리, 생명이 있다.*

*본보기를 따라 사는 사람들에게 화 있을진저! 그런 사람들에겐 생명이 없다. 본보기를 따라 사는 사람은 그 본보기의 삶을 사는 것이다. 당신이 당신의 삶을 살지 않는다면 누가 당신의 삶을 살겠는가? 그러니 당신 자신의 삶을 살도록 하라.*

*이정표들이 쓰러졌다. 우리 앞에 사람의 발길이 지나가지 않은 오솔길들이 놓여 있다. 낯선 들판의 열매들을 탐욕스레 따먹지 않도록 하라. 당신은 당신 자신에게 이로운 모든 것을*

맺을 비옥한 땅이 바로 당신 자신이라는 사실을 아는가?

오늘날 누가 이 같은 사실을 아는가? 누가 영원히 열매를 맺는 영혼의 땅에 닿는 길을 아는가? 당신은 단지 겉모습을 통해서만 그 길을 추구하고 있다. 당신은 책으로 공부하고 온갖 의견에 귀를 기울이고 있다. 그런 것들이 무슨 소용이란 말인가?

세상에는 오직 하나의 길밖에 없다. 그것은 바로 당신의 길이다.

당신은 그 길을 추구하고 있는가? 나는 당신에게 나의 길을 멀리하라고 경고하고 있다. 그것이 당신에게는 그릇된 길일 수 있다.

각자 자신의 길을 가기를.

나는 절대로 구세주도 안 될 것이고, 입법자도 안 될 것이며, 당신의 스승도 안 될 것이다. 당신은 더 이상 어린애가 아니다.

법을 제시하고, 향상을 바라고, 부담을 줄여주는 것은 모두 그릇되고 나쁜 짓이다. 모두가 자신의 길을 찾아야 한다. 그 길이 공동체 안에서 상호 사랑으로 이어질 것이다. 사람들은 자신들의 길들의 유사성과 공통성을 보고 느낄 것이다.

공통적으로 간직하고 있는 법들과 가르침들은 사람들이 고독을 추구할 것을 강요하고 있다. 그래야만 누구나 원하지 않는 접촉의 압박감에서 벗어날 수 있으니 말이다. 그러나 고독은 사람들이 적대적이고 원한을 품도록 만든다.

그러므로 사람들에게 존엄을 부여하고 서로가 따로 서 있게 하라. 그러면 각자는 바로 자기 자신에게 동료애를 느끼며 자신을 사랑하게 될 것이다.

권력은 권력에 저항하고, 경멸은 경멸에 저항하고, 사랑은 사랑에 저항한다. 인간성에 존엄을 부여하고, 생명은 언제나 더 나은 길을 찾게 되어 있다는 믿음을 갖도록 하라.

신의 한쪽 눈은 보지 못하고, 신의 한쪽 귀는 듣지 못한다. 신이라는 존재의 질서는 카오스의 방해를 받고 있다. 그러니 세상의 불완전성을 인내심을 갖고 참아줄 것이며, 세상의 완벽한 아름다움을 과대평가하지 않도록 하라."

# 제1권

1장

# 영혼의 재발견

1913년 10월에 홍수 환상을 보았을 때, 나는 한 사람의 인간으로서 의미 있는 시기를 맞고 있었다. 그때 40대이던 나는 나 자신이 원한 모든 것을 성취한 상태였다. 명예와 권력, 부(富), 지식, 그리고 인간의 모든 행복을 이루었던 것이다. 이런 장식품들을 축적하려는 욕망이 멈추게 되자, 그 욕망이 나에게서 썰물처럼 빠져나가고 대신에 공포가 밀려왔다. 홍수에 관한 환상이 나를 사로잡았으며, 나는 깊은 곳의 정신을 느꼈다. 그러나 나는 깊은 곳의 정신을 이해하지 못했다. 그럼에도 깊은 곳의 정신이 나로 하여금 참을 수 없는 내적 갈망을 품도록 몰아붙였으며, 그때 나는 이렇게 말했다.

"나의 영혼이여, 그대는 어디 있는가? 나의 말이 들리는가? 지금 나는 그대에게 말을 걸고 있어. 그대를 부르고 있어. 그대는 거기에 있는가? 나는 다시 돌아왔어. 다시 여기 왔어. 나는 나의 발에 묻은 흙먼지를 모두 털어냈어. 나는 다시 그대에게 왔어. 지금 그대와 함께 있어. 오랜 세월에 걸쳐 멀고 먼 길을 방랑한 끝에, 다시 그대에게 돌아왔어. 내가 보고 겪고 동화시킨 모든 것을 그대에게 죄다 말해주어야 하는가? 아니면 그대는 삶과 세상의 온갖 소음에 대해 듣고 싶어 하지 않는가? 그러나 그대가 알아야 할 것이 한 가지 있네. 내가 배운 한 가지는 인간은 이 삶을 직접 살아야 한다는 거야.

이 삶이 그 길이야. 우리가 신성하다고 부르는, 심오한 그것에 이르는 길, 오랫동안 추구해온 그 길 말이다. 다른 길은 없어. 다른 길은 모두 엉터리야. 나는 옳은 길을 발견했어. 그것이 나를 그대에게로, 나의 영혼에게로 이끌었어. 나는 부드러워지고 순화되어 돌아왔어. 그대는 그런 나를 알아볼 수 있는가? 우리 둘 사이의 분리가 얼마나 길었는가! 모든 것이 너무나 많이 달라졌어. 그리고 내가 그대를 어떻게 발견했는가? 나의 여행은 정말 이상했어! 마구 뒤엉킨 길들 위에서 어떤 선한 별이 나를 그대에게로 안내했다는 것을 어떤 말로 설명해야 할까? 거의 잊힌 나의 영혼이여, 그대의 손을 내밀어 봐. 오랫동안 부정당했던 그대 나의 영혼이여, 그대를 다시 보는 기쁨이 얼마나 컸던지. 삶이 나를 그대에게로 다시 데려다주었네. 내가 산 삶에게 행복하고 슬펐던 그 모든 시간에 대해, 모든 기쁨과 모든 슬픔에 대해 감사하도록 하자. 나의 영혼이여, 나의 여행은 그대와 함께 해야 하네. 이제 나는 그대와 함께 방랑하며 나의 고독으로 올라갈 거야."

깊은 곳의 정신이 나로 하여금 이런 말을 하도록 강요함과 동시에 나의 뜻에 반하게 그 여행을 받아들이도록 했다. 나의 뜻에 반한다고 말하는 이유는 그때만 해도 내가 그런 것을 예상하지 않고 있었기 때문이다. 나는 이 시대의 정신 아래에서 여전히 잘못 안내를 받으면서 인간의 영혼에 대해 달리 생각하고 있었다. 나는 영혼에 대해 생각도 많이 하고 말도 많이 했다. 나는 또 영혼을 뜻하는 유식한 말들을 많이 알았으며, 나는 영혼에 대해 판단하며 그것을 과학적인 대상으로 바꿔놓았다. 나는 나의 영혼이 나의 판단과 지식의 대상이 될 수 없다고 생각하지 않았는데, 하물며 나의 판단과 지식이 나의 영혼의 대상들이 아니라고 생각했겠는가. 따라서 깊은 곳의 정신이 나로 하여금 나의 영혼에게 말을 걸도록, 또 영혼을 스스로 살아가는 자립적인 존재로 보고 방문하도록 강요했다. 그래서 나는 나 자신이 영혼을 잃었다는 것을 깨달아야 했다.

이것으로부터, 우리는 깊은 곳의 정신이 영혼을 어떤 식으로 생각하는지를 배운다. 깊은 곳의 정신은 영혼을 스스로 살아가는 존재로 보고 있으며, 이로써 깊은 곳의 정신은 이 시대의 정신과 모순된다. 이 시대의 정신에게 영혼은 사람에게 딸려 있는 것이며, 또한 심판도 받고 교정도 할 수 있는 것으로 여겨지며, 아울러 범위가 파악되는 것으로 여겨진다. 나는 나 자신이 예전에 영혼이라고 불렀던 것이 전혀 나의 영혼이 아니었으며 죽은 어떤 체계였다는 점을 인정해야 했다. 그래서 나는 나의 영혼에게 아득히 멀리 떨어져 있는 미지의 무엇인가에 대해 말하지 않을 수 없었는데, 이 미지의 무엇인가는 나를 통해 존재한 것이 아니라, 거꾸로 내가 그걸 통해 존재했다.

외적인 것을 욕망하지 않는 사람은 영혼의 장소에 닿는다. 만약에 그런 사람이 영혼을 발견하지 않는다면, 공백감에 대한 공포가 그 사람을 휘감을 것이며, 그러면 그 사람은 두려움 때문에 세상의 무의미한 것들을 맹목적으로 좇을 것이다. 그 사람은 끝없는 욕망 때문에 바보가 되고, 자신의 영혼의 길을 망각할 것이며, 그 후로는 다시는 영혼을 발견하지 못할 것이다. 그는 모든 것들을 추구하고 그것들을 손에 쥘 것이지만, 자신의 영혼을 발견하지는 못할 것이다. 이유는 그가 오직 자신의 안에서만 자신의 영혼을 발견할 것이기 때문이다. 정말로 그 사람의 영혼은 밖의 사물들과 사람들 안에 들어 있지만, 맹목적인 그 사람은 사물들과 사람들을 볼 뿐, 그 사물들과 그 사람들 안에 있는 자신의 영혼을 보지는 않는다. 그는 자신의 영혼에 대해 아는 것이 전혀 없다. 그런 그가 어떻게 사물들과 사람들로부터 자신의 영혼을 구분할 수 있겠는가? 그는 욕망 자체에서 자신의 영혼을 발견할 수 있었지만, 욕망의 대상들 안에서는 자신의 영혼을 발견할 수 없었다. 만약에 그 사람이 욕망을 알고 있고 그의 욕망이 그를 사로잡고 있는 상황이 아니라면, 그는 자신의 영혼이 있는 곳을 찾아낼 것이다. 이유는 그의 욕망이 곧 그의 영혼의 이미지이고 표현이기 때문이다.

만약에 우리가 어떤 사물의 이미지를 소유하고 있다면, 우리는 그 사물의 반을 소유하고 있다.

이 세상의 이미지는 세상의 반이다. 이 세상을 소유하고 있지만 세상의 이미지를 소유하고 있지 않은 사람은 이 세상의 반밖에 소유하지 못하고 있다. 이유는 그의 영혼이 빈약하고 아무것도 갖고 있지 않기 때문이다. 영혼의 부(富)는 이미지들에 있다. 이 세상의 이미지를 소유한 사람은 이 세상의 반을 소유하고 있다. 비록 그의 인간성이 빈약하고 아무것도 소유하지 않고 있을지라도 말이다. 그러나 굶주림이 영혼을 한 마리 야수로 만들어버린다. 그러면 야수가 된 영혼은 참아줄 수 없는 것이 있으면 그냥 삼켜버리며, 그것으로 인해 더럽혀진다. 나의 친구들이여, 영혼을 살찌우는 것은 현명한 일이니라. 그렇게 하지 않으면 당신들은 가슴에 용들과 악마들을 기르게 되리라.

2장

# 영혼과 신

두 번째 밤에 나는 나의 영혼을 소리쳐 불렀다.

"나의 영혼이여, 나 지금 많이 지쳐 있어. 방랑이 너무 길었어, 나의 밖에서 나 자신을 찾으려는 노력 말이야. 지금 나는 사건들을 겪었으며 마침내 그 모든 사건들의 뒤에서 그대를 발견했어. 내가 사건들과 인간과 세상을 두루 경험하며 실수를 저지르는 과정에 많은 발견을 하게 되었기 때문이야. 나는 인간들을 발견했어. 그리고 그대, 나의 영혼을 다시 발견했어. 처음에는 인간들 안의 이미지들에서 발견했고, 이어서 바로 그대 자체를 발견했어. 나는 예상하지 않은 곳에서 그대를 발견했어. 그대는 한 줄기 어두운 빛 같은 것에서 올라왔어. 그대는 먼저 꿈들을 통해서 스스로를 나에게 드러내 보였어. 꿈들은 나의 머릿속을 혼란스럽게 만들었고, 나로 하여금 온갖 대담한 행위를 하도록 몰아붙이며 나 자신보다 더 높은 곳으로 올라가도록 만들었어. 그대는 내가 그 전에 눈치조차 채지 못했던 진리들을 보도록 했어. 또 그대는 내가 여행을 하도록 만들었어. 그런데 만약에 그 여행에 대한 지식이 그대의 안에 없었다면, 그 여행의 무한한 길이가 나를 놀라게 만들었을 거야.

나는 여러 해를 방랑했어. 너무나 긴 세월이었기에 나는 나 자신이 영혼을 소유하고 있다는 것까지 망각했어. 그 동안 그대는 어디 있었는가? 건너편의 어떤 세상이 그대에게 보금자리를 주고 은신처를 주었는가? 오, 그대는 나를 통해 말을 해야 하고, 나와 나의 말은 그대의 상징이고 표현인가! 나는 그대를 어떻게 해독(解讀)해야 하나?

얘야, 넌 누구니? 나의 꿈들은 그대를 아이와 처녀로 표현하고 있어. 나는 그대의 신비를 몰라. 내가 꿈속에서처럼, 마치 술 취한 사람처럼 말하더라도 나를 용서해 주렴. 그대는 신인가? 신은 아이이고 처녀인가? 내가 허튼 소리를 하더라도 용서해 주렴. 그대 외엔 누구도 내 말을 듣지 않아. 나는 그대에게 조용히 말하고 있고, 그대는 내가 술 취한 사람도 아니고 정신이 살짝 돈 사람도 아니란 것을 잘 알고 있어. 그리고 그대는 나의 가슴이 그 상처의 아픔 때문에 뒤틀려 있다는 것도 알고 있어. 그런데 그 상처의 어둠이 조롱의 말을 내뱉고 있어. "넌 너 자신에게 거짓말을 하고 있어! 너는 다른 사람을 속여서 너를 믿게 하려하고 있어. 너는 예언자가 되기를 바라고 있고 너의 야망을 좇고 있어." 그 상처에선 지금도 피가 나고 있으며, 나는 조롱의 소리가 들리지 않는 척 꾸미지 못해.

그대를, 모든 것을 손에 쥐고 있는 그대를 아이라고 부르는 것이 나에게 얼마나 이상하게 들리는지 몰라. 나는 낮의 길을 계속 갔어. 그대도 눈에 보이지 않는 가운데 나와 동행했어. 그러면서 그대는 조각들을 의미 있게 꿰맞추었으며 나로 하여금 각각의 조각 안에서 전체를 보도록 했어.

그대는 내가 확실히 장악하고 있다고 생각하는 곳에서 나를 이겼고, 내가 아무것도 기대하지 않는 곳에서 주었어. 그리고 그대는 전혀 예상하지 않은 새로운 영역에서 거듭해서 운명을 일으켰어. 내가 씨를 뿌린 곳에서 그대는 나에게서 수확을 강탈하고, 내가 씨앗을 뿌리지 않은 곳에서 그대는 나에게 백배의 열매를 주었어. 그리고 거듭해서 나는 길을 잃었고, 그럴 때마다 나는 전혀 예상하지 않은 곳에서 길을 다시 발견했어. 내가 홀로 거의 절망에 빠지려 할 때, 그대는 나의 믿음을 지켜주었어. 결정적인 순간마다, 그대는 나로 하여금 나 자신을 신뢰하도록 만들었어."

세상에서 아무것도 찾지 못한 지친 방랑자처럼, 나는 나의 영혼에게 조금 더 가까이 다가갈 것이다. 나는 모든 것들의 뒤에 최종적으로 나의 영혼이 있다는 것을 배울 것이다. 만약에 내가 세상을 가로지르고 있다면, 그 목적은 최종적으로 나의 영혼을 발견하는 것이다. 아무리 사랑스런 존재들이라 하더라도 그들 자체가 계속 추구할 사랑의 목적과 끝은 아니며, 그들은 그들 자신의 영혼의 상징이다.

나의 친구들이여, 당신들은 우리가 어느 정도의 고독까지 올라가는지 짐작하는가?

나는 나의 생각의 찌꺼기인 나의 꿈들이 나의 영혼의 말이라는 것을 배워야 한다. 나는 꿈들을 가슴에 담고 다니며 마음속으로 곰곰 생각해야 한다. 꿈들을, 사랑하는 사람이 한 말처럼 소중히 여겨야 한다는 뜻이다. 꿈들은 영혼이 들려주는 안내의 말이다. 그러니 앞으로 내가 나의 꿈을 사랑하지 않을 이유가 무엇이며, 또 그 꿈들의 수수께끼 같은 이미지들을 일상적인 고려의 대상으로 여기지 않을 이유가 무엇인가? 당신은 꿈이 하찮고 거북스럽다고 생각하고 있어. 그렇다면 무엇이 아름다운가? 무엇이 거북스러운가? 무엇이 슬기로운가? 무엇이 바보스러운가? 당신들의 척도는 이 시대의 정신이다. 그러나 깊은 곳의 정신은 그것을 완벽히 초월한다. 이 시대의 정신만이 크고 작은 것의 차이를 이야기한다. 그러나 그 차이는 그런 것을 인식하는 정신만큼이나 무가치하다.

깊은 곳의 정신은 심지어 나에게 나의 행동과 결정이 꿈들에 좌우되고 있다고 가르쳤다. 꿈들은 생명을 위한 길을 닦는다. 당신이 꿈의 언어를 이해하는지 여부와 상관없이, 꿈들이 당신을 결정하고 있다. 사람이 꿈의 언어를 배우고 싶어 하더라도, 누가 그것을 가르치고 배울 수 있겠는가? 학문적으로 배우는 것만으로는 충분하지 않다. 보다 깊은 통찰을 주는 가슴의 지혜란 것이 있다. 가슴의 지혜는 그 어떤 책에도 담겨 있지 않고 그 어떤 선생의 말에서도 발견되지 않으며, 시커먼 땅에서 터져 나오는 새파란 씨앗처럼 당신으로부터 자라난다. 학문은 이 시대의 정신에 속하지만, 이 시대의 정신은 꿈을 절대로 이해하지 못한다. 왜냐하면 영혼은 학문적인 지식이 있지 않은 모든 곳에 있기 때문이다.

하지만 내가 그 가슴의 지혜에 어떻게 닿을 수 있단 말인가? 당신은 자신의 생명을 충실히 현실로 삶으로써만 이 지혜에 닿을 수 있다. 만약에 당신이 지금까지 한 번도 살지 않은 것을 살면서 남들을 스스로 생각하며 살도록 내버려 둔다면, 당신은 당신의 삶을 충실하게 살게 될 것이다. 당신은 이렇게 말할 것이다. "그러나 나는 다른 사람들이 살거나 생각하는 모든 것을 살거나 생각할 수 없어." 당신은 그렇게 말할 것이 아니라 이렇게 말해야 한다. "나는 나 자신이 지금 살 수 있는 삶을 살아야 하고, 지금 생각할 수 있는 것을 생각해야 해." 그러면 마치 당신이 지금까지 살지 않은 채로 남겨둔 것을 살지 않기 위해서 당신 자신으로부터 달아나기를 원하는 것처럼 보인다. 그러나 당신은 당신 자신으로부터 달아나지 못한다. 당신이 삶으로 살지 않은 것은 언제나 당신과 함께 있으면서 성취시켜줄 것을 요구한다. 만일 당신이 이 요구에 눈을 감고 귀를 닫는다면, 당신은 당신 자신에게 눈을 감고 귀를 닫는 척 꾸미는 것이나 마찬가지다. 그런 식으로 해서는 당신은 절대로 가슴의 지혜에 닿지 못한다.

당신의 가슴의 지혜는 곧 당신의 가슴의 상태이다.

교활한 가슴으로부터 당신은 교활함을 알게 될 것이다.

선한 가슴으로부터 당신은 선한 것을 알게 될 것이다.

당신의 이해력을 완벽하게 다듬으려면, 당신의 가슴이 선하고 동시에 악하다는 점을 늘 생각하라. 당신은 이렇게 묻는다. "뭐라고? 내가 악하게도 살아야 한다고?"

깊은 곳의 정신은 이렇게 요구한다. "네가 여전히 살 수 있는 삶을 살아야 해. 행복이 결정하는 거야. 너의 행복도 아니고, 다른 사람들의 행복도 아니고, 행복 자체가 결정하는 거야."

사회 안에서 행복은 나와 다른 사람들 사이에 있다. 나도 내가 이전에 하지 않았던 것을, 그럼에도 여전히 할 수 있었던 것을 살았다. 나는 깊은 곳까지 닿을 만큼 깊이 살았다. 그러자 깊은 곳이 말을 걸기 시작했다. 깊은 곳은 나에게 다른 진리를 가르쳤다. 그래서 깊은 곳은 나의 안에서 센스와 난센스를 결합시켰다.

나는 나 자신이 영혼의 표현이자 상징에 불과하다는 점을 인정해야 했다. 깊은 곳의 정신의 눈으로 보면, 눈에 보이는 이 세상 속에서 나는 보이는 모습 그대로 나의 영혼의 상징이다. 나는 전적으로 복종하고 철저히 종속되어 있는 노예 같은 존재에 지나지 않는다. 깊은 곳의 정신은 나에게 이렇게 말하도록 가르쳤다. "나는 어떤 아이의 하인이야." 이 가르침을 통해, 나는 무엇보다 먼저 나에게 가장 필요한 미덕인 지극한 겸양을 배운다.

이 시대의 정신은 물론 내가 나의 이성을 믿도록 허용했다. 이 시대의 정신은 나로 하여금 원숙한 사상들을 가진 어느 지도자의 이미지에서 나 자신을 보도록 했다. 그러나 깊은 곳의 정신은 나는 한 사람의 하인이라고, 사실은 한 아이의 하인이라고 가르친다. 이 가르침이 나에게 불쾌하게 다가왔으며, 나는 그 가르침을 혐오했다. 그러나 나는 나의 영혼이 아이라는 점을, 그리고 나의 영혼 안에 있는 나의 신(神)도 아이라는 점을 인정하고 받아들여야 했다.

*당신들이 소년들이라면, 당신들의 신은 여자야.*
*당신들이 여자들이라면, 당신들의 신은 소년이야.*
*당신들이 남자들이라면, 당신들의 신은 처녀야.*
*신은 당신들이 아닌 곳에 있어.*
*그래도 누구나 신을 하나 갖는 것이 현명해.*

*이것이 당신들의 완벽에 이로울 테니까.*

*처녀는 임신한 미래야.*

*소년은 아이를 생기게 하는 미래야.*

*여자는 아이를 낳고.*

*남자는 아이를 생기게 해.*

*그래서 당신들이 지금 아이 같은 존재들이라면, 당신들의 신은 원숙의 높은 곳에서 고령과 죽음으로 내려올 거야.*

*그러나 만약에 당신들이 아이를 생기게 하거나 낳아서 육체나 영혼이 발달한 존재들이라면, 당신들의 신은 빛을 발하는 요람에서부터 미래의 가늠할 수 없는 높이로, 다가오는 시대의 성숙과 완성으로 올라갈 거야.*

*자신의 삶을 아직 자기 앞에 두고 있는 자는 아이야.*

*지금 삶을 살고 있는 자는 발달한 존재야.*

*그래서 만약에 당신이 살 수 있는 모든 것을 산다면, 그런 당신은 발달한 존재야.*

*이 시대에 아이인 자, 그 자의 신은 죽고 있어.*

*이 시대에 발달한 자, 그 자의 신은 계속 살 거야.*

*깊은 곳의 정신은 이런 신비를 가르치고 있어.*

*번영하며 불행한 자들, 그들의 신은 발달했어!*

*번영하며 불행한 자들, 그들의 신은 아이야!*

*인간이 자기 앞에 삶을 두고 있는 것이 더 나은가, 신이 자기 앞에 삶을 두고 있는 것이 더 나은가?*

*나는 그 대답을 모른다. 그냥 삶을 살아라. 그건 불가피한 것이 결정할 일이니.*

*깊은 곳의 정신은 나의 생명은 신성한 아이에 의해 둘러싸여 있다고 나에게 가르쳤다. 그 아이의 손으로부터 기대하지 않은 온갖 것이, 살아 있는 모든 것이 나에게로 오고 있다.*

*이 아이가 바로 내가 나의 몸 안에서 영원히 샘솟는 젊음으로 느끼고 있는 바로 그것이다.*

*아이 같은 인간들한테서 당신은 절망적인 무상함을 느끼고 있어. 당신이 지나간 것으로 본 모든 것이 아직 그에게는 오지 않았어. 그의 미래는 무상함으로 가득해.*

*그러나 당신에게로 다가오고 있는 것들의 무상함은 아직 인간적인 의미를 전혀 경험하지 못했어.*

*당신이 계속 산다는 것은 앞을 향한 삶이야. 당신은 다가올 것들을 생겨나게 하고 낳을 거야. 당신은 창조력 풍부하고 앞으로 계속 살아갈 거야.*

*아이 같은 자는 결실을 맺지 못해. 그에게 다가올 것은 이미 생겨났다가 시들어버렸어. 그것은 계속 살아가지 못해.*

나의 신은 아이이다. 그렇기 때문에 내 안에 있는 이 시대의 정신이 조롱과 경멸에 성을 내는 것도 전혀 이상하지 않다. 내가 나 자신을 보고 비웃어도, 그런 나를 비웃을 사람은 아무도 없을 것이다.

당신의 신이 조롱을 일삼는 인간이 되어서는 안 된다. 차라리 당신 자신이 조롱하는 존재가 되어라. 당신은 당신 자신을 조롱하며 그 이상으로 올라서야 한다. 만일 당신이 옛날의 경전들로부터 아직 이것을 배우지 않았다면, 거기로 가서 우리의 죄를 대신해 조롱당하고 고문당한 그의 피를 마시고 그의 살점을 먹어라. 그러면 당신은 완전히 그의 천성이 될 것이며 그가 당신과 분리되는 것을 거부할 것이다. 당신은 그 인물 자체가 되어야 한다. 기독교인이 아니라 예수 그리스도가 되어야 한다. 그렇지 않으면 당신은 다가오고 있는 신에게 아무런 소용이 되지 못할 것이다.

당신들 중에서 다가오는 신이 그 길을 피할 수 있을 것이라고 믿는 사람이 있는가? 그가 그리스도의 고통을 피하는 쪽으로 자신의 길을 열어갈 수 있을까? 나는 말한다. "그런 신은 자신을 기만하면서 스스로에게 피해를 입히게 된다. 그는 가시와 불 위에서 잠을 자게 되어 있어. 누구도 그리스도의 길을 피하지 못해. 왜냐하면 그 길이 다가오는 것들로 이어지고 있기 때문이야. 당신들은 모두 그리스도가 되어야 해."

당신은 행동을 더 적게 하는 것으로는 옛날의 가르침을 극복하지 못한다. 행동을 더 많이 함으로써만 옛날의 가르침을 극복할 수 있다. 나의 영혼에게 다가서는 걸음 하나하나는 나의 악마들이 조소 어린 웃음을 터뜨리도록 만든다. 겁쟁이처럼 귓속말로 속삭이며 독약을 섞는 악마들 말이다. 내가 이상한 짓을 해야 했기 때문에, 악마들은 곧잘 웃음을 터뜨렸다.

3장

# 영혼의 쓸모에 대하여

그 다음 밤에 나는 나 자신이 기억해낼 수 있는 모든 꿈들을 꼼꼼하게 적어야 했다. 이 행위가 무엇을 의미하는지 나로선 알 수 없었다. 이런 일들이 왜 일어났을까? 나의 내면에서 일어나는 소란을 용서하라. 그럼에도 그대가 내가 그렇게 하기를 원하고 있어. 나에게 무슨 이상한 일들이 벌어지고 있는가? 나는 나 자신이 어떤 위태로운 다리 위를 지나고 있는지를 알 만큼은 지식을 갖추고 있다. 그대는 나를 어디로 이끌고 있는가? 나의 과도한 불안을 용서해주길. 아는 게 많아서 그러려니 했으면 좋겠네. 나의 발이 그대를 따르길 주저하고 있어. 그대의 길은 어떤 안개와 어둠 속으로 향하고 있는 것인가? 나는 의미도 모른 채 행동하는 법을 배워야 하는가? 만약에 이것이 그대가 요구하는 바라면, 그렇게 하려무나. 이 시간은 그대의 것이니. 의미가 전혀 없는 그곳엔 무엇이 있는가? 나에겐 오직 난센스 또는 광기처럼 보여. 거기도 궁극의 의미는 있는가? 나의 영혼이여, 그것이 그대의 의미인가? 나는 이해력이라는 목발을 짚고 그대의 뒤를 절뚝거리며 따르고 있어. 나는 한 사람의 인간이고, 그대는 신처럼 큰 걸음으로 성큼성큼 걷고 있어. 어찌 이런 고문이! 나는 나 자신으로, 나의 가장 작은 것들로 돌아가야 해. 나는 나의 영혼의 것들을 작은 것으로, 한심스러울 만큼 작은 것으로 보았어. 그대는 나로 하여금 그것들을 크게 보고 그것들을 크게 만들도록 강요하고 있어. 그것이 그대의 목표인가? 나는 따르긴 하겠지만, 그것이 나를 무섭게 만들어. 나의 회의(懷疑)에 대해 들어 봐. 그렇지 않으면 나는 그대를 따를 수 없어. 이유는 그대의 의미는 궁극의 의미이고, 그대의 발걸음은 신의 발걸음이기 때문이야.

나는 이해해. 나는 생각도 하지 말아야 해. 그렇다고 더 이상 생각도 없어야 하는 것인가? 나는 나 자신을 그대의 손에 완전히 맡겨야 한다. 그러나 그대는 누구인가? 나는 그대를 믿지 못하겠어. 나는 단호하게 나오는 존재를 모두 믿지 않지 않는가? 나의 영혼이여, 나는 그대도 믿지 않아야 하지 않는가? 그대의 손이 나를 누르고 있어. 알았어, 나는 믿을 거야, 아무렴 믿고말고. 나는 인간들을 사랑하고 신뢰하려고 노력하지 않았는가? 그러니 그대에게도 그렇게 하려고 노력해야 하지 않겠는가? 나의 회의를 잊어버리게. 그대를 의심하는 것이 야비한 짓이라는 것을 나는 알고 있어. 내가 나 자신의 생각에 대해 품고 있는 거지같은 알량한 자존심을 내려놓는 것이 얼마나 어려운 일인지 그대도 잘 알고 있잖아. 나는 그대가 나의 친구라는 것을, 그리고 그대가 나의 신뢰를 가장 먼저 받을 권리를 갖고 있다는 것을 잊어버렸어. 내가 친구들에게 주는 것이 있으면 당연히 그대에게도 주어야 하지 않는가? 나는 나의 불공평한 처사를 인정해. 내가 그대를 경멸했던 것 같아. 그대를 다시 발견했을 때의 나의 기쁨은 진정한 것이 아니었어. 나는 또한 나의 내면에서 일어난 냉소(冷笑)가 진정이었다는 점을 인정해.

나는 그대를 사랑하는 법을 배워야 해. 또 나는 나 자신에 대한 판단도 옆으로 밀쳐놓아야 하지 않는가? 나는 두려워. 그때 영혼이 나에게 이렇게 말했다. "그 두려움이 바로 네가 나에게 맞서고 있다는 증거야!" 맞는 말이다. 그것은 내가 그대에게 반대하고 있다는 증거다. 그것이 그대와 나 사이의 신성한 신뢰를 죽이고 있다.

*운명이란 얼마나 힘든가! 만약에 당신이 자신의 영혼을 향해 한 발짝 내디디면, 당신은 먼저 의미를 잃을 것이다. 그러면 당신은 무의미의 세계에, 영원한 무질서의 세계에 빠졌다고 믿을 것이다. 당신의 생각이 맞을 수 있다. 그 어떤 것도 당신을 무질서와 무의미로부터 구해주지 않을 것이다. 이유는 그것이 세상의 다른 반쪽이니까.*

*당신이 어린애 같지 않은 한, 당신의 신은 아이이다. 그 아이는 질서이고 의미인가? 아니면 무질서이고 변덕인가? 무질서와 무의미는*

질서와 의미의 어머니이다. 질서와 의미는 이미 이뤄진 것들이며 더 이상 생성되고 있는 것이 아니다.

당신은 카오스의 시커먼 홍수를 당신의 질서와 의미 속으로 흐르도록 하기 위해 영혼의 문들을 연다. 만일 당신이 질서와 카오스를 서로 결혼시킨다면, 당신은 신성한 아이를, 의미와 무의미를 뛰어넘는 궁극의 의미를 낳을 것이다.

당신은 그 문을 열기를 두려워하고 있는가? 나 역시도 무서웠다. 이유는 우리가 신이 끔찍하다는 것을 망각했기 때문이다. 예수 그리스도가 가르치기를, 신은 사랑이라고 했다. 그러나 당신은 사랑도 끔찍하다는 것을 알아야 한다.

나는 사랑스런 영혼에게 말을 걸었다. 그런 영혼에게 가까이 다가설수록, 나는 공포에 휩싸였고, 의심의 벽을 높이 쌓았으며, 나는 무서운 영혼으로부터 나 자신을 보호하길 원하게 될 것이라고는 예상하지 않았다.

당신은 깊은 곳을 무서워한다. 그곳은 당신을 소름끼치게 하지 않을 수 없다. 이유는 다가올 것의 길이 그곳을 통과하게 되어 있기 때문이다. 당신은 두려움과 회의의 유혹을 참아야 한다. 또 동시에 당신의 두려움이 전적으로 정당하고 당신의 회의가 합당하다는 것을 철저히 인정해야 한다. 그렇지 않고서야 어떻게 그것이 진정한 유혹이 되고 진정한 극복이 될 수 있겠는가?

그리스도는 악마의 유혹은 완전히 극복하지만 선(善)과 이성(理性)이라는 신의 유혹은 극복하지 못한다. 그리하여 예수 그리스도는 저주에 굴복한다.

당신은 아직 이걸 배워야 한다. 어떠한 유혹에도 굴복하지 않고 당신 자신의 의지로 모든 걸 하는 것을 배워야 하는 것이다. 그러면 당신은 자유로울 것이고 기독교를 뛰어넘을 것이다.

나는 나 자신이 두려워하는 것에 복종해야 한다는 것을 인정해야 한다. 그래, 그것만이 아니다. 나는 나를 무섭게 하는 것을 사랑까지 해야 한다는 것도 인정해야 한다. 우리는 역병 전염에 넌더리를 냈던 그 성자로부터 그런 것을 배워야 한다. 그녀는 종기의 고름을 마시고 거기서 장미 향기 같은 냄새가 난다는 것을 알게 되었다. 그 성자의 행위는 헛되지 않았다.

당신이 구원을 받고 은총을 얻는 것에 관한 모든 것에서, 당신은 당신의 영혼에 의존한다. 따라서 당신에겐 어떤 희생도 지나치게 클 수 없다. 만약에 당신의 미덕들이 당신의 구원을 방해한다면, 그것들을 버리도록 하라. 이유는 그 미덕들이 당신에게 사악한 것이 되었기 때문이다. 미덕의 노예도 악덕의 노예만큼이나 길을 잘 찾지 못한다.

만약에 당신이 자신의 영혼의 주인이라고 믿

*고 있다면, 영혼의 하인이 되도록 하라. 만약에 당신이 자신의 영혼의 하인이라면, 당신 자신이 영혼의 주인이 되도록 하라. 이유는 당신의 영혼이 통제를 받을 필요가 있기 때문이다. 이런 것들이 당신의 첫 번째 걸음이 되어야 한다.*

이어 6일 밤 동안, 깊은 곳의 정신은 나의 내면에서 침묵을 지켰다. 이유는 내가 두려움과 반항과 혐오 사이를 오가며 완전히 나 자신의 격정의 희생이 되어 있었기 때문이다. 나는 깊은 곳에 귀를 기울일 수도 없었고, 그렇게 하고 싶지도 않았다. 그러나 7일째 되는 밤에 깊은 곳의 정신이 나에게 이렇게 말했다. "너의 깊은 곳을 들여다보고, 너의 깊은 곳을 향해 기도하고, 죽은 자를 깨우도록 해라."

그러나 나는 속수무책으로 서서 어찌할 바를 모르고 있었다. 나는 나 자신을 깊이 들여다보았다. 거기서 내가 발견한 유일한 것은 앞서 꾸었던 꿈들의 기억이었다. 그 모든 꿈들에 관한 기억을 나는 무슨 소용이 있을 것인지도 모르는 가운데 글로 적었다. 나는 모든 것들을 내던지고 낮의 햇빛으로 돌아가기를 원했다. 그러나 깊은 곳의 정신이 나를 가로막으며 내가 다시 나 자신 속으로 돌아가도록 몰아붙였다.

4장

# 사막

여섯 번째 밤. 나의 영혼이 나를 사막으로, 나 자신의 자기의 사막으로 이끌고 있다. 나는 나의 영혼이 사막이라고, 물 한 방울 없고 먼지만 풀풀 날리는 불모의 뜨거운 사막이라고 생각하지 않았다. 그런데 그 여정이 뜨거운 사막으로 이끈다. 목표물로 기대할 만한 것이라곤 어디에도 보이지 않는 황량한 사막을 묵묵히 걸어가고 있다. 이 황무지는 어찌 이리도 무시무시한가. 나에겐 그 길이 인간으로부터 아득히 멀어지고 있는 것 같다. 나는 나의 길을 한 걸음 두 걸음 걷고 있으며, 나의 여정이 얼마나 오래 이어질 것인지 알지 못한다.

왜 나의 자기는 사막 같은가? 나는 나 자신의 밖에서, 그러니까 인간들과 사건들 속에 지나치게 많이 묻혀 산 것인가? 내가 나의 자기를 피한 이유는 무엇이었는가? 내가 나 자신을 소중히 여기지 않았단 말인가? 그러나 나는 나의 영혼의 장소를 피해 왔다. 내가 더 이상 사건들과 사람들이 아니게 된 이후로, 나는 곧 나의 생각이었다. 그러나 나는 나의 생각들을 직면하고 있는 나의 자기는 아니었다. 나는 나의 생각들보다 더 높이, 나 자신의 자기까지 올라가야 한다. 나의 여정은 그곳으로 향하고 있다. 그것이 나의 여정이 사람들과 사건들로부터 벗어나 고독 속으로 이어지고 있는 이유다. 자기 자신과 함께하는 것이 고독인가? 고독은 자기가 사막이 될 때에만 진정할 수 있다. 나는 또 사막으로 정원을 만들어야 하는가? 나는 황량한 땅에 사람이 살게 해야 하는가? 공상 같은 황야의 마법의 정원을 열어야 하는가? 무엇이 나를 사막으로 안내하고 있으며, 거기서 나는 무엇을 하게 될 것인가? 내가 더 이상 나의 생각들을 믿지 못하는 것은 일종의 기만인가? 오직 삶만이 진정하며, 오직 삶만이 나를 사막으로 이끈다. 진정으로 말하건대, 나의 사고가 그곳으로 안내하고 있는 것이 아니다. 나의 사고는 생각들과 사람들과 사건들로 돌아가길 원하고 있다. 이유는 사고가 사막에서 으스스한 기운을 느끼기 때문이다. 나의 영혼이여, 여기서 내가 무엇을 하게 될 것인가? 그러나 나의 영혼은 "기다려."라고 말한다. 나는 그 잔인한 말을 들었다. 사막의 본질은 고통이다.

나는 나의 영혼에게 내가 줄 수 있는 모든 것을 줌으로써 영혼의 장소까지 왔다가 이곳이 황량하고 열매를 맺지 못하는 뜨거운 사막이라는 것을 발견했다. 마음을 제아무리 갈고 닦는다 하더라도, 당신의 영혼으로 정원을 만들기에는 충분하지 않다. 나는 나의 정신을, 내 안에 있는 이 시대의 정신을 가꾸었지만, 영혼의 것들에, 영혼의 세계에 귀를 기울이는 깊은 곳의 정신을 가꾸지는 않았다. 영혼은 자신만의 특이한 세계를 갖고 있다. 거기엔 오직 자기만이 들어갈 수 있다. 또는 완전히 자신의 자기가 된 사람만, 그러니까 사건들 안에도 있지 않고 사람들 안에도 있지 않고, 자신의 생각들 안에도 있지 않는 그런 사람만 들어갈 수 있다. 나는 나의 욕망이 사물들과 사람들을 멀리하도록 함으로써, 나의 자기를 사물들과 사람들로부터 멀리 떼어놓았지만, 그것은 곧 내가 나의 생각들에게 확실히 희생되는 길이었다. 맞다. 나는 완전히 나의 생각이 되어버렸다.

나는 또한 나의 욕망을 생각들로부터 거둬들임으로써 나 자신을 나의 생각들로부터도 떼어놓아야 했다. 그 즉시, 나의 자기가 하나의 사막이 된 것을 깨달았다. 거기엔 불온한 욕망의 태양만 이글거리고 있었다. 나는 그 사막의 끝없는 불모(不毛)에 압도되었다. 설령 무엇인가가 무성할 수 있었다 하더라도, 거기엔 욕망의 창조력은 없었다. 욕망의 창조력이 있는 곳마다, 땅 자체의 씨앗이 싹을 틔운다. 그러나 기다려야 한다는 것을 잊지 않도록 하라. 당신의 창조력이 세상 쪽으로 향할 때, 죽은 것들이 어떻게 땅 밑에서 움직이며 땅을 뚫고 나왔는지, 그것들이 어떻게 자라고 번성했는지, 또 당신의 생각들이 어떻게 풍성한 강물을 이루며 흘렀는지, 당신은 보지 않았는가? 만약에 당신의 창조적인 힘이 지금 영혼의 장소로 향한다면, 당신은 당신의 영혼이 어떻게 푸르러지고 그 영혼의 들판이 어떻게 경이로운 열매를 맺는지 보게 될 것이다.

누구도 그 기다림을 피하지 못하며, 대부분의 사람들은 이 고통을 참아내지 못하고, 탐욕스럽게 자신을 다시 인간들과 사물들, 생각들에게로 던져 버리고 그것들의 노예가 될 것이다. 그러면 그날 이후로 그 사람은 인간들과 사물들과 생각들 그 너머를 견뎌내지 못한다는 것이 분명히 입증될 것이다. 따라서 인간들과 사물들, 생각들이 그의 주인이 될 것이고, 그는 그런 것들의 어릿광대가 될 것이다. 이유는 그의 영혼까지 열매를 맺는 비옥한 들판이 될 때까지 그 사람이 그런 것들 없이는 존재하지 못하기 때문이다. 또한 영혼이 하나의 정원인 사람도 사물들과 인간들, 생각들을 필요로 하지만, 그 사람은 그것들의 친구이지 그것들의 노예나 어릿광대는 아니다.

다가올 모든 것은 이미 이미지들 안에 담겨 있었다. 그래서 고대인들은 자신의 영혼을 발견하기 위해 사막으로 들어갔다. 이것은 하나의 이미지이다. 고대인들은 자신의 상징들을 살았다. 이유는 고대인들에게 세상은 아직 진정한 것이 되지 않았기 때문이다. 그래서 고대인들은 우리들에게 영혼의 장소는 외로운 사막이라는 것을 가르쳐주기 위해 사막의 고독 속으로 들어갔다. 거기서 고대인들은 환상들의 풍성함을, 사막의 열매들을, 영혼의 경이로운 꽃들을 발견했다. 고대인들이 뒤에 남긴 이미지들에 대해 진지하게 생각해보라. 고대인들은 다가올 것의 길을 보여주고 있다. 제국들의 붕괴를, 성장과 죽음의 붕괴를, 사막과 수도원들의 붕괴를 돌아보라. 그것들은 다가올 것들의 이미지들이다. 모든 것이 이미 예견되어 왔다. 그러나 그것을 해석하는 방법을 누가 아는가?

당신이 영혼의 장소는 없다고 말하면, 그러면 영혼의 장소는 없다. 그러나 만약에 당신이 영혼의 장소가 있다고 말한다면, 그러면 그런 곳이 있다. 고대인들이 이미지로 말한 내용에 주목하라. 말은 하나의 창조적 행위라는 가르침을 전하고 있다. 고대인들은 말했다. 태초에 말이 있었다고. 이 문제를 놓고 깊이 새겨 보라.

난센스와 궁극의 의미 사이를 오가는 말들이야말로 가장 오래되고 가장 진실되다.

## 사막의 경험

고투를 벌인 끝에, 나는 그 길의 한 조각을 걸어 그대에게 조금 더 가까이 다가섰다. 앞으로 나아가는 것이 이렇게나 험난하다니! 나는 회의(懷疑)와 혼동과 냉소의 덤불 속으로 굴러 떨어졌다. 나는 나 자신이 나의 영혼과 단둘이

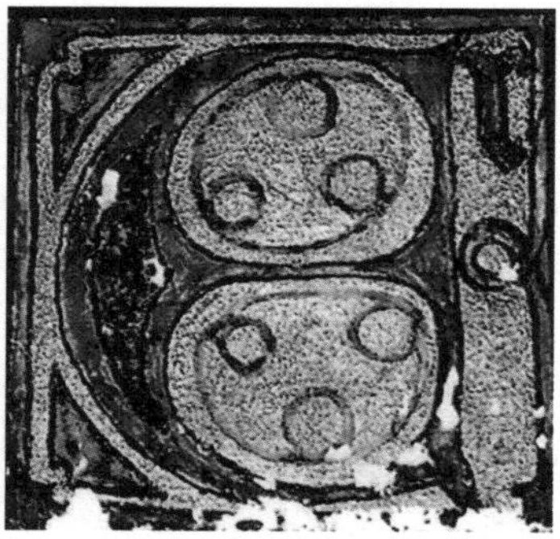

함께 있어야 한다는 것을 인정한다. 나의 영혼이여, 나는 그대에게 빈손으로 왔다. 그대는 무슨 말을 듣기를 원하는가? 그러나 나의 영혼이 말했다. "너는 친구를 찾을 때 꼭 뭔가를 얻기를 원하는 거니?" 나는 그렇지 않다는 것을 잘 알고 있었지만, 나 자신이 가련하고 공허해 보인다. 나는 그대 가까이 앉아서 생명을 고취하는 존재의 숨결을 느끼고 싶을 뿐이다. 나의 길은 뜨거운 모래다. 하루 온종일 먼지가 날리고 모래가 날리는 사막의 길이었다. 나의 인내심은 간혹 약하고, 그대도 알다시피, 한때 나 자신에게 절망했다.

나의 영혼이 대답했다. "너는 꼭 엄마에게 칭얼대는 어린애처럼 말하고 있어. 난 너의 엄마가 아니야." 불평하고 싶은 마음은 없어. 그러나 그대에게 나의 길이 실로 길고 힘난했다는 것을 알려주고 싶어. 나에게 그대는 황야에 그늘을 드리우고 있는 나무와 같은 존재야. 나는 그대의 그늘을 즐기고 싶어. 그러나 나의 영혼이 대답했다. "너는 쾌락을 추구하고 있구나. 너의 인내심은 어디로 간 거니? 너의 시간은 아직 제 궤도에 오르지 않았어. 넌 네가 사막에 들어온 이유를 잊어버렸는가?"

나의 믿음은 약하고, 나의 얼굴은 사막의 이글거리는 태양의 열기에 익었다. 열기가 납덩이처럼 나를 누르고 있다. 갈증이 나를 고문하고 있다. 나의 길이 얼마나 긴지 애써 생각하지 않으려고 노력한다. 내 앞으로 아무것도 보이지 않는다. 그러나 영혼이 대답했다. "너는 아직도 아무것도 배우지 않은 것처럼 말하고 있어. 너는 기다릴 줄도 몰라? 모든 것이 익어서 마무리된 상태에서 너의 무릎에 떨어져야만 하는 거니? 맞아, 너는 의도와 욕망으로 충만해 있어! 그런데 너는 진리에 이르는 길은 의도를 갖지 않은 사람들에게만 열려 있다는 것을 아직도 몰라?"

오, 나의 영혼이여, 그대가 하는 말은 모두 나의 생각이기도 하다는 것을 나는 알고 있다. 그러나 나는 거기에 맞춰 살지 못하고 있다. 영혼이 말했다. "말해 봐. 그런데 어떻게 너의 생각들이 너를 도와야 한다고 믿을 수 있지?" 나는 언제나 나 자신이 인간 존재라는 점을, 허약하고 때로는 최선을 다하지 않는 그런 인간 존재에 지나지 않는다는 점을 강조하기를 좋아해. 그러나 나의 영혼이 말했다. "인간적이라는 표현을 그런 뜻으로 받아들이는 거니?" 나의 영혼이여, 그대가 엄격하긴 하지만 그대의 말이 옳아. 우리는 여전히 삶에 자신을 온전히 바치지 않고 있어. 우리는 삶의 법칙을 모르는 상태에서도 무럭무럭 자라는 나무처럼 성장해야 해. 우리는 의도로 스스로를 묶고 있어. 의도가 곧 한계라는 사실에 신경을 쓰지 않은 채 말이다. 맞아, 의도야말로 생명의 배제나 마찬가지야. 우리는 의도로 어둠을 밝힐 수 있다고, 또 그런 식으로 빛 그 너머를 목표로 잡을 수 있다고 믿고 있어. 그 빛이 어디서 우리에게로 오는지, 우리가 어떻게 미리 알 수 있기를 바랄 수 있지?

그대 앞에서 불평을 딱 한 가지만 하도록 해 줘. 나는 경멸로, 나 자신에 대한 경멸로 힘들어하고 있다. 그러나 나의 영혼이 나에게 말했다. "넌 너 자신을 얕잡아보는가?" 나는 그렇게 생각하지 않는다. 나의 영혼이 대답했다. "그렇다면 잘 들어. 너는 나를 얕잡아보고 있는가? 너는 너의 허영심을 채우기 위해 책을 쓰고 있는 것이 아니라 나와 대화하고 있다는 사실을 아직 모르고 있는가? 만약에 네가 내가 주는 단어로 나와 이야기하고 있다면, 어떻게 네가 경멸로 인해 고통을 받을 수 있단 말이냐? 너는 내가 누구인지 아는가? 너는 나를 파악하고, 나를 정의하고, 나를 상투적인 공식에 욱여넣었는가? 너는 이미 나의 협곡들의 깊이를 측정하고, 내가 아직 안내하지도 않은 아래쪽의 길들을 모두 탐험했는가? 만일 네가 뼛속까지 허영에 들뜬 존재가 아니라면, 너에게 경멸이 문제가 될 순 없어." 그대의 진리는 엄격해. 난 그대 앞에 나의 허영을 내려놓고 싶어. 허영이 나의 눈을 멀게 만들기 때문이야. 보라. 그것이 바로 오늘 내가 그대에게 오면서 나의 두 손이 비었다고 믿었던 이유야. 나는 나의 빈 손을 채워주는 존재가 그대라고 생각하지 못했어. 나의 두 손을 뻗기만 하면 그렇게 채워질 텐데, 아직 두 손이 그렇게 하고 싶어 하지 않아. 내가 그대의 그릇이라는 것을, 그대가 없으면 텅 비어 있지만 그대가 있으면 가득 넘치는 그릇이라는 것을 몰랐어.

이 밤이 내가 사막에서 스물다섯 번째로 맞는 밤이었다. 나의 영혼이 그림자 같은 존재에서 깨어나 자신의 생명을 가진 존재가 되기까지 그렇게 오랜 시간이 걸렸다. 이제야 나의 영혼은 나와 분리되어 홀로 서는 존재로서 나에게 다가올 수 있었다. 그리고 나는 나의 영혼으로부터 엄격하지만 유익한 말들을 들었다. 나는 그 말을 직접 들을 필요가 있었다. 그때까지 나 자신이 나의 안에서 경멸을 극복하지 못하고 있었기 때문이다.

*이 시대의 정신은 모든 시대 정신과 마찬가지로, 스스로 대단히 영리하다고 생각하고 있다. 그러나 지혜란 것은 그냥 단순한 것이 아니라 때 묻지 않아서 멍청해 보이기까지 한다. 이 때문에 영리한 사람은 지혜를 조롱한다. 조롱이 영리한 사람의 무기이니까. 영리한 사람은 독이 묻은 예리한 무기를 사용한다. 이유는 그가 순박한 지혜의 공격을 받고 있기 때문이다. 만약에 영리한 사람이 공격을 당하지 않았다면, 그는 그 무기를 필요로 하지 않았을 것이다. 우리는 오직 사막에서만 자신의 때 묻지 않은 끔찍한 면을 자각하게 되지만, 그것을 인정하길 두려워한다. 그것이 우리가 냉소적인 존재가 되는 이유이다. 그러나 조롱은 때 묻지 않은 순박함까지 닿지는 못한다. 조롱은 조롱하는 사람 위로 떨어진다. 듣고 대답할 사람이 전혀 없는 사막에서, 조롱하는 사람은 자신의 조롱에 질식할 수 있다.*

*영리한 사람일수록, 때 묻지 않은 순박함은 그만큼 더 멍청해진다. 더없이 영리한 사람은 때 묻지 않은 순박함이라는 측면을 보면 바보나 다름없다. 우리는 영리함을 키우는 것으로는 이 시대의 정신의 영리함으로부터 스스로를 구하지 못하지만, 우리의 영리함이 가장 혐오하는 것, 즉 때 묻지 않은 순박함을 받아들이는 경우에 이 시대의 정신의 영리함으로부터 스스로를 지킬 수 있다. 그럼에도 우리는 때 묻지 않은 순박함 속으로 떨어져서 부자연스런 바보가 되기를 원하지 않으며, 그보다는 차라리 영리한 바보가 될 것이다. 그것은 궁극의 의미로 이어진다. 영리함은 의도와 짝을 이룬다. 때 묻지 않은 순박함은 의도에 대해 전혀 아무것도 모른다. 영리함은 세상을 정복하지만 때 묻지 않은 순박함은 영혼을 정복한다. 그러므로 영혼과 함께하기 위해서 정신의 빈곤을 맹세하라.*

*이에 맞서 나의 영리함의 경멸이 분연히 일어섰다. 많은 이들은 나의 바보스러움을 비웃을 것이다. 그러나 어느 누구도 나 자신이 나를 비웃는 것보다 더 크게 비웃지 못할 것이다.*

*그리하여 나는 경멸을 극복했다. 그러나 경멸을 극복하고 나자, 나는 나의 영혼 가까이에 있었고 나의 영혼은 나에게 말을 걸 수 있었다. 나는 곧 사막이 초록색으로 바뀌는 것을 보게 되었다.*

5장

# 미래의 지옥으로 하강

그 다음 밤에, 대기가 많은 목소리로 넘쳐났다. 어떤 큰 목소리가 외쳤다. "나, 떨어지고 있어!" 그러자 다른 목소리들이 흥분하며 혼란스럽게 외쳤다. "어디로? 뭘 원하는데?" 나도 이 혼동의 소용돌이에 나 자신을 맡겨야 하나? 나는 전율을 느꼈다. 무시무시한 깊이다. 당신은 내가 나 자신을 운에, 나 자신의 어둠의 광기에 맡기길 원하는가? 그렇게 시들어 가야 하는가? 당신도 떨어지고 있어. 나도 당신과 함께 떨어지고 싶어. 당신이 누구든.

깊은 곳의 정신이 나의 눈을 열어주었다. 나는 내면의 것들을, 나의 영혼의 세계를, 늘 온갖 형태로 변하고 있는 세계를 쭉 훑어보았다.

나는 엄청난 깊이 속으로 내려가는 내내 잿빛 암벽을 본다. 나는 컴컴한 동굴 안에서 발목까지 차오르는 검은 진흙 속에 서 있다. 머리 위로 그림자들이 휙휙 지나가고 있다. 나는 공포에 휩싸여 있으면서도, 안으로 들어가야 한다는 것을 알고 있다. 나는 바위의 좁은 틈으로 기어들어가서 안쪽 동굴에 닿는다. 동굴 바닥은 시커먼 물로 덮여 있다. 그러나 동굴 너머에서 빛이 나는 붉은 돌이 보인다. 나는 그 돌까지 가야 한다. 나는 진흙탕 물을 서서히 걷는다. 동굴 안엔 머리카락이 쭈뼛 서게 만드는 날카로운 소리가 가득하다. 나는 붉은 돌을 잡는다. 바위의 컴컴한 입구를 덮고 있는 돌이다. 나는 돌을 잡고 미심쩍은 듯 주변을 유심히 살핀다. 나는 목소리들에 귀를 기울이고 싶지 않다. 목소리들이 나를 피하는 듯하다. 그러나 나는 알고 싶다. 여기서 무엇인가가 발설되기를 기다리고 있다. 나는 바위 입구에 귀를 갖다 댄다. 지하수 흐르는 소리가 들린다. 시커먼 물의 흐름 위로 피가 흐르는 어떤 남자의 머리가 보인다. 누군가는 상처를 입었고, 살해당한 누군가는 그곳을 떠다니고 있다. 나는 온몸을 떨면서 오랫동안 이 이미지를 흡수한다. 커다란 검정색 풍뎅이 한 마리가 시커먼 물 위를 떠다니고 있는 것이 보인다.

그 흐름의 깊은 곳에서 붉은 태양이 시커먼 물을 뚫고 빛을 방사하며 빛나고 있다. 나는 거기 새까만 바위벽에서 자그마한 뱀들이 깊은 곳으로 들어가려고 기를 쓰고 있는 모습을 본다. 공포가 온몸을 타고 내린다. 그 깊은 곳에서 태양이 빛나고 있다. 천 마리의 뱀들이 뒤엉켜서 태양을 가리고 있다. 깊은 밤이 내린다. 진득진득한 붉은 피가, 시뻘건 피의 흐름이 솟아올라와 오랫동안 부풀어 오르며 굽이치다가 썰물처럼 빠져나간다. 나는 두려움에 휩싸인다. 나는 무엇을 보았는가?

나의 영혼이여, 회의(懷疑)가 나에게 입힌 상처들을 낫게 해 다오. 회의도 극복되어야 하니까. 그래야만 내가 그대의 궁극의 의미를 알아볼 수 있어. 지금 모든 것이 얼마나 멀리 떨

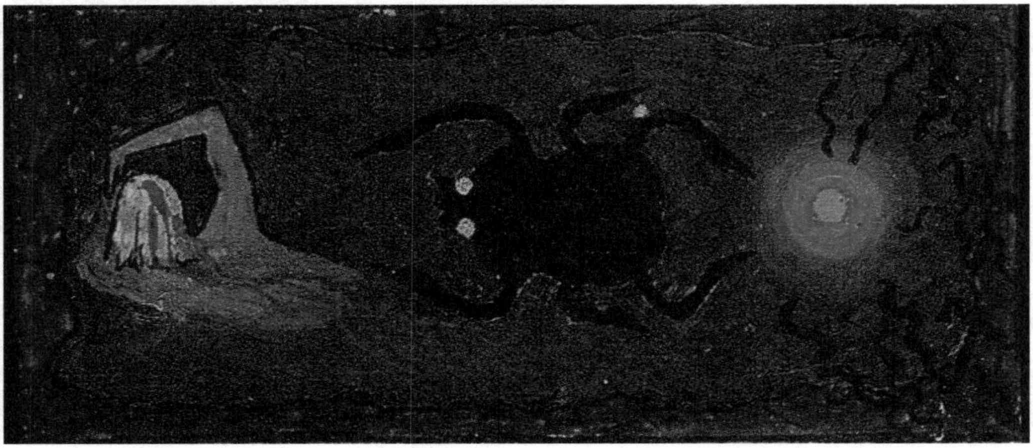

어져 있는가! 내가 그것들을 어떤 식으로 뒤엎었는가! 나의 정신은 고통을 야기하는 정신이야. 나의 정신은 나의 명상을 산산조각 깨뜨려 놓고, 또 모든 것을 파괴하고 찢어놓는다. 나는 여전히 나의 사고의 희생자다. 언제쯤 내가 나의 사고에게 조용히 하라고 명령할 수 있을까? 그러면 난폭한 사냥개나 다름없는 나의 생각들이 나의 발밑에 납작 엎드릴 텐데. 나의 온갖 생각들이 아우성칠 때, 어떻게 하면 내가 그대의 목소리를 더 크게 듣고, 그대의 얼굴을 더 선명하게 볼 수 있을까?

나는 어리벙벙하지만, 나는 어리벙벙해지길 원한다. 이유는 내가 나의 영혼인 그대에게 설령 그대가 나를 광기로 이끈다 하더라도 그대를 믿겠노라고 맹세했기 때문이다. 만약에 내가 선잠이라는 쓰디쓴 잔을 그 찌꺼기까지 다 마시지 않는다면, 어떻게 내가 그대의 태양 아래에서 걸을 수 있겠는가? 나 자신의 지식에 질식하지 않도록 나를 도와다오. 충만한 나의 지식이 내 위로 떨어지겠다고 겁을 주고 있어. 나의 지식은 천 개의 목소리를 갖고 있고, 사자처럼 포효하는 어떤 집단을 갖고 있으며, 그 목소리들이 말을 한 때면 대기가 진동한다. 나는 그 목소리들의 무력한 제물(祭物)이다. 나의 지식을 나로부터 멀리 떼어놓아 주려무나. 영혼을 꽁꽁 묶어 빛도 없는 감방에 가두고 있는 그 악질의 간수(看守) 같은 과학을, 그 영리한 유식꾼을 말이다. 그러나 무엇보다 나를 판단의 뱀으로부터 보호해 다오. 이 뱀은 오직 치료의 뱀처럼 보이지만, 그대가 있는 깊은 곳에서는 지독한 독이고 고통스런 죽음이야. 나는 깨끗이 정화된 상태에서 하얀 옷을 걸치고 그대의 깊은 곳으로 내려가고 싶어. 도둑처럼 황급히 내려가서 손에 잡히는 대로 마구 챙겨서 숨을 헐떡이며 달아나고 싶지는 않아. 나로 하여금 신성한 놀람의 상태에 계속 남을 수 있도록 해 다오. 그래야만 내가 그대의 기적들을 볼 준비를 갖추게 될 테니까. 내가 그대의 문 앞에 있는 돌 위에 머리를 얹도록 해 다오. 그래야 내가 그대의 빛을 받을 준비를 갖출 테니까.

사막이 피어나기 시작할 때, 거기서 이상한 식물들이 나타난다. 당신은 자신이 미쳤다고 생각할 것이고, 어떤 의미에서 보면 당신은 실제로 미칠 것이다. 이 시대의 기독교는 광기를 결여하고 있는 그 만큼 신성한 생명력을 결여하고 있다. 고대인들이 이미지들로 우리에게 가르친 것에 유의하라. 그 가르침은 곧 광기는 신성하다는 것이다. 그러나 고대인들이 사건들을 통해서 이 이미지를 구체적으로 살았기 때문에, 그 이미지는 우리에겐 하나의 기만이 되었다. 이유는 우리가 세상의 현실의 주인이 되었기 때문이다. 그 점엔 의심의 여지가 없다. 당신이 영혼의 세계로 들어간다면, 당신은 광인처럼 보이고, 의사는 그런 당신을 보고 병에 걸렸다고 생각할 것이다. 여기서 내가 하는 말도 병처럼 들릴 수 있지만, 어느 누구도 그 말에 대해 나 자신이 병적이라고 생각하는 그 이상으로 병적이라고 생각하지 못한다.

이것이 내가 광기를 극복한 방법이다. 만약에 당신이 신성한 광기가 어떤 것인지 모른다면, 판단을 유보하고 결과를 기다려 보라. 그러나 세상에는 깊은 곳의 정신을 통해서 이 시대의 정신을 압도하는 것에 지나지 않는 그런 신성한 광기가 있다는 것을 알도록 하라. 그렇다면 깊은 곳의 정신이 더 이상 저 아래 깊은 곳에 머물지 못하고, 그 사람으로 하여금 인간의 언어 대신에 방언(放言)[3]을 말하도록 강요하면서 그 사람 자신이 깊은 곳의 정신이라고 믿도록 할 때, 병적인 망상에 대해 말하도록 하라. 그러나 이 시대의 정신이 어떤 사람을 가만히 내버려 두지 않고 그로 하여금 오직 겉만 보도록 강요하고, 깊은 곳의 정신을 부정하도록 하고, 자신을 시대 정신으로 잘못 생각하도록 할 때에도 마찬가지로 병적인 망상에 대해 말하도록 하라. 이 시대의 정신도 신성하지 않고, 깊은 곳의 정신도 신성하지 않으며, 오직 둘 사이의 균형만이 신성할 뿐이다.

나 자신이 이 시대의 정신에 사로잡혀 있었기 때문에, 오늘 밤 나에게 일어났던 일은 반드시 일어나야 했다. 말하자면, 깊은 곳의 정신이 강력한 힘으로 분출하면서 강력한 물결을 일으켜 이 시대의 정신을 멀리 씻어내야 했다는 뜻이다. 그러나 깊은 곳의 정신이 그런 힘을 얻을 수 있었던 것은 내가 사막에서 스물다섯 번의 밤을 나의 영혼에게 말을 걸며 보내면서 나의 사랑과 복종을 조금도 아끼지 않았기 때문이다. 그러나 스물다섯 번의 낮 동안에 나는 나의 모든 사랑과 복종을 이 시대의 사물들과 사람들, 생각들에 쏟았다. 나는 오직 밤에만 사막으로 들어갔다.

따라서 당신은 병적인 망상과 신성한 망상을 구분할 수 있게 되었다. 어느 한쪽 망상만을 보이는 사람은 병에 걸렸다고 보면 된다. 그 사람이 균형을 잃은 상태이기 때문이다.

하지만 신성한 도취와 광기가 밀어닥칠 때 누가 그 공포를 버텨낼 수 있겠는가? 사랑과 영혼과 신은 아름답고 무섭다. 고대인들이 신의 아름다움 일부를 이 세상 속으로 끌어들였고, 따라서 세상이 너무 아름다워졌기 때문에 시대의 정신에겐 이 세상이 마치 성취처럼 보이고 신의 가슴보다 더 훌륭해 보였다. 그리하여 세상의 무시무시함과 잔인함은 우리의 가슴 깊은 곳에 꼭꼭 감추어지게 되었다. 만약에 깊은 곳의 정신이 당신을 붙잡는다면, 당신은

3 최면 상태가 종교적 황홀 상태에 빠져 거리낌 없이 하는 말을 뜻한다.

잔인함을 느끼고 고통에 짓눌려 비명을 지를 것이다. 깊은 곳의 정신은 얼음과 불과 죽음을 잉태하고 있다. 당신이 깊은 곳의 정신을 두려워하는 것은 당연하다. 그 정신이 증오로 터질 지경이기 때문이다.

요즘 당신은 깊은 곳의 정신이 꾹꾹 누르고 있었던 것이 무엇이었는지를 보고 있다. 당신은 그걸 믿지 않았지만, 당신도 자신의 두려움을 깊이 들여다보았다면 그것을 알 수 있었을 것이다.

피가 수정의 붉은 빛을 받아 내 쪽으로 반짝였다. 내가 수정의 신비를 밝히기 위해 그것을 집어 들었을 때, 그 증오가 내 앞에 고스란히 펼쳐져 있었다. 다가올 것의 깊은 곳에 살해가 저질러져 있었다. 금발의 영웅이 죽어 누워 있었다. 검정색 딱정벌레는 부활에 반드시 필요한 죽음이다. 그래서 그 후에 새로운 태양이 빛났다. 수수께끼로 가득한, 깊은 곳의 태양이며 밤의 태양이었다. 그리고 떠오르는 봄의 태양이 죽은 대지에 생기를 불어넣듯이, 깊은 곳의 태양은 죽은 자들에게 생기를 불어넣었다. 그리하여 빛과 어둠의 무시무시한 투쟁이 시작되었다. 그 투쟁으로부터 막강하고 또 결코 정복되지 않은 피의 원천이 터졌다. 이것이 다가올 것이었으며, 당신이 지금 현실 속에서 경험하고 있는 그것이다. 그것은 그 이상이다. (내가 이 환상을 본 것은 1913년 12월 12일 밤이었다.)

새로운 생명이 발달하기 위해선 깊은 곳과 표면이 서로 섞여야 한다. 그럼에도 새 생명은 우리의 밖에서 발달하지 않고 우리의 안에서 발달한다. 오늘날 우리 밖에서 일어나고 있는 것은 사람들이 사건들 속에서 살고 있는 이미지이며, 이 이미지는 아득히 먼 훗날로 전해질 것이다. 그러면 그 시대의 사람들은 그 이미지를 통해서 자신들의 길을 배울 것이다. 이는 우리가 이미지들로부터 고대인들이 우리보다 앞서 사건들을 겪으며 살았다는 것을 배우는 것과 똑같다.

삶은 사건들에서 오지 않고 우리들에게서 온다. 우리의 밖에서 일어나는 모든 것은 이미 존재하고 있는 것들이다.

*그러므로 사건을 바깥쪽에서 보는 사람은 언제나 이미 일어난 사건만을 보게 되며, 사건이 언제나 똑같다고 생각한다. 그러나 안쪽에서부터 보는 사람은 누구나 모든 것이 새롭다는 것을 안다. 일어나는 사건들은 언제나 똑같다. 그러나 인간의 창의적 깊이는 언제나 똑같지 않다. 사건들은 아무것도 의미하지 않는다. 사건들은 오직 우리의 안에서만 의미를 지닌다. 우리가 사건들의 의미를 창조한다. 그 의미는 언제나 인위적이며 옛날에도 언제나 인위적이었다. 우리가 의미를 만드는 것이다.*

*이 때문에 우리는 우리의 내면에서 사건들의 의미를 찾는다. 그래서 다가올 것의 길이 분명해지고, 우리의 삶은 다시 흐를 수 있다.*

*당신이 필요로 하는 것은 당신 자신으로부터, 말하자면 사건의 의미로부터 나온다. 사건들의 의미는 그것들의 특별한 의미가 아니다. 이 의미는 학술 서적들 안에 존재한다. 사건들은 전혀 아무런 의미를 지니지 않는다.*

*사건들의 의미는 당신이 창조하는 구원의 길이다. 사건들의 의미는 이 세상에서 당신이 창조하는 삶의 가능성에서 온다. 사건들의 의미는 이 세상에 대한 지배력이며, 이 세상에서 당신의 영혼이 내세우는 단언이다.*

*사건들의 이 의미가 궁극의 의미이다. 궁극의 의미는 사건들에 있지도 않고 영혼에 있지도 않다. 그것은 사건들과 영혼 사이에 서 있는 신이며, 삶의 매개자이며, 길이며, 다리이며, 건너감이다.*

만약에 다가올 것을 나 자신의 안에서 보지 못했다면, 나는 그것을 볼 수 없었을 것이다.

그러므로 나는 그 살해에 가담하고 있다. 그 살해가 성취된 뒤에, 깊은 곳의 태양은 나의 안에서도 빛나고 있다. 태양을 삼키길 원하는 천 마리의 뱀들도 또한 나의 안에 있다. 나 자신은 살해자이고 살해당한 자이며, 제물을 바치는 자이고 제물로 바쳐지는 자이다. 솟아나는 피가 나로부터 흐르며 강을 이루고 있다.

당신도 그 살해에 일정한 역할을 맡고 있다. 당신 안에서 어떤 존재가 다시 태어날 것이고, 깊은 곳의 태양이 솟아오를 것이고, 당신의 죽은 물질로부터 천 마리의 뱀들이 생겨나 태양을 질식시키기 위해 태양 위로 떨어질 것이다. 당신의 피는 강물을 이루며 흐를 것이다. 사람들은 지금 결코 망각될 수 없는 행위들을 통해 이것을 보여주고 있으며, 그것은 영원히 기억되도록 결코 망각되지 않을 책들에 피로 쓰일 것이다.

그러나 나는 당신에게 묻는다. 언제 인간들이 무서운 무기와 악랄한 행위로 자기 형제들을 해치는가? 인간들은 자신의 형제가 곧 그들 자신이라는 것을 모를 때 그런 짓을 한다. 그들 자신은 제물을 바치는 자들이지만, 그들은 서로 제물 역할을 한다. 그들은 서로를 제물로 바쳐야 한다. 이유는 인간이 형제에게서 죽이는 그것을 제물로 바치기 위해서 피 묻은 칼로 자기 자신을 찌를 때가 아직 오지 않았기 때문이다. 그러나 사람들은 누구를 죽이는가? 그들은 고귀한 사람들을, 용감한 사람들을, 영웅들을 죽인다. 그들은 이들을 겨냥하면서 그 사람들이 곧 그들 자신을 의미한다는 것을 모른다. 그들은 자신의 안에 있는 영웅을 희생시켜야 하는데, 그들은 이것을 모르고 있기 때문에 자신의 용감한 형제를 죽인다.

아직 때가 무르익지 않았다. 그러나 피를 흘리는 이런 제물을 통해서, 때가 무르익어야 한다. 자기 자신 대신에 형제를 살해하는 것이 가능한 한, 때는 아직 무르익지 않았다. 인간들이 성숙해질 때까지, 무서운 일들이 일어나야 한다. 그러나 그 외의 다른 것은 인간을 성숙시키지 못할 것이다. 그러므로 오늘날 일어나고 있는 이 모든 것은 반드시 일어나야 할 것들이다. 그래야만 부활이 일어날 수 있다. 이유는 뱀들이 태양을 덮는 현상에 이어 나타나는 피의 원천이 새로운 생명의 원천이기도 하기 때문이다.

사람들의 운명이 사건들 속에서 당신에게 드러나듯이, 사람들의 운명은 당신의 가슴 안에서도 일어날 것이다. 만약에 당신 안에 있는 영웅이 살해당한다면, 그때 깊은 곳의 태양이 당신의 안 저 멀리서, 어떤 무서운 장소에서 빛을 발하며 솟아오를 것이다. 그러면 언제나 그랬듯이, 그때까지 당신 안에서 죽은 것처럼 보였던 모든 것이 생명을 얻으며 독을 가진 뱀으로 변해서 태양을 가릴 것이고, 이어 당신은 밤과 혼동 속으로 떨어질 것이다. 당신이 이 무서운 투쟁에서 얻은 수많은 상처에서 피가 흐를 것이다. 당신의 충격과 회의가 대단히 커질 것이지만, 그런 격통에서 새로운 생명이 태어날 것이다. 탄생은 곧 피이며 고통이다. 당신의 어둠이, 말하자면 죽어 있었기 때문에 당신이 그 존재조차 의심하지 않았던 당신의 어둠이 생명을 얻을 것이다. 그러면 당신은 전체 악이 분쇄되는 것을 느낄 것이고, 또 당신의 육체의 물질 안에 여전히 묻혀 있는 생명의 갈등을 느낄 것이다. 그러나 그 뱀들은 무시무시하게 사악한 생각들이고 감정들이다.

당신은 그 나락을 안다고 생각했는가? 오, 당신은 참으로 영리한 사람이지! 그러나 나락을 경험하는 것은 다른 문제다. 모든 것이 당신에게 일어날 것이다. 인간들이 자기 형제들에게 가한 무시무시하고 사악한 모든 것들에 대해 생각해 보라. 그것은 당신의 가슴 안에서 당신에게 일어나야 한다. 당신 자신의 손으로 당신 자신에게 그런 고통을 가해 보라. 그러면서 당신에게 고통을 가하는 것이 흉악하고 사악한 당신 본인의 손이지 당신 형제의 손이 아니란 것을 알도록 하라. 그때 당신의 형제는 자신의 악마들과 사투를 벌이고 있다.

나는 당신이 살해당한 영웅이 의미하는 바가 무엇인지를 알고 있기를 바란다. 우리 시대에 어느 군주를 살해한 수많은 무명(無名)의 사람들은 영혼에게만 이해되는 것을 사건들을 통해 보여주는 눈먼 예언자들이다. 군주들의 살해를 통해서, 우리는 우리 안에 있는 군주, 즉 영웅이 위험에 처해 있다는 것을 배울 것이다. 이것이 좋은 신호로 받아들여져야 하느냐 나쁜 신호로 받아들여져야 하느냐 하는 문제는 우리의 관심사가 아니다. 오늘 끔찍한 것도 100년 동안 좋다가 200년 후면 다시 나빠진다. 그러나 우리는 지금 무슨 일이 일어나고 있는지를 알아야 한다. 당신 안에 당신의 군주를, 세습 통치자를 위협하는 무명의 존재들이 있다는 것을 알아야 한다는 뜻이다.

그러나 우리의 통치자는 우리 안에서 지배하며 이끌고 있는 이 시대의 정신이다. 그것은 오늘날 우리가 생각하고 행동하는 바탕을 이루고 있는 일반적인 정신이다. 우리의 통치자는 무시무시한 권력을 갖고 있다. 이유는 그가 이 세상에 헤아리기 어려울 만큼 많은 선(善)을 가져다주고, 믿기 어려울 정도의 쾌락으로 사람들을 매혹시켰기 때문이다. 이 통치자는 가장 아름다운 영웅적 덕목들을 갖추고 있으며 인간들을 가장 밝은 태양의 높이까지 영원히 끌어올리기를 원하고 있다.

그 영웅은 자신이 할 수 있는 모든 것을 건드리길 원한다. 그러나 깊은 곳의 이름 없는 정신은 인간이 할 수 없는 모든 것을 일깨운다. 따라서 무능이 추가 상승을 막는다. 보다 높은 곳은 그만큼 더 위대한 미덕을 요구한다. 우리는 그 미덕을 갖추고 있지 않다. 우리는 먼저 우리의 무능과 함께 사는 법을 배움으로써 그 미덕을 창조해야 한다. 우리는 그 미덕에 생명을 불어넣어야 한다. 그렇지 않고서야 어떻게 그 미덕이 능력으로 발달하겠는가?

우리는 우리의 무능을 죽이지 못하고 또 그것 이상으로 올라가지 못한다. 그러나 그것은 바로 우리가 원한 바이다. 무능이 우리를 압도하며 나름으로 삶의 몫을 요구할 것이다. 우리의 능력은 우리를 버릴 것이고, 그러면 우리는 이 시대의 정신의 눈으로 보면서 그 버림이 곧 상실이라고 믿을 것이다. 그럼에도 그것은 전혀 상실이 아니며 오히려 이득이다. 그러나 그것은 외적 장식물이라는 측면에서 이득이 아니라 우리의 내적 능력이라는 측면에서 이득이다.

자신의 무능과 더불어 사는 방법을 배우는 사람은 이미 많은 것을 배웠다. 그 배움이 우리가 가장 작은 것들을 소중히 여기도록 하고, 현명하게 한계를 받아들이도록 할 것이다. 보다 높은 곳이 요구하는 것이 바로 이런 것들이다. 만약에 모든 영웅적인 자질들이 지워져 버린다면, 우리는 다시 인간의 비참으로, 아니 그보다 더 나쁜 상황으로 떨어질 것이다. 우리의 토대들이 흥분 상태에 빠질 것이다. 이유는 우리가 우리 밖의 것들에 쏟는 관심이 일으키는 팽팽한 긴장이 토대들을 뒤엎어놓을 것이기 때문이다. 그러면 우리는 우리의 지하 세계의 오물 구덩이로, 우리의 내면에 수 세기 동안 쌓여온 파편들 속으로 떨어질 것이다.

당신 안에 있는 영웅적인 것은 바로 당신이

다음과 같은 생각에 지배를 당하고 있다는 사실을 말한다. 이것 또는 저것이 훌륭하다거나, 이 행위 또는 저 행위가 불가피하다거나, 이 이유 또는 저 이유에 대해서는 반대해야 한다거나, 이 목포 또는 저 목표는 불굴의 노력으로 반드시 성취해야 한다거나, 이 쾌락 또는 저 쾌락은 어떠한 대가를 치르더라도 가차 없이 눌러져야 한다는 등의 생각 말이다. 따라서 당신은 무능에게 죄를 짓고 있다. 그러나 무능은 존재한다. 어느 누구도 무능을 부정해서도 안 되고, 무능을 비난해서도 안 되며, 무능을 윽박질러 침묵하게 해서도 안 된다.

6장

# 정신의 분리

그러나 4일째 밤에 나는 외쳤다. "지옥으로 여행한다는 것이 곧 나 자신이 지옥이 되는 것을 의미하는구나. 여행길 자체가 무시무시한 것들로 뒤죽박죽 뒤엉켜 있어. 이 사막 길에는 뜨거운 모래만 있는 게 아니야. 사막에 사는, 눈에 보이지 않는 존재들도 뒤엉켜 있어. 나는 이런 사실을 몰랐어. 길은 오직 겉으로만 분명하고, 사막은 오직 겉으로만 비어 있을 뿐이야. 마법적인 존재들이 살고 있는 것처럼 보이는데, 이 존재들이 나에게 죽일 듯이 달라붙으며 악마같이 나의 형태를 바꿔놓고 있어. 나는 완전히 괴물 같은 모습으로 바뀌었음에 틀림없어. 나 자신도 더 이상 알아보지 못하게 되어버렸으니. 나의 인간성을 괴상한 동물의 형태와 바꾼 것 같아. 이 길은 지옥 같은 마법에 둘러싸여 있고, 눈에 보이지 않는 올가미가 내 위로 던져져 나를 함정에 빠뜨리고 있어."

그때 깊은 곳의 정신이 나에게 다가와 말했다. "너의 깊은 곳으로 내려가! 하강하도록 해!"

그러나 나는 깊은 곳의 정신에게 분노를 터뜨리며 말했다. "어떻게 내려가란 말인가? 나 스스로는 못해."

그러자 깊은 곳의 정신이 가소롭게 구는 나에게 말했다. "가만히 앉아 있어."

그러나 나는 분개하여 외쳤다. "정말 무서워. 터무니없는 소리 같고. 어떻게 이런 걸 나에게 요구한단 말이냐? 그대는 우리 인간들에게 너무도 큰 의미를 지니는 막강한 신들을 뒤엎어 버렸어. 나의 영혼이여, 그대는 어디 있는가? 내가 어리석은 동물에게 나 자신을 맡긴 것인가? 나는 지금 주정뱅이처럼 비틀거리며 무덤을 향해 나아가고 있는 것인가? 아니면 광인처럼 이상한 말을 내뱉고 있는 것인가? 나의 영혼이여, 이것이 그대의 길인가? 내 안에서 피가 끓고 있어. 그대를 잡을 수만 있다면, 목을 졸라 죽여 버릴 것 같아. 그대는 칠흑 같은 어둠을 엮어내고 있고, 나는 그대의 그물에 갇힌 광인 같아. 간청하는데, 제발 가르쳐 줘."

그러나 나의 영혼은 나에게 이렇게 말했다. "나의 길은 빛이야."

그래서 나는 화를 내며 대답했다. "그대는 우리 인간들이 칠흑 같은 어둠이라고 부르는 것을 빛이라고 부르는가? 그대는 낮을 밤이라고 부르는가?"

이 말에 나의 영혼은 나를 격노하게 할 말을 한 마디 했다. "나의 빛은 이 세상의 것이 아니야."

나는 외쳤다. "난 다른 세상 따위는 몰라!"

영혼이 물었다. "네가 다른 세상에 대해 모른다고 해서 다른 세상이 존재하지 말아야 한단 말이냐?"

**나:** "그러나 우리의 지식은 어떻게 되는 거야? 우리의 지식이 그대한테도 그대로 통하지 않는가? 만약에 우리의 지식이 지식이 아니라면, 그것은 도대체 뭐란 말인가? 안전한 곳은 어디인가? 단단한 땅은 어디인가? 빛은 어디 있는가? 그대의 어둠은 밤보다 더 깜깜한 것만이 아니야. 바닥도 없어. 만약에 우리의 지식이 지식이 아니라면, 그러면 말과 단어들이 없어도 된다는 말인가?"

**영혼:** "말은 전혀 필요하지 않아."

**나:** "용서해 줘. 아마 내가 제대로 듣지 못하고 있을지도 모르니. 그대를 오해하고 있을지도 모르고. 내가 자기 기만의 덫에 빠져 바보 같은 짓을 하고 있을지도 몰라. 나는 거울에 비친 자신의 모습을 보며 히죽 웃고 있는 악당이야. 나 자신의 정신 병원에 갇힌 바보일지도 몰라. 아마 그대는 나의 어리석음을 보고 있겠지?"

**영혼:** "너는 너 자신을 속이고 있어. 그래도 넌 나를 속이고 있지는 않아. 너의 말은 너에게 거짓말이야. 나에게는 거짓말이 아니야."

**나:** "그러나 내가 터무니없는 난센스에 빠져 허우적거리며 부조리와 옹고집을 보일 수도 있는 것인가?"

**영혼:** "누가 너에게 생각과 말을 주고 있니? 네

가 생각과 말을 지어내고 있어? 너는 나의 노예, 말하자면 나의 문 앞에 앉아 나의 구호품이나 받는 그런 걸인이 아닌가? 그리고 너는 네가 고안하고 말하는 것이 감히 난센스가 될 수 있다고 생각하는가? 너는 그것이 나에게서 오고 또 나의 것이라는 것을 아직도 모르고 있단 말인가?"

그래서 나는 화가 머리끝까지 나서 이렇게 외쳤다. "그렇다면 나의 분노도 그대에게서 오는 것이겠군. 내 안에서 그대가 그대 자신에게 분노를 터뜨리고 있는 것이로군." 그러자 나의 영혼이 모호한 말을 뱉었다. "그건 내란이야."

나는 고통과 분노에 괴로워하며 대꾸했다. "나의 영혼이여, 그대한테서 그런 공허한 말을 듣는 것이 너무나 고통스러워. 기분이 엄청 나빠. 코미디 같고 철부지의 투정 같아. 그래도 나는 갈망하고 있어. 나는 진흙바닥이 아니라 그보다 더 경멸스런 상황에서도 길 수 있어. 또 먼지를 마실 수도 있어. 그건 지옥의 일부일 뿐이야. 나는 굴복하지 않아. 나는 버텨낼 수 있어. 그대는 계속 고문을 고안하고, 거미의 다리를 가진 괴물을, 또 우스꽝스럽고 소름끼치고 무서운 장면을 끝없이 엮어낼 수 있어. 가까이 다가와. 난 준비가 되어 있어. 악마나 다름없는 나의 영혼이여, 그대와 한판 대결을 벌일 준비가 되어 있어. 그대는 신의 가면을 쓰고 있었고, 나는 그런 그대를 숭배했어. 지금 그대는 무서운 악마의 가면을 쓰고 있어. 지극히 진부하고 평범한 악마의 가면을 쓰고 있어. 단 한 번만 호의를 베풀어 봐! 나에게 잠시 뒤로 물러서서 생각할 시간을 줘! 이 가면과의 싸움은 그만한 가치가 있는가? 신의 가면은 숭배할 가치가 있었던가? 나는 이런 생각을 하고 있을 수 없어. 싸우고 싶은 욕망이 나의 사지(四肢) 안에서 불타고 있어. 안 돼. 절대로 안 돼. 난 패배한 상태로 전쟁터를 떠나지 못해. 나는 그대를 잡아서 밟아 문질러버리고 싶어. 이 원숭이 어릿광대를. 아, 이 싸움은 불공평해. 나의 두 손이 붙잡는 것마다 허공이니. 그러나 그대의 주먹도 역시 허공을 날리고 있어. 어떤 속임수가 있는 것 같아."

나는 다시 사막의 길 위에 서 있는 나 자신을 발견한다. 그것은 어떤 사막 환상이었다. 먼 길을 아래쪽으로 방랑한 은둔자의 환상이었다. 거기엔 눈에 보이지 않는 강도들과 암살자들, 그리고 독 묻은 화살을 쏘는 것들이 숨어 있다. 치명적인 화살이 나의 가슴을 찌르고 있다고 가정한다면?

첫 번째 환상이 나에게 예언한 것처럼, 암살자가 깊은 곳에서 나타나 나에게 왔다. 이 시대 사람들의 운명에서, 이름 없는 어떤 사람이 나타나 그 군주에게 살상 무기를 겨누었듯이.

나는 나 자신이 탐욕스런 짐승으로 변한 것을 느꼈다. 나의 가슴은 지체 높고 사랑받는 존재에게, 나의 군주와 영웅에게 심하게 화를 내면서 찡그렸다. 무명의 어떤 사람이 살해 욕구에 휘둘리면서 친애하는 군주를 향해 돌진한 것처럼. 나는 나의 내면에 살인을 품고 있었기 때문에 그것을 예견했다.

나는 내면에 전쟁을 품고 있었기 때문에 전쟁을 예견했다. 나는 나의 왕에게 속고 배신당했다는 느낌을 받았다. 왜 내가 이런 식으로 느꼈을까? 나의 왕은 내가 바랐던 그런 존재가 아니었다. 그는 내가 예상했던 것과 다른 존재였다. 그는 그가 생각하는 그런 왕이 될 것이 아니라 내가 생각하는 그런 왕이 되어야 했다. 나의 왕은 내가 이상적이라고 부르는 그런 존재가 되어야 했다. 나의 영혼은 나에게 공허하고, 무미건조하고, 무의미해 보였다. 그러나 실제로 보면 내가 나의 영혼에 대해 생각하고 있었던 것은 나의 이상에나 타당할 뿐이었다.

그것은 사막의 환상이었다. 나는 나 자신의 경상(鏡像)들과 싸움을 벌였다. 그것은 내 안에서 벌어진 내전이었다. 나 자신은 살인자이면서 피살자이다. 치명적인 화살이 나의 가슴에 박혔다. 나는 그것이 무엇을 의미하는지 몰랐다. 나의 생각들이 살인이었고 죽음의 공포였으며, 이 죽음의 공포가 독(毒)처럼 나의 몸 온 곳으로 퍼졌다.

그리고 사람들의 운명은 그런 식이었다. 어느 한 인간의 살해는 곧 독 묻은 화살이 되었으며, 이 화살은 인간들의 심장으로 날아가 무시무시한 전쟁에 불을 붙였다. 이 살해는 무능이 의지를 향해 터뜨린 분노였으며, 유다의 배신 같은 것이었다. 사람이 자기가 나서서 하지는 않으면서 다른 누군가가 저질러주었으면 하고 바라는 그런 배신 말이다. 우리는 지금도 여전히 우리의 죄를 대신 짊어져 줄 존재를 찾고 있다.

*지나치게 오래된 것은 모두 사악해진다. 당신의 안에 있는 그 고상한 것에 대해서도 똑같이 말할 수 있다. 십자가에 못 박힌 신의 고통으로부터, 사람은 어떤 신을, 옛날의 신을 배반하고 십자가에 못 박을 수 있다는 것을 배우도록 하라. 만약에 어떤 신이 삶의 길이길 멈춘다면, 그 신은 은밀히 쓰러져야 한다.*
*만약에 신이 천정(天頂)의 높이 그 이상으로 올라가면, 그 신은 병들게 된다. 이 시대의 정신이 나를 정상으로 이끌 때, 깊은 곳의 정신이 나를 붙잡은 이유도 거기에 있다.*

7장

# 영웅살해

그러나 그 다음 밤에 나는 어떤 환상을 보았다. 나는 높은 산중에 어떤 젊은이와 함께 있었다. 동 트기 직전이었다. 동쪽의 하늘은 이미 빛이었다. 그때 지크프리트(Siegfried)[4]의 나팔소리가 맑은 소리로 메아리를 이루었다. 우리는 불구대천의 적이 다가오고 있다는 것을 알았다. 우리는 무기를 든 채 그를 죽이기 위해 좁은 바윗길 옆에 몸을 숨기고 있었다. 그때 지크프리트가 죽은 자들의 뼈로 만든 전차를 타고 산을 가로질러 오고 있는 것이 보였다. 그는 가파른 바위 위로 전차를 용맹스럽게 몰며 우리가 몸을 숨기고 있던 좁은 길에 이르렀다. 그가 우리 앞의 모퉁이를 돌아설 때, 우리는 동시에 무기를 쏘아 그를 쓰러뜨렸다. 즉시 나는 몸을 돌려 달아났고, 비가 무섭게 쏟아졌다. 그러나 이 일이 있은 뒤에 나는 고통에 신음하다 죽을 고비를 넘겼다. 만약에 그 영웅 살해에 얽힌 수수께끼를 풀지 못한다면, 나는 스스로 목숨을 끊어야 한다고 느꼈다.

그때 깊은 곳의 정신이 나에게 다가와 이런 말을 했다. "최고의 진리는 부조리와 똑같단다." 이 말이 나를 구해주었다. 태양이 뜨거웠던 긴 하루 끝에 내린 비처럼, 이 한마디 말이 그때까

4 독일과 북구의 전설에 나오는, 큰 용을 무찌른 영웅.

지 나의 내면에 터질 듯 꾹꾹 갇혀 있던 모든 것을 한꺼번에 씻어주었다.

그런 다음에 나는 두 번째 환상을 보았다. 행복한 어떤 정원이 있었다. 거기선 하얀 비단을 걸친 형상들이 걷고 있었으며, 모든 것이 색색의 빛으로 덮여 있었다. 어떤 빛은 붉은색이고, 또 어떤 빛은 초록색과 푸른색이었다.

나 자신이 깊은 곳을 성큼 건너뛰었다는 것을 나는 알고 있다. 나는 죄를 지음으로써 새로 태어난 존재가 되었다.

우리는 꿈속에서도 산다. 낮에만 사는 것이 아니다. 간혹 우리는 꿈속에서 가장 위대한 업적을 성취하기도 한다.

그날 밤 나의 생명이 위협을 받았다. 이유는 내가 나의 지배자인 신을 죽여야 했기 때문이다. 한 차례의 결투를 통해 죽이는 것이 아니었다. 인간이 어떻게 신을 결투로 죽일 수 있겠는가? 신을 제압하길 원한다면, 당신은 오직 암살자로서만 그 신에 닿을 수 있을 뿐이다.

그러나 죽을 운명을 타고난 인간들에게 가장 비통한 일은 바로 이것이다. 우리의 신들이 부활을 필요로 하기 때문에 제압당하기를 원한다는 점 말이다. 만약에 인간들이 군주를 죽인다면, 그것은 그들이 자신의 신을 죽일 수 없기 때문이고, 또 그들이 자신의 안에 있는 자신의 신들을 죽여야 한다는 것을 모르고 있기 때문이다.

*신은 늙으면, 그림자가 되고 난센스가 되어 아래로 내려간다. 가장 위대한 진리가 가장 큰 거짓말이 되고, 가장 밝은 낮이 가장 어두운 밤이 된다.*

*낮이 밤을 필요로 하고 밤이 낮을 필요로 하듯이, 의미도 부조리를 필요로 하고 부조리도 의미를 필요로 한다.*

*낮은 그 자체로 존재하지 않으며, 밤도 그 자체로 존재하지 않는다.*

*그 자체로 존재하는 실체는 낮과 밤이다.*

*그렇듯 현실은 의미와 부조리이다.*

*정오는 한 순간이고 자정도 한 순간이며, 아침은 밤에서 비롯되고, 저녁은 밤이 되지만, 저녁은 낮에서 오고, 아침은 낮이 된다.*

그래서 의미는 하나의 순간이며 부조리에서 부조리로 넘어가는 하나의 과도기이다. 부조리도 하나의 순간이며 의미에서 의미로 넘어가는 하나의 과도기이다.

오, 금발에 파란 눈을 가진 게르만족의 영웅 지크프리트가 나의 손에 쓰러져야 했다니. 더없이 충직하고 용감한 자가! 그의 내면엔 내가 위대하고 아름답다고 여긴 모든 것이 있었다. 그는 나의 힘이었고 나의 용기였으며 나의 긍지였다. 그와 결투를 벌였다면, 당연히 내가 패했을 것이다. 그러기에 나에게 남은 것은 암살뿐이었어. 내가 계속 살기를 원한다면, 그 삶은 오직 속임수와 간계를 통해서만 가능할 것이다.

판단하지 마라! 게르만 숲의 그 금발 야만인 지크프리트에 대해 생각하라. 그도 담비 가죽처럼 나무에 못 박힌 창백한 '근동(近東)의 신'에게 번개를 날려야 했다. 용기 있는 자들은 자기 자신에 대한 경멸에 패했다. 그러나 그들의 생명력이 그들에게 계속 살도록 강요했으며, 그들은 아름다운 야생의 신들과 그들의 신성한 나무들, 그리고 독일 숲에 대한 그들의 경외를 배반했다.

지크프리트라면 독일인들에게 얼마나 큰 의미를 지니는 존재인가! 독일인들이 지크프리트의 죽음을 아파한다는 것은 우리에게 무슨 이야기를 들려주는가! 그것이 내가 그를 살려 두기 위해 나 자신을 죽이는 쪽을 거의 택할 뻔했던 이유다. 그러나 나는 어떤 새로운 신과 계속 살기를 원했다.

그리스도는 십자가에 못 박혀 죽은 뒤 지하로 내려가서 지옥이 되었다. 그래서 그는 적(敵)그리스도인 용(龍)의 형상을 취했다. 고대인들로부터 우리에게로 내려온 '적그리스도'의 이미지는 새로운 신을 선언하고 있으며, 고대인들은 이 신의 도래를 예측했다.

신들은 피할 수 없는 존재다. 신으로부터 멀리 달아날수록, 당신은 그만큼 더 확실하게 신의 손아귀로 떨어질 것이다.

비는 사람들에게 밀려 올 큰 눈물의 강이고, 죽음의 압박이 사람들을 무시무시한 힘으로 짓누른 끝에 풀린 긴장의 슬픈 홍수다. 비는 나의 안에서 매장과 부활에 앞서 일어나고 있는 죽은 자들의 비탄이다. 비는 대지를 비옥하게 하고, 비는 새로운 밀을, 젊은 신을 생겨나게 한다.

8장

# 신의 잉태

그 뒤 두 번째 밤에, 나는 나의 영혼에게 이렇게 말했다. "이 새로운 세상은 나에겐 약하고 인위적으로 보여. 인위적이라는 단어는 나쁜 단어이지만, 그것은 한 그루의 나무로 자란 겨자씨이며, 어느 처녀의 자궁에 잉태되었다가 온 땅이 복종한 신이 된 단어야."

내가 이렇게 말할 때, 깊은 곳의 정신이 갑자기 튀어나왔다. 그는 나를 몽롱과 안개로 가득 채우더니 아주 강한 목소리로 이런 말들을 뱉었다.

*"앞으로 도래할 그대여, 내가 그대의 싹을 받았어!*

*나는 대단히 깊은 필요와 겸손함에서 그것을 받았어.*

*나는 그것을 허름한 조각보로 싸서 빈약한 말(言)들 위에 뉘었어.*

*그리고 조롱이 그것을, 그대의 아이를, 그대의 경이로운 아이를, 도래할 존재의 아이를 숭배했어. 이 아이는 아버지를 선언해야 했지. 그런데 그 아버지가 나무보다 더 나이가 많은 열매 같은 존재였어.*

*그대는 고통 속에서 잉태하고, 그대의 출산은 기쁜 일이야.*

*두려움은 그대의 선구자이고, 회의(懷疑)는 그대의 오른쪽에 서*

고 실망은 그대의 왼쪽에 서 있어.
우리는 그대를 보고도 어리석고 무분별하게 그냥 지나쳤어.
그대의 광휘를 받았을 때, 우리의 두 눈은 그 빛에 멀어 버렸고 우리의 지식은 침묵에 빠졌어.
어떤 영원한 불의 새로운 불꽃인 그대는 어느 밤에 태어났는가?
그대는 그대의 신자들로부터 진실한 기도를 끌어낼 것이고, 신자들은 매우 엄격한 말로 그대의 영광에 대해 말하리.
그대는 그들이 수치심을 느끼는 상황에 처할 때 그들을 압도할 것이며, 그러면 그대는 그들이 혐오하고 두려워하고 증오하는 것을 통해서 그들에게 알려질 것이다.
극히 드물게 유쾌한 소리인 그대의 목소리는 비참한 사람들과 억눌린 사람들, 무가치하다는 비난을 듣는 사람들의 웅얼거림 속에서 들릴 것이다.
그대의 왕국엔 더없이 비천한 것을 숭배했던 사람들의 손이, 그리고 갈망에 떠밀려 악의 진흙 구덩이를 걸었던 사람들의 손이 닿을 것이다.
그대는 공포와 회의에 휩싸여 그대에게 기도하는 사람들에게 선물을 줄 것이고, 그대의 빛은 그대 앞에 마지못해 무릎을 꿇는 사람들과 적개심으로 가득한 사람들 위로 빛날 것이다.
그대의 생명은 스스로를 극복했으면서도 그 극복을 스스로 이룬 것이 아니라고 말하는 자와 함께할 것이다.
나는 또한 은총의 구원은 오직 가장 높은 것을 믿으면서 불성실하게 은(銀) 서른 조각에 자신을 배반하는 그런 자에게만 주어진다는 것을 알고 있다.
자신의 깨끗한 손을 더럽히는 자들, 잘못을 막기 위해 자신의 최고 지식을 굽히는 자들, 살인자의 무덤에서 미덕을 얻는 자들이 그대의 위대한 연회에 초대 받는다.
그대가 태어난 별자리는 아프고 변화하는 별이다.
오, 다가올 것의 아이여, 이런 것들이 그대가 진정한 신이라는 것을 증명할 경이들이라네."

나의 군주가 쓰러졌을 때, 깊은 곳의 정신이 나의 시야를 활짝 열어주면서 내가 새로운 신의 탄생을 알아차리도록 했다.

신성한 아이가 끔찍한 모호함으로부터, 말하자면 혐오스러움과 아름다움, 악과 선, 우스꽝스러움과 진지함, 병과 건강, 비(非)인간적인 것과 인간적인 것, 신성한 것과 신성하지 않은 것으로부터 나에게 다가왔다.

우리가 절대적인 것들에서 찾고 있는 신은 절대적인 아름다움과 선, 진지함, 고양(高揚), 인간성 또는 심지어 신앙심에서도 발견될 수 없다는 것을 나는 이해했다. 한때 그 신은 거기에 있었다.

새로운 신은 상대적인 것에 있을 것이라는 점을 나는 이해했다. 만약에 신이 절대적인 아름다움이고 선(善)이라면, 그런 존재가 어떻게 아름답고 혐오스러우며, 선하고 사악하며, 우스꽝스럽고 진지하며, 인간적이고 비인간적인 삶의 풍성함을 두루 아우를 수 있겠는가? 신 자체가 오직 인간의 반쪽만을 돌본다면, 어떻게 인간이 신의 자궁 안에 살 수 있겠는가?

만약에 우리가 선과 악의 정점 가까이 올라간다면, 그때 우리의 나쁜 것과 혐오스런 것은 극도의 고통에 빠질 것이다. 거기 높은 곳은 인간의 고통이 너무 심하고 공기가 너무 희박하기 때문에, 사람이 더 이상 살지 못할 것이다. 선한 것과 아름다운 것은 절대적인 관념으로 얼어붙어 버릴 것이고, 나쁜 것과 혐오스런 것은 열광적인 생명으로 넘치는 진흙 구덩이가 되어 버릴 것이다.

따라서 예수 그리스도는 죽은 뒤에 지옥으로 여행을 해야 했다. 그렇지 않았더라면 그가 하늘로 올라가는 것이 불가능했을 것이다. 예수 그리스도는 먼저 지하의 형제인 적(敵)그리스도가 되어야 했다.

예수 그리스도가 지옥에 머문 3일 동안 무슨 일이 일어났는지 아무도 모른다. 나는 그것을 경험했다. 옛날의 사람들은 그가 거기서 죽은 자들에게 설교를 했다고 말했다. 그들의 말이 진실이지만, 당신은 어떻게 이런 일이 일어나게 되었는지 그 배경을 아는가?

그것은 어리석고 짓궂은 장난 같은 것이었다. 말하자면, 무시무시한 지옥에서 벌어진 신성한 신비들의 가면무도회 같은 것이었다. 그렇게 하지 않고서야 어떻게 예수 그리스도가 적(敵)그리스도를 구원할 수 있었겠는가? 고대인들이 쓴, 알려지지 않은 책들을 한 번 읽어 보도록 하라. 그러면 당신은 그 책에서 많은 것을 배울 것이다. 예수 그리스도가 지옥에 남지 않고 천상의 세계 높은 곳까지 올라갔다는 점에 주목하라.

선과 아름다움의 가치에 대한 우리의 확신은 강하고 확고부동해졌다. 그것이 삶이 이 세상 너머까지 확장하면서 거기서 속박된 채 갈망하고 있는 모든 것을 성취시킬 수 있는 이유다. 그러나 거기서 속박된 채 갈망하고 있는 것은 혐오스럽고 나쁘다. 여기서 당신은 다시 혐오스럽고 나쁜 것에 분개하는가?

이것을 통해서, 당신은 혐오스럽고 나쁜 것이 생명에 얼마나 큰 힘과 가치를 지니는지를 이해할 수 있다. 당신은 불쾌하고 나쁜 것이 당신 안에서 죽어 있다고 생각하는가? 그러나 이 죽은 것은 뱀들로 바뀔 수 있다. 이 뱀들이 당신 시대의 군주를 소멸시킬 것이다.

깊은 곳이 이 무서운 전쟁을 폭발시켰을 때,

어떤 아름다움과 환희가 인간들에게 밀려왔는지 당신은 아는가? 그럼에도 그것은 무시무시한 시작일 뿐이었다.

만약에 우리에게 깊은 곳이 없다면, 우리가 어떻게 높은 곳을 갖고 있겠는가? 그럼에도 당신은 깊은 곳을 두려워하고 있으며, 자신이 깊은 곳을 두려워한다는 사실을 고백하고 싶어 하지 않는다. 그래도 당신이 당신 자신을 두려워하는 것은 좋은 일이다. 당신 자신이 두렵다고 큰 소리로 외쳐라. 자기 자신을 두려워하는 것은 지혜이다. 오직 영웅들만이 두렵지 않다고 말한다. 그러나 당신은 그런 영웅에게 어떤 일이 벌어지는지 알고 있다.

공포와 전율을 느끼고, 또한 의심하는 마음으로 주변을 살피면서 깊은 곳으로 들어가라. 그러나 이 일을 혼자서 하지 않도록 하라. 둘 이상이면 더 안전하다. 깊은 곳은 살해로 가득하기 때문이다. 또한 퇴로를 확실히 확보해야 한다. 겁쟁이마냥 조심스럽게 들어가라. 그러면 당신은 영혼 살해자들을 사전에 막을 수 있다. 그 깊은 곳은 당신을 통째로 삼켜 진흙 속에서 질식시키길 원하고 있다.

지옥을 여행하는 자는 자신이 지옥이 된다. 그렇기 때문에 당신이 왔던 곳을 잊지 않도록 하라. 깊은 곳은 우리보다 더 강하다. 그러니 영웅이 되지 않도록 하라. 영리할 것이며, 영웅적인 면을 버려라. 이유는 영웅처럼 구는 것보다 더 위험한 일은 없기 때문이다. 깊은 곳은 당신을 잡아두길 원한다. 깊은 곳은 지금까지 많은 사람들을 돌려보내지 않았다. 그래서 사람들이 깊은 곳에서 도망 나와서 그곳을 공격했다.

그 공격 때문에 깊은 곳 자체가 지금 죽음으로 변해 버리면 어떡하나? 그런데 깊은 곳이 정말로 죽음으로 변했다. 따라서 그 곳이 깨어날 때, 천 배의 죽음을 부를 것이다. 우리는 죽음을 살해하지 못한다. 이미 죽음으로부터 모든 생명을 다 빼앗았기 때문이다. 그래도 죽음을 극복하길 원한다면, 우리는 먼저 죽음을 살려내야 한다.

그러므로 당신의 여행길에 달콤한 생명수, 즉 붉은 포도주를 가득 채운 황금 잔을 갖고 가서 그것을 죽은 물질들에게 주는 것을 잊지 않도록 하라. 그러면 죽은 것들이 다시 생명을 얻을 것이다. 죽은 물질들은 검정 뱀이 될 것이다. 놀라지 않도록 하라. 뱀들이 즉시 당신 시대의 태양을 꺼버릴 것이니. 불가사의한 도깨비불이 가득한 밤이 당신을 압도할 것이다.

억지로라도 죽은 것들을 깨우도록 하라. 굴을 깊이 파고, 그 안으로 제물의 선물들을 던져 넣어라. 그러면 선물들이 죽은 자들에게 닿을 것이다. 선한 가슴으로 사악한 것들에 대해 곰곰 생각하라. 그것이 상승에 이르는 길이다. 그러나 상승이 일어나기 전에, 모든 것은 밤이고 지옥이다.

당신은 지옥의 본질에 대해 어떻게 생각하는가? 지옥은 깊은 곳이 당신에게 더 이상 당신이 아니거나 더 이상 당신이 할 수 없는 것을 갖고 오는 때이다. 지옥은 당신이 옛날에 이룰 수 있었던 것을 더 이상 이룰 수 없게 되는 때이다. 지옥은 당신이 원하지 않는 온갖 것을 생각하고, 느끼고, 행동으로 해야 하는 때이다. 지옥은 당신이 해야 하는 것이 당신이 원하는 것임과 동시에 당신이 책임을 져야 하는 것이라는 사실을 아는 때이다. 지옥은 당신 스스로 계획한 진지한 모든 것이 우스꽝스럽기도 하다는 것을, 친절한 모든 것이 잔인하기도 하다는 것을, 좋은 모든 것이 나쁘기도 하다는 것을, 고매한 모든 것이 저급하기도 하다는 것을, 유쾌한 모든 것이 고약하기도 하다는 것을 아는 때이다.

그러나 가장 깊은 지옥은 당신이 지옥이 전혀 지옥이 아니고 유쾌한 천국이기도 하다는 것을, 그 자체로는 천국은 아니지만 이런 점에서는 천국이고 저런 점에서는 지옥이기도 하다는 것을 깨닫는 때이다.

그것은 신의 모호성이다. 신은 어두운 모호성에서 태어나 밝은 모호성 쪽으로 성장한다. 명확성은 단순함이며 죽음으로 이어진다. 그러나 모호성은 생명의 길이다. 만약에 왼쪽 발이 움직이지 않는다면, 그땐 오른쪽 발이 움직일 것이며, 그러면 당신은 움직이게 된다. 신은 그런 것을 의도하고 있다.

당신은 기독교의 신이 명확하다고, 그가 곧 사랑이라고 말한다. 하지만 사랑보다 더 모호한 것이 있는가? 사랑은 생명의 길이지만, 당신의 사랑은 오직 당신이 왼쪽과 오른쪽을 동시에 갖고 있을 때에만 생명의 길을 따르게 된다.

모호성을 갖고 장난을 치는 것보다 더 쉬운 일은 없으며, 모호성을 삶으로 살아가는 것보다 더 어려운 일은 없다. 장난을 치는 자는 아이이며, 그의 신은 늙어 죽어가고 있다. 살아가는 자는 깨어 있으며, 그의 신은 젊으며 계속 살아가고 있다. 장난을 치는 자는 내면의 죽음으로부터 숨고 있다. 살아가는 자는 앞으로 계속 나아가는 것을 느끼고 불멸성을 느낀다. 그러니 장난은 놀려는 자들에게 맡겨두도록 하라. 추락하기를 원하는 것들은 추락하도록 내버려두라. 만약에 당신이 막고 나서면, 그것은 당신까지 안고 추락할 것이다. 이웃에 관심을 두지 않는 진정한 사랑도 있는 법이다.

영웅이 죽음을 당하고 부조리 속에서 의미가 인식될 때, 또 한껏 팽팽해진 구름에서 압력이 일순간에 터져 나올 때, 또 모든 것이 소심해지면서 자신의 구원에만 매달릴 때, 나는 그 신의 탄생을 자각하게 되었다. 내가 조롱과 숭배, 비탄과 웃음, 긍정과 부정으로 인해 혼란에 빠져 있을 때, 그 신은 나의 뜻에 반하게 나의 가슴 속으로 가라앉았다.

이런 상반된 두 가지 요소들의 용해로부터 한 존재가 나왔다. 그는 나 자신의 인간적인 영혼으로부터 하나의 아이로 태어났으며, 나의 인간적인 영혼은 그보다 앞서 처녀처럼 저항하면서 그를 잉태했다. 따라서 그것은 고대인들이 우리에게 준 이미지와 일치한다. 그러나 어머니, 즉 나의 영혼이 그 신을 잉태했을 때, 나는 그것을 몰랐다. 심지어 나에겐 나의 영혼 자체가 신처럼 보였다. 그 신이 나의 영혼의 육체 안에서만 살았는데도 말이다.

이리하여 고대인들의 이미지가 성취되고 있다. 나는 나의 영혼 속에 들어 있는 아이를 죽이기 위해 나의 영혼을 추격했다. 나도 나의 신의 최악의 적이니까. 그러나 나는 또 신의 안에서 나의 악의가 심판을 받고 있다는 것을 깨달았다. 신은 조롱이고 증오이고 분노이다. 이유는 이것 또한 삶의 길이기 때문이다.

영웅이 죽음을 당하기 전까진 신이 존재할 수 없었다는 점에 대해 나는 꼭 말해야 한다. 우리가 이해하고 있는 바와 같이, 영웅은 신의 적이 되었다. 이유는 영웅이 완벽했기 때문이다. 신들은 인간의 완벽을 시기한다. 인간들이 완벽할 경우에 신을 전혀 필요로 하지 않을 것이기 때문이다. 그러나 누구도 완벽하지 않기 때문에 신을 필요로 한다. 신들은 완벽을 사랑한다. 완벽이 총체적인 삶의 길이기 때문이다. 그러나 신들은 완벽해지기를 원하는 사람의 편에 서지 않는다. 왜냐하면 그 사람이 완벽의 한 모방이기 때문이다.

사람들이 아직 영웅적인 원형을 필요로 하던 때, 그때엔 모방이 삶의 길이었다. 원숭이의 방식은 원숭이들에게 삶의 길이며, 인간이 원숭이와 비슷한 한, 원숭이의 방식은 인간에게도 마찬가지로 삶의 길이 된다. 인간의 흉내내기는 무서울 정도로 오랜 세월 동안 이어지고 있다. 그러나 그 흉내 내기의 일부가 인간들로부터 떨어져 나갈 때가 올 것이다.

그것은 구원과 성령의 시대일 것이며, 영원한 불과 속죄가 내려올 것이다.

그렇게 되면 더 이상 영웅은 없을 것이며, 영웅을 모방하는 사람도 없을 것이다. 왜냐하면 그때부터는 모든 모방이 저주의 대상이 될 것이기 때문이다. 새로운 신은 모방과 사도(使徒)의 신분을 비웃을 것이다. 그 신은 더 이상 모방자도 필요로 하지 않고 학생도 필요로 하지 않는다. 그 신은 자신을 통해서 인간들을 강요한다. 그 신은 인간의 안에 있는 자신의 추종자이다. 그는 자신을 모방한다.

우리는 우리 안에 단일성이 있고 우리 밖에 공통성이 있다고 생각한다. 우리 밖에 있는 공통적인 것은 외적인 것과의 관계를 말하는 반면에, 단일성은 우리와의 관계를 가리킨다. 만약에 우리가 우리 자신 안에 있다면, 그때 우리는 단일하지만, 우리 밖에 있는 것들과의 관계는 공통적이다. 그러나 만약에 우리가 우리 자신의 밖에 있다면, 그런 경우에 우리는 공통 사회 안에서 단일하고 이기적일 것이다. 만약에 우리가 우리 밖에 있다면, 우리의 자기가 박탈을 겪고, 따라서 우리의 자기는 공통성으로 그 필요를 충족시킨다. 결과적으로, 공통성이 단일성으로 왜곡되는 것이다. 만약에 우리가 우리 자신 안에 있다면, 우리는 자기의 필요를 충족시키고 번영하며, 그렇게 함으로써 우리는 공통 사회의 필요를 자각하고 그것을 성취시킬 수 있다.

만약에 우리가 어떤 신을 우리 밖에 놓으면, 그 신은 우리를 자기로부터 떼어놓을 것이다. 이유는 신이란 존재가 우리보다 훨씬 더 막강하기 때문이다. 그러면 우리의 자기는 박탈감에 빠진다. 그러나 만약에 신이 우리의 자기 속으로 들어온다면, 신은 우리 밖에 있는 것들로부터 우리를 완전히 낚아채 버린다. 우리는 자신의 안에서 단일성을 이룬다. 그러면 신은 우리의 밖에 있는 것들과의 관계에서 공통적인 존재가 되지만 우리와 관련해서는 단일적인 존재가 된다. 그 누구도 나의 신을 갖고 있지 않지만, 나의 신은 나 자신을 포함한 모든 사람들을 갖고 있다. 모든 개별적인 인간들의 신은 언제나 나 자신을 포함한 모든 사람들을 갖고 있다. 그렇기 때문에 신은 그 다수성에도 불구하고 언제나 하나의 신이다. 당신은 당신 자신 안에서 당신을 붙잡고 있는 당신의 자기를 통해서만 그 신에 닿는다. 이때 당신의 자기는 당신의 삶이 나아가는 길에서 당신을 잘 이해하고 있다.

영웅은 우리의 구원을 위해서 쓰러져야 한다. 이유는 그가 본보기이고 모방을 요구하기 때문이다. 그러나 모방 노력은 성취되었다. 우리는 우리 안에서 고독을 받아들이고 우리 밖에서 신과 화해해야 한다. 만약에 우리가 이 고독 속으로 들어간다면, 그때 신의 생명이 시작된다. 만약에 우리가 우리 자신의 안에 있다면, 그때엔 우리 주위의 공간이 자유로워지지만 신에 의해 채워진다.

우리와 인간들의 관계는 이 빈 공간을 통하기도 하고 신을 통하기도 한다. 그러나 예전에는 이 관계가 이기심을 통했다. 그땐 우리가 우리 자신의 밖에 있었기 때문이다. 그래서 깊은 곳의 정신이 나에게 우주 공간의 냉기가 땅위로 퍼질 것이라고 예견했다. 이로써 깊은 곳의 정신은 신이 인간들 사이에 끼어들어 얼음같이 차가운 채찍으로 모든 개인들을 자신의 수도원의 따뜻한 벽난로 쪽으로 몰아붙일 것이라는 점을 하나의 이미지로 나에게 보여주었다. 왜냐하면 사람들이 제정신을 잃고 광인처럼 황홀경에 빠져 있었기 때문이다.

이기적인 욕망은 종국적으로 욕망 자체를

갈구한다. 그러면 당신은 당신의 욕망에서 당신 자신을 발견한다. 그러니 욕망은 헛되다고 말하지 않도록 하라. 만약에 당신이 당신 자신을 욕망한다면, 당신은 당신 자신과의 포옹에서 신성한 아들을 낳는다. 당신의 욕망은 그 신의 아버지이고, 당신의 자기는 그 신의 어머니이지만, 그 아들은 새로운 신, 즉 당신의 주인이다.

만약에 당신이 당신의 자기와 포옹한다면, 그때 당신에겐 세상이 차갑고 텅 빈 것처럼 보일 것이다. 다가오는 신은 이 공백 속으로 들어온다.

만약에 당신이 고독 속에 있고 당신 주위의 모든 공간이 차갑고 무한해진다면, 그때 당신은 인간들로부터 멀리 떨어지는 동시에 그 인간들에게 그 전 어느 때보다 더 가까이 다가가게 된다. 이기적인 욕망은 오직 겉으로만 당신을 인간들에게로 이끌 뿐이며, 실제로 보면 이기적인 욕망은 당신을 인간들로부터 멀어지게 만들며 결국에는 당신 자신에게로 이끄는데, 이때 당신 자신은 당신에게나 타인들에게나 똑같이 아주 멀리 떨어져 있다. 그러나 지금 만약에 당신이 고독에 빠져 있다면, 당신의 신이 당신을 타인들의 신에게로 이끌고, 그렇게 함으로써 진정한 이웃에게로, 타인들의 안에 있는 자기의 이웃에게로 이끈다.

만약에 당신이 당신 자신의 안에 있다면, 당신은 자신의 무능을 자각하게 된다. 당신은 당신 자신이 영웅들을 모방하거나 당신 자신이 영웅이 될 능력이 얼마나 보잘것없는지를 확인할 것이다. 그러면 당신은 다른 사람들에게도 영웅이 되라고 더 이상 강요하지 못할 것이다. 당신처럼, 다른 사람들도 무능으로 고통을 겪고 있다. 무능 역시 살기를 원하지만, 무능은 당신의 신들을 엎어버릴 것이다.

9장

# 신비스런 조우

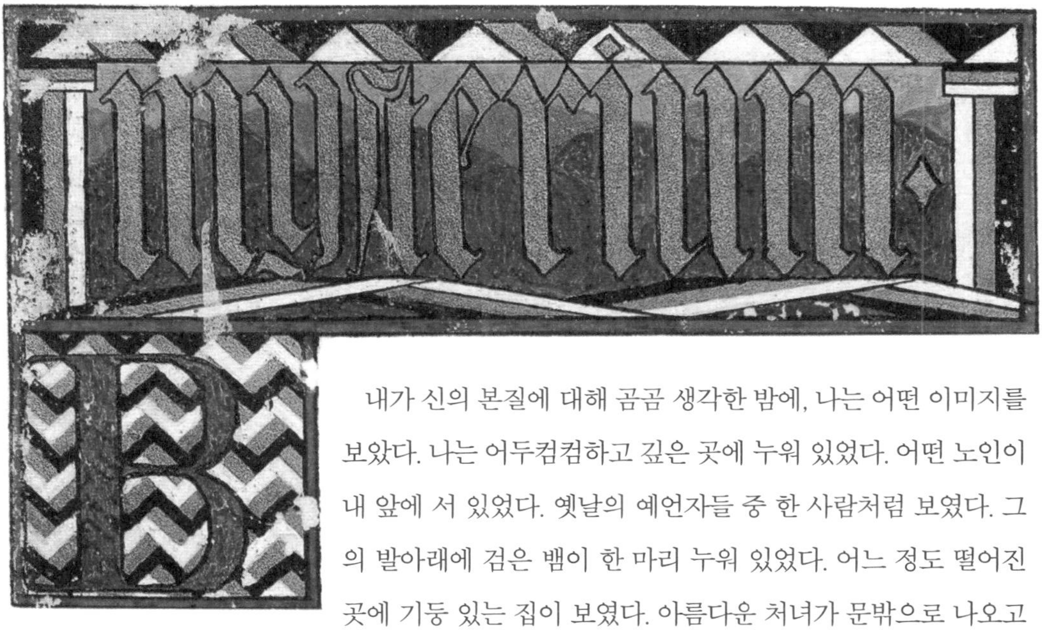


내가 신의 본질에 대해 곰곰 생각한 밤에, 나는 어떤 이미지를 보았다. 나는 어두컴컴하고 깊은 곳에 누워 있었다. 어떤 노인이 내 앞에 서 있었다. 옛날의 예언자들 중 한 사람처럼 보였다. 그의 발아래에 검은 뱀이 한 마리 누워 있었다. 어느 정도 떨어진 곳에 기둥 있는 집이 보였다. 아름다운 처녀가 문밖으로 나오고 있다. 그녀는 더듬더듬 걷고 있다. 나는 그녀가 앞을 보지 못하는 소녀라는 사실을 알아차린다. 늙은이가 나에게 손짓을 한다. 나는 그를 따라, 가파른 바위벽 아래에 있는 집으로 간다. 우리 뒤로 뱀이 기어온다. 집 안은 온통 어둠이다. 우리는 반짝이는 벽으로 장식한 높다란 홀 안에 있다. 뒤쪽에 물색의 밝은 돌이 놓여 있다. 반짝이는 돌을 들여다보자, 이브와 나무와 뱀의 이미지들이 나에게 나타난다. 그 다음에 나는 오디세우스[5]와 거친 바다

5 그리스 신화에 트로이 전쟁에서 활약한 영웅으로 나온다. 그는 갖은 풍파를 다 겪으면서 트로이 전쟁 후 20년 만에 고향으로 돌아간다.

를 헤쳐 나가는 그의 여정을 본다. 별안간 오른쪽 문이 열린다. 거기에 밝은 햇살이 가득한 정원이 펼쳐진다. 우리는 밖으로 걸음을 옮긴다. 그때 노인이 나에게 말한다. "지금 자네가 있는 곳이 어딘지 아는가?"

**나:** "전 이곳에선 이방인입니다. 모든 게 낯설어요. 꿈속인 것처럼 불안해요. 그런데 어르신은 누구시죠?"

**엘리야:** "엘리야라고 해. 이 아이는 나의 딸 살로메고."

**나:** "헤롯의 딸, 그러니까 피에 굶주린 그 여자란 말인가요?"

**엘리야:** "자네는 왜 그런 식으로 판단하는가? 자네도 보다시피 이 아이는 앞을 보지 못해. 이 아이는 나의 딸이야. 예언자의 딸이지."

**나:** "어떤 기적이 있었기에 두 사람이 그런 관계가 되었습니까?"

**엘리야:** "절대로 기적이 아니야. 처음부터 그런 관계였어. 나의 지혜와 나의 딸은 하나야."

나는 충격을 받았다. 도무지 이해가 안 되는 말이었다.

**엘리야:** "이걸 생각해 봐. 이 아이의 맹목(盲目)과 나의 시력이 우리를 영원한 동반자로 만들었어."

**나:** "제가 놀라는 것을 용서해 주시길 바랍니다. 제가 정말로 저승에 와 있습니까?"

**살로메:** "당신은 나를 사랑합니까?"

**나:** "어떻게 내가 당신을 사랑할 수 있죠? 어떻게 당신이 그런 질문을 할 수 있죠? 나는 단 한 가지만을 보고 있습니다. 당신은 살로메이지요. 한 마리 호랑이 같아요. 당신 손엔 신성한 존재의 피가 묻어 있어요. 그런데 내가 어떻게 당신을 사랑할 수 있죠?"

**살로메:** "당신은 나를 사랑하게 될 거예요."

**나:** "내가? 당신을 사랑한다고? 누가 당신에게 그런 식으로 생각할 권리를 주지요?"

**살로메:** "당신을 사랑해요."

**나:** "나를 가만 내버려 둬요. 난 당신이, 짐승 같은 당신이 무서워요."

**살로메:** "당신은 지금 몹쓸 짓을 하고 있어요. 엘리야는 나의 아버지이고, 그는 더없이 깊은 신비들을 알고 있어요. 이 집의 벽들은 귀금속으로 만들어졌어요. 그의 샘들에는 치유의 물이 있어요. 그의 눈은 미래의 것들을 보아요. 그리고 단 한 번의 눈길로 앞으로 다가올 것들을 무한히 볼 수 있다면, 당신인들 무엇을 내놓지 않겠어요? 그만한 일이라면 당신이 한 번 쯤은 죄를 지어도 되지 않을까요?"

**나:** "당신의 유혹이야말로 극악무도하군요. 나는 지상의 세계로 돌아가기를 간절히 바라고 있어요. 이곳은 무서워요. 공기가 너무 무겁고 텁텁해요!"

**엘리야:** "자네는 무엇을 원하는가? 자네 마음대로 선택할 수 있어."

**나:** "하지만 나는 죽은 자들의 세계에 속하지 않아요. 나는 낮의 빛 속에 살고 있어요. 왜 내가 여기서 살로메 때문에 나 자신을 고문해야 합니까? 나 자신의 삶을 다루는 것만으로도 충분하지 않습니까?"

**엘리야:** "자네는 살로메가 한 말을 들었어."

**나:** "예언자인 당신이 그녀를 딸이자 동반자로 생각할 수 있다니, 나로서는 도무지 믿어지지 않아요. 그녀는 극악무도한 씨앗에서 생겨나지 않았습니까? 그녀는 헛된 탐욕이고 사악한 정욕이었지 않습니까?"

**엘리야:** "그러나 그녀는 성스러운 한 사람을 사랑했어."

**나:** "그리고 부끄럽게도 그의 소중한 피를 뿌렸지요."

**엘리야:** "그녀는 세상에 새로운 신이 도래할 것이라고 선언한 예언자를 사랑했어. 그녀는 그를 사랑했어. 자네는 그걸 이해하는가? 그녀가 나의 딸이니까."

**나:** "그렇다면 당신은 그녀가 당신의 딸이기 때문에 요한 속의 예언자를, 아버지를 사랑했다고 생각합니까?"

**엘리야:** "그녀의 사랑에 의해서 자네는 그녀를 알게 될 거야."

**나:** "하지만 그녀가 그를 어떤 식으로 사랑했습니까? 당신은 그것을 사랑이라고 부릅니까?"

**엘리야:** "사랑이 아니면 뭔데?"

**나:** "나는 무서워요. 살로메가 사랑한다는데 누가 무서워하지 않겠어요?"

**엘리야:** "자네는 겁쟁이인가? 이걸 고려해 봐. 나와 나의 딸은 영원 이래로 하나였어."

**나:** "끔찍한 수수께끼를 던지시는군요. 이 사악한 여자와, 그러니까 당신의 신의 예언자인 당신이 어떻게 하나가 될 수 있습니까?"

**엘리야:** "자네가 대경실색하는 이유가 뭔가? 하지만 자네가 보고 있잖아. 우리는 함께 있어."

**나:** "나는 지금 눈으로 보고 있는 것을 도무지 이해하지 못하겠어요. 예언자이며 신의 입인 엘리야 당신과 피에 굶주린 공포의 대상인 그녀가…. 당신들이야말로 가장 극단적인 모순의 상징이지요."

**엘리야:** "우리는 실체지 상징이 아니야."

나는 검은 뱀이 몸부림치며 나무 위로 올라가 나뭇가지 사이에 숨는 것을 본다. 모든 것이 음울하고 의심스러워진다. 엘리야가 몸을 일으킨다. 나는 그의 뒤를 따른다. 우리는 말없이 홀을 가로질러 걷는다. 의심이 나를 갈가리 찢어놓는다. 모든 것이 너무나 비현실적인데도 나의 욕망의 한 조각이 뒤에 남는다. 내가 다시 오게 될까? 살로메는 나를 사랑한다. 나도 그녀를 사랑하는가? 거친 음악 소리가 들린다. 탬버린 소리, 후텁지근한 달밤, 나를 노려보는 성스러운 존재의 피 묻은 머리. 공포가 나를 얼어붙게 만든다. 나는 달려 나간다. 깜깜한 밤이 나를 휘감는다. 주위엔 온통 칠흑 같은 어둠뿐이다. 누가 그 영웅을 살해했는가? 이것이 살로메가 나를 사랑하는 이유인가? 나는 그녀를 사랑하는가, 따라서 내가 그 영웅을 살해했는가? 그녀는 예언자와 한 몸이고, 요한과 한 몸이면서, 나와도 한 몸인가? 아, 그녀는 그 신의 손이었는가? 나는 그녀를 사랑하지 않는다. 나는 그녀를 무서워하고 있다. 그때 깊은 곳의 정신이 나에게 말했다. "그 점에서 너는 그녀의 신성한 힘을 인정하고 있는 거야." 나는 살로메를 사랑해야 하는가?

*내가 목격한 이 연극은 나의 연극이지 당신의 연극이 아니다. 그것은 나의 비밀이지 당신의 비밀이 아니다. 당신은 나를 모방하지 못한다. 나의 비밀은 건드려지지 않은 채 순결하게 남을 것이며, 나의 신비들은 침범 불가능하다. 그 신비들은 나의 것이지 당신의 것이 될 수 없다. 당신은 당신의 신비를 갖고 있다.*
*자신의 세계로 들어가는 자는 자신 앞에 놓인 것을 손으로 더듬으며 나아가야 한다. 그는 이 돌에서 저 돌로 자신의 길을 느껴야만 한다. 그는 무가치한 것과 가치 있는 것을 똑같은 사랑으로 포옹해야만 한다. 하나의 산은 무(無)이며, 작은 모래알 하나는 왕국을 담고 있을 수도 있고 아무것도 아닐 수도 있다. 당신은 판단을 버려야 한다. 심지어 취향까지도. 무엇보다 자만심을 버려야 한다. 설령 그것이 업적에 근거한 것일지라도 버려야 한다. 더없이 가엾고, 비참하고, 무의식적으로 굴욕감을 느끼는 가운데, 계속 나아가 문을 통과하도록 하라. 당신의 분노를 당신 자신에게로 돌리도록 하라. 이유는 오로지 당신만이 당신이 보지 않도록 하고 살지 않도록 할 수 있기 때문이다. 그 신비극(神秘劇)은 공기처럼 가볍고 연기처럼 엷다. 당신은 성가실 정도로 무거운 원석(原石)이다. 그러나 더없이 큰 선(善)이고 더없이 큰 능력인 당신의 희망이 어둠의 세계에서 길을 이끌며 당신의 길잡이가 되도록 하라. 이유는 당신의 희망이 그 세상의 형태들과 비슷한 물질로 되어 있기 때문이다.*

그 신비극의 장면은 화산의 분화구처럼 생긴 아주 깊은 곳이다. 나의 깊은 내면은, 형태도 없고 분화되지도 않은 시뻘건 용암을 뿜는 화산과 비슷하다. 따라서 나의 내면은 카오스의 자식들을, 최초의 어머니의 자식들을 낳는다. 그 분화구에 들어가는 자도 또한 카오스의 물질이 되고, 용해된다. 그의 안에 있는, 형태를 갖춘 것들은 모두 용해되어 카오스의 자식들과 어둠의 힘들, 지배하고 유혹하는 것들, 강압적인 것들, 유인하는 것들, 신성한 것들, 사악한 것들과 새롭게 결합한다. 어둠의 힘들은 나의 확실성 그 너머로, 사방의 경계 그 너머로 뻗으며 나를 모든 형태들과, 모든 먼 존재들과 사물들과 연결시킨다. 이 연결을 통해 그런 것들의 존재와 성격이 나의 내면에서도 발달한다.

나는 카오스의 원천 속으로, 최초의 시작 속으로 떨어져서 최초의 시작과 연결되면서 새롭게 용해된다. 이 최초의 시작은 동시에 지금까지 생성된 것들과 지금 생성되고 있는 것들이기도 하다. 처음에 나는 나 자신 안에서 최초의 시작에 닿는다. 그러나 나는 세상의 물질과 형성의 일부를 이루고 있기 때문에 또한 세상의 최초의 시작이 된다. 나는 형성되고 결정된 인간으로서 삶에 확실히 참여했다. 그러나 그 참여는 오직 형성되고 결정된 나의 의식을 통해서였다. 이로써 나는 전체 세상 중에서 형성되고 결정된 한 조각에 참여했지만, 세상 중에서 형성되지 않고 결정되지 않고 있는 양상들에는 참여하지 않았다. 물론 이 양상들도 나에게 주어지지만, 형성되지 않고 결정되지 않은 양상들은 오직 나의 깊은 곳에만 주어지지, 형성되고 결정된 의식인 나의 표면에는 주어지지 않는다.

나의 깊은 곳의 권력은 예견과 쾌락이다. 예견은 프로메테우스[6]다. 확립된 생각이 없는 상태에서 형태와 정의(定義)에 카오스를 일으키고, 수로(水路)를 파고 쾌락보다 목표를 앞세웠던 그 프로메테우스 말이다. 예견은 생각보다 먼저 온다. 그러나 쾌락은 형태와 정의를 갖추지 않은 형태들을 욕망하고 파괴하는 힘이다. 쾌락은 자신이 붙잡는 형태를 사랑하고 자신이 붙잡지 못하는 형태는 파괴한다. 미리 보는 사람은 예언자이지만, 쾌락은 맹목적이다. 쾌락은 예언을 못하지만 자신이 건드리는 것을 욕망한다. 미리 생각하는 것은 그 자체로 강력하지 않기 때문에 감동을 주지 못한다. 그러나 쾌락은 강력하며, 따라서 감동을 줄 수 있다. 예견이 형태를 갖추기 위해선 쾌락이 필요하다. 쾌락이 형태를 갖추기 위해선 예견이

---

**6** 그리스 신화에 나오는 티탄 족 영웅. 불을 훔쳐 인간에게 주었다가 제우스에게 미움을 받아 날마다 독수리에게 간을 쪼이는 벌을 받았다. 그 이름은 '미리 생각하는 존재'란 뜻이다.

필요하다. 형태를 갖추지 못한 쾌락은 다양성 속에 용해되고 끝없는 분리를 통해 쪼개지고 무력해져 결국엔 흩어지고 만다. 자체에 쾌락을 담고 있지 않은 형태는 보다 높은 곳에 닿지 못한다. 이유는 쾌락이 언제나 물처럼 위에서 아래로 흐르기 때문이다. 모든 쾌락은 가만히 내버려두면 깊은 바다로 흐르고, 결국엔 끝없는 공간 속으로 분산되면서 죽음과도 같은 정지의 상태를 맞는다. 쾌락은 예견보다 나이가 더 많지 않으며, 예견도 쾌락보다 나이가 더 많지 않다. 둘 다 똑같이 늙었으며, 자연 속에서 하나이다. 오직 인간 안에서만 두 가지 원리가 뚜렷이 구분된다.

엘리야와 살로메 외에, 나는 뱀이 세 번째 원리라는 것을 발견했다. 이 원리는 두 가지 원리와 연결되어 있음에도 불구하고 두 원리에겐 낯설다. 뱀은 나의 내면에 있는 두 가지 원리의 본질에 절대적인 차이가 있다는 것을 나에게 가르쳐주었다. 만약에 내가 예견 쪽에서 쾌락을 본다면, 먼저 나는 나의 기를 꺾어놓을 독사(毒蛇)를 보게 된다. 만약에 내가 쾌락 쪽에서 예견을 더듬는다면, 그때도 마찬가지로 냉혹하고 잔인한 뱀이 먼저 느껴진다. 뱀은 인간의 세속적 본질인데, 정작 인간은 그걸 의식하지 못하고 있다. 뱀의 성격은 사람들과 땅에 따라 변한다. 이는 자양분을 공급하는 어머니 대지(大地)로부터 뱀에게로 흐르는 것이 신비이기 때문이다.

세속적인 힘이 인간의 안에서 예견과 쾌락을 떼어놓고 있지만, 예견과 쾌락은 그 자체로 떨어져 있지 않다. 뱀은 그 자체로 땅의 무게를 지니지만, 동시에 가변성과 맹아(萌芽)를 품고 있기 때문에 생성하는 모든 것이 거기서 비롯된다. 인간이 이번에는 이 원리의 노예가 되고, 다음번에는 다른 원리의 노예가 되도록 만들고, 그리하여 그 원리들이 오류가 되도록 만드는 것은 언제나 뱀이다. 인간은 예견만으로도 살아가지 못하고, 쾌락만으로도 살아가지 못한다. 두 가지 모두를 필요로 한다. 그러나 쾌락과 예견 안에 동시에 머물 수는 없다. 예견과 쾌락 안에 교대로 머물러야 한다. 그러다 보면 지배적인 원리에 복종하고 다른 원리에는 불충실하게 된다. 그러나 인간들은 이것 또는 저것을 선호한다. 어떤 사람들은 사고를 사랑하며 삶의 기술을 거기에 바탕을 둔다. 그들은 사고와 신중을 실천한다. 그래서 그들은 쾌락을 잃어버린다. 따라서 그들은 늙고 선이 날카로운 얼굴을 갖고 있다. 다른 사람들은 쾌락을 사랑한다. 그들은 자신의 감정과 삶을 실천한다. 그 결과, 사고를 망각하게 된다. 따라서 그들은 젊고 맹목적이다. 생각하는 사람들은 이 세상을 사고에 바탕을 두고 있고, 느끼는 사람들은 이 세상을 감정에 바탕을 두고 있다. 당신은 둘 모두에서 진리와 오류를 발견한다.

삶의 길은 뱀처럼 오른쪽에서 왼쪽으로, 왼쪽에서 오른쪽으로, 사고에서 쾌락으로, 쾌락에서 사고로 구불구불 이어진다. 따라서 뱀은 하나의 적(敵)이고 적의(敵意)의 상징이지만, 또한 욕망을 통해 오른쪽과 왼쪽을 연결하는 현명한 다리이기도 하다. 말하자면, 뱀은 우리의 삶이 대단히 필요로 하는 것이다.

엘리야와 살로메가 함께 사는 곳은 컴컴한 공간이고 밝은 공간이다. 컴컴한 공간은 예견의 공간이다. 그곳은 어둡다. 그렇기 때문에 그곳에 사는 사람은 시력을 필요로 한다. 이 공간은 제한적이다. 그렇기 때문에 예견이 먼 거리까지 닿지 못하고 과거와 미래의 깊은 곳에 닿는다. 그곳의 수정(水晶)은 형성된 생각이며, 이 생각은 이미 흘러간 것을 바탕으로 다가올 것을 보여주고 있다.

이브와 뱀은 나의 다음번 걸음이 쾌락으로 이어질 것이며, 거기서 다시 오디세우스처럼 길고 긴 방랑이 시작될 것임을 나에게 보여주고 있다. 오디세우스는 트로이에서 책략을 쓸 때 길을 잃었다. 밝은 정원은 쾌락의 공간이다. 그곳에 사는 사람에겐 시력이 전혀 필요 없다. 그 사람은 영원을 느낀다. 예견의 영역으로 내려간 사상가는 자신의 다음 걸음이 살로메의 정원으로 안내하고 있다는 것을 발견한다. 따라서 사상가는 자신의 예견을 두려워한다. 비록 자신이 예견이라는 토대 위에서 살고 있지만 말이다. 눈으로 볼 수 있는 표면이 지하보다 더 안전하다. 사고는 실수의 길로 들어서지 않도록 보호하며, 따라서 사고는 화석화로 이어진다.

사상가는 살로메를 두려워해야 한다. 그녀가 사상가의 머리를 원하기 때문이다. 신성한 사상가라면 살로메를 특히 더 두려워해야 한다. 사상가는 신성한 사람이 될 수 없다. 신성한 사람이 되면, 사상가는 머리를 잃게 된다. 자기 자신을 생각 속에 숨기는 것은 이롭지 않다. 생각 속에서 응고가 당신을 압도해 버리기 때문이다. 그러면 당신은 부활을 위해 어머니 같은 예견으로 돌아가야 한다. 그러나 예견은 살로메로 이어진다.

내가 사상가이고 예견으로부터 쾌락의 악의적인 원리를 보았기 때문에, 쾌락의 원리가 나에게 살로메로 나타났다. 만약에 내가 느끼면서 예견 쪽으로 길을 더듬어 나갔다면, 그러면 그 길은 마치 똬리를 튼 뱀 같은 악령으로 나타났을 것이다. 내가 실제로 보았다면 말이다. 그러나 나는 앞을 볼 수 없었을 것이다. 따라서 나는 단지 미끄럽고, 죽어 있고, 위험하고, 패배한 것으로 알려져 있고, 무미건조하고, 역겨운 것들을 느끼기만 했을 것이다. 그러면서 나는 살로메로부터 돌아서서 나올 때 느낀 것과 똑같은 전율을 느끼며 몸을 사렸을 것이다.

사상가의 열정은 나쁘며, 따라서 사상가는 전혀 쾌락을 누리지 않는다. 느끼는 사람의 생각은 나쁘며, 따라서 그 사람은 전혀 생각을 갖지 않는다. 느끼기보다 생각하길 더 좋아하는 사람은 자신의 감정이 어둠 속에서 썩어가도록 내버려둔다. 그 감정은 성숙하지 못하고 곰팡내 나는 가운데서 병든 덩굴손을 뻗지만 빛까지 닿지는 못한다. 생각하는 것보다 느끼길 더 좋아하는 사람은 자신의 사고를 어둠 속에 내버려둔다. 거기서 사고는 음침한 장소에 황량한 그물을 친다. 그러면 모기와 각다귀들이 거기에 걸려든다. 사상가는 감정에 대해 넌더리를 낸다. 이유는 그의 안에 있는 감정이 주로 혐오감을 불러일으키기 때문이다. 느끼길 좋아하는 사람은 사고에 대해 넌더리를 낸다. 그의 안에 있는 사고가 주로 혐오감을 불러일으키기 때문이다. 그래서 뱀이 사상가와 느끼길 좋아하는 사람 사이에 누워 있다. 사상가와 느끼길 좋아하는 사람은 서로의 독이며 서로의 치료이다.

정원 안에서, 내가 살로메를 사랑한 것이 분명했다. 이 깨달음이 나를 깜짝 놀라게 만들었다. 내가 그런 식으로 생각하지 않았기 때문이다. 사상가의 경우에는 자신이 생각하지 않는 것은 존재하지 않는다고 믿고, 느끼길 좋아하는 사람의 경우에는 자신이 느끼지 않는 것은 존재하지 않는다고 믿는다. 당신이 자신이 반대하고 있는 원리를 끌어안을 때, 바로 그때 당신은 완전함을 말해주는 어떤 예감을 느끼기 시작한다. 그 이유는 완전함이 같은 뿌리에서 자라는 두 가지 원리에 똑같이 해당되기 때문이다.

엘리야가 말했다. "그녀의 사랑에 의해서 자네는 그녀를 알게 될 거야." 당신이 대상을 존경하는 것에서 끝나지 않는다. 그 대상도 당신을 신성하게 만든다. 살로메는 그 예언자를 사랑했으며, 그것이 그녀를 신성하게 만들었다. 그 예언자는 신을 사랑했으며, 그것이 그를 신성하게 만들었다. 그러나 살로메는 신을 사랑하지 않았다. 그것이 그녀를 불경스런 존재로 만들었다. 그러나 예언자는 살로메를 사랑하지 않았다. 그것이 그의 신성을 더럽혔다. 따라서 그들은 서로의 독이고 죽음이었다. 부디, 생각하길 좋아하는 사람은 자신의 쾌락을 받아들이고, 느끼길 좋아하는 사람은 자신의 생각을 받아들이길. 그것이 곧 사람을 제 길로 안내할 것이다.

10장

# 가르침

그 다음 밤, 나는 두 번째의 이미지로 끌리고 있었다. 나는 바위투성이인 어떤 깊은 곳에 서 있다. 분화구처럼 보인다. 내 앞으로 기둥 있는 집이 보인다. 살로메가 벽을 따라 왼쪽으로 걷고 있다. 맹인처럼 벽을 더듬고 있다. 뱀이 그녀의 뒤를 따르고 있다. 늙은이가 문에 서서 나에게 손짓을 하고 있다. 나는 망설이는 몸짓을 보이며 그에게 가까이 다가간다. 그가 살로메를 불러 세운다. 그녀는 고통을 당하고 있는 사람처럼 보인다. 나는 그녀의 천성에서 벌 받을 만한 요소를 전혀 탐지할 수 없다. 그녀의 손은 하얗고, 얼굴은 온화한 표정을 짓고 있다. 그들 앞에 뱀이 누워 있다. 나는 그들 앞에 마치 어리석은 소년처럼, 불확실성과 모호함에 휩싸인 상태에 어색하게 서 있다. 노인이 예리한 시선으로 나를 보며 말한다. "여기서 자네는 뭘 원하는가?"

**나:** "죄송합니다. 저를 이곳으로 이끈 것이 참견이나 오만은 아닙니다. 제가 여기 있는 것은 아마 우연일 것입니다. 당연히 나 자신이 무엇을 원하는지 모르고 있지요. 어제 영감님의 집에 남겨 두었던 한 조각의 욕망이 저를 이곳으로 이끌었습니다. 예언자여, 보시다시피 저는 지쳐 있습니다. 머리는 납덩이처럼 무겁습니다. 저는 무지에 빠져 길을 잃었지요. 저는 제 자신을 놓고

깊이 생각했습니다. 저 자신에게 위선적으로 굴었지요. 그런 제가 혐오스럽습니다. 저에겐 이곳이 훨씬 더 현실적인 것처럼 보입니다. 그럼에도 여기 있는 것이 그렇게 썩 내키지는 않아요."

엘리야와 살로메는 말없이 집 안으로 들어선다. 나도 마지못한 듯 그들을 따른다. 죄책감이 나를 고문한다. 양심의 가책인가? 나는 돌아서고 싶지만 그렇게 하지 못한다. 나는 반짝이는 수정 앞에 서서 그 속에서 벌어지고 있는 불의 유희를 본다. 빛 속에서 나는 신의 어머니가 아이를 안고 있는 모습을 본다. 베드로가 감탄하면서 신의 어머니 앞에 서 있다. 이어 베드로 혼자서 열쇠를 쥐고 있는 모습이 보인다. 로마 교황이 3중관을 쓰고 있다. 부처가 불의 원 안에 엄숙히 앉아 있다. 수많은 팔을 가진 피 흘리는 여신이 보인다. 그 여신이 자신의 손을 비틀고 있는 살로메이다. 그것이 나를 붙잡고 있다. 그녀는 나의 영혼이다. 지금 나는 수정의 이미지 안에서 엘리야를 본다.

엘리야와 살로메가 미소를 지으며 내 앞에 서 있다.

**나:** "이 환상들은 고통으로 가득해요. 이 이미지들의 의미를 저는 전혀 모르겠어요. 엘리야. 조금만 설명해 줘요."

엘리야가 말없이 몸을 돌려 왼쪽으로 길을 안내한다. 살로메가 오른쪽으로 주랑(柱廊) 속으로 들어간다. 천장에 붉은 램프가 걸려 있다. 나는 지친 상태에서 자리에 앉는다. 엘리야는 방 한가운데 놓인 대리석 사자상 위로 몸을 기댄 채 내 앞에 서 있다.

**엘리야:** "자네는 불안한가? 자네가 양심의 가책을 느끼는 것은 무지 때문이야. 알지 못하는 것이 죄인데도, 자네는 죄책감을 느끼도록 만드는 것이 금지된 지식을 알려는 충동이라고 믿고 있어. 자네가 여기 있는 이유가 뭐라고 생각하는가?"

**나:** "모르겠어요. 알려지지 않은 것에 저항하다가 저도 모르는 사이에 그만 이곳으로 떨어졌습니다. 그래서 저는 이곳에 있게 되었고, 놀란 가운데 혼란을 느끼고 있으며, 무식한 바보처럼 굴고 있지요. 저는 당신의 집에서 이상한 것들을 경험하고 있어요. 모두가 나를 경악케 하는 것들인데, 그 의미를 도무지 모르겠어요."

**엘리야:** "만약에 자네가 여기 있게 된 것이 자네의 법이 아니라면, 자네가 어떻게 이곳에 있을 수 있을까?"

**나:** "아버지시여, 저는 치명적인 약점으로 인해 고통 받고 있습니다."

**엘리야:** "자네는 지금 둘러대고 있어. 자네는 아무리 용을 써도 자네의 법으로부터 빠져나가지 못해."

**나:** "저에게 알려지지 않은 것으로부터, 말하

자면 제가 저의 감정이나 예감으로 닿지 못하는 것으로부터 어떻게 빠져나갈 수 있지요?"

**엘리야:** "자네는 거짓말을 하고 있어. 살로메가 자네를 사랑한다는데, 그것이 무슨 의미인지 자네가 모른단 말인가?"

**나:** "당신 말이 맞아요. 의심스럽고 불확실한 어떤 생각이 나의 머릿속에 떠올랐어요. 그러나 나는 그 생각을 다시 잊어 버렸어요."

**엘리야:** "자네는 그걸 망각하지 않았어. 그 생각은 자네의 내면 깊은 곳에서 타 버렸어. 자네는 겁쟁이인가? 아니면 자네는 그 생각을 자네 자신의 자기와 분리시킬 수 없는가? 자네 자신이 직접 그것을 주장하고 나설 만큼 충분히."

**나:** "저에겐 너무 어려운 생각입니다. 저는 무리한 생각들을 피합니다. 그런 생각들은 위험해요. 제가 인간이기 때문이지요. 인간들은 생각에 대해 자신의 것으로 생각하는 데 익숙해 있어요. 그러다 인간들은 마침내 생각과 자기 자신을 혼동하게 되지요."

**엘리야:** "그래서 자네는 나무나 동물과도 자신과 혼동할 것인가? 자네가 나무나 동물을 본다는 이유로, 그리고 자네가 같은 세상 안에서 그것들과 함께 존재한다는 이유로? 자네가 자네의 생각의 세계 안에 있다는 이유로 자네가 생각이 되어야 하는가? 하지만 자네의 생각들은 자네의 자기 밖에 있어. 나무와 동물들이 자네의 육체 밖에 있는 것처럼 말이네."

**나:** "알겠습니다. 저의 생각의 세계는 저에게 세계이기보다는 말이었습니다. 저는 저의 생각의 세계에 대해 생각했습니다. 생각의 세계가 곧 저입니다."

**엘리야:** "자네는 인간 세계와 자네 밖에 있는 모든 존재들에게 '당신이 곧 나야'라고 말하는가?"

**나:** "아버지시여, 저는 어린 학생처럼 두려움을 느끼면서 당신의 집에 들어섰습니다. 그러나 당신이 저에게 유익한 지혜를 가르쳐주었지요. 저는 또 저의 생각들을 저의 자기 밖에 존재하는 것으로 여길 수 있습니다. 그것이 저로 하여금 저의 혀로는 표현하기 힘든 무서운 결론으로 돌아가도록 돕고 있습니다. 저는 살로메가 저를 사랑하는 이유가 제가 요한이나 당신을 닮았기 때문이라고 생각했습니다. 이런 생각이 저에겐 도무지 믿어지지 않습니다. 그것이 제가 그 생각을 부정하면서, 그녀가 저를 사랑하는 이유는 제가 당신과 정반대이기 때문이라고 생각한 이유이며, 그녀가 저의 악 안에 들어 있는 그녀의 악을 사랑한다고 생각한 이유입니다. 이런 생각이 저를 황폐화시켰지요."

엘리야가 침묵을 지키고 있다. 중압감이 나를 짓누른다. 그때 살로메가 들어와서 나에게 다가오더니 팔로 나의 어깨를 감싼다. 그녀는 자기 아버지의 의자에 앉아 있던 나를 아버지로 착각한다. 나는 감히 움직이지도 못하고 말도 못한다.

**살로메:** "나는 당신이 나의 아버지가 아니라는 것을 알고 있어요. 당신은 그의 아들이지요. 나는 당신의 여동생이고요."

**나:** "살로메, 당신이 나의 여동생이라고? 당신에게서 방사되는 그 무시무시한 매력이 그 때문이었는가? 당신에게서, 당신의 손길에서 느꼈던 이름 모를 공포가 그 때문이었는가? 우리의 어머니는 누군가?"

**살로메:** "마리아."

**나:** "아니, 어떻게 이런 망측한 꿈을? 마리아가 우리의 어머니라고? 당신의 말에 어떤 광기가 숨어 있어? 우리 구세주의 어머니가 우리 어머니라고? 오늘 당신의 집 문턱을 넘어설 때, 나는 불행을 예견했어. 아! 이럴 수가! 그 불행이 바로 이 일이었구나. 살로메, 지금 제정신인가? 신성한 법의 보호자인 엘리야가 말하기를, 이것이 버림받은 자의 사악한 주문(呪文)이라고 했던가? 아니, 살로메가 어떻게 그런 말을 할 수 있어? 아니면 당신들 둘 다 제정신이 아닌 것인가? 당신은 상징들이고, 마리아도 하나의 상징이지. 지금 너무 혼란스러워서 당신들을 이해하지 못하겠어."

**엘리야:** "자네가 원한다면, 자네가 동료 인간들을 상징이라고 부를 수 있는 것과 똑같은 이유로 우리를 상징이라고 불러도 괜찮아. 그러나 우리는 자네의 동료인 인간들과 똑같이 실제적인 존재들이야. 자네가 우리를 상징이라고 부름으로써 무효로 돌릴 수 있는 것은 아무것도 없으며 아무것도 해결하지 못해."

**나:** "당신들이 나를 무시무시한 혼동의 구렁텅이로 빠뜨리고 있어요. 당신들은 현실의 존재가 되기를 원합니까?"

**엘리야:** "우리는 분명히 자네가 실체라고 부를 수 있는 존재들이야. 우리는 지금 여기 있어. 자네는 우리를 받아들여야 해. 선택은 자네의 몫이야."

나는 침묵을 지킨다. 살로메가 사라진다. 나는 불안한 마음으로 주위를 두리번거린다. 내 뒤에서 붉은 황금색 불꽃이 둥근 제단 위에서 높이 타고 있다. 뱀이 불꽃을 감고 있다. 뱀의 두 눈이 황금색 불꽃을 받아 빛나고 있다. 나는 비틀거리며 출구 쪽으로 몸을 돌린다. 내가 홀로 걸음을 내디딜 때, 나보다 앞에 거대한 몸집의 사자가 가고 있다. 밖은 별이 쏟아지는 차가운 밤이다.

자신의 갈망을 인정하는 것은 결코 쉬운 일이 아니다. 이를 위해, 많은 사람들은 특별히 정직해지려고 노력할 필요가 있다. 아주 많은 사람들이 자신의 갈망이 어디에 있는지를 알고 싶어 하지 않는다. 이유는 그것을 알기가 불가능하거나 아는 것이 매우 괴로울 것 같기 때문이다. 그럼에도, 갈망은 삶의 길이다. 만약에 당신이 자신의 갈망을 인정하지 않는다면, 당신은 자신의 길을 따르지 못하고 다른 사람들이 제시하는 낯선 길을 걷게 된다. 그러면 당신은 자신의 삶을 살지 못하고 엉뚱한 삶을 살게 된다. 그러나 만약에 당신이 자신의 삶을 살지 않는다면, 누가 당신의 삶을 살아야 하는가? 당신 자신의 삶과 엉뚱한 삶을 맞바꾸는 것은 어리석은 짓에서 그치지 않으며, 위선적인 게임을 벌이는 꼴이 된다. 왜냐하면 당신이 진정으로 다른 사람들의 삶을 살 수 있는 길은 결코 없기 때문이다. 당신은 다른 사람과 당신 자신을 속이면서 단지 그렇게 사는 척할 뿐이다. 이는 당신 자신의 삶을 살 수 있는 사람은 당신 자신뿐이기 때문이다.

만약에 당신이 당신의 자기를 포기한다면, 당신은 다른 사람들의 자기를 살게 되고, 그럼으로써 당신은 다른 사람들에게 이기적인 존재가 되고 다른 사람들을 기만하게 된다. 따라서 모든 사람은 그런 삶도 가능하다고 믿는다. 그러나 그것은 원숭이 같은 모방일 뿐이다. 당신은 원숭이 같은 모방 욕구에 굴복함으로써 다른 사람들에게 영향을 미친다. 이유는 원숭이가 원숭이 비슷한 것을 자극하게 되기 때문이다. 그 결과, 당신은 당신 자신과 다른 사람들을 원숭이로 바꿔 놓게 된다. 상호 모방을 통해서, 당신은 평균적인 기대에 부응하면서 산다. 시대를 막론하고, 이 모방 욕구를 충족시키기 위해서 모두를 위한 영웅의 이미지가 만들어졌다. 따라서 그 영웅은 살해되었다. 이유는 우리 모두가 그를 흉내 냈기 때문이다. 당신이 흉내 내기를 포기하지 못하는 이유를 당신은 알고 있는가? 외로움과 패배에 대한 두려움 때문이다.

사람이 자기 자신을 산다는 것은 곧 자신이 과업 자체가 된다는 의미이다. 자신을 사는 것이 쾌락이라는 말은 절대로 하지 않도록 하라. 자신을 사는 것은 절대로 유쾌하지 않으며 길고 긴 고통이다. 이유는 당신 자신이 당신의 창조자가 되어야 하기 때문이다. 만약에 당신이 자신을 창조하길 원한다면, 당신은 최선의 것과 지고한 것으로 시작하지 않고 최악의 것과 맨 밑바닥에 있는 것으로부터 시작한다. 그러니 당신 자신을 사는 것이 꺼려진다고 말하도록 하라. 삶의 강의 흐름은 기쁨이 아니고 고통이다. 이유는 흐름 자체가 힘과 힘의 부딪힘이고, 죄이고, 신성한 것을 깨뜨리는 것이기 때문이다.

내가 예견하고 있는, 아이와 함께 있는 신의 어머니라는 이미지는 나에게 변형의 신비를 암시한다. 만약에 예견과 쾌락이 나의 안에서 결합한다면, 그것들로부터 세 번째의 것이, 즉 신성한 아들이 생겨날 것이다. 이 아들이 궁극의 의미이고, 상징이고, 새로운 어떤 창조로 넘어가는 것이다. 나 자신이 궁극의 의미나 상징이 되는 것이 아니라, 그 상징이 나의 내면에서 본질을 얻게 되고 나도 나의 본질을 얻게 된다. 따라서 나는 변형의 기적 앞에서, 그리고 나의 내면에서 신이 실질적인 존재가 되고 있는 기적 앞에서 베드로처럼 찬양하는 마음으로 서 있다.

나 자신이 신의 아들이 아님에도 불구하고, 나는 신의 어머니였던 존재로서, 따라서 신의 이름으로 매고 풀 수 있는 자유가 주어졌던 존재로서 신을 나타내고 있다. 매고 푸는 것이 나의 안에서 일어난다. 그러나 매고 푸는 것이 나의 내면에서 일어나고 또 내가 세상의 일부인 한, 그것은 또한 나를 통해서 세상에서 일어나며 누구도 그것을 방해하지 못한다. 그것은 나의 의지의 길을 따라 일어나는 것이 아니라 피할 수 없는 결과로서 일어난다. 나는 당신의 지배자가 아니라, 내 안에 있는 신의 실재이다. 나는 한 열쇠로 과거를 잠그고, 다른 한 열쇠로 미래를 열고 있다. 이 일은 나의 변형을 통해 일어난다. 변형의 기적이 명령하고 있다. 교황이 그런 것과 똑같이, 나는 그 기적의 하인이다.

그런 것을 스스로 믿게 되는 것이 얼마나 놀라운 일인지 당신은 알고 있다. 변형의 기적은 내가 아니라 상징에 적용된다. 상징이 나의 구세주가 되고 패배를 모르는 지휘관이 된다. 상징은 지배력을 강화할 것이고, 별이 총총하고 수수께끼 같은 이미지로 변할 것이다. 이 이미지의 의미는 철저히 내적으로 향하고, 그 쾌락은 불꽃 속의 부처처럼, 타는 불처럼 밖으로 발산한다. 내가 나의 상징에 너무나 깊이 빠져 있기 때문에, 그 상징은 나를 이쪽 반쪽에서 저쪽 반쪽으로 변화시키고 있다. 말하자면, 나의 안의 그 잔인한 여신으로, 나의 여성적 쾌락으로, 나 자신의 타자(他者)로, 고통당한 고문자로 바꿔놓고 있는 것이다. 나는 빈약한 단어로나마 이 이미지들을 최대한 해석하려 노력했다.

당혹스런 상황에 처할 때, 당신의 예견을 따를 것이며 맹목적인 욕망을 따르지 않도록 하라. 이유는 예견이 언제나 먼저 닥치게 되어 있는 그 곤경으로 당신을 안내할 것이기 때문이다. 그럼에도 불구하고, 곤경은 닥친다. 만약에 어떤 빛을 찾고 있다면, 당신은 먼저 더욱 깊은 어둠 속으로 떨어져야 한다. 이 어둠 속에서 당신은 희미한 붉은 불꽃을 가진 어떤 빛을 발견한다. 그 빛은 약간의 밝음을 줄 뿐이지만, 그래도 당신의 주변을 살피기엔 충분하다. 전혀 목표처럼 보이지 않는 이 목표에 닿는 것도 당신을 힘들게 만든다. 그런 만큼 그 빛은 유익하다. 나는 무력한 상태이고, 따라서 그 흐린 빛을 받아들일 준비가 되어 있다. 이제 나의 예견은 사자(獅子)에게, 나의 권력에게 집중되고 있다.

나는 신성시되는 형태에 매달렸으며, 카오스가 형태의 둑을 무너뜨리는 것을 허용하고 싶지 않았다. 나는 세상의 질서를 믿었으며 조직되지 않고 형태가 갖춰지지 않은 모든 것을 혐오했다. 따라서 나는 무엇보다 먼저 나 자신의 법이 나를 이곳으로 데려다 주었다는 것을 깨달아야 했다. 나의 안에서 신이 발달했을 때, 나는 그 신이 나의 자기의 한 부분이라고 생각했다. 나는 나의 "나"가 신을 포함하고 있다고 생각했으며, 따라서 나는 신을 나의 생각으로 여겼다. 그러나 나는 또한 나의 생각들도 나의 "나"의 부분들이라고 여겼다. 그래서 나는 나의 생각들 속으로, 그리고 그 신에 관한 사고 속으로 들어갔다. 내가 신을 나의 자기의 일부로 여겼다는 점에서 보면 그렇다.

나의 생각들 때문에, 나는 나 자신을 떠났다. 따라서 나의 자기가 굶주린 상태가 되었으며 신을 하나의 이기적인 생각으로 바꿔놓았다. 만약에 내가 나 자신을 떠난다면, 나의 굶주림이 나로 하여금 나의 대상에서, 즉 나의 생각들에서 나의 자기를 발견하도록 몰아붙일 것이다. 그러므로 당신은 합리적이고 질서정연한 생각들을 사랑한다. 이유는 당신의 자기가 무질서한, 즉 부적절한 생각들에 빠져 있으면 당신이 그런 자기를 견뎌내지 못할 것이기 때문이다. 당신의 이기적인 소망을 통해서, 당신은 자신의 판단에 부적절해 보이는 모든 것을 자신의 생각에서 배제시켰다. 그리하여 당신은 자신이 알고 있는 바에 따라서 질서를 창조한다. 당신은 카오스의 생각들을 모르고 있지만, 그럼에도 그 생각들은 존재한다. 나의 생각들은 나의 자기가 아니며, 나의 나는 생각을 끌어안지 않는다. 당신의 생각은 이런 의미와 저런 의미를 지니며, 단 한 가지의 의미가 아니라 다수의 의미를 지니지만, 당신의 생각이 몇 개의 의미를 지니는지는 아무도 모른다.

나의 생각들은 나의 자기가 아니지만, 살아 있거나 죽어 있는, 세상의 사물들을 아주 많이 닮았다. 나 자신이 부분적으로 혼란스런 세상에 살면서도 피해를 입지 않는 것과 똑같이, 내가 부분적으로 혼란스런 나의 생각의 세계에 산다 하더라도 그것으로 인해 피해를 입지는 않는다. 생각들은 당신이 지배할 수 없는 자연스런 사건들이며, 그 사건들의 의미에 대해서도 불완전하게만 알 수 있을 뿐이다. 생각들은 나의 안에서 하나의 숲처럼 성장하고 있다. 거기엔 온갖 종류의 동물들이 서식하고 있다. 그러나 인간은 자신의 사고 안에서 독재적인 권력을 행사하고 있으며, 따라서 인간은 숲의 쾌락을 죽이고 야생 동물의 쾌락을 죽이고 있다. 인간은 자신의 욕망 안에서 폭력적이며, 인간 자신이 하나의 숲이 되고 숲의 동물이 되었다. 나는 세상 속에서 자유를 누리는 것과 똑같이 나의 생각들 안에서도 자유를 누린다. 그 자유는 조건부다.

세상의 어떤 것들에게 나는 이렇게 말해야 한다. 넌 이래서는 안 되고 달라져야 한다고. 그래도 먼저 나는 그것들의 본질을 조심스럽게 살핀다. 그런 식으로 접근하지 않고는 그것을 변화시키지 못한다. 나는 생각도 이와 똑같이 다룬다. 당신은 세상의 일들 중에서, 그 자체로 유익하지 않아서 당신의 행복을 위협하는 것들을 변화시킨다. 당신의 생각도 그와 똑같이 다루도록 하라. 그 어떤 것도 완전할 수 없다. 많은 것이 논란의 대상이 되고 있다. 삶의 길은 변형이지 배제가 아니다. 행복이 법보다 더 건전한 심판관이다.

그러나 내가 나의 생각의 세계에서 자유를 자각했을 때, 살로메가 나를 포옹했고, 따라서 나는 한 사람의 예언자가 되었다. 이유는 내가 최초의 시작에서, 숲에서, 그리고 야생 동물에서 쾌락을 발견했기 때문이다. 내가 나 자신을 나의 환상과 똑같은 위치에 놓고 그것을 보는 것에서 쾌락을 얻고 있는 상황이라면, 이성적인 판단이 힘들어진다. 나는 나 자신이 의미 있는 것을 본다는 이유로 스스로 중요한 존재라고 생각할 위험에 처해 있다. 이것은 언제나 우리를 미치게 만들 것이며, 우리 인간은 모방을 결코 단념하지 못하기 때문에 그 환상을 원숭이나 즐기는 그런 어리석은 것으로 바꿔놓는다.

나의 사고가 예견의 아들인 것처럼, 나의 쾌락은 사랑의 딸이고 신의 순진무구한 어머니의 딸이다. 예수 그리스도 외에, 마리아는 살로메를 낳았다. 그래서 이집트인들의 복음서를 보면 예수 그리스도가 살로메에게 이렇게 말한다. "무슨 나물이든 다 먹되, 쓴 것은 먹지 마라." 그리고 살로메가 알기를 원했을 때, 그리스도는 그녀에게 말한다. "네가 수치의 가리개를 밟고, 남자와 여자가 하나가 될 때, 남자도 아니고 여자도 아닌 것이 될 때."

예견은 생식력이 있고, 사랑은 수용력이 강하다. 둘 다 이 세상 너머에 있다. 여기엔 이해와 쾌락이 있으며, 우리는 다른 쪽을 오직 의심만 한다. 예견과 사랑이 이 세상에 속한다고 주장하는 것은 광기로 여겨질 것이다. 나는 깊은 곳으로부터 다시 권력을 얻었으며, 그 권력은 한 마리 사자처럼 나보다 앞서 걸었다.

11장

# 결심

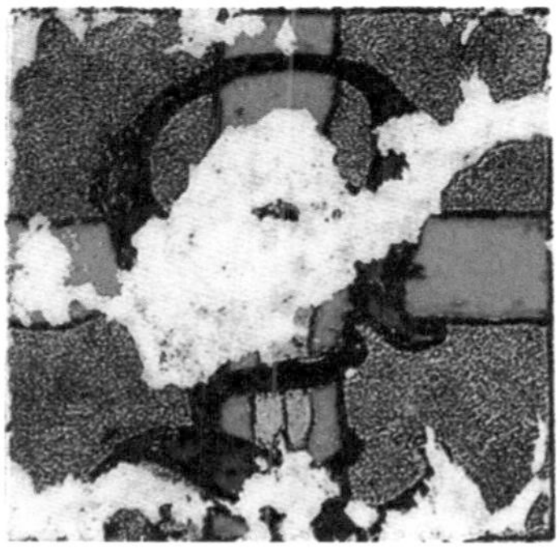

세 번째 밤, 신비를 계속 경험하고 싶다는 욕망이 강하게 나를 사로잡았다. 나의 내면에서 회의(懷疑)와 욕망 사이에 갈등이 크게 일어났다. 그러다 별안간 나는 나 자신이 어떤 황무지에서 가파른 산등성이 앞에 서 있다는 사실을 깨달았다. 눈이 부실 정도로 밝은 낮이다. 나의 위 높은 곳에서 그 예언자가 보인다. 그가 나에게 물러서라는 손짓을 해 보인다. 그래서 나는 산등성이를 올라가기를 단념한다. 나는 위를 올려다보면서 아래에서 기다린다. 주위를 둘러본다. 오른쪽으로는 깜깜한 밤이고, 왼쪽은 밝은 낮이다. 바위가 낮과 밤을 가르고 있다. 깜깜한 쪽에는 커다란 검정색 뱀이, 밝은 쪽에는 흰색 뱀이 자리 잡고 있다. 두 마리의 뱀은 서로를 향해 머리를 쭉 내밀고 있다. 싸움을 열망하는 태세다. 그 뱀들 위로 높은 곳에 엘리야가 서 있다. 뱀들이 서로에게 달려들고, 이어 무시무시한 싸움이 벌어진다. 검은 뱀이 더 강해 보인다. 흰 뱀이 뒤로 물러선다. 싸움이 벌어지는 곳에서 먼지 회오리가 크게 일어난다. 이어 검정 뱀이 물러선다. 검정색 뱀의 몸통 앞부분이 하얗게 변해 있다. 이제 두 마리의 뱀은 따로 떨어져 몸을 동그랗게 말고 있다. 한 마리는 빛 속에 있고, 다른 한 마리는 어둠 속에 있다.

**엘리야:** "자네는 뭘 보았는가?"

**나:** "무시무시한 뱀 두 마리가 싸우는 걸 보았습니다. 검정색 뱀이 흰색 뱀을 제압한 것 같았습니다. 하지만 검정색 뱀이 물러섰지요. 그런데 그 뱀의 머리와 몸통의 윗부분이 하얀색으로 변했더군요."

**엘리야:** "그게 무슨 의미인지 이해하겠는가?"

**나:** "곰곰 생각해 보았습니다만 이해가 되지 않아요. 선한 빛의 힘이 너무 강해서 거기에 저항하는 어둠마저도 그 빛으로 인해 밝아진다는 뜻인가요?"

엘리야가 나를 앞서며 높은 곳으로 올라간다. 아주 높은 정상으로. 나는 그의 뒤를 따른다. 정상에 이르러 우리는 거대한 돌덩어리로 만든 석벽에 당도한다. 정상에 둥그렇게 지은 둑이다. 그 안에 넓은 뜰이 자리 잡고 있다. 가운데에 커다란 둥근 돌이 하나 놓여 있다. 마치 제단 같다. 예언자가 돌 위에 서서 말한다. "이것은 태양의 신전이야. 이곳은 태양의 빛을 모으는 일종의 그릇 같은 곳이야."

엘리야가 돌에서 내려온다. 그의 형체가 내려올수록 작아진다. 마침내 그 닮지 않게 난쟁이가 된다.

내가 묻는다. "당신은 누구십니까?"

"나는 미메(Mime)[7]야. 자네한테 샘들을 보여주겠네. 여기서 모아진 빛들이 물이 되어 정상의 수많은 샘들에서 나와서 땅의 계곡들로 흘러가." 그런 다음에 그는 갈라진 틈으로 다이빙 하듯 들어간다. 나도 그를 따라 컴컴한 동굴 속으로 들어간다. 샘의 물결 소리가 잔잔하게 들린다. 아래에서 난쟁이의 목소리가 들려온다. "이것이 나의 샘들이야. 이곳의 물을 마시면 누구나 현명해져."

그러나 나는 그곳에 닿을 수 없다. 나는 용기가 없다. 나는 동굴을 떠난다. 의심을 풀지 않은 채, 나는 안뜰을 이리저리 걷는다. 나에겐 모든 것이 이상하고 이해할 수 없는 것처럼 보인다. 고독하고, 죽음 같은 고요가 흐르고 있다. 공기는 아주 높은 곳에서처럼 차고 맑다. 햇빛은 온 곳에서 빛의 홍수를 이루고 있다. 높다란 담이 나를 에워싸고 있다. 그 바위 위로 뱀 한 마리가 기어가고 있다. 그 예언자의 뱀이다. 저 뱀이 어떻게 지하 세계에서 지상의 세계로 나왔지? 나는 뱀을 따르면서 그것이 어떤 식으로 벽 속으로 기어 들어가는지를 살핀다. 나는 모든 것에 섬뜩함을 느낀다. 거기에 주랑이 있는 자그마한 집이 바위에 바짝 붙어 있다. 뱀들이 무한히 작아진다. 나 역시도 쪼그라드는 것 같은 느낌을 받는다. 벽들이 거대한 산으로 커진다. 나는 나 자신이 지하 세계의 분화구 밑바닥에 서 있는 것을 본다. 나는 그 예언자의 집 앞에 서 있다. 그가 자

---

7 북구 신화에서 지식과 지혜로 유명한 난쟁이로, 리하르트 바그너의 오페라 '지크프리트'에도 등장한다.

기 집 문 밖으로 나서고 있다.

**나:** "엘리야여, 오늘 나에게 온갖 종류의 이상한 것들을 보여주고 경험하도록 하기 위해 내가 당신 앞에 오도록 했다는 것을 깨달았습니다. 그러나 나는 모든 것이 아직 이해되지 않는다는 사실을 고백해야 합니다. 오늘 나에겐 당신의 세계가 새롭게 보였습니다. 지금까지 나는 별이 총총한 하늘의 거리만큼이나 당신의 장소와 떨어져 있는 것처럼 느꼈지요. 오늘도 여전히 나는 당신이 있는 곳에 닿기를 원했지요. 그러나 보십시오. 그것이 똑같은 장소처럼 보이고 있습니다."

**엘리야:** "자네는 이곳에 오길 간절히 원했어. 나는 자네를 속이지 않았어. 자네가 자네 자신을 속였어. 보기를 원하는 자는 잘못 보는 법이야. 자네는 자신을 지나치게 앞질렀어."

**나:** "옳은 말씀입니다. 저는 당신에게 닿기를 갈구했습니다. 더 많은 것을 듣기를 원했지요. 살로메가 나를 놀라게 만들고 당황하게 만들었습니다. 저는 현기증까지 느꼈습니다. 그녀가 한 말이 저에게 극악무도하고 광기처럼 들렸기 때문이지요. 살로메는 어디 있습니까?"

**엘리야:** "어찌 그리 성급한가! 대체 자네한테 무슨 문제가 있어? 수정 쪽으로 가서 그 빛 속에서 준비를 갖추도록 해."

수정 주위로 불의 화관이 빛나고 있다. 나는 나 자신이 본 것에 깜짝 놀라 두려움에 떨고 있다. 조악한 농부의 신발인가? 아니면 도시 전체를 짓밟을 어떤 거인의 발인가? 나는 십자가를, 십자가가 제거되는 것을, 비통한 장면을 본다. 얼마나 슬픈 장면인가! 나는 더 이상 갈망하지 않는다. 나는 신성한 아이를 본다. 오른손에는 하얀 뱀이, 왼손에는 시커먼 뱀이 들려 있다. 나는 푸른 산과 그 산 정상에 있는 예수 그리스도의 십자가, 그리고 산 정상에서 흘러내리는 피의 강을 본다. 나는 더 이상 그 장면을 보고 있을 수 없다. 도저히 참아낼 수 없다. 십자가와 거기에 못 박혀 마지막 고통에 시달리고 있는 예수 그리스도가 보인다. 십자가 밑에는 시커먼 뱀이 똬리를 틀고 있다. 뱀이 나의 두 발을 감는다. 나는 뱀에게 꽉 죄이고 있다. 나는 두 팔을 활짝 벌린다. 살로메가 가까이 다가오고 있다. 뱀이 나의 몸을 완전히 칭칭 감았다. 나의 얼굴 모습은 사자(獅子)의 모습이다.

살로메가 말한다. "마리아는 예수 그리스도의 어머니였어요, 이해해요?"

**나:** "이해할 수 없는 무서운 어떤 힘이 나로 하여금 마지막 순간 고통에 괴로워하는 예수 그리스도를 모방하도록 강요하고 있어요. 그러나 내가 어떻게 감히 마리아를 어머니라고 부를 수 있겠어요?"

**살로메:** "당신은 예수 그리스도예요."

나는 십자가에 못 박힌 사람처럼 두 팔을 옆

으로 벌린 채 서 있다. 나의 몸은 뱀에 의해 무섭게 꽁꽁 감겨 있다. "살로메, 당신은 내가 예수 그리스도라고 했는가?"

나는 두 팔을 옆으로 쫙 편 채 높은 산 위에 홀로 서 있는 것 같다. 뱀이 나의 몸을 무섭게 감은 상태에서 압착한다. 나의 몸에서 피가 나와 산허리를 타고 흘러내린다. 살로메가 나의 발쪽으로 몸을 굽혀 자신의 검은 머리카락으로 나의 발을 감싼다. 그녀는 오랫동안 그렇게 엎드려 있다. 그러다 그녀가 외친다. "빛을 봤어!" 정말로, 그녀는 빛을 보고 있다. 그녀의 두 눈이 크게 열려 있다. 뱀이 나의 몸에서 떨어지며 땅바닥에 누워 고통스러워하고 있다. 나는 뱀 위로 큰 걸음을 옮긴 뒤 예언자의 발 아래에 무릎을 꿇는다. 그 예언자의 형체가 불꽃처럼 빛난다.

**엘리야:** "여기서 자네가 할 일은 다 끝났네. 이제 다른 일들이 올 거야. 지치지 않고 추구할 것이며, 무엇보다 자네가 본 것을 정확히 기록하도록 하게."

살로메는 황홀경에 빠져 예언자에게서 나오고 있는 빛을 바라보고 있다. 엘리야가 흰 빛의 거대한 불꽃으로 변한다. 뱀이 마비된 듯 살로메의 발 하나를 감고 있다. 살로메가 경이감에 사로잡힌 가운데 불 앞에 무릎을 꿇는다. 나의 두 눈에서 눈물이 흘러내린다. 나는 서둘러 밤 속으로 들어간다. 그 신비의 영광에 어떠한 역할도 하지 않은 존재인 것처럼 말이다. 나의 두 발은 이 땅의 바닥에 닿지 않는다. 마치 나 자신이 공기 속으로 녹아드는 것 같다.

나의 갈망이 나를 매우 밝은 낮으로 이끌었다. 이 낮의 빛은 예견의 어두운 공간과 정반대이다. 내가 이해하기로, 그것과 정반대의 원리는 천상의 사랑인 어머니이다. 예견을 둘러싸고 있는 어둠은 예견이 내면에서도 보이지 않는 깊은 곳에서 일어난다는 사실 때문인 것 같다. 그러나 사랑의 밝음은 사랑이 눈에 보이는 삶이며 행위라는 사실 때문인 것 같다. 나의 쾌락은 예견과 함께하고 있으며, 예견에 유쾌한 정원을 두고 있다. 그 정원 주위를 어둠과 밤이 둘러싸고 있다. 나는 나의 쾌락까지 내려갔으나 다시 나의 사랑까지 올라왔다. 나의 위 높은 곳에 엘리야가 보인다. 이것은 예견이 인간인 나보다 사랑에 더 가까이 서 있다는 것을 암시한다. 내가 사랑까지 오르기 전에, 한 가지 조건이 충족되어야 한다. 이 조건은 두 마리의 뱀 사이의 싸움을 통해 상징적으로 제시되고 있다. 왼쪽은 낮이고, 오른쪽은 밤이다. 사랑의 영역은 밝고, 예견의 영역은 어둡다. 두 가지 원리는 서로를 엄격히 구분하며 심지어 서로에게 적대적이고 뱀의 형태를 취하고 있다. 이는 두 원리의 악마적인 본질을 나타낸다. 나는 이 싸움에서 태양과 검정색 뱀이 싸우던 그 환상이 반복되는 것을 확인한다.

그때 사랑의 빛은 완전히 꺼지고, 피가 뿜어 나오기 시작했다. 이것이 대(大)전쟁이었다. 그러나 깊은 곳의 정신은 이 투쟁이 모든 인간의 본성에 있는 어떤 갈등으로 이해되길 바라고 있다. 그 영웅이 죽은 뒤로 우리의 삶의 충동이 더 이상 아무것도 모방할 수 없게 되었기 때문에, 삶의 충동은 모든 사람의 깊은 곳으로 들어가서 깊은 곳의 힘들 사이에 무시무시한 갈등을 조장했다. 예견은 단일성이고, 사랑은 연대다. 예견과 사랑은 서로를 필요로 한다. 그러면서도 둘은 서로를 죽인다. 사람들은 자신의 내면에서 그런 갈등이 빚어지고 있다는 것을 모르고 있다. 그래서 그들은 미치고 서로를 탓한다. 만약에 인류의 반이 잘못되어 있다면, 모든 사람의 반이 잘못되어 있는 것이다. 그러나 사람은 자신의 영혼 안에서 벌어지고 있는 투쟁을 보지 못하지만, 이 영혼의 투쟁이 외부 재앙의 원인이다. 만약에 당신이 당신의 형제에게 화가 나 있다면, 당신의 내면에 있는 당신의 형제 때문에 화가 났다고, 말하자면 당신의 내면에 있는 것 중에서 당신의 형제와 비슷한 점에 화가 났다고 생각하도록 하라

한 사람의 인간으로서 당신은 인류의 한 부분이고, 따라서 당신은 인류 전체에서 어떤 역할을 갖고 있다. 마치 당신이 인류의 전체인 것처럼. 만약에 당신이 당신에게 반대하는 동료를 누르고 죽인다면, 당신은 또한 당신 안에 있는 그런 성격을 죽이고 당신의 생명의 한 부분을 살해하는 것이다. 이 죽은 자의 혼은 당신을 따라다니면서 당신의 삶이 즐겁도록 가만 내버려두지 않는다. 당신이 계속 살아가기 위해선 완전성을 갖출 필요가 있다.

만약에 나 자신이 순수한 원리만을 지지한다면, 나는 한 쪽으로만 걸음을 옮기며 일방적이게 된다. 따라서 천상의 어머니의 원리에서 나의 예견은 자궁 속에 있는 태어나지 않은 아이처럼 어두운 동굴에 사는 추한 난쟁이가 된다. 그 난쟁이가 당신에게 자신의 샘에서 지혜를 마실 수 있다고 해도, 당신은 그를 따르지 않는다. 그러나 예견은 그곳에서 당신에게 밤의 난쟁이 같은 영리함으로 나타난다. 천상의 어머니가 그곳 아래에서 나에게 살로메로 나타나는 것과 하나도 다르지 않다. 순수한 원리가 결여하고 있는 것이 뱀으로 나타나고 있는 것이다. 영웅은 순수한 원리에서 지고한 것을 추구하며, 따라서 최종적으로 뱀을 위해 추락한다. 당신이 사고 쪽으로 가거든, 언제나 당신의 심장도 함께 가져가도록 하라. 만약에 당신이 사랑 쪽으로 가거든, 언제나 당신의 머리를 함께 가져가도록 하라. 사랑은 사고가 없으면 무의미하고, 사고는 사랑이 없으면 공허하다. 뱀은 순수한 원리 뒤에 숨어 있다. 그래서 나는 용기를 잃었으며, 그러다가 나는 뱀을 발견했는데, 이 뱀이 당장 나를 다른 원리로 이

끌었다. 아래로 내려갈수록 나는 점점 더 작아진다.

사랑에 빠진 사람은 위대하다. 왜냐하면 사랑이 위대한 창조주의 현재 행위이고, 또 세상이 생성되고 흘러가는 현재의 순간이기 때문이다. 사랑하는 사람은 막강하다. 그러나 스스로 사랑을 멀리하는 사람은 모두 자신이 강하다고 느낀다.

당신의 예견 속에서, 당신은 현재 당신이라는 존재의 무가치를, 흘러간 영겁의 세월과 다가올 영겁의 세월 사이의 한 작은 점으로 인식한다. 사상가는 작으며, 만약에 그가 자신을 사고로부터 멀리 떼어놓는다면, 그는 스스로 위대하다고 느낀다. 그러나 겉모양에 대해 말한다면, 이야기는 완전히 거꾸로 된다. 사랑에 빠진 사람들 누구에게나 형식은 하찮다. 그러나 그 사람의 시야는 그에게 주어진 형식에서 끝난다. 사고하는 사람들의 경우엔 이야기가 달라진다. 사고하는 사람 누구에게나 형식은 결코 초월할 수 없는 것이며 하늘의 높이이다. 그러나 밤에 그 사람은 수없이 많은 세계들의 다양성과 그 세계들의 끝없는 순환을 본다. 사랑에 빠져 있는 사람은 누구나 가득 넘치는 그릇이며, 베풀기를 기다리고 있다. 예견에 빠져 있는 사람은 누구나 깊고 공허하며 성취를 기다리고 있다.

사랑과 예견은 동일한 곳에 있다. 사랑은 예견 없이 불가능하며, 예견은 사랑 없이 불가능하다. 사람은 언제나 이쪽 아니면 저쪽으로 지나치게 치우쳐 있다. 인간의 본성 때문에 나타나는 현상이다. 동물들과 식물들은 어느 쪽으로도 충분해 보인다. 오직 인간만이 지나치게 많은 것과 지나치게 적은 것 사이에서 비틀거린다. 인간은 망설인다. 인간은 이곳에 어느 정도 주어야 하고 저곳에 어느 정도 주어야 하는지 확신하지 못한다. 인간의 지식과 능력은 불충분하다. 그럼에도 인간은 그 일을 스스로 해내야 한다. 인간은 안으로부터 성장만 하는 것이 아니다. 인간은 안으로부터 창조하기도 한다. 신은 인간 안에서 계시된다. 인간의 본성은 신성의 측면에서는 거의 훈련이 되어 있지 않으며, 따라서 인간은 지나치게 많은 것과 지나치게 적은 것 사이를 왔다 갔다 한다.

이 시대의 정신이 우리를 서두르도록 몰아붙였다. 이 시대의 정신을 따른다면, 그런 당신에겐 더 이상 미래도 없고 과거도 없다. 우리는 영원한 삶을 필요로 한다. 우리는 깊은 곳에 미래와 과거를 품고 있다. 미래는 늙고 과거는 젊다. 당신은 이 시대의 정신에 이바지하면서 자신이 깊은 곳의 정신으로부터 달아날 수 있다고 믿고 있다. 그러나 깊은 곳은 더 이상 망설이지 않고 당신에게 그리스도의 신비들 속으로 들어가라고 강요할 것이다. 인간이 영웅을 통해 구원받지 않고 스스로 그리스도 같은 존재가 되는 것은 이 신비에 속한다. 과거 성자들의 예가 우리에게 이것을 상징적으로 가르치고 있다.

보기를 원하는 사람은 누구나 제대로 보지 못할 것이다. 나를 속인 것은 나의 의지였다. 그 악령들 사이에 엄청난 소란을 불러일으킨 것은 나의 의지였다. 그러면 나는 어떠한 것도 원하지 말아야 한단 말인가? 나는 의지를 갖고 있고, 또 그 의지를 최대한 성취시켰으며, 따라서 나의 내면에서 노력했던 모든 것을 충족시켰다. 결국, 나는 모든 것에서 나 자신을 원했다는 사실을 깨달았다. 그러나 나 자신을 찾으려는 노력은 하지 않았다. 그래서 나는 더 이상 나 자신의 밖에서 나 자신을 추구하길 원하지 않고 나의 내면에서만 나 자신을 추구하게 되었다. 그런 다음에 나는 나 자신을 파악하길 원했으며, 이어서 나 자신이 무엇을 원하는지 알지 못하는 가운데 다시 길을 계속 걷다가 그 신비로 떨어졌다.

그렇다면 나는 더 이상 어떤 것도 원하지 말아야 하는가? 당신이 이 전쟁을 원했다. 그건 좋은 일이다. 만약에 당신이 이 전쟁을 원하지 않았다면, 전쟁의 악은 작을 것이다. 그러나 당신이 전쟁을 원함으로써 그 악을 키웠다. 만약에 이 전쟁으로부터 대단히 큰 악을 끌어내지 못한다면, 당신은 폭력적인 행동에 대해 아무것도 배우지 못하게 될 것이고 당신 밖에서 벌어지는 싸움을 극복하는 법을 배우지 못할 것이다. 그렇기 때문에 당신이 진심으로 이 잔악한 악을 원한다면, 그것은 좋은 일이다. 당신은 기독교 신자이고, 영웅들의 뒤를 따르고 있으며, 당신 대신에 고통을 당하며 당신에게 골고다[8]의 고난을 면하게 해줄 구원자들을 기다리고 있다. 그것으로써, 당신은 유럽 전역을 골고다 언덕으로 만들 것이다. 만약에 당신이 이 전쟁에서 무서운 악을 끌어내고 무수히 많은 희생자들을 이 지옥으로 던져 넣는 데 성공한다면, 그건 좋은 일이다. 그것이 당신들 각자로 하여금 스스로를 희생시킬 준비를 하게 만들 것이기 때문이다. 또 나처럼, 당신도 그리스도의 신비의 성취에 가까이 다가서게 될 것이기 때문이다.

당신은 벌써 등에 쇳덩이 같은 주먹을 느끼고 있다. 이것이 그 길의 시작이다. 만약에 피와 불과 절망의 외침이 이 세상을 가득 채운다면, 그때 당신은 당신의 행위들에서 당신 자신을 볼 것이다. 피로 얼룩진 전쟁의 포악성을 들이마시고, 살해와 파괴를 즐겨라. 그러면 당신의 눈이 활짝 열릴 것이고, 당신은 당신 자신이 그런 결과를 잉태하고 있었던 존재라는 것을 확인할 것이다. 만약에 이런 것들을 의도하고 있다면, 당신은 옳은 길을 걷고 있다. 의

8 예수 그리스도가 십자가에 못 박힌 예루살렘의 언덕.

지는 맹목을 낳고, 맹목은 그 길로 이어진다. 우리는 실수를 의도해야 하는가? 그렇게 해서는 안 되지만, 당신은 그런 잘못을 저지르게 될 것이다. 그러면서도 당신은 그 잘못을 최선의 진리로 착각한다. 인간들이 늘 그래왔듯이.

수정(水晶)의 상징은 저절로 오게 되어 있는 사건들의 불변의 법칙을 의미한다. 이 씨앗 속에서 당신은 다가올 것을 파악한다. 나는 무시무시하고 이해 불가능한 무언가를 보았다. (그때가 1913년 성탄절 밤이었다.) 나는 농민의 장화를 보았다. 이것은 농민전쟁의 공포를 보여주는 상징이었으며, 또한 선동자들을 살해하는 유혈 낭자한 잔혹성의 상징이었다. 나는 이 이미지를 우리 앞에 피를 흘릴 무서운 무엇인가가 놓여 있다는 사실을 암시하는 것으로 해석할 줄 알았다. 나는 도시 전체를 짓밟은 거인의 발을 보았다. 이 이미지를 그것 말고 달리 어떤 식으로 해석할 수 있겠는가? 여기서 자기 희생의 길이 시작되는 것을 나는 보았다. 사람들은 모두 이 무시무시한 경험으로 인해 넋을 놓게 될 것이고, 그런 맹목 속에서 그 경험들을 외부의 사건들로 이해하고 싶어 할 것이다. 그건 분명히 내적인 사건이며, 그것은 그리스도의 신비의 완성에 이르는 길이다. 그래서 사람들은 자기 희생을 배운다.

그 놀라움이 너무나 커서, 그 사건으로 인해 사람들의 눈이 내면으로 향할 수 있게 된다면 더없이 좋으련만. 그러면 사람들의 의지는 더 이상 다른 사람들에게서 자기를 찾지 않고 자기 자신에게서 자기를 찾게 될 것이다. 나는 그것을 보았으며, 나는 이것이 그 길이라는 것을 알고 있다. 나는 그리스도의 죽음을 보았고, 그의 비탄을 보았다. 나는 그의 죽음의 고통을, 위대한 죽음의 고통을 느꼈다. 나는 새로운 신을, 자신의 손으로 악마들을 제압한 한 아이를 보았다. 그 신은 별개의 원리들을 자신의 권력 안에 두고 있으며 그것들을 서로 결합시키고 있다. 그 신은 나의 안에서 그 원리들의 결합을 통해서 발달한다. 신은 그 원리들의 결합이다.

만약에 당신이 이 원리들 중 어느 하나를 의도한다면, 그때 당신은 그 원리 안에 있을 것이지만 다른 원리들과는 아주 멀리 떨어질 것이다. 당신이 두 가지 원리를 의도한다면, 그때 당신은 이 원리들 간의 투쟁을 촉발시킬 것이다. 이유는 당신이 두 가지 원리를 동시에 다 원할 수는 없기 때문이다. 여기서 어떤 필요가 일어나고, 그 안에서 신이 나타난다. 이 신은 갈등을 빚고 있는 당신의 의지를 자신의 손으로, 말하자면 단순하고 갈등을 모르는 아이 같은 손으로 붙잡는다. 이런 것은 배워서 알 수 있는 것이 아니며, 오직 당신의 내면에서 발달할 수 있을 뿐이다. 당신은 이것을 의도하지 못하며, 그것이 당신의 손으로부터 의지를 받아서 스스로 작동하고 나설 것이다. 스스로 뜻을 품도록 하라. 그러면 의지가 길을 안내할 것이다.

그러나 근본적으로 당신은 당신 자신을 두려워하고 있으며, 따라서 당신은 당신 자신보다 다른 사람들에게 달려가는 것을 더 좋아한다. 나는 제물의 산을 보았으며, 그 옆구리에서 피가 흘러나와 강을 이루고 있다. 대(大)전쟁이 터졌을 때, 나는 남자들이 긍지와 힘에 만족감을 느끼고 여자들의 눈에서 아름다움이 발산하는 것을 보았다. 그때 나는 인류가 자기 희생의 길로 향하고 있다는 것을 알았다.

깊은 곳의 정신이 인류를 꽉 붙잡고 자기 희생을 강요하고 있다. 여기저기서 죄를 찾지 마라. 깊은 곳의 정신이 인간의 운명을 꽉 붙잡았다. 나의 운명을 붙잡았듯이. 깊은 곳의 정신이 인류를 피의 강을 건너 그 신비로 이끌고 있다. 그 신비 안에서 인간은 두 가지 원리, 즉 사자와 뱀이 된다.

나도 다른 존재가 되기를 원하기 때문에, 나는 그리스도 같은 존재가 되어야 한다. 나는 그리스도 같은 존재로 만들어지고, 나는 그 고통을 감내해야 한다. 따라서 구원의 피가 흐른다. 자기 희생을 통해서, 나의 쾌락이 변하면서 보다 높은 원리로 승화되고 있다. 사랑은 앞을 보지만, 쾌락은 앞을 보지 못한다. 두 가지 원리들은 불꽃의 상징 안에서 하나가 된다. 그 원리들은 스스로 인간적인 형태를 벗겨낸다.

그 신비는 그 후로 내가 살아야 할 삶이 어떤 것인지를 이미지로 보여주었다. 나는 그 신비가 나에게 제시한 은혜들 중 어떠한 것도 소유하지 않고 있었다. 내가 그 모든 것을 일궈야만 했으니 말이다.

# 제2권

# 죄의
# 이미지들

*"내 말이라 하고 전하는 이 예언자들의 말을 듣지 말라. 그들은 내 말을 들은 적이 없는 것들이다. 제 속에 떠오르는 생각을 말하면서 너희를 속이는 것들이다."('예레미아서' 23장 16절)*

*"예언자라는 것들이 내 이름을 팔아 예언하는 소리를 나는 다 들었다. '꿈을 꾸었다, 꿈을 꾸었다'고 하면서 거짓말하는 것도 나는 들었다. 제 망상을 내 말이라고 전하는 이 거짓 예언자들이 언제까지 제 마음에 떠오른 생각을 내 말이라고 전할 것인가? 이 예언자라는 것들은 꿈 이야기를 주고받으면서 내 백성을 속여 내 이름을 잊게 할 속셈이다. 그 조상들도 바알을 섬기다가 내 이름을 잊지 않았더냐? 꿈이나 꾸는 예언자는 꿈 이야기나 하여라. 그러나 내 말을 받은 예언자는 내 말을 성실하게 전하여라. 내가 똑똑히 말한다. 검불과 밀알을 어찌 비교하겠느냐?"('예레미아서' 23장 25-28절)*

1장

# 붉은 존재

내 뒤로 신비의 문이 닫혔다. 나는 의지가 마비되고, 깊은 곳의 정신이 나를 사로잡고 있다는 느낌을 받는다. 나는 어떤 길에 대해 아무것도 모르고 있다. 그러기에 나는 이 길을 원하지도 못하고 저 길을 원하지도 못한다. 이유는 그 어떤 것도 내가 이 길을 원하는지 아니면 저 길을 원하는지에 대해 아무런 암시를 하지 않기 때문이다. 나는 나 자신이 무엇을 기다리는지 모르면서 기다리고 있다. 그러나 나는 이미 그 다음 밤에 내가 어떤 단단한 지점에 도달했다는 것을 느꼈다.

나는 어느 성(城)의 가장 높은 망루에 서 있다는 사실을 깨닫는다. 공기가 나에게 그렇게 말하고 있다. 나는 시간적으로 엄청 멀리 되돌아가 있다. 나의 시선은 한가로운 시골 풍경을 이리저리 옮겨 다니며 두루 살피고 있다. 벌판과 숲이 함께 어우러지는 풍경이다. 나는 초록색 옷을 입고 있다. 어깨에는 나팔이 하나 매여 있다. 나는 망루지기다. 나는 먼 곳을 바라본다. 멀리서 붉은 점 하나가 보인다. 구불구불한 길을 따라 가까이 다가오고 있다. 한 동안 숲 속으로 사라졌다가 다시 나타나고 있다. 붉은 외투를 입고 말을 탄 사람이다. 그가 나의 성으로 다가오고 있다. 그는 말을 탄 채 이미 문을 통과하고 있다. 계단을 올라오는 발자국 소리가 들린다. 계단이 삐걱거리고 있다. 그가 문을 두드린다. 이상한 공포가 나를 짓누른다. 거기에 '붉은 존재'가 서 있다. 키가 큰 그의 몸통은 완전히 붉은 옷에 싸여 있다. 머리카락조차 붉다. 결국 그는 악마인 것으로 드러나고 말 것이다.

**붉은 존재:** "망루에 있는 자여, 만나서 반가워. 나는 멀리서부터 당신이 밖을 바라보며 기다리고 있는 것을 보았어. 당신의 기다림이 나를 불러들였어."

**나:** "당신은 누구인가?"

**붉은 존재:** "내가 누구냐고? 당신은 나를 악마로 생각하고 있어. 판단하지 마. 아마 당신은 내가 누군지 몰라도 나와 대화할 수 있을 거야. 나를 만나자마자 악마부터 떠올리니, 당신은 미신에 사로잡힌 사람인가?"

**나:** "당신이 초자연적인 능력을 전혀 갖고 있지 않다면, 어떻게 당신이 내가 망루에 서서 미지의 것과 새로운 것을 찾으며 기다리고 있다는 것을 느낄 수 있을까? 성 안에서 사는 나의 삶은 불행해. 나는 언제나 여기 앉아 있고, 아무도 나에게까지 올라오지 않거든."

**붉은 존재:** "그래서 뭘 기다리고 있는데?"

**나:** "나는 온갖 종류의 것들을 기다리고 있어. 특히, 우리가 여기서 보지 못하는, 세상의 부(富) 중 일부가 나에게 오기를 기다리고 있어."

**붉은 존재:** "그렇다면 내가 제대로 찾아 왔구먼. 나는 오랫동안 세상을 방랑하고 있어. 높은 망루에 앉아서, 보이지 않는 것을 찾고 있는 당신 같은 사람들을 찾고 있어."

**나:** "호기심을 건드리는군. 당신은 희귀한 별종 같은데. 외모가 범상치 않아. 미안한 이야기지만, 당신이 이상한 공기를 몰고 온 것 같아. 세속적인 뭔가를, 뻔뻔스런 뭔가를, 원기 왕성한, 아니 솔직히 말하면 이교도적인 뭔가를 몰고 왔어."

**붉은 존재:** 그런 말을 해도 마음 상하지 않아. 반대로, 당신이 정확히 파악했어. 그러나 나는 당신이 생각하는 것처럼 그렇게 케케묵은 이교도는 절대로 아니야."

**나:** "나도 그 말을 고집하고 싶지는 않아. 당신은 점잔을 빼지도 않고 라틴 민족 같지도 않아. 당신한테는 고전적인 분위기가 전혀 없어. 당신은 우리 시대의 아들 같아. 그래도 이 말만은 꼭 해야겠어. 당신은 오히려 특이한 존재 같아. 당신은 절대로 진정한 이교도가 아니야. 우리의 기독교 종교와 크게 다르지 않은 이교도 같아."

**붉은 존재:** "정말 신통한 점쟁이로군. 나를 완전히 오해했던 사람들에 비하면 훨씬 용한데."

**나:** "비웃는 소리로 들리는군. 당신은 우리의 기독교 종교의 지극히 신성한 신비들을 놓고 마음 아파해 본 적이 없었는가?"

**붉은 존재:** "당신은 정말로 답답하고 진지한

사람이군. 언제나 그런 식으로 급하게 구는 가?"

**나:** "신 앞에서 나는 언제나 진지하고 나 자신에게 최대한 솔직해지려고 노력하고 있어. 그런데 당신 앞에서는 그렇게 하기가 어려워. 당신이 사형장의 공기 같은 것을 몰고 왔어. 당신은 살레르노[9]의 그 수상한 학교를 나왔음에 틀림없어. 이교도들과 이교도들의 후손들이 해로운 기술들을 가르치는 학교 말이야."

**붉은 존재:** "당신은 미신에 사로잡혀 있고 또 지나치게 독일적이야. 당신은 경전이 말하는 것을 글자 그대로 받아들이고 있어. 그러지 않고는 나를 그런 식으로 엄격하게 판단하지 못해."

**나:** "내가 가장 싫어하는 것이 바로 엄격한 판단이야. 그러나 나의 코를 속이진 못해. 당신은 요리조리 피하고 있고 당신 자신을 드러내길 원하지 않아. 뭘 숨기고 있는 거야?"

(붉은 존재가 점점 더 붉어 보이고, 그의 옷은 시뻘겋게 단 쇠처럼 빛난다.)

**붉은 존재:** "진정한 영혼인 당신에게 숨기는 건 하나도 없어. 나는 당신의 묵직한 진지함과 익살스런 정확성이 그저 즐거울 뿐이야. 우리 시대에, 특히 이해력을 맘대로 발휘하는 사람들에게 무척 귀한 자질이거든."

**나:** "당신은 나를 완전히 이해하지 못할 거야. 당신은 지금 틀림없이 당신이 아는 사람들과 나를 비교하고 있어. 그러나 진실을 위해서 당신에게 나는 이 시대에도 진정으로 속하지 않고 이 장소에도 속하지 않는다는 것을 말해줘야겠네. 어떤 마법이 나를 몇 년 동안 이 장소와 이 시대로 추방했어. 진정으로 나는 당신이 지금 보고 있는 그런 존재가 아니야."

**붉은 존재:** "당신은 지금 놀라운 말을 하고 있군. 그렇다면 당신은 누구인가?"

**나:** "그건 상관없는 일이야. 지금 나는 당신 앞에 나의 현재 모습으로 서 있어. 내가 왜 여기에 이런 모습으로 있는지, 나도 몰라. 그러나 나는 나의 최고의 지식에 따라 나 자신을 정당화하기 위해 여기 있어야 한다는 것만은 알고 있어. 나는 당신이 어떤 존재인지 거의 아는 것이 없어. 당신이 나에 대해 아는 정도밖에."

**붉은 존재:** "참 이상한 말을 하는군. 당신은 성자인가? 학자의 언어를 쓰려는 경향을 전혀 보이지 않는 것을 볼 때 철학자는 아닌 것 같은데. 그렇다면 성자? 틀림없어. 당신의 엄숙함은 광신의 냄새를 풍겨. 도덕적 분위기를 풍기고, 상한 빵과 상한 물 같은 냄새를 풍기는 단순성도 있어."

**나:** "긍정도 하지 못하겠고 부정도 하지 못하겠어. 당신은 이 시대의 정신에 갇힌 사람처럼 말하고 있어. 비교의 언어가 많이 부족한 것

9 고대 로마인들의 건설한 도시로, 이탈리아 남서부에 자리 잡고 있다.

같아."

**붉은 존재:** "아마도 당신은 이교도 학교를 다녔겠지? 당신은 궤변가처럼 대답하고 있어. 당신이 성자가 아닌데 어떻게 기독교 종교의 잣대로 나를 잴 수 있지?"

**나:** "성자가 아니라도 그런 잣대로 잴 수 있어. 나는 아무런 처벌을 받지 않고 기독교 종교의 신비들을 피할 수 있는 사람은 아무도 없다고 배웠어. 다시 되풀이하지만, 주 예수 그리스도를 두고 가슴이 찢어져보지 않은 사람은 자신의 내면에서 어떤 이교도를 끌고 다니고 있어. 그런데 이 이교도가 그 사람이 최선의 존재가 되지 못하도록 방해하지."

**붉은 존재:** "또 다시 고리타분한 소리야? 당신이 기독교 성자가 아니라면, 왜 그런 소리를 해? 그렇다면 결국엔 지긋지긋한 궤변가가 아니고 뭐야?"

**나:** "당신은 당신 자신의 세계에 갇혀 있어. 당신은 기독교 정신의 가치를 진짜 성자가 되지 않고도 정확히 평가할 수 있다고 생각하고 있는 게 틀림없어."

**붉은 존재:** "신학 박사인가? 기독교를 밖에서 연구하며 역사적으로 평가하는 사람? 그렇다면 결국엔 궤변가 아닌가?"

**나:** "당신, 정말 집요하군. 내가 뜻하는 바는 이 세상 전체가 기독교 세상이 된 것이 결코 우연이 아니라는 거야. 나는 또한 서양 사람이라면 예수 그리스도를 가슴에 품은 채 그의 고통과 죽음과 부활과 더불어 성장하는 것이 의무라고 믿고 있어."

**붉은 존재:** "글쎄, 세상에는 선민이라서 당신의 엄숙한 복음 같은 것을 전혀 필요로 하지 않는 유대인들도 있어."

**나:** "내가 볼 때, 당신은 사람을 제대로 읽지 못하는 것 같군. 당신은 유대인 본인이 뭔가를 결여하고 있다는 사실을 깨닫지 못했는가? 어떤 사람은 머리에 뭔가 부족하고 또 어떤 사람은 가슴에 뭔가 부족해. 그래서 유대인은 자신이 뭔가 결여하고 있다는 느낌을 받아."

**붉은 존재:** "정말로 난 유대인과 아무런 관련이 없어. 그래도 유대인을 변호하지 않을 수 없어. 당신은 유대인 혐오자처럼 보여."

**나:** "글쎄, 지금 당신은 자신을 호의적으로 판단하지 않는 사람을 만나면 유대인 혐오자라고 비난하는 그런 유대인 같이 말하고 있어. 그러면서도 유대인들은 자신의 민족에 대해 터무니없는 농담을 하고 있어. 유대인들은 자신들에게 특별히 부족한 부분을 분명히 알고 있으면서도 그걸 인정하지 않으려 해. 그래서 유대인들이 비판에 극도로 예민한 거야. 당신은 기독교가 인간들의 영혼에 아무런 흔적을 남기지 않았다고 믿는가? 그리고 당신은 기독교를 진정으로 경험하지 않은 사람도 그 열매를 딸 수 있다고 믿는가?"

**붉은 존재:** “당신은 자신의 입장을 잘 내세우네. 하지만 당신의 엄숙함은 좀 그렇군. 당신은 스스로 모든 문제를 훨씬 더 편하게 받아들일 수 있어. 성자가 아닌데 당신이 왜 그렇게 엄숙해야 하는지, 그 이유를 나는 모르겠어. 당신은 재미를 망쳐놓고 있어. 도대체 당신을 괴롭히고 있는 것이 무엇인가? 오직, 세상으로부터 달아나려는 기독교만이 사람을 그처럼 답답하고 무뚝뚝하게 만들 뿐이야.”

**나:** “내 생각엔 진지함을 요구하는 것이 기독교 외에도 많은 것 같은데.”

**붉은 존재:** “아, 알겠어, 삶을 말하는군. 나도 알아. 나 역시 삶을 살고 있지만 그 문제로 머리카락이 세고 싶지는 않아. 삶은 진지함을 절대로 요구하지 않아. 반대로, 삶을 사는 내내 춤을 추는 게 더 나아.”

**나:** “나도 춤출 줄 알아. 그래, 춤을 추면서도 삶을 살 수 있으면 좋으련만! 춤은 짝짓기 철에나 어울려. 언제나 발정난 것처럼 구는 사람들이 있고, 또 자신의 신을 위해 춤을 추길 원하는 사람들이 있다는 걸 나도 알아. 어떤 사람들은 터무니없고, 어떤 사람들은 그런 표현 능력이 없다는 점을 정직하게 인정하지 않고 고대(古代)를 재현하고 있어.”

**붉은 존재:** “친애하는 동료여, 여기서 가면을 벗겠네. 이제 난 다소 더 진지해졌어. 이것이 나의 영역과 관련 있기 때문이야. 춤이 상징할 수 있는 제3의 어떤 것이 있다고 생각해 볼 수도 있어.”

말을 타고 온 존재의 붉은 색깔이 조금 더 연하게 붉은 고기의 빛으로 변한다. 그리고 보라. 오, 기적이 일어났다. 나의 초록색 옷 곳곳에서 잎이 나기 시작한다.

**나:** “아마 신보다 앞서 춤이라고 부를 수 있는 어떤 기쁨이 있어. 그러나 난 이 기쁨을 아직 발견하지 못했어. 나는 앞으로 다가올 것들을 찾고 있어. 사물들이 왔지만, 아직 거기에 기쁨은 들어 있지 않았어.”

**붉은 존재:** “형제여, 당신은 나를 알아보지 못하는군. 내가 기쁨이야!”

**나:** “당신이 어떻게 기쁨일 수 있어? 당신이 구름 사이로 보이는 것 같은데. 당신의 이미지가 점점 옅어지고 있어. 사랑하는 이여, 당신의 손을 잡게 해 주오. 당신은 누구인가, 당신은 누구인가?”

기쁨? 그가 기쁨이었어?

분명히, 이 붉은 존재는 악마였지만 나의 악마였다. 즉 그는 나의 기쁨이었다. 높은 망루에서 홀로 사방을 살피고 있는 그 진지한 인간의 기쁨이었다. 붉은 색깔에 붉은 냄새를 풍기는, 따스하고 연한 붉은빛의 기쁨이었다. 그것은 그의 생각과 시선에 들어 있는 비밀스런 기쁨이 아니라, 향긋한 꽃내음과 삶의 여유를 싣고 불어오는 따스한 남풍처럼 뜻밖에 오는 세상의 이상한 기쁨이었다. 당신도 시인들을 통해서 이런 것을 알고 있다. 시인들이 뭔가를 기대하는 마음으로 깊은 곳에서 일어나고 있는 것들에, 말하자면 봄 같은 환희 때문에 무엇보다 먼저 악마의 추적을 받는 것들에 귀를 기울일 때, 거기에 그런 기쁨이 있다. 그 기쁨은 인간들을 파도처럼 휩쓸며 앞으로 몰아붙인다. 이 기쁨을 맛보는 사람은 누구나 자신을 망각한다. 그리고 세상에는 자기 자신을 망각하는 것보다 더 달콤한 것은 없다. 꽤 많은 사람들이 자신이 어떤 존재인지를 망각하고 있다. 그러나 그보다 더 많은 사람들은 뿌리를 너무나 견고하게 내리고 있어서 거센 파도마저도 그들을 뽑지 못한다. 그런 사람들은 화석화되어 너무나 무거운 반면, 자신을 망각한 사람들은 지나치게 가볍다.

나는 나의 악마를 정직하게 맞이하며 진짜 인간을 다루듯 대했다. 그렇게 해야 한다는 것을, 나는 그 '신비'에서 배웠다. 우리의 내면세계에 개별적인 인간처럼 거주하고 있는 미지의 모든 방랑자들을 진지하게 받아들여야 한다는 가르침 말이다. 그 미지의 방랑자들은 우리에게 실제로 영향을 미치고 있기 때문에 현실 속에 존재하고 있는 것이나 마찬가지다. 우리가 이 시대의 정신에 빠져서 세상에 악마 같은 것은 절대로 없다고 말하는 것은 도움이 되지 않는다. 나에겐 악마가 하나 있었다. 악마는 나의 내면에서 일어났다. 나는 내가 할 수 있는 것을 그 악마와 함께 했다. 나는 악마와 이야기를 나눌 수 있었다. 악마와는 종교적인 대화가 불가피하다. 이유는 사람이 악마에게 무조건적으로 굴복하기를 원하지 않을 경우에 악마가 그런 식의 대화를 요구하기 때문이다. 악마와 내가 동의할 수 없는 것이 바로 종교이니까. 나는 악마와 종교에 대해 터놓고 이야기해야 했다. 이유는 그가 하나의 독립적인 인격체인 까닭에 소동을 피우지 않고 나의 관점을 순순히 받아들이는 일은 없을 것이기 때문이다.

만약에 내가 악마를 이해하려고 노력하지 않았다면, 아마 나는 악마로부터 달아나고 있었을 것이다. 혹시라도 당신이 드물게 악마와 이야기를 할 기회를 갖게 된다면, 그때엔 악마와 아주 진지하게 대면하는 것을 잊지 않도록 하라. 어쨌든 그 악마는 당신의 악마다. 그 악마는 적으로서 당신 자신의 다른 관점이다. 그 악마는 당신을 유혹하고 당신의 길 위에 당신이 거의 예상하지 않은 곳에 장애물을 놓아둔다.

악마를 진지하게 대한다는 것이 당신이 그의 편에 선다거나 당신 자신이 악마가 된다는 뜻은 아니다. 그보다는 어떤 이해에 이른다는 뜻이다. 그 이해를 통해서 당신은 자신의 또 다른 관점을 받아들이게 된다. 그로 인해 당신의 악마는 근본적으로 토대를 상실하고, 당신 또한 근본적으로 토대를 상실한다. 그래도 아무 문제가 없으며, 오히려 유익할 것이다.

악마가 종교를 매우 혐오하는 이유는 종교에 특별히 엄숙한 면과 정직한 면이 있기 때문이다. 그럼에도 악마를 이해시키는 것은 종교를 통하는 길밖에 없는 것이 분명하다. 내가 춤에 대해 이야기한 것이 악마를 놀라게 만들었다. 왜냐하면 춤이 악마의 영역에 속하기 때문이다. 악마는 다른 존재들이 관심을 두는 것만 진지하게 받아들이지 못한다. 그것이 악마의 속성이다. 그런 식으로, 나는 악마의 진지함에 닿고, 그로써 우리는 이해가 가능한 공통의 토대에 이른다. 악마는 춤에 대해, 색욕도 아니고 광기도 아니며 단지 기쁨의 표현에 지나지 않는다고 생각한다. 그리고 기쁨은 나의 것만도 아니고 악마의 것만도 아니다. 이 점에서 나는 악마와 의견의 일치를 본다. 따라서 악마는 내가 보는 앞에서 스스로 인간화한다. 그러나 나는 봄의 나무처럼 초록으로 변한다.

그럼에도 기쁨이 악마라거나 악마가 기쁨이라는 말이 당신을 걱정스럽게 만들 것임에 틀림없다. 나는 이 문제를 놓고 일주일 이상 곰곰 생각했다. 그것으로도 충분하지 않을지 모른다는 걱정이 앞선다. 당신의 기쁨이 당신의 악마라는 사실에 당신은 이의를 제기한다. 그러나 기쁨에는 언제나 악마적인 무엇인가가 있는 것 같다. 만약에 당신의 기쁨이 당신에게 전혀 악마가 아니라면, 아마 당신의 기쁨이 당신의 이웃에 악마가 될지 모른다. 이유는 기쁨이 생명의 꽃을 활짝 피우고 생명의 생생함이 절정에 달하는 것이기 때문이다. 이 절정이 당신을 쓰러뜨린다. 그러면 당신은 새로운 길을 더듬어 찾아야 한다. 기쁨의 불 속의 빛이 이제 완전히 꺼졌기 때문이다. 아니면 당신의 기쁨이 당신의 이웃을 뒤흔들어 경로에서 벗어나도록 만든다. 왜냐하면 생명이란 것이 근처의 모든 것을 삼키는 큰불과 비슷하기 때문이다. 그러나 불은 악마의 요소이다.

내가 악마가 기쁨이라는 것을 보았을 때, 나는 틀림없이 그와 협정을 맺기를 원했을 것이다. 그러나 당신은 기쁨과 어떤 협정도 맺지 못한다. 이유는 그것이 즉시 사라져 버리기 때문이다. 따라서 당신은 악마도 잡지 못한다. 그렇다. 절대로 잡히지 않는 것이 악마의 본질이다. 만약에 악마가 잡힐 수 있다면, 그 악마는 바보다. 그런 바보 같은 악마를 하나 더 잡아봐야 당신이 얻을 것은 하나도 없다. 악마는 언제나 당신이 걸터앉아 있는 나뭇가지를 잘라버리려고 애를 쓴다. 악마의 그런 태도가 당신에게 유익하고, 당신이 잠에 떨어지지 않도록 보호해 주며, 악마를 따라다니는 악덕을 피할 수 있도록 해 준다.

악마는 사악한 요소다. 그렇다면 기쁨은?

기쁨을 추구하고 있다면, 당신은 당연히 기쁨에도 사악한 요소가 있다는 점을 확인할 것이다. 왜냐하면 기쁨을 추구하는 경우에 당신이 쾌락에 닿을 것이고, 거기서 곧장 지옥으로, 당신만의 특별한 지옥으로 향할 것이기 때문이다. 이 지옥은 사람마다 다 다른 것으로 드러난다.

내가 악마와 타협하는 과정에, 악마는 나의 진지함의 일부를 받아들였고 나는 악마의 기쁨의 일부를 받아들였다. 이것이 나에게 용기를 주었다. 그러나 만약에 악마가 더욱 정직하게 변했다면, 사람은 자기 자신을 더욱 다잡아야 한다. 기쁨을 받아들이는 것은 언제나 위험한 일이지만, 그것이 우리를 삶과 삶의 실망으로 이끌고, 바로 이 삶과 삶의 실망으로부터 우리 삶의 완전성이 시작된다.

2장

# 숲 속의 성

그 후 두 번째 밤에, 나는 홀로 컴컴한 숲 속을 걷고 있으며, 길을 잃었다는 사실을 알고 있다. 나는 어둠 속에서 마차가 다니는 길을 걷고 있으며, 발부리가 걸려 비틀거린다. 나는 마침내 조용하고 컴컴한 늪에 닿는다. 늪의 한가운데에 작은 고성(古城)이 한 채 서 있다. 나는 여기서 하룻밤 묵게 해 달라고 부탁하는 게 좋겠다고 생각한다. 나는 문을 두드린 뒤 한참을 기다린다. 비가 내리기 시작한다. 나는 다시 문을 두드린다. 그러자 누군가가 나오는 소리가 들린다. 문이 열린다. 옛날 의상을 걸친 남자 하인이 무슨 일이냐고 묻는다. 나는 하룻밤 묵게 해 달라고 부탁한다. 그러자 그가 나를 컴컴한 현관으로 들어오게 한다. 그런 다음에 그는 나를 낡은 계단으로 이끈다. 계단 꼭대기에서 나는 넓고 높은, 홀 같은 공간으로 들어간다. 하얀 벽 쪽에 검정색 옷장과 궤짝이 놓여 있다.

나는 응접실 같은 곳으로 안내를 받는다. 커버를 씌운 낡은 가구가 놓인 소박한 공간이다. 오래된 등의 희미한 불빛이 방 안을 비추고 있다. 하인이 옆문을 두드린 다음 조용히 문을 연다. 나는 재빨리 안을 살핀다. 사방에 서가가 있고 커다란 책상이 있어서 꼭 학자의 서재 같다. 노인이 검정색 기다란 옷을 입고 책상에 앉아 있다. 그가 가까이 오라고 손짓을 한다. 방 안의 공기는 무겁고, 노인은 야윈 것 같다. 위엄이 느껴진다. 위엄을 한껏 갖춘 사람인 것 같다. 그는 오래 전부터 많은 지식에 짓눌려 무(無)가 되어 버린 그런 학자들에게서 흔히 볼 수 있는, 겸손하면서도 무서워하는 듯한 표정을 짓고 있다. 나는 그가 진정한 학자일 것이라고 생각한다. 지식의 광대함 앞에서 위대한 겸손을 배우고, 스스로를 끊임없이 학문과 연구로 몰아붙이고, 그러면서 마치 자신이 과학적 진리에 따라 움직이는 것이 어떤 것인지를 개인적으로 보여주는 것을 의무로 느끼는 것처럼 노심초사하며 연구 결과를 냉철하게 평가하는 그런 학자 말이다.

나를 맞는 그의 표정에 당황하는 빛이 역력하다. 정신이 나간 듯 멍하고, 태도가 방어적인 것 같다. 그래도 나는 그 점에 대해 이상하게 여기지 않는다. 나 자신이 평범한 사람처럼 보이기 때문이다. 그는 자신이 하던 일에서 좀처럼 시선을 떼지 못하는 것 같다. 나는 거듭 하룻밤 묵게 해 달라고 부탁한다. 한동안 침묵을 지키더니, 노인은 "잠을 자고 싶다는 뜻이군요. 그러면 좋을 대로 하시오."라고 말한다. 나는 그가 멍한 상태라는 것을 알고 있었으며, 그래서 그에게 하인에게 방을 보여주도록 지시해 달라고 부탁한다. 이 말에 그는 "재촉하는 거군요. 하지만 나는 지금 중단할 수 없어요!"라고 말한다. 그는 다시 책에 빠져든다. 나는 인내심 있게 기다린다. 잠시 후 그가 올려다보다가 깜짝 놀란다. "여기서 원하시는 게 뭐죠? 아, 미안해요. 당신이 기다리고 있다는 것을 까맣게 잊고 있었어요. 곧장 하인을 부르리다." 하인이 와서 나를 같은 층의 작은 방으로 안내한다. 하얀 벽엔 장식이 없으며, 큰 침대가 놓여 있다. 하인은 잘 자라고 말한 뒤 물러난다.

나는 지쳤기 때문에 즉시 옷을 벗고 촛불을 입으로 불어 끈 뒤 잠자리에 든다. 침대 시트가 이상할 정도로 까칠하고 베개는 딱딱하다. 방랑의 길이 나를 이상한 곳으로 이끌었다. 자그마한 고성인데, 학자 같은 고성의 주인은 평생 동안 밤을 책하고만 보내고 있는 것이 분명하다. 성에는 저쪽 종루에 거처하는 하인을 빼고는 아무도 살지 않는 것 같다. 늘 책과 함께하는 이 노인의 삶이야말로 이상적이지만 외로운 존재인 것 같다. 여기서 나의 생각이 오랫동안 맴돈다. 그러다 마침내 나는 또 하나의 생각이 나를 놓아주지 않는다는 사실을 알아차린다. 늙은이가 이곳에 아름다운 딸을 숨기고 있을지 모른다는 생각이다. 대중 소설에나 어울릴 통속적인 생각이다. 재미없고 낡은 주제다. 아니, 정말 소설 같은 생각이다. 숲 속에 자리 잡은 고성, 고독한 밤, 책에 파묻혀 사는 어떤 늙은이가 소중한 보물을 보호하면서 그것을 세상으로부터 감쪽같이 숨기고 있다? 별우스꽝스런 생각이 다 떠오르네! 내가 방랑길에 이런 유치한 꿈들을 떠올려야 하는 것은 지옥인가 아니면 연옥인가? 그러나 나는 생각들을 조금 더 강하고 조금 더 아름다운 것으로 승화시키지 못한다고 느끼고 있다. 나는 이런 생각들이 밀려오는 대로 가만 내버려둬야 한다고 생각한다. 생각들을 밀어내봐야 무슨 소용이 있겠어? 어차피 다시 밀려올 텐데. 상한 음료를 입 안에 계속 담고 있느니 차라리 삼켜버리는 게 더 낫지 않은가. 그렇다면 따분하게 지내는 여주인공은 어떤 모습일까? 물론, 금발에 창백할 것이다. 눈은 푸를 것이고. 그 눈은 길을 잃은 모든 방랑객이 구원자가 되어 자신을 아버지의 감옥에서 구출해 주길 간절히 바라고 있을 것이다. 오, 나는 이 진부한 난센스를 잘 알고 있다. 차라리 잠을 자는 게 낫겠어. 도대체 나는 왜 이런 공허한 환상으로 자신을 괴롭혀야 하는가?

잠이 오지 않는다. 나는 엎치락뒤치락 몸을 뒤챈다. 그래도 여전히 잠은 오지 않는다. 그렇다면 구제받지 않은 이 영혼을 최종적으로 나 자신 안에 품어야 하는가? 그리고 내가 잠들지 못하도록 하는 것이 이 영혼인가? 내가 그런 소설가 같은 영혼을 갖고 있는가? 쓰디쓴 이 음료는 결코 끝이 없는가? 벌써 자정이 훨씬 넘었음에 틀림없다. 그런데도 여전히 잠이 오지 않는다. 그렇다면 이 넓은 세상에서 무엇이 내가 잠들지 못하도록 만드는가? 그것이 이 방과 관계있는가? 침대가 마법에 걸린 것인가? 무섭다. 불면이 사람을 어디로 몰고 가나! 터무니없이 부조리하고 미신적인 생각을 떠올리다니. 날씨가 차가운 것 같다. 몸이 얼어붙고 있다. 아마 내가 잠을 이루지 못하고 있는 것은 기온 때문이리라. 여기는 정말 으스스하고 기괴스럽다. 여기서 벌어지고 있는 일은 하늘만이 안다. 방금 발자국 소리가 들리지 않았나? 아니, 그것은 바깥의 일이야. 나는 몸을 뒤챈다. 그러면서 눈을 꽉 감는다. 어쨌든 나는 자야 한다. 저것이 문이 아니었던가? 아니, 저기 누가 서 있잖아! 내가 꼿꼿이 선 어떤 헛것을 보고 있는가? 죽음처럼 창백하고 호리호리한 소녀가 문에 서 있는 것인가? 맙소사, 이게 뭐야? 그녀가 나에게 가까이 다가오고 있잖아!

“마침내 왔어요?” 그녀가 나직이 묻는다. 절대로 일어날 수 없는 일이다. 이것은 잔인한 착각이다. 소설이 현실이 되고 있다. 터무니없는 귀신이야기가 되려는 것인가? 도대체 내가 어떤 저주를 받았단 말인가? 그런 소설가다운 재주를 품고 있는 것이 나의 영혼인가? 이런 일이 나에게 꼭 일어나야 하는가? 나는 정말 지옥에 있다. 죽음 다음으로 끔찍한 자각이 아닌가! 그 지옥이 책을 빌려주는 도서관 같은 곳에서 벌어지고 있다. 내가 나의 시대 사람들과 그들의 취향을 얼마나 경멸했으면 지옥에서 내가 오래 전에 침을 뱉었던 소설들을 쓰고 있어야 하는가? 평균적인 인간의 취향의 아래쪽 반(半)도 신성과 불멸성을 주장할 수 있으며, 그래서 그런 것들에 대해서 좋지 않은 말을 할 때에는 지옥에서 그 죄에 대해 꼭 속죄를 해야 하는 것인가?

그녀가 말한다. "오, 그렇다면 당신도 나에 대해 평범하다고 생각해요? 당신도 내가 소설 속의 주인공이라고 착각하고 있어요? 당신이라면 겉모습을 벗기고 사물의 본질을 추구할 것이라고 기대했는데, 그렇다면 당신도 마찬가지라는 겁니까?"

**나:** "용서해줘요. 당신은 현실 속의 존재입니까? 하지만 당신을 잠을 자지 못한 탓에 보는 헛것으로 여기는 것이 소설의 통속적인 장면과 아주 비슷하지요."

**그녀:** "아니, 어떻게 당신이 내가 현실 속의 존재가 아니라고 의심할 수 있지요?"

그녀가 나의 침대 발치에 쓰러지듯 무릎을 꿇으며 두 손으로 얼굴을 감싸고 흐느낀다. 오, 맙소사. 어쨌든 그녀는 진짜 현실 속의 존재다. 그렇다면 내가 그녀에게 부당하게 굴었는가? 나의 동정심이 꿈틀거린다.

**나:** "하지만, 제발 한 가지만 말해주오. 정말로, 당신을 현실 속의 존재로 믿어야 합니까?"

그녀는 흐느끼며 대답을 하지 않는다.

**나:** "그렇다면 당신은 누굽니까?"

**그녀:** "그 노인의 딸입니다. 그가 나를 이곳에 가둬두고 있어요. 참을 수 없는 고통입니다. 시기나 혐오에서가 아니라, 나를 사랑하기 때문이지요. 내가 노인의 유일한 자식이고 또 내가 젊을 때 죽은 나의 어머니의 이미지를 갖고 있기 때문이지요."

나는 머리를 긁는다. 이거야말로 끔찍할 만큼 진부한 이야기가 아닌가? 도서관에서 빌린 싸구려 소설과 다를 게 하나도 없으니! 오, 신들이시여, 그대들은 나를 어디로 이끌었는가?

그러나 그녀는 지금도 울면서 거기에 그대로 있다. 하지만 그녀가 현실 속의 존재라면 어떻게 되나! 그렇다면 그녀에게 안됐다는 감정을 느껴도 괜찮을 것이며, 남자라면 그런 그녀에게 동정심을 품을 것이다. 만일 예절 바른 소녀라면, 낯선 남자가 있는 방에 들어서는 것이 그녀에게 얼마나 큰 고통을 주었겠는가! 그리고 이런 식으로 그녀의 수치심을 극복하는 것은 또 얼마나 큰 고통이었겠는가?

**나:** "귀여운 나의 아이여, 어떠한 일이 있어도 나는 그대가 현실 속의 존재라고 믿어요. 당신을 위해 할 수 있는 게 뭐죠?"

**그녀:** "마지막으로, 인간의 입에서 나오는 말 한 마디뿐이에요!"

그녀가 일어선다. 그녀의 얼굴에서 빛이 난

다. 그녀는 아름답다. 표정에 깊은 순수가 깃들어 있다. 그녀는 아름답고 순박한 영혼을 갖고 있다. 현실의 삶 속으로 들어가기를, 온갖 현실을 다 받아들이기를, 목욕탕과 건강의 샘에도 가기를 간절히 바라는 그런 영혼이다. 오, 어쩌면 영혼이 이리도 아름다운가! 그 영혼이 현실의 지옥으로 내려오는 장면이 얼마나 극적인지!

**그녀:** "당신이 나를 위해 뭘 할 수 있겠습니까? 당신은 이미 나를 위해 많은 것을 했습니다. 당신이 당신과 나 사이에 진부한 것을 더 이상 놓지 않았을 때, 당신은 이미 구원의 말을 했어요. 이것을 아세요. 나는 진부한 것의 마법에 걸려 있었어요."

**나:** "아, 슬프도다! 지금 당신은 동화의 주인공처럼 되었어요."

**그녀:** "사랑하는 친구여, 합리적으로 생각하세요. 지금처럼 터무니없는 말을 더듬지 말아요. 동화는 소설의 위대한 어머니이고, 당신의 시대에 널리 게걸스레 읽히고 있는 소설보다 훨씬 더 보편적인 타당성을 지니고 있으니까요. 그리고 당신도 알다시피, 끊임없이 반복되었음에도 불구하고 수천 년 동안 모든 사람들에게 회자되었던 것이 궁극적인 인간의 진리에 가장 근접해 있어요. 그러니 우리 둘 사이에 그런 터무니없는 일이 끼어들도록 내버려두지 말아요."

**나:** "당신은 영리하고, 아버지의 지혜를 물려받은 것 같지는 않군요. 하지만 말해줘요. 당신은 신성에 대해, 소위 궁극적 진리에 대해 어떻게 생각해요? 나는 궁극적 진리를 진부한 것에서 찾는 것이 매우 이상하다고 생각했어요. 궁극적 진리의 성격에 따라, 그 진리는 꽤 특이해야 해요. 위대한 철학자들에 대해서만 생각해 봐요."

**그녀:** "이 최고의 진리들은 비범할수록 인간과 거리가 더 멀게 되고 또 인간의 본질과 존재에 대해 의미 있거나 소중한 것을 덜 들려주게 됩니다. 오직 인간적인 것만이, 그리고 당신이 진부하다고 부를 수 있는 것만이 당신이 추구하는 지혜를 담고 있어요. 우화 같은 이야기도 나를 해치는 내용이 아니라 나를 위하는 내용을 들려주고, 또 내가 얼마나 보편적으로 인간적인지를 보여주며, 내가 구원을 아주 많이 필요로 하고 또 구원을 받을 자격을 갖추고 있다는 것을 보여줍니다. 왜냐하면 나 자신이 현실 세계에서 다른 여자들 만큼, 아니 그 이상으로 훌륭하게 살 수 있기 때문이지요."

**나:** "이상한 처녀로군. 당신은 나를 어리둥절하게 만들고 있어요. 당신의 아버지를 처음 보았을 때 내가 받은 인상은 나를 학문적인 대화에 초대할 것 같다는 것이었지요. 그런데 그러질 않았어요. 이 문제로 나는 감정이 상했어요. 나 같은 존재는 안중에도 없다는 식의 태

도가 나의 자존심을 건드렸지요. 그러나 당신으로 인해 기분이 많이 나아졌어요. 당신은 나에게 깊이 생각할 거리를 주었어요. 당신은 비범해요."

**그녀:** "당신이 착각하고 있어요. 나는 매우 평범해요."

**나:** "그건 믿을 수 없어요. 당신의 두 눈에 담겨 있는 영혼의 표정이 얼마나 아름답고 사랑스러운지 몰라요. 당신을 자유롭게 하는 남자는 행복하고 선망의 대상이 될 거예요."

**그녀:** "당신은 나를 사랑해요?"

**나:** "맹세코, 당신을 사랑합니다만, 불행하게도 나는 결혼한 몸입니다."

**그녀:** "아시다시피 평범한 실체도 구원자가 될 수 있지요. 고마워요, 친구여. 여기, 살로메의 인사를 전해요."

그 말을 남기고 그녀의 형태는 어둠 속으로 점점 사라져갔다. 흐릿한 달빛이 방 안을 채우고 있다. 그녀가 서 있던 곳에 그림자 같은 무엇인가가 놓여 있다. 여러 송이의 붉은 장미꽃이다.

만약에 당신에게 어떠한 외적 모험도 일어나지 않는다면, 마찬가지로 내적 모험도 일어나지 않는다. 당신이 악마에게서 물려받은 부분, 즉 기쁨이 당신을 모험으로 이끈다. 이런 식으로, 당신은 위쪽 한계만 아니라 아래쪽 한계도 발견할 것이다. 당신은 자신의 한계를 알 필요가 있다. 한계를 모르고 있는 경우에, 당신은 자신의 상상력과 동료 인간들의 기대라는 인위적인 장벽들과 충돌을 빚을 수 있다. 그러나 당신의 생명은 인위적인 경계 안에 갇히는 것을 달가워하지 않을 것이다. 생명은 언제나 그런 장벽을 뛰어넘기를 원하고, 그러면 당신은 당신 자신과 사이가 나빠질 것이다. 이 장벽들은 당신의 진정한 한계가 아니며, 불필요하게 당신에게 해를 입히는 자의적인 한계이다. 그러므로 당신 자신의 진정한 한계를 발견하도록 노력하라. 누구도 자신의 한계를 미리 알지 못하며, 사람은 언제나 한계에 도달할 때에만 그것을 볼 수 있고 이해할 수 있다. 또 이런 일은 당신이 균형을 취할 수 있을 때에만 일어날 수 있다. 균형을 잃은 상태라면, 당신은 자신에게 일어나고 있는 일을 인식하지 못하는 가운데 한계를 넘어서게 된다. 그러나 균형의 성취는 당신이 자신의 것과 정반대되는 것을 배양할 때에만 가능해진다. 그러나 균형은 당신의 가장 깊은 내면에선 혐오스런 것이 된다. 이유는 그것이 결코 영웅적이지 않기 때문이다.

나의 정신은 진귀하고 비범한 모든 것에 대해 깊이 생각해 보았다. 또 나의 정신은 발견되지 않은 가능성들 속으로 들어갈 길을 살폈다. 말하자면, 숨겨진 것들로 향하는 길들을, 밤에 반짝이는 빛들 쪽으로 나아갈 길들을 찾았다는 뜻이다. 그리고 나의 정신이 이런 모색을 하고 있을 때, 나의 내면에 있는 평범한 모든 것은 나도 모르는 사이에 고통을 받으며 생명을 갈망하기 시작했다. 이유는 내가 평범한 것을 살지 않았기 때문이다. 그리하여 이 모험이 시작되었다. 나는 낭만적인 그 사건 앞에서 크게 고민했다. 낭만적인 일은 뒷걸음질이다. 낭만의 길에 닿기 위해, 사람은 간혹 몇 걸음 물러서야 한다.

이 모험에서 나는 나 자신이 '신비'에서 목격한 것을 경험했다. 내가 그 '신비'에서 엘리야와 살로메로 보았던 것이 삶에서 늙은 학자와 간혀 지내던 그의 창백한 딸이 되었다. 내가 사는 삶 자체가 그 신비와 아주 비슷하다. 조금 왜곡되어 있을 뿐이다. 그 낭만적인 길을 따르면서, 나는 삶의 거북함과 평범함에 닿았다. 거기서 나는 생각이 궁해지고 나 자신을 망각한다. 내가 예전에 사랑했던 것을, 지금 나는 약하고 보잘것없는 것으로 경험해야 한다. 내가 예전에 조롱했던 것을, 나는 압도적이고 위대한 갈망으로 동경해야 한다. 나는 이 모험의 부조리를 받아들였다. 이 일이 일어나자마자, 나는 또 그 처녀가 어떤 식으로 자신을 변형시키고 또 자율적인 의미를 나타내게 되는지를 보았다. 터무니없는 것에 대한 욕망을 면밀히 조사해 보라. 그런 조사만으로도 그 욕망에 변화를 이룰 수 있다.

남성성은 어떤가? 남자들이 완전을 이루기엔 여성성을 얼마나 많이 결여하고 있는지 당신은 아는가? 여자들이 완전을 이루기엔 남성성을 얼마나 많이 결여하고 있는지 당신은 아는가? 당신은 여자들에게서 여성성을, 남자들에게서 남성성을 찾는다. 따라서 세상엔 언제나 남자들과 여자들만 있을 뿐이다. 하지만 인간들은 어디 있는가? 남자인 당신은 여자에게서 여성성을 찾을 것이 아니라 당신 자신에게서 여성성을 찾으려 노력하고 당신 자신에게서 여성성을 인정해야 한다. 당신이 처음부터 갖고 있는 그 여성성을 말이다. 그렇지만 남자다움 운운하는 것이 당신을 즐겁게 만든다. 왜냐하면 그것이 익히 잘 알려진 길을 여행하기 때문이다. 여자인 당신은 남자들에게서 남성성을 찾을 것이 아니라 자신에게서 남성성을 확인해야 한다. 당신도 처음부터 남성성을 갖고 있기 때문이다. 그러나 여자다움 운운하는 것이 당신을 편하게 만든다. 따라서 남자가 그런 여자인 당신을 경멸하게 된다. 이유는 남자가 자신의 여성성을 경멸하고 있기 때문이다. 그러나 인간은 남성적이고 여성적이다. 여자나 남자가 아닌 것이다. 당신은 자신의 영혼이 남자인지 여자인지 자신 있게 말하지 못한다. 그러나 만약에 자신의 영혼을 면밀히 들여다본다면, 더없이 남성적인 사람도 여성적인 영혼을 갖고 있고 더없이 여성적인 사람도 남성적인 영혼을 갖고 있다는 사실이 확인된다. 남자다운 면이 강한 사람일수록, 당신은 여자의 실제 모습으로부터 더 멀리 떨어져 있을 것이다. 이유는 당신 안에 있는 여성성이 낯설고 경멸스럽게 비치기 때문이다.

악마로부터 한 조각의 기쁨을 받은 뒤에 그것을 가진 상태에서 모험에 나선다면, 그런 당신은 자신의 쾌락을 받아들이게 된다. 그러나 쾌락은 즉시 당신이 바라는 모든 것을 끌어들이게 되며, 그러면 당신은 쾌락이 자신을 망가뜨리는지 아니면 고양시키는지를 결정해야 한다. 만약에 당신이 악마의 성격을 띠게 된다면, 그런 당신은 욕망을 맹목적으로 거듭 추구하게 될 것이며, 그 같은 태도가 당신으로 하여금 길을 잃게 만들 것이다. 그래도 당신이 당신 자신을 놓지 않고 있다면, 다시 말해 악마의 성격이 아니라 당신의 원래 자세를 그대로 취하고 있다면, 당신은 자신의 인간성을 기억하고 있을 것이다. 당신은 여자들에게 기본적으로 한 사람의 남자로서가 아니라 한 사람의 인간 존재로서 행동할 것이다. 말하자면 당신이 그 여자들과 동성인 것처럼 행동하게 된다는 뜻이다. 당신은 자신의 여성성을 불러낼 것이다. 그러면 당신이 남자답지 않고 어리석은 사람처럼, 말하자면 여자처럼 느껴질 것이다. 그러나 당신은 터무니없어 보이는 것을 받아들여야 한다. 그렇지 않으면 당신은 곤란을 겪을 것이고, 당신이 주의를 거의 기울이지 않는 때에 별안간 터무니없는 것이 당신을 덮치며 당신을 우스꽝스런 존재로 만들어버릴 것이다. 대단히 남자다운 사람에게 자신의 여성성을 받아들이는 것은 비통한 일이다. 그에겐 여성성이 우스꽝스럽고 무력하고 야비해 보이기 때문이다.

그렇다. 그러면 마치 당신이 모든 미덕을 다 잃어버린 것처럼, 타락의 구렁텅이로 떨어진 것처럼 보인다. 남성성을 받아들이는 여자도 똑같은 느낌을 받을 수 있다. 그렇다. 자신이 노예가 된 것처럼 보일 수 있다. 당신은 당신의 영혼 안에서 당신이 필요로 하는 것의 노예가 된다. 더없이 남자다운 사람은 여자들을 필요로 하며, 따라서 그 남자는 여자들의 노예가 된다. 그럴 것이 아니라, 당신 자신이 여자가 되어 보라. 그러면 당신은 여자들에게 예속된 상태로부터 자유로워질 것이다. 여자들의 옷을 입는 것도 좋다. 그러면 사람들이 당신을 조롱할 것이지만, 당신은 여자가 됨으로써 여자들과 그들의 횡포로부터 자유를 얻을 것이다. 여성성을 받아들이면 완전에 이를 수 있다. 이는 자신의 남성성을 받아들이는 여자에게도 똑같이 통하는 말이다.

남자들 안의 여성성은 악과 연결되어 있다. 나는 그런 사실을 욕망의 길에서 발견한다. 여자 안의 남성성도 마찬가지로 악과 연결되어 있다. 그래서 사람들은 자신의 안에 있는 다른 반쪽을 받아들이길 싫어한다. 그러나 만약에 당신이 그걸 받아들이기만 하면, 그런 당신에게 인간의 완전성과 연결되어 있는 것이 저절로 나타나게 된다. 즉, 당신 자신이 조롱받는 존재가 될 때, 영혼의 하얀 새가 날아온다. 그 새는 멀리 떨어져 있었지만, 당신의 체면 손상이 그 새를 끌어당긴다. 신비가 당신에게 가까이 다가오고, 그러면 당신 주변에 기적 같은 일들이 일어난다. 황금빛 광휘가 반짝인다. 왜냐하면 태양이 무덤에서 솟아올랐기 때문이다. 한 사람의 남자로 남는 한, 당신에겐 영혼이 전혀 없다. 당신의 영혼이 여자의 안에 있기 때문이다. 한 사람의 여자로 남는 한, 당신에겐 영혼이 전혀 없다. 당신의 영혼이 남자의 안에 있기 때문이다. 그러나 만약에 당신이 한 사람의 인간 존재가 된다면, 그때엔 당신의 영혼이 당신 안에 온전히 있을 것이다.

만약에 당신이 자의적으로 만들어진 한계 안에 머문다면, 당신은 두 개의 거대한 벽 사이를 걷게 될 것이다. 그런 경우에 당신은 세상의 광대함을 보지 못한다. 그러나 만약에 당신의 시야를 가리고 있는 벽을 허물어뜨린다면, 그리고 그 광활함과 끝없는 불확실성이 두려움으로 당신을 자극한다면, 그때엔 고대부터 당신의 내면에 잠자고 있던 것이 깨어날 것이다. 그 잠자던 존재의 사자(使者)가 바로 그 하얀 새이다. 그때 당신에겐 그 옛날에 카오스를 길들이던 존재의 메시지가 필요하다. 카오스의 소용돌이 안에 영원한 경이(驚異)가 거주하고 있다. 당신의 세계가 경이로운 곳이 되기 시작한다. 인간은 질서정연한 세계에도 속할 뿐만 아니라 자신의 영혼의 경이로운 세계에도 속한다.

당신의 영혼은 갈증을 심하게 느끼고 있다. 이유는 영혼의 세계에 가뭄이 들었기 때문이다. 만약에 당신이 밖을 본다면, 아득히 멀리 숲과 산이 보이고, 당신의 시선은 그 숲과 산들 위로 별들의 영역까지 올라간다. 그리고 만약에 당신이 당신 안을 들여다본다면, 반대편 쪽으로 또 다른 무한이 보일 것이다. 왜냐하면 내면의 세계도 외부 세계만큼 끝이 없기 때문이다. 당신이 당신의 육체를 통해서 외부 세계의 복합적인 본질의 한 부분이 되는 것과 똑같이, 당신은 당신의 영혼을 통해서 내부 세계의 복합적인 본질의 한 부분이 된다. 이 내면의 세계는 진정으로 무한하다. 어떤 면에서도 외부 세계보다 결코 더 빈약하지 않다. 인간은 두 개의 세계에 산다. 바보는 이곳 아니면 저곳에 살지, 이곳과 저곳에 동시에 살지 못한다.

자신의 삶을 연구에 바치고 있는 사람은 영적 삶을 영위할 것 같고, 그 사람의 영혼은 다른 어떤 사람보다도 더 넓은 한계 안에서 살 것처럼 생각될 것이다. 그러나 그런 삶도 또한 외면적이다. 외부 세상의 것들을 추구하며 사는 사람들의 삶만큼이나 외면적이다. 분명히, 그런 학자들은 외적 사물들을 위해서 사는 것이 아니라 외적 사상들을 위해서 산다. 말하자면, 자기 자신을 위해 살지 않고 자신의 대상을 위해 산다는 뜻이다. 만약에 당신이 어떤 사람을 두고 그가 외적인 것에 모든 것을 바치면서 무절제하게 인생을 허비했다고 말한다면, 당신은 이 노인에 대해서도 똑같이 말해야 한다. 이 노인은 책과 다른 사람들의 사상에 자신을 던졌다. 따라서 그의 영혼이 목말라하고 있다. 그 때문에 노인의 영혼은 노인이 자신의 영혼에게 주지 못한 인정(認定)을 구걸하기 위해 창피를 당하면서까지 모든 이방인들의 방으로 달려 들어가야 한다.

그런 까닭에 늙은 학자들이 우스꽝스럽고 창피한 방식으로 인정을 추구하는 모습이 자주 보인다. 그런 학자들은 자신의 이름이 언급되지 않기라도 하면 마음을 다치고, 다른 사람이 똑같은 것을 조금 더 나은 방식으로 말해도 낙담하고, 누군가가 그들의 관점을 약간이라도 바꾸기만 해도 비타협적인 자세를 취한다. 학자들의 회의에 가보라. 그런 사람들이 눈에 많이 띌 것이다. 많은 장점을 갖추었음에도 불구하고, 이런 초라한 노인들은 영혼이 굶주린 탓에 인정에 목말라 한다. 그런데 인정에 대한 그들의 갈증은 결코 해소되지 않을 것이다. 영혼은 당신의 지혜가 아니라 당신의 어리석음을 요구한다.

그러므로 내가 남녀로 뚜렷이 나뉜 그 남성성을 넘어서긴 했지만 아직 남녀를 초월하는 그런 인간에까지 이르지 못했기 때문에, 나에게 경멸스런 것으로 여겨지던 여성성 자체가 의미 있는 존재로 변한다. 남녀 구분을 뛰어넘으면서도 인간의 범위 안에 남는 것, 그것이 가장 어려운 일이다. 만약에 어떤 일반적인 규칙의 도움으로 성의 구별을 뛰어넘는다면, 당신은 그 규칙과 동일하게 되어 인간성의 한계를 벗어나게 된다. 따라서 당신은 건조하고 딱딱하고 비인간적인 존재가 된다.

당신은 인간적인 이유들을 근거로 해서도 성별 구별을 뛰어넘을 수 있다. 일반적인 원칙을 따를 필요가 전혀 없는 것이다. 일반적인 원칙이란 것은 다양한 상황에 똑같이 적용되기 때문에 단 한 가지 상황에는 절대로 완전할 수 없다. 만약에 당신이 당신의 인간성에 따라 행동한다면, 당신은 일반적인 원칙 없이 구체적인 상황에 따라 행동하게 된다. 상황에 맞는 원리에 따라서만 행동하는 것이다. 따라서 당신은 그 상황에 적절히 대처할 수 있게 된다. 아마 이때는 일반적인 원리를 희생시키게 될 것이다. 일반적인 규칙의 희생을 지나치게 고통스럽게 받아들여서는 안 된다. 이유는 당신이 그 규칙이 아니기 때문이다. 세상에는 다른 인간적인 것도 있고, 또 너무나 인간적인 것도 있다. 일반적인 선에서 일을 끝낼 수 있었던 사람들은 누구나 일반적인 원칙의 축복을 기억하는 것이 당연하다. 왜냐하면 일반적인 원칙도 의미를 지니는 것이며 결코 재미삼아 만들어진 것이 아니기 때문이다. 일반적인 원칙은 인간 정신의 존경할 만한 작용을 두루 포함하고 있다. 그런 인간들은 남녀 성별 구별을 넘어서는 어떤 일반적인 원리를 충족시키지 못하며, 오직 그들의 상상만이 그들이 상실한 것을 성취할 수 있다. 그들은 자신에게 피해를 입히면서 그들 자신의 상상이 되었고 자의성이 되었다. 그들은 남녀 성별 구분을 기억할 필요가 있으며, 그래야만 그들이 꿈에서 깨어나 현실로 들어갈 수 있다.

지금 이곳에서 저편을, 말하자면 나 자신 안에 있는 타자나 반대되는 것을 성취하는 것은 잠 못 이루는 밤만큼이나 괴로운 일이다. 나 안의 타자나 반대되는 것은 독을 품은 안개처럼, 또 열병처럼 살금살금 기어 올라온다. 그리고 당신의 감각들이 흥분되어 한껏 팽창될 때, 그 악마 같은 것이 매우 무미건조하고 지친 무엇인가로, 매우 유순하고 생기 없는 무엇인가로 다가와서 당신을 병들게 만든다. 그러면 여기서 당신은 당신의 저편으로 건너가는 느낌을 기꺼이 포기할 것이다. 깜짝 놀란 한편으로 정나미 떨어진 당신은 눈에 보이는 세상의 아름다움으로 돌아가기를 갈망한다. 그러면 당신은 당신의 사랑스런 세상 저편에 있는 모든 것에 대해 침을 뱉고 저주를 퍼붓는다. 이유는 그곳이 인간 동물의 혐오이고 쓰레기이고 찌꺼기라는 것을 당신이 잘 알고 있기 때문이다. 이 인간 동물은 어두컴컴한 곳에서 실컷 배를 채우고, 길을 따라 기어 다니고, 온갖 행복한 관점을 냄새로 알아내고, 요람에서 무덤까지 오직 이미 모든 사람에게 회자되고 있는 것만을 즐긴다.

그러나 당신은 여기서 멈추지 않는다. 당신은 당신의 지금 이곳과 당신의 저편 사이에 혐오를 놓지 않는다. 당신의 저편으로 가는 길은 지옥을, 사실은 당신만의 특별한 지옥을 관통하게 되어 있다. 지옥의 바닥엔 무릎 깊이의 쓰레기가 깔려 있고, 그곳의 공기는 수백 만의 존재들이 내뱉는 숨이며, 그곳의 불은 난쟁이의 열정이며, 그곳의 악마들은 괴상한 이정표들이다.

불쾌하고 역겨운 모든 것은 당신만의 특별한 지옥이다. 지옥이 그렇지 않고 달리 어떻겠는가? 그래도 다른 모든 지옥은 적어도 보아둘 가치가 있거나 재미로 가득했다. 그러나 당신의 지옥은 절대로 지옥이 아니다. 당신의 지옥은 당신이 당신의 안식처에서 저주와 발길질로 내쫓은 모든 것들로 이뤄져 있다. 당신 자신의 지옥에 발을 들여놓을 때, 절대로 당신이 아름다움 속에서 고통을 겪는 사람이나 거만한 부랑자처럼 거기에 들어가지 않도록 하라. 그보다는 어리석고 호기심 많은 바보처럼 들어가서 당신의 테이블에서 떨어진 조각들을 경탄하는 마음으로 살피도록 하라.

당신은 진정으로 화를 내고 싶지만, 그와 동시에 화가 어느 정도 적절한지를 본다. 당신의 끔찍한 부조리는 멀리까지 뻗는다. 단단히 맹세해 두는 것이 좋을 거야! 당신은 신성모독이 생명을 구하는 일이라는 것을 깨달을 것이다. 따라서 만약에 당신이 지옥을 계속 걷는다면, 당신의 길을 가로막고 있는 모든 것에 관심을 적절히 기울여야 한다는 것을 잊지 말아야 한다. 당신의 경멸이나 분노를 자극하는 모든 것을 차분히 들여다보라. 그런 노력을 기울일 경우에, 당신은 내가 창백한 처녀와 함께 경험했던 그 기적을 성취하게 된다. 당신은 영혼이 없는 것들에게 영혼을 불어넣고, 그러면 영혼 없는 것들은 끔찍한 무(無)에서 무엇인가로 변할 수 있다. 따라서 당신은 당신의 다른 반쪽에게 생명을 찾아줄 것이다. 당신의 가치들은 당신을 당신의 현재 모습으로부터 아주 멀리, 당신 자신 그 너머까지 끌고 가기를 원한다. 그러나 당신의 존재가 납덩이처럼 당신을 바닥으로 끌어당기고 있다. 당신은 동시에 두 쪽 모두를 살지 못한다. 두 쪽이 서로를 배척하기 때문이다. 그러나 그 길에서 당신은 두 쪽을 다 살 수 있다. 따라서 그 길이 당신을 구제한다. 당신이 산 위에 있으면서 동시에 계곡에 있을 수는 없지만, 당신의 길은 산에서 계곡으로, 다시 계곡에서 산으로 이어진다. 많은 것이 즐겁게 시작하여 어둠 속으로 이어진다. 지옥에도 단계가 있다.

3장

# 나의 비천한 반쪽

그 다음 밤, 나는 나 자신이 눈 덮인 소박한 시골을 한 번 더 방황하고 있는 것을 발견했다. 잿빛 저녁 하늘이 해를 가리고 있다. 공기는 축축하고 차갑다. 신뢰가 가지 않는 모습의 누군가가 나와 합류했다. 아주 두드러진 점은, 그가 외눈박이이고 얼굴에 흉터가 몇 군데 있다는 것이다. 그는 가난하며, 옷차림이 남루하고, 뜨내기다. 검은 턱수염은 오랫동안 면도칼을 구경하지 못한 것 같다. 나는 만일의 경우에 대비해 멋진 지팡이를 갖고 있다. "징글맞게 춥군."이라고 그가 잠시 후에 말한다. 나도 그의 말에 동의한다. 조금 더 길게 뜸을 들인 뒤, 그가 묻는다. "어디로 가는 길인가요?"

**나:** "다음 마을로 가고 있는 중이오. 거기서 하룻밤 묵을 작정이오."

**그:** "나도 그렇게 하고 싶소만, 방을 구하기가 어려울 것 같소."

**나:** "돈이 없습니까? 보자, 그렇다면 실직 상태인가요?"

**그:** "그렇소. 시절이 좋지 않아요. 며칠 전까지 나는 자물쇠 공장에서 일했어요. 그런데 사장이 일거리를 더 이상 얻지 못했어요. 지금 돌아다니며 일자리를 찾고 있는 중이오."

**나:** "농가에서 일을 하시지 그래요? 농가에는 언제나 일손이 모

자라는데."

**그:** "농사일은 나와 맞지 않아요. 아침 일찍 일어나야 한다는 뜻이지요. 일은 고되고, 임금은 적고요."

**나:** "하지만 시골이 도시보다 언제나 더 아름다워요."

**그:** "시골 생활은 지루해요. 아무도 사람을 안 만나요."

**나:** "시골에도 마을 사람들이 있어요."

**그:** "하지만 시골에는 정신적인 자극이 전혀 없어요. 농민들은 얼간이들이지요."

나는 깜짝 놀라며 그를 바라본다. 아니, 이 사람도 정신적 자극을 원하는 건가? 성실하게 생활비를 벌고, 그걸 다 해결한 뒤에 정신적 자극 같은 것을 생각하는 것이 바람직할 텐데.

**나:** "그런데 도시엔 어떤 정신적 자극이 있습니까?"

**그:** "밤에 영화관에 갈 수 있어요. 정말 재미있고 값도 싸요. 세상에서 벌어지고 있는 모든 일을 볼 수 있어요."

나는 모두가 좋아한다는 이유로 이 땅의 영화관을 경멸하며 가지 않은 존재들을 위한 영화관들이 있는 지옥에 대해 생각해 본다.

**나:** "영화관의 어떤 점이 그렇게 재미있습니까?"

**그:** "온갖 종류의 놀라운 묘기를 볼 수 있어요. 지붕 위를 날아다니는 사람이 있는가 하면, 또 어떤 사람은 자기 머리를 팔 밑에 끼고 다녀요. 또 불 속에 서 있어도 타지 않는 사람도 있어요. 예, 정말로 눈부셔요. 인간이 할 수 있는 일들이 말이지요."

이 친구가 생각하는 정신적 자극이란 게 고작 이런 것이라니! 그러나 기다려 보자. 주목해 볼 만할 것 같다. 성자들도 자신의 머리를 팔 밑에 끼고 다니지 않았는가? 아시시의 성 프란치스코(Saint Francis)[10]와 성 이냐시오(Saint Ignatius)[11]는 공중 부양을 하지 않았는가? 그리고 시뻘건 용광로에 들어간 세 사람은? 『성인전집』(Acta Sanctorum)을 역사적인 영화관으로 여기는 것은 불경스런 생각인가? 오, 오늘날의 기적들은 다소 신화적이기보다 기술적이다. 나는 '이 사람은 세상의 역사를 살고 있구나.'라고 생각하면서 동행을 바라본다. 그러면 나는?

**나:** "틀림없이, 그건 아주 잘 만들어졌겠지요. 다른 것도 보았어요?"

**그:** "그럼요, 스페인 왕이 살해당하는 것도 봤어요."

**나:** "하지만 그 왕은 살해당하지 않았어요."

**그:** "그건 중요하지 않아요. 그는 벌어먹을 자

---

**10** 이탈리아의 가톨릭교회 수사이자 저명한 설교자이며, 프란치스코회의 창설자(1181?-1226)이기도 하다.

**11** 스페인 바스크 귀족 가문의 기사이며 가톨릭교회의 신학자이며 예수회 창설자(1491-1556)이다.

본주의자 왕들 중 한 사람이었어요. 적어도 자본주의자 왕 한 사람이 갔어요. 그런 왕들이 모두 사라지면, 인민이 해방될 테지요."

나는 감히 말을 더하지 못한다. 이 남자는 프리드리히 실러(Friedrich Schiller)[12]의 작품 '빌헬름 텔'(Wilhelm Tell)[13]에, 영웅 이야기의 흐름에 빠져 있다. 몽매에 빠진 국민에게 폭군의 살해를 선언하는 사람 같다.

우리는 시골 선술집이기도 한 여인숙에 도착했다. 휴게실이 꽤 깨끗하다. 구석에 몇 사람이 맥주잔을 앞에 놓고 앉아 있다. 나는 "신사"로 여겨져 조금 나은 구석으로 안내를 받는다. 거기엔 바둑판무늬 천이 탁자의 끝부분을 덮고 있다. 그 남자는 테이블 저쪽 끝에 앉아 있다. 나는 그에게 저녁 식사를 적당히 대접하기로 마음을 먹는다. 그는 이미 기대와 갈망이 가득한 외눈으로 나를 간절히 보고 있다.

**나:** "눈은 어디서 잃었습니까?"

**그:** "싸우다 그랬어요. 그러나 나도 친구를 칼로 찔렀어요. 그 후 친구는 3개월 형을 받고, 나는 6개월 형을 받았어요. 그러나 감옥 생활은 아름다웠어요. 그 시절엔 감옥 건물이 완전히 새것이었어요. 그때 나는 자물쇠 공장에서 일했지요. 일거리가 많지 않았기 때문에 먹을 게 충분하지 않았어요. 정말이지, 감옥도 그리 나쁘지 않아요."

나는 다른 사람들이 내가 전과자와 대화하는 것을 듣지 않았는지 확인하기 위해 주위를 둘러본다. 아무도 우리의 대화를 듣지 못한 것 같다. 주위의 사람들은 부자 같다. 지옥에도 살아생전에 감옥 안을 한 번도 보지 않은 사람들을 위한 감옥이 있을까? 덧붙여 말하자면, 현실에서 적어도 한 번쯤은 밑바닥에 부딪혀 보는 것도 특별히 아름다운 감정이지 않을까? 내려갈 곳은 더 이상 없고, 오직 위로 올라가라는 손짓만 있는 그런 곳을.

**그:** "그 일이 있은 뒤 거리로 나앉았어요. 사람들이 나를 추방했기 때문이지요. 그래서 프랑스로 갔어요. 그곳은 괜찮았어요."

틀림없이, 이 사람에게도 뭔가 배울 것이 있을 것 같다.

**나:** "싸움의 발단은?"

**그:** "한 여자를 둘러싸고 벌어진 싸움이었지요. 그 여자는 그 녀석의 아이를 배고 있었지만, 나는 그 여자와 결혼하길 원했어요. 그녀는 이미 아이를 낳을 때가 되었어요. 그 후로

---

**12** 독일 고전주의 극작가이자 시인, 철학자, 역사학자, 문학 이론가(1759~1805)로, 괴테와 함께 독일 고전주의의 쌍벽을 이룬다.

**13** 제목은 14세기 초반 스위스에 산 것으로 전해지는 영웅의 이름이다. 합스부르크가는 스위스를 지배하면서 주민들을 억압했다. 총독인 헤르만 게슬러(Hermann Gessler)는 광장에 장대를 꽂고 그 위에 자신의 모자를 걸어놓고는 주민들에게 절을 강요했는데, 활쏘기의 달인인 빌헬름 텔은 절을 거부해 게슬러의 노여움을 샀다가 결국엔 게슬러를 죽여 주민들 사이에 영웅 소리를 듣는다.

그녀로부터 소식을 듣지 못했어요."

**나:** "당신 올해 몇 살입니까?"

**그:** "봄이면 서른다섯 살 됩니다. 적당한 일자리를 찾기만 하면, 우리는 당장 결혼할 수 있어요. 나 혼자 힘으로 일자리를 찾아볼 겁니다. 꼭 그렇게 하고 말 거예요. 그런데 폐에 문제가 생겼어요. 하지만 그것도 곧 낫겠지요."

그가 발작처럼 기침을 한다. 나는 그의 앞날이 그다지 밝지 않다고 생각하면서 이 가엾은 악마의 확고부동한 낙천주의를 말없이 존경한다.

저녁을 먹은 뒤에 나는 초라한 방의 침대로 들어간다. 나는 그 뜨내기가 옆방에서 어떤 식으로 잠을 청하는지 엿듣는다. 그가 몇 차례 기침을 한다. 그러다가 잠잠해진다. 별안간 나는 반쯤 막힌 기침과 함께 가래 끓는 소리와 이상한 신음 소리에 잠을 깬다. 바짝 귀를 기울인다. 분명히 그 사람이다. 위독한 상태로 들린다. 나는 벌떡 몸을 일으키고 급히 옷을 걸친다. 나는 그의 방 문을 열어젖힌다. 달빛이 방 안 가득 쏟아지고 있다. 그는 밀짚 침상 위에 옷을 입은 채 누워 있다. 그의 입에서 시커먼 피가 흘러나와 바닥에 흥건히 고이고 있다. 그는 반쯤 잠긴 신음 소리를 내며 피를 토하고 있다. 일어나려다 다시 뒤로 쓰러진다. 서둘러 내가 그를 받쳐주지만 죽음의 손길이 이미 그에게 얹혀 있는 것 같다. 그는 두 번 토한 피로 온통 더럽혀져 있다. 나의 두 손도 피범벅이다. 그에게서 가르랑거리는 한숨이 새어나온다. 그런 다음에 그의 온 몸에서 경직이 풀린다. 한 차례 약한 전율이 그의 사지를 훑고 지나간다. 이어 모든 것이 죽은 듯 정지한다.

나는 어디에 있는가? 지옥에도 죽음에 대해 한 번도 생각해 보지 않은 사람들을 위한 죽음의 예들이 있는가? 나는 피범벅이 된 나의 손을 본다. 마치 살인자 같다. 나의 손에 끈적끈적하게 묻어 있는 것은 나의 형제의 피가 아닌가? 달이 방의 하얀 벽에 나의 그림자를 검정색으로 그리고 있다. 나는 여기서 무엇을 하고 있나? 이런 끔찍한 드라마가 펼쳐지는 이유는 무엇인가? 한 사람의 목격자로서 나는 미심쩍다는 듯이 달을 보며 그런 질문을 던진다. 이것이 달하고 무슨 관계가 있는가? 달은 이미 이보다 더 나쁜 것도 보지 않았는가? 달은 죽은 사람들의 눈에 수십 만 번도 더 빛을 비추지 않았는가? 이 일은 달의 영원한 분화구들과는 아무런 관계가 없다. 죽음이 하나 더 있고 하나 덜 있는 것이 무슨 대순가? 죽음? 그것은 생명의 무시무시한 기만을 발가벗겨 보여주지 않는가? 그러므로 죽음은 아마 달에게는 언제나 똑같을 것이다. 어느 한 인간이 죽든 말든, 아니면 어떤 식으로 죽든 달에겐 별로 중요하지 않다. 오직 우리 인간만이 죽음을 놓고 공연히 호들갑을 떨고 있다. 무슨 권리로 그럴까?

이 인간은 뭘 했는가? 그는 일하고, 게으름을 피우고, 웃고, 마시고, 먹고, 자고, 여자를 위해 눈알 하나를 버리고, 자기 이름을 더럽혔다. 게다가 그는 어떤 유형을 좇아 인간적인 신화를 살았으며, 기적을 행하는 사람들을 동경하고, 독재자의 죽음을 찬미하고, 막연히 인민의 자유를 꿈꾸었다. 그러다 그는 비참하게 죽었다. 다른 모든 사람들과 마찬가지로. 대체로 죽음은 그런 식이다. 나는 마룻바닥에 앉았다. 어떤 그림자들이 이 땅을 덮고 있는가! 모든 빛들이 절망과 외로움에 꺼져가고 있다. 죽음이 끼어들었다. 그래도 슬퍼할 사람이 하나도 없다. 이것은 종국적 진리이며 절대로 수수께끼가 아니다. 어떤 망상이 우리가 수수께끼를 믿도록 할 수 있겠는가?

우리는 비탄과 죽음의 뾰족한 바위 위에 서 있다.

어떤 빈곤이 나에게 합류하며 나의 영혼 속으로 받아들여지길 원하고 있으며, 따라서 나는 아직 충분히 빈곤하지 않다. 내가 빈곤을 살지 않을 때, 나의 빈곤은 어디에 있었는가? 나는 삶의 고수였다. 삶에 대해 정직하게 생각하고 마음 편하게 삶을 산 사람이란 뜻이다. 빈곤은 멀리 벗어나 있었던 탓에 망각되었다. 그래서 삶이 힘들어지고 더욱 음울해졌다. 겨울이 계속 이어졌고, 빈곤은 눈밭에 서 있다가 얼어붙어 버렸다. 나는 스스로 빈곤과 결합한다. 내가 빈곤을 필요로 하기 때문이다. 빈곤은 삶을 가볍고 편하게 만든다. 빈곤은 깊은 곳으로, 말하자면 내가 높은 곳을 올려다볼 수 있는 바닥으로 나를 안내한다. 깊은 곳을 갖고 있지 않으면, 나에겐 높은 곳도 없다. 내가 높은 곳에 있을 수 있겠지만, 바로 그곳에 있다는 사실 때문에 나는 높은 곳을 자각하지 못하게 된다. 그러므로 나에게는 부활을 위한 바닥이 필요하다. 만약에 내가 언제나 높은 곳에만 있다면, 나는 높은 곳에 질릴 것이며 최고의 것이 나에게는 끔찍한 것이 될 것이다.

그러나 내가 최고의 것을 갖기를 원하지 않기 때문에, 나에겐 나의 최고가 하나의 공포가 된다. 그 때문에 나 자신이 공포가 되고, 나 자신과 다른 이들에게도 공포가 되고, 고통을 주는 나쁜 정신이 된다. 훌륭한 존재가 되어, 당신에게 가장 최고인 것이 하나의 공포가 되었다는 것을 깨닫도록 하라. 그것을 아는 것만으로도, 당신은 당신 자신과 타인들을 쓸모없는 고통으로부터 구할 것이다. 높은 곳에서 더 이상 내려가지 못하는 사람은 병들게 된다. 그런 사람은 자기 자신과 타인들이 고통에 시달리도록 만든다. 만약에 깊은 곳에 닿았다면, 당신은 거기서 당신 머리 위로 높은 곳이 밝게 빛나는 것을 볼 수 있을 것이다. 그때 높은 곳은 당신이 욕망을 품어 볼 만한 대상이 되고,

동시에 도달할 수 없을 만큼 아득히 멀어 보인다. 그렇게 보이는 이유는 당신이 그곳에 닿을 수 없을 것 같기에 그곳에 닿지 않는 쪽을 은근히 더 좋아하기 때문이다. 당신은 또 아래에 있을 때 높은 곳들을 즐겨 칭송하고, 그곳 높은 곳을 떠날 때면 고통을 느낄 것이고, 높은 곳을 떠나 있는 동안엔 삶을 산 것이 아니었다고 스스로에게 말하길 좋아한다. 당신이 스스로 이런 식으로 말하도록 만드는 그런 다른 본성이 거의 다 된 것은 훌륭한 일이다. 그러나 당신은 사실은 그것이 그다지 진실이 아니라는 것을 알 수 있다.

낮은 지점에서, 당신은 동료 존재들과 더 이상 구분되지 않는다. 당신은 그런 점을 부끄러워하지도 않고 유감으로 생각하지도 않는다. 이유는 당신이 동료 존재들과 똑같은 삶을 살며 그들의 비천한 수준까지 떨어지면서 동시에 공통적인 삶이라는 신성한 흐름 속으로 들어가기 때문이다. 그 흐름에 섞이면, 당신은 더 이상 높은 산 위에 선 한 개인이 아니며 많은 물고기들 중 한 마리의 물고기이고 많은 개구리들 중 한 마리의 개구리일 뿐이다.

당신의 높은 곳들은 당신 자신만의 산이다. 그 산은 당신의 것이고, 당신만의 것이다. 거기서 당신은 한 사람의 개인이며, 당신 자신의 삶을 산다. 만약에 당신이 당신 자신만의 삶을 산다면, 당신은 끝없이 이어지고 있는 공통적인 삶을, 역사의 삶을, 양도할 수 없고 또 언제나 존재하는, 인간 종의 짐과 산물들을 살지 않게 된다. 공통적 삶의 흐름 속에서, 당신은 부단히 존재의 영원성을 살겠지만 생성(生成)을 살지는 못한다. 생성은 높은 곳에서만 이뤄지는 것이며 고통으로 가득하다. 만약에 당신이 존재조차 하지 않고 있다면, 그런 경우에 어떻게 당신이 생성을 이룰 수 있겠는가? 따라서 당신에겐 맨 밑바닥이 필요하다. 이유는 거기서 당신이 존재하기 때문이다. 그러나 당신에겐 높은 곳도 필요하다. 거기서 당신이 생성을 이루기 때문이다.

만약에 당신이 가장 낮은 곳에서 공통적 삶을 산다면, 그때 당신은 당신의 자기를 자각하게 된다. 만약에 당신이 당신의 높은 곳에 있다면, 그때 당신은 당신의 최고가 되고 당신의 최고만을 자각하게 되지만, 그 모습은 당신이 한 사람의 존재로서 일상적 삶을 사는 그런 모습은 아니다. 생성되고 있는 존재로서 당신이 어떤 모습인지에 대해선 아무도 모른다. 그러나 높은 곳에 이르면, 상상력이 최대한으로 커진다. 왜냐하면 우리가 발달하고 있는 존재로서 자신이 어떤 모습인지를 안다고 상상하기 때문이다. 그리고 그런 상상이 클수록, 한 사람의 존재로서 우리가 어떤 인간인지에 대해 알고 싶은 마음은 그만큼 더 약해진다. 바로 그런 이유 때문에, 우리는 낮아진 존재의 조건을 사랑하지 않는다. 낮은 거기서만 우리가 자기 자신에 대한 지식을 정확히 얻을 수 있는데도 말이다. 어쩌면 그런 사실 때문에 그 조건을 사랑하지 않을 수도 있다.

생성 중인 사람에겐 모든 것이 수수께끼처럼 보인다. 그러나 생성을 멈추고 그냥 존재하는 사람에겐 그렇지 않다. 수수께끼로 괴로워하는 사람은 자신의 최저 조건에 대해 생각해야 한다. 최저 조건에서 사람은 자신을 괴롭히는 수수께끼는 풀지만 자신을 즐겁게 만드는 수수께끼는 풀지 않는다.

당신의 본래 모습을 찾는 것이 부활의 목욕이다. 깊은 곳에서, 존재는 무조건적인 지속이 아니라 끝없이 더디게 이어지는 성장이다. 당신은 자신이 늪의 물처럼 가만히 고여 있다고 생각하지만, 당신은 이 땅의 가장 깊은 곳을 덮고 있는 바다를 향해 서서히 흘러가고 있다. 바다는 정말로 넓다. 그래서 견고한 땅도 끝없는 바다의 자궁 안에 묻혀 있는 하나의 섬처럼 보일 뿐이다.

그 바다의 물방울 하나로서, 당신은 썰물과 밀물의 흐름에 동참하고 있다. 당신은 땅 위에서 서서히 부풀어 오르다가 지루할 정도로 느린 호흡을 통해서 다시 서서히 가라앉는다. 당신은 경계가 불분명한 조류에 휩쓸려 엄청난 거리를 방랑하다가 어느 낯선 해안에 부딪친다. 그래도 당신은 자신이 어떻게 거기에 닿게 되었는지 모른다. 거대한 폭풍우가 몰아칠 때 당신은 다시 큰 물결을 타고 깊은 곳으로 휩쓸려 들어간다. 그래도 당신은 어떻게 이런 일이 벌어졌는지 알지 못한다. 당신은 자신의 움직임이 당신 자신에게서 비롯되고, 자신의 결정과 노력이 필요하고, 따라서 스스로 앞으로 나아가고 발전할 수 있다고 생각했다. 그러나 상상 가능한 노력을 다 동원하더라도 당신은 결코 그 움직임을 성취하지 못했을 것이며, 당신은 또 세상의 바다와 태풍이 당신을 데려다 준 그 영역에 결코 닿지 못했을 것이다.

끝없이 파란 평원들로부터, 당신은 컴컴한 깊은 곳으로 가라앉는다. 빛을 반짝이는 물고기가 당신을 끌고 있다. 경이로운 나뭇가지들이 위에서 당신을 감고 있다. 당신은 기둥들과, 짙은 잎이 무성하고 줄기가 꼬인 나무들을 타고 미끄러져 내려간다. 바다가 연한 초록색 물에서 당신을 건져 올려 하얀 모래 해안으로 몰아낸다. 한 차례 파도가 밀려와 당신 주변에 거품을 일으키며 다시 당신을 삼킨다. 넓고 부드러운 팽창이 일어나면서 당신을 부드럽게 들어 올려 다시 새로운 영역으로, 줄기가 꼬인 나무들로, 푸른 물로, 백사장으로, 부서지는 파도로 이끈다.

그러나 저 먼 곳에서 당신의 높은 곳이 조수 위로 솟아오르고 있는 달처럼 바다 위의 당신에게 황금색 빛을 비춘다. 당신은 아득히 먼 곳에서 당신 자신을 자각한다. 이어서 갈망이 당신을 사로잡는다. 당신 스스로 움직이고 싶다는 의지가 강해진다. 당신은 존재로부터 생성으로 건너뛰기를 원한다. 이유는 당신이 바다의 생명력, 당신이 힘을 전혀 쓰지 못하는 가운데 당신을 이리저리 끌고 다녔던 바다의 물결을 알게 되었기 때문이다. 또한 당신은 당신을 낯선 해안으로 몰고 갔다가 데려오고 또 다시 당신을 밀어 올렸다가 속으로 삼키는 바다의 큰 파동을 알게 되었기 때문이다.

당신은 그것이 곧 전체의 삶이고 각 개인의 죽음이라는 것을 보았다. 당신은 당신 자신이 집단적인 죽음 안에 얽혀 있다는 것을 느꼈다. 오, 당신은 건너편에 있기를 간절히 원한다. 느리게 호흡하면서 영원히 앞뒤로 흐르고 있는 이 죽음 속에서, 낙담과 무시무시한 두려움이 당신을 엄습한다. 이 모든 어둠과 빛, 따뜻하고 미지근하고 차가운 물, 비틀린 채 흐느적거리는 온갖 식물 같은 동물들과 짐승 같은 식물들. 이 모든 밤의 경이들이 당신에게 하나의 공포가 된다. 당신은 태양을 갈망하고, 또 낮의 맑은 공기를, 단단한 바위를, 고정된 장소와 쭉 곧은 선(線)을, 움직이지 않고 견고하게 확립된 것을, 규칙과 미리 정해진 목표를, 단일성과 당신 자신의 의도를 갈망한다.

그날 밤, 죽음에 관한 지식이 나에게 생겼다. 세상을 삼키는 그 종말을 통해서였다. 우리가 어떤 식으로 죽음을 향해 살아가고 있는지를, 출렁이는 황금빛 밀들이 바닷가의 부드러운 파도처럼 농부의 낫에 어떻게 함께 쓰러지는지를 나는 보았다. 공통적인 삶 안에 남아 있는 사람은 죽음을 자각하며 두려움을 느낀다. 따라서 죽음의 공포가 그 사람으로 하여금 단일성을 추구하도록 몰아붙인다. 그 사람은 아직 단일성에서 살고 있지 않지만 삶을 자각하게 되고 행복해진다. 이유는 단일성 안에서 그 사람이 생성 중인 사람이 되어 죽음을 극복하기 때문이다. 그는 공통적인 삶을 극복함으로써 죽음을 극복한다. 그는 자신의 개인적인 존재를 살지 않고 있다. 이유는 그가 이미 성취된 사람이 아니라 아직 생성 중인 사람이기 때문이다.

생성 중인 사람은 삶을 자각하게 되는 반면에, 단순히 그냥 존재하는 사람은 삶의 한가운데에 묻혀 있기 때문에 삶을 자각하지 못할 것이다. 삶을 그냥 사는 사람이 삶을 자각하기 위해선 높은 곳과 단일성이 필요하다. 그러나 그는 삶 속에서 죽음을 자각한다. 그리고 당신이 집단적인 죽음을 자각하는 것은 좋은 일이다. 이유는 그렇게 함으로써 당신이 자신의 단일성과 높은 곳이 좋은 이유를 알게 되기 때문이다. 당신의 높은 곳은 달과 비슷하다. 홀로 빛을 비추며 밤 동안에 스스로를 영원히 맑게 드러내는 그런 달 말이다. 간혹 달이 스스로를 가리고, 그러면 당신은 땅의 어둠에 완전히 갇히지만, 달은 거듭해서 스스로를 빛으로 가득 채운다. 지구의 죽음이 달에겐 낯설다. 움직임이 없고 맑은 달은 에워싸는 안개도 없고 흐르는 바다도 없는 먼 곳에서 지구의 삶을 내려다본다. 불변하는 달의 형태는 영겁 이후로 언제나 똑같다. 그것은 유일하게 밤에만 선명한 불이며, 개인적인 존재이며, 영원의 한 조각이다.

그곳에서부터, 당신은 차갑게, 미동도 하지 않고, 빛을 발하면서 굽어보고 있다. 다른 세계의 은색 빛과 초록색 어스름을, 당신은 먼 공포 속으로 쏟아 붓는다. 당신은 그 공포를 보지만, 당신의 응시는 맑고 차갑다. 당신의 두 손은 살아 있는 피로 발그레하지만, 당신의 응시의 달빛은 움직임이 없다. 그것은 당신 형제의 생명의 피이다. 그렇다. 그것은 당신 자신의 피이지만, 당신의 응시는 여전히 빛을 발하고 있으며 모든 공포와 땅의 둥근 모양을 포옹하고 있다. 당신의 응시는 은빛 바다에, 눈 덮인 산꼭대기에, 푸른 계곡에 꽂혀 있다. 당신에겐 인간 동물의 신음과 울부짖음이 들리지 않는다.

달이 죽었다. 당신의 영혼은 달에게, 영혼들의 보호자에게로 갔다. 따라서 영혼은 죽음 쪽으로 이동했다. 나는 내면의 죽음 속으로 들어가서 외적 종말이 내적 죽음보다 더 낫다는 것을 보았다. 그리고 나는 밖으로 죽고 안으로 살기로 결정한다. 바로 그런 이유로, 나는 거기서 돌아서서 내적 삶의 장소를 찾았다.

4장

# 은자, 첫째 날

그 다음 밤, 나는 나 자신이 새로운 길을 걷고 있다는 것을 깨달았다. 뜨겁고 건조한 공기가 나를 휘감았다. 사막이 보였다. 주위가 온통 노란 모래였다. 물결 모양을 이루며 켜켜이 쌓여 있었다. 태양은 이글거리고 있었고, 하늘은 바랜 강철처럼 파랬다. 공기가 땅 위로 신기루처럼 하늘거리고 있었다. 오른쪽으로 깎아지른 깊은 계곡이 마른 바닥을 드러내고 있었다. 시든 풀이 조금 있고 먼지를 뒤집어 쓴 가시나무가 있었다. 사막 위에 맨발로 다닌 발자국이 보인다. 발자국은 바위투성이 계곡에서 고원으로 이어지고 있다. 나는 높은 둔덕을 따라 발자국을 쫓는다. 둔덕이 끝나는 지점에서 발자국은 다른 방향을 향하고 있다. 발자국은 그리 오래되지 않은 것 같고, 반쯤 모래로 덮인 옛날의 발자국을 따라 나란히 나 있다. 나는 주의 깊게 발자국을 따른다. 발자국은 다시 둔덕의 기슭을 향하고 있다. 이제 발자국은 또 다른 발자국들과 섞인다. 그러나 지금까지 내가 쫓아온 발자국들과 같은 발자국이다. 계곡에서 올라오는 발자국이다.

거기서 나는 놀라면서 방향을 아래로 틀고 다시 발자국을 따른다. 곧 세월의 풍파에 깎여 둥글어진 뜨거운 붉은 바위가 나타난다. 바위 위에서 발자국이 사라진다. 그러나 나는 그 바위가 층계를 이루며 내려가는 곳을 보고는 바위를 따라 내려간다. 대기가 이글거린다. 바위에 발바닥이 탄다. 이제 나는 계곡 바닥에 이른다. 거기서 다시 발자국이 나타난다. 발자국은 계곡을 따라 꾸불꾸불 내려간다. 짧은 거리다. 갑자기 내 앞에 진흙 벽돌로 만든, 갈대를 덮은 자그마한 오두막이 서 있다. 문은 금방이라도 무너질 것 같은 나무판자로 되어 있다. 문에 붉은 색으로 십자가가 그려져 있다. 나는 조용히 문을 연다. 흰색 리넨 망토를 걸친 수척한 노인이 등을 벽에 기댄 채 거적 위에 앉아 있다. 그의 무릎 앞에는 노란 양피지로 만든 책이 한 권 놓여 있다. 손으로 쓴 검정색 글씨가 아름답다. 의심의 여지없이 그리스어 복음서다. 나는 지금 리비아 사막의 어떤 은자와 함께 있다.

**나:** "신부님, 혹시 내가 방해를 하고 있는 것은 아닌지요?"

**은자:** "방해하는 것은 없네만, 나를 신부라고 부르지 말게. 나는 자네와 다를 바 없는 인간이야. 자네가 원하는 것은 무엇인가?"

**나:** "뭘 바라고 온 것이 아닙니다. 사막을 지나다가 우연히 이곳을 거치게 되었지요. 발자국이 눈에 들어왔는데, 그 발자국이 굽이돌아 나를 당신에게로 안내했습니다."

**은자:** "내가 동이 트거나 해가 질 때마다 걷는 그 발자국을 발견했군."

**나:** "기도를 방해했다면 용서해주시길 바랍니다. 나로서는 당신과 함께 할 수 있는 드문 기회입니다. 지금까지 은자를 한 번도 본 적이 없거든요."

**은자:** "이 계곡을 따라 내려가면 몇 사람 더 있어. 어떤 사람은 나처럼 오두막을 갖고 있고, 어떤 사람들은 고대인들이 바위에 파놓은 무덤에서 살고 있어. 내가 이 계곡에서 가장 높은 곳에 살고 있어. 여기가 가장 고독하고 조용한 곳이라서. 또 여기 있으면 사막의 평화와 가장 가깝거든."

**나:** "여기서 오랫동안 지내셨습니까?"

**은자:** "아마 10년은 살았을 걸. 아, 벌써 그렇게 되었구나. 이젠 정확한 세월을 기억하기도 힘들어. 몇 년 더 살았을지도 몰라. 세월 참 빨리 지나가네."

**나:** "세월이 빨리 흐른다고요? 어떻게 그럴 수 있죠? 당신의 삶은 놀랄 정도로 단조로울 텐데요."

**은자:** "나에겐 시간이 참 빨리 가. 정말 빨라. 자네는 이교도 같은데?"

**나:** "저요? 아뇨. 그렇지 않아요. 기독교 신앙 속에서 자랐습니다."

**은자:** "그렇다면 어떻게 나한테 시간이 느리게 가는지를 물을 수 있지? 오직 게으름뱅이들만 지루해 하는 법이거든."

**나:** "죄송합니다만, 호기심이 많아서요. 그렇

다면, 당신은 무슨 일로 시간을 보내십니까?"

**은자:** "자네는 어린앤가? 우선 내가 책을 읽고 있는 것을 보잖아. 그리고 규칙적인 생활을 하고 있어."

**나:** "그러나 저로서는 당신이 이곳에서 전념할 수 있는 일이 어떤 것인지 전혀 감이 잡히지 않습니다. 책을 처음부터 끝까지 몇 번이고 읽으셨겠습니다. 제 짐작대로 그것이 복음서라면, 이미 내용을 다 외우셨을 것 같습니다."

**은자:** "그런 어린애 같은 말이 어디 있는가! 당연히 사람은 같은 책을 여러 번 읽을 수 있어. 아마 내용을 다 외울 수도 있겠지. 그래도 그 책을 다시 보면 새로운 것이 나타나게 되어 있어. 전에는 전혀 몰랐던 새로운 생각이 떠오를 때도 있어. 모든 단어는 자네의 정신 안에서 생산적으로 작동하고 있어. 그리고 한 일주일 정도 책을 보지 않고 지내다가 정신이 다양한 변화를 겪은 뒤에 다시 읽으면, 그때는 많은 생각들이 떠오를 거야."

**나:** "이해가 잘 안 됩니다. 그 책은 똑같은 내용을 담고 있을 것이고, 틀림없이 심오한 내용일 테지요. 신성한 내용일 거구요. 아무리 그렇다 하더라도 무수히 많은 해를 채울 만큼 풍부하진 않을 듯합니다."

**은자:** "자네는 지금 놀라고 있군. 그러면 자네는 이 경전을 어떻게 읽는가? 거기서 언제나 똑같은 의미를 보는가? 자네는 어디서 왔어? 정말 이교도임에 분명해."

**나:** "죄송합니다. 제가 이교도처럼 읽는다 하더라도 그 문제로 나무라지는 마십시오. 저는 당신하고 대화를 하고 싶습니다. 당신에게서 배우기 위해 이곳에 왔습니다. 저를 아무것도 모르는 학생으로 여겨주시길 바랍니다. 이 문제에 대해서는 저는 아무것도 모릅니다."

**은자:** "내가 자네를 이교도라고 부르더라도 그걸 모욕으로 듣지는 마. 한때 나도 자네와 똑같이 이교도였으니까. 그런 마당에 어찌 자네의 무지를 탓할 수 있겠는가?"

**나:** "당신의 인내심에 감사를 드립니다. 하지만 당신이 어떤 식으로 성경을 읽으며, 거기서 무엇을 얻는지, 그것이 저에게는 매우 중요합니다."

**은자:** "대답이 쉽지 않은 질문이야. 맹인에게 색깔을 설명하는 것이 차라리 더 쉽지. 자네는 무엇보다 한 가지를 알아야 해. 단어의 배열이 단 한 가지의 의미를 지니는 것은 아니야. 그런데 사람들은 단어의 배열에 단 한 가지 의미만을 부여하려고 해. 명료한 언어를 갖기 위해서 그러는 거야. 이런 노력은 세속적이고 제한적이며, 신의 창조 계획 중에서 맨 아래쪽에 해당하는 거야. 보다 높은 차원에서 신의 생각들을 들여다보는 통찰력을 갖게 되면, 자네도 단어들의 배열이 한 가지 이상의 유효한 의미를 지닌다는 것을 깨닫게 돼. 단어들의 배열이

의미하는 모든 것을 아는 능력은 전지전능한 존재에게만 주어졌어. 우리는 몇 가지 의미를 더 파악하려고 노력하고 있을 뿐이야."

**나:** "당신의 말씀을 정확히 이해했다면, 당신은 '신약성경'의 신성한 글도 이중의 의미를 지닌다고 생각하시는군요. 몇몇 유대인 학자들이 자신들의 경전에 대해 주장하듯이, 공개적인 의미와 은밀한 의미가 있다는 것으로 말입니다."

**은자:** "그런 나쁜 미신은 나하고 거리가 멀어. 자네는 성경에 관한 한 경험이 전혀 없는 것 같아."

**나:** "이 문제에 관한 한 저의 무지를 고백합니다. 하지만 당신이 단어의 배열이 지니는 복합적인 의미에 대해 생각하는 것을 저도 경험하고 이해할 수 있기를 간절히 바라고 있습니다."

**은자:** "불행하게도 나는 그 문제에 대해 알고 있는 것을 자네한테 모두 전할 수 없어. 그러나 적어도 그 요소들을 가능한 한 명확하게 보여주려고 노력은 해 보겠어. 자네가 무지하기 때문에 이번에는 다른 곳에서 시작하겠어. 자네가 알아둘 필요가 있는 것은 내가 기독교에 정통하기 전에 알렉산드리아라는 도시에서 수사학자와 철학자 노릇을 했다는 점이야. 나는 수많은 학생들을 거느렸어. 로마인도 있었고, 이방인도 있었고, 갈리아 사람과 브리튼 사람도 있었어. 나는 그들에게 그리스 철학의 역사뿐만 아니라 새로운 사상 체계도 가르쳤어. 그 중엔 우리가 유대인이라고 부르는 알렉산드리아의 필론(Philo)[14]의 사상 체계도 있었어. 그는 영리한 머리를 가졌지만 대단히 추상적이었지. 유대인들이 사상 체계를 개발할 때 흔히 그러는 것처럼 아주 추상적이었어. 게다가 그는 자신의 말의 노예가 되어 버렸어. 나는 거기다가 나 자신의 체계를 더해서 아주 엄격한 단어들의 망(網)을 엮어냈어. 그것으로 나는 나의 청중들만 아니라 나 자신까지 잡았어. 우리는 우리가 만든 형편없는 창조물인 단어와 이름들 사이에서 제멋대로 날뛰면서 신의 영향력을 그런 것들에 꿰어맞추었어. 맞아, 심지어 그 단어와 이름의 실체까지 믿었으며, 우리가 신성을 소유하고 있다고 믿으면서 그걸 그 단어들에 불어넣었어."

**나:** "하지만 지금 말씀하신 알렉산드리아의 유대인 필론이라면, 진지한 철학자이고 위대한 사상가입니다. 복음서 저자인 요한까지도 필론의 사상 일부를 복음서에 포함시켰습니다."

**은자:** "자네 말이 맞아. 그는 다른 많은 철학자들처럼 언어를 공급했어. 그는 언어의 기술자야. 하지만 말이 신이 되어서는 안 되지."

---

**14** B.C. 1세기에 고대 알렉산드리아에서 활동한 유대인 철학자. 그리스 철학과 유대 신앙의 결합을 꾀한 것으로 알려져 있다.

**나:** "이 대목에서 당신의 말씀을 이해하지 못하겠습니다. '요한복음서'에 하느님이 곧 말씀이라고 되어 있지 않습니까? 그 글을 보면 당신이 이제 방금 부정한 관점을 꽤 명백하게 설명하고 있는 것 같아요."

**은자:** "단어의 노예가 되지 않도록 조심하게. 여기 복음서가 있으니, 그 단락부터 읽어 보게. 그 분 안에는 생명이 있었어. 거기서 요한이 무슨 말을 하고 있는가?"

**나:** "'그 생명은 사람들의 빛이었다. 그 빛이 어둠 속에서 비치고 있다. 그러나 어둠이 빛을 이겨본 적이 없다. 하느님께서 보내신 사람이 있었는데 그의 이름은 요한이었다. 그는 그 빛을 증언하러 왔다. 모든 사람으로 하여금 자기 증언을 듣고 믿게 하려고 온 것이다. 그 분은 세상 속에 계셨고, 세상은 그 분을 통해 생겨났는데도 세상은 그 분을 알아보지 못했다.'[15] 이렇게 되어 있습니다. 그런데 당신은 이걸 어떻게 해석하십니까?"

**은자:** "자네한테 묻겠네. 이 '*ΛΟΓΟΣ*'(로고스)[16]는 하나의 개념, 하나의 단어였는가? 그것은 빛이었고, 정말로 한 사람의 인간이었으며, 인간들 틈에서 살았어. 자네도 알다시피, 필론은 단지 요한에게 로고스라는 단어를 빌려주었을 뿐이야. 요한이 인간의 아들을 묘사하는데 '빛'이라는 단어와 함께 그 단어를 사용할 수 있도록 말이야. 요한은 살아 있는 인간들에게 로고스의 의미를 주었지만, 필론은 로고스를 죽은 개념으로, 말하자면 생명을 빼앗기고, 심지어 신성한 생명까지 빼앗긴 개념으로 주었어. 이로 인해 죽은 것은 생명을 얻지 못하고 살아 있는 것은 죽음을 당하고 있어. 그리고 이것은 또한 나의 극악한 실수이기도 해."

**나:** "당신의 뜻을 이해하겠습니다. 이 사상은 나에겐 완전히 새로운 것이며 고려의 가치가 있는 것 같습니다. 지금까지 나에겐 그것이 언제나 요한이 뜻한 그대로인 것처럼 보였습니다. 말하자면 사람의 아들이 로고스이고, 그 점에서 요한이 저급한 것을 보다 고귀한 정신으로, 로고스의 세계로 끌어 올리고 있다는 식으로 받아들였지요. 그러나 당신이 그 문제를 완전히 거꾸로 보도록 이끌고 있습니다. 즉 요한이 로고스의 의미를 인간에게로 끌어내리고 있다고 말입니다."

**은자:** "나는 요한이 사실 로고스의 의미를 인간에게까지 끌어올리는 위대한 업적을 이뤘다고 배웠어."

**나:** "당신에겐 정말로 저의 호기심을 자극하는 특이한 통찰이 있어요. 어떻게 그런 식의 해석이 가능합니까? 그렇다면 당신은 인간이

15 '요한복음서' 1장 4절-10절.

16 원래의 뜻은 말, 논리, 이성 등이며, 철학 용어로는 만물을 지배하는 질서를 뜻한다. 기독교에서 특히 중요한 의미를 지닌다.

로고스보다 더 높은 곳에 위치한다고 생각합니까?"

**은자:** "이 질문에 대한 대답을 자네가 이해할 수 있는 범위 안에서 해 주겠네. 만약에 그 인간 신이 모든 것들보다 더 중요해지지 않았다면, 그 신은 육신을 가진 아들로 나타나지 않고 로고스로 나타났을 거야."

**나:** "그럴 것 같군요. 그러나 나는 이 관점이 놀랍다는 점을 인정합니다. 기독교 은자인 당신이 그런 관점을 취하게 되었다는 사실이 특별히 나를 놀라게 만드는군요. 나는 당신에게 이런 것까지 예상하진 않았어요."

**은자:** "이미 지적했듯이, 자네는 나와 나의 본질에 대해 완전히 오해하고 있어. 내가 몰두하고 있는 것이 무엇인지를 보여주는 작은 예를 하나 제시하겠네. 나는 배운 것을 지우는 과정을 혼자서 밟으며 몇 년을 보냈어. 자네는 배운 것을 지워본 적이 있는가? 그런 경험이 있다면 자네도 그게 얼마나 긴 시간을 요구하는 작업인지 잘 알 거야. 그리고 나는 괜찮은 선생이었어. 자네도 알다시피, 그런 사람이 배운 것을 지우는 것은 대단히 어렵고 불가능하기도 해. 그러나 지금 해가 졌어. 곧 깜깜해질 거야. 밤은 침묵의 시간이야. 자네한테 밤을 보낼 곳을 보여주겠네. 난 일 때문에 오전 시간이 필요해. 그러나 정오가 지나면 자네가 원한다면 다시 와도 돼. 그러면 대화를 이어갈 수 있을 거야."

그가 나를 데리고 오두막을 나선다. 계곡은 푸른빛 어둠에 덮여 있다. 벌써 하늘에서 별들이 반짝이고 있다. 그가 바위 귀퉁이를 돌아 나를 안내한다. 우리는 바위를 깎아 만든 무덤 입구에 서 있다. 우리는 안으로 들어선다. 입구에서 멀지 않은 곳에 거적을 덮은 갈대 더미가 놓여 있다. 옆에 물병이 있고, 하얀 천 위에 말린 대추야자와 흑빵이 있다.

**은자:** "이곳이 자네가 머물 곳이야. 이것이 자네가 먹을 저녁 식사고. 잘 자게, 그리고 해가 뜰 때 아침 기도를 잊지 마."

은자는 외경심을 느끼게 할 만큼 아름다움이 가득한 끝없는 사막에서 살고 있다. 그는 전체를 보고, 내적 의미를 보고 있다. 그는 복잡한 다양성이 가까이 있으면 그것을 혐오한다. 그는 그런 다양성을 멀리서 전체 안에서 보고 있다. 따라서 은색 광휘와 기쁨, 아름다움이 그를 위해 다양성을 가리고 있다. 그의 근처에 있는 것은 단순하고 순박해야 한다. 이유는 복합적이고 복잡한 것이 가까이에 있을 경우에 은색 광휘를 찢고 깨뜨리기 때문이다. 그의 주변에는 한 점 구름이나 안개, 아지랑이도 용납되지 않는다. 그런 것이 가까이 있을 경우에 그가 전체 속에서 먼 곳의 복합적인 것을 볼 수 없기 때문이다. 따라서 은자는 다른 무엇보다도 사막을, 주변의 모든 것이 단순하고 그와 먼 곳 사이에 탁하거나 자욱한 것이 전혀 없는 사막을 사랑한다.

만약에 공기와 바위를 뜨겁게 달구는 뜨거운 태양이 없다면, 은자의 삶은 추울 것이다. 태양과 태양의 영원한 광휘가 은자를 위해 은자 자신의 삶의 온기를 대신하고 있다.
그의 가슴은 태양을 갈망한다.
그는 태양의 땅까지 방랑한다.
그는 태양의 명멸하는 광휘에 대해, 정오에 바싹 달아오른 붉은 바위에 대해, 마른 모래의 황금색 뜨거운 빛에 대해 꿈을 꾼다.
은자는 태양을 추구하고 있으며, 그 은자만큼 가슴을 열 준비가 되어 있는 사람도 따로 없다. 그런 까닭에 그는 무엇보다도 사막을 사랑한다. 그는 사막의 깊은 침묵을 좋아한다.
태양과 그 빛이 자양분을 주기 때문에 그에겐 거의 음식이 필요하지 않다. 그래서 은자는 무엇보다도 사막을 사랑한다. 사막이 그에게 먹을 것을 주고 정기적으로 따스함을 불어넣는 어머니이기 때문이다.
사막에서 은자는 보살핌으로부터 해방될 수 있기 때문에 자신의 모든 삶을 싹을 틔우고 있는 자신의 영혼의 정원에 온전히 바칠 수 있다. 그 정원은 오직 뜨거운 태양 아래에서만 무성할 수 있다. 그의 정원에선 달콤한 붉은 과일이 자라고 있으며, 그 과일은 단단한 껍질 안에 단맛을 가득 품고 있다.
당신은 그 은자가 가난하다고 생각한다. 당신은 그가 열매가 가득 달린 나무 밑을 거닐고 있고, 그의 손이 곡식 낟알을 수도 없이 많이 만진다는 것을 알지 못한다. 무성한 잎사귀 밑으로 때 이르게 핀 붉은 꽃들이 그를 향해 잎을 연다. 그리고 열매는 가득한 즙으로 터질 듯하다. 향긋한 수액이 그의 나무들에서 뚝뚝 떨어지고, 씨앗이 그의 발에 깨어지면서 열린다.
태양이 지친 새처럼 바다 밑으로 가라앉으면, 은자는 자신을 감싸며 숨을 죽인다. 빛의 부활이라는 기적이 동쪽에서 떠오를 때까지, 그는 움직이지 않으며 그야말로 순수한 기대 그 자체가 된다.
은자의 내면에는 충만하고 달콤한 기대가 있다.
사막과 증발의 공포가 그를 에워싸고 있다. 그 은자가 어떻게 살 수 있는지, 당신은 잘 이해하지 못한다.
그러나 그의 눈은 정원에 꽂혀 있고, 그의 귀는 근원 쪽으로 열려 있으며, 그의 손은 자줏빛 잎과 열매를 만지고, 그의 숨은 꽃을 가득 피운 나무로부터 달콤한 향기를 빨아들이고 있다.
그는 당신에게 이야기를 들려주지 못한다. 이유는 그의 정원의 광휘가 너무나 풍성하기 때문이다. 그는 그 정원에 대해 말할 때면 말을 더듬는다. 당신의 눈에 그는 정신과 생명력이 빈약한 것처럼 보인다. 그러나 그의 손은 형언할 수 없는 온갖 충만함에 놀라 어디로 향해야 할지 모르고 있다.

그가 당신에게 이제 방금 자기 발아래에 떨어진 작고 하찮은 열매를 건넨다. 당신에겐 그것이 무의미해 보이지만, 곰곰 생각한다면, 당신은 그 열매에서 태양의 맛이 난다는 것을 알게 될 것이다. 당신은 아마 그런 걸 꿈도 꿔보지 못했을 것이다. 그 열매는 당신의 감각을 혼란시킬 향기를 발산하고, 당신으로 하여금 장미 정원과 달콤한 포도주와 살랑살랑 속삭이는 종려나무를 꿈꾸게 만든다. 그리고 당신은 꿈에 이 열매를 손에 쥐고 있을 것이다. 당신은 이 열매가 자라는 나무를, 그 나무가 서 있는 정원을, 그 정원을 낳은 태양을 좋아하게 될 것이다.

그리고 당신은 자신이 정원에서 태양과 함께 거닐고 있는 그 은자이기를 원한다. 눈길은 축 늘어진 꽃들에게로 향하고, 손은 수많은 곡식 낟알을 만지고, 호흡은 수많은 장미의 향기를 마시는 그런 은자이고 싶은 것이다.

햇빛에 나른한 데다가 포도주에 취하기까지 한 상태에서, 당신은 고대의 무덤들 안에 누워 있다. 무덤의 벽들은 천년 된 무수히 많은 목소리와 색깔로 울리고 있다.

성장하고 있을 때, 당신은 모든 것이 그전처럼 다시 살아가고 있는 것을 본다. 그리고 잠잘 때, 당신은 모든 것이 그랬던 것처럼 휴식을 취하며 당신의 꿈은 먼 곳 신전의 노래를 부드럽게 그리고 있다.

당신은 천 번의 태양년(太陽年) 동안 잠을 자고, 또 천 번의 태양년 동안 깨어 있다. 그리고 고대의 교훈으로 가득한 당신의 꿈들이 침실의 벽들을 장식하고 있다.

당신은 또 전체 속에서 당신 자신을 본다.

당신은 자리에 앉아 벽에 기대어 아름답고 수수께끼 같은 전체를 바라보고 있다. '전체'가 당신 앞에 한 권의 책처럼 놓여 있고, 그것을 집어삼키고 싶은, 형용할 수 없는 욕망이 당신을 사로잡는다. 따라서 당신은 꼿꼿한 자세로 오랫동안 앉아 있다. 당신은 그것을 완전히 파악하지는 못한다. 여기저기서 어떤 불이 깜박인다. 손만 내밀면 닿을 만한 높이의 나무에서 과일이 여기저기 떨어진다. 여기저기서 금(金)이 당신의 발에 밟힌다. 그러나 만약에 전체성과 비교한다면, 당신 가까운 곳에 손에 만져질 듯 펼쳐지고 있는 그것은 무엇인가? 당신은 손을 뻗지만, 당신의 손은 눈에 보이지 않는 망(網)들에 여전히 걸려 있다. 당신은 그 망이 무엇인지 정확히 보려 하지만, 구름 같고 불투명한 무엇인가가 정확히 그 말들 사이로 밀고 들어온다. 당신은 그 망 중에서 한 조각을 찢고 싶지만, 망은 광이 나는 강철처럼 부드러우면서도 침투가 불가능하다. 그래서 당신은 다시 벽에 기대고 앉는다. 당신은 뜨겁게 타고 있는 회의(懷疑)의 용광로를 기어이 다 통과한다. 그런 다음에 당신은 다시 한 번 자리에 앉아 몸을 뒤로 젖히며 당신 앞으로 펼쳐지고 있는 '전체'의 경이를 본다. 여기저기서 불이 깜박인다. 여기저기서 열매가 떨어진다. 당신에게 그것은 너무나 사소하다. 그러나 당신은 당신 자신에게 만족하기 시작한다. 당신은 흘러가고 있는 세월에 조금도 관심을 두지 않는다. 세월이 무엇인가? 나무 아래에 앉아 있는 사람에게, 빨리 흐르는 시간은 무엇인가? 당신의 시간은 공기의 숨처럼 흐르고, 당신은 다음 빛을, 다음 열매를 기다리고 있다.

당신이 단어들을 믿는다면, 그 책은 당신 앞에 놓여 있으면서 언제나 똑같은 말을 하고 있다. 그러나 만약에 당신이 오직 단어들이 상징하는 것들만을 믿는다면, 그런 당신에겐 결코 이해의 끝이 없을 것이다. 그럼에도 당신은 끝없는 어떤 길을 가야 한다. 이유는 삶이 유한한 길만 아니라 무한한 길을 따라서도 흐르기 때문이다. 그러나 끝없는 것은 당신을 불안하게 만든다. 왜냐하면 끝없는 것이 무섭고 또 당신의 인간성이 끝없는 것에 맞서 반란을 일으키기 때문이다. 그래서 당신은 한계와 제한을 추구한다. 그러면 적어도 당신이 길을 잃고 무한 속으로 굴러 떨어지는 일은 없을 테니까. 당신에겐 억제가 반드시 필요하다. 당신은 한 가지 의미만을 갖는, 그 외의 다른 의미를 절대로 갖지 않는 단어를 강력히 요구한다. 그래야만 당신이 끝없는 모호성을 피할 수 있기 때문이다. 그래서 말이 당신의 신이 되어 버렸다. 말이 무수히 많은 해석의 가능성들로부터 당신을 보호해주기 때문이다. 단어는 '무한성'이라는 악마로부터 당신을 보호해주는 마법이다. 무한성이라는 악마가 당신의 영혼을 덥석 물고 갈가리 찢어 바람에 날려 보내길 원하지 않는가. 만약에 당신이 최종적으로 '그건 이런 말이야. 오직 이런 뜻밖에 없어!'라고 말할 수 있다면, 당신은 구원을 받을 것이다. 당신은 마법의 단어를 말하고 있고, 그러면 무한은 마침내 추방될 것이다. 바로 그 점 때문에 인간들은 말을 찾고 말을 만들어내고 있다.

말의 벽들을 부수는 자는 신들을 뒤엎고 신전을 더럽힌다. 그 은자는 살인자다. 그는 사람들을 살해한다. 왜냐하면 그가 그런 식으로 생각함으로써 고대의 성스러운 벽들을 무너뜨리고 있기 때문이다. 그는 무한성의 악마들을 불러내고 있다. 그리고 그는 등을 기대고 앉아서, 인간의 신음을, 인간이 끔찍한 불의 연기에 떨면서 토해내는 신음 소리를 듣지 않고 있다. 그럼에도 낡은 단어들을 깨뜨리지 않고는 새로운 단어들을 발견하지 못한다. 그러나 만약에 누군가가 무한한 것에 맞설 견고한 성벽이 되어 줄 새로운 단어를 발견하고 또 그 단어에서 옛날의 단어에서보다 더 많은 생명력을 포착하지 못한다면, 그런 상황에서는 어느 누구도 낡은 단어들을 깨뜨려 부수지 못한다. 옛날 사람들에게 새로운 단어는 하나의 새로운 신이다. 인간은 똑같은 존재로 남아 있다. 당신이 인간을 위해 새로운 신의 모델을 창조하더라도, 인간은 언제나 똑같다. 인간은 한 사람의 모방자로 남는다. 인간은 말대로 될 것이다. 말이 세상을 창조했으며, 말이 세상보다 앞서 왔다. 말이 어둠 속에서 등불처럼 빛을 발했고, 어둠은 말을 알아보지 못했다. 따라서 말은 어둠이 이해할 수 있는 것이 되어야 했다. 어둠이 그것을 이해하지 못한다면, 빛이 무슨 소용이 있겠는가? 그러나 당신의 어둠은 빛을 이해해야 한다.

말들의 신은 냉담하고, 죽어 있으며, 달처럼 멀리서 신비하게, 또 난해하게 빛을 발하고 있다. 말을, 그것을 창조한 존재에게, 말하자면 인간에게 돌려주도록 하자. 그러면 말은 인간의 안에서 높아질 것이다. 인간이 빛이 되고 한계가 되고 척도가 되어야 한다. 인간이 당신이 따기를 간절히 바라는 열매가 되게 하라. 어둠은 말을 이해하지는 못하지만 인간을 이해할 수는 있다. 정말로, 어둠은 인간을 사로잡는다. 이유는 인간 자체가 어둠의 한 조각이기 때문이다. 말로부터 인간으로 내려가는 것이 아니라 말로부터 인간으로 올라가는 것, 바로 그것이 어둠이 이해하고 있는 바이다. 어둠은 당신의 어머니이며, 그녀는 존경 받을 만하다. 이유는 어머니는 위험하기 때문이다. 어둠은 당신에게 영향력을 행사한다. 이유는 어둠이 당신을 낳았기 때문이다. 그 어둠을 빛으로 존경하라. 그러면 당신은 당신의 어둠을 밝힐 것이다.

만약에 당신이 어둠을 이해한다면, 어둠은 당신을 사로잡을 것이다. 어둠은 시커먼 그림자들과 무수한 별들로 가득한 밤처럼 당신을 덮친다. 만약에 당신이 어둠을 이해하기 시작한다면, 고요와 평화가 당신을 휘감을 것이다. 오직 어둠을 이해하지 않는 자만이 밤을 두려워한다. 당신 안에 있는 어둠을, 밤의 요소를, 심연을 이해함으로써, 당신은 철저히 단순해질 수 있다. 그리고 당신은 다른 모든 사람들처럼 천 년 동안 잠을 잘 준비를 하게 되고, 천 년의 자궁 속에 들어가 잠이 들고, 당신의 벽들은 고대의 신전의 노래들을 울릴 것이다. 이유는 단순한 것은 언제나 그 모습 그대로이기 때문이다. 당신이 수천 년 된 무덤 안에서 꿈을 꾸는 사이에, 평화와 푸른 밤이 당신 위로 펼쳐지고 있다.

5장

# 은자, 둘째 날

나는 잠에서 깨어난다. 새 날이 동쪽 하늘을 붉게 물들이고 있다. 어떤 밤이, 시간의 먼 깊이 속에 있는 어떤 경이로운 밤이 내 뒤에 놓여 있다. 나는 얼마나 먼 공간에 있었는가? 무슨 꿈을 꾸었는가? 하얀 말(馬)에 관한 꿈을 꾸었는가? 동쪽 하늘에서 떠오르는 태양 위로 하얀 말을 본 것 같다. 말이 나에게 말을 걸었다. 무슨 말을 했는가? 말은 이렇게 말했다. "어둠 속에 있는 자를 환호하며 맞이하라. 날이 그 자의 위에 있느니라." 하얀 말은 4마리였으며, 각자 황금빛 날개들을 갖고 있었다. 말들은 태양의 전차(戰車)를 끌었다. 그 위에 헬리오스[17]가 서서 긴 머리를 휘날리고 있었다. 나는 산골짜기 아래에서 깜짝 놀라서 서 있었다. 천 마리나 되는 검정 뱀들이 저마다 잽싸게 구멍으로 들어갔다. 헬리오스가 하늘의 넓은 길을 향해 마차를 굴리며 올라갔다. 나는 무릎을 꿇고 애원하듯 두 손을 위로 뻗으며 외쳤다. "우리들에게 당신의 빛을 주소서. 당신은 십자가에서 처형되었다가 부활한 빛이오. 우리들에게 당신의 빛을 주시오, 당신의 빛을!" 이 외침이 나를 깨웠다. 암모니우스(Ammonius)가 어젯밤에 "태양이 떠오를 때 아침 기도를 올리는 것을 잊지 마라."라고 하지 않았던가.

17 그리스 신화에 나오는 태양신.

나는 그가 은밀히 태양을 숭배하고 있는지도 모른다고 생각했다.

밖엔 신선한 아침 바람이 불고 있다. 노란 모래들이 실핏줄처럼 바위들을 타고 흘러내리고 있다. 붉은 빛이 하늘 전체로 퍼진다. 나는 태양의 첫 번째 빛들이 창공으로 솟는 것을 본다. 사방이 경건한 고요와 침묵뿐이다. 커다란 도마뱀 한 마리가 바위 위에 앉아 태양을 기다리고 있다. 나는 마법에 홀린 듯 서서 어제 있었던 일을, 특히 암모니우스가 한 말을 떠올리려 노력하고 있다. 그런데 그가 무슨 말을 했던가? 단어의 배열은 여러 가지 의미를 지닌다고, 또 요한이 로고스를 인간에게 안겨주었다고 했다. 그러나 그런 말이 기독교인에겐 어울리지 않는 것처럼 들린다. 그렇다면 그는 영지주의자인가? 아니다. 내가 볼 때 그럴 리 없다. 영지주의자들이야말로 말의 숭배자들 중에서 최악이 아닌가. 그도 그렇게 말할 것 같다.

태양. 무엇이 나의 내면을 이다지도 고양시키고 있는가? 아침 기도를 잊지 말아야 하지만, 아침 기도를 어떻게 하지? 태양이시여, 나에겐 기도가 전혀 없나이다. 그대에게 어떻게 기도를 올려야 하는지, 내가 알지 못하기 때문이지요. 이미 내가 태양에게 기도를 한 것은 아닌가? 그러나 암모니우스는 동이 틀 무렵에 신에게 기도를 올려야 한다고 했다. 그가 아마 모르고 있을지 모른다. 우리들에겐 더 이상 기도가 없다는 것을. 그가 우리의 결핍과 빈곤에 대해 어떻게 알겠는가? 우리의 기도에 무슨 일이 일어났는가? 여기서 나는 기도를 찾지 못해 애태우고 있다. 사막 때문임에 틀림없다. 여기엔 마치 기도가 있어야 할 것처럼 보인다. 이 사막이 그렇게나 열악한가? 나는 사막이 우리의 도시보다 결코 더 열악하지 않다고 생각한다. 그렇다면 왜 우리는 도시에서 기도를 하지 않는가? 나는 태양을 바라보아야 한다. 마치 태양이 이 질문과 무슨 관계가 있는 것처럼. 아, 어쩌나, 인간은 인간의 해묵은 꿈들에서 결코 벗어날 수 없으니 말이다.

긴긴 오전 시간 동안에 무엇을 해야 하나? 암모니우스가 단 1년을 이런 식으로 살았다 해도 나는 그 인내를 이해하지 못하겠다. 나는 바싹 마른 강바닥을 이리저리 걷다가 마침내 둥근 돌 위에 앉는다. 내 앞에 노란 풀이 몇 포기 있다. 저쪽에 자그마한 딱정벌레가 공처럼 생긴 것을 굴리며 기어가고 있다. 스카라베[18] 같다. 이 작은 동물도 자신의 아름다운 신화를 살기 위해 저렇게 땀을 흘리고 있는 것인가? 이 녀석은 너무나 진지하고 낙심하는 법도 없구나! 만약에 너 자신이 어떤 케케묵은 신화를 실천하고 있다는 생각을 품고 있다면, 인간

18 고대 이집트인이 사용한 쇠똥구리 모양의 부적을 말한다.

들이 신화에 관한 흥미를 잃었듯이, 너도 아마 너의 환상을 버리게 될 거야.

비현실성은 사람을 불편하게 만든다. 내가 하는 말이 여기선 매우 이상하게 들린다. 그래도 선한 암모니우스는 거기에 동의하지 않을 것이 확실하다. 여기서 나는 실제로 뭘 하고 있는가? 아니, 나는 그를 미리 비난하고 싶지 않다. 나 자신이 아직 그의 뜻을 제대로 이해하지 못하고 있기 때문이다. 그에게도 자신의 뜻을 다른 사람에게 말할 권리가 있다. 그런데, 어제 나는 이와 달리 생각했다. 심지어 나는 그가 나에게 가르쳐 주기로 결정했다는 사실에 대해 매우 감사하는 마음을 품었다. 그러나 나는 다시 비판적인 존재로 돌아가서 스스로 우월하다고 생각하면서 아무것도 배우지 않으려 하고 있다. 그의 생각은 절대로 그렇게까지 나쁘지는 않다. 아니, 그의 생각은 훌륭하기까지 하다. 그런데 나 자신이 왜 언제나 그 사람을 낮춰 보려 하는지 그 이유를 모르겠다.

딱정벌레야, 어디로 갔니? 너를 더 이상 볼 수 없구나. 오, 너는 너의 신화 같은 공을 밀며 벌써 저만치 가고 있구나. 이런 작은 동물은 사물들에 집착한다. 그것이 우리 인간들과 크게 다른 점이다. 의심도 전혀 없고, 마음의 변화도 전혀 없고, 망설임도 전혀 없다. 이 동물들이 자신의 신화를 살고 있어서 그런 것인가?

*사랑하는 스카라베여, 나의 아버지여, 나는 당신을 공경합니다. 당신의 일에 영원히 축복이 있기를, 아멘.*

무슨 뚱딴지같은 소리를 하고 있는가? 나는 지금 어떤 동물을 숭배하고 있다. 그건 분명히 사막 때문일 것이다. 사막은 기도를 절대적으로 요구하는 것 같다.

이곳 사막은 얼마나 아름다운가! 바위의 붉은 색깔은 경이롭기까지 하다. 바위들은 수없이 많은 과거의 태양들의 빛을 반사하고 있다. 이 작은 모래알들은 동화 같은 태고의 바닷속을 굴러다녔고, 이 모래 위로 한 번도 보지 못한 형태를 가진 태고의 괴물들이 헤엄쳐 다녔다. 그때 인간인 당신은 어디에 있었는가? 이 따스한 모래 위에, 어머니에게 달라붙고 있는 아이들처럼, 당신의 태곳적 동물 조상들이 누워 있었다.

*오, 어머니 바위여, 나는 당신을 사랑합니다. 나는 당신의 따뜻한 몸에, 당신의 더딘 아이에게 바짝 대고 누워 있습니다. 고대의 어머니여, 당신에게 축복이 있기를.*
*나의 가슴과 모든 영광과 권력은 당신의 것이옵니다. 아멘.*

지금 나는 무슨 말을 하고 있는가? 그것은

사막이었다. 나에겐 모든 것이 너무나 싱싱하게 느껴지는구나! 이 장소는 정말로 끔찍한 곳이다. 이 바위들, 이것들이 바위인가? 이것들은 어떤 뜻이 있어서 여기 함께 모여 있는 것 같다. 바위들은 이동하는 군인처럼 줄을 지어 서 있다. 크기 순서대로 정렬되어 있다. 큰 것들은 따로 서 있고, 작은 것들은 서로 모여 큰 것들 앞에 자리 잡고 있다. 여기서 돌들은 계급을 이루고 있다.

나는 지금 꿈을 꾸고 있는가, 아니면 깨어 있는가? 날이 뜨겁다. 해가 이미 중천에 떠 있다. 시간이 이렇게 빨리 지나가다니! 정말로, 오전이 거의 끝나가고 있다. 벌써 오전이 다 지나다니, 얼마나 놀라운 일인가! 나의 머릿속을 분주하게 만드는 것은 태양인가, 아니면 살아 있는 이 돌들인가, 아니면 사막인가?

나는 계곡을 올라간다. 얼마 지나지 않아 은자의 오두막에 닿는다. 그는 거적 위에 앉아 깊은 명상에 빠져 있다.

**나:** "아버지여, 다시 왔습니다."

**은자:** "오전은 어떻게 보냈는가?"

**나:** "당신이 어제 시간이 쏜살같이 흐른다고 말했을 때 나는 놀랐습니다. 이제 더 이상 당신에게 의문을 품지 않을 것입니다. 그 말도 더 이상 나를 놀라게 만들지 못합니다. 많은 것을 배웠습니다. 그런데 그것이 오히려 당신을 더욱 수수께끼 같은 인물로 만들었을 뿐입니다. 아니, 당신이 이 사막에서 경험했을 모든 것을 생각하면, 당신이야말로 얼마나 경이로운 존재인지! 돌까지도 당신에게 말을 걸고 있지요."

**은자:** "자네가 은자의 삶에 대해 일부 이해하기 시작했다니 참으로 기쁘네. 그게 우리의 어려운 공부를 조금 쉽게 만들 거야. 나는 자네의 신비를 깨뜨리고 싶지 않지만, 자네는 나의 세계와는 아무런 관계가 없는 세계에서 왔다는 느낌이 들어."

**나:** "맞는 말씀입니다. 나는 이곳에 이방인입니다. 당신이 지금까지 본 누구보다 더 낯선 사람입니다. 당신에겐 영국에서 가장 외진 바닷가에서 온 사람조차도 나보다 더 가까이 느껴질 것입니다. 그러기에 당신께서 인내심을 가져주시길 바랍니다. 당신의 지혜의 샘에서 솟아오르는 물을 마시게 해주십시오. 이글거리는 사막이 우리를 에워싸고 있을지라도, 거기에는 눈에 보이지 않게 생명의 물이 흐르고 있습니다."

**은자:** "자네 기도는 올렸는가?"

**나:** "주인어른, 용서해주시길 바랍니다. 노력은 했습니다만, 기도 문구를 찾지 못했어요. 그럼에도 떠오르는 태양에게 기도하는 꿈은 꾸었습니다."

**은자:** "그 문제는 더 이상 걱정하지 말게. 자네가 어떤 말을 찾았더라도, 자네의 영혼은 새날

을 맞는 것을 말로 표현하지 못했을 걸세."

**나:** "하지만 그것은 헬리오스에게 올리는 이교도 기도였어요."

**은자:** "그것으로 충분해."

**나:** "하지만 주인어른, 나는 꿈에서 태양에게만 기도를 한 것이 아니었어요. 나도 모르는 사이에 풍뎅이와 땅에도 기도를 했지요."

**은자:** "어떠한 것에도 놀라지 마라. 어떤 경우에도 후회하거나 비난하지 않도록 하라. 자네는 어제 우리가 했던 대화에 대해 더 물을 게 있는가?"

**나:** "어제 필론에 대해 이야기하다가 대화가 끊어졌습니다. 당신은 단어의 특별한 배열이 다양한 의미를 갖는다는 사상에 대해 설명하려 했지요."

**은자:** "그렇지, 내가 말을 다듬어내는 자만심으로부터 어떻게 벗어날 수 있었는지에 대해 설명해주겠네. 하루는 나의 아버지가 자유의 몸으로 풀어주었던 어떤 남자가 나를 찾아왔어. 내가 어린 시절부터 애착을 가졌던 이 사람이 나에게 말을 걸었어. "오, 암모니우스, 잘 지내?" 이에 나는 이렇게 대답했지. "물론, 당신이 보시다시피, 나는 많이 배웠고 큰 성공도 거두었어요." 그러자 그가 이렇게 말하더군. "내 말은, 네가 행복하고, 충실하게 살고 있느냐는 뜻이야."

나는 웃음을 지었어. "보시다시피, 모든 게 괜찮아요."

노인이 대답하더군. "나는 자네가 가르치는 것을 보았어. 자네는 청중의 판단에 신경을 쓰는 것처럼 보였어. 청중을 즐겁게 해 주기 위해서 강연 내용에 재치 있는 농담을 많이 끌어들이더군. 또 강한 인상을 주기 위해 학문적 깊이가 느껴지는 그런 표현을 많이 넣고. 자네는 허둥대고 다소 조급했어. 아직도 여전히 모든 지식을 움켜쥐려 드는 것처럼 보였어. 자네는 자네 안에 있지 않아."

처음에는 이 말들이 나에게 터무니없는 것처럼 들렸어. 그런데 그 말들이 지금도 나에게 인상을 남기고 있는 거야. 어쩔 수 없이 그 노인을 인정하지 않을 수 없었어. 그의 말이 옳았으니까.

이어서 그가 말했어. "사랑하는 암모니우스야, 너에게 기쁜 소식이 있단다. 신은 그의 아들 안에서 육신을 얻었고 우리에게 구원을 안겨주었어." 그래서 내가 물었지. "무슨 말을 하고 있습니까? 오시리스(Osiris)[19]를, 죽을 운명의 육신으로 나타날 그 오시리스에 대해 말씀하시는 것입니까?"

"아니란다. 이 인간은 유대에서 살았고 처녀의 몸에서 태어났어." 그가 대답했어.

이에 내가 웃음을 지으며 말했지. "그것에

---

19 이집트 신화 속의 저승의 왕. 동생 세트에게 살해되었다가 누이이며 아내인 이시스에게 구출되어 부활한다.

대해서는 이미 알고 있어요. 어느 유대인 상인이 처녀 여왕의 소식을 유대에 전했지요. 이 처녀 여왕의 형상은 우리의 신전 벽에 그려져 있고, 동화로도 쓰였어요."

"아니야. 그는 신의 아들이었어." 노인이 자신의 뜻을 고집하더군.

"그렇다면 오시리스의 아들 호루스(Horus)를 뜻하시는가요?" 내가 물었어.

"아니야. 그는 호루스가 아니고 진짜 사람이야. 그는 십자가에 매달렸어."

"아, 그렇다면 세트(Seth)[20]임에 틀림없어요. 그에 대한 처벌이 옛날의 기록에 자주 나오지요."

그래도 늙은이는 신념을 굽히지 않았어. "그는 죽어서 사흘째 되는 날 승천했어."

"그렇다면, 그는 오시리스임에 틀림없어요." 내가 서둘러 대답했지.

그랬더니 그가 소리를 지르더군. "아니야. 그는 '주의 기름 부음을 받은 자' 예수라고 불리고 있어!"

"아, 이 유대인 신을 의미하는군요. 가난한 자들이 항구에서 존경하고 지하실에서 그의 모호한 신비들을 찬양하고 있지요."

"그는 사람임에도 신의 아들이었어." 그 노인이 나를 뚫어져라 바라보며 말했어.

"존경하는 어르신, 그것은 말이 되지 않습니다." 내가 이렇게 말하면서 그에게 문을 가리켰지. 그러나 먼 바위에 부딪쳐오는 메아리처럼, 그 말이 나에게로 돌아왔어. 사람임에도 신의 아들이라는 말이. 그 말이 내게 중요한 것처럼 보였어. 바로 이 짧은 문장이 나를 기독교로 이끌었다네.

**나:** "그렇지만 당신은 기독교가 최종적으로 당신의 이집트 가르침들의 변형일 수 있다는 생각이 들지 않습니까?"

**은자:** "만약에 자네가 이집트의 옛 가르침들이 기독교 정신을 조금 덜 적절하게 표현했다는 식으로 말한다면, 나는 자네 말에 더 동의할 수 있을 것 같군."

**나:** "그렇다면 종교들의 역사가 어떤 종국적인 목표를 향하고 있다는 뜻입니까?"

**은자:** "나의 아버지께서 언젠가 시장에서 나일 강 상류 지역 출신인 흑인 노예를 한 사람 샀어. 그는 오시리스는 물론이고 다른 신들에 대해서도 들은 적이 전혀 없는 시골에서 왔어. 그런데 그가 우리가 오시리스와 다른 신들에 대해 믿고 있는 내용 중 많은 것을 훨씬 더 쉬운 말로 들려주더군. 그를 통해서, 나는 교육을 받지 않은 흑인도 교양 있는 사람들의 종교들이 완전한 원리로 다듬어낸 내용 대부분을

---

20 고대 이집트 신화에서 혼란과 불, 사막, 폭풍 등의 신으로 나온다. 이집트에서 가장 중요한 신화인 오시리스 신화에서 형 오시리스를 갈가리 찢어 죽인 강탈자로 묘사된다.

자기도 모르는 사이에 이미 알고 있다는 사실을 이해할 수 있었어. 그 언어를 읽을 줄 아는 사람은 글에서 이교도의 원리만 아니라 예수 그리스도의 원리까지 파악할 수 있었어. 그리고 나 자신이 지금 심혈을 기울이고 있는 것이 바로 그거야. 나는 복음서들을 읽으면서 앞으로 다가올 의미를 찾고 있어. 우리는 복음서의 의미를 우리 앞에 놓여 있는 복음서의 내용 그대로 알고 있지만, 미래를 가리키는 숨겨진 의미는 모르고 있어. 종교들이 가장 깊은 핵심에서 서로 다르다고 믿는 것은 잘못이야. 엄격히 말하면, 그 핵심은 언제나 똑같은 종교야. 뒤이어 나오는 모든 형태의 종교는 그 앞 종교의 의미인 거야."

**나:** "그러면 당신은 다가올 의미를 발견했습니까?"

**은자:** "아니, 아직 못 찾았어. 그건 매우 어려운 일이야. 그렇지만 나는 성공할 거라고 믿어. 간혹 나는 타인들의 자극을 필요로 하는 것 같아. 그러나 나는 그 자극이 사탄의 유혹이라는 것을 알고 있어."

**나:** "인간들과 조금 더 가까이 지내면 성공할 수 있다고 믿지 않습니까?"

**은자:** "아마 자네 말이 맞을지도 몰라."

그가 별안간 의심하듯 나를 바라본다. "그러나."라며 그가 말을 잇는다. "나는 사막을 사랑해, 자네는 그걸 이해하겠는가? 태양이 작열하는 이 누런 사막을 말이야. 여기 있으면 태양의 표정을 매일 볼 수 있어. 혼자서, 장엄한 헬리오스를 볼 수 있어. 아니, 그건 이교도야. 나에게 뭐가 잘못되었을까? 혼란이 일어나. 자네는 사탄이야. 난 알고 있어. 저리 꺼져!"

그가 화를 내다가 몸을 벌떡 일으키며 나에게 달려 들려고 한다. 그러나 나는 아주 먼 20세기에 있다.

*수천 년 내려오는 무덤 안에서 잠을 자는 사람은 경이로운 꿈을 꾼다. 그는 태고의 꿈을 꾼다. 그는 떠오르는 태양에 관한 꿈을 꾼다.*

*만약에 이 시대에 이런 잠을 자고 이런 꿈을 꾼다면, 당신은 태양이 이 시간에 다시 떠오를 것이라는 사실을 알 것이다. 당장은 우리가 어둠 속에 있지만 새로운 날은 우리 위에 있다.*

*자기 안에 있는 어둠을 이해하는 자, 그에겐 빛이 가까이 있다. 자신의 어둠 속으로 내려가*

*는 자는 불의 갈기를 가진 헬리오스의 막강한 빛의 계단에 닿는다.*

*헬리오스의 전차가 백마 네 마리와 함께 오른다. 그의 등엔 십자가가 짊어져 있지 않다. 옆구리에도 상처가 없다. 그러나 그는 안전하고 그의 머리는 불에 타고 있다.*

*그는 절대로 조롱의 대상이 아니며, 장엄과 더할 나위없는 힘의 소유자이다.*

*나는 내가 무슨 말을 하고 있는지 모른다. 나는 꿈속에서 말을 하고 있다. 나를 부축해줘. 지금 나는 불에 취해 비틀거리고 있다. 나는 간밤에 불을 마셨다. 이유는 내가 수 세기의 세월을 내려가 그 바닥 깊은 곳에 있던 태양 속으로 뛰어들었기 때문이다. 그리고 나는 태양에 취해 일어났다. 벌겋게 타는 얼굴에, 머리는 불이 붙어 있다.*

*나에게 당신의 손을, 인간의 손을 다오. 그러면 당신이 나를 땅으로 데려갈 수 있다. 소용돌이치는 불의 정맥들이 나를 급습하여 끌어올리고, 환희의 갈망이 나를 하늘 꼭대기로 밀어 올리며 조각내고 있다.*

그러나 날이 밝아오려 한다. 이 세상의 날, 현실의 날이. 나는 이 땅의 골짜기 안에 숨은 그대로 있다. 계곡의 어두운 그림자 속 깊은 곳에 외로이. 그것은 땅의 그림자이며 무게다.

내가 어떻게 동쪽 하늘 멀리서 사막 위로 떠오르는 태양을 향해 기도할 수 있는가? 왜 내가 태양에게 기도를 해야 하는가? 나는 나의 안으로 태양을 마신다. 그런데 왜 내가 태양에게 기도해야 하는가? 그러나 사막이, 내 안에 있는 사막이 기도를 요구한다. 이유는 사막이 스스로를 살아 있는 것으로 채우길 원하고 있기 때문이다. 나는 신에게 태양이나 태양 같은 불멸의 존재를 간청한다.

나는 나 자신이 공허하고 걸인이기 때문에 간청하고 있다. 이 세상의 낮에, 나는 나 자신이 태양을 마셨고 태양의 강력한 빛과 태우는 힘에 취했다는 것을 망각하고 있다. 그러나 나는 땅의 그림자 속으로 들어서면서 나 자신이 발가벗었고 빈곤을 가릴 게 아무것도 없다는 것을 보았다. 당신이 땅에 닿는 순간, 당신의 내적 삶은 끝나고 그 내적 삶은 당신에게서 달아나면서 사물들 속으로 들어간다.

이어서 사물들에서 불가사의한 어떤 생명이 일어난다. 당신이 생각하기에 죽고 생명이 없는 것 같은 것들이 비밀스런 생명과 불굴의 의지를 드러낸다. 당신은 온갖 것이 당신 옆에서, 당신 위에서, 당신 아래에서, 또 당신을 통해 이상한 몸짓으로 각자의 방식으로 움직이는 그런 활기 넘치는 혼란 속에 빠진다. 심지어 돌까지도 당신에게 말을 걸고, 마법의 끈이 당신에게서 사물로, 사물에서 당신에게로 엮어진다. 가깝거나 멀리 있는 온갖 것들이 당신의 내면에서 움직이고, 당신은 가깝거나 먼 것들에게 은밀한 방법으로 작용한다. 그리고 당신은 언제나 무력하며 희생자이다.

그러나 면밀히 관찰하면, 당신은 그 전에 한 번도 보지 못한 무엇인가를 보게 될 것이다. 즉 사물들도 각자의 삶을 살고, 또한 그것들이 당신에게 얹혀 산다는 것을 알게 될 것이란 뜻이다. 강들이 당신의 생명을 계곡으로 옮기고, 어떤 돌이 당신의 힘으로 인해 다른 돌 위로 떨어지고, 식물들과 동물들이 당신을 통해 자라고, 그것들이 당신의 죽음의 원인이 되는 것이다. 바람에 살랑거리는 나뭇잎 하나는 당신과 함께 춤을 춘다. 전체 땅이 당신으로부터 생명을 빨아들이고, 모든 것은 다시 당신을 나타낸다.

이 세상에서 일어나는 일들 중에서 당신이 은밀히 개입하지 않는 일은 절대로 없다. 이유는 모든 것이 당신을 중심으로 질서를 잡고 또 당신의 가장 깊은 부분을 건드리고 있기 때문이다. 당신의 내면에 있는 것들 중에서 사물들에게 숨겨진 것은 하나도 없다. 제아무리 깊고, 제아무리 소중하고, 제아무리 비밀스런 것일지라도 사물들에게 절대로 숨겨지지 않는다. 그런 것이 사물들의 고유한 본질이다. 당신의 개가 당신이 오래 전에 세상을 떠난 아버지를 떠올리게 하고, 그 개가 그 옛날에 당신의 아버지가 그랬던 것처럼 당신을 그윽이 바라본다. 초원의 암소는 직관적으로 당신의 어머니를 떠올리게 만들며 당신에게 안온한 느낌을 안겨준다. 별들은 당신에게 당신의 가장 깊은 신비들을 속삭이고, 땅의 부드러운 계곡들은 엄마의 자궁이 되어 당신을 보호한다.

길 잃은 아이처럼, 당신은 당신의 삶의 끈들을 쥐고 있는 막강한 힘들 사이에 초라하게 서 있다. 당신은 도움을 간절히 원하고 있으며, 그래서 당신의 길에 가장 먼저 나타나는 사람에게 자신을 맡긴다. 아마 그 사람은 당신에게 조언할 수 있을 것이며, 당신이 알지 못하는 생각을 알고 있을 것이다.

*당신이 그의 소식을, 전혀 다른 것들에 의지하지 않고 스스로의 힘으로 살며 자신의 삶을 완성했던 사람의 소식을 듣기를 원하는 것으로 나는 알고 있다. 이유는 당신이 땅에게 완전히 다 빨려 메마른 상태에 있는 땅의 아들이니까. 땅은 그 자체로부터는 아무것도 빨지 못하며 오직 태양으로부터만 빤다. 그래서 당신은 빛나면서 빨지 않는 태양의 아들의 소식을 듣기를 원하고 있다.*

*당신은 신의 아들에 대해 듣기를 원한다. 땅이 태양의 푸르고 화려한 아이들을 낳을 때, 빛을 발하고 베풀고, 그로 인해 다시 태어난 그 신의 아들에 대해서.*

*당신은 빛을 방사하는 구원자의 소식을 듣기*

*를 원한다. 태양의 아들로서 땅의 망(網)들을 모두 관통하고, 신비의 끈을 끊고, 예속된 자들을 해방시키고, 자기 자신을 온전히 소유하고 있으면서 그 누구의 하인도 아니고, 아무도 빨아 말리지 않고, 또 누구에 의해서도 바닥을 드러내지 않는 그런 보물을 가진 구원자에 대한 소식을.*

*당신은 땅의 그림자에 의해 그늘이 드리워지기는커녕 오히려 그 그림자를 밝히는 그런 존재에 대해 듣기를 원한다. 모든 이들의 생각을 훤히 들여다보고, 또 모든 사물들의 의미를 자신 안에 갖고 있지만, 정작 다른 사람들에겐 자신의 생각과 의미가 짐작조차 되지 않고 있는 그런 존재에 대해서.*

그 은자는 세상을 피해 도망쳐 왔다. 그는 두 눈을 감고 두 귀를 틀어막고 자기 자신을 내면의 어떤 동굴 속에 묻었지만, 그래도 아무런 소용이 없었다. 사막이 그를 남김없이 빨아버렸으며, 돌들이 그의 생각들을 말하고, 동굴이 그의 감정을 나타내고 있다. 그래서 그 자신이 사막이 되고 돌이 되고 동굴이 되었다. 모든 것이 공허이고 사막이며, 속수무책이고 불모다. 이유는 그가 빛을 발하지 않았고, 책을 바스러질 만큼 빨아들인 땅의 아들로 남았고, 사막에게 빨려 빈 존재가 되었기 때문이다. 그는 욕망이었지 광휘가 아니었으며, 철저히 땅이었지 태양이 아니었다.

따라서 그는 그 길을 걷지 않았더라면 땅의 다른 아들들과 전혀 다를 바가 없는 존재라는 것을 잘 아는 영리한 성자로서 사막에 있었다. 만약에 그가 스스로 취하길 원했다면, 그는 아마 불을 들이켰을 것이다.

그 은자는 자기 자신을 발견하기 위해 사막으로 들어갔다. 그러나 그는 자신을 발견하길 원하지 않았으며, 그보다는 성경의 복합적인 의미를 발견하길 원했다. 당신은 작은 것들과 큰 것들의 광대함을 당신의 내면으로 빨아들일 수 있으며, 그럴수록 당신은 더욱 비어갈 것이다. 광대한 충만과 광대한 공백은 동일한 것이기 때문이다.

그는 자신이 필요로 하는 것을 외부에서 발견하길 원했다. 그러나 당신은 다양한 의미를 밖의 사물이 아닌 당신 안에서만 발견할 수 있다. 왜냐하면 의미의 다양성이란 것이 한꺼번에 주어지는 것이 아니고 의미의 연속이기 때문이다. 서로 연결되는 의미들은 사물들 안에 있지 않으며, 당신이 삶에 개입하는 한, 그 의미들은 언제나 변화에 노출되어 있는 당신 안에 있다. 사물들도 마찬가지로 변한다. 그러나 당신 자신이 변하지 않는다면, 당신은 이 변화를 알아보지 못한다. 그러나 당신 자신이 변하면, 세상의 겉모습 자체가 변한다. 사물들의 다양한 의미는 곧 당신 자신의 다양한 의미이다. 다양한 의미를 사물들에서 찾으려고 노력하는 것은 부질없는 짓이다. 그리고 이것이 그 은자가 사막으로 들어가서 자신이 아닌 사물을 알아내려 했던 이유를 설명해 줄 것이다.

그리하여 욕망을 벗지 못한 모든 은자들에게 일어난 일이 그에게도 똑같이 일어났다. 악마가 부드러운 혀와 명징한 추론으로 그에게 다가왔다. 그 악마는 순간마다 해야 할 말을 정확히 알고 있었다. 악마는 그를 유혹하여 욕망을 품도록 만들었다. 내가 나 자신의 어둠을 받아들였기 때문에 그에게 악마로 나타나야 했다. 나는 땅을 먹고 태양을 마셨으며, 그래서 나는 외로이 서서 성장하는 한 그루 푸른 나무가 되었다.

6장

# 죽음

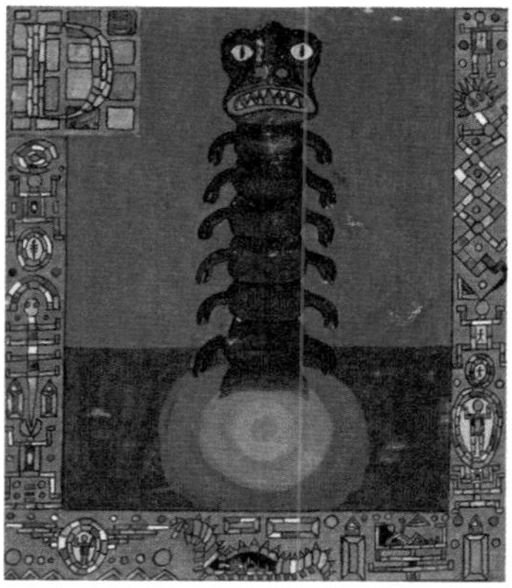

그 다음 밤, 나는 북쪽 땅까지 돌아다니다가 잿빛 하늘 아래에서 안개 자욱하고 차고 습한 공기 속에 서 있는 나 자신을 발견했다. 나는 낮은 땅에, 그러니까 여린 물결들이 빛을 반짝이며 바다로 향하고 있는 낮은 땅에 닿으려고 애를 쓰고 있다. 거기선 급하던 모든 물살의 흐름이 약하게 꺾이고, 모든 힘과 노력이 바다의 가없이 넓은 품에 안긴다. 나무도 듬성듬성 서 있고, 습지가 많은 넓은 초원은 고여 있어 탁해진 물을 품고 있다. 홀로 끝없이 펼쳐지고 있는 지평선은 잿빛 구름을 이고 있다. 숨을 죽이면서 서서히, 그리고 물거품을 향해 무섭게 미끄러지며 자신을 무한의 세계로 던지는 자의 위대하고 불안한 기대를 품은 상태에서, 나는 나의 형제인 바다를 따르고 있다. 바다는 부드럽게, 거의 알아차리지 못할 정도로 느리게 흐른다. 그럼에도 우리는 근원의 자궁 속으로, 광대한 폭과 헤아릴 길 없는 깊이 속으로 들어가면서 궁극의 포옹을 향해 지속적으로 나아가고 있다. 거기에 노란색의 낮은 언덕들이 있다. 언덕들의 기슭엔 흐르지 않는 호수가 넓게 펼쳐지고 있다. 우리는 언덕을 따라 말없이 배회한다. 언덕들 위로 거리를 가늠할 수 없을 만큼 먼 수평선이 펼쳐진다. 거기서 하늘과 바다가 합류하며 무한으로 향한다.

거기 마지막 언덕에 누군가가 서 있다. 그는 구겨진 검정 코트를 걸치고 있다. 그는 꼼짝 않고 서서 먼 곳을 바라보고 있다. 나는 그에게로 올라간다. 그는 수척하고, 두 눈의 시선이 아주 진지하다. 내가 그에게 말한다.

"어두운 존재여, 잠시 당신 옆에 서게 해 주시지요. 나는 멀리서도 당신을 알아보았어요. 이 길에 서 있는 유일한 존재가 당신이었어요. 이 세상의 마지막 굽이에 너무나 외로이 서 있군요."

그가 대답했다. "나그네여, 내 옆에 있는 게 무슨 상관이겠소만 당신한테 너무 춥지 않을지 모르겠소. 당신도 알다시피, 나는 차갑고, 나의 심장은 전혀 뛰지 않아."

"나도 알고 있습니다. 당신은 얼음이고 종말이라는 것을. 당신은 바위의 차가운 침묵이고, 산 정상에 쌓인 눈이고, 창공의 더없이 차가운 서리지요. 나는 그것을 느껴야 합니다. 그것이 내가 당신 가까이 서는 이유랍니다."

"무엇이 그대를, 살아 있는 그대를 이곳의 나에게로 이끌고 있는가? 살아 있는 것들은 절대로 이곳의 손님이 될 수 없어. 그들 모두는 안타깝게도 큰 군중을 이루며 이곳을 그냥 흘러가지. 저 위의 밝은 낮의 땅에 사는 자들 중에서 거기를 떠난 자들은 다시는 거기로 돌아가지 못해. 그러나 살아 있는 것들은 절대로 여기에 오지 않아. 자네는 여기서 뭘 찾고 있는가?"

"예상치 않은 이상한 나의 길이 나를 이곳으로 데려다 주었어요. 나는 생기 넘치는 흐름을 즐거운 마음으로 따랐지요. 그러다가 당신을 발견한 것입니다. 나는 이곳이 당신의 영역이라는 것을 알았어요. 당신의 영역 맞지요?"

"그래. 여기서 그 길은 구별이 없는 곳으로 이어져. 거기엔 평등하거나 불평등한 것이 전혀 없어. 모두가 서로 섞여 하나가 돼. 거기에 다가서고 있는 것이 보이는가?"

"시커먼 구름 벽 같은 것이 보여요. 그것이 물결을 타고 이 쪽으로 헤엄쳐 오고 있는 것 같군요."

"더 자세히 보도록 해. 무엇이 보이는가?"

"남자들과 노인들, 여자들과 어린이들이 서로 밀착되어 있는 것이 보입니다. 그 사이에 말도 있고 소도 있고, 그보다 작은 동물들도 있습니다. 그들 주변에 벌레들이 떼를 짓고 있고요. 근처에 숲이 흐르고 있고, 수없이 많은 시든 꽃들과 완전히 죽어버린 여름이 있어요. 그것들은 이미 가까이 와 있어요. 모두가 뻣뻣하고 차갑게 느껴집니다. 발은 움직이지 않고 있으며, 빽빽하게 밀착해 줄을 짓고 있는 그들에게서 소리 하나 들리지 않는군요. 그들은 모두 손과 팔로 스스로를 꽉 죄고 있어요. 시선은 멍하니 허공을 향하고 있고, 우리에게 전혀 주의를 주지 않고 있어요. 그들은 모두 거대한 강물을 흐르고 있는 과거입니다. 어두운 존재여, 정말 무서운 장면이군요."

"내 옆에 있기를 원한 건 자네였어. 그러니 두려움을 꾹 누르도록 해. 저길 봐!"

나는 그 쪽을 본다. "파도와 강이 서로 만나 맹렬히 흐르는 지점에 맨 앞쪽 줄이 당도했군요. 마치 공기의 파도가 바다와 함께 죽은 자들의 강에 맞서고 있는 것처럼 보입니다. 죽은 자들의 강물을 솟구치게 한 뒤 그들을 검정 파편으로 깨뜨려 음울한 안개구름으로 해체해 버리는 것 같군요. 물결이 꼬리를 물고 밀려오면서 새로운 무리들을 시커먼 공기 속으로 흩뿌리고 있어요. 어두운 존재여, 나에게 말해주오. 이것이 종말인가요?"

"보라!"

시커먼 바다가 육중하게 깨어진다. 그 안에서 붉은 불꽃이 퍼진다. 피 같다. 피의 바다가 나의 발밑에서 거품을 일으킨다. 바다의 깊은 곳이 빛을 발한다. 나는 매우 이상한 느낌을 받는다. 나는 두 발에 의해 공중에 떠 있는 것인가? 그것은 바다인가 하늘인가? 피와 불이 공 모양으로 함께 섞인다. 연기 같은 장막에서 붉은 빛이 터져 나온다. 새로운 태양이 피바다에서 탈출해 빛을 발하며 가장 깊은 곳으로 굴러간다. 태양이 나의 발밑으로 사라진다.

나는 주변을 둘러본다. 혼자다. 밤이 내렸다. 암모니우스가 뭐라 했던가? 밤은 침묵의 시간이다.

나는 주위를 둘러본다. 나는 고독이 광대한 곳으로 퍼져나가면서, 무시무시한 차가움으로 나를 관통했다는 것을 알았다. 나의 내면에서는 여전히 태양이 이글거렸지만, 나는 나 자신이 칠흑 같은 어둠 속으로 들어섰다는 것을 느꼈다. 나는 그 깊은 곳으로 향하는 강물을 따른다. 강물은 서서히, 방해받지 않고, 깊은 곳으로, 다가올 것의 깊은 곳으로 흐른다.

이리하여 나는 그날 밤(1914년의 두 번째 밤이었다) 밖으로 나갔고, 불안한 예감이 나를 꽉 채웠다. 나는 미래를 끌어안으려 나갔다. 그 길은 넓었으며, 다가올 것은 무서웠다. 그것은 거대한 죽음, 즉 피의 바다였다. 거기서부터 새로운 태양이 떠올랐다. 무시무시하고, 우리가 낮이라고 부르는 것과 정반대인 그런 태양이었다. 우리는 어둠을 붙들었고, 그 어둠의 태양이 어떤 위대한 몰락처럼 피를 흘리며 우리 위를 비출 것이다.

내가 나의 어둠을 이해했을 때, 진정으로 장엄한 밤이 찾아 왔으며, 나의 꿈이 나를 천년의 깊이 속으로 밀어 넣었으며 거기서부터 나의 불사조가 올라왔다.

그러나 나의 낮에 무슨 일이 일어났는가? 횃불이 붙여졌고, 살기등등한 분노와 분쟁이 터졌다. 어둠이 세상을 엄습함에 따라, 무시무시한 전쟁이 발발했고 어둠이 세상의 빛을 파괴했다. 이유는 어둠에겐 빛이 이해될 수 없는 것이었고 아무짝에도 쓸모없기 때문이다. 그래서 우리는 지옥을 맛보아야 했다.

이 시대의 미덕들이 어떤 악덕으로 변하는지, 당신의 온화함이 어떻게 냉혹함으로 변하는지, 당신의 선이 어떻게 잔혹성으로 변하는지, 당신의 사랑이 어떻게 증오가 되는지, 당신의 이해가 어떻게 광기가 되는지를 나는 보았다. 당신이 왜 그 어둠을 이해하길 원했단 말인가! 그러나 당신은 그 어둠을 이해하길 원해야만 했으며, 그렇게 하지 않았다면 어둠이 당신을 덮쳤을 것이다.

당신은 당신 안의 악에 대해 생각한 적이 있는가? 맞아, 당신은 악에 대해 말하고, 악에 대해 언급하고, 웃는 얼굴로 악에 대해 고백했다. 인간이면 대체로 갖는 악덕이라고. 혹은 거듭 일어나는 오해라고. 하지만 당신은 악이 뭔지 알았는가? 또 그것이 당신의 미덕 바로 뒤에 서 있다는 것을, 그것이 또한 당신의 미덕 그 자체라는 것을 알았는가? 당신은 천년 동안 사탄을 심연에 가둬놓았다. 그 천년이 지나갈 때, 당신은 사탄을 비웃었다. 이유는 사탄이 어린이들의 동화 속 이야기가 되었기 때문이다. 그러나 그 무시무시한 사탄이 머리를 쳐들면, 세상은 겁을 먹고 움츠러들 것이다. 최악의 냉기가 가까이 다가오고 있다.

당신은 자신이 무방비 상태라는 것을, 당신의 악덕의 무리가 무력하게 무릎을 꿇는 것을 두려운 눈으로 보고 있다. 악령들의 힘으로, 당신은 악마를 꽉 붙잡고, 그러면 당신의 미덕들은 악마에게로 넘어간다. 당신은 이 투쟁에서 철저히 혼자다. 당신의 신들이 귀머거리가 되었기 때문이다. 당신은 어느 악마가 더 큰지 알지 못한다. 당신의 악덕들이 더 큰 악마인가, 아니면 당신의 미덕들이 더 큰 악마인가? 그러나 당신이 확실히 아는 한 가지는 미덕들과 악덕들이 서로 형제라는 것이다.

우리가 세상사를 명쾌하게 보기 위해선 죽음의 냉기가 필요하다. 생명은 살고 죽기를 원하고, 시작하고 끝내길 원한다. 당신은 영원히 살라는 강요를 받지 않으며, 당신도 죽을 수도 있다. 이유는 당신 안에 두 가지를 다 하려는 의지가 있기 때문이다. 당신의 존재 안에서 생명과 죽음이 균형을 이뤄야 한다. 오늘날의 사람들에겐 삶과 죽음 중에서 죽음의 비중이 더 클 필요가 있다. 이유는 현대인의 내면에 옳지 않은 것이 너무 많이 살고 있고 옳은 것이 너무 많이 죽어 있기 때문이다. 균형을 지키는 것은 옳은 일이고, 균형을 깨뜨리는 것은 옳은 일이 아니다. 그러나 균형이 성취된 경우에는 균형을 지키는 것이 옳지 않고 균형을 깨뜨리는 것이 옳은 일이다. 균형은 삶인 동시에 죽음이다. 삶의 완성을 위해선 죽음과의 균형이 적절해야 한다. 만약에 내가 죽음을 받아들인다면, 나의 나무는 오히려 푸르러질 것이다. 죽음이 생명력을 높이기 때문이다. 만약에 내가 세상을 둘러싸고 있는 죽음 속으로 떨어진다면, 그때 나의 싹들이 피어날 것이다. 그러니 우리의 삶이 얼마나 많은 죽음을 필요로 하겠는가!

당신이 죽음을 받아들일 때에만 아주 하찮은 것에도 기뻐할 줄 아는 마음이 깃든다. 그러나 만약에 당신이 자신을 여전히 살 수 있게 할 모든 것들을 탐욕스럽게 찾는다면, 그 어떤 것도 당신의 쾌락을 만족시키지 못하고, 당신을 지속적으로 에워싸고 있는 작은 것들은 더 이상 기쁨이 되지 못한다. 그래서 나는 죽음을 직시한다. 그것이 나에게 살아가는 방법을 가르쳐주기 때문이다.

만약 당신이 죽음을 받아들인다면, 그 죽음은 서리 내리는 밤 같고 늘 머리를 떠나지 않는 불안 같다. 그러나 서리 내리는 밤은 달콤한 포도가 가득 열린 포도밭의 밤이다. 당신은 곧 당신의 풍요에서 쾌락을 얻을 것이다. 죽음은 여물게 한다. 열매를 거두기 위해선 죽음이 필요하다. 죽음이 없으면, 삶은 무의미해진다. 이유는 영속성이 다시 일어나면서 삶 자체의 의미를 부정하고 나서기 때문이다. 존재하기 위해서, 그리고 당신의 존재를 즐기기 위해서 당신은 죽음을 필요로 하고, 생명의 한계는 당신으로 하여금 당신의 존재를 성취할 수 있도록 한다.

내가 땅의 비탄과 허튼짓을 보고, 따라서 머리를 감싸고 죽음 속으로 들어갈 때, 그때 내가 보는 모든 것은 정말로 얼음으로 변할 것이다. 그러나 그림자의 세계에서, 다른 것, 즉 붉은 태양이 떠오른다. 붉은 태양은 은밀히 불쑥 솟아나며, 나의 세계는 사탄의 유령처럼 빙빙 돈다. 나는 피와 살해를 의심한다. 피와 살해만 여전히 찬양을 받고 있으며, 나름의 특별한 아름다움을 갖고 있다. 사람은 피 튀기는 폭력적인 행위의 아름다움에 대해 생각할 수 있다.

그러나 나의 안에서 일어나고 있는 것은 받아들일 수 없는 것이며, 내가 영원히 부정해왔던 것이다. 이유는 이 삶의 불행과 빈곤이 끝나면, 나에게 반대하고 있는 것에서 다른 삶이 시작되기 때문이다. 이 다른 삶에 대해 너무나 강하게 반대하기 때문에, 나는 그것에 대한 생각조차 제대로 하지 못한다. 내가 그것에 강력히 반대하는 것은 이성의 법칙에 따른 것이 아니라, 철저히 그것 자체의 본성 때문이다. 맞다. 그것은 반대해야 하는 것일 뿐만 아니라 혐오스럽기까지 하다. 그것은 나의 호흡을 앗아갈 그 무엇이고, 나의 근육에서 모든 힘을 빼앗아 버릴 그 무엇이며, 나의 감각을 혼란스럽게 만들고 나의 발뒤꿈치에 독침을 찌를 그 무엇이다. 그 독침은 나 자신이 약점이라고 절대로 의심하지 않은 바로 그 부위를 정확히 찌른다.

그것은 강력한 적처럼, 사내답거나 위험스럽게 나와 대결하지는 않지만, 나는 닭들이 아무런 걱정 없이 알을 낳으면서 평화롭게 주변을 돌아다니며 노는 사이에 똥 더미 위에서 죽어가게 된다. 개 한 마리가 지나가다가 내 위쪽으로 한쪽 다리를 들어 보이고는 총총걸음으로 사라진다. 나는 나 자신의 출생 시간을 일곱 번 저주한다. 만약에 내가 즉석에서 자살하지 않는 쪽을 택한다면, 나는 나의 두 번째 출생의 시간을 경험할 준비를 하고 있다. 고대인들은 인간이 똥과 오줌 사이에서 태어난다고 말했다. 사흘 밤 동안, 나는 출생의 공포에 시달렸다. 세 번째 밤에, 정글 같은 웃음소리가, 소박하기 이를 데 없는 웃음소리가 들려왔다. 그리하여 삶은 다시 움직이기 시작했다.

7장

# 옛 신전들의 잔해

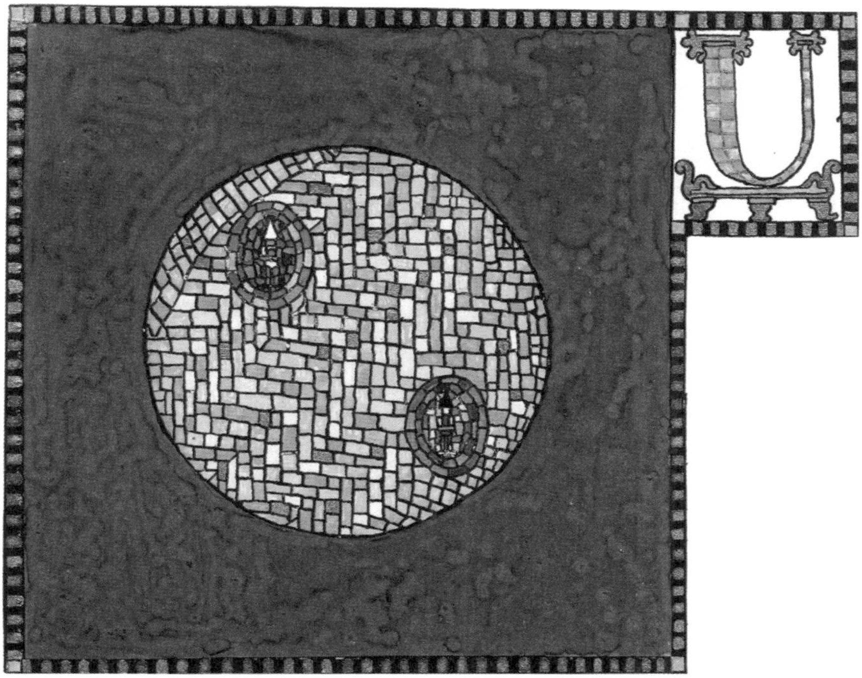

또 한 번의 새로운 모험이 벌어졌다. 나의 앞에 넓은 초원이 펼쳐지고 있다. 꽃들이 카펫처럼 깔려 있고, 부드러운 언덕이 이어지고 있다. 먼 곳에 짙푸른 숲이 보인다. 나는 이상한 여행객 두 사람을 만난다. 두 사람은 어쩌다 만나게 된 동행인 것 같다. 늙은 수도사와 호리호리하게 키가 크고 깡마른 남자다. 야윈 남자는 걸음걸이가 어린애 같고, 바랜 붉은색 옷을 걸치고 있다. 그들에게 가까워지면서, 나는 키가 큰 사람이 붉은 옷을 걸치고 말을 타고 나타났던 그 사람이라는 것을 알아차렸다. 아니, 그가 이렇게 변할 수가! 그는 늙었다. 붉던 머리카락은 잿빛으로 변했고, 불타는 듯하던 붉은 옷은 낡아 초라하다. 다른 한 사람은? 올챙이배를 가진 그는 힘든 날을 겪지 않은 것 같다. 그런데 얼굴이 낯익어 보인다. 맙소사, 암모니우스라니!

아니, 어쩌면 이렇게 변할 수가 있어! 완전히 딴판인 이 사람들은 도대체 어디서 오고 있단 말인가? 나는 그들에게 가까이 다가가 인사를 건넨다. 두 사람 모두 나를 보고 깜짝 놀라며 성호를 긋는다. 그들이 놀라는 모습이 나로 하여금 나 자신을 살피게 만든다. 내 몸은 초록색 잎으로 덮여 있다. 나는 웃으면서 그들에게 다시 인사를 건넨다.

암모니우스가 공포에 질려 외친다. "썩 물러 서거라, 이 사탄아!"

**붉은 존재:** "이교도 쓰레기!"

**나:** "하지만 친구들이여, 당신들한테 무슨 일이 있었어요? 오, 암모니우스여, 당신을 방문했던 그 '상춘(常春)의 나라 사람'(Hyperborean)[21] 나그네가 바로 나예요. 그리고 붉은 존재여, 그대가 방문한 망루를 지키던 사람이 나란 말이오."

**암모니우스:** "이 극악무도한 악마야, 나도 알고 있어. 나의 몰락은 너로부터 시작되었어."

붉은 존재가 나무라듯 암모니우스를 보며 옆구리를 쿡 찌른다. 수도사가 겁을 먹은 듯 말을 멈춘다. 붉은 존재가 거만하게 내 쪽으로 몸을 돌린다.

**붉은 존재:** "그때 이미 난 당신이 진지한 척 위장하고 있었음에도 불구하고 당신한테 고귀한 면이 하나도 없다는 것을 알고 있었어. 빌어먹을 가짜 기독교인 같으니라고."

그때 암모니우스가 붉은 존재의 옆구리를 찌른다. 그러자 붉은 존재는 당황하는 모습을 보이며 입을 닫는다. 이리하여 둘 다 양처럼 온순하고 우스꽝스러우면서도 측은한 모습으로 내 앞에 서 있다.

**나:** "수도사여, 어디서 오고 있는 중인가요? 어떤 험한 운명을 맞았기에, 당신이 여기까지 오게 되었어요? 붉은 존재와 동행하게 된 사연은 말할 것도 없고."

**암모니우스:** "자네한테 말하고 싶지 않아. 하지만 그것이 사람이 피할 수 있는 신의 결정은 아닌 것 같아. 그러니 사악한 정신인 자네가 나에게 무시무시한 짓을 했다는 것을 알아야 해. 자네는 그 빌어먹을 호기심으로 나를 유혹했어. 내가 신성한 신비들을 찾아 나서도록 만들었으니. 그때 자네가 나로 하여금 신성한 신비들에 대해 정말 아무것도 모르고 있다는 것을 자각하도록 만들었어. 보다 높은 신비에 닿기 위해선 사람들에게 더 가까이 다가갈 필요가 있을지 모른다는 자네의 말이 연옥의 독처럼 나를 놀라게 만들었어. 그 직후 나는 계곡

21 그리스 신화에서 '북풍' 그 너머에 살았던 거인들의 종족을 말한다. .

의 형제들을 불러 놓고 신의 사자(使者)가 나타나 형제들과 함께 수도원을 조직하라고 명령했다고 선언했어. 자네가 나의 눈을 멀게 만들었던 거야.

필레투스 수도사가 반대 의견을 제시했을 때, 나는 성경 구절을 인용하며 그에게 반박했어. 외로이 혼자 있는 것은 인간에게 좋지 않다는 내용이었어. 그래서 우리는 나일 강 가까운 곳에 수도원을 세웠지. 거기서 보면 강을 오르내리는 배들이 보였어.

우리는 비옥한 들판을 경작했고, 할 일이 너무 많았던 탓에 그만 경전이 망각의 늪으로 빠지고 말았어. 우리는 방탕해졌고, 그러던 어느 날 나는 알렉산드리아를 다시 보고 싶다는 욕망에 사로잡히게 되었어. 그곳의 주교를 방문하고 싶다고 나 자신을 속였지. 그러나 처음부터 나는 배 위에서 생명에 너무나 심하게 취했고, 그 다음에는 알렉산드리아 거리의 거친 군중에 취해버렸어. 그러다가 나는 완전히 길을 잃고 말았어.

꿈인 듯, 나는 이탈리아로 향하는 커다란 배에 올랐네. 그때 나는 세상을 보고 싶은 욕구를 강하게 느꼈어. 포도주를 마셨고, 여자들이 아름답다는 것을 알았어. 나는 쾌락 속에 뒹굴었고 완전히 짐승으로 변해버렸어. 내가 나폴리 항에 내렸을 때, 저 붉은 존재가 거기 서 있더군. 나는 나 자신이 악마의 손아귀로 완전히 떨어졌다는 것을 알았어."

**붉은 존재:** "늙은 친구여, 조용히 있게. 만약에 내가 거기에 없었더라면 당신은 아마 돼지가 되었을 걸세. 나를 만나고서야, 당신은 마침내 자신을 추스르고, 술과 여자를 저주하고, 수도원으로 돌아갔어.

이 도깨비야, 이제 나의 이야기를 들려줄게. 나 역시도 너의 덫에 걸려들었어. 너의 이교도적인 기술들이 나를 유혹했어. 그때 네가 춤에 관한 말로 나를 여우의 덫에 걸려들게 만들었을 때, 나는 아주 진지하게 생각했어. 너무나 진지하게 생각한 나머지 나는 수도원으로 가서 기도를 하고 단식을 하고 나 자신을 변화시켰어.

맹목적으로 나는 교회 전례를 바꾸길 원했고 주교의 승인을 받아 춤을 소개했어.

나는 수도원장이 되었으며, 그런 자격으로 혼자서 제단 앞에서 춤을 출 권리를 가졌어. 계약(契約)의 궤 앞에서 춤을 춘 다윗처럼. 그러나 다른 수도사들도 점점 춤을 추기 시작했고, 신자들에 이어 마침내 도시 전체가 춤을 추기에 이르렀어.

끔찍한 일이었어. 그래서 나는 고독 속으로 달아났고, 거기서 하루 종일 춤을 추다가 쓰러졌어. 그러다가 아침이 되면 그 지긋지긋한 춤이 다시 시작되었어.

나는 나 자신으로부터 달아나길 원하면서,

밤에 길을 벗어나 이리저리 돌아다녔어. 낮 동안에는 나 자신을 격리시켰으며, 숲과 황량한 산 속에서 혼자서 춤을 추었어. 그러다가 이탈리아로 오게 되었지. 그곳 남쪽에서 나는 북쪽에 있을 때와 같은 기분을 더 이상 느끼지 못했어. 나는 군중들과 섞일 수 있었어. 나폴리에서만 나는 나의 길을 어느 정도 다시 찾을 수 있었어. 그곳에서 이 남루한 수도사를 발견했어. 그의 외양이 나에게 힘을 주었어. 그를 통해 나는 건강을 다시 찾았어. 그도 나를 통해 마음을 다잡고 자신의 길을 다시 찾았다는 이야기는 이미 들은 대로야."

**암모니우스:** "나 자신이 붉은 존재와 그다지 잘 어울리지는 않는다는 것을 고백해야겠어. 그는 약한 유형의 악마라고 할 수 있어."

**붉은 존재:** "나도 이 수도사가 열광적인 유형은 아니라는 점을 덧붙여야 하네. 비록 내가 수도원을 경험한 이후로 기독교 종교 전반에 대해 깊은 혐오감을 느끼게 되었지만 말이네."

**나:** "친구들이여, 당신들 둘이 함께 즐기는 것을 보니 내 마음이 훈훈해져요."

**암모니우스와 붉은 존재:** "이교도야, 우리는 즐겁지 않아! 강도 같은 것아, 썩 꺼져!"

**나:** "만약에 당신들이 서로의 동행과 우정을 즐기지 않는다면, 둘이 함께 여행하는 이유는 뭔가요?"

**암모니우스:** "그렇다고 어찌 하겠는가? 악마조차도 필요할 때가 있는 걸."

**붉은 존재:** "글쎄, 나는 이 수도사와 타협할 필요가 있어. 그렇지 않으면 나는 친구를 잃을 거야."

**나:** "그러므로 삶의 필요가 둘이 함께 다니도록 만들었다는 이야기군요! 그렇다면 서로 평화를 이루고 친구가 되도록 하세요."

**암모니우스와 붉은 존재:** "하지만 우리는 친구가 될 수 없어."

**나:** "아, 알았어요. 둘은 기본적으로 삐걱거리고 있군요. 당신들이 먼저 사라지길 원하겠지요? 자, 늙은 귀신들이여, 이제 내가 지나가도록 비켜 주시지요."

내가 죽음과 죽음 주위에 나타나는 온갖 엄숙을 다 보고 나 자신이 얼음이 되고 밤이 되었을 때, 내 안에서 어떤 분노한 생명과 충동이 일어났다. 콸콸 솟는 깊은 지식의 물에 대한 갈증이 포도주 잔들과 부딪히며 쨍그랑 소리를 내기 시작했다. 아득히 먼 곳으로부터, 술에 취한 웃음과 웃는 여자들의 소리와 거리의 소음이 들려온다. 댄스 음악, 음악에 맞춰 발을 굴리는 소리와 왁자한 웃음소리가 사방에서 쏟아진다. 장미향을 실은 남풍 대신에, 인간 동물의 악취가 밀려왔다. 관능적이고 음탕한 매춘부들이 깔깔깔 웃으며 벽을 따라 살랑살랑 움직였다. 포도주 냄새와 부엌의 김, 인간 무리들의 의미 없는 잡담이 구름이 되어

가까이 다가왔다. 뜨겁고 끈적끈적하고 부드러운 손들이 내 쪽으로 뻗어왔다. 나는 병상의 커버로 덮여 있었다. 나는 아래에서부터 생명으로 태어났다. 영웅들이 그러하듯, 나는 년(年) 단위가 아니라 시간 단위로 성장했다. 그리고 다 성장한 뒤, 나는 중간의 땅에 있는 나 자신을 발견했다. 때는 봄이었다.

그러나 나는 더 이상 예전의 그 인간이 아니었다. 어떤 이상한 존재가 나를 통해 성장했기 때문이다. 이것은 숲 속에 홀로 살며 웃음 짓는 존재였고, 푸른 잎의 악마였으며, 숲에서 홀로 사는 숲의 도깨비와 장난꾸러기였으며, 푸르러지고 성장하는 것만을 사랑하고 인간들 쪽으로 기울지도 않고 반대하지도 않는 그런 초록 나무 같은 존재였다. 이 나무 같은 존재는 분위기와 감정으로 가득하고, 눈에 보이지 않는 어떤 법을 따르고 있으며, 나무들과 함께 푸르러지다가 시들어가고, 아름답지도 않고 추하지도 않으며, 선하지도 않고 악하지도 않으며, 그냥 단순히 살아 있으며, 근본적으로 아주 나이가 많음에도 불구하고 완전히 젊으며, 발가벗었음에도 자연의 옷을 걸치고 있으며, 인간이 아니고 자연이며, 막강하면서도 어린애 같이 약하며, 기만하고 기만당하며, 대단히 변덕스럽고 피상적이면서도 깊고 깊은 곳까지, 세상의 핵심까지 닿고 있다.

나는 두 친구들의 생명을 흡수했으며, 신전의 폐허에서 초록 나무가 한 그루 자랐다. 두 친구들은 삶을 견뎌내지 못했으나, 삶의 유혹에 넘어가 스스로 바보 같은 짓을 하게 되었다. 그들은 하찮은 잡동사니들의 틈에 갇혔으며, 그래서 그들은 삶을 악마와 배신자라고 불렀다. 둘 다 자기 자신을 믿고 자신의 선(善)을 믿었기 때문에, 그들은 최종적으로 온갖 케케묵은 이상(理想)들의 무덤에 빠지게 되었다. 더없이 아름답고 더없이 훌륭한 것들도 언젠가는 더없이 추한 것들과 더없이 나쁜 것들과 마찬가지로 세상에서 가장 터무니없는 곳에서 최후를 맞으며, 장식이 많은 옷에 싸인 채 바보들에게 이끌려 공포에 질린 상태에서 오물 구덩이로 들어간다.

*그 저주 뒤에 웃음이 오고, 그래서 영혼은 사자(死者)들로부터 구원을 받는다.*

이상들은 그 본질상 욕망의 대상이 되고 숭고의 대상이 된다. 이상들은 이 정도까지만, 딱 이 정도까지만 존재한다. 그럼에도 이상이라는 존재가 효과를 발휘한다는 점을 부정하지 못한다. 자신이 진정으로 자신의 이상을 살고 있다고 믿거나 자신의 이상을 살 수 있다고 믿는 사람은 자신이 장엄한 존재라는 착각에 빠져 고통을 받고, 자기 자신을 하나의 이상으로 무대에 올린다는 점에서 마치 광인처럼 행동하지만, 영웅은 추락했다. 이상들은 죽게 되어 있으며, 따라서 사람은 이상들의 종말에 대비하여 스스로 준비해야 한다. 또 이상은 당신의 목을 요구할 수 있다. 당신의 이상에 의미와 가치와 효과적인 힘을 주는 것이 바로 당신 자신이기 때문이다. 만약에 당신이 이상의 제물이 된다면, 이상은 쩍 소리를 내며 갈라지고 당신과 함께 광란의 춤을 추다가 '재의 수요일'[22]에 지옥으로 갈 것이다. 그 이상은 또한 사람이 언제든지 내려놓을 수 있는 도구이며, 어두운 길을 밝히는 횃불 같은 것이다. 그러나 대낮에 횃불을 들고 돌아다니는 사람은 누구나 바보다. 나의 이상들이 얼마나 많이 쓰러졌으며, 또 나의 나무는 얼마다 더 싱싱하고 더 푸르러지고 있는가!

내가 초록으로 변했을 때, 그것들, 그러니까 옛날의 신전들과 장미 정원들의 슬픈 폐허들이 거기 서 있었으며, 나는 그것들의 내적 유사성을 확인하면서 전율을 느꼈다. 나에겐 그것들이 야비한 동맹 같은 것을 맺고 있는 것처럼 보였다. 그러나 나는 이 동맹이 이미 오랫동안 존재해 왔다는 것을 이해했다. 내가 여전히 나의 성소는 수정 같은 순수함으로 이뤄졌다고 주장했을 때, 그리고 내가 나의 친구들을 페르시아 장미들의 향기와 비교했을 때, 신전과 장미 정원은 상호 침묵의 동맹을 맺었다. 신전과 장미 정원은 분리되는 것처럼 보였지만, 그것들은 비밀리에 함께 공작을 꾸몄다. 신전의 고독한 침묵이 나로 하여금 인간들을 멀리하고 초자연적인 신비 쪽으로 다가오도록 유혹했으며, 나는 그 신비 속에서 지나치다 싶을 만큼 나 자신을 잃고 말았다. 그리고 내가 신과 투쟁을 벌이는 동안에, 악마는 내가 받아들일 것에 대비해 준비했으며 나를 떼어내서 자기 쪽으로 그 만큼 더 가까이 끌어당겼다. 거기서도 마찬가지로 나는 지겨움과 혐오 외에 다른 어떤 경계도 발견하지 못했다. 나는 살았던 것이 아니라 휘둘렸으며, 나는 나의 이상들의 노예였다.

그래서 폐허들은 서로 다투며 공통의 불행을 받아들이지 못한 채 그곳에 그렇게 서 있었다. 내 안에서, 나는 하나의 자연스런 존재로서 하나가 되었지만, 나는 외로운 방랑자를 놀라게 만들고 인간들의 장소들을 피한 하나의 도깨비였다. 그러나 나는 나의 안으로부터 녹색이 되어 꽃을 피웠다. 나는 세상을 향한 갈망과 정신을 향한 갈망 사이의 갈등을 내면에 품고 다니는 그런 인간은 아직 다시 되지는 않았다. 나는 이 두 가지 갈망 중 어느 것도 살지 않고 나 자신을 살았으며, 나는 먼 곳의 봄의

22 그리스도의 수난을 기념하는 사순절의 시작을 알리는 교회력의 절기를 말한다. 기독교 신자들은 재를 이마에 바르고 죄를 고백하며 40일간 그리스도의 고난의 의미를 새긴다.

숲에서 즐겁게 푸르러지고 있는 한 그루 나무였다. 그리하여 나는 세상 없이 사는 법도 배우고 정신 없이 사는 법도 배웠으며, 나는 나 자신이 그런 식으로도 잘 살 수 있다는 사실에 크게 놀랐다.

그러나 인간들은, 인류는 어쩌나? 버려진 다리가 두 개 서 있었다. 인류 쪽으로 건너가는 다리다. 하나는 위에서 아래로 내려가는 다리이며, 사람들은 그 다리 위를 미끄러져 내려간다. 그 미끄러짐이 사람들을 즐겁게 만든다. 다른 한 다리는 아래에서 위로 올라간다. 인간은 그 다리 위에서 위로 올라가면서 신음을 토한다. 이것이 사람들에게 어려움을 야기한다. 우리는 동료 인간들을 곤경과 기쁨으로 내몰고 있다. 만약에 나 자신이 삶을 살지 않고 오직 오르기만 한다면, 그것이 다른 사람들에게 부당한 쾌락을 안겨준다. 만약에 나 자신을 즐기기만 한다면, 그것이 다른 사람들에게 부당한 고통을 안겨준다. 만약에 내가 단지 살기만 한다면, 나는 사람들로부터 멀어지게 된다. 사람들은 더 이상 나를 보지 않을 것이며, 그들은 나를 볼 때면 깜짝 놀라고 충격을 받는다. 그러나 나 자신은 꽤 단순하게 살고 있고, 푸른색을 띠고 있으며, 꽃을 피우고 떨어뜨리고, 나무처럼 언제나 같은 자리에 서서 사람들의 고통과 기쁨이 차분하게 나를 지나치도록 내버려둔다. 그럼에도 나는 인간 가슴의 불화로부터 초연할 수 없는 한 사람의 인간이다.

그러나 나의 이상들은 나의 개들이 될 수 있으며, 이 개들이 짓거나 까부는 행위는 나를 방해하지 않는다. 그러나 그런 경우에 적어도 나는 인간들에게 선하거나 나쁜 개이다. 하지만 나는 아직 이뤄야 할 것을 성취하지 못했다. 말하자면, 내가 살면서 한 사람의 인간이 되는 그런 경지에 이르지 못했다는 뜻이다. 한 사람의 인간으로서 살아가는 것은 거의 불가능한 것 같다. 당신은 당신의 자기를 의식하지 않는 한 살 수 있지만, 당신의 자기를 의식한다면, 당신은 한 무덤에서 다른 무덤으로 떨어질 것이다. 그러면 당신의 모든 부활은 최종적으로 당신을 질리게 할 것이다. 따라서 부처는 최종적으로 윤회를 포기했다. 이유는 그가 인간과 동물의 모든 형태를 두루 충분히 겪었기 때문이다. 그 모든 부활에도 불구하고, 당신은 여전히 땅 위를 기는 사자로, '*XAMAI AEΩN*'(카멜레온)으로, 색깔을 바꾸는 존재로, 기어 다니는 도마뱀으로 남을 것이지만, 우리가 흔히 생각하는 그런 사자는 분명 아니다. 그 본성이 태양과 비슷하고, 권력을 자신의 내면에서 끌어내고, 주변 환경의 보호색 속에서 주위를 살금살금 돌아다니지 않으며, 숨어서 자신을 방어하는 일도 없는 그런 사자 말이다. 나는 카멜레온이라는 존재의 본질을 파악했으며, 더 이상 땅 위를 기어 다니고 싶지도 않고 색깔을 바꾸고 싶지도 않으며 다시 태어나고 싶지도 않다. 대신에 나는 빛을 주기만 할 뿐 흡수하지 않는 태양처럼, 나 자신의 힘으로 존재하기를 원한다. 그 힘은 땅에 속한다. 나는 태양을 닮은 나의 본성을 불러내 높이 솟아오르고 싶다. 그런데 이상(理想)의 잔해들이 나의 길을 방해하고 있다. 그 잔해는 "인간인 이상, 당신은 이렇게 또는 저렇게 되어야 해."라는 식으로 말하고 있다. 카멜레온을 닮은 나의 살갗이 파르르 떨고 있다. 그 잔해는 나를 간섭하며 나에게 색깔을 입히기를 원한다. 그러나 그런 일은 더 이상 일어나서는 안 된다. 선(善)도 나의 지배자가 될 수 없고 악(惡)도 나의 지배자가 될 수 없다. 나는 그것들을 옆으로 밀치며 다시 나의 길을 계속 간다. 길은 나를 동쪽으로 이끈다. 나와 나 자신 사이에 그렇게 오랫동안 서 있으면서 서로 다투던 힘들은 이제 나의 뒤에 있다.

이제부터 나는 철저히 혼자다. 나는 더 이상 당신에게 "들어라!"거나 "이걸 해야 해!"라거나 "이걸 할 수 있어!"라는 식으로 말하지 못한다. 오직 나 자신하고만 이야기할 뿐이다. 이제 누구도 나를 위해 무엇인가를 하지 못한다. 어떤 것도 하지 못한다. 나는 더 이상 당신에게 의무를 지지 않는다. 당신도 나에게 더 이상 아무런 의무를 지지 않는다. 왜냐하면 나도 당신으로부터 사라지고 당신도 나로부터 사라지기 때문이다. 나는 더 이상 요구의 소리를 듣지 않고, 당신에게도 더 이상 요구하지 않는다. 나는 당신과 더 이상 싸우지도 않고 화해하지도 않는다. 당신과 나 사이에 침묵이 놓여 있다.

당신의 부름이 멀리 잦아든다. 당신은 나의 발자국을 발견하지 못한다. 드넓은 대양에서 불어오는 서풍과 함께, 나는 푸른 시골 지역을 가로질러 여행한다. 숲 속을 배회하며 여린 풀을 밟는다. 나무들과 숲의 야생과 대화하고, 돌들은 나에게 길을 열어준다. 갈증이 나는데 샘이 나에게 오지 않으면, 내가 샘에게 간다. 배가 고픈데 빵이 내게 오지 않으면, 내가 빵을 찾을 것이며 빵을 발견한 그 자리에서 먹을 것이다. 나는 아무런 도움도 주지 않고 아무런 도움도 필요로 하지 않는다. 필요한 것이 있더라도, 나는 가까운 곳에 도움을 줄 사람이 있는지 살피지 않는다. 대신에 나는 필요한 것을 그대로 받아들이고, 몸을 써서 그것을 확보하려고 노력할 것이다. 나는 웃고, 울고, 욕할지라도, 주변을 돌아보지는 않는다.

이 길 위에서, 누구도 나의 뒤를 걷지 않는다. 나는 어떤 사람의 길과도 만나지 않는다. 나는 혼자이지만, 외로움을 나의 삶으로 채운다. 나는 충분히 인간적이다. 나는 소음이고, 대화이고, 위안이며, 또 나 자신에게 충분한 도움이다. 그래서 나는 멀리 동쪽으로 방랑한다. 나의 먼 목표가 어떤 것인지를 알아서 그러는 것이 아니다. 나는 내 앞으로 파란 수평선들을 본다. 그것들도 하나의 목표로 충분하다. 나는 동쪽을 향해, 나의 상승을 향해 서두른다. 나는 나의 상승을 의도한다.

8장

# 첫 번째 낮

그러나 세 번째 밤에 황량한 산맥이 나의 길을 가로막는다. 좁은 협곡을 통해서만 들어갈 수 있는 산맥이다. 길은 당연히 높은 암벽 사이로 나 있다. 나는 맨발이다. 뾰족뾰족한 바위 위를 걸으니 발이 아프다. 여기서 길이 미끄러워진다. 길의 반은 흰색이고, 다른 반은 검정색이다. 나는 검은 부분에 발을 디뎠다가 깜짝 놀라 물러선다. 뜨거운 강철이다. 나는 흰색 반쪽을 딛는다. 거기는 얼음이다. 그러나 길은 그렇게 되어야 한다. 나는 돌진하듯 길을 재촉한다. 마침내 계곡이 열리면서 바위투성이 분지가 나타난다. 수직으로 깎아지른 바위를 따라 산봉우리까지 좁은 길이 이어진다.

꼭대기에 가까워질 때, 산의 반대편에서 광석을 깨는 듯 쿵 하는 소리가 크게 울려온다. 그 소리가 점점 커지며 산 속에 우레 같은 메아리를 이룬다. 고개에 이르자, 거구의 어떤 사람이 반대편에서 다가오고 있는 게 보인다.

그의 큰 머리에 황소 뿔이 2개 나 있다. 쇳소리를 내는 갑옷이 그의 가슴을 덮고 있다. 이상한 작은 돌들로 장식된 검은 수염은 헝클어져 있다. 거인의 손엔 번득이는 양날 도끼가 쥐어져 있다. 수소를 잡는 데 쓰는 도끼 같다. 깜짝 놀라 공포에 떨던 내가 정

이 그림은 1915년 성탄절에 그렸다.

신을 채 수습하기도 전에, 그 거인은 나의 앞에 서 있다. 나는 그의 얼굴을 본다. 창백하고 주름이 깊이 패어 있다. 복숭아씨처럼 생긴 두 눈이 놀라고 있는 나를 바라본다. 공포가 나를 엄습한다. 이 존재가 바로 힘이 장사인 수소 인간 이즈두바르(Izdubar)[23]다. 그가 똑바로 서서 나를 본다. 그의 얼굴 표정이 두려움을 억누르고 있음을 말해주고 있다. 그의 손과 무릎이 떨리고 있다. 막강한 수소 이즈두바르가 떨고 있다니? 그가 겁을 먹었단 말인가? 나는 그에게 외치듯 말한다. "오, 최고로 막강한 이즈두바르여! 벌레처럼 당신의 길을 방해하고 있는 나를 용서하고 목숨을 살려주시오!"

**이즈두바르:** "난 너의 목숨을 원하지 않아. 지금 어디서 오고 있는 건가?"

**나:** "서쪽에서 오고 있는 중인데."

**이즈두바르:** "서쪽에서 오고 있다고? 그러면 서쪽의 땅에 대해 안단 말인가? 이 길이 서쪽 땅으로 가는 길 맞아?"

**나:** "서쪽 땅에서 오고 있는 중이야. 서쪽 바다가 그곳 해안을 때리고 있어."

**이즈두바르:** "태양은 그 바다로 넘어가는 거야? 아니면 단단한 땅으로 떨어지는 거냐?"

**나:** "태양은 바다보다 훨씬 더 먼 곳으로 가라앉아."

**이즈두바르:** "바다 그 너머라고? 거기엔 뭐가 있는데?"

**나:** "아무것도 없어. 텅 빈 공간이야. 당신도 알다시피, 지구는 둥글고, 게다가 지구가 태양 주위를 돌고 있거든."

**이즈두바르:** "이런 빌어먹을…, 너는 그런 지식을 어디서 얻는 거야? 그렇다면 태양이 부활을 위해 내려가는 그런 불멸의 땅 같은 것은 없단 말이냐? 너 지금 진실을 말하고 있는 거냐?"

그의 두 눈에 두려움과 분노가 어린다. 그가 우레 같은 소리를 내며 한 걸음 다가선다. 나는 몸을 떨고 있다.

**나:** "오, 세상에서 가장 강력한 이즈두바르여! 건방진 나를 용서해주오. 그러나 나는 정말로 진실을 말하고 있어. 내가 온 땅에선 이것이 과학으로 통하고 있어. 거기엔 배를 타고 세계를 일주한 사람들이 살고 있어. 학자들은 측량을 통해 태양이 지구 표면에서 얼마나 멀리 떨어져 있는지를 알고 있어. 태양은 끝없는 우주에 말할 수 없을 만큼 멀리 떨어져 있는 하나의 천체야."

**이즈두바르:** "끝이 없다고? 이 세상이 끝없이 펼쳐진다고? 그렇다면 태양에 닿지 못한단 말인가?"

---

**23** 고대 메소포타미아 수메르 왕조 초기의 전설적인 왕 길가메시가 학계의 연구를 통해 길가메시라는 이름으로 최종적으로 결정되기 전까지 이 이름으로 불렸다.

**나:** “세상에서 가장 강력한 이즈두바르여! 당신이 죽을 운명을 타고난 한에는 태양에 닿을 수 없어.”

그가 공포에 질리는 것이 보인다.

**이즈두바르:** “나는 죽을 운명을 타고 났어. 그러면 태양에 절대로 가지 못한단 말이지? 불멸을 얻을 수 없단 말이지?”

그가 있는 힘을 다해 도끼를 바위로 날린다.

**이즈두바르:** “꺼져 버려, 형편없는 무기야! 쓸데가 없어! 무한에, 영원한 공간에, 채워질 수 없는 것에 네까짓 게 무슨 소용이 있겠어? 네가 정복할 것이라곤 하나도 없어. 깨어져 버려!”

(서쪽으로, 태양이 시뻘건 진홍색 구름 속으로 지고 있다.)

“그래 가버려, 세 번 저주 받아 마땅한 태양아, 너의 불멸성으로 너나 감싸기나 해!”

(그가 땅바닥에서 깨어진 도끼 조각들을 주워 태양 쪽으로 던진다.)

“이건 그대에게 바치는 제물이야, 마지막 제물!”

그는 그 자리에 무너지며 어린애처럼 흐느껴 운다. 나는 몸을 떨며 서서 감히 움직일 엄두조차 내지 못한다.

**이즈두바르:** “이 불쌍한 벌레야, 너는 이 독을 어디서 빨았니?”

**나:** “오, 세상에서 가장 막강한 이즈두바르여! 그대가 독이라 부르는 것은 과학이란 거야. 우리가 사는 곳에서는 모두가 어릴 때부터 배워. 그것이 우리가 적절하게 번창하지 못하고 난쟁이처럼 남아 있는 이유인지도 몰라. 그러나 그대를 보니, 우리 모두가 약간은 타락한 것처럼 보이는군.”

**이즈두바르:** “어떤 강한 존재도 나를 넘어뜨리지 못했고, 어떤 괴물도 나의 힘에 맞서지 못했어. 벌레야, 그러나 네가 나의 길에 놓아둔 독이 나를 완전히 절름발이로 만들어 버렸어. 너의 마법의 독은 티아마트(Tiamat)[24]의 병사들보다 강해.” (사지가 마비된 듯, 그가 땅바닥에 팔다리를 쭉 펴고 드러눕는다.) “신들이시여, 도와주소서. 여기 그대의 아들이 눈에 보이지 않는 뱀에게 발뒤꿈치가 물려 드러누워 있사옵니다. 아, 너를 처음 보았을 때 그 자리에서 짓밟아 버렸다면, 내가 너의 말을 듣지 않았을 텐데.”

**나:** “오, 위대하고 가련한 이즈두바르여! 나의 지식이 그대를 무너뜨릴 수 있다는 것을 알았더라면, 나도 입을 굳게 닫았을 텐데. 그러나 나는 진리를 말해주고 싶었어.”

**이즈두바르:** “너는 독을 진리라고 부르니? 독이 진리이냐? 아니면 진리가 독이냐? 우리의 점성가와 성직자들도 진리를 말하지 않는가? 더욱이 그들의 진리는 독처럼 작용하지 않아.”

---

24 바빌로니아 신화에 신들의 어머니로 나오는 신을 말한다.

**나:** "오, 이즈두바르여! 밤이 되고 있어. 이곳은 추울 거야. 인간들을 불러 도움을 청할까?"

**이즈두바르:** "그냥 내버려 둬. 대신에 내 말에 대답이나 해."

**나:** "하지만 우리가 다른 좋은 곳을 두고 여기서 철학을 논할 수는 없어. 그대의 비참한 상태는 도움을 필요로 해."

**이즈두바르:** "내가 말했잖아. 그냥 내버려 두라고. 만일 내가 오늘 밤에 죽어야 한다면, 그렇게 죽도록 내버려 둬. 내 말에 대답이나 해."

**나:** "나의 말은 치료의 힘을 발휘하기에는 너무 약해. 그게 두려워."

**이즈두바르:** "아무러면 어때. 이보다 더 심하기야 하겠어? 재앙은 이미 벌어졌어. 그러니 네가 아는 것을 말해 봐. 아마 너는 독을 물리칠 수 있는 마법의 말을 알고 있을 거야."

**나:** "오, 세상에서 가장 막강한 이즈두바르여! 나의 말은 빈약하고 마법의 힘을 전혀 갖고 있지 않아."

**이즈두바르:** "어쨌든, 말을 하라잖아!"

**나:** "당신의 성직자들이 진리를 말하고 있다는 것을 나는 의심하지 않아. 그건 틀림없이 진리야. 다만 그것이 우리의 진리와 반대일 뿐이야."

**이즈두바르:** "그렇다면 진리가 두 종류란 말인가?"

**나:** "내가 볼 때 그런 것 같아. 우리의 진리는 외부 세계에 대한 지식에서 비롯되지. 그대의 성직자들의 진리는 내면의 일들에서 오고."

**이즈두바르:** (반쯤 몸을 일으키면서) "유익한 말이었어."

**나:** "나의 형편없는 말이 당신에게 위안을 주었다니 다행이야. 오, 내가 당신에게 도움을 줄 수 있는 말들을 조금만 더 알았어도 좋을 텐데. 이제 날씨가 차가워지고 어두워졌어. 당신이 몸을 덥힐 수 있도록 불을 피워야겠어."

**이즈두바르:** "그렇게 해, 도움이 될 것 같으니까." (나는 나무를 모아 불을 크게 피운다.) "신성한 불이 나를 따뜻하게 데워주는군. 대답해. 불을 어떻게 그렇게 빨리 피울 수 있었어?"

**나:** "필요한 것이라곤 성냥밖에 없어. 이봐, 성냥은 끄트머리에 특별한 물질을 묻힌 작은 나무 조각이야. 그걸 상자에 대고 그으면 불이 일어나."

**이즈두바르:** "놀라운 일이야. 이 기술을 너는 어디서 배웠어?"

**나:** "내가 온 곳에선 모든 사람이 성냥을 갖고 다녀. 이건 아무것도 아니야. 우리는 유익한 기계의 도움으로 하늘을 날 수도 있어."

**이즈두바르:** "새처럼 난다고? 만일 너의 말이 아주 막강한 마법을 갖고 있지 않다면, 네가 거짓말을 하고 있는 게 틀림없어."

**나:** "거짓말이 아니야. 봐라, 나에겐 시계도 있어. 정확히 몇 시인지를 가르쳐주고 있어."

**이즈두바르:** “정말 놀랍군. 너는 이상하고 경이로운 땅에서 온 게 분명해. 너는 축복받은 서쪽 땅에서 왔음에 틀림없어. 너는 불멸의 존재인가?”

**나:** “내가 불멸이냐고? 우리보다 죽을 운명을 더 확실히 타고난 존재도 없어.”

**이즈두바르:** “뭐라고? 너도 불멸이 아니라고. 그런데 그런 기술을 이해한다는 거야?”

**나:** “불행히도 우리의 과학은 죽음을 물리치는 방법을 찾는 데는 아직 성공하지 못했어.”

**이즈두바르:** “그렇다면 누가 너한테 그런 기술을 가르쳐 주는 거야?”

**나:** “몇 세기를 내려오면서 사람들이 정확한 관찰을 통해 외부 현상들을 많이 발견했어.”

**이즈두바르:** “그러나 이 과학은 나를 완전히 망쳐놓은 무서운 마법이야. 이런 독을 매일 마시는 네가 지금까지 살아 있다니, 어떻게 그런 일이 가능하지?”

**나:** “우리는 자라면서 오랜 세월을 두고 과학에 익숙해졌어. 사람들은 모든 것에 익숙해지게 마련이야. 그러나 우리도 여전히 약간은 절름발이야. 다른 한편으로 보면, 과학은 당신이 보았듯이 대단한 강점을 갖고 있어. 힘이라는 측면에서 보면 우리는 많은 것을 잃었지만 자연의 힘을 지배함으로써 몇 배의 힘을 다시 발견했어.”

**이즈두바르:** “그 정도로 손상을 입으면 병이 되지 않아? 나에 대해 말할 것 같으면, 나는 나의 힘을 자연의 힘에서 끌어내고 있어. 비밀스런 힘은 소심한 요술쟁이나 여자 같은 마법사들에게 맡겨 버려. 만약에 내가 다른 존재의 머리통을 밟아버린다면 그것으로 그 존재의 마법은 끝이야.”

**나:** “하지만 우리의 마법이 그대에게 어떤 식으로 작용했는지 모르겠어? 나는 그게 먹혔다고 생각하는데.”

**이즈두바르:** “안타깝게도, 너의 말이 맞아.”

**나:** “이제 당신은 우리에게 선택이 전혀 없다는 것을 이해할 거야. 우리는 과학의 독을 마셔야 했어. 그렇지 않으면 우리는 당신과 똑같은 운명을 맞았을 거야. 우리도 준비되지 않은 가운데서 예상치 않게 그 운명과 조우하게 되었다면 완전히 무력하게 되었을 것이란 말이야. 이 독이 누구도 이기지 못할 정도로 매우 강하기 때문에, 모든 사람이, 심지어 아주 강한 사람마저도, 아니 영원한 신마저도 그것 때문에 소멸하고 말았어. 만약에 우리의 생명이 소중하다면, 우리는 죽음에 완전히 굴복하기보다는 생명력의 일부를 희생시키는 쪽을 택할 거야.”

**이즈두바르:** “나는 네가 축복받은 서쪽 땅에서 왔다고 더 이상 생각하지 않아. 너의 나라는 마비와 자제가 일상이 된 황량한 땅임에 틀림없어. 나는 동양을 갈망하고 있어. 생명을 주는

지혜의 순수한 원천이 흐르는 곳을 말이다."

우리는 깜빡이는 모닥불 가에 말없이 앉아 있다. 밤은 차갑다. 이즈두바르가 신음을 뱉으며 별이 총총한 하늘을 올려다본다.

**이즈두바르:** "내 삶에서 가장 비참한 하루였어. 끝이 없고, 너무나 긴 날이었어. 야비한 마법의 기술. 우리의 성직자들은 아무것도 몰라. 그렇지 않다면 그들이 그 마법의 기술로부터 나를 구했겠지. 신들까지 죽는다고? 그렇다면 너에게는 신들이 더 이상 없는 거니?"

**나:** "없어. 말이 우리가 가진 것 전부야."

**이즈두바르:** "그러나 말은 막강하잖아?"

**나:** "그렇게들 말하지만, 아무도 그 말의 뜻을 깨닫지 못하고 있어."

**이즈두바르:** "우리도 신들을 보지 않아. 그럼에도 우리는 신들이 존재한다고 믿어. 우리는 자연의 사건들을 통해서 신들의 행위를 볼 수 있어."

**나:** "과학이 우리로부터 믿음의 능력을 앗아가 버렸어."

**이즈두바르:** "뭐라고? 너도 그걸 잃어버렸다고? 그러면 너는 어떻게 살아?"

**나:** "우리는 이런 식으로 살아가지. 한쪽 발은 차가운 데에 담그고 다른 쪽 발은 뜨거운 데에 담그고, 나머지는 운명에 맡기는 거야!"

**이즈두바르:** "너는 너 자신을 다소 어둡게 표현하고 있구나."

**나:** "우리가 그렇다네. 어두워."

**이즈두바르:** "너는 그걸 견뎌낼 수 있어?"

**나:** "특별히 잘 견뎌내지는 못해. 나는 개인적으로 어두운 걸 잘 못 참아. 바로 그런 이유로 동양으로, 해가 떠오르는 땅으로, 우리가 부족한 빛을 찾아 떠난 거야. 그렇다면 태양은 어디서 떠오르지?"

**이즈두바르:** "네가 말한 대로 지구가 완전히 둥글다면 태양은 어디서도 떠오르지 않아."

**나:** "내 말은, 그러니까 그대가 우리가 부족한 빛을 갖고 있는가 하는 거야."

**이즈두바르:** "나를 봐. 나는 서쪽 세계의 빛 속에서도 번창하고 있어. 이걸 근거로 너는 빛이 얼마나 많은 수확을 안겨주는지 알 수 있을 거야. 그러나 만약에 네가 그런 어두운 땅에서 오고 있다면, 그처럼 강렬한 빛을 조심해야 해. 우리 모두가 다소 맹목적이듯이, 너도 눈이 멀 수 있을 테니까."

**나:** "당신의 빛이 당신만큼 환상적이라면 조심해야겠네."

**이즈두바르:** "너는 그 문제를 잘 해결할 거야."

**나:** "당신의 진리를 열망하고 있어."

**이즈두바르:** "내가 서쪽 땅을 갈망하고 있듯이. 조심해."

침묵이 내려앉는다. 밤이 깊었다. 우리는 불 옆에서 잠에 곯아떨어진다.

나는 남쪽으로 방랑하다가 고독의 견딜 수 없는 열기를 홀로 느꼈다. 나는 북쪽으로 방랑하다가 세상의 모든 것을 죽게 만드는 차가운 죽음을 발견했다. 나는 나의 서쪽 땅으로 철수했다. 이곳의 인간들은 지식도 풍부하고 행동도 곧잘 취한다. 나는 거기서 태양의 텅 빈 어둠으로 인해 고통을 받기 시작한다. 그래서 나는 모든 것을 벗어던지고 매일 빛이 솟아오르는 동양을 향해 방랑했다. 나는 어린애처럼 동쪽으로 갔다. 나는 묻지 않았으며, 그냥 기다리기만 했다.

아름다운 꽃들이 만발한 초원과 사랑스런 봄의 숲이 나의 길 양 옆으로 펼쳐졌다. 그러나 세 번째 밤에, 압박감이 나를 엄습했다. 그 압박감은 슬프도록 황량한 낭떠러지처럼 나의 앞에 버티고 서 있었으며, 모든 것이 내가 나의 삶의 길을 따르지 못하도록 막으려고 애를 썼다. 그러나 나는 입구와 좁은 길을 발견했다. 고통이 극심했다. 이유는 내가 방탕한 그 두 존재를 나로부터 멀리 밀어낸 것이 결코 그냥 일어난 일이 아니었기 때문이다. 나는 나 자신이 거부한 것을 조금도 의심하지 않고 흡수한다. 내가 받아들인 것은 나의 영혼 중에서 내가 모르는 부분으로 들어간다. 나는 나 자신이 나에게 한 것은 받아들이지만, 나에게 가해진 것은 거부한다.

그래서 나의 삶의 경로는 거부당한 반대의 것들 그 너머로 나를 이끌었다. 지금 이 반대의 것들은 내 앞에 놓여 있는 길의 부드러우면서도 극히 고통스런 측면에 결합되어 있다. 내가 발을 내디뎠으나 길의 상반된 측면들이 나의 발바닥을 뜨겁게 태우고 차갑게 얼렸다. 그리하여, 나는 건너편에 닿았다. 그러나 당신의 발에 머리가 으깨어진 뱀의 독이 당신의 발뒤꿈치의 상처를 통해 당신의 안으로 들어가고, 따라서 뱀은 그 전보다 훨씬 더 위험한 존재가 된다. 이유는 내가 거부하고 있는 모든 것이 나의 거부에도 불구하고 나의 본성 안에 있기 때문이다. 나는 그것이 바깥에 있다고 생각했으며, 그래서 나는 그것을 파괴할 수 있다고 믿었다. 그러나 그것은 나의 안에 있으면서 오직 일시적으로만 외적인 형식을 취하며 나에게 다가왔다. 나는 그것의 형태를 파괴하면서 나 자신이 정복자라고 믿었다. 그러나 나는 아직 나 자신을 극복하지 못했다.

외적인 반대는 나의 내면에 있는 반대의 한 이미지이다. 이 진리를 깨닫기만 한다면, 나는 침묵을 지키면서 나의 영혼 안에 있는 반목의 협곡에 대해 생각할 수 있다. 외적 반대는 극복하기가 쉽다. 외적 반대가 정말로 존재하지만, 그럼에도 불구하고 당신은 당신 자신과 결합될 수 있다. 외적 반대는 정말로 당신의 발바닥을 태우거나 얼게 할 수 있지만, 오직 당신의 발바닥만을 그렇게 할 뿐이다. 그것도 고통스런 일이긴 하지만, 그래도 당신은 먼 목표를 향해 계속 나아갈 수 있다.

내가 가장 높은 지점에 오른 다음에 나의 희망이 동쪽을 바라보기를 원했을 때, 기적 같은 일이 일어났다. 내가 동쪽으로 움직였을 때, 동쪽에서 누군가가 내가 있는 쪽으로 발길을 재촉하면서 떨어지는 빛에 가까이 가려고 애를 쓰고 있었던 것이다. 나는 빛을 원했고, 그는 밤을 원했다. 나는 솟아나기를 원했고, 그는 가라앉기를 원했다. 나는 어린애처럼 작았고, 그는 자연의 힘을 받은 강력한 영웅처럼 거대했다. 나는 지식에 의해 망가졌지만, 그는 빛의 충만함에 의해 앞을 보지 못하게 되었다. 그래서 우리는 서로를 향해 서둘렀다. 그는 빛으로부터 왔고, 나는 어둠으로부터 왔다. 그는 강했고, 나는 약했다. 그는 신이었고, 나는 뱀이었다. 그는 고대인이었고, 나는 철저히 현대인이었다. 그는 지식이 없었고, 나는 지식이 있었다. 그는 공상적이었고, 나는 냉정했다. 그는 용감하고 강력했으며, 나는 겁쟁이 같고 교활했다. 그러나 우리는 아침과 저녁 사이의 경계에서 만나 똑같이 서로에게 깜짝 놀랐다.

나는 아이였고, 푸르러가는 나무처럼 성장했으며, 바람과 먼 곳의 외침과 반대자들의 소란이 나의 나뭇가지 사이로 조용히 지나가도록 내버려 두었다. 나는 소년이었으며, 추락한 영웅들을 조롱했다. 나는 왼쪽과 오른쪽에서 나를 쥐고 있는 영웅들의 손을 밀어내고 있는 청년이었다. 그래서 나는 막강하고 앞을 보지 못하고 불멸인 존재를 예상하지 않았다. 떨어지고 있는 태양을 쫓아 방랑하고, 생명의 근원까지 내려가기 위해 대양을 그 바닥까지 가르기를 원하는 그런 존재를 말이다. 떠오르는 것을 향해 서두르는 것은 작고, 떨어지는 것을 추구하는 것은 크다. 따라서 나는 작았다. 이유는 내가 단지 나의 하강의 깊은 곳에서 왔기 때문이다. 나는 그가 갈망했던 곳에 있었다. 내려가는 자는 위대하며, 그런 자가 나를 박살내는 것은 아마 쉬운 일일 것이다. 태양을 닮은 신은 벌레들을 해치지 않는다. 그러나 벌레는 '막강한 존재'의 발뒤꿈치를 겨냥하면서 그에게 필요한 하강을 준비시킬 것이다. '막강한 존재'는 엄청나게 크고 맹목적이다. 그는 멋지면서도 무서워 보인다. 그러나 뱀은 그의 맹점을 발견한다. 위대한 존재는 약간의 독에도 무너진다. 위로 솟아오르는 자의 말(言)들은 소리가 전혀 없지만 대단히 쓰다. 그것은 달콤한 독이 아니며, 모든 신들에게 치명적인 독이다.

*아아, 태양을 추구하면서, 또 태양이 그러하듯이 자신도 무한한 어머니와 결혼하길 원하면서 길을 재촉하고 있는 자는 너무도 사랑스럽고 너무도 아름다운 나의 친구이다. 뱀과 신은 서로 얼마나 많이 닮았는가! 완전히 하나가 아닌가! 우리의 해방자였던 말(言)이 치명적인 무기, 말하자면 은밀히 독을 쏘는 뱀이 되어 버렸구나.*

나의 길을 가로막고 서 있는 외부의 반대는 더 이상 없지만, 나 자신의 반대가 나에게 다가와서 내 앞에서 거대한 몸을 일으킨다. 우리 둘은 서로의 길을 가로막고 있다. 뱀의 말(言)이 확실히 그 위험을 물리치지만, 나의 길은 여전히 가로막혀 있다. 왜냐하면 그때 내가 마비되어 맹목의 상태로 떨어져야 했기 때문이다. '막강한 존재'가 자신의 맹목에서 벗어나기 위해 마비상태로 떨어졌듯이 말이다. 나는 눈을 멀게 하는, 태양의 힘에 닿지 못한다. '막강한 존재'인 그가 영원히 생명을 품는 어둠의 자궁에 닿지 못하는 것과 똑같다. 나는 힘을 거부당한 것처럼 보이는 반면에, 그는 부활을 거부당한 것 같다. 그러나 나는 힘과 더불어 오는 맹목을 피하고, 그는 죽음과 함께 오는 무(無)를 피한다. 빛의 충만을 추구하던 나의 희망은 산산이 깨어진다. 무한정 누릴 생명을 추구하던 그의 갈망이 깨어지는 것과 똑같다. 나는 가장 힘센 존재를 쓰러뜨렸으며, 그 신은 죽음의 운명까지 내려갔다.

*강력한 존재도 넘어져 지금 땅바닥에 누워 있다.*
*삶을 위해 힘이 빠져나가야 한다.*
*외적 삶의 영역은 더욱 좁아져야 한다.*
*보다 깊은 비밀, 은자들의 모닥불, 불, 동굴, 울창하고 넓은 숲들, 사람이 드문 정착촌들, 조용히 흐르는 시내들, 고요한 겨울밤과 여름밤들, 작은 배와 마차들, 주거지에 보관된 희귀하고 귀중한 것들.*
*저 멀리서 방랑자들이 이리저리 눈길을 주면서 외로운 길을 따라 걷고 있다.*
*서두름이 불가능해지고, 인내가 점점 더 강해*

*진다.*

*세상의 낮들의 소음들이 침묵에 빠지고, 따스한 불이 내면에서 타고 있다.*
*앞서 간 존재들의 그림자들이 불가에 앉아서 구슬픈 소리로 과거의 소식을 전하고 있다.*
*맹목적이고 불완전한 자들이여, 은둔자의 모닥불로 와서 두 가지 종류의 진리에 대해 들어라. 맹목적인 자는 게으를 것이고, 게으른 자는 맹목적일 것이다. 그래도 함께 나누는 모닥불이 긴긴 밤에 둘 다를 따뜻하게 덥혀줄 것이다.*
*옛날의 어떤 비밀의 불이 우리 사이에 타면서, 흐릿한 빛과 온기를 전하고 있다.*
*필요한 모든 것을 정복한 근본적인 불이 다시 탈 것이다. 이유는 세상의 밤이 넓고 차가우며, 따라서 필요가 크기 때문이다.*
*잘 보호된 불이 먼 곳에서 온 자들과 추위에 떠는 자들, 서로를 보지 않고 서로에게 닿지 못하는 자들을 한곳으로 모으고 있으며, 그 불은 고통을 정복하고 필요를 충족시킨다.*
*모닥불 가에서 나오는 말들은 모호하고 심오하며 생명에게 올바른 길을 제시한다.*
*맹목적인 자는 미련할 것이며, 그래서 그는 심연으로 뛰어들지 않을 것이다. 미련한 자는 맹목적일 것이며, 그래서 그는 자신이 닿을 수 없는 건너편의 것을, 갈망과 동시에 경멸의 마음을 품으면서 보지 않으려 할 것이다.*
*둘 다 자신의 무력함을 깊이 깨달을 것이며, 그래서 그들은 모닥불 가에 앉은 그림자들과 불꽃을 둘러싸고 있는 말들뿐만 아니라 신성한 모닥불까지 다시 존경할 것이다.*

고대인들은 구원의 말을 신성한 이성의 한 표현으로 로고스라고 불렀다. 사람에겐 부조리가 너무 많기 때문에 구원을 받기 위해선 이성이 필요했다. 만일 누군가가 충분히 오랫동안 기다린다면, 그 사람은 신들 모두가 어떤 식으로 뱀으로 변하고 최종적으로 저승의 용으로 변하는지를 보게 될 것이다. 이것은 또한 로고스의 운명이기도 하다. 결국, 로고스는 우리 모두를 타락시키게 되어 있다. 조만간, 우리 모두 타락했지만, 우리는 자신도 알지 못하는 사이에 그 '존재'를, '막강한 존재'를, 우리 안에 있는 그 영원한 방랑자를 독(毒)으로부터 보호했다. 우리는 주변의 온 세상이 이성을 갖도록 교육시키기를 원한다는 점에서 본다면 우리 주변에 독과 마비를 퍼뜨리고 있는 것이나 마찬가지다.

어떤 이들은 판단의 기준을 사고에 두고, 또 어떤 이들은 판단의 기준을 감정에 둔다. 두 부류 모두 로고스의 하인들이며, 은밀히 뱀의 숭배자가 되고 있다.

매일 당신은 스스로를 종속시키고, 스스로를 족쇄로 구속하고, 스스로에게 피가 나도록 채찍을 휘두를 수 있다. 그래도 당신은 당신 자신을 정복하지 못한다. 바로 이런 일을 통해, 당신은 '막강한 존재'를 돕고, 당신의 마비를 강화하고, '막강한 존재'의 맹목을 촉진시켰다. '막강한 존재'는 다른 사람들에게서도 맹목을 확인하길 원하고, 그들에게 맹목을 주고 당신과 다른 사람들에게 로고스를 강요하길 좋아한다. 막강한 존재에게 로고스의 맛을 보여주라. 그는 두려워하고 있으며, 저 멀리서부터 이미 벌벌 떨고 있다. 그 자신이 시대에 뒤떨어졌고, 로고스의 독 한 방울조차도 자신을 마비시킬 것이라고 의심하기 때문이다. 그러나 그가 아름답고 무척 사랑스런 당신의 형제이기 때문에, 당신은 그에게 노예처럼 행동하며 그를 용서해 주고 싶다는 마음을 품을 것이다. 그런 마음이 드는 이유는 지금까지 당신이 동료 인간들을 한 사람도 용서하지 않았기 때문이다. 당신은 독 묻은 화살로 동료 인간들을 쓰러뜨릴 때에는 조금의 자비도 베풀지 않았다. 마비된 사냥감은 가치가 없는 먹이이다. 수소를 땅바닥에 쓰러뜨리고, 사자를 갈가리 찢고, 티아마트의 군대를 무찌르는 막강한 사냥꾼은 당신의 활을 겨눌 만한 가치를 지닌 표적이다.

만약에 당신이 당신 자신이 추구하고 있는 그 사람으로 산다면, 그는 당신과 지속적으로 격렬하게 부닥칠 것이고, 당신은 그를 거의 놓치지 못할 것이다. 그가 포악한 손으로 당신을 붙잡을 것이며, 그때 만약에 당신이 자신의 무서운 무기를 기억하지 않고 있다면 그가 당신을 강제로 노예로 만들어버릴 것이다. 그런데 그 무기를 당신은 언제나 당신에게 불리하고 그에게 유리한 쪽으로 이용해왔다. 만약에 당신이 아름답고 매우 사랑스런 추락을 이룬다면, 당신은 교활하고, 무시무시하고, 냉담할 것이다. 그러나 당신은 그를 죽여서는 안 된다. 그가 견딜 수 없는 고통 속에서 몸부림을 치고 있더라도 당신은 그를 죽이면 안 된다. 성(聖) 세바스티안(Sebastian)[25]을 나무에 묶은 다음에, 경련을 일으키는 그의 몸뚱이를 향해 화살을 하나씩 천

---

25 A.D. 268년 로마 제국의 디오클레티아누스(Gaius Aurelius Diocletianus) 황제의 기독교 박해 당시에 순교한 성인. 그림과 문학 작품에서는 나무에 묶인 채 화살에 맞아 죽은 것으로 묘사된다.

천히 이성적으로 쏘아라. 그렇게 할 때, 당신은 그를 맞히는 화살마다 난쟁이 같고 절뚝거리는 당신의 형제들을 하나씩 구하고 있다는 점을 상기하라. 그러면 당신은 많은 화살을 쏠 것이다. 그러나 너무나 자주 일어나는, 거의 근절 불가능한 오해가 한 가지 있다. 사람들은 언제나 자신의 밖에서 아름답고 사랑스런 것을 파괴하길 원할 뿐, 자신의 안에서는 그런 걸 절대로 파괴하려 하지 않는다는 점이다.

아름답고 매우 사랑스런 존재인 그는 동쪽에서 나에게 왔다. 내가 닿기를 원하는 바로 거기서 왔다. 나는 그의 힘과 장엄을 경탄의 눈으로 보았으며, 또 그가 나 자신이 포기한 것을, 말하자면 어둡고 비열하고 인간적인 군중을 추구하고 있다는 것을 알았다. 나는 나의 욕망에 반하는 그의 노력의 맹목성과 무지를 알아차렸으며, 그래서 나는 독으로 그의 두 눈을 뜨게 하고 그의 힘센 사지를 절뚝거리게 만들었다. 그러자 그는 아이처럼 울부짖으면서, 아이로, 인간의 로고스를 필요로 하는 그 최초의 아이로 드러누웠다. 그는 내 앞에 무력하게 누워 있었다. 반만 볼 수 있고 반은 마비된 나의 신이 말이다. 이어서 동정심이 나를 엄습했다. 태양이 솟아오르는 곳에서, 그가 잘 지낼 수 있었던 곳에서 나에게 접근해 오던 그를 죽도록 내버려둬서는 안 되는 것이 너무나 분명했기 때문이다. 나는 나 자신이 추구했던 그를 지금 소유하고 있다. 동쪽은 그라는 존재 외엔, 병들어 쓰러진 그 존재 외엔 나에게 아무것도 줄 수 없었다.

당신은 그 길을 반만 떠안을 필요가 있다. 나머지 반은 그가 맡을 것이다. 만약에 당신이 그 너머까지 간다면, 맹목이 당신에게 닥칠 것이다. 만약에 그가 당신 너머까지 온다면, 마비가 그에게 닥칠 것이다. 그러므로 신들이 죽을 운명을 타고난 존재들 그 너머까지 가려는 태도를 갖고 있는 한, 신들은 마비되고 어린애처럼 무력하게 된다. 인간도 신의 앞에 남고 신도 인간의 앞에 남으려면, 신성과 인간성이 똑같이 잘 간직되어야 한다. 높이 타고 있는 불꽃이 바로 중도(中道)이며, 중도의 빛나는 경로는 인간성과 신성 사이로 나 있다.

신의 근본적인 권력은 맹목적이다. 이유는 신의 얼굴이 인간의 얼굴이 되었기 때문이다. 인간성은 신성의 얼굴이다. 만약에 신이 당신 가까이 다가온다면, 그때엔 당신의 목숨을 살려 달라고 간청하라. 이유는 신이 사랑스런 공포이기 때문이다. 고대인들은 말했다. 살아 있는 신의 손아귀로 떨어지는 것은 무시무시한 일이라고. 고대인들이 그런 식으로 말한 이유는 그들이 그 점을 알고 있었기 때문이다. 그때만 해도 고대인들은 여전히 고대의 숲에 가까이 있었으며, 그들은 또 유치한 방식으로 나무처럼 푸르게 변하고 동쪽을 향해 높이 올라가곤 했다.

따라서 고대인들은 살아 있는 신의 손아귀로 떨어졌다. 그들은 무릎을 꿇고, 머리를 숙이며 복종하고, 동정을 간구하는 것을 배웠으며, 또한 노예처럼 두려움 속에 살면서 감사하는 것을 배웠다. 그러나 그 신을, 그러니까 검고 부드러운 눈과 긴 속눈썹을 가진 무서울 정도로 아름다운 존재인 그를 본 사람은 울부짖고 우는 것을 배웠다. 그래야만 그 소리가 신의 귀에까지 들릴 수 있기 때문이다. 그 아름다운 존재의 눈은 보지 않고 단순히 사랑스러운 눈빛으로 가만히 응시만 하고 있다. 오직 두려움에서 나오는 당신의 울부짖음만이 신을 멈추게 할 수 있다. 그때 당신은 그 신 또한 떨고 있다는 것을 알게 될 것이다. 이유는 그가 당신에게 있는 자신의 얼굴과 관찰하는 듯한 응시를 정면으로 마주하면서 미지의 힘을 느끼기 때문이다. 신도 인간을 무서워한다.

만약에 나의 신이 절뚝거린다면, 나는 그를 부축해야 한다. 이유는 내가 무척 사랑하던 것을 포기하지 못하기 때문이다. 나는 그를 나의 운명으로, 나의 형제로 느낀다. 말하자면, 나 자신이 어둠 속에서 스스로 독을 마시고 있는 동안에 빛 속에서 살며 성장한 그런 존재로 느낀다는 뜻이다. 이런 것을 아는 것은 유익하다. 만약에 우리가 밤에 둘러싸여 있다면, 우리의 형제는 빛의 충만 속에서 사자를 갈가리 찢고 용을 죽이면서 자신의 위업을 달성하고 있다. 그리고 우리의 형제는 아주 먼 곳의 목표들을 향해 활을 겨눈다. 그러다 그는 하늘 높은 곳을 방황하고 있는 태양을 알아보고 그것을 잡기를 원한다. 그러나 당신의 형제가 소중한 표적을 발견할 때, 빛을 향한 당신의 욕망도 일깨워진다. 그러면 당신은 족쇄를 벗어버리고 빛이 떠오르는 장소로 향한다. 따라서 당신과 당신의 형제는 서로를 향해 돌진하게 된다. 당신의 형제는 자신이 태양을 잡을 수 있다고 믿었다가 유령들의 벌레와 조우했다. 당신은 동쪽에 가면 빛의 원천에서 물을 마실 수 있고, 또 뿔 달린 거인을 잡을 수 있다고 생각했다. 지금 당신은 그 거인 앞에 무릎을 꿇고 있다. 그의 본질은 과도하고 맹목적인 욕망이고, 광포한 힘이다. 나의 본질은 영리함의 한계와 무능을 보는 것이다. 그는 내가 결여하고 있는 것을 풍부하게 갖고 있다. 따라서 나는 그를, 다시 말하면 한때 야곱의 엉덩이뼈를 다치게 했고 지금은 나를 절름거리게 만든 그 '수소 신'을 가도록 내버려두지 않을 것이다. 나는 그의 힘을 나의 힘으로 만들길 원한다.

그러므로 심각하게 상처를 입은 신을 살려두는 것이 사려 깊은 행동이다. 그래야만 그의 힘이 계속 나를 떠받칠 것이기 때문이다. 우리는 신의 힘을 가장 아쉬워하고 있다. 우리는 "그래 맞아, 이런 식으로 되거나 될 수 있어야 해. 이런저런 것은 성취되어야 해."라고 말한다. 우리는 이런 식으로 말하고 행동하며, 어쨌든 어떤 일이 벌어질 것인지를 확인하기 위해 당황스런 모습으로 주위를 살핀다. 그리고 무슨 일이 일어나야 할 때엔, 우리는 주변을 보면서 말한다. "그래 맞아, 이해하겠어. 그건 이것 혹은 저것이야. 아니면 그건 이것 또는 저것과 비슷해." 우리는 이런 식으로 말하고 행동하면서 어딘가에서 어떤 일이 일어나고 있는 것은 아닌지 살피기 위해 주위를 본다. 어떤 일이든 언제나 일어나고 있지만, 우리의 신이 병들어 있기 때문에 우리는 일어나지 않는다. 우리는 우리의 신이 바실리스크(Basilisk)[26]의 독기 품은 눈매의 저주를 받아 죽어 있는 것을 보고 있다. 이로써 우리는 신이 죽었다고 이해했다. 우리는 그의 치료에 대해 생각해야 한다. 내가 나의 신을 치료하지 못한다면, 나의 생명은 완전히 반으로 동강날 것 같다. 그래서 나는 기나긴 추운 밤을 신과 함께 보냈다.

26 유럽 신화에 등장하는 상상의 동물로, 이름은 그리스어로 '작은 왕'이란 뜻이다. 그 눈을 보기만 해도 죽게 만드는 무서운 힘을 가졌다고 한다.

'아타르바 베다'(Atharva-veda: 고대 인도의 브라만 교의 경전으로, 일상의 삶과 보통 사람들의 필요를 다룬 실용적인 경전이다/옮긴이) 4, 1, 4.

9장

# 두 번째 낮

나에게 구원의 말을 준 꿈은 전혀 없었다. 이즈두바르는 동이 틀 때까지 밤새 말없이 뻣뻣이 누워 있었다. 나는 깊은 생각에 잠겨 산마루를 걸으면서 지식과 도움의 가능성이 아주 많은 나의 서쪽 땅을 돌아보았다. 나는 이즈두바르를 사랑한다. 나는 그가 비참하게 시들어 죽기를 바라지 않는다. 그렇지만 어디서 도움이 온단 말인가? 아무도 뜨겁고 차가운 길을 여행하지 않을 것이다. 그러면 나는? 나도 그 길로 돌아가기가 두렵다. 그러면 동쪽은? 아마 그곳에는 도움의 손길이 있지 않을까? 하지만 그곳에 도사리고 있을지 모르는 미지의 위험들을 어떻게 한단 말인가? 나는 맹목적인 존재가 되고 싶지 않다. 맹목적인 존재가 된다면 내가 이즈두바르에게 무슨 소용이란 말인가? 나는 앞을 보지 못하는 상태에서 절뚝거리는 존재를 데리고 다니지 못한다. 맞아, 내가 이즈두바르처럼 강력한 힘을 소유한 자라면 그렇게 할 수 있을 것이다. 여기서 과학이 무슨 소용이람?

저녁 무렵, 나는 이즈두바르에게 올라가서 말했다. "이즈두바르여, 잘 들어! 나는 당신이 죽도록 내버려두지 않을 거야. 두 번째 밤이 오고 있어. 먹을 게 하나도 없어. 도움의 손길을 찾지 않으면, 우리는 죽고 말 거야. 서쪽으로부터는 아무런 도움을 기대할 수 없어. 그러나 동쪽으로부터는 도움이 가능해. 혹시 오는 길에 도움을 청할 만한 존재를 만나지 못했는가?"

**이즈두바르:** "그냥 내버려 둬. 죽음이 찾아오면 그냥 죽게."

**나:** "최선을 다해 도와주지 않고 당신을 이곳에 두고 떠날 걸 생각하면 가슴이 미어져."

**이즈두바르:** "너의 마법의 힘이 너에게 무슨 도움이 되겠니? 네가 힘이 나만큼 세다면, 나를 업고 갈 수 있겠지만 너의 독은 오직 파괴만 할 뿐 아무런 도움을 주지 않아."

**나:** "만약에 우리가 나의 땅에 있다면, 빠르게 움직이는 마차들이 도움을 주었을 거야."

**이즈두바르:** "우리가 나의 땅에 있다면, 독 묻은 너의 가시가 나에게 닿지도 못했을 거야."

**나:** "동쪽엔 청할 도움이 전혀 없는가?"

**이즈두바르:** "그 길은 멀고 외로운 길이야. 네가 산을 넘고 평원에 닿으면, 강렬한 태양이 너를 기다리고 있어. 그것이 너의 눈을 멀게 하고 말아."

**나:** "하지만 내가 밤에 방랑을 하고 낮에는 은신처에서 태양을 피한다면?"

**이즈두바르:** "밤이 되면 뱀들과 용들이 모두 구멍에서 기어 나와. 그러면 아무 무장이 없는 너는 어쩔 수 없이 희생되게 되어 있어. 그냥 둬 버려! 그게 무슨 소용이 있겠어? 나의 두 다리는 말라 비틀어졌고 마비가 되었어. 나는 이 여행에서 얻은 상처를 안고 집으로 돌아가고 싶진 않아."

**나:** "내가 할 수 있는 것은 전혀 없단 말인가?"

**이즈두바르:** "쓸데없는 짓이야! 네가 죽으면 얻는 게 전혀 없어."

**나:** "조금 더 생각해보겠어. 아마 구원의 말이 나에게 올 거야."

나는 뒤로 물러나 산등성이의 높은 바위에 앉는다. 그러자 나의 내면에서 이런 말이 나왔다. 위대한 이즈두바르여, 당신은 절망의 처지에 있어. 나도 마찬가지이고. 어떻게 해야 하지? 언제나 행동이 필요한 것은 아니야. 간혹 생각이 더 나을 때도 있어. 나는 기본적으로 이즈두바르가 일반적 의미에서 말하는 그런 현실적인 존재가 아니라 하나의 공상이라고 확신하고 있어. 이 상황을 다른 각도에서 고려한다면, 그것도 도움이 될 수 있어, … 있어 … 있어. 이곳에서도 생각이 메아리를 일으킨다는 사실이 놀랍다. 이즈두바르는 당연히 자신이 공상이라는 것을 받아들이지 않을 것이며, 대신에 자신이 철저히 현실 속의 존재이며 현실적인 방법으로 도움을 받을 수 있다고 주장할 것이다. 그럼에도 불구하고, 이 방법을 한 번 시도해보는 것도 나쁘지는 않을 것이다. 나는 그에게 간절히 호소할 생각이다.

**나:** "나의 왕인 막강한 이즈두바르여, 잘 들

어. 우리를 구원할 수 있는 생각이 떠올랐어. 나는 그대가 전혀 현실의 존재가 아니라 하나의 공상이라고 생각하고 있어."

**이즈두바르:** "어떻게 그런 끔찍한 생각을 할 수 있어? 잔인하기 짝이 없구나. 내가 현실의 존재가 아니라는 뜻이지? 나를 이 정도로 비참하게 망쳐놓고는?"

**나:** "나는 나 자신을 명확히 밝혔고, 서쪽 땅의 언어로 많은 것을 이야기했어. 물론 당신이 전혀 현실의 존재가 아니라고 말하는 것은 아니야. 단지 공상만큼만 존재한다는 뜻이야. 만약에 당신이 이것을 받아들이기만 하면, 많은 것을 얻을 수 있을 거야."

**이즈두바르:** "이걸 받아들일 경우에 얻어질 게 뭔가? 너는 고문을 일삼는 악마야."

**나:** "가련한 존재 같으니. 나는 그대를 고문하지 않아. 의사의 손은 환자에게 아픔을 안겨줄 때조차도 환자를 고문하는 것이 아니야. 당신이 하나의 공상이라는 것을 받아들이지 못하겠단 말인가?"

**이즈두바르:** "나에게 좋지 않을 걸! 나에게 어떤 마법을 부리려는데? 내가 나를 공상으로 받아들인다면, 그것이 나에게 어떤 도움을 줄 수 있어?"

**나:** "당신도 이름이 많은 것을 의미한다는 걸 알잖아. 또 병든 사람에게 치료를 위해 새 이름을 지어준다는 것도 알잖아. 새 이름과 함께 그 사람에게 새로운 본질이 생기는 거야. 당신의 이름이 곧 당신의 본질이 되거든."

**이즈두바르:** "너의 말이 맞아. 우리의 성직자들도 그렇게 말해."

**나:** "그렇다면 그대가 공상이란 걸 인정할 준비가 되었단 말인가?"

**이즈두바르:** "그렇게 하는 것이 도움이 된다면, 그렇게 해야지 뭐."

내면의 목소리가 지금 나에게 다음과 같이 말했다. 틀림없이, 그가 공상으로 남아 있는 동안에, 상황은 매우 복잡해질 거야. 공상은 쉽게 무효화되지도 않고 부정되지도 않아. 공상은 행동을 요구해. 어쨌든, 그는 하나의 공상이며, 따라서 꽤 더 불안정하게 되었다. 나는 앞으로 펼쳐질 길을 미리 볼 수 있다고 생각한다. 나는 당장은 그를 등에 업을 수 있다. 나는 이즈두바르에게 가서 말했다. "한 가지 방법이 발견되었어. 당신은 가벼워졌어. 깃털보다 더 가벼워졌어. 이제 내가 당신을 업고 갈 수 있어." 나는 팔로 그를 감고 그를 땅 위로 들어 올린다. 그는 공기보다 더 가볍다. 나는 발로 땅을 딛고 있기 위해 발버둥을 치고 있다. 나의 짐이 나를 공중으로 들어올리고 있기 때문이다.

**이즈두바르:** "대단한 솜씨야. 나를 업고 어디로 가려는 거야?"

**나:** "그대를 서쪽 땅으로 데려 가려고 해. 나의

동료들이 그대처럼 큰 공상을 기꺼이 맞아 잘 돌봐줄 거야. 이 산을 넘어 친절한 사람들이 사는 곳에 도착하기만 하면, 당신을 완전히 다시 복구시킬 수단을 찾을 수 있을 거야."

그를 등에 업은 채, 나는 아주 조심스럽게 바위투성이 작은 길을 내려간다. 짊어진 짐과 산길의 내리막 때문에 균형을 잃을 위험보다는 바람 때문에 소용돌이치며 높이 올라갈 위험이 더 크다. 나는 너무나 가벼운 나의 짐에 매달리다시피 하고 있다. 그러다 마침내 우리는 계곡 바닥의 뜨겁고 차가운 고통의 길에 도착한다. 그러나 이때 나는 좁은 바위 사이로 불어온, 휙휙 부는 동풍에 날려 들판을 가로질러 사람들이 사는 마을로 둥둥 떠간다. 그래서 고통스런 길에는 발도 닿지 않는다. 거기에 고무되어 나는 서둘러 아름다운 땅들을 가로지른다. 내 앞에 두 사람이 보인다. 암모니우스와 붉은 존재다. 우리가 그들 바로 뒤까지 따라붙자, 그들은 몸을 돌리다가 깜짝 놀라 비명을 지르며 들판으로 달아난다. 우리 둘이 이상하게 보였음에 틀림없다.

**이즈두바르:** "재수 없는 이 녀석들은 누구야? 이들이 너의 동료인가?"

**나:** "이들은 인간이 아니야. 서쪽 땅에 가면 지금도 자주 만나는, 소위 말하는 과거의 유물들이야. 그것들은 한때는 매우 중요했지만, 지금은 대부분이 정신적 거울로만 쓰이고 있어."

**이즈두바르:** "정말 신비로운 나라로군! 저기 봐. 도시가 아닌가? 저기 가려는 게 아니야?"

**나:** "아니야, 신이 금지하고 있어. 나는 군중이 모이는 것을 원하지 않아. 그곳에는 계몽된 사람들이 살아. 사람들 냄새가 나지 않아? 그들은 사실 위험해. 그들은 아주 독한 독을 만들고 있어. 나도 그 독으로부터 나 자신을 보호해야 해. 그곳의 사람들은 완전히 마비되어 있고, 독을 잔뜩 품은 갈색 연기에 갇혀 있으며, 오직 인공적인 수단을 통해서만 움직이고 있어. 그래도 걱정할 필요는 없어. 밤이 거의 다 되었기 때문에 아무도 우리를 보지 못해. 게다가 아무도 나를 보았다는 것을 인정하지 못할 거야. 나는 여기에 외딴 집을 알고 있고, 저기도 우리를 묵게 해줄 가까운 친구들이 있어."

이즈두바르와 나는 조용하고 어둑한 정원이 딸린 외딴 집에 당도한다. 나는 가지가 축 늘어진 나무 밑에 이즈두바르를 숨기고, 그 집의 문으로 가서 노크를 한다. 문을 살펴본다. 아주 작은 문이다. 이즈두바르를 통과시키기가 불가능할 것 같다. 하지만 공상이라면 어떤 공간도 필요 없지 않은가! 왜 이런 생각이 빨리 떠오르지 않았을까? 나는 정원으로 돌아가 아무런 어려움 없이 이즈두바르를 달걀 크기로 압축해 주머니에 집어넣는다. 그런 다음에 나는 이즈두바르를 치료하기 위해 응접실로 들어간다.

이리하여 나의 신은 구원을 발견했다. 그는 바로 치명적인 것으로 여겨질 수 있는 것에 의해서, 말하자면 자신을 상상의 허구라고 선언함으로써 구원을 받았다. 이런 식으로 신들이 종말을 맞는 것으로 여겨지는 경우가 너무나 자주 있다. 이것은 분명히 심각한 실수였다. 왜냐하면 이것이 바로 신을 구원한 조치였기 때문이다. 신은 죽지 않고 살아 있는 하나의 공상이 되었다. 이 공상의 작용을 나는 직접 느낄 수 있었다. 나에게 원래 있었던 무거움이 사라졌고, 뜨겁고 차가운 고통의 길도 더 이상 나의 발바닥을 태우거나 얼게 하지 않았다. 무게가 더 이상 나를 바닥으로 누르지 않았으며, 대신에 내가 그 거인을 업고 있는 동안에 바람이 나를 깃털처럼 데려다 주었다.

사람은 신을 살해할 수 있다고 믿곤 했다. 그러나 신은 구원을 받았으며, 신은 불로 새로운 도끼를 벼려서 옛적의 자신의 순환을 다시 일으키기 위해 동쪽의 빛의 홍수 속으로 뛰어들었다. 그러나 영리한 우리 인간들은 독에 찔린 채 절뚝거리며 기어 다니면서도 자신이 무언가를 결여하고 있다는 사실조차 몰랐다. 그러나 나는 나의 신을 사랑했으며, 또 그가 하나의 공상으로 진정으로 살고 있기 때문에 부상을 입고 병들어 있는 그를 그냥 내버려둬서는 안 된다고 확신하면서 그를 인간들의 집으로 데려왔다. 그래서 나는 스스로 신을 짊어질 때 나의 육체가 무게를 잃는 기적을 경험할 수 있었다.

거인인 성 크리스토포로스(St. Christopher)[27]는 단지 아기 예수 그리스도를 어깨에 짊어졌을 뿐이다. 그런데도 그는 그 짐을 힘들여 졌다. 그러나 나는 어린애만큼 작은 몸으로 거구를 업었다. 그럼에도 그 짐은 오히려 나를 위로 뜨게 만들었다. 아기 예수 그리스도는 크리스토포로스 같은 거구에 쉬운 짐이 되었다. 그리스도 자신이 "나의 멍에는 쉽고 나의 짐은 가볍다."고 했으니 말이다. 우리는 그리스

27 A.D. 3세기 로마 제국 시대 때 데키우스(Decius) 황제 치하에서 순교한 기독교인. 그가 아이로 현신한 그리스도를 업고 강을 건너게 해 주었다는 전설이 있다.

도를 짊어져서는 안 된다. 그리스도가 짊어질 수 없는 존재이기 때문이다. 우리는 그리스도가 되어야 한다. 그러면 우리의 멍에는 쉽고 우리의 짐은 가벼워진다. 손에 잡히는 이 분명한 세계는 하나의 현실이지만, 공상은 다른 현실이다. 우리가 신을 우리 밖에 분명하고 실질적인 것으로 남겨두고 있는 한, 신은 참을 수 없는 대상이 되고 절망적인 대상이 된다. 그러나 만약에 우리가 신을 공상으로 바꿔놓으면, 신은 우리 안에 있게 되고 견디기가 쉬워진다. 우리 밖의 신은 무거운 모든 것들의 무게를 증가시키는 반면에, 우리 안의 신은 무거운 모든 것들을 가볍게 만든다. 그래서 크리스토포로스 같은 존재들은 모두 등이 휘고 숨이 가쁘다. 세상이 무겁기 때문이다.

많은 사람들이 자신의 병든 신을 위해 도움을 얻길 원했다가 태양의 땅으로 가는 길에 숨어 있는 뱀들과 용들에게 삼켜졌다. 그들은 벌건 대낮에 사라져 어두운 인간들이 되었다. 그들의 눈이 멀어졌기 때문이다. 지금 그들은 그림자처럼 떠돌며 빛에 대해 말하지만 아무것도 보지 못한다. 그러나 그들의 신은 그들이 보지 못하는 모든 것들 안에 존재하고 있다. 신은 어두운 서쪽의 땅들에 있고, 보는 눈을 예리하게 다듬고 있고, 독을 제조하는 이들을 돕고 있으며, 뱀들을 앞 못 보는 침입자의 발뒤꿈치로 이끌고 있다. 그러므로 영리한 사람이라면 신과 함께하도록 하라. 그러면 당신은 신이 있는 곳을 알게 될 것이다. 만약에 당신이 서쪽의 땅에서 신과 함께하지 않는다면, 그는 밤에 쇳소리 나는 갑옷을 걸친 채 전투용 도끼를 들고 당신에게 올 것이다. 만약에 당신이 여명의 땅에서 신과 함께하지 않는다면, 그때 당신은 당신의 발뒤꿈치를 노리는 신성한 벌레를 부지불식간에 밟게 될 것이다.

당신은 자신이 짊어지고 다니는 신으로부터 모든 것을 얻을 수 있어도 그의 무기만은 얻지 못한다. 신이 그걸 부수어 버렸기 때문이다. 정복하는 자에겐 무기들이 필요하다. 그러나 당신이 따로 정복하고 싶은 것이 무엇인가? 당신은 지구 그 이상을 정복하지 못한다. 그리고 지구라는 것이 무엇인가? 지구는 어디나 둥글며 한 방울의 물처럼 우주에 내걸려 있다. 당신은 태양에 닿지 못한다. 당신의 힘은 불모의 달에도 미치지 못한다. 당신은 바다도 정복하지 못하고, 극지의 눈도 정복하지 못하고, 사막의 모래도 정복하지 못한다. 겨우 푸른 지구의 몇 곳만을 정복할 수 있을 뿐이다. 아무리 많은 시간이 주어져도 당신은 어떤 것도 정복하지 못할 것이다. 당신의 파워는 내일 먼지로 바뀔 것이다. 무엇보다도 먼저 당신이 죽음을 정복해야 하기 때문이다. 그러니 바보스럽게 굴지 않도록 하라. 당신의 무기를 내려놓도록 하라. 신조차도 자신의 무기를 부수어 버리지 않았는가. 정복의 필요성으로 고통 받는 바보들로부터 당신을 보호하는 데는 갑옷만으로도 충분하다. 신의 갑옷이 당신을 정복 불가능한 존재로, 최악의 바보들에게는 보이지 않는 그런 존재로 만들어줄 것이다.

당신의 신을 함께 데리고 다니도록 하라. 그 신을 당신의 어두운 땅으로, 그러니까 아침마다 두 눈을 부비며 언제나 똑같은 것을 보고 그 외의 다른 것은 절대로 보지 않는 그런 사람들이 사는 곳으로 끌어내려라. 당신의 신을 데리고 독을 품은 안개 쪽으로 내려갈 것이며, 신이 이해하지 못하는 어둠을 굳이 랜턴으로 비추려고 노력하는 그런 맹목적인 존재처럼 굴지 않도록 하라. 대신에 당신의 신을 은밀히 어떤 편안한 지붕으로 데려가라. 인간들의 오두막들은 작으며, 인간들은 친절하고 또 뜻이 있음에도 불구하고 신을 환영하지 못한다. 그러니 거칠고 서툰 사람들의 손들이 당신의 신을 난도질해서 산산조각낼 때까지 기다릴 것이 아니라, 신을 다시 사랑스럽게 끌어안도록 하라. 그러면 신이 처음 시작할 때의 모습을 띠게 될 것이다. 많은 사랑을 받고 또 장엄했던 신이 병에 걸려 힘을 잃은 모습을 그 어떤 인간의 눈에도 보여주지 않도록 하라. 당신의 동료 인간들을 자신이 동물인 줄을 모르고 있는 동물로 여기도록 하라. 인간들은 초원으로 나가거나, 햇살 아래에 누워 있거나, 어린 것들에게 젖을 물리고 있거나, 짝짓기를 하고 있는 동안에는 어두운 어머니 대지의 아름답고 무해한 생명체들이다. 그러나 신이 나타나면, 인간들은 사납게 날뛰기 시작할 것이다. 이유는 신이 가까이 있다는 사실이 사람들을 날뛰게 만들기 때문이다. 그들은 두려움과 격노로 몸을 떨다가 갑자기 동족끼리 투쟁을 벌이며 서로를 공격할 것이다. 이유는 한 쪽이 다른 쪽 사람들에게서 다가오고 있는 신을 느끼기 때문이다. 그러니 당신이 데리고 다니는 신을 숨기도록 하라. 그리고 그들이 날뛰며 서로를 난폭하게 다루도록 가만 내버려두라. 당신의 목소리는 날뛰는 사람들에게까지 들리기에는 너무 약하다. 그러니 말을 하지도 말고 신을 보여주지도 말고, 단지 고독한 곳에 앉아서 옛날의 방식대로 주문(呪文)을 노래하라.

*그대 앞에 알을 놓아라. 그 신을 처음 시작하던 상태로 놓아라.*
*그리고 알을 보라.*
*그리고 그대의 응시가 갖고 있는 마법의 따스함으로 그것을 품도록 하라.*

**여기서 주문이 시작된다.**

10장

# 주문(呪文)들

크리스마스가 왔습니다.
신은 알 안에 있습니다.
나는 그 신을 위해서
양탄자를 준비했습니다.
아침의 땅에서 온 비싼 붉은 양탄자를.
나의 신은 자신의 동족 땅에서 누리던
장엄의 빛으로 둘러싸일 것입니다.
나는 어머니입니다.
생명을 낳았으나 그 생명을 어떻게 낳게 되었는지에 대해서는
전혀 모르는 순진한 처녀 말입니다.
나는 그 처녀를 보호한
사려 깊은 아버지입니다.
나는 밤에 컴컴한 들판에서 양떼를 지키다가 그 소식을 들은 양치기입니다.

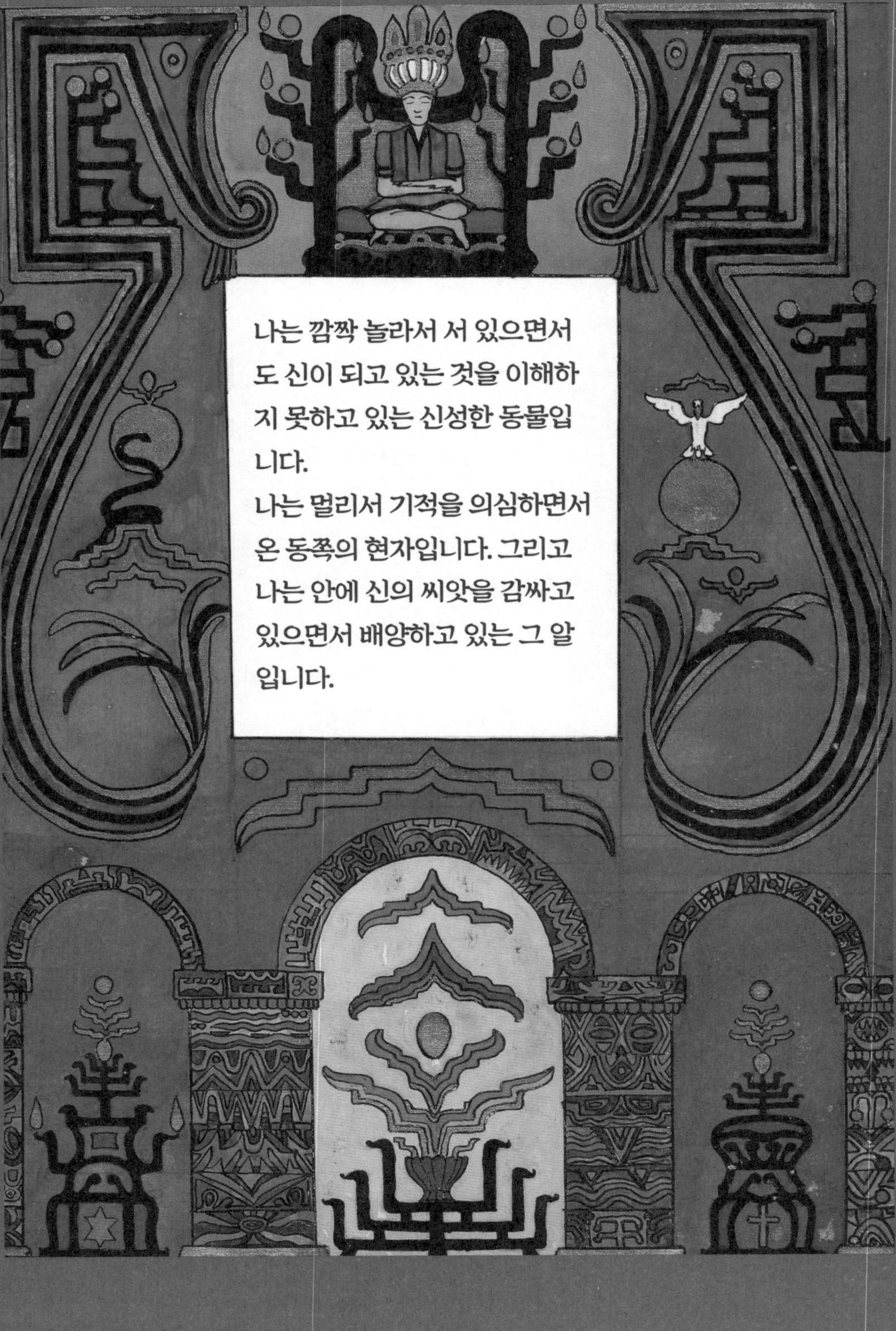

나는 깜짝 놀라서 서 있으면서도 신이 되고 있는 것을 이해하지 못하고 있는 신성한 동물입니다.
나는 멀리서 기적을 의심하면서 온 동족의 현자입니다. 그리고 나는 안에 신의 씨앗을 감싸고 있으면서 배양하고 있는 그 알입니다.

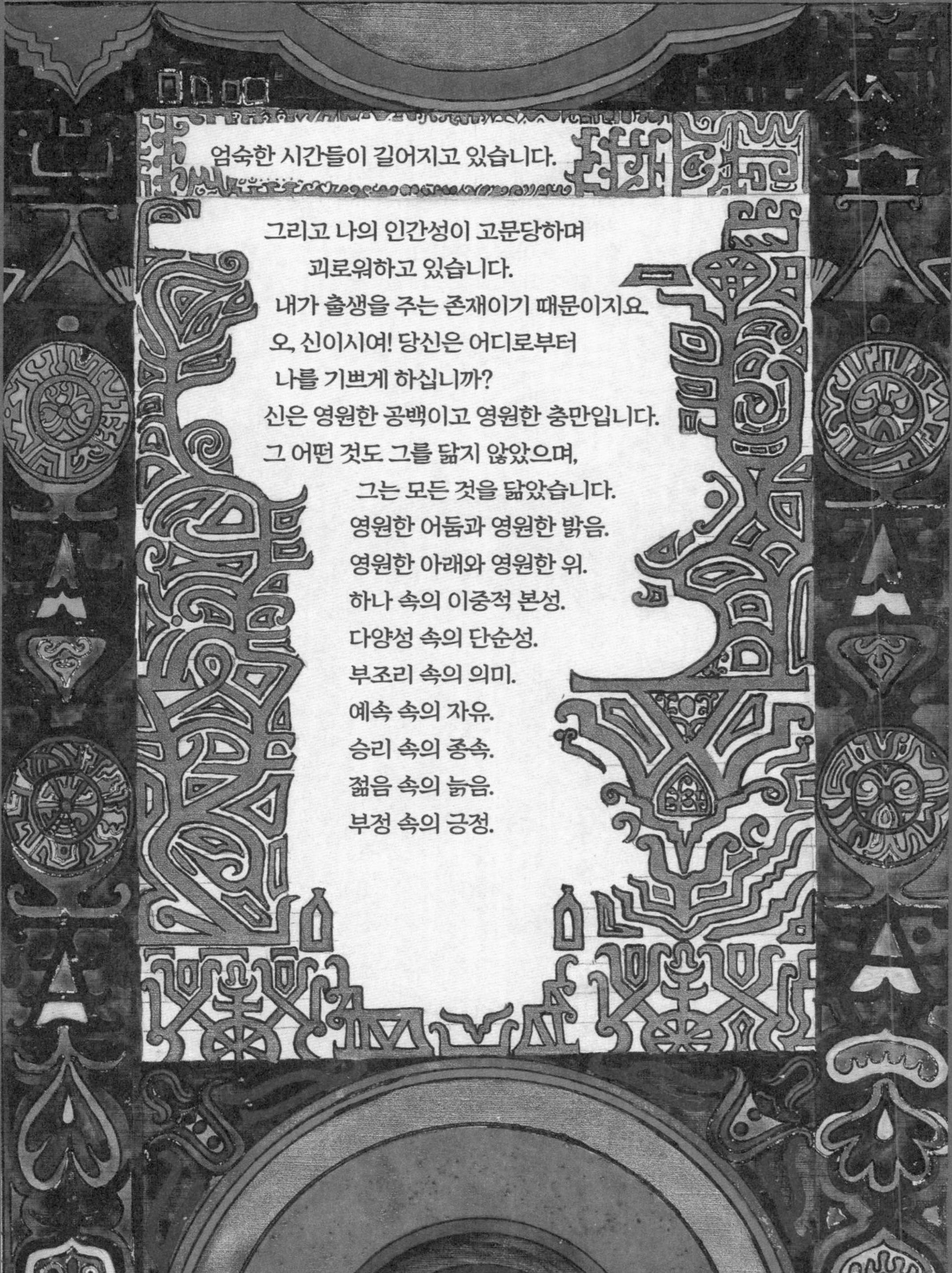

엄숙한 시간들이 길어지고 있습니다.

그리고 나의 인간성이 고문당하며
괴로워하고 있습니다.
내가 출생을 주는 존재이기 때문이지요.
오, 신이시여! 당신은 어디로부터
나를 기쁘게 하십니까?
신은 영원한 공백이고 영원한 충만입니다.
그 어떤 것도 그를 닮지 않았으며,
그는 모든 것을 닮았습니다.
영원한 어둠과 영원한 밝음.
영원한 아래와 영원한 위.
하나 속의 이중적 본성.
다양성 속의 단순성.
부조리 속의 의미.
예속 속의 자유.
승리 속의 종속.
젊음 속의 늙음.
부정 속의 긍정.

오,
중도(中道)의 빛이
알 속에 담겨 있습니다.
충만하고 뜨겁게
압축된 채 태아의 상태로,
잃어버린 기억들을 기다리면서
꿈처럼 뜨겁게 고대하고 있습니다.
바위만큼이나 무겁고 단단하고,
녹아서 투명하고,
밝게 흐르면서, 스스로를
돌돌 감고 있습니다.

당신은 시원(始原)의 지배자입니다. 아멘.
그대는 동족의 별입니다. 아멘.
그대는 모든 것들 위로 피어나는 꽃입니다. 아멘
그대는 숲에서 튀어나오는 사슴입니다. 아멘.
그대는 물 위로 아득히 멀리서 들려오는
노래입니다. 아멘.
그대는 시작이고 끝입니다. 아멘.

결코 입 밖으로 나온 적 없는 한 마디 말.
결코 비친 적이 없는 하나의 빛.
비할 바 없는 혼동.
그리고 끝이 없는 길.

나는 이런 말을 하는 나 자신을 용서합니다.
당신이 불타는 당신의 빛을 기다리고 있는 나를 용서하듯이.

솟아올라라, 오래된 밤의 자비로우신 불인 당신이여.
나는 당신이 상승을 시작하는 문지방에 입을 맞추고 있습니다.
나의 손은 양탄자를 준비하고 그대 앞에 붉은 꽃들을 풍성하게 깔고 있습니다.
솟아올라라, 나의 친구여, 병들어 누워 있는 당신이여, 껍질을 깨뜨려라.
우리는 당신을 위해 식사를 준비해 두었습니다.
당신을 위한 선물도 준비되어 있습니다.
무희들이 당신을 기다리고 있습니다.
우리는 당신을 위해 집을 한 채 지었습니다.
당신의 하인들도 이미 서 있습니다.
우리는 당신을 위해서 양떼들을
푸른 들판 위로 몰아 두었습니다.
우리는 당신의 잔을 붉은 포도주로
가득 채워 놓았습니다.
우리는 황금 접시 위에 향긋한 과일들을 준비해 두었습니다.
우리는 당신의 감옥을 두드리고
우리의 귀를 거기에 대고 있습니다.
시간은 흘러가고, 더 이상 머무르지 않습니다.
당신이 없으면 우리는 불행하고
우리의 노래는 시들어 버립니다.

당신이 없어 우리는 불행하고 우리의 노래는 약해져 가고 있습니다.
우리는 우리의 가슴이 주는 말을 모두 다 말했습니다.
당신은 그 외에 무엇을 더 원합니까?
우리는 당신을 위해서
그 외에 무엇을 수행해야 합니까?
우리는 당신을 위해 모든 문을 열어 두고 있습니다.
우리는 당신이 원하는 곳에서 무릎을 꿇고 있습니다.
우리는 당신의 소망에 따라서
나침반의 모든 방향으로 가고 있습니다.
당신의 명령에 따라, 우리는 아래에 있는 것을 위로 갖고 가고,
위에 있는 것을 아래에 있는 것으로 바꿔놓고 있습니다.
우리는 당신의 소망에 따라서
주고 또 받고 있습니다.
우리는 오른쪽으로 가기를 원했으나 당신의 신호에
복종하며 왼쪽으로 가고 있습니다.
우리는 솟아오르고 떨어지며, 우리는 흔들리고 조용하며,
우리는 보고 보지 않으며, 우리는 듣고 듣지 않으며,
우리는 긍정과 부정을 말하며, 언제나 당신의 말을 듣고 있습니다.
우리는 이해하지 않고 있으며,
우리는 이해할 수 없는 그것을 살고 있습니다.
우리는 사랑하지 않고 있으며,
우리는 사랑받지 않은 것을 살고 있습니다.
그리고 우리는 다시 우리 자신을 중심으로 돌고 있으며,
이해할 수 있는 것을 이해하며 살고 있습니다.
우리는 사랑받는 것을 사랑하며 살고 있으며,
당신의 법에 충실하고 있습니다.

우리에게로 오십시오. 자신의 의지로 뜻을 펴고 있는 우리에게로.
우리에게로 오십시오. 자신의 정신으로 당신을 이해하고 있는 우리에게로.
우리에게로 오십시오. 자신의 불로 당신을 덥힐 우리에게로.
우리에게로 오십시오. 자신의 기술로 당신을 치료할 우리에게로.
우리에게로 오십시오. 자신의 육체로 당신을 낳을 우리에게로.
오라, 아이여, 아버지와 어머니에게로.

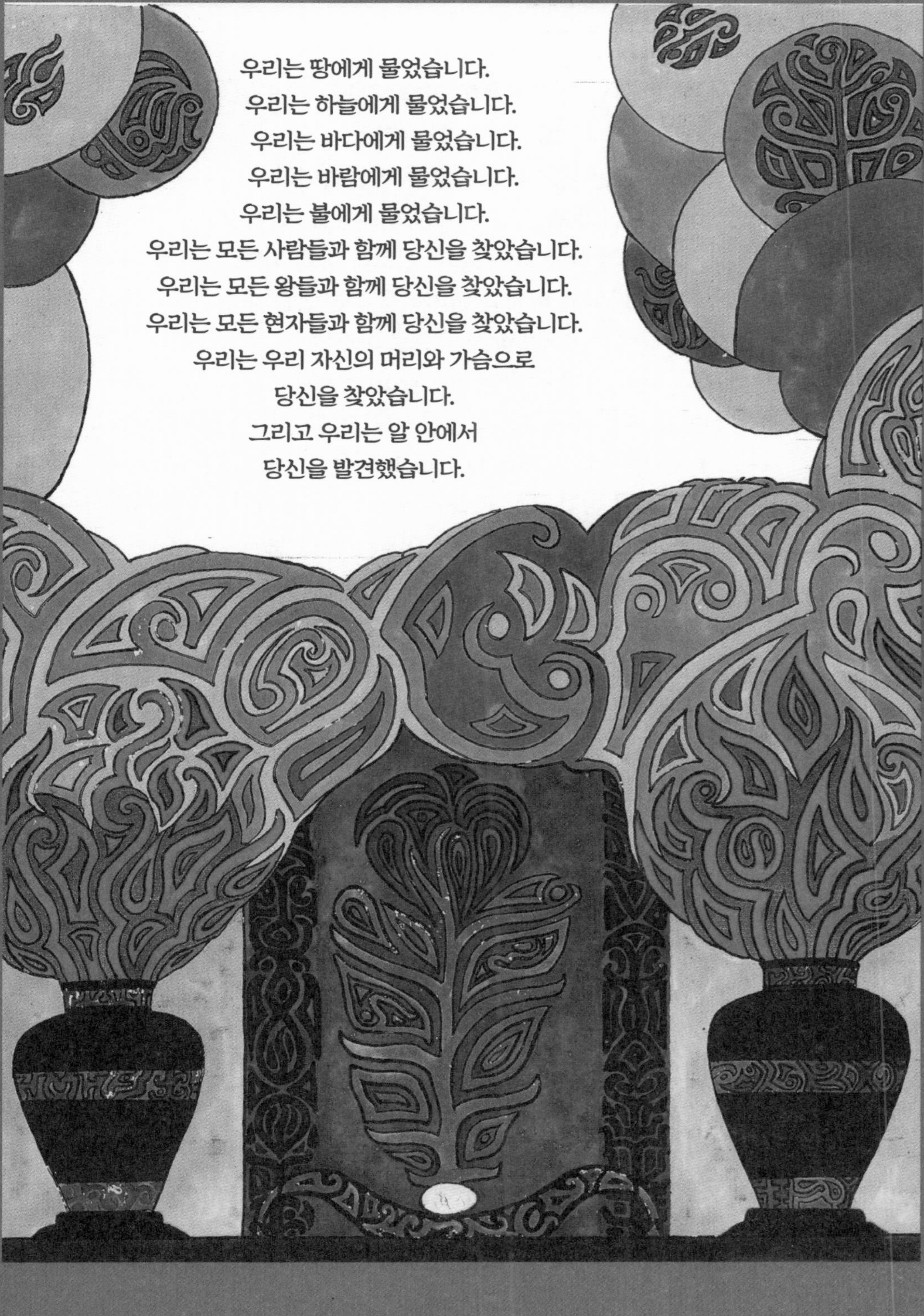

우리는 땅에게 물었습니다.
우리는 하늘에게 물었습니다.
우리는 바다에게 물었습니다.
우리는 바람에게 물었습니다.
우리는 불에게 물었습니다.
우리는 모든 사람들과 함께 당신을 찾았습니다.
우리는 모든 왕들과 함께 당신을 찾았습니다.
우리는 모든 현자들과 함께 당신을 찾았습니다.
우리는 우리 자신의 머리와 가슴으로
당신을 찾았습니다.
그리고 우리는 알 안에서
당신을 발견했습니다.

나는 당신을 위해 소중한 인간 제물을 죽였습니다.
젊고 늙은 한 인간을.
나는 칼로 나의 살점을 베었습니다.
나는 당신의 제단에 나 자신의 피를 뿌렸습니다.
당신이 나와 함께 살 수 있도록 하기 위해,
나는 나의 아버지와 어머니를 추방했습니다.
나는 나의 밤을 낮으로 바꾸었고,
몽유병자처럼 정오에 돌아다녔습니다.
나는 모든 신들을 뒤엎어버리고, 법들을 어기고, 불결한 것을 먹었습니다.
나는 나의 칼을 내려놓고, 여자 옷을 입었습니다.
나는 나의 견고한 성을 부수고, 모래밭에서 아이처럼 놀았습니다.
나는 전사들이 전투 대형을 이루는 것을 보았으며,
나는 해머로 나의 갑옷을 부수어 버렸습니다.
나는 나의 들판에 나무를 심고, 과일들이 썩도록 내버려 두었습니다.
나는 위대한 모든 것을 하찮게 만들고,
하찮은 모든 것을 위대하게 만들었습니다.
나는 나의 가장 먼 목표와 가장 가까운 목표를 맞바꾸었으며,
그래서 나는 준비가 되어 있습니다.

그러나 나는 준비가 되어 있지 않다. 이유는 나의 가슴을 질식시키고 있는 것을 아직 받아들이지 않았기 때문이다. 무서운 것은 바로 그 신을 알 안에 가두어 두고 있다는 점이다. 나는 그런 위대한 모험이 성공했다는 사실에 행복하지만, 나의 두려움이 나로 하여금 거기에 따를 위험을 망각하도록 만들었다. 나는 그 막강한 존재를 사랑하고 존경한다. 그 누구도 수소의 뿔을 가진 그보다 더 위대할 수 없다. 그럼에도 나는 그를 절뚝거리게 하고, 그를 업고 옮겼으며, 그를 쉽게 자그마하게 만들었다. 처음 그를 보았을 때 나는 깜짝 놀라 거의 땅바닥에 쓰러질 뻔했다. 그랬던 내가 지금은 오목한 나의 작은 손으로 그를 구하고 있다. 이런 것들이 당신을 두려워하게 만드는 동시에 당신을 정복하는 권력들이다. 아득히 먼 그때 이후로, 이것들이 당신의 신들이었고 당신의 통치자들이었다. 그럼에도 당신은 그것들을 당신의 주머니 안에 넣을 수 있다. 이와 비교할 만한 신성모독이 있는가? 나는 신들에게 불경스런 말을 할 수 있기를 원한다. 그런 식으로 나는 모욕할 수 있는 신을 적어도 하나는 갖게 될 것이지만, 사람이 주머니 안에 넣고 다니는 알은 모독할 가치조차 없다. 그것은 사람이 모독조차 할 수 없는 신이다.

나는 그 신이 이런 비참한 상황에 처한 것을 싫어했다. 나 자신의 무가치는 이미 충분하다. 그 어떤 것도 견고하게 서 있지 않다. 당신도 당신 자신이 건드리면 먼지로 변한다. 당신이 그 신을 건드리면, 그도 무서워하며 알 속에 숨는다. 당신은 지옥의 문들을 억지로 열고 있다. 킬킬 웃는 유령들의 소리와 바보들의 노래가 당신에게 들려온다. 당신은 천국을 공격한다. 무대 장치가 흔들리고 상자 안에 숨어 대사를 알려주던 프롬프터가 기절하며 쓰러진다. 당신은 당신 자신이 진정한 존재가 아니라는 것을 눈치 챈다. 위도 진짜가 아니고, 아래도 진짜가 아니다. 왼쪽과 오른쪽 모두 기만이다. 당신이 여기저기서 움켜쥐는 것마다 공기, 공기뿐이다.

그러나 나는 그를, 영겁의 시간 이래로 두려움의 대상이었던 그를 잡았다. 나는 그를 작게 만들었으며, 나의 작은 손이 그를 감싸고 있다. 그것은 신들의 사망이다. 사람이 신들을 자기 주머니에 넣은 것이다. 그것은 신들의 이야기의 종말이다. 신들에 관한 것은 하나의 알 외에는 아무것도 남지 않았다. 그리고 나는 이 알을 소유하고 있다. 아마 나는 이 마지막 신을 없애버릴 수 있으며, 이로써 신들의 종족을 최종적으로 절멸시킬 수 있다. 신들이 나의 권력에 굴복했다는 것을 아는 지금, 나에게 신들은 무엇인가? 늙고 지나치게 원숙한 신들은 아래로 떨어져 하나의 알 속에 묻혔다.

하지만 어떻게 이런 일이 벌어졌는가? 나는 위대한 존재를 쓰러뜨렸다. 나는 그를 애도했다. 나는 그와 헤어지고 싶지 않았다. 이유는 내가 어떤 인간 존재도 그에게 맞서지 못한다는 이유로 그를 사랑했기 때문이다. 사랑하는 마음에서, 나는 그에게서 무게를 빼고 그를 공간의 한계로부터 자유롭게 풀어줄 계략을 고안했다. 사랑하는 마음에서, 나는 그로부터 형태와 육체적인 것을 빼앗아버렸다. 사랑하는 마음에서, 나는 그를 어머니 같은 알 안에 집어넣었다. 그렇게 하지 않고 내가 그를, 나 자신이 사랑했던 무방비 상태의 존재를 죽여야 했는가? 내가 그의 무덤의 연약한 껍질을 깨뜨리고, 그를 세상의 바람(風)의 가벼움과 자유에 노출시켜야 했는가? 그러나 나는 그의 부화를 위해 주문(呪文)을 외지 않았는가? 나는 그를 사랑하기 때문에 그런 행동을 하지 않았는가? 왜 나는 그를 사랑하는가? 나는 나의 가슴에서 진정으로 우러나오는, '위대한 존재'에 대한 사랑을 버리고 싶지 않다. 나는 나의 신을, 무력하고 희망 없는 신을 사랑하길 원한다. 나는 어린애를 돌보듯 그를 돌보길 원한다.

우리는 신들의 아들들이 아닌가? 그렇다면 신들이 우리의 아이들이 되지 못할 이유가 무엇인가? 만약에 나의 아버지인 그 신이 죽어야 한다면, 어머니 같은 나의 가슴에서 아이 신이 하나 나와야 한다. 이유는 내가 신을 사랑하고 그와 헤어지길 원하지 않기 때문이다. 오직 신을 사랑하는 자(者)만이 신을 쓰러뜨릴 수 있다. 그러면 신은 자신의 정복자에게 굴복하고, 그의 손 안에서 편히 있다가, 자신을 사랑하고 자신에게 탄생을 약속하는 그의 가슴 속에서 죽을 것이다.

*나의 신이여, 나는 당신을, 아직 태어나지 않은 아이를 사랑하는 어머니의 마음으로 사랑하고 있다오. 동쪽의 알 안에서 자라고, 나의 사랑으로 당신 자신을 키우고, 나의 생명의 즙을 마셔라. 그러면 당신은 눈부신 신이 될 것이오. 오, 아이여, 우리에겐 당신의 빛이 필요하네. 우리가 어둠에 빠질 때, 우리의 길들을 밝혀주오. 당신의 빛이 우리의 앞을 밝히도록 해주오. 당신의 불로 우리 생명의 차가움을 따뜻하게 데워주오. 우리에겐 당신의 권력이 아니라 생명력이 필요하오.*

권력이 우리에게 무슨 소용이 있어? 우리는 지배하길 바라지 않는다. 우리는 살기를 원한다. 우리는 빛과 따스함을 원한다. 그러므로 우리에겐 당신의 빛과 따스함이 필요하다. 푸르러지는 대지와 살아 있는 모든 생명체가 태양을 필요로 하듯이, 정신으로서 우리는 당신의 빛과 당신의 따스함을 필요로 한다. 태양이 없는 정신은 육체의 기생충이 된다.

그러나 신은 정신을 살찌운다.

'사타파타 브라마나'(Satapatha-brahmana) 2, 2, 4.

11장

# 알을 열다

*세 번째 날 저녁에, 나는 양탄자 위에 무릎을 꿇고 앉아 조심스럽게 알을 연다. 연기가 알에서 피어오른다. 별안간 이즈두바르가 내 앞에 서 있다. 거대하고, 완벽한 모습이다. 사지도 멀쩡하다. 나는 그의 사지에서 상처의 흔적을 전혀 찾지 못한다. 마치 그가 깊은 잠에서 깨어난 것 같다. 그가 이렇게 말한다.*

*"여기가 어디야? 이곳은 정말 비좁고, 어둡고, 추워. 지금 나는 무덤 안에 들어 있는가? 내가 어디에 있었지? 마치 우주 안의 저 먼 곳에 있었던 것처럼 느껴져. 나의 위와 아래로 별이 반짝이는 하늘이 끝없이 펼쳐지고 있었어. 그리고 나는 이루 형언할 수 없는 갈망의 열정에 휩싸였어.*

*불의 물결이 나의 빛나는 몸에서 터져 나왔어.*

*나는 타오르는 불꽃을 뚫고 솟아났어.*

*나는 훨훨 타는 불이 나를 감싸고 있는 어떤 바다에서 헤엄을 쳤어.*

*빛으로 충만하고, 갈망으로 충만하고, 영원으로 충만한 바다였어.*

*나는 아득한 옛날의 존재로서 영원히 스스로 부활하고 있었어.*

*높은 곳에서 깊은 곳으로 떨어지고*

*깊은 곳에서 높은 곳으로 빛을 발하며 솟아오르고*

*빛나는 구름들 사이를 홀로 떠돌아 다녔어. 깜부기불들이 파도의 포말처럼 쏟아져 내리고, 나 자신을 숨이 턱턱 막히는 열기 속으로 집어넣고, 끝없는 어떤 유희에서 나 자신을 끌어안고 또 나 자신을 거부하면서.*
*내가 어디 있었지? 나는 완전히 태양이었어."*

**나:** "오, 이즈두바르! 신성한 존재여! 정말 멋지군! 당신은 다 나았어!"

*"다 낫다니? 내가 아프기라도 했단 말인가? 누가 병에 대해 말하는가? 나는 태양, 완전한 태양이었어. 나는 태양이야."*

그의 몸에서 이루 형언할 수 없는 빛이 터져 나온다. 나의 눈이 견뎌내지 못할 빛이다. 나는 얼굴을 가리고 시선을 땅 쪽으로 깔아야 했다.
**나:** "당신은 태양, 영원한 빛이야. 막강한 존재여, 당신을 이쪽으로 옮겨온 나를 용서해주오."

모든 것이 조용하고 어둡다. 나는 주변을 돌아본다. 알의 빈 껍질이 양탄자 위에 놓여 있다. 나는 나 자신과 바닥과 벽들을 만져본다. 모든 것이 평소와 다름없다. 지극히 평범하고 완벽한 현실이다. 나는 주변의 모든 것이 금으로 변했다고 말하고 싶다. 그러나 그것은 맞는 말이 아니다. 모든 것이 늘 그랬던 모습 그대로다. 여기선 영원한 빛이, 끝없고 강력한 영원한 빛이 지배했다.

내가 알을 열었고, 그 신이 알에서 나왔다. 신은 다 나았고, 그의 모습은 변하여 빛을 발했다. 나는 아이처럼 무릎을 꿇었으며, 그 기적을 이해할 수 없었다. 시초(始初)의 핵(核) 안에 응축되어 담겨 있던 그 신이 벌떡 일어났으며, 그에게서 아팠던 흔적은 전혀 보이지 않았다. 그리고 내가 막강한 존재를 붙잡아서 오목한 나의 작은 손 안에 넣고 있다고 생각했을 때, 그는 태양 자체였다.

나는 태양이 떠오르는 동쪽으로 방랑했다. 아마 태양처럼 나도 솟아오르기를 원했을 것이다. 나는 태양을 끌어안고 함께 새벽으로 솟아오르기를 원했다. 그러나 그것이 나에게로 와서 나의 길을 막아섰다. 그것이 나에겐 시원(始原)에 닿을 기회가 전혀 없다고 일러주었다. 그러나 나는 태양과 함께 밤의 자궁 속으로 떨어지기를 바라면서 길을 재촉하고 있던 그 존재를 절뚝거리게 만들었다. 이로써 그 존재는 축복받은 서쪽 땅에 닿겠다는 희망을 모두 버렸다.

그러나 보라! 나는 그것이 태양이라는 사실조차 깨닫지 못한 가운데 태양을 붙잡아서 손에 쥐고 다녔다. 태양과 함께 지기를 원했던 그는 아래로 내려가는 행위를 통해 나를 발견했다. 나는 시원의 알을 품은, 그의 밤의 어머니가 되었다. 그리고 그가 일어났고, 다시 새로워졌으며, 더욱 장엄한 모습으로 다시 태어났다.

그러나 그가 솟아오르는 사이에 나는 내려간다. 내가 그 신을 정복했을 때, 그의 힘이 나에게로 흘러들어왔다. 그러나 그 신이 알 속에서 쉬면서 자신의 시작을 기다릴 때, 나의 힘이 그에게로 들어갔다. 그리고 그가 빛을 발하며 솟아났을 때, 나는 얼굴을 아래로 숙이며 엎드렸다. 그가 나의 생명을 가져갔다. 이제 나의 모든 힘은 그의 안에 있었다. 나의 영혼은 그의 불의 바다에서 한 마리 물고기처럼 헤엄을 쳤다. 그러나 나는 놀랄 정도로 차가운 대지의 그늘 밑에 누워서 더욱 깊이, 맨 밑바닥의 어둠까지 가라앉았다. 모든 빛이 나를 떠났다. 그 신은 동쪽의 땅에서 솟았고, 나는 지옥의 공포로 떨어졌다. 나는 거칠게 다뤄지면서 자신의 생명을 아이에게 피로 뽑아주고 있는 임산부처럼 그곳에 누워서 잦아드는 번득임 속에서 생명과 죽음을 결합시키고 있었다. 나의 신은 나를 무섭게 찢어놓았다. 그는 나의 생명의 즙을 마시고 나의 가장 센 힘을 들이킨 뒤에 태양처럼 경이롭고 막강한 존재가 되었다. 어떤 오점이나 결점도 없는 무결점의 신이 된 것이다. 그는 나에게서 날개를 떼어갔고, 나의 근육에서 단단한 힘을 앗아갔고, 나의 의지의 힘이 그와 함께 사라졌다. 그는 나를 무력한 상태에서 신음하도록 내버려 두었다.

나에게 무슨 일이 일어나고 있는지, 나는 몰랐다. 막강하고 아름답고 즐겁고 초인적인 모든 것이 나의 엄마 같은 자궁에서 슬그머니 그냥 빠져나갔기 때문이다. 빛을 발하는 황금 같은 것은 하나도 남지 않았다. 잔인하게도, 그 태양새는 날개를 활짝 펴고 무한의 우주 속으로 날아올랐다. 나에겐 그의 시작의 틀인 깨어진 껍질만 남겨졌다. 나의 발밑으로 깊은 곳의 허공이 열렸다.

신을 낳은 어머니에게 화 있을진저! 만약에 그녀가 상처 입고 고통에 시달릴 신을 낳는다면, 어떤 칼이 그녀의 영혼을 관통할 것이다. 그러나 만약에 그녀가 무결점의 신을 낳는다면, 그때엔 그녀에게 지옥이 열릴 것이다. 거기서 무시무시한 뱀들이 나와서 그 어머니를 독기로 질식시킬 것이다. 출산도 어렵지만, 그보다 천배 더 어려운 것은 지옥 같은 '후산'(後

產)[28]이다. 영원한 공백의 모든 용과 괴물 같은 뱀들이 신의 아들의 뒤를 따라 나온다.

신이 성숙하여 모든 권력을 다 잡을 때, 인간의 본성에 무엇이 남는가? 무능한 모든 것, 무력한 모든 것, 영원히 통속적인 모든 것, 악의적이고 불길한 모든 것, 거부당하다 점점 작아져 절멸될 모든 것, 부조리한 모든 것밖에 남지 않는다.

인간이 자신의 어둠을 받아들이지 않을 때, 신이 고통을 겪는다. 따라서 인간들은 악으로 고통을 겪는 한 고통 받는 신을 가져야 한다. 악으로 고통을 겪는다는 것은 곧 당신이 여전히 악을 사랑하고 있으면서도 그것을 더 이상 사랑하지 못한다는 뜻이다. 당신은 여전히 뭔가를 얻길 바라고 있지만, 당신은 자신이 여전히 악을 사랑하고 있다는 것을 발견하게 될까봐 두려워하면서 면밀히 들여다보려 하지 않는다. 신이 고통을 당하는 이유는 당신이 악을 사랑하는 일로 계속 고통을 겪고 있기 때문이다. 당신이 악을 인정한다고 해서 악으로 고통을 겪는 것은 아니다. 당신이 악으로 고통을 겪는 이유는 악이 당신에게 은밀한 쾌락을 즐기게 하고, 또 악이 미지의 쾌락을 약속하는 것처럼 보이기 때문이다.

당신의 신이 고통을 당하고 있는 한, 당신은 당신의 신과 당신 자신에게 동정심을 품는다. 따라서 당신은 당신의 지옥을 용서하게 되고, 그렇게 함으로써 당신은 신의 고통을 연장시킨다. 만약에 당신이 당신 자신에게 은밀히 동정심을 느끼지 않으면서 당신의 신이 잘 지내기를 원한다면, 그땐 악이 당신을 방해하고 나설 것이다. 이때 당신은 악의 형태에 대해서는 일반적으로 잘 알고 있지만, 당신 자신의 안에 있는 그 악의 무시무시한 힘에 대해선 모른다. 당신이 당신 안에 있는 악을 잘 모르는 현상은 당신의 과거 삶의 용이함에서, 시간의 평화로운 흐름에서, 신의 부재에서 비롯된다. 그러나 만약에 신이 당신에게 가까이 다가온다면, 당신의 본성은 끓어오르기 시작하고, 깊은 곳의 시커먼 진흙이 소용돌이를 일으키며 피어오른다.

인간은 공백과 충만 사이에 서 있다. 만약에 인간의 힘이 충만과 결합한다면, 그 힘은 형성력을 충분히 지니게 된다. 그런 형성에는 언제나 좋은 무언가가 있다. 만약에 인간의 힘이 공백과 결합한다면, 그 힘은 해체하고 파괴하는 효과를 낳는다. 왜냐하면 공백은 결코 형태를 취할 수 없으며 단지 충만에게 피해를 입히며 스스로를 만족시키려 노력할 것이기 때문이다. 이런 식의 결합이 이뤄지면 인간의 힘이 공백을 악으로 바꿔놓는다. 만약에 당신의 힘이 충만을 형성한다면, 그 이유는 당신의 힘이 충

28 출산할 때 아이가 나온 뒤에 태반과 난막이 나오는 것을 일컫는다.

만과 연결되었기 때문이다. 그러나 당신의 형성이 확실히 존재하기 위해선 그 형성은 당신의 힘과 결합되어야 한다. 당신은 지속적 형성을 통해서 점진적으로 힘을 잃는다. 이유는 종국적으로 모든 힘이 균형 잡힌 형태를 가지려 하는 특성과 깊은 관련이 있기 때문이다. 궁극적으로, 당신이 스스로를 부자라고 잘못 상상하고 있는 그곳에서, 당신은 실제로 빈곤해져서 당신의 형태들 가운데에 거지처럼 서 있다. 앞을 보지 못하는 사람이 사물들에게 형태를 부여하려는 욕망에 사로잡히는 때가 그런 경우이다. 이 사람은 다양한 형성의 증가가 자신의 욕망을 채워줄 것이라고 믿고 있다. 그러나 그는 자신의 힘을 쏟은 까닭에 더욱 갈망하는 상태에 빠지게 된다. 그러면 그는 다른 사람들까지 자기를 위하도록 강요하고, 자신의 계획을 추구하기 위해 다른 사람들의 힘을 빼앗기 시작하게 된다.

바로 이 순간에, 당신은 악을 필요로 한다. 당신의 힘이 거의 다 소진되어 욕망이 시작되고 있다는 느낌이 들 때, 당신은 형성된 것들로부터 힘을 거둬들여 공백 속으로 보내야 한다. 이런 식으로 공백과 결합함으로써, 당신은 당신 안에서 형성을 해체하는 데 성공할 것이다. 이리하여 당신은 다시 자유를 얻는다. 당신이 당신의 힘을 대상과의 강압적 연결로부터 해방시켰다는 점에서 보면 그렇다. 선(善)의 관점을 고집하는 한, 당신은 당신의 형성을 해체시키지 못한다. 바로 형성 자체가 선한 것이기 때문이다. 당신은 선(善)을 선으로 해체하지 못한다. 오직 악으로만 선을 해체할 수 있다. 이유는 당신의 선도 당신의 힘을 점진적으로 속박함으로써 종국적으로 죽음으로 이끌기 때문이다. 당신은 악 없이는 삶을 온전히 살아가지 못한다.

형태를 형성하는 작업은 가장 먼저 당신 안에 형성의 어떤 이미지를 낳는다. 이 이미지는 당신 안에 남으며, 그것은 당신의 형성을 최초로 직접적으로 표현하고 있다. 이어서 그 작업은 바로 이 이미지를 통해서 어떤 외부 이미지를 낳으며, 이 외부 이미지는 당신이 없어도 존재하며 살아갈 수 있다. 당신의 힘은 당신의 외적 형성과 직접적으로 연결되지 않고 오직 당신 안에 남아 있는 이미지를 통해서만 연결된다. 악으로 당신의 형성을 해체하기 시작할 때, 당신은 그 외적 형태를 파괴하지 않으며, 그렇지 않다면 당신은 당신 자신의 작품을 파괴하는 결과를 낳을 것이다. 그러나 당신이 파괴하는 것은 당신이 당신 안에 형성해 놓은 이미지이다. 이유는 당신의 힘에 집착하고 있는 것이 이 이미지이기 때문이다. 당신은 당신의 형성을 해체하기 위해서, 그리고 당신 자신을 옛것들의 힘으로부터 자유롭게 풀려나기 위해서 악을 필요로 할 것이다. 이때 악의 힘은 이 이미지가 당신의 힘을 속박하고 있는 만큼은 강해야 한다.

따라서 형성이 많은 선한 사람들로 하여금 피를 흘리며 죽게 만든다. 이유는 선한 사람들이 악을 선만큼 돌보지 못하기 때문이다. 선한 사람일수록, 그리고 형성에 힘을 많이 쏟는 사람일수록, 그 사람은 더 많은 힘을 잃을 것이다. 그러나 선한 사람들이 형성에 힘을 모두 쏟아버릴 때, 무슨 일이 일어나는가? 선한 사람들은 무의식적 교활함과 힘으로 다른 사람들이 자신들의 형성에 기여하도록 강요할 뿐만 아니라, 선한 사람들은 자신도 모르는 사이에 자신의 선에도 해를 끼치게 된다. 이유는 만족과 강화에 대한 갈망이 그들을 더욱더 이기적인 존재로 만들 것이기 때문이다. 그러나 이 때문에 선한 존재들은 최종적으로 자신의 작품을 파괴할 것이고, 그들의 형성에 강제로 이바지했던 사람들은 그들의 적이 될 것이다. 이유는 이 사람들이 선한 사람들을 멀리할 것이기 때문이다. 그러나 당신도 당신을 멀리하는 사람들을 당신의 의지와 달리 은밀히 미워하기 시작할 것이다. 불행하게도, 자신의 힘을 속박했던 선한 사람은 자신을 도울 노예들을 너무나 쉽게 발견한다. 왜냐하면 어떤 훌륭한 것을 구실로 자기 자신으로부터 멀어질 수만 있다면 무엇이든 하겠다고 나서는 사람이 아주 많기 때문이다.

당신이 악으로 고통을 받는 이유는 당신이 악을 은밀히 사랑하면서도 그 사랑을 자각하지 못하기 때문이다. 당신은 자신의 곤경에서 벗어나길 원하며 악을 미워하기 시작한다. 당신은 그 혐오를 통해 악과 다시 한 번 연결된다. 당신이 악을 사랑하는가 악을 싫어하는가 하는 문제는 전혀 중요하지 않다. 어쨌든 당신은 악과 연결되어 있다. 악은 받아들여져야 한다. 우리가 원하는 것은 무엇이든 우리의 손안에 남는다. 우리가 원하지 않는 것은 우리보다 더 강한 경우에 우리의 뜻과 상관없이 우리를 휩쓸어버린다. 우리가 그런 것을 멈추게 할 때에는 반드시 우리 자신에게 피해가 돌아오게 되어 있다. 우리의 힘이 악의 안에 남아 있기 때문이다. 그러므로 우리는 사랑하든 혐오하든 상관하지 않고 악을 받아들여야 한다. 악이란 것이 존재하고 있다는 것을, 그리고 악도 삶에 나름의 역할을 갖고 있다는 점을 인정하기만 하면 된다. 그렇게 함으로써, 우리는 악으로부터 그것이 우리를 압도하는 힘을 빼앗을 수 있다.

우리가 하나의 신을 만드는 데 성공하고, 또 만약에 이 창조를 통해서 우리의 전체 힘이 그 계획에 투입되었다면, 우리는 신성한 태양과 함께 솟아오르면서 태양의 장엄의 일부가 되고 싶은 욕망을 강하게 품을 것이다. 그러나 우리는 자신이 신에게 형태를 부여하는 과정에 원기를 완전히 다 빼앗겨 속이 텅 빈 형태에 지나지 않는다는 것을 망각하고 있다. 우리는 빈곤할 뿐만 아니라 활발하지도 못한 물질이 되어 버렸다. 이런 상태에 있는 물질에겐 신성의 한 부분을 차지할 자격이 절대로 주어지지 않는다.

끔찍한 고통이나 악마의 불가피한 처벌처럼, 우리의 물질의 비참함과 빈곤이 우리 위로 살금살금 기어온다. 무력한 물질은 영양을 섭취하기 시작하고 모양을 다시 갖추기 시작한다. 그러나 우리는 늘 자신의 계획에 사로잡혀 지내기 때문에 신이 우리를 자기에게로 부르고 있다고 믿고 있으며, 신을 따라서 보다 높은 영역으로 들어가려고 안간힘을 쓰거나 동료 인간들에게 설교하듯이 어쨌든 신을 따르라고 강요하고 있다. 불행하게도, 세상에는 그런 설득에 넘어가 신을 따르는 사람들이 많다. 그들 자신과 우리에게 손해를 입혀가면서 말이다.

이런 열망에 파괴적인 요소가 많이 내재해 있다. 누가 신을 만든 자가 지옥의 저주를 받는다고 의심할 수 있겠는가? 그러나 일은 그런 식으로 돌아간다. 이유는 힘의 신성한 광휘를 빼앗긴 물질이 텅 비어 있고 어둡기 때문이다. 만약에 신이 물질에서 빠져나온다면, 우리는 물질의 공백을 끝없이 비어 있는 공간의 일부로 느낀다.

긴급한 필요성과 증대된 의지와 행위를 통해서, 우리는 공백과 악으로부터 벗어나기를 원한다. 그러나 옳은 길은 우리가 공백을 받아들이고, 우리 안에 있는 형태의 이미지를 파괴하고, 신을 부정하고, 물질의 나락과 끔찍함 속으로 내려가는 것이다. 우리의 작품으로서 신은 우리 밖에 서 있으며 더 이상 우리의 도움을 필요로 하지 않는다. 신은 창조된 뒤로 자신의 의지대로 움직이고 있다. 우리가 관심을 거둬들이자마자 사라져 버리는 그런 창작품이라면 전혀 아무런 가치를 지니지 않는다. 설령 그것이 신이라 할지라도 가치가 없긴 마찬가지다.

그러나 신은 창조되어 나와 분리된 뒤에 어디에 있는가? 만약에 당신이 집을 한 채 짓는다면, 그 집은 외부 세계에 서 있으면서 당신에게 뚜렷이 보일 것이다. 당신이 눈에 보이지 않는 어떤 신을 창조할 때, 그 신은 외적인 물리적 세계보다 조금도 덜 소중하지 않은 영적인 세계 안에 있다. 신은 거기에 있으면서 당신이 신에게 기대하는 모든 것을 당신과 다른 사람들을 위해 하고 있다.

따라서 당신의 영혼은 영적 세계 안에 있는 당신 자신의 자기이다. 그러나 정신들의 거주지로서 영적 세계는 또한 하나의 외적 세계이다. 당신이 눈에 보이는 세계 안에서 홀로 있지 않고 당신에게 속하면서 당신에게만 복종하는 대상들에 둘러싸여 있는 것과 똑같이, 당신은 당신에게 속하면서 당신에게만 복종하는 생각들을 갖고 있다. 그러나 당신이 눈에 보이는 세계 안에서 당신의 것도 아니고 당신에게 복종하지도 않는 사물들과 존재들에 둘러싸여 있는 것과 똑같이, 당신은 영적인 세계에서도 당신의 것도 아니고 당신에게 복종하지도 않는 생각들과 생각의 존재들에게 둘러싸여 있다. 당신이 당신의 육체적인 자식들을 생기게 하거나 낳을 수 있는 것과 똑같이, 그리고 그 아이들이 성장하여 자신들의 운명을 살기 위해 당신으로부터 분리되는 것과 똑같이, 당신은 당신으로부터 분리되어 자신들의 생명을 살 그런 생각의 존재들을 생기게 하거나 낳을 수 있다. 우리가 나이 들어 육신을 땅으로 돌려줄 때 자식들을 남기는 것과 똑같이, 나는 나의 신인 태양으로부터 나 자신을 분리시키고 물질의 공백 속으로 가라앉으며 내 안에 있는 나의 아이의 이미지를 지운다. 내가 물질의 본질을 받아들이고 나의 형태의 힘이 공백 속으로 흘러들어가도록 허용할 때, 그런 일이 일어난다. 내가 무언가를 생기게 하는 나의 힘을 통해 병든 신을 건강한 신으로 다시 태어나게 한 것과 똑같이, 나는 앞으로 악의 형성이 시작되는 물질의 공백에 생기를 불어넣는다.

*자연은 쾌활하고 끔찍하다. 어떤 사람들은 쾌활한 측면을 보면서 자연과 장난을 치며 자연이 빛을 발하도록 만든다. 다른 사람들은 공포를 보면서 머리를 감싸고, 살아 있다기보다는 죽어지낸다. 삶의 길은 둘 사이에 나 있지 않고 둘 다를 껴안는다. 자연은 쾌활한 놀이이고 냉혹한 공포이다.*

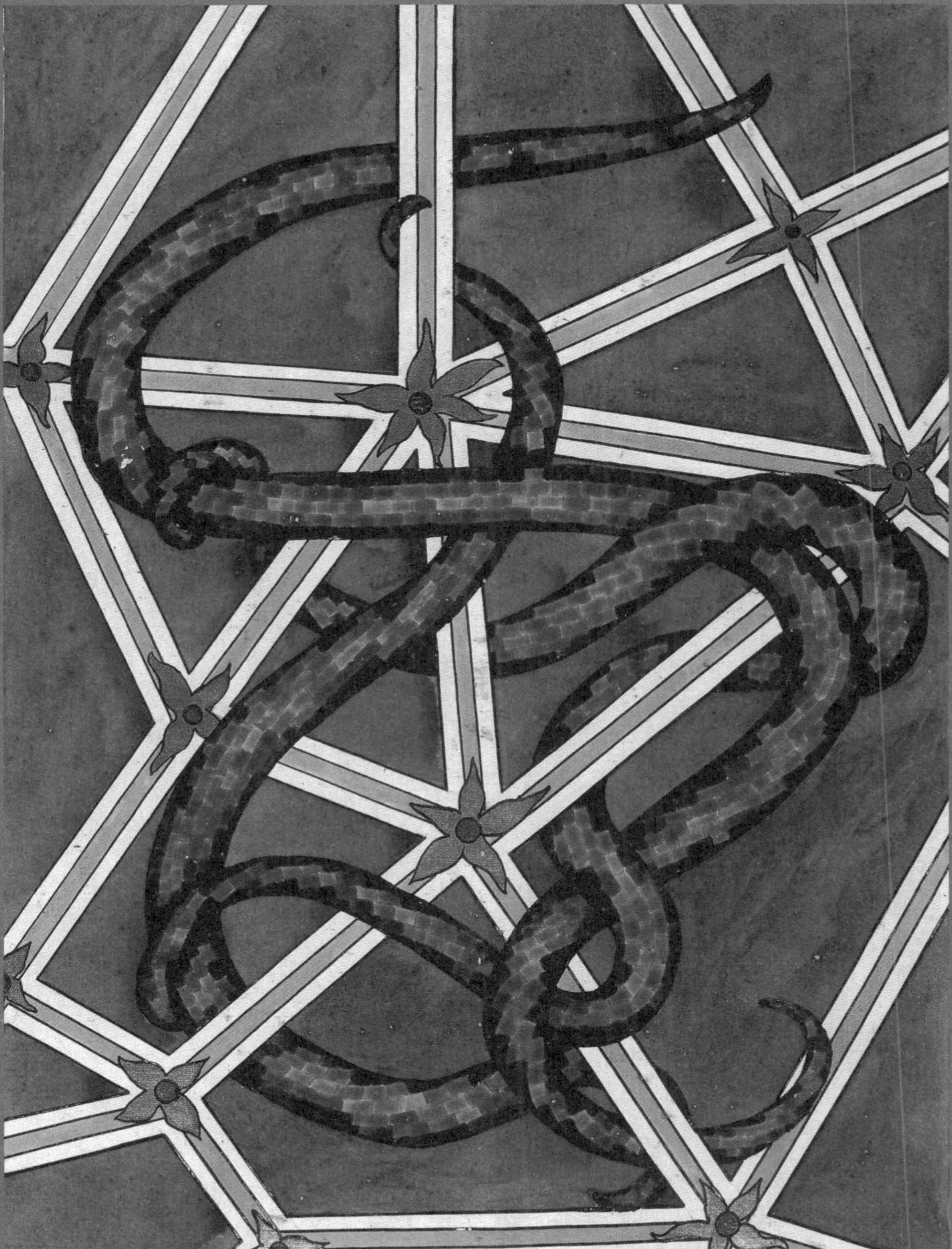

12장

# 지옥

나의 신이 창조되고 난 뒤 두 번째 밤에 어떤 환상이 나타났다. 내가 지옥으로 들어가는 환상이었다.

나는 음침한 지하 납골당 안에 있다. 바닥은 축축한 석판으로 되어 있다. 한가운데에 밧줄과 도끼들이 매달려 있는 기둥이 하나 서 있다. 기둥 밑에 인간의 육체들이 뱀처럼 서로를 감고 누워 있다. 가장 먼저, 젊은 처녀의 형상이 눈에 들어온다. 붉은 빛이 도는 금발이다. 그녀의 밑에 악마처럼 생긴 남자가 반쯤 누워 있다. 머리가 뒤로 젖혀져 있다. 앞이마에서 피가 가늘게 흘러내리고 있다. 서로 비슷하게 생긴 악마 둘이 처녀의 발과 몸 위로 몸을 던졌다. 그들의 얼굴은 비인간적인 표정을 짓고 있다. 살아 있는 악이라고나 할까. 근육은 탱탱하고 단단하다. 몸은 뱀처럼 가늘다. 그들은 꼼짝 않고 누워 있다. 처녀는 자기 밑에 누운 남자의 한쪽 눈 위에 손을 갖다 대고 있다. 이 남자가 셋 중에서 가장 막강하다. 그녀의 손에 자그마한 은색 낚싯대가 꼭 쥐어져 있다. 그녀가 낚싯바늘을 악마의 눈에 꽂는다.

순간 나는 식은땀을 쏟는다. 그들이 처녀를 고문하여 죽이려 들었지만, 그녀가 죽기 아니면 살기 식으로 발악하며 스스로를 지켰고 마침내 악마의 눈에 작은 낚싯바늘을 꽂는 데 성공했다.

악마가 움직이기라도 하면, 그녀는 낚싯대를 홱 잡아당겨 그의 눈알을 뽑아버릴 터였다. 공포가 나를 마비시킨다. 어떤 일이 벌어질까? 어떤 목소리가 말한다.

"*악한 자는 희생하지 않아. 악한 자는 자기 눈을 희생시키지 않아. 승리는 희생할 수 있는 자의 편이야.*"

환상이 사라졌다. 나는 나의 영혼이 지독한 악의 권력 속으로 떨어지는 것을 보았다. 악의 권력은 의심할 나위가 없으며, 우리가 악을 두려워하는 것은 당연하다. 거기서는 어떤 기도도, 어떤 경건한 말도, 어떤 마법의 말도 도움이 되지 않는다. 노골적인 권력이 당신을 쫓고 있다면, 어떤 도움도 소용없다. 악이 무자비하게 당신을 사로잡기만 하면, 아버지도, 어머니도, 그 어떤 권리도, 그 어떤 장벽과 탑도, 그 어떤 갑옷과 보호의 힘도 당신에게 도움이 되지 않는다. 당신은 무력하게 쓰러지고, 악의 막강한 손아귀로 버려지게 된다. 이 전투에서 당신은 당연히 홀로다. 나는 나의 신을 낳기를 원했다. 그렇다면 나는 악을 원한 것이나 마찬가지다. 어떤 영원한 충만을 창조하길 원하는 자는 또한 영원한 공백을 창조할 것이다. 다른 쪽을 창조하지 않고 한쪽만 창조할 수는 없다. 그러나 만약에 악을 피하길 원한다면, 그런 당신은 그 어떤 신도 창조하지 못할 것이다. 당신이 하는 모든 것은 미적지근하고 잿빛이다. 나는 은총과 치욕을 위해 나의 신을 원했다. 따라서 나는 당연히 나의 악도 원한다. 만약에 나의 신이 압도적이지 않다면, 나의 악도 압도적이지 않을 것이다. 그러나 나는 나의 신이 아주 막강하고 아주 행복하고 아주 찬란히 빛나길 원한다. 오직 이런 식으로만 나는 나의 신을 사랑한다. 그리고 나의 신의 아름다움의 광휘는 또한 나로 하여금 지옥의 맨 밑바닥을 맛보게 할 것이다.

나의 신은 천체보다 더 밝은 동쪽 하늘에서 솟아올라 모든 사람들에게 새 날을 가져다주었다. 이것이 내가 지옥으로 가길 원하는 이유다. 어머니라면 자기 아이를 위해 자신의 생명을 포기하기를 원할 수도 있지 않을까? 만약에 나의 신이 밤의 마지막 시간의 고통을 극복하고 아침의 붉은 안개를 뚫고 의기양양하게 솟아오를 수 있다면, 나의 생명을 포기하는 일이 얼마나 더 쉬워지겠는가? 나는 의심하지 않는다. 나도 나의 신을 위해서 악을 원한다. 나는 불공평한 전투에 돌입한다. 이유는 악이 언제나 불공정하고 틀림없이 부당한 명분이기 때문이다. 그렇지 않다면 이 전투가 얼마나 끔찍하고 절망적이겠는가? 그러나 전투는 꼭 이렇게 되어야 하고 또 그렇게 될 것이다.

사악한 존재에겐 자신의 눈보다 더 소중한

것은 없다. 공백이 그의 눈을 통해서만 빛을 발하고 있는 충만을 포착할 수 있기 때문이다. 공백은 충만을 결여하고 있다. 그래서 공백은 충만과 충만의 빛나는 권력을 갈구한다. 그리고 공백은 충만의 아름다움과 오점 없는 광휘를 파악할 수 있는 자신의 눈을 통해서 충만을 마신다. 공백은 빈곤하다. 그런 공백이 눈마저 없다면 아마 깊은 절망에 빠지고 말 것이다. 공백은 더없이 아름다운 것을 보면 그것을 망가뜨리기 위해 삼키길 원한다. 악마는 무엇이 아름다운지를 알고 있으며, 따라서 악마는 아름다움의 그림자이며 아름다움이 가는 곳마다 따라다니면서 아름다움이 산고를 치르며 신을 탄생시키는 순간을 기다린다.

만약에 당신의 아름다움이 성장한다면, 그 무서운 벌레가 먹이를 기다리면서 당신의 몸 위로 스멀스멀 기어다닐 것이다. 그 벌레에겐 자신의 눈 외엔 아무것도 거룩하지 않다. 그 눈으로 벌레는 가장 아름다운 것을 본다. 벌레는 자신의 눈을 결코 포기하지 않을 것이다. 벌레는 무적이지만, 아무것도 그의 눈을 보호하지 않는다. 그의 눈은 정교하고 밝으며, 영원한 빛을 마시는 데 탁월하다. 그 눈은 당신을, 당신의 생명의 붉은 빛을 원한다.

나는 인간 본성의 무서운 흉악성을 알고 있다. 나는 인간의 흉악성 앞에서 눈을 가린다. 누군가가 나에게 접근하기를 원하면, 나는 나의 그림자가 그 사람에게 드리워지든가 아니면 그의 그림자가 나에게 드리워질까 두려워하면서 그 흉악성을 손으로 막는다. 이유는 자신의 그림자와 동행하면서도 아무런 해를 입지 않는 사람의 안에서도 나 자신이 그런 흉악성을 보기 때문이다.

아무도 나를 건드리지 않고 있으며, 죽음과 범죄가 당신과 나를 기다리고 있다. 나의 친구여, 당신은 순진하게 웃고 있는가? 당신은 당신 눈의 부드러운 깜박거림이 무서움을 누설하고 있다는 사실을 모르고 있는가? 그런데 그 무서움의 분명한 사자(使者)가 바로 당신이 아닌가? 피에 굶주린 당신의 호랑이는 나직이 으르렁거리고 있고, 독을 품은 당신의 뱀은 은밀히 쉬이 소리를 내고 있다. 그 사이에, 오직 당신의 선(善)만을 자각하고 있는 당신은 인사로 나에게 인간적인 손을 내밀고 있다. 나는 우리를 따르면서 우리와 함께 다니고 있는 당신의 그림자와 나의 그림자가 밤의 온갖 악마들과 함께 당신과 나의 목을 조를 황혼만을 기다리고 있다는 것을 알고 있다.

피가 뚝뚝 떨어지는 그런 역사의 지옥이 당신과 나를 갈라놓고 있구나! 나는 당신의 손을 꼭 움켜잡으며 당신을 바라보았다. 나는 당신의 무릎에 머리를 묻으며 당신 몸의 살아 있는 온기를 온 몸으로 느낀다. 마치 당신의 몸이 나의 몸인 것처럼. 그러다가 갑자기 나는 부드러운 어떤 끈이 나의 목을 감는 것을 느꼈다. 그 끈이 무자비하게 나를 질식시켰으며, 잔인한 해머가 나의 관자놀이에 못을 박았다. 나는 발목이 잡힌 채 도로를 따라 질질 끌렸으며, 들개들이 외로운 밤에 나의 육신을 뜯어먹었다.

사람들이 서로 너무 멀리 벗어나 있는 탓에 서로를 이해하지 못하며, 따라서 그들이 전쟁을 벌이며 서로를 죽인다고 해도 놀랄 건 전혀 없다. 사람들이 서로 매우 가깝고, 서로를 이해하고 사랑한다고 믿고 있다면, 그것이 더 놀라운 일이다. 아직 발견해야 할 것이 두 가지 있다. 첫 번째는 우리를 다른 사람들로부터 떼어놓는 그 무한의 심연이다. 두 번째는 우리를 서로 연결시킬 수 있는 다리이다. 인간 집단이 어느 정도 야수성을 보일 수 있는지, 당신은 진지하게 고민해 보았는가?

나의 영혼이 악의 손아귀로 떨어졌을 때, 그 영혼은 약한 낚싯대 하나를 제외하고는 가진 것이 전혀 없는, 완전 무방비 상태였다. 나의 영혼은 마지막 남은 힘으로 이 낚싯대를 이용해 공백의 바다로부터 고기를 낚아 올릴 수 있었다. 사악한 존재의 눈이 나의 영혼의 힘을 전부 빨아들였다. 그래서 나의 영혼에겐 의지만 남았다. 그 의지가 바로 그 자그마한 낚싯바늘이다. 나는 악을 원했다. 나 자신이 악을 피할 수 없다는 사실을 깨달았기 때문이다. 그리고 내가 악을 원했기 때문에, 나의 영혼은 손에 소중한 낚싯바늘을 쥐고 있었다. 사악한 존재의 약한 곳을 걸 도구였다. 악을 원하지 않는 사람은 지옥으로부터 자신의 영혼을 구할 기회를 전혀 갖지 못할 것이다. 그런 사람은 지상 세계의 빛 속에 남아 있는 한 자신의 그림자가 될 것이다. 그러나 그의 영혼은 악마들의 지하 감옥에서 번민할 것이다. 이것이 그를 영원히 억제하는 역할을 할 것이다. 그러면 내면세계의 보다 높은 영역은 그에겐 닿지 못할 곳으로 남을 것이다. 그는 자신이 있던 곳에 남는다. 아니, 그는 정말로 뒤로 물러선다. 당신은 이런 사람들을 알고 있으며, 당신은 자연이 황량한 사막 위로 인간의 생명과 힘을 얼마나 많이 뿌리는지를 알고 있다. 당신은 이를 슬퍼하지 말아야 한다. 슬퍼한다면, 당신은 예언자가 되어 구원할 수 없는 것을 구원하려 들 것이다. 당신은 자연이 또 자연의 들판에 인간으로 거름을 준다는 것도 알고 있지 않는가? 수색자를 받아들이되 죄를 저지르는 사람들을 찾아 밖으로 나가지는 마라. 당신이 그들의 죄에 대해 무엇을 아는가? 어쩌면 그 죄가 신성할 수 있다. 당신은 신성한 것을 방해해서는 안 된다. 뒤를 돌아보지 말 것이며, 어떤 후회도 하지 마라. 당신은 당신과 가까운 곳에서 많은 사람들이 추락하는 것을 보고 있지 않는가? 당신은 동정심을 느끼는가? 그러나 당신은 당신의 삶을 살아야 한다. 그러면 적어도 천 명 중에 한 명은 남을 테니까. 당신은 죽음을 멈추지 못한다.

그러나 나의 영혼이 사악한 존재의 눈알을 뽑아버리지 않는 이유는 무엇인가? 사악한 존재는 여러 개의 눈을 갖고 있다. 그 중 하나를 잃는다 해도 달라질 것이 하나도 없다. 그러나 만약에 나의 영혼이 사악한 존재의 눈알을 뽑아버렸다면, 나의 영혼은 사악한 존재의 마법에 시달리게 되었을 것이다. 사악한 존재는 가만히 희생만 당하고 있지 않는다. 사악한 존재를 해쳐서는 안 된다. 눈을 해치면 특히 더 곤란해진다. 사악한 존재가 보고 욕망을 느끼지 않으면, 가장 아름다운 것이 존재하지 않을 것이기 때문이다. 사악한 존재는 신성하다.

공백이 희생할 수 있는 것은 아무것도 없다. 공백이란 것이 언제나 빈곤으로 허덕이고 있기 때문이다. 오직 충만만 희생할 수 있다. 그것이 언제나 가득 차 있기 때문이다. 공백은 충만에 대한 갈망을 희생시키지 못한다. 그것이 곧 공백의 본질을 부정하는 것이나 마찬가지이기 때문이다. 따라서 우리에겐 악도 필요하다. 그러나 나는 나의 의지를 사악한 것에 희생시킬 수 없다. 왜냐하면 내가 이전에 충만을 누렸기 때문이다. 모든 힘은 다시 내게로 흐르고 있다. 사악한 것이 내가 신의 형성에 대해 품었던 이미지를 파괴했기 때문이다. 그러나 나의 안에 있는 신의 형성의 이미지는 아직 파괴되지 않았다. 나는 이 파괴를 두려워하고 있다. 그 파괴가 끔찍하고, 신전들을 전례 없을 만큼 모욕하는 것이기 때문이다. 나의 내면에 있는 것은 모두 지독히도 무서운 이 행위에 맞서려고 노력하고 있다. 왜냐하면 나 자신이 신을 탄생시키는 것이 무슨 의미인지를 여전히 모르고 있었기 때문이다.

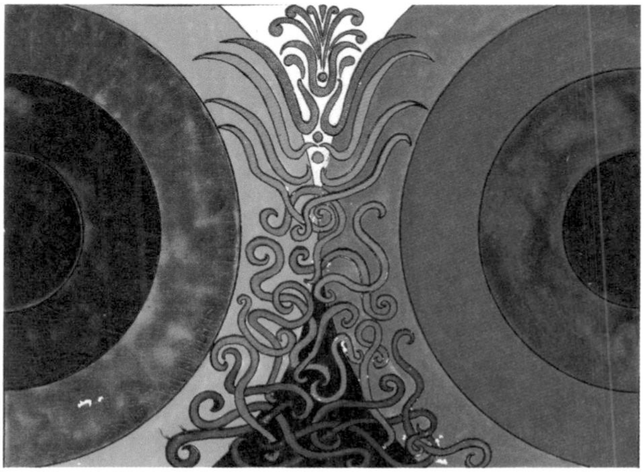

13장

# 제물살해

그러나 이것은 내가 보고 싶어 하지 않았던 환상이고, 내가 살고 싶어 하지 않았던 공포였다. 메스꺼운 느낌이 나의 몸에 스멀스멀 기어오르고, 기분 나쁠 만큼 징그러운 뱀들이 바싹 마른 관목 사이로 구불구불 움직이고 있고, 뱀들이 관목의 가지들에 힘없이 축 매달려 서로 몸을 엮고 있다. 나는 섬뜩한 계곡 안으로 들어서길 꺼린다. 거기 바위투성이 좁은 길에 나직한 나무들이 서 있다. 계곡은 아주 정상인 것처럼 보인다. 공기는 범죄와 악과 비겁한 행위의 냄새를 풍긴다. 나는 혐오와 공포에 사로잡힌 채 둥근 돌들 위를 조심조심 걷는다. 뱀을 밟을까 두려워 컴컴한 곳은 피한다. 태양이 잿빛 먼 하늘 사이로 약하게 비치고 있다. 나뭇잎은 모두 시들어 있다. 내 앞의 바위들 사이에 머리가 깨어진 꼭두각시 인형이 하나 놓여 있다. 몇 발자국 떨어진 곳에 자그마한 앞치마가 있다. 그리고 덤불 뒤에는 작은 소녀의 시신이 놓여 있다. 끔찍한 상처투성이다. 피로 범벅이 되어 있다. 한쪽 발엔 스타킹과 신발이 신겨져 있고, 다른 쪽 발은 벗겨진 채 피투성이가 되어 뭉개져 있다. 머리는? 머리는 어디 있는가? 머리는 머리카락과 하얀 뼛조각들과 피와 뒤섞여 있다. 주변의 돌엔 골과 피가 묻어 있다. 이 무시무시한 장면에 나의 시선은 얼어붙고 말았다. 아이 옆에 베일을 쓴 형상이, 여자 같은 형상이 말없이 서 있다. 그녀의 얼굴은 안이 비치지 않는 베일로 가려져 있다. 그녀가 나에게 묻는다.

**그녀:** "당신은 뭐라 할 건가?"

**나:** "꼭 말을 해야 하나? 이건 말로 표현하지 못해."

**그녀:** "당신은 이것을 이해하는가?"

**나:** "이해하고 싶지 않아. 이런 일엔 분노하지 않을 수 없어."

**그녀:** "왜 분노하는데? 이와 비슷한 일들이 매일 일어나고 있는데. 그렇다면 당신은 매일 분노하겠군."

**나:** "하지만 대부분의 시간에 우리는 그런 사건들을 보지 않아."

**그녀:** "그렇다면 그런 사건들이 일어나고 있다는 것을 아는 것만으로는 화가 나지 않는단 말인가?"

**나:** "내가 단지 무엇인가에 대해 알고만 있다면, 그때 그 일은 조금 더 쉽고 단순하게 느껴져. 내가 아는 것이 지식에서 그친다면, 공포는 실감이 덜하지."

**그녀:** "가까이 와 봐. 그러면 아이의 배가 열린 것이 보일 거야. 거기서 간을 끄집어 내."

**나:** "난 시신에 손을 대지 않을 거야. 누가 본다면, 나를 살인자로 여길 거야."

**그녀:** "겁쟁이 같으니라고. 어서 간을 끄집어 내."

**나:** "내가 왜 그런 짓을 해야 해? 말도 안 돼."

**그녀:** "당신이 간을 제거해 주었으면 해. 그걸 당신이 해야 해."

**나:** "나한테 이런 명령을 하는 당신은 누구인가?"

**그녀:** "나는 이 아이의 영혼이야. 당신이 나를 위해 그렇게 해야 해."

**나:** "도무지 이해가 되지 않아. 하지만 난 당신을 믿고 끔찍한 짓을 하겠어."

나는 아이의 내장 깊은 곳으로 손을 집어넣는다. 아직 온기가 느껴진다. 간은 여전히 단단히 붙어 있다. 나는 칼을 끄집어내 간을 인대에서 끊는다. 이어 피 묻은 손으로 간을 그 형상 쪽으로 건넨다.

**그녀:** "고마워."

**나:** "이제 난 어떻게 해야 하는가?"

**그녀:** "당신은 간이 무엇을 의미하는지 알고 있어. 그것으로 치료 행위를 해야 해."

**나:** "어떻게 하는데?"

**그녀:** "간 덩어리 전체 대신에 작은 조각을 한 점 떼어내서 그걸 먹도록 해."

**나:** "당신은 지금 뭘 요구하고 있는 거야? 이건 미친 짓이야. 신성모독이야. 당신은 흉악하기 짝이 없는 범죄에 나를 끌어들이고 있어."

**그녀:** "당신은 살인자에게 더없이 힘든 고통을 고안해냈어. 그것으로 살인자는 자신의 행

위에 대해 속죄할 수 있어. 속죄의 길은 딱 한 가지뿐이야. 당신 자신을 낮추고 그걸 먹는 거야."

**나:** "나는 못해. 이 무시무시한 범죄 행위에 가담할 수 없어."

**그녀:** "당신은 이미 공범이야."

**나:** "내가 공범이라고?"

**그녀:** "당신은 한 사람의 인간이야. 인간은 이런 짓을 했어."

**나:** "맞아, 나는 인간이야. 나는 나 자신이 인간이기 때문에 이런 짓을 한 사람을 모두 저주해. 당연히 나 자신도 저주의 대상이지."

**그녀:** "그러니 이 행위에 가담해. 인격 따위는 버리고 그걸 먹도록 해. 나에겐 속죄가 필요해."

**나:** "그렇다면 그게 당신을 위한 것이로군. 당신이 이 아이의 영혼이니까."

나는 바위 위에 무릎을 꿇고 앉아 간 한 조각을 잘라 입 안에 넣는다. 뱃속에 든 것이 절로 올라온다. 눈물이 왈칵 쏟아진다. 식은땀이 이마를 적신다. 피비린내! 나는 결사적으로 삼킨다. 그러나 도저히 넘기지 못한다. 다시, 또 다시. 기절할 것만 같다. 그것이 마침내 넘어간다. 드디어 소름끼치는 일이 끝났다.

**그녀:** "고마워."

그녀는 베일을 뒤로 젖힌다. 황갈색 머리카락을 가진 아름다운 처녀다.

**그녀:** "나를 알아보겠어?"

**나:** "이상하게 친숙하게 느껴지네! 당신은 누구인가?"

**그녀:** "당신의 영혼이야."

제물을 바치는 행위가 끝났다. 신의 형성의 이미지인 신성한 아이가 죽음을 당했다. 나는 제물로 바쳐진 아이의 살점을 먹었다. 그 아이, 즉 신의 형성의 이미지는 나의 인간적인 갈망을 낳았을 뿐만 아니라, 태양의 아들들이 양도할 수 없는 유산으로 갖고 있는, 원초적이고 근본적인 모든 힘들을 담고 있었다. 신은 자신의 발생을 위해서 이 모든 것을 필요로 한다. 그러나 신이 창조되어 무한한 공간으로 들어가려 서두를 때, 우리는 태양의 황금이 필요하다. 우리는 자신을 재생시켜야 한다. 그러나 신의 창조가 가장 고결한 사랑의 창조적인 행위이기 때문에, 우리 인간 생명의 복구는 아래쪽의 행위를 의미한다. 이것이 위대하고 어두운 신비이다. 인간은 이 행위를 혼자서 성취하지 못하며, 인간을 대신해서 그 행위를 하는 악의 도움을 받아야 한다. 그러나 인간은 악의 행위에 자신이 연루되었다는 점을 인정해야 한다. 인간은 피가 뚝뚝 떨어지는 제물의 살점을 먹음으로써 그 같은 인정을 겉으로 확실히 보여줘야 한다. 이 행위를 통해, 사람은 자신이 한 사람의 인간이라는 점을, 자신이 악만 아니라 선까지 인정한다는 점을, 또 자신이 신의 생명력을 취소함으로써 신의 형성의 이미지를 파괴한다는 점을 입증한다. 이것은 그 신성한 아이의 진짜 어머니인 영혼을 구원하기 위해 벌어진다.

나의 영혼이 그 신을 낳고 생명을 주었을 때, 나의 영혼은 철저히 인간적인 성격을 지니고 있었다. 나의 영혼은 억겁의 시간 이래의 원초적 힘들을 갖고 있었지만, 그 힘들은 아직 잠자는 상태에 있었다. 그 힘들이 나의 도움도 받지 않은 가운데 신을 형성하는 일로 흘러들어갔다. 그러나 제물을 바치는 살인을 통해서, 나는 그 원초적인 힘들을 도로 찾아와 나의 영혼에 더했다. 그 원초적인 힘들이 살아 있는 형태의 일부가 된 이후로, 그 힘들은 더 이상 잠을 자고 있지 않으며, 이제 깨어 있고, 활동적이며, 신성한 작용으로 나의 영혼을 비추고 있다. 이를 통해, 나의 영혼은 신성한 속성을 받는다. 이리하여 제물의 살점을 먹는 것이 그 살점의 치유력을 도왔다. 고대인들도 우리들에게 이런 이야기를 들려주고 있다. 그들이 구원자의 피를 마시고 살점을 먹으라고 가르쳤다는 점에서 보면 그렇다. 고대인들은 이것이 영혼을 치유해줄 것이라고 믿었다.

진리는 많지 않다. 겨우 몇 개만 있을 뿐이다. 그럼에도 진리의 의미는 너무나 깊기 때문에 상징이 아닌 다른 방법으로는 파악되지 않는다.

인간보다 절대로 더 강하지 않은 신, 그는 무엇인가? 당신은 여전히 신성한 공포를 맛보아야 한다. 인간 본성의 어두운 밑바닥을 만져보지 않았다면, 그런 당신은 과연 포도주와 빵을 즐길 만한 가치가 있는 존재일까? 당신은 미지근하고 희미한 그림자이며, 얕은 바닷가와 넓은 시골길을 자랑할 것이다. 그러나 수문이 활짝 열릴 것이며, 이어 냉혹한 일들이 벌어질 것이다. 거기선 신만이 당신을 구해줄 수 있다.

태양의 광휘는 원초적인 힘이다. 영겁의 세월 동안, 태양의 아들들은 태양의 광휘를 자신의 내면에 갖고 있다가 자신의 아이들에게 물려주었다. 그러나 만약에 영혼이 광휘 속에 푹 담가지게 된다면, 그 영혼도 신만큼이나 냉혹해진다. 이유는 당신이 먹은 신성한 아이의 생명이 당신의 내면에서 시뻘겋게 타는 석탄처럼 느껴지기 때문이다. 그 아이의 생명은 당신의 내면에서 꺼지지 않는 불처럼 무섭게 탈 것이다. 그러나 심한 고통에도 불구하고, 당신은 그것을 그냥 내버려두지 못한다. 그것이 당신을 가만 내버려두지 않을 것이기 때문이다. 이로써 당신은 당신의 신이 살아 있고 또 당신의 영혼이 냉혹한 길들을 떠돌기 시작했다는 것을 이해할 것이다. 당신은 태양의 불이 당신 안에서 폭발했다고 느낀다. 새로운 무엇인가가, 신성한 어떤 고통이 당신에게 더해졌다.

가끔 당신은 당신 자신을 더 이상 인정하지 않는다. 당신은 당신 자신을 정복하길 원하는데, 당신 자신이 당신을 정복해 버린다. 당신은 한계를 정하길 원하는데, 당신 자신은 당신이 계속 나아가도록 강요한다. 당신은 당신 자신을 피하길 원하는데, 당신 자신은 언제나 당신과 함께 온다. 당신은 당신 자신을 부리길 원하는데, 당신이 당신 자신의 도구이다. 당신은 당신 자신에 대해 생각하길 원하는데, 당신의 생각은 당신 자신에게 복종하고 있으며, 최종적으로, 피할 수 없는 것에 대한 공포가 당신을 엄습한다. 이유는 당신 자신이 언제나 당신의 뒤를 천천히, 끈질기게 따르고 있기 때문이다.

달아나는 것은 절대로 불가능하다. 그래서 당신은 진정한 신이란 것이 어떤 것인지를 알게 된다. 여기서 당신은 영리한 격언, 예방 조치, 은밀한 탈출구, 구실, 그리고 망각을 일으키는 약 같은 것을 떠올릴 것이지만, 그 모든 것은 쓸모가 없다. 불은 당신을 통해서 제대로 탄다. 당신을 안내하고 있는 그것은 당신이 그 길을 가도록 강요한다.

그러나 그 길은 나 자신의 자기이고, 나 자신 위에 세워진 나 자신의 삶이다. 신은 나의 삶을 원한다. 신은 나와 함께 가고, 나와 함께 테이블에 앉고, 나와 함께 일하기를 원한다. 무엇보다도 신은 항상 현실 속에 있기를 원한다. 그러나 나는 나의 신을 볼 낯이 없다. 나는 신성하길 원하지 않고 합리적이길 원한다. 신성(神性)은 나에게 비합리적인 광기처럼 보인다. 나는 신성을, 의미 있는 나의 인간적인 활동을 부조리하게 방해하는 것으로 여기며 혐오한다. 신성은 나의 삶의 정상적인 진로에 교묘하게 끼어 든, 꼴사나운 질병처럼 보인다. 심지어 나는 신성이 불필요하다고까지 생각한다.

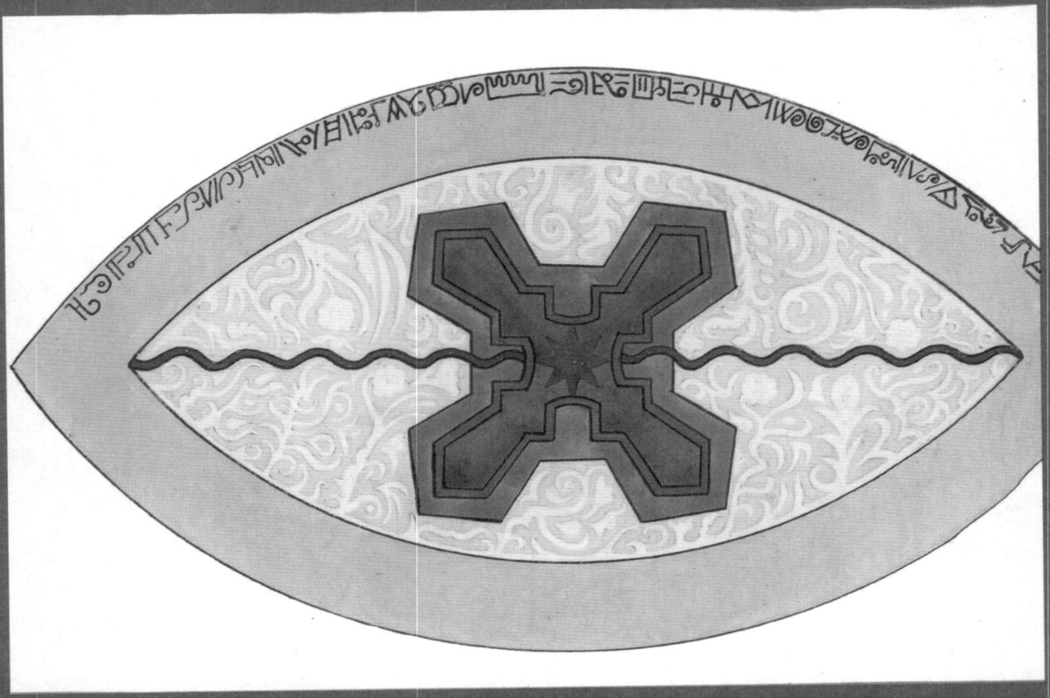

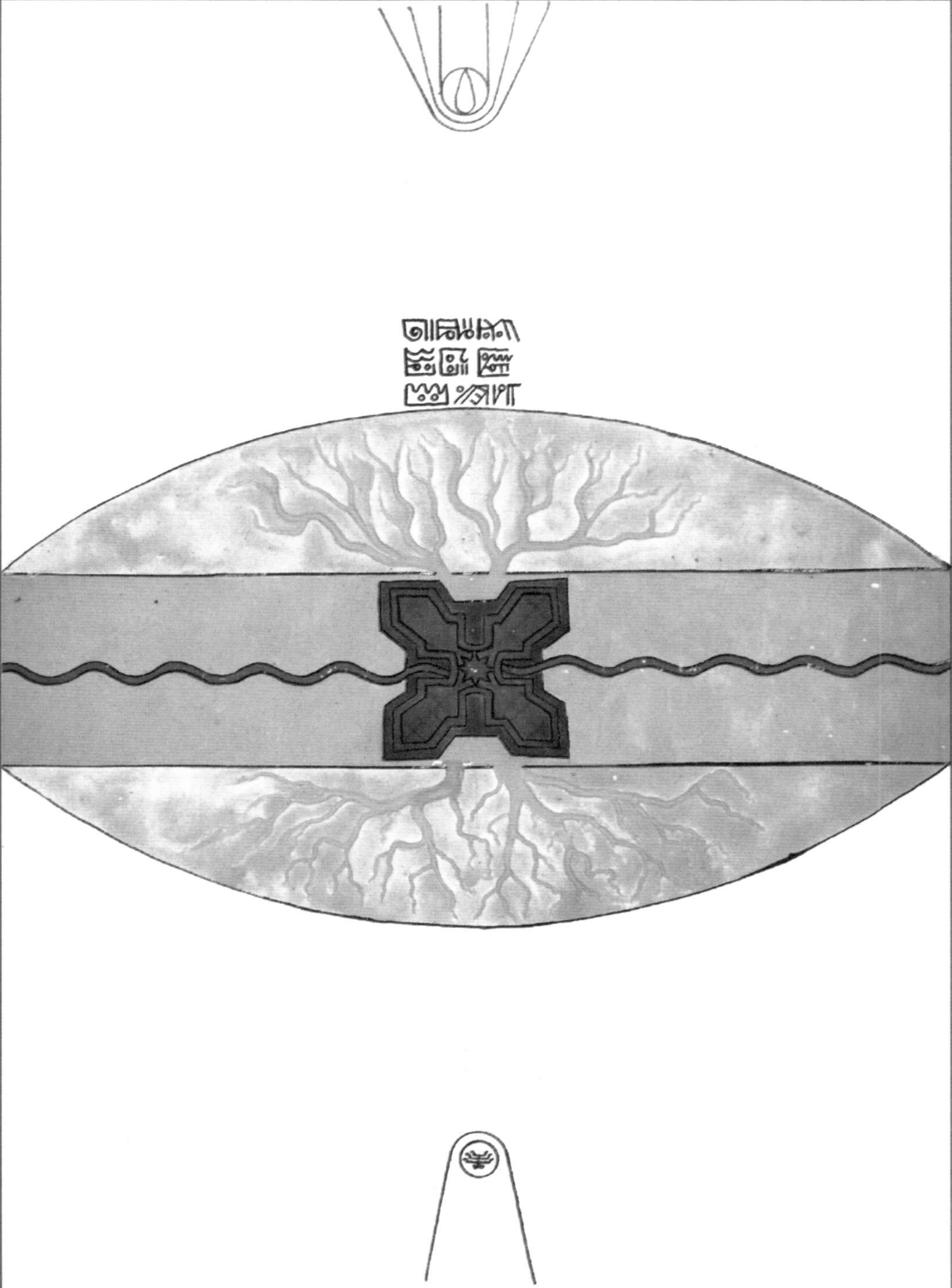

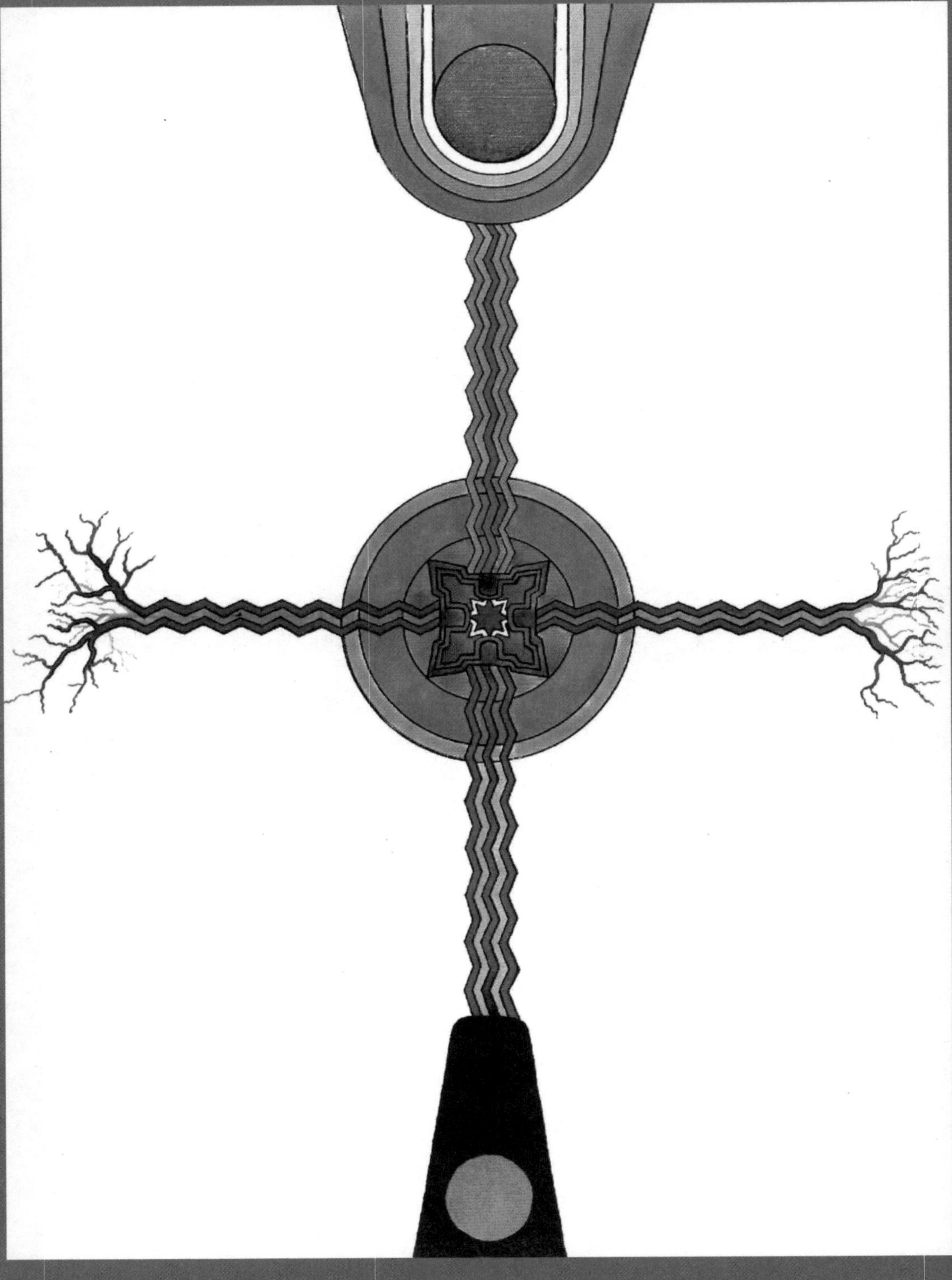

14장

# 신성한 어리석음

나는 천장이 높은 홀에 서 있다. 내 앞의 두 기둥 사이로 초록색 커튼이 보인다. 커튼은 쉽게 열린다. 나는 작은 휴게실을 들여다본다. 벽엔 아무런 장식이 없다. 푸른색 유리로 된 작은 창이 하나 있다. 나는 기둥들 사이의 계단을 올라가 방으로 들어간다. 뒤쪽 벽 오른쪽과 왼쪽에 문이 하나씩 보인다. 오른쪽과 왼쪽 중 하나를 선택해야 하는 상황인 것 같다.

나는 오른쪽을 택한다. 문이 열린다. 나는 그곳으로 들어간다. 넓다란 도서관 열람실이다. 뒤쪽에, 창백한 안색에 체구가 작고 야윈 남자가 앉아 있다. 사서임에 틀림없다. 분위기가 다소 안쓰럽다. 학자의 야망과 학자의 자부심, 상처받은 학자의 허영심 같은 것이 뒤섞여 있는 듯하다. 사서 외엔 아무도 보이지 않는다. 나는 그 사람 쪽으로 걸음을 뗀다. 그가 책에서 눈을 떼고 나를 올려다보며 말한다. "뭘 원하십니까?"

나는 다소 당황한다. 진정으로 원하는 것이 무엇인지 모르고 있기 때문이다. 퍼뜩 토마스 아 켐피스(Thomas à Kempis)[29]가 떠오른다.

**나:** "토마스 아 켐피스의 『예수 그리스도를 본받아』(The Imitation

29 독일의 신비 사상가(1380-1471)로 일생을 거의 수도원에서 보냈다.

of Christ)를 읽고 싶습니다."

그가 다소 놀라는 시선으로 나를 본다. 내가 그런 관심을 갖고 있다는 것이 믿기지 않는다는 식이다. 그가 나에게 도서 대출 신청서를 준다. 나 역시도 토마스 아 켐피스의 책을 요청한 것이 놀랍다는 생각이 든다.

**나:** "내가 토마스의 책을 빌리는 것이 놀라운가 보죠?"

**사서:** "네. 그 책을 찾는 사람은 거의 없거든요. 당신한테 그런 관심이 있을 걸로는 예상하지 못했어요."

**나:** "나 자신도 그런 생각에 다소 놀랐다는 점을 인정합니다. 그러나 최근에 토마스의 글 한 구절을 우연히 보았거든요. 그것이 특별한 인상을 주었어요. 이유는 나도 정확히 모르겠습니다만. 기억이 정확하다면, 아마 그 글은 예수를 본받는 것의 문제와 관련 있는 것이었습니다."

**사서:** "당신은 특별히 신학이나 철학에 관심이 있으신가요?"

**나:** "기도 목적으로 그걸 읽길 원하는지 궁금하다는 말씀이군요."

**사서:** "아니……."

**나:** "내가 토마스 아 켐피스의 책을 읽는 것은 학자의 관심에서가 아니라 기도 목적이나 그와 비슷한 일 때문입니다."

**사서:** "그 정도로 신앙심이 깊으십니까? 몰랐어요."

**나:** "나는 과학을 대단히 높이 평가합니다. 하지만 삶을 살다 보면 과학도 공허하고 역겹게 느껴지는 순간들이 있어요. 그럴 때 토마스의 저작물 같은 책은 나에게 많은 것을 의미합니다. 영혼으로 쓴 글이기 때문이죠."

**사서:** "하지만 다소 케케묵었어요. 오늘날엔 사람들이 기독교 교리학에 대해 더 이상 알려고 하지 않아요."

**나:** "단순히 기독교를 옆으로 밀쳐둔다고 해서 사람이 기독교를 버리게 되지는 않아요. 기독교에는 우리가 보는 그 이상의 뭔가가 있는 것 같아요."

**사서:** "거기에 뭐가 있습니까? 그건 단지 하나의 종교일 뿐입니다."

**나:** "사람들이 무슨 이유로, 또 어떤 때에 기독교를 무시합니까? 아마 대부분이 학창 시절이나 그보다 더 앞선 시기에 그렇게 할 것입니다. 그때를 특별히 분별력 있는 시기라고 부를 수 있을까요? 그리고 당신은 사람들이 실제적인 종교를 버리면서 내세우는 근거들을 면밀히 검토해 보았습니까? 그 근거들이 대부분 모호합니다. 신앙의 내용이 자연과학이나 철학과 충돌한다는 식이지요."

**사서:** "나의 관점에서 보면, 그런 반대는 즉각 반박에 봉착해요. 예를 들어, 나는 종교에 현실성이 부족한 게 단점이라고 생각해요. 덧붙

여 말하자면, 지금 종교의 붕괴로 야기된 기도 기회의 상실을 대신할 것들이 많아요. 예를 들면, '파우스트'는 말할 것도 없고, 니체는 진짜 기도서 이상의 책을 썼습니다."

**나:** "어떤 점에서 보면 그 말이 옳다고 나도 생각합니다. 그러나 특히 니체의 진리는 내가 볼 때 지나치게 선동적이고 도발적인 것 같아요. 그건 더 많은 자유를 필요로 하는 사람들에게는 유익해요. 바로 그런 이유로 니체의 진리는 오직 그런 사람들에게만 유익하지요. 어쩔 수 없이 코너로 몰리고 있는 사람들을 위한 진리도 필요하다고 나는 생각해요. 그런 사람들은 니체의 진리 대신에 우울한 진리를, 사람을 더욱 작게 만들고 더욱 안을 들여다보게 만드는 그런 진리를 필요로 하지요."

**사서:** "죄송합니다만, 니체는 인간을 예외적으로 훌륭하게 내면화하고 있어요."

**나:** "아마 당신의 관점에서 보면 당신이 옳아요. 하지만 니체가 자유를 더 많이 필요로 하는 사람들에게만 말을 걸고 있다는 느낌을 지울 수 없어요. 삶과 강하게 충돌하고 있는 사람들, 상처 때문에 피를 흘리고 있는 사람들, 현실에 강하게 천착하고 있는 사람들에게는 적절하지 않아요."

**사서:** "그러나 니체는 그런 사람들에게 소중한 우월감을 줍니다."

**나:** "그에 대해서는 반박할 수 없군요. 하지만 나는 우월감이 아닌 열등감이 필요한 사람들을 알고 있어요."

**사서:** "매우 역설적으로 표현하시는군요. 나는 당신을 이해하지 못하겠어요. 열등감이란 게 몹시 절실한 것이 될 수는 없지요."

**나:** "열등감 대신에 체념이라는 표현을 쓴다면 당신이 더 잘 이해할 수 있을 것입니다. 체념이라는 단어는 한때 자주 들을 수 있었는데 요즘엔 더 이상 쓰이지 않아요."

**사서:** "그 표현 또한 매우 기독교적으로 들립니다."

**나:** "내가 말한 대로, 기독교에는 지키면 좋을 것들이 많이 있는 것 같아요. 니체는 반대하는 성향이 지나치게 강해요. 건강하고 오래 지속되는 모든 것들처럼, 진리는 불행하게도 중도(中道)에 더 강하게 끌려요. 그런데 우리는 그 중도를 아주 싫어합니다."

**사서:** "당신이 중도적인 입장을 갖고 있으리라고는 전혀 생각하지 않았습니다."

**나:** "나 자신도 그렇습니다. 나의 입장이 나에게도 명쾌해 보이지 않아요. 만일 내가 중도의 길을 걷고 있다면, 그건 매우 특이한 방식으로 걷는 것임에 틀림없어요."

이때 도서관 직원이 그 책을 갖고 왔다. 나는 사서를 떠났다.

신성(神性)이 나와 함께 살기를 원한다. 저

항해봤자 아무 소용이 없다. 나는 나의 사고에게 물었다. 그러자 나의 사고가 대답했다. "너에게 신성을 사는 방법을 보여줄 사람을 본보기로 삼아라." 가장 자연스런 모델은 예수 그리스도다. 우리는 아주 오랜 옛날부터 처음에는 외적으로, 나중에는 내적으로 그의 법의 아래에 섰다. 처음에는 우리는 이런 사실을 알았으나 나중엔 그것을 더 이상 인식하지 않게 되었다. 우리는 그리스도에 맞서 싸워 그를 퇴위시켰고, 우리는 정복자인 것처럼 보였다. 그러나 그리스도는 우리 안에 그대로 남아 있으면서 우리를 지배했다.

눈에 보이지 않는 쇠사슬에 묶이는 것보다 눈에 보이는 쇠사슬에 매이는 것이 차라리 더 낫다. 당신은 기독교를 확실히 떠날 수 있지만, 기독교는 당신을 떠나지 않는다. 기독교로부터의 해방은 착각일 뿐이다. 그리스도는 길이다. 당신은 확실히 달아날 수 있지만, 그럴 경우에 당신은 더 이상 그 길 위에 서 있지 않는다. 그리스도의 길은 십자가에서 끝난다. 따라서 우리는 우리의 안에서 그와 함께 십자가에 못 박힌다. 그와 함께, 우리는 우리가 죽을 때까지 부활을 기다린다. 부활이 죽어서 일어나지 않는다면, 살아 있는 존재는 그리스도와 함께 부활을 절대로 경험하지 못한다.

만약에 내가 그리스도를 본받는다면, 그가 언제나 내 앞에 있을 것이며, 그러면 나는 절대로 목표에 닿지 못한다. 내가 그의 안에서 그 목표에 닿지 않는다면 달리 방법이 없다. 그러나 그리스도를 본받음으로써, 나는 나 자신을 넘어, 그리고 시간을 넘어 나아갈 수 있다. 시간 안에서, 그리고 시간을 통해서 나는 나 자신으로 남는다. 그리하여 나는 예수 그리스도를, 그리고 그를 다른 식으로 만들지 않고 바로 그런 식으로 만들었던 그의 시대를 만난다. 그러면 나의 삶이 이 시대에 이뤄지고 있음에도 불구하고, 나는 나의 시대 밖에 설 수 있으며 예수 그리스도의 삶과 여전히 이 시대에 속하는 나의 삶을 같이 살 수 있다. 그러나 만약에 예수 그리스도를 진정으로 이해하고자 한다면, 나는 예수 그리스도가 어떻게 아무도 본받지 않고 자기 자신의 삶을 살았는지를 깨달아야 한다. 그는 어떤 본보기도 흉내 내지 않았다.

내가 이런 식으로 진정으로 예수 그리스도를 본받는다면, 나는 누구도 모방하지 않고, 누구도 흉내 내지 않는 가운데 나의 길을 걸어야 한다. 또한 나는 더 이상 자신을 기독교인이라고 부르지도 말아야 할 것이다. 애초에 나는 예수 그리스도의 가르침을 지키는 한편으로 나의 삶을 삶으로써 그를 본받고 흉내 내기를 원했다. 나의 내면에 있는 어떤 목소리가 이에 이의를 제기하면서, 나의 시대에도 과거의 멍에를 벗어던지려는 나름의 예언자들이 있다는 점을 상기시켰다. 나는 예수 그리스도와 이 시대의 예언자들을 결합시키는 데 성공하지 못했다. 한쪽은 전하고 퍼뜨리길 원하고, 다른 한쪽은 버리길 원한다. 또 한쪽은 복종을 명령하고, 다른 한쪽은 의지(意志)를 요구한다. 이 모순에 대해 내가 어떤 식으로 생각해야 양쪽에 다 공평할 수 있을까? 이에 대한 적절한 답이 떠오르지 않은 결과, 한쪽 삶과 다른 쪽 삶을 차례로 사는 쪽으로 결론이 모아지고 있다.

그래서 나는 더 낮은 일상의 삶으로, 나의 삶으로 내려가기로 결정했다. 내가 서 있던 저 아래에서 삶을 시작할 터였다.

사고가 생각 불가능한 것으로 이끌 때, 그때는 단순한 삶으로 돌아갈 시간이다. 사고가 풀지 못하는 것을 삶이 풀 수 있다. 그리고 행위가 결코 결정하지 못하는 것은 사고의 몫이다. 만약에 내가 한편으로 가장 높고 가장 어려운 곳까지 올라가서 그보다 더 높은 곳에 닿는 구원을 어떻게든 추구한다면, 그때 진정한 길은 위로 향하지 않고 깊은 곳을 향한다. 이유는 내 안의 타자(他者)만이 나를 나 자신의 건너편까지 이끌기 때문이다. 그러나 타자를 받아들인다는 것은 반대편으로 내려가는 것을 의미한다. 말하자면, 진지함에서 가벼움으로, 고통에서 쾌활로, 아름다움에서 추함으로, 순수에서 불순으로, 그러니까 정반대 방향으로 내려가야 한다는 뜻이다.

15장

# 두 번째 밤

도서관을 나서면서 나는 다시 작은 휴게실 안에 섰다. 이번에는 왼쪽 문을 본다. 나는 작은 책을 주머니에 넣고 문 쪽으로 걸어간다. 그 문 역시 열려 있으며, 널따란 부엌으로 이어지고 있다. 난로 위로 커다란 굴뚝이 나 있는 부엌이다. 부엌 한가운데에 기다란 식탁이 2개 놓여 있고, 옆으로 역시 긴 의자들이 놓여 있다. 벽의 선반에 황동 단지들과 구리 단지들과 다양한 식기들이 놓여 있다. 키가 크고 뚱뚱한 여인이 난롯가에 서 있다. 바둑판무늬 앞치마를 두른 그녀는 요리사임에 틀림없다. 나는 그녀에게 인사를 건넨다. 그녀가 약간 놀란다. 그녀는 당황스러워하는 것 같다. 내가 그녀에게 묻는다. "잠시 앉아도 될까요? 바깥이 추운데 뭘 좀 기다려야 해서요."

"앉으세요."

그러면서 그녀는 내 앞의 식탁을 행주로 훔친다. 마땅히 할 일이 없었기 때문에, 나는 토마스의 책을 꺼내 읽기 시작한다. 요리사는 호기심이 많은 듯 나를 은밀히 살피고 있다. 내 옆을 지나칠 때마다 나를 훔쳐본다.

"실례지만, 혹시 성직자이신가요?"

"아닙니다. 왜 그렇게 생각하시죠?"

"아, 자그마한 검정색 책을 읽고 계시기에 그렇게 생각했지요. 주여, 그녀의 영혼을 편히 쉬게 하시길……, 나의 어머니께서도 나에게 그런 책을 한 권 남기셨어요."

"아, 그러셨군요. 무슨 책입니까?"

"『예수 그리스도를 본받아』라는 책입니다. 매우 아름다운 책이에요. 저녁에 그것으로 자주 기도를 올립니다."

"당신 짐작이 맞아요. 나 역시도 『예수 그리스도를 본받아』를 읽고 있어요."

"당신 같은 남자가 목사가 아니면서도 그런 책을 읽는다니 믿기지 않는군요."

"나 같은 사람이 이 책을 읽어선 안 될 이유가 뭐죠? 훌륭한 책을 읽는 것은 언제나 보람 있는 일인데."

"그녀에게 신의 축복이 있기를……, 나의 어머니께서는 그 책을 임종의 자리에 갖고 계시다가 돌아가시기 전에 나에게 주었어요."

그녀가 말하는 동안, 나는 건성으로 책을 훑고 있다. 나의 시선이 19장에 있는 다음 문장에서 멈춘다. "정직한 사람들은 자신의 의지를 신의 사랑에 바탕을 둔다. 무슨 일을 하든 자신의 지혜보다 신의 사랑을 더 신뢰한다는 뜻이다."

이것이 토마스가 권하는 직관적인 방법이라는 생각이 퍼뜩 든다. 나는 요리사 쪽으로 시선을 준다. "당신의 어머니께서는 현명한 여인이셨군요. 이 책을 당신에게 주셨으니 말입니다."

"예, 정말로 그렇습니다. 힘든 상황에 처할 때, 그 책이 많은 위안을 줘요. 필요할 때면 언제나 도움을 얻을 수 있는 훌륭한 조언이 많아요."

나는 다시 생각에 빠져 든다. 나는 사람이 자신의 육감을 따를 수 있다고 믿는다. 그것이 바로 직관적인 방법일 것이다. 그러나 예수 그리스도가 이런 방법으로 선택한 아름다운 길은 그럼에도 불구하고 특별한 가치를 지님에 틀림없다. 나는 예수 그리스도를 본받고 싶다. 어떤 내적 동요가 나를 사로잡는다. 무슨 일이 일어나려 하는가? 휙휙 뭔가 빙빙 도는 것 같은 이상한 소리가 들린다. 갑자기 노호하는 소리가 커다란 새들의 무리처럼 방을 가득 채운다. 날개를 광적으로 퍼덕이는 소리가 난다. 그림자 같은 인간의 형태들이 몰려오는 것이 보인다. 수많은 목소리들이 "신전에서 기도합시다!"라고 중얼거리는 소리가 들린다.

"당신들은 어디로 그렇게 서둘러 가고 있습니까?"라고 내가 외친다. 헝클어진 머리카락에 수염을 기르고 형형한 까만 눈을 가진 노인이 멈춰서며 내 쪽으로 몸을 돌린다. "최고로 신성한 무덤에서 기도하기 위해 예루살렘으로 가고 있소."

"나도 데려가요."

"당신은 여기 합류할 수 없소. 당신은 육체

를 갖고 있잖소. 우리는 다 죽은 자들이라오."

"당신은 누구십니까?"

"에스겔(Ezechiel)[30]이오. 그 재(再)세례파 말이오."

"당신과 함께 떠도는 저 자들은 누굽니까?"

"이들은 나의 동료 신자들이오."

"그렇게 떠도는 이유가 뭡니까?"

"우리는 정지하질 못하오. 모든 성지를 다 순례해야 하오."

"당신이 이렇게 떠돌도록 만드는 것은 무엇입니까?"

"나도 모르오. 하지만 우리는 신을 진정으로 믿다가 죽었는데도 전혀 평화를 누리지 못하고 있는 것 같소."

"이유가 뭡니까?"

"나도 모르오. 그러나 내가 볼 때는 우리가 삶을 제대로 마무리하지 못한 것 같소."

"아니, 어떻게 그럴 수가? 당신이 진정으로 믿다가 죽었는데."

"우리가 생전에 삶으로 살아야 했던 중요한 무엇인가를 망각했던 것 같소."

"그게 무엇입니까?"

"당신도 나중에 알게 되지 않겠소?"

이 말과 함께 그가 갈망하듯 기괴한 표정을 지으며 내 쪽으로 손을 뻗는다. 그의 두 눈이 내면의 열기를 뿜듯 이글거린다.

"손 떼, 이 귀신아. 당신은 당신의 동물을 살지 않았어!"

요리사가 공포에 질린 얼굴로 내 앞에 서 있다. 그녀가 나의 팔을 단단히 잡고 소리를 질렀다. "도대체 왜 그러세요? 뭐가 잘못되었어요?"

나는 깜짝 놀라며 그녀를 본다. 내가 지금 있는 곳이 어딘지 궁금해진다. 그러나 곧 낯선 사람들이 들이닥친다. 그들 중엔 사서도 끼어 있다. 크게 놀란 사서는 처음에는 실망하다가 이어 음흉하게 웃는다. "아, 진즉에 알았어야 했는데! 빨리, 경찰을 불러요!"

나는 정신을 채 차리기도 전에 사람들 사이로 떠밀려 차에 실린다. 나는 아직도 토마스의 책을 꼭 쥔 채 스스로에게 묻는다. "토마스라면 이 상황에서 뭐라고 했을까?" 책을 펴자 13장이 열린다. 이런 구절이 있다. "이 땅 위에 사는 한, 우리는 유혹에서 벗어나지 못한다. 이 세상에는 간혹 유혹을 받지 않을 만큼 완벽한 사람도 하나도 없고 성스러운 성자도 하나도 없다. 그러기에 우리 모두는 유혹을 받지 않을 수 없다."

현명한 토마스, 그대는 언제나 옳은 대답을 제시하고 있어. 그 미친 재세례파는 그런 지식이 없는 게 확실해. 그렇지 않다면 그가 삶을 평화롭게 마무리할 수 있었을 테지. 그는 또

30 '구약성경' 중 '에스겔서'의 주인공으로 B.C. 6세기 초에 예루살렘과 바빌로니아에서 활동했다.

한 키케로(Marcus Tullius Cicero)의 글에서도 그걸 읽을 수 있었을 텐데. '모든 것들에 충분히 만족하면 삶에 만족하게 된다. 사람이 자신의 삶에 만족할 때, 그때는 죽음을 맞을 만큼 성숙해 있다.' 이 지식이 나로 하여금 사회와 갈등을 빚도록 만들었음에 틀림없다. 나는 두 팔 모두 경찰관들에게 붙잡혀 있었다. 내가 그들에게 "놓아줘도 될 텐데."라고 말했다. 그러자 한 경찰관이 웃으면서 "우린 이 사건에 대해 훤히 다 알고 있어."라고 말했다. 다른 한 경찰관은 엄하게 "조용히 가만 있어."라고 말했다. 그렇다면, 우리는 틀림없이 정신병원으로 향하고 있다. 그건 값비싼 대가다. 그러나 사람이 이런 길을 걸을 수도 있을 것 같다. 그다지 이상해 보이지 않는다. 수천 명의 우리 동료들이 그 길을 걷고 있기 때문이다.

우리는 목적지에 도착했다. 커다란 문이 있고, 홀이 있다. 다정한 표정을 지으며 부산하게 움직이는 감독관이 있고, 의사도 2명 있다. 그 중 하나는 키가 작고 뚱뚱한 교수다.

**교수:** "거기서 빌린 책이 무슨 책입니까?"

**나:** "토마스 아 켐피스의 『예수 그리스도를 본받아』이지요."

**교수:** "그렇다면 일종의 종교적 광기로군. 종교적 편집증. 아시다시피, 오늘날엔 예수 그리스도를 본받다간 정신병원으로 가게 되지요."

**나:** "교수님, 지당한 말씀입니다."

**교수:** "그 분은 지혜가 깊지요. 다소 광적으로 각성되어 있을 것이 틀림없고. 목소리들이 들립니까?"

**나:** "물론이지요! 오늘은 재세례파 무리가 그 부엌을 가득 채웠어요."

**교수:** "그렇다면, 거기에 해답이 있어요. 그 목소리들이 당신을 따르고 있습니까?"

**나:** "아, 아닙니다. 천국이 금지시켰어요. 내가 그들을 불러냈어요."

**교수:** "아, 이건 환각이 목소리를 불러일으키는 예입니다. 이건 당연히 기록으로 남겨야 하지요. 의사 선생, 그걸 기록해 주시겠어요?"

**의사:** "물론이죠, 교수님. 완전히 비정상적인 상태는 아니고, 그보다는 직관적이라고 적으면 어떻겠습니까?"

**교수:** "좋습니다. 진단을 적절히 했다고 판단합니다. 어쨌든, 완쾌하길 바라며 차분히 있어야 한다는 것을 잊지 말아요."

**나:** "하지만 교수님, 난 조금도 아프지 않아요. 완벽할 정도로 기분이 좋은데요."

**교수:** "보세요. 당신은 당신의 병에 대해 아무것도 몰라요. 그런 식의 진단은 당연히 나빠요. 그렇게 해서는 기껏 부분적인 회복밖에 되지 않아요."

**감독관:** "교수님, 저 사람이 이 책을 갖고 있어도 괜찮습니까?"

**교수:** "괜찮을 것 같아요. 그건 아무런 해를 끼

치지 않는 기도서 같으니까요."

이제 나의 옷들이 목록에 하나하나 기록된다. 나는 목욕을 하고 이어 병동으로 안내를 받는다. 나의 왼쪽에 있는 사람은 고정된 시선으로 꼼짝 않고 누워 있고, 오른쪽의 사람은 크기와 무게가 점점 쪼그라드는 뇌를 가진 것 같다. 나는 완벽한 고요를 즐긴다. 광기의 문제는 심오하다. 신성한 광기. 우리를 통해 흐르는 생명의 부조리가 보다 고차원적인 형태로 일어나는 것이 종교적 광기이며, 이 광기는 여하튼 오늘날의 사회로 통합될 수 없는 광기인데, 어쩌다 그렇게 되었을까? 만약에 현재의 사회 형태가 광기로 통합된다면 어떻게 될까? 이 지점에서 사물들이 점점 시커멓게 되고 그 끝이 전혀 보이지 않는다.

자라나고 있는 식물이 오른쪽 편에 어린 싹을 하나 틔운다. 이 어린 싹이 완전히 형성되

자, 자연스런 성장 충동이 그 싹 너머까지 이어지지 않고 거꾸로 어둠 속에서 불확실한 길을 닦으며 줄기로, 그러니까 그 어린 가지의 어머니로 흘러가고, 줄기를 통해 최종적으로 왼쪽으로 가서 새로운 싹을 틔울 적절한 위치를 발견한다. 그러나 이 새로운 성장의 방향은 그 전의 방향과 정반대다. 그럼에도 불구하고 식물은 언제나 반듯하게 자라며, 균형을 잃는 일이 없다.

오른쪽에 나의 사고가 있고, 왼쪽에 나의 감정이 있다. 나는 그때까지 나에게 알려지지 않았던 감정의 공간으로 들어가면서 내 안에 있는 두 개의 방 사이의 차이를 보며 놀란다. 나는 웃음을 터뜨리지 않을 수 없다. 울음이 아니라 웃음을 여러 번 터뜨린다. 나는 오른쪽 발에서 왼쪽 발로 걸음을 옮기며 내면의 고통에 주춤한다. 뜨거운 것과 차가운 것의 차이는 엄청나다. 나는 철두철미하게 그리스도만을 생각했던 이 세상의 정신을 뒤로하고, 재미있고 놀랄 만한 다른 영역으로 들어간다. 이 영역에서도 나는 다시 예수 그리스도를 발견할 수 있다.

'예수 그리스도를 본받으려는 노력'이 나를 그리스도뿐만 아니라 그의 놀라운 왕국까지 안내했다. 나는 나 자신이 거기서 뭘 원하는지 모른다. 나는 단지 내 안에 있는 이 다른 영역을 지배하고 있는 주인을 따를 수 있을 뿐

이다. 이 영역에서는 나의 지혜의 지침이 아닌 다른 법들이 통한다. 여기선 내가 지금까지 한 번도 의지하지 않았던 "신의 사랑"이 그럴듯한 실용적인 이유들로 인해 행동의 최고의 법이다. "신의 사랑"은 내가 나 자신을 모든 이웃들에게 맡기는, 영혼의 어떤 특별한 상태를 의미한다. 이때 나는 전율과 주저를 동시에 느끼고 모든 것이 잘 돌아갈 것이라는 희망을 강하게 품는다.

나는 이 목표 또는 저 목표가 달성되어야 한다거나 이 명분 또는 저 명분이 훌륭하기 때문에 적용되어야 한다는 식으로 더 이상 말하지 못한다. 대신에 나는 안개와 어둠 속을 더듬는다. 어떠한 노선도 보이지 않고, 어떠한 법도 나타나지 않는다. 대신에 모든 것이 철저히 우연적이다. 사실 무서울 정도로 우연적이다. 그러나 한 가지만은 무서울 만큼 분명해진다. 즉 예전의 나의 길과 그 통찰과 의도에 비춰본다면, 지금부터는 모든 것이 잘못이라는 것이다. 그 어떤 것도 나를 이끌지 않는 것이 분명하다. 아니, 모든 것이 나를 잘못 이끌고 있는 것이 분명하다.

그러다 별안간 어떤 기분이 들면서 당신을 무서운 공포에 떨게 만든다. 당신이 끝없는 곳으로, 심연으로, 영원한 카오스의 공백 속으로 떨어진 것이 분명해 보이는 것이다. 그런 감정이 노호하는 폭풍의 날개에 올라탄 듯, 바다의 거센 물결에 실린 듯 당신을 덮친다.

사람은 저마다 자신의 영혼 안에 조용한 장소를 두고 있다. 거기서는 모든 것이 자명하고 쉽게 설명된다. 사람이 혼란스런 삶의 순간에 직면할 때면 물러나고 싶어 하는 곳이다. 그곳에선 모든 것이 단순하고 명쾌하고, 목적도 명확하고 제한적이기 때문이다. 사람은 세상의 어떤 것에 대해서도 이 장소에 대해 이야기할 때보다 더 강한 확신으로 말하지 못한다. 영혼의 그 깊은 곳에 대해 사람은 "그대는 …에 지나지 않아."라는 식으로 말한다.

그리고 이 장소마저도 부드러운 표면에 지나지 않으며, 일상 속에서 만나는 평범한 벽일 뿐이다. 카오스의 신비를 덮고 있는, 아늑하게 보호되고 있고 자주 광을 낸 껍질에 지나지 않는 것이다. 만약에 평범하기 짝이 없는 이 벽을 뚫는다면, 카오스의 거센 물줄기가 쏟아져 나올 것이다. 카오스는 하나가 아니고 끝없이 많은 다수다. 그것은 형태가 없는 것이 아니다. 형태가 없다면 카오스는 하나였을 것이다. 카오스는 형상들로 가득하며, 이 형상들은 각자의 충만 때문에 혼란스럽고 압도적인 영향을 끼친다.

이 형상들은 죽은 것들이다. 당신이 죽어서 남기는 것들만이 아니다. 말하자면, 당신이 과거에 살아왔던 온갖 모습의 이미지들, 그러니까 지속되고 있는 당신의 삶이 뒤에 남긴 이미지들만이 아니라는 뜻이다. 인류 역사에서 죽어간 모든 사람들의 무리이기도 한 것이다. 과거의 귀신들의 행렬이라고나 할까. 당신의 일생의 길이가 한 방울의 물이라면, 그 행렬은 거대한 바다다. 나는 당신의 뒤로, 당신의 두 눈이라는 거울 뒤로, 위험한 그림자들의 무리를, 죽은 자들의 행렬을 본다. 그 자들은 당신의 휑한 눈구멍을 통해 탐욕스럽게 보고 있으며, 각자의 안에서 풀려 있는 각 시대들의 느슨한 끝부분을 당신을 통해서 한데 모을 수 있기를 바라고 있다. 그럼에도 아무런 단서를 갖고 있지 않은 당신은 아무것도 밝히지 못한다. 당신의 귀를 그 벽에 대어 보라. 그러면 그 행렬이 부산하게 움직이는 소리가 들릴 것이다.

이제 당신은 자신이 가장 단순하고 가장 쉽게 설명되는 것들을 당신의 영혼 중에서 바로 그 지점에 둔 이유를, 그리고 당신이 평화로운 그곳을 가장 안전한 곳이라고 칭송하는 이유를 알 것이다. 그래서 그 누구도, 심지어 당신 자신마저도 그곳의 신비를 밝혀내지 못할 것이다. 그곳이 바로 낮과 밤이 고통스럽게 합쳐지는 곳이기 때문이다. 당신이 삶에서 배제한 것이, 당신이 거부하고 저주했던 것이, 잘못되었고 또 잘못될 수 있었던 모든 것이 당신이 차분히 앉아 마주보고 있는 그 벽 뒤에서 당신을 기다리고 있다.

당신이 역사책들을 읽는다면, 거기엔 이상하고 믿기 어려운 것들을 추구했거나, 자기 자신을 덫에 빠뜨렸거나, 늑대들의 굴에서 다른 존재들에게 사로잡혔거나, 가장 고귀한 것과 가장 저열한 것을 추구했거나, 운명에 의해 제대로 살지 못한 채 삶의 서판에서 지워진 사람들이 발견될 것이다. 산 자들 중에서 그들에 대해 아는 사람은 극소수며, 이 극소수의 사람들마저도 그들을 제대로 평가하지 않고 그런 망상에 고개를 내젓는다.

당신이 역사 속에서 덧없이 죽어간 사람들을 조롱하는 사이에, 그들 중 하나가 당신 뒤에 선다. 거기 서서 그 사람은 당신이 무감각 상태에 빠져 자기한테 신경을 쓰지 않는다는 사실에 분노와 절망을 느끼며 숨을 헐떡이고 있다. 당신이 잠을 이루지 못하는 밤이면 그가 당신을 괴롭히고 있다. 가끔은 그가 당신을 병에 걸려 꼼짝 못하도록 만들 때도 있고, 가끔은 당신의 의지를 방해하기도 한다. 그는 당신을 거만하거나 탐욕스럽게 굴도록 만들기도 하고 무엇이든 갈망하도록 만들기도 한다. 그런 갈망은 당신에게 아무런 도움을 주지 못한다. 그는 당신의 성공을 불화 속으로 삼켜버린다. 그는 당신의 사악한 정신으로서 당신을 동행하고 있으며, 당신이 그 정신에서 놓여날 수 있는 길은 절대로 없다.

당신은 낮을 지배하는 자들 옆에 눈에 드러나지 않는 상태에서 음흉하게 불안을 야기하면서 배회하는 어두운 자들에 대해 들어보았는가? 누가 교활한 것을 고안하고 또 자신들의 신을 숭배하기 위해 범죄를 서슴지 않았는가?

그들 옆에 그들 중에서 가장 위대한 그리스도를 놓아라. 그리스도에겐 세상을 깨뜨리는 것이 너무나 사소한 일이었으며, 그래서 그는 자신을 깨뜨렸다. 따라서 그가 그들 중에서 가장 위대했으며, 이 세상의 권력들이 그에게 닿지 못했다. 그러나 나는 권력에 희생된 죽은 자들에 대해, 자신에 의해 깨어지지 않고 힘에 의해 깨어진 자들에 대해 말하고 있다. 그들의 무리가 영혼의 땅을 채우고 있다. 만약에 당신이 그들을 받아들인다면, 그들은 세상이 반대하는 망상과 반란으로 당신을 채울 것이다. 그들은 가장 깊고 가장 높은 것으로부터 대단히 위험한 것들을 고안했다. 그들은 평범한 천성의 소유자들이 아니며, 대단히 단단한 강철로 만든 예리한 칼날 같은 천성의 소유자들이다. 그들은 인간들의 작은 삶과는 아무런 관계가 없다. 그들은 높은 곳에서 살면서 가장 낮은 것을 성취했다. 그런데 그들은 한 가지를 망각했다. 그들이 자신의 동물을 살지 않았다는 사실 말이다.

동물은 자기와 같은 종(種)에게 저항하지 않는다. 동물들을 생각해 보라. 동물들이 얼마나 정의롭고, 얼마나 처신이 훌륭하며, 시간을 존중하는 마음이 얼마나 깊은지, 그리고 자신을 낳아 준 땅에 충성하는 마음이 얼마나 크고, 익숙한 방식을 얼마나 강하게 고집하는지를 보라. 또 동물들이 새끼를 얼마나 정성들여 보살피고, 얼마나 다정하게 함께 어울려 초원으로 나가고, 샘이 나타나면 어떤 식으로 함께 모이는지를 보라. 먹이가 많은 곳을 숨겨 놓고서는 형제가 굶어죽게 만드는 동물은 하나도 없다. 같은 종의 다른 동물들에게 자신의 의지를 강요하려 드는 동물도 하나도 없다. 모기인 주제에 자신이 코끼리라고 그릇 상상하는 동물도 하나도 없다. 동물은 언제나 적절하게 살며 종의 생명에 충실하며 어떠한 동물도 지나침이 없고 모자람이 없다.

자신의 동물적 특성을 절대로 살고 있지 않는 사람은 형제를 동물처럼 다뤄야 한다. 당신 자신을 낮추고 동물적인 특성을 살아라. 그러면 당신의 형제를 제대로 대접하게 될 것이다. 또한 당신은 살아 있는 자들을 먹이로 삼으려고 애를 쓰는 그 떠돌이 사자(死者)들을 모두 구원할 수 있을 것이다. 그리고 당신이 하는 모든 것을 하나의 법으로 만들지 않도록 하라. 그것이 권력의 오만이기 때문이다.

때가 되어 당신이 죽은 자들에게 문을 열 때, 당신의 공포가 당신의 형제까지 괴롭힐 것이다. 이유는 당신의 겉모습이 불행을 분명히 드러내고 있기 때문이다. 그러므로 뒤로 물러나서 고독 속으로 들어가도록 하라. 당신이 죽은 자들과 맞붙어 싸우고 있는 경우에, 아무도 당신에게 조언을 해주지 못하기 때문이다. 죽은 자들이 당신을 에워싼다 하더라도 도움을 청하려 외치는 일이 없도록 하라. 크게 외치기라도 하면 산 자들이 달아날 것인데, 이 산 자들이 당신이 낮으로 건너갈 수 있는 유일한 다리이기 때문이다. 낮의 삶을 살고 신비에 대해 말하지 않되, 밤을 죽은 자들의 구원을 끌어내는 일에 바치도록 하라.

좋은 뜻에서 당신을 죽은 자들로부터 떼어놓는 사람은 누구든 당신에게 가장 많은 피해를 입히는 사람이다. 그 사람이 신성이라는 나무에서 당신의 생명의 가지를 부러뜨렸기 때문이다. 그 사람은 또 창조되었다가 훗날 종속되면서 잃어버리게 된 것을 다시 복구하지 못하도록 방해하는 죄를 저지르고 있다. "모든 피조물은 하느님의 아들들이 나타나기를 간절히 기다리고 있습니다. 피조물이 제 구실을 못하게 된 것은 제 본의가 아니라 하느님께서 그렇게 만드신 것입니다. 그러나 거기에는 희망이 있습니다. 피조물만이 아니라 성령을 하느님의 첫 선물로 받은 우리 자신도 하느님의 자녀가 되는 날과 우리의 몸이 해방될 날을 고대하면서 속으로 신음하고 있습니다."('로마서' 8장 19-23절)

위로 향하는 걸음마다 아래로 향하는 한 걸음을 복구할 것이며, 그러다 보면 죽은 자들이 자유로이 해방될 것이다. 새로운 것의 창조는 낮을 피한다. 창조의 본질이 은밀하기 때문이다. 새로운 것의 창조는 정확히 이 낮의 파괴를 준비한다. 이 낮의 죽음이 새로운 창조로 이어질 것이라는 희망에서다. 새로운 것의 창조에는 사악한 무엇인가가 딸려 있으며, 새로운 것의 창조를 당신은 큰소리로 선언하지 못한다. 새로운 사냥터를 물색하는 동물은 잔뜩 움츠린 상태에서 미지의 길들의 냄새를 맡으면서 살금살금 걸으며 결코 놀라길 바라지 않는다.

창조적인 존재들이 내면에 갖고 있는 사악한 무엇인가는 곧 창조 행위의 고통이라는 점을 알아라. 그들을 창조 행위의 위험으로부터 분리시키는 일종의 영혼의 나병이라고 보면 된다. 창조적인 존재들은 자신의 나병을 하나의 미덕으로 칭송할 수 있고, 또 진정으로 그렇게 할 수 있다. 그러나 이것은 예수 그리스도가 하는 것을 그대로 하는 것일 테고, 따라서 그리스도를 모방하는 일일 것이다. 그리스도는 유일한 존재였으며, 유일한 존재만이 그리스도가 한 것처럼 법들을 위반할 수 있기 때문이다. 그의 길에서 그보다 더 높은 위반을 저지르는 것은 불가능하다. 당신에게 오는 것을 완수하라. 당신 안에 있는 예수 그리스도를 부수어라. 그러면 당신은 당신 자신에게 닿고, 그리하여 최종적으로 당신의 동물에 닿을 것이며, 당신의 동물은 무리에 끼어서도 처신을 잘 하고 종(種)의 법들을 위반하지 않는다. 죄의 측면에서 본다면, 당신이 예수 그리스도를 모방하지 않는 것만으로도 충분할 것이다. 이유는 그렇게 본받지 않음으로써 당신이 기독교로부터 한 걸음 뒤로 물러섬과 동시에 기독교보다 한 걸음 더 나아갈 것이기 때문이다. 그리스도는 능숙함을 통해 구원을 가져왔으며, 어리석음이 당신을 구할 것이다.

당신은 희생의 스승이 존경한 사자(死者)들에 대해 생각해 보았는가? 당신은 죽은 자들에게 누구를 위해서 죽음의 고통을 당한다고 믿는지 물어 보았는가? 당신은 그들의 생각들의 아름다움과 그들의 의도의 순수함을 이해했는가? "사람들이 밖으로 나가 나를 거역하던 자들의 주검들을 보리라. 그들을 갉아 먹는 구더기는 죽지 아니하고 그들을 사르는 불도 꺼지지 않으리니."('이사야서' 66장 24절)

이와 같이 회개하고, 죽음에 희생된 것을 기독교를 위한 것으로 여기고, 기독교를 당신 앞에 놓고, 그것을 받아들이도록 하라. 죽은 자는 구원을 필요로 하니까. 죽어서 죄의 사함을 받지 못한 자들의 숫자가 살아 있는 기독교인들의 숫자보다 훨씬 더 많아졌다. 그러므로 지금이 바로 우리가 죽은 자들을 받아들여야 할 때이다.

이미 일어난 것들에 격분하거나 그것들을 파괴하는 일에 목을 매지 않도록 하라. 당신은 그 자리에 무엇을 놓으려 하는데? 당신이 이미 이뤄진 것을 파괴하는 데 성공하는 경우에, 그 다음에 파괴의 의지를 당신 자신에게로 돌리게 된다는 것을 당신은 잘 알고 있지 않은가? 그러나 파괴를 목표로 삼는 자는 누구나 자기 파괴를 통해서 사라지고 말 것이다. 그보다는 이미 이뤄진 것을 존경하도록 하라. 존중은 하나의 축복이니까.

그렇다면 죽은 자들에게 관심을 주고, 그들의 탄식에 귀를 기울이고, 그들을 사랑으로 받아들여라. 그렇다고 그들의 맹목적인 대변인이 되어서는 안 된다. 결국엔, 자기 자신에게 돌을 던진 예언자들이 있다. 그러나 우리는 구원을 추구하고 있으며, 그렇기 때문에 이미 이뤄진 것을 존경할 필요가 있으며, 영겁 이후로 우리의 지붕 밑에서 박쥐처럼 날개를 퍼덕이며 살아온 죽은 자들을 받아들일 필요가 있다. 새로운 것은 오래된 것 위에 세워지며, 그 결과 이미 이뤄진 것의 의미가 더욱 깊어질 것이다. 따라서 이미 이뤄진 것의 빈곤이 미래의 부(富)로 승화될 것이다.

당신을 기독교와 그 신성한 사랑의 규칙으로부터 멀리 떼어놓으려고 노력하고 있는 것은 구세주 안에서 평화를 전혀 발견할 수 없었던 죽은 자들이다. 죽은 자들이 구세주 안에서 평화를 누리지 못한 이유는 그들이 미완성으

로 남겨 놓은 작품이 늘 그들을 따라다녔기 때문이다. 하나의 새로운 구원은 언제나 그 전에 잃어버렸던 것을 복구하는 것이다. 그리스도 자신이 피 흘리는 인간 제물을, 말하자면 보다 훌륭한 관습이 이미 오래 전에 추방했던 종교적 관행을 복구하지 않았는가? 또 그리스도 자신이 인간 제물을 먹는 관행을 복원하지 않았는가? 당신의 신성한 관행에, 앞서 법들이 금지했던 것들이 다시 포함될 것이다.

그러나 예수 그리스도가 인간을 제물로 바치고 제물로 바쳐진 것을 먹는 관행을 되살렸을 때, 이 모든 것이 그의 형제가 아니라 그에게 일어났다. 그 이유는 예수 그리스도가 그것 위에 가장 높은 사랑의 법을 놓았기 때문이다. 그 결과, 어떠한 형제도 피해를 입지 않고 오히려 모두가 그 관행의 복구에 기뻐할 수 있었다. 고대 때와 똑같은 일이 일어났지만, 이번에는 그것이 사랑의 법 아래에서 이뤄졌다. 그렇기 때문에 만약에 당신이 이미 이뤄진 것에 대해 조금의 존경도 품지 않는다면, 당신은 사랑의 법을 파괴하게 될 것이다. 그러면 당신은 어떻게 되는가? 당신은 앞서 있었던 것을, 말하자면 폭력 행위와 살인, 비행(非行), 형제에 대한 멸시 등을 어쩔 수 없이 다시 부활시킬 것이다. 그렇게 되면 사람은 타인에게 이질적인 존재가 될 것이고, 따라서 혼동이 세상을 지배하게 될 것이다.

그러므로 당신은 이미 이뤄진 것에 대해 존경하는 마음을 품어야 한다. 그러면 사랑의 법이 죽은 자들의 끝없는 지배를 통해서 파멸이 되지 않고, 낮은 것과 과거의 것의 복구를 통해서 구원이 될 것이다. 그러나 때 이르게 죽은 자들의 영혼은 우리의 현재 삶이 불완전하기 때문에 우리의 집 서까래에 시커멓게 무리를 지어 살면서 비탄으로 우리의 귀를 괴롭힐 것이다. 우리가 고대 이래로 사랑의 원칙 아래에서 존재했던 것들을 모두 복원시킴으로써 죽은 자들에게 구원을 허용할 때까지, 사자(死者)들의 비탄은 계속될 것이다.

우리가 유혹이라고 부르는 것이 바로 선(善)과 법으로 인해 성숙을 이루지 못하고 미완성 상태로 사라져간 자들의 요구 사항이다. 이 세상의 어떠한 선도 불공평을 절대로 저지르지 않을 만큼 완전할 수는 없으며, 또 어떠한 법도 깨뜨려서는 안 되는 것을 절대로 깨뜨리지 않을 만큼 완전할 수는 없다.

우리 인간은 맹목적인 종(種)이다. 오직 표면으로만 살고, 오직 현재의 시간 안에서만 살고, 오직 내일에 대해서만 생각한다. 죽은 자들을 받아들이지 않는다는 점에서 보면, 인간은 과거를 제대로 다루지 못하고 있다. 우리는 눈에 드러나는 성공만을 이루길 원한다. 무엇보다 우리는 보상 받기를 원한다. 우리는 인간들에게 눈에 보이는 방향으로 이바지하지 않는 숨겨진 일을 하는 사람을 보면 미쳤다고 생각한다. 삶의 필요가 우리로 하여금 직접 맛볼 수 있는 과일만을 좋아하도록 만들었다는 데에는 의문의 여지가 없다. 그러나 세상의 표면에 매몰되어 지내는 사람들보다 죽은 자들의 유혹과 그릇된 영향으로 인한 고통을 더 심하게 받는 사람이 있는가?

필요한 일임에도 불구하고 숨겨져 있는 이상한 일이 한 가지 있다. 당신이 죽은 자들을 위해서 비밀리에 해야만 하는 중요한 일이다. 눈에 보이는 자신만의 들판과 포도밭을 일구지 못하는 사람은 그에게 속죄의 일을 요구하는 죽은 자들에게 꼭 붙잡혀 있다. 이 사람은 속죄의 일을 성취할 때까지 외부 일에 손을 대지 못한다. 이유는 죽은 자들이 그를 놓아주지 않기 때문이다. 그는 자신의 영혼을 찾아야만 할 것이고, 죽은 자들의 명령에 따라 묵묵히 행동하며, 그 신비를 완성시켜야 한다. 그래서 죽은 자들은 그를 놓아주지 않을 것이다. 앞을 지나치게 많이 보지 말고, 뒤를 보고 당신의 안을 들여다보라. 그러면 당신은 죽은 자들의 소리를 듣지 않을 수 없을 것이다.

예수 그리스도가 산 자들이 아닌 죽은 자들을 많이 데리고 올라가는 것은 그의 길에 속한다. 그리스도의 일은 경멸당하고 좌절한 사람들을 구원하는 것이었다. 그가 두 사람의 죄인 사이에서 십자가에 못 박힌 것도 경멸당하고 좌절한 사람들을 위해서였다.

나는 두 광인 사이에서 고민하고 있다. 만약에 내가 내려간다면, 나는 진리 속으로 들어간다. 죽은 자들과 홀로 함께 있는 것에 익숙해지도록 하라. 그건 어려운 일이지만, 살아 있는 당신의 동료들의 가치를 발견하는 방법이 바로 그것이다.

고대인들이 죽은 자들을 위해 무엇을 했는가! 당신은 죽은 자들을 보살피는 일로부터, 죽은 자들이 아주 강력하게 요구하는 일로부터 자유로워질 수 있다고 믿는 것처럼 보인다. 죽은 자들이 과거라는 이유로 말이다. 당신은 영혼의 불멸성을 믿지 않는다는 점을 구실로 내세운다. 그렇다면 당신이 불멸을 믿지 않는다고 해서 죽은 자들이 존재하지 말아야 한단 말인가? 당신은 말의 우상들을 믿고 있다. 죽은 자도 영향을 미치며, 그 영향도 충분히 강하다. 내면의 세계에서는 핑계를 둘러대봐야 아무 소용이 없다. 외적 세계에서 바다를 두고 다른 것으로 둘러대는 것이 불가능하듯이 말이다. 당신은 핑계를 둘러대는 목적, 즉 보호의 추구를 최종적으로 이해해야 한다.

나는 그 카오스를 받아들였으며, 그 다음 밤에 나의 영혼이 나에게 다가왔다.

16장

# 세 번째 밤

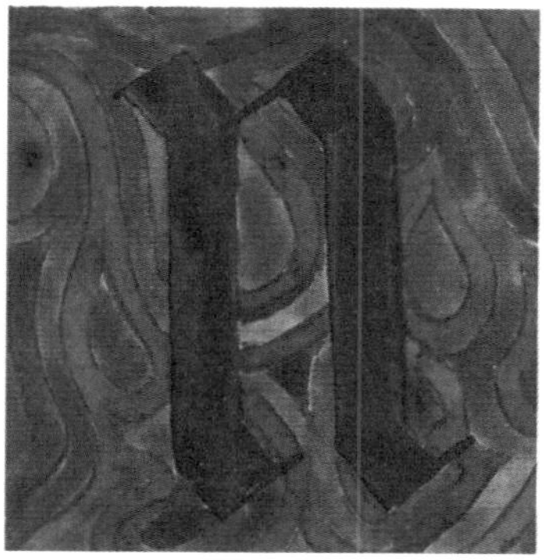

나의 영혼이 나에게 겁을 주듯 급하게 속삭였다. "말, 말, 말을 너무 많이 하지 마. 조용히 들어. 너는 너의 광기를 알아차렸고 그것을 인정하는가? 너의 모든 바탕들이 완전히 광기에 빠져 있다는 것을 알아차렸는가? 너의 광기를 인정하고 다정하게 환영하고 싶지 않아? 너는 모든 것을 받아들이길 원했어. 그러니 광기도 받아들이도록 해. 너의 광기의 빛이 빛을 반짝이도록 해 줘. 그러면 광기가 갑자기 너에게 분명하게 드러날 거야. 광기는 경멸할 것도 아니고 두려워할 것도 아니야. 그럴 것이 아니라 너는 너의 광기에 생명을 줘야 해."

**나:** "그대의 말이 무섭게 들려. 그대가 나에게 부여하고 있는 임무는 어려워."

**영혼:** "만일 네가 길들을 발견하길 원한다면, 광기를 물리치면 안 돼. 그것이 너의 천성 중 아주 큰 부분을 이루고 있기 때문이야."

**나:** "나는 그런 사실을 몰랐어."

**영혼:** "그걸 알게 되었다는 사실에 대해 고맙게 생각해. 그렇게 함으로써 네가 광기의 희생되지 않을 수 있으니까. 광기는 특별한 형태의 정신이며, 온갖 가르침과 철학에도 집착하지만, 일상

의 삶에 더 강하게 집착해. 삶 자체가 광기로 가득하고 기본적으로 완전히 비논리적이기 때문이야. 삶 자체엔 규칙이란 것이 전혀 없어. 그것이 삶의 신비이고 미지의 법이야. 네가 지식이라고 부르는 것은 이해할 수 없는 무엇인가를 삶에 강요하려는 시도야."

**나:** "모든 말이 매우 절박하게 들려. 그럼에도 동의하지 못하겠는 걸."

**영혼:** "동의하지 못할 것은 하나도 없어. 너는 지금 정신병동에 있어."

키가 작고 살찐 교수가 서 있다. 아니, 저 사람이 이런 말을 했는가? 그렇다면 내가 그를 나의 영혼으로 착각했는가?

**교수:** "맞아요. 당신은 지금 혼란을 겪고 있어요. 당신의 말은 완전히 앞뒤가 맞지 않아요."

**나:** "나도 나 자신이 정신을 완전히 잃었다고 믿고 있어요. 그렇다면 내가 정말로 미친 건가요? 모든 게 뒤죽박죽이니."

**교수:** "인내심을 가져요. 모든 것이 잘 풀릴 겁니다. 어쨌든, 잠을 푹 자도록 해요."

**나:** "감사합니다. 하지만 무서워요."

나의 내면에서 모든 것이 완전히 뒤죽박죽이다. 문제들이 점점 심각해지고 있고, 카오스가 다가오고 있다. 이것이 종국적인 바닥인가? 카오스도 하나의 바탕인가? 이 끔찍한 파도만 없어도 좋으련만. 모든 것이 시커먼 파도처럼 큰소리로 부서진다. 맞아, 나는 보고 이해한다. 그것은 바다이고, 엄청나게 거센 밤의 파도다. 거기에 배가 한 척 움직이고 있다. 커다란 기선이다. 나는 연기 자욱한 휴게실로 막 들어서려 한다. 많은 사람들이 아름다운 옷을 입고 있다. 그들 모두가 나를 보며 놀란다. 어떤 사람이 내게 다가와 말한다. "무슨 일이야? 당신은 귀신같아! 어떻게 된 거야?"

**나:** "아무 일도 없었어. 내가 미친 것 같아. 바닥이 울렁거려. 모든 것이 움직이고 있어.

**어떤 사람:** "오늘밤 바다가 조금 거칠어. 그것뿐이야. 따뜻한 야자 수액을 한 잔 마셔. 당신은 뱃멀미를 하고 있어."

**나:** "당신 말이 맞아. 뱃멀미를 하고 있어. 그런데 아주 특이해. 내가 정신병동에 있거든."

**어떤 사람:** "글쎄, 다시 농담을 하는군. 생기가 돌아오고 있네."

**나:** "당신은 그걸 농담이라고 생각하나? 방금 교수가 나더러 완전히 미쳤다고 했는데."

키가 작고 뚱뚱한 교수는 초록색 천이 덮인 테이블에 앉아 카드놀이를 하고 있다. 그가 나의 말을 듣고 내 쪽을 향해 웃으며 말한다. "글쎄, 자네 어디 갔었어? 이리 와. 당신도 한 잔 할까? 당신은 기벽이 있는 사람이야. 오늘밤 모든 여자들을 당황하게 만들었어."

**나:** "교수님, 농담이 아닙니다. 나는 당신의 환자였어요."

휴게실에서 웃음이 터진다.

**교수:** “나 때문에 당신이 기분을 상하지 않았으면 좋겠네.”

**나:** “어떤 일에든 전념하는 것은 절대로 쉬운 일이 아닙니다.”

앞서 나와 말을 나눴던 사람이 갑자기 나에게 다가와 나의 얼굴을 빤히 본다. 검은 수염을 기른 남자다. 머리카락이 헝클어져 있고, 검은 두 눈에선 빛이 난다. 그가 나에게 격하게 말한다. “나에게 무슨 나쁜 일이 일어났고, 내가 이곳에 온지도 벌써 5년이나 됐어.”

나는 그가 나의 이웃이라는 사실을 깨닫는다. 멍한 상태에서 깨어난 게 분명한 그 사람은 지금 나의 침대에 앉아 있다. 그는 과격하고 빠르게 말을 계속 뱉는다. “그러나 나는 니체야. 그런데 다시 세례를 받았어. 나는 또한 구세주 예수 그리스도야. 나는 세상을 구원하라는 명령을 받았지만, 그들이 나를 놓아주지 않으려 해.”

**나:** “누가 놓아주지 않는다고?”

**바보:** “악마가. 우리는 지금 지옥에 있어. 물론, 당신은 그걸 아직 알아차리지 못하고 있지. 나도 이곳에 오고 2년째가 되어서야 감독관이 악마라는 것을 알았어.”

**나:** “교수님 말인가? 그럴 리가.”

**바보:** “당신은 무식쟁이야. 나는 오래 전에 신의 어머니와 결혼하게 되어 있었어. 그런데 저 교수, 저 악마가 그녀를 손아귀에 잡고 있어. 매일 밤 태양이 지면 저 사람이 그녀에게 아기를 갖게 해. 아침에 해가 뜨기 전에 그녀는 아이를 낳아. 그러면 온갖 악마들이 다 튀어나와서 아이를 끔찍하게 죽여. 나는 아이의 울음소리를 분명히 들어.”

**나:** “하지만 당신이 들려주는 것은 순전히 신화인데.”

**바보:** “당신은 미쳐서 아무것도 이해를 못하는군. 당신은 정신병동에 있어야 해. 제기랄, 나의 가족이 나를 이 미친 사람들과 함께 가둬놓는 이유가 뭐야? 나는 세상을 구원하게 되어 있는데. 나는 구세주란 말이야!”

그는 다시 누워 나른한 상태에 빠진다. 나는 무서운 파도로부터 나를 보호하기 위해 침대 옆구리를 꽉 붙잡는다. 나는 벽을 응시한다. 적어도 눈으로라도 뭔가에 걸쇠를 걸기 위해서다. 아래로 내려갈수록 진하게 칠해진 벽을 따라서 수평선이 나란히 달리고 있다. 벽 앞에 난방기가 놓여 있다. 벽은 일종의 난간이다. 그 너머로 바다가 보인다. 그 선은 수평선이다. 그리고 그곳에서 지금 태양이 붉은 빛 속에서 장엄하게 외로이 떠오르고 있다. 태양 안에 뱀이 매달린 십자가가 있다. 아니면 도살장의 고기처럼 찢어발긴 수소인가? 아니면 나귀인가? 나는 그것이 가시관을 쓴 숫양일 것이라고 짐작한다. 순교의 태양이 떠오르면서 바다 위로 핏빛 빛을 쏟아 붓고 있다. 장관이 오

이 물질의 인간은 정신의 세계에서 아주 높이 올라가지만,
거기서 심장의 정신이 황금 광선으로 그를 관통하고 있다.
그는 기쁨과 함께 떨어져 해체된다. 사악한 뱀은 정신의 세계에 남아 있지 못한다.

랫동안 이어진다. 태양은 더욱 높이 올라가고, 태양의 광선은 더욱 밝고 뜨겁게 빛나고 있다. 태양은 푸른 바다 위에서 하얗게 타고 있다. 파도가 잦아들었다. 자비롭고 고요한 여름 새벽이 반짝이는 바다 위에 누워 있다. 짠물 냄새가 피어오른다. 하얗고 긴 파도가 둔탁한 소리를 내며 해변에 부서지고 또 부서지며, 끝없이 밀려온다. 세상의 시계에서 종소리가 들린다. 12번 울린다. 12번째 시간은 완전하다. 그리고 침묵이 깃든다. 아무 소리도 들리지 않고, 미풍조차 없다. 모든 것이 엄숙하고 죽은 듯 조용하다. 나는 은근히 불안해하며 기다린다. 나무 한 그루가 바다에서 올라오는 것이 보인다. 나무의 꼭대기는 하늘에 닿고, 뿌리는 지옥에 닿는다. 나는 철저히 혼자 낙담한 상태에서 멀리서 응시하고 있다. 마치 모든 생명이 나에게서 다 빠져나가서 이해할 수 없고 무서운 것 속으로 들어가 버린 것 같다. 나는 더없이 약하고 무능하다. 나는 "구원"이라고 속삭인다. 낯선 목소리가 말한다. "여기에 구원이란 건 없어요. 조용히 있어야 해요. 그렇지 않으면 다른 사람들이 방해를 받을 거예요. 지금은 밤이고, 다른 사람들은 잠을 자고 싶어 해요." 나는 주위를 둘러본다. 간호사다. 약한 등불이 방을 희미하게 밝히고 있다. 슬픔이 방안을 짓누르고 있다.

**나:** "길을 찾지 못하겠어."

**간호사:** "지금은 길을 찾을 필요가 없어요."

간호사는 진실을 말하고 있다. 어떤 길이든 사람이 가는 길이 우리의 길이고 옳은 길이다. 미래로 가는 길 같은 것은 절대로 없다. 우리는 그것이 이 길이라고 말한다. 정말로, 그것이 이 길이다. 우리는 걸음으로써 길을 건설한다. 우리의 삶이 우리가 추구하고 있는 그 진리이다. 오직 나의 삶만이 진리이며, 어떤 것보다 더 중요한 진리이다. 우리는 진리를 삶으로써만 진리를 창조할 수 있다.

오늘은 모든 댐들이 터진 밤이다. 그래서 예전에 단단했던 것들이 움직이고, 돌들이 뱀으로 변하고, 살아 있는 모든 것이 얼어버렸다. 이것은 말의 그물인가? 그게 사실이라면, 그것은 안에 갇힌 사람들에겐 무시무시한 그물이다.

지옥같은 말의 그물이 있다. 오직 말로만 엮은 그물이다. 하지만 무엇이 말인가? 말을 조심하고, 말을 제대로 평가하고, 신뢰할 만한 말을, 갈고리가 없는 말을 하고, 말을 갖고 서로 물고 늘어지면서 그물을 엮지 않도록 하라. 그 말의 그물에 가장 먼저 갇힐 사람이 바로 당신이기 때문이다. 또 말이 의미를 갖고 있기 때문이다. 말로 당신은 지옥을 끌어올린다. 말은 아주 보잘것없으면서도 아주 막강하다. 말안에 공백과 충만이 함께 흐르고 있다. 따라서 말은 신의 한 이미지이다. 말은 인간이 창조한 가장 위대한 것이면서 가장 보잘것없는 것이다. 인간에 의해 창조된 모든 것이 가장 위대하고 가장 보잘것없는 것과 똑같다.

그래서 만약에 내가 말의 그물에 희생된다면, 나는 가장 위대하고 가장 보잘것없는 것에 희생된다. 나는 바다의 자비에, 영원히 변화하는 곳인 미완의 파도의 자비에 몸을 맡기고 있다. 파도의 본질은 움직임이고, 움직임은 파도의 질서이다. 파도에 맞서는 자는 변덕에 노출되고 있다. 사람들의 일은 꾸준하지만, 그 일은 어디까지나 카오스 위를 헤엄치고 있다. 바다에서 오는 존재에겐 인간들의 노력이 마치 미친 짓처럼 보인다. 그러나 인간들은 바다에서 오는 존재를 미친 것으로 여긴다. 바다에서 온 존재는 질린다. 그는 인간들의 시선을 참아내지 못한다. 그에겐 인간들이 모두 술에 취한 것처럼 보이고 잠을 부르는 독으로 인해 바보가 된 것처럼 보이기 때문이다. 인간들은 당신을 구하러 오길 원하고, 당신이 그들의 도움을 받아들이는 것에 대해 말하자면, 당신은 틀림없이 그것을 좋아하지 않을 것이며, 그보다는 차라리 당신 자신이 그들 무리 속으로 억지로 뚫고 들어가면서, 카오스를 한 번도 보지 않고 카오스에 대해 말만 하는 그런 존재가 되는 게 더 낫다고 생각할 것이다.

그러나 카오스를 본 그에겐 더 이상 숨을 필요가 없다. 왜냐하면 그가 바닥도 흔들린다는 것을 알고 있고 그 흔들림의 의미도 알고 있기 때문이다. 그는 무한한 것의 질서와 무질서를 보았으며, 그는 법에 어긋나는 법들을 알고 있다. 그는 바다를 알고 있으며 또 바다를 결코 잊지 못한다. 카오스는 끔찍하다. 낮들은 납으로 가득하고 밤들은 공포로 가득하다.

그러나 새로운 고통과 새로운 구원이 예수 그리스도를 통해서 세상에 나타났다는 점에서 볼 때 그리스도가 자신이 곧 길이고 진리이고 생명이라는 것을 알았듯이, 나는 카오스가 인간들을 덮쳐야 한다는 것을, 또 우리를 바다로부터 분리시키고 있는 얇은 벽들을 아무런 의심 없이 부수는 인간들의 손이 바쁘다는 것을 알고 있다. 이유는 이것이 우리의 길이고 우리의 진리이고 우리의 삶이기 때문이다.

예수 그리스도의 사도들이 신이 육신이 되어 한 사람의 인간으로서 그들 사이에 살았다는 것을 인정하는 것과 똑같이, 우리는 이 시대의 '주의 기름 부음을 받은 자'는 육신으로 나타나지 않는 어떤 신이라는 것을 인정하고 있다. 그 신은 절대로 사람이 아니고, 그럼에도 불구하고 사람의 아들이지만, 그 신은 육신이 아니라 정신에서 사람의 아들이다. 따라서 그 신은 신을 잉태하는 자궁인 인간들의 정신을 통해서만 태어날 수 있다. 이 신에게 행해진 것을 당신은 사랑의 법이란 이름으로 당신 안에 있는 가장 낮은 것에게 행한다. 이 사랑의 법에 따르면, 어떤 것도 배제되지 않는다. 그렇지 않고서야 당신 안의 가장 낮은 것이 어떻게 타락으로부터 구원을 받을 수 있겠는가? 만약에 당신이 그걸 받아들이지 않으면, 누가 당신의 내면에 있는 가장 낮은 것을 받아들이겠는가? 하지만 사랑에서가 아니라 긍지와 이기심, 탐욕에서 그렇게 하는 자는 저주받는다. 이 저주 또한 어떤 것도 배제하지 않는다.

만약에 당신이 당신 안의 가장 낮은 것을 받아들인다면, 고통이 불가피하다. 이유는 당신이 상스러운 짓을 하고 폐허 속에 흩어져 있는 것을 쌓아올려야 하기 때문이다. 우리 안에 무덤과 시신들이 많다. 불쾌하기 짝이 없는 분해의 악취가 난다. 예수 그리스도가 신성화의 고통을 통해 육신을 종속시켰듯이, 이 시대의 신은 신성화의 고통을 통해 정신을 종속시킬 것이다. 예수 그리스도가 정신을 통해 육신을 고문했듯이, 이 시대의 신은 육신을 통해 정신을 고문할 것이다. 왜냐하면 우리의 정신이 부정한 매춘부가 되었고, 인간들이 창조한 말의 노예가 되었으며, 더 이상 신성한 말 자체가 아니기 때문이다.

당신 안에 있는 가장 낮은 것은 자비의 원천이다. 우리는 이 병을, 말하자면 평화를 발견하지 못하는 무능력과 천박함, 비열함을 우리의 책임으로 받아들인다. 그래야만 그 신이 치료되어 죽음의 분해와 지옥의 진흙을 깨끗이 제거한 상태에서 광휘를 번득이며 승천할 수 있을 것이다.

이 세상에 우리 신이 겪고 싶어 하지 않을 만큼 심한 고통이 있는가? 당신은 오직 하나만 보고 다른 하나는 보지 않는다. 그러나 하나가 있을 때 거기에는 반드시 다른 하나가 있으며 그것이 당신 안에 있는 가장 낮은 것이다. 그러나 당신 안에 있는 가장 낮은 것은 또한 악의 눈이다. 당신을 노려보고, 당신을 냉담하게 바라보고, 당신의 빛을 어두운 심연까지 모조리 빨아버리는 그 악의 눈 말이다. 당신이 그 심연에 빠지지 않도록 붙잡아주고 있는 손을, 그 하잘것없는 인간성을, 살아 있는 것 중에서 가장 낮은 그것을 찬미하라. 꽤 많은 사람들이 죽음을 선호할 것이다. 예수 그리스도가 인간에게 피 흘리는 희생을 강요했기 때문에, 새로 태어난 신도 유혈을 면해주지 않을 것이다.

무엇 때문에 당신 옷에 붉은 물이 들었는가? 당신 옷은 마치 포도 압착기를 밟다가 물든 것처럼 보인다. 나는 혼자서 포도 압착기를 밟아야 했다. 나를 돕는 자가 아무도 없었다. 너무나도 노여워, 나는 그것들을 마구 밟았다. 그리하여 나의 피가 내 옷에 튀었고, 내가 나의 옷을 더럽혔다. 원수 갚을 날을 정하고 벼르고 있는데, 마침내 나 자신을 구원할 해(年)가 왔다. 그래서 나는 주위를 둘러보았지만 나를 돕겠

뱀이 죽어서 땅 바닥으로 떨어진다. 그것은 새로운 탄생의 탯줄이었다.

다고 나서는 자가 없었다. 정말 놀랍게도 내 편을 드는 자는 하나도 없었다. 따라서 나 자신의 팔이 나를 구원해야 했으며, 나의 분노가 나를 받쳐주었다. 그리고 나는 너무나도 화가 나서 나 자신을 짓밟으며 나의 피를 땅에 흘렸다. 이유는 신이 치료될 수 있도록 하기 위해 내가 악행을 나 자신에게 저질렀기 때문이다.

예수 그리스도가 평화를 이루기 위해 온 것이 아니라 칼을 가져왔다고 말한 것과 똑같이, 마음속으로 예수 그리스도를 완전한 존재로 받아들이는 사람은 자신에게 평화를 주지 못하고 칼을 줄 것이다. 그 사람은 자기 자신에게 반기를 들 것이며, 그 사람의 안에서 하나가 다른 하나에게 등을 돌릴 것이다. 그는 또 자신 안에서 사랑하고 있는 것을 미워할 것이다. 그는 또 내면에서 혹평에 시달리고, 조롱을 당하고, 십자가형의 고문에 넘겨질 것이다. 그래도 아무도 그를 도우려 하거나 고통을 위로하려 하지 않을 것이다.

예수 그리스도가 두 명의 도둑들 사이에서 십자가에 못 박힌 것처럼, 우리의 가장 낮은 것은 우리의 길 양쪽 모두에 있다. 그리고 한 도둑이 지옥으로 가고 다른 한 도둑이 천국으로 올라간 것과 똑같이, 우리 안에 있는 가장 낮은 것은 심판의 날에 두 조각으로 찢어질 것이다. 그 중 하나는 저주와 죽음의 운명을 맞고, 다른 하나는 승천할 것이다. 그러나 어느 쪽이 죽음의 운명을 맞고 어느 쪽이 생명의 운명을 맞을 것인지를 당신이 확인하기까지는 오랜 시간이 필요하다. 그 까닭은 당신 안에 있는 가장 낮은 것이 여전히 분리되어 있지 않고 하나이며 깊은 잠에 빠져 있기 때문이다.

만약에 내가 나 자신의 안에 있는 가장 낮은 것을 받아들인다면, 나는 지옥의 땅으로 씨앗 하나를 떨어뜨리는 셈이다. 그 씨앗은 눈에 보이지 않을 정도로 작지만, 거기서 나의 생명의 나무가 자라나서 아래의 것과 위의 것을 연결시키게 된다. 양쪽 끝에는 똑같이 불과 깜부기불이 있다. 위의 것도 불타고 있고, 아래의 것도 불타고 있다. 견딜 수 없는 그 불 사이에 당신의 생명이 자란다. 당신은 이 두 개의 극단 사이에 걸려 있다. 당신이 매달린 팽팽한 끈이 아래위로 출렁이며 공포를 불러일으킨다.

따라서 우리는 자신의 가장 낮은 것을 두려워한다. 이유는 사람이 소유하지 않고 있는 그것이 영원히 카오스와 결합하고 있으면서 카오스의 그 신비한 성쇠(盛衰)에 가담하기 때문이다. 내가 내 안에 있는 가장 낮은 것을, 정확히 말해 깊은 곳에서 붉게 타고 있는 태양을 받아들이고, 따라서 카오스의 혼동에 희생이 될 때, 위쪽에서 빛을 발하는 태양도 떠오를 것이다. 그러므로 가장 높은 것을 추구하는 자는 가장 깊은 곳을 발견한다.

자기 시대의 인간들을 팽팽하게 매달린 상태로부터 해방시키기 위해, 예수 그리스도는 사실상 그 고문을 대신 당하며 이렇게 말했다. "뱀 같이 슬기롭고, 비둘기처럼 양순하도록 하라." 슬기로움이 카오스에 대비해 조언을 하고, 양순함이 카오스의 무시무시한 측면을 가려줄 테니까. 그리하여 인간들은 위와 아래 양쪽 모두 울타리가 처진 안전한 중도(中道)의 길을 취할 수 있었다.

그러나 위쪽의 죽은 자들과 아래쪽의 죽은 자들이 더욱 늘어났고, 그들의 요구도 더욱 커졌다. 그리고 고귀한 자들과 사악한 자들이 서로 앞을 다투며 솟아올랐고, 그러다가 부주의하여 중개자의 법을 깨뜨렸다. 그들이 위와 아래의 문을 동시에 활짝 열어젖혔다. 그들은 자신들의 뒤로 많은 사자(死者)들을 이끌고 보다 높고 보다 낮은 광기 속으로 들어가고 있으며, 그렇게 함으로써 혼동의 씨앗을 뿌리고 다가올 것의 길을 준비하고 있다.

그러나 자신에게 오는 것을 받아들임으로써 어느 한쪽으로 나아가면서 다른 쪽으로는 가지 않는 자는 단지 한쪽만을 가르치고 살면서 그것을 현실로 바꿔놓을 것이다. 이유는 그 사람이 그 한쪽의 희생자가 될 것이기 때문이다. 당신이 한쪽으로만 가면서 당신에게 접근해오는 다른 쪽을 적으로 여길 때, 당신은 다른 쪽에 맞서 싸울 것이다. 그런 식으로 싸우는 이유는 당신이 그 다른 쪽도 당신 안에 있다는 것을 깨닫지 못하고 있기 때문이다. 정반대로, 당신은 그 다른 쪽이 밖에서 온다고 생각하고 또 당신의 관점이나 행동과 충돌을 빚고 있는 동료들의 관점이나 행동에서 그것을 보고 있다고 생각한다. 그리하여 당신은 그 다른 쪽과 싸우고 완전히 맹목적인 존재가 될 것이다.

그는 생명의 나무를 보고 있다. 그 뿌리는 지옥에 닿고 꼭대기는 하늘에 닿고 있다. 그는 더 이상 차이를 모른다. 누가 옳은가? 무엇이 성스러운가? 무엇이 진짜인가? 무엇이 선인가? 무엇이 옳은가? 그는 오직 한 가지 차이만을 안다. 아래의 것과 위의 것의 차이다. 이유는 그가 생명의 나무는 아래에서 위로 자라고, 그 나무가 꼭대기에 왕관을 쓰고 있다는 것을 알기 때문이다. 꼭대기는 뿌리와 확연히 다르다. 그에겐 이건 너무나 명백하다. 따라서 그는 구원에 이르는 길을 알고 있다.

방향에 관한 구별을 제외한 모든 구별을 지워버리는 것이 당신의 구원에 꼭 필요하다. 그러면 당신은 선과 악에 관한 지식의 오랜 저주로부터 풀려날 것이다. 당신이 자신의 평가에 따라 선과 악을 구분한 다음에 선만을 고무하고 악을 거부했기 때문에, 당신의 뿌리는 깊은 곳의 시커먼 영양분을 더 이상 빨아들이지 못하게 되었고 당신의 나무는 병들고 시들게 되었다.

이것은 신성한 아이의 이미지이다. 어떤 긴 길의 완성을 의미한다. 이 이미지가 1919년 4월에 마무리되었는데 그때 이미 다음 이미지를 위한 작업이 시작되었듯이, 필레몬이 나에게 예견한 바와 같이, 태양을 갖고 온 자가 있었다. 그를 ΦΑΝΗΣ(파네스)[31]라고 부른다. 그가 바로 새로 나타나고 있는 신이다.

31 그리스 신화에서 최초의 황금시대를 다스린 것으로 나오는 신.

그런 까닭에 고대인들은 아담이 사과를 따 먹은 뒤로 천국의 나무가 시들었다고 말했다. 당신의 생명은 어둠을 필요로 한다. 그러나 만약에 당신이 어두운 것을 악으로 안다면, 당신은 더 이상 어둠을 받아들이지 못하고 또 고통을 받으면서도 그 이유를 모를 것이다. 당신은 그것을 악으로도 받아들이지 못한다. 이유는 그걸 악으로 받아들이는 경우에 당신의 선이 당신을 거부하고 나설 것이기 때문이다. 당신은 선과 악을 아는 까닭에 어둠을 부정하지도 못한다. 이 때문에 선과 악에 대한 지식은 극복할 수 없는 저주였다.

그러나 만약에 근본적인 카오스로 돌아가서 견딜 수 없는 불의 양 극단 사이에 팽팽하게 걸려 있는 것을 느끼고 인식한다면, 당신은 감정을 통해서나 지식을 통해서나 더 이상 선과 악을 뚜렷이 분리시키지 못한다는 사실을 깨닫게 될 것이다. 그 대신에 아래에서 위로만 향하는 성장의 방향만을 구분할 것이다. 따라서 당신은 선과 악의 구분을 잊고, 당신의 나무가 아래에서 위로 자라는 한 선과 악의 구분을 더 이상 모르게 된다. 그러나 성장이 멈추자마자, 성장 속에서 하나로 결합되었던 것들이 흩어지고 당신은 다시 선과 악을 인식하게 된다.

선과 악에 관한 지식을 부정하는 것은 결코 불가능한 일이다. 이유는 선과 악을 분리하는 순간에, 당신이 그것들을 인식하지 않을 수 없게 되기 때문이다. 선과 악은 오직 성장 안에서만 하나로 결합한다. 그러나 당신은 더없이 깊은 회의(懷疑)에 빠져 가만히 정지해 있을 때에 성장하며, 따라서 꾸준히 회의를 놓지 않는 것 자체가 진정한 생명의 꽃이다.

회의를 품지 못하는 사람은 처신을 제대로 하지 못한다. 그런 사람은 미심쩍은 사람이다. 그 사람은 성장하지 못하며, 그렇기 때문에 살아 있지 않다. 회의는 가장 강력한 것과 가장 약한 것의 신호이다. 강한 사람은 회의를 품지만, 회의는 약점을 갖고 있다. 따라서 가장 약한 것은 가장 강한 것과 통한다. 그리고 만약에 어떤 사람이 자신의 회의를 향해 "나에겐 네가 있어 좋아!"라고 말할 수 있다면, 그 사람은 가장 강한 자가 된다. 하지만 광범위한 카오스를 견디지 못하는 사람이라면, 어느 누구도 자신의 회의에 대해 긍정적으로 생각하지 못한다. 모든 일에 어떤 말이든 한 마디 할 수 있는 사람이 아주 많기 때문에, 사람들이 사는 방식에 주의를 기울이도록 하라. 어떤 사람이 하는 말은 매우 많을 수도 있고 매우 적을 수도 있다. 그러니 그 사람의 삶을 조사하도록 하라.

나의 말은 밝지도 않고 어둡지도 않다. 이유는 그것이 성장하고 있는 사람의 말이기 때문이다.

17장

# 네 번째 밤

산 넘어 불어오는 아침 바람 소리가 세게 들린다. 나의 온 생명이 영원한 혼돈에 빠지고 불의 양쪽 극단 사이에 널리 펼쳐질 때, 밤이 물러났다.

나의 영혼이 밝은 목소리로 나에게 말한다. "문을 아예 경첩에서 떼어내 버려. 이쪽과 저쪽, 긍정과 부정, 위와 아래, 왼쪽과 오른쪽 사이에 왕래가 자유롭게 이뤄지도록 말이야. 상반된 모든 것들 사이에 공기처럼 이동이 자유롭게 이뤄져야 하는 거야. 한쪽 끝에서 다른 쪽 끝 사이에 밝고 부드러운 길들이 연결되어야 해. 거기에 저울들을 놓아두는 거야. 그러면 저울 바늘이 부드럽게 움직이겠지. 바람에도 꺼지지 않을 불꽃을 하나 피워야 해. 강은 가장 깊은 곳을 향해 흘러야 하고. 야생의 동물들은 옛날의 길을 따라 떼를 지어 먹잇감이 있는 곳으로 이동해야 해. 생명은 출생에서 죽음으로, 그리고 죽음에서 출생으로, 태양의 길처럼 단절되지 않은 가운데 흘러갈 수 있어야 해. 모든 것이 그 길을 통과해야 해."

나의 영혼은 이렇게 말한다. 그러나 나는 별 뜻 없이 스스로에게 이렇게 물어본다. 지금 밤인가 낮인가? 나는 자고 있는가, 깨어 있는가? 나는 살아 있나, 죽어 있나?

맹목의 어둠이 나를 에워싼다. 높다란 벽이다. 황혼의 잿빛 벌레 한 마리가 벽을 따라 기어가고 있다. 얼굴이 둥근 벌레는 웃음을 짓는다. 웃음은 발작적이며, 실제로 기분을 풀어준다. 나는 두 눈을 뜬다. 뚱뚱한 요리사가 내 앞에 서 있다. "잠을 잘 자는 사람이군요. 한 시간 이상 잤어요."

**나:** "그래요? 내가 잠을 잤어요? 그렇다면 꿈을 꾼 게 분명하군. 얼마나 무서운 내용이었는지! 내가 이 부엌에서 잠들었어요? 이곳은 정말 어머니들의 영역이지요?"

**요리사:** "물 한 잔 마시세요. 당신은 아직도 졸린 상태입니다."

**나:** "맞아, 이런 잠은 사람을 취하게 할 수 있어요. 토마스의 책 어디 있지? 저기 있구나. 21장이 펼쳐져 있군. 여기에 이렇게 쓰여 있네. '모든 것들 안에 있고 모든 것들 너머에 있는 나의 영혼이여, 그대는 구세주 안에서 평온을 찾아야 한다. 이유는 구세주야말로 모든 성자들의 영원한 평온이기 때문이다.'"

나는 이 문장을 큰소리로 읽는다.

**요리사:** "이 문장을 읽다가 잠들었다면, 당신은 정말로 아름다운 꿈을 꾸었을 거예요."

**나:** "분명히 꿈을 꾸었어요. 나는 그 꿈에 대해 생각해 볼 겁니다. 궁금해서 그러는데, 당신은 누구의 요리사입니까?"

**요리사:** "사서의 요리사예요. 그 사람은 훌륭한 요리를 좋아해요. 그와 함께한지도 여러 해가 되었지요."

**나:** "아, 그러시군요. 사서가 요리사를 두고 있을 것이라는 생각은 전혀 하지 못했습니다."

**요리사:** "그랬군요. 그 사람이 식도락가라는 사실을 아셔야 합니다."

**나:** "안녕히 계십시오. 친절하게 대해 주신 데 대해 감사드립니다."

**요리사:** "천만에 말씀입니다. 오히려 제가 즐거웠어요."

이제 나는 밖에 나와 있다. 그렇다면 저 사람이 사서의 요리사로군. 사서는 부엌에서 어떤 요리를 준비하고 있는지 정말로 알까? 옛날 사람들이 꿈을 꾸기 위해 신전으로 갔듯이, 그가 낮잠을 자러 거기에 들어간 적은 한 번도 없었을 거야. 나는 토마스 아 켐피스의 책을 돌려줘야겠다고 생각한다. 나는 도서관으로 들어간다.

**사서:** "안녕하세요. 다시 오셨군요."

**나:** "안녕하세요, 선생님. 토마스의 책을 돌려드리려고 왔습니다. 옆에 있는 당신의 부엌에 앉아 한 동안 책을 읽었습니다. 당신의 부엌이라는 생각은 하지 않고 말입니다."

**사서:** "어찌 되었건 문제 될 건 하나도 없습니다. 나의 요리사가 당신을 잘 대접했기를 바랍니다."

**나:** "전혀 불만이 없어요. 토마스의 글을 읽다

이것은 신의 그림자가 살고 있는 황금 구조물이다.

가 낮잠까지 잔 걸요."

**사서:** "그리 놀라운 일은 아니지요. 이 기도서는 아주 지루하거든요."

**나:** "맞습니다. 우리 같은 사람들에겐 그렇죠. 그러나 당신의 요리사는 이 작은 책이 매우 교훈적이라고 하더군요."

**사서:** "그래요, 그 요리사에겐."

**나:** "좀 엉뚱한 질문인데, 혹시 당신도 부엌에서 낮잠을 자 본 적이 있으신지요?"

**사서:** "아뇨, 그런 이상한 생각을 품었던 적이 없습니다."

**나:** "그렇게 해 보면 당신의 부엌의 본질에 대해 많은 것을 알게 될 텐데요. 좋은 밤 되십시오, 선생님!"

이 대화를 끝으로 나는 도서관을 빠져나와서 바깥쪽 대기실로 갔다. 거기서 나는 초록색 커튼에 다가섰다. 나는 커튼을 양옆으로 열었다. 무엇이 보였던가? 천정이 높은 홀이 보였다. 뒤에는 아름다운 정원이 있을 걸로 짐작되었다. 문득 클링조르[32]의 마법의 정원일 것 같다는 생각이 들었다. 나는 어떤 극장에 들어섰다. 저 너머에서 두 사람이 연극을 공연하고 있다. 암포르타스[33]와 쿤드리[34]다. 아니, 정확히 내가 무엇을 보고 있는가? 그것은 사서와 그의 요리사다. 그는 병이 들어 낯빛이 창백하다. 또 위장이 좋지 않다. 그녀는 실망하며 화를 낸다. 왼쪽에 클링조르가 서 있다. 사서가 평소에 귀 뒤에 꽂곤 하던 깃털을 쥐고 있다. 클링조르가 나를 빼닮았구나! 얼마나 불쾌한 연극인가! 하지만 보라. 파르지팔[35]이 왼쪽에서 들어온다. 얼마나 이상한 일인가. 그 또한 나를 닮았다. 클링조르가 파르지팔을 향해 깃털을 세게 던진다. 그러나 파르지팔은 깃털을 침착하게 잡는다.

장면이 바뀐다. 관객이, 이 경우엔 내가 마지막 막에서 오페라에 합류한다. 성금요일 예배가 시작되면 모두 무릎을 꿇어야 한다. 파르지팔이 들어온다. 천천히. 머리엔 검정 투구가 씌어져 있다. 헤라클레스의 사자 가죽이 그의 양어깨를 장식하고 있다. 손엔 곤봉이 쥐어져 있다. 그는 교회의 휴일을 기념하여 현대식 검정 바지를 입고 있다. 나는 내키지 않는 듯 초조해하며 팔을 쭉 내밀지만, 오페라는 계속된다. 파르지팔이 투구를 벗는다. 그러나 그를 위해 속죄를 하고 축성을 해 줄 기사 구르네만츠가 없다. 쿤드리는 머리를 감싸고 웃으면서 멀찍이 서 있다. 관객은 황홀한 표정을 지으며 파르지팔의 내면에서 자신의 모습을 본다. 파

32 리하르트 바그너(Richard Wagner)의 오페라 '파르지팔'(Parsifal)에 나오는 마법사.

33 오페라 '파르지팔'에 나오는 성배 왕국의 지배자.

34 오페라 '파르지팔'에 나오는 마녀.

35 오페라 '파르지팔'에 등장하는 순진무구한 바보.

르지팔이 나이다. 나는 역사가 켜켜이 쌓인 갑옷과 괴물 같은 장식을 벗고 고해자의 하얀 셔츠를 입은 다음에 샘으로 간다. 거기서 다른 사람의 도움을 받지 않고 직접 발과 손을 씻는다. 그런 다음에 고해자의 셔츠를 벗고 사복으로 갈아입는다. 나는 그 장면에서 빠져나오면서 나 자신에게 다가선다. 관객으로서 여전히 무릎을 꿇고 기도 중인 나로 돌아간다. 나는 일어서서 나 자신과 하나가 된다.

조롱이 진정하지 않다면 과연 어떨까? 회의(懷疑)가 진정하지 않다면 과연 어떨까? 반대가 진정하지 않다면 과연 어떨까? 자기 자신을 받아들이길 원하는 사람은 자신의 다른 반을 진정으로 받아들여야 한다. 그러나 '예스'에서는 모든 '노'가 진정하지 못하고, '노'에서는 모든 '예스'가 거짓말이다. 그러나 나 자신이 오늘 '예스'의 상태에 있다가 내일 '노'의 상태에 있을 수 있기 때문에, '예스'와 '노'는 둘 다 진실이고 진실이 아니다. '예스'와 '노'는 단지 존재한다는 한 가지 이유 때문에 양보할 수 없는 것인 반면에, 진리와 오류라는 우리의 개념은 양보할 수 있다.

당신은 진리와 오류에 대해 확신을 품길 좋아할 것이라고 나는 짐작한다. 이쪽 혹은 저쪽 안에서 확신은 가능할 뿐만 아니라 필요하기도 하다. 비록 이쪽의 확신이 저쪽에 맞서는 보호이고 저항일지라도 말이다. 만약에 당신이 이쪽에 있다면, 이쪽에 대한 당신의 확신은 저쪽을 배제한다. 그런 경우에 당신이 어떻게 저쪽에 닿을 수 있겠는가? 그리고 이쪽만으로 당신에게 충분하지 않은 이유는 무엇인가? 이쪽만으로 우리에겐 절대로 충분할 수 없다. 이유는 저쪽, 즉 다른 반쪽이 우리 안에 있기 때문이다. 그리고 만약에 우리가 한 반쪽으로 만족한다면, 다른 반쪽은 심각한 빈곤에 시달릴 것이며 그 굶주림 때문에 우리를 괴롭힐 것이다. 그러나 우리는 그 굶주림을 오해하면서 여전히 자신이 한쪽을 갈망하고 있다고 판단하고 그걸 더욱 강하게 추구한다.

이런 과정을 거치면서, 우리는 자기 안에 있는 다른 반쪽이 우리에게 더욱 강하게 요구하도록 만든다. 그때 만약에 우리가 다른 반쪽의 주장을 인정한다면, 우리는 다른 반쪽을 만족시키기 위해 그 쪽으로 건너갈 수 있다. 그러면 우리는 건너편에 닿게 된다. 다른 반쪽이 우리에게 자각되기 때문이다. 그럼에도 만약에 한쪽으로 인한 맹목이 아주 강하다면, 우리는 다른 반쪽으로부터 더욱 멀어지고, 우리 안에서 두 반쪽 사이의 무시무시한 간극은 더 벌어지게 된다. 한 반쪽은 물리게 되고, 다른 반쪽은 심하게 굶주리게 되는 것이다. 물린 쪽은 게을러지고, 굶주린 쪽은 허약해진다. 그래서 우리는 비계(지방)에 질식하고, 결핍으로 기진맥진하게 된다.

이것은 병인데, 이런 유형의 사람들이 많다. 자신을 제대로 관리하지 못하면 그렇게 될 수밖에 없지만, 그렇게 될 필요는 없다. 그렇게 되는 데는 그만한 원인과 이유가 있지만, 우리는 자신이 그렇게 되지 않기를 원한다. 인간이 그 원인을 극복할 자유를 누리고 있고, 또 본래부터 창의적인 존재이기 때문이다. 한쪽에 대한 당신의 신뢰가 아주 큼에도 불구하고 당신이 정신적 고통을 감내하면서 다른 반쪽을 받아들일 자유를 확보한다면, 그때 당신의 성장이 시작된다.

만약에 타인들이 나를 조롱한다면, 어쨌든 조롱하는 것은 그들이며, 나는 조롱의 죄를 그들에게로 돌리며 나 자신을 조롱하는 것을 잊는다. 그러나 자기 자신을 조롱하지 못하는 사람은 타인들로부터 조롱을 받을 것이다. 그러하니 자신을 한껏 조롱하도록 하라. 그러면 신성하고 영웅적인 모든 것이 당신에게서

**아트마빅투**

**젊은 지지자**

**텔레스포루스**[36]

**일부 사람들의 사악한 영혼**

**용은 태양을 삼키기를 원한다. 젊은이는 용에게 그러지 말라고 간청한다. 그러나 용은 젊은이의 간청에도 불구하고 태양을 먹는다.**

---

**36** 그리스 신화에 나오는 치료의 신으로, 주로 모자를 쓴 난쟁이로 등장한다.

떨어져나가고, 당신은 철저히 인간적인 모습을 찾을 것이다. 당신 안에 있는 신성하고 영웅적인 것은 당신 안에 있는 다른 반쪽에겐 일종의 조롱이다. 당신 안에 있는 다른 반쪽을 위하여, 예전에 당신 자신의 자기를 위해 수행했던 그 훌륭한 역할을 발동시키도록 하라. 그러면 당신은 바람직한 모습으로 변할 것이다.

특별한 재능이라는 행운과 불운을 타고난 사람은 자신이 곧 그 재능이라는 믿음에 희생된다. 따라서 그 사람은 종종 그 재능의 어릿광대가 된다. 특별한 재능은 나의 밖에 있는 그 무엇이다. 나는 절대로 재능과 같지 않다. 재능의 본질은 그것을 갖고 있는 사람의 본질과 아무런 관계가 없다. 재능은 종종 그것을 가진 사람의 성격을 대가로 치르며 살아간다. 그런 경우에 그 사람의 성격에 재능의 부정적인 측면이 두드러지게 나타난다. 따라서 그 사람은 재능의 절정에는 절대로 닿지 못하고 항상 그 밑에 머무른다. 만약에 그 사람이 자신의 다른 반쪽을 받아들인다면, 그는 타고난 재능을 고스란히 다 발휘할 수 있게 된다. 그러나 만약에 자신의 재능 안에 갇혀 살기를 원하고 그 결과 다른 반쪽을 거부한다면, 그 사람은 도가 지나쳐 스스로를 망가뜨릴 것이다. 이유는 그의 재능의 본질이 인간의 범위를 벗어난 하나의 자연 현상이기 때문이다. 세상 모든 사람이 그의 잘못을 보게 되고, 따라서 그는 세상의 조롱에 희생된다. 그러면 그는 다른 사람들이 자기를 조롱한다고 말한다. 사실은 자신의 다른 반쪽을 무시한 것이 그를 우스꽝스런 존재로 만들고 있는데도 말이다.

그 신이 나의 삶 속으로 들어올 때, 나는 신을 위하여 나의 빈곤으로 돌아간다. 나는 빈곤의 짐을 받아들이고 나의 내면에 있는 모든 추함과 우스꽝스러운 점과 비난 받을 것들을 견뎌낸다. 그리하여 나는 그 신을, 만약에 내가 받아들이지 않았다면 그에게 닥쳤을 온갖 혼동과 부조리로부터 해방시킨다. 이로써 나는 그 신이 활동할 길을 준비한다. 무슨 일이 일어났는가? 더없이 어두운 심연은 다 비어졌고 다 말랐는가? 아니면 아래에서 무엇인가가 시뻘겋게 타면서 기다리고 있는가?

어느 불이 아직 꺼지지 않았고, 어느 깜부기불이 아직 살아 있는가? 우리는 어둡고 깊은 곳에 무수히 많은 제물을 바쳤는데도 그 깊은 곳은 아직도 더 많은 제물을 요구하고 있다. 충족되기를 갈망하는 이 광적인 욕망은 도대체 무엇인가? 이것들은 누구의 미친 외침들인가? 죽은 자들 가운데서 누가 이런 고통을 당하고 있는가? 이리로 와서 피를 마셔라. 그러면 당신은 말할 수 있다. 왜 당신은 피를 거부하는가? 당신은 우유를 좋아하는가? 아니면 포도나무의 붉은 즙을 좋아하는가? 당신은 사랑을 품고 있는가? 죽은 자들을 향한 사랑? 죽은 자들을 사랑한다고? 당신은 지옥의 천년 된 시신을 위해서 생명의 씨앗들을 요구하고 있는가? 죽은 자를 향한, 근친상간의 냄새를 풍기는 음란한 욕정인가? 피를 얼어붙게 만들 일이로다. 당신은 시신들과 생생하게 섞일 것을 요구하고 있는가? 나는 "받아들임"에 대해 이야기했는데, 당신은 "붙잡고, 포옹하고, 성교할" 것을 요구하고 있는가? 당신은 죽은 자들을 모독할 것을 요구하고 있는가? 그 예언자는 그 아이 위에 누워 자신의 입을 아이의 입에 대고, 자신의 눈을 아이의 눈에 대고, 자신의 손을 아이의 손에 댔으며, 그리하여 아이의 몸에 온기를 불어넣기 위해서 자신의 몸을 소년의 몸 위로 쫙 폈다고 당신은 말한다. 그러나 예언자는 다시 일어나 집 안 이곳저곳을 돌아다니다가 다시 그 소년의 위로 자신의 몸을 쫙 폈다. 그러자 소년이 일곱 번 콧바람을 불었다. 이어 소년은 눈을 떴다. 그렇다면 당신의 받아들임은 냉정하지도 않고, 탁월하지도 않고, 용의주도하지도 않고, 아첨하지도 않으며, 자기비난으로 행해지는 것도 아니다. 그것은 쾌락으로, 모호하고 불순한 쾌락으로 행해지는 것이며, 이 쾌락의 모호함이 있기에 그 받아들임이 고차원적인 쾌락과, 신성하면서도 사악한 쾌락과 결합할 수 있다. 당신은 그 쾌락이 미덕인지 악덕인지 모른다. 사람은 죽은 자들을 쾌락으로 깨운다.

당신의 가장 낮은 것은 죽음과도 같은 잠에 빠져 있으며, 선과 악을 포함하고 있는 생명의 온기를 필요로 하고 있다. 그것이 삶의 길이다. 당신은 그것을 악이라고 부르지도 못하고 선이라고 부르지도 못한다. 또한 순수하다고 하지도 못하고 불순하다고 하지도 못한다. 그럼에도 그것은 목표가 아니고 길이며 교차로이다. 그것은 또한 병이며 회복의 시작이다. 그것은 모든 혐오스런 행위들의 어머니이며 모든 유익한 상징들의 어머니이다. 그것은 가장 원초적인 형태의 창조이며, 또한 모든 은밀한 곳들과 컴컴한 통로를 통해 흐르는 최초의, 바로 그 최초의 음흉한 충동이다. 그것은 식물들과 동물들에게 더없이 놀랍고 현명한 기술과 계략을 가르치는 자연의 최초의 은밀한 선생이다. 우리는 이 기술과 계략에 대해 거의 알지 못한다. 그 자연의 선생은 위대한 현자이다. 이 현자는 인간의 범위를 넘어서는 지식을 갖고 있고, 학문 중에서 가장 위대한 것을 알고 있으며, 혼돈에서 질서를 끌어내고, 도무지 헤아릴 수 없는 복잡성에서 미래를 현명하게 읽어낸다. 삶의 길은 뱀과 같이 이롭기도 하고 해롭기도 하며, 무시무시할 만큼 흉포하기도 하다. 삶의 길은 가장 취약한 부분을, 말하자면 봉인된 보물 창고들을 여는 봄의 뿌리를 언제나 명중시키는 화살이다.

당신은 당신의 내면에 있는 것 중에서 가장 낮은 것을 현명하다고 하지도 못하고 어리석다고 하지도 못하며, 선하다거나 사악하다고 하지도 못한다. 왜냐하면 그것의 본질이 철저히 인간의 범위를 넘어서 있기 때문이다. 그것은 땅의 아들이며, 당신이 깨워줘야만 하는 땅의 어두운 아들이다. 그것은 남자임과 동시에 여자이며, 성별로 아직 성숙하지 않았으며, 해석과 오해를 많이 낳는 반면에 의미는 빈약하면서도 풍성하다. 이것은 맨 밑바닥에 똑바로 서서 기다렸고, 고통을 가장 많이 당했고, 가장 큰 소리로 외쳤던 죽은 자들이다. 그것은 죽은 자들을 위한 제물로 피도 원하지 않고 우유도 원하지 않고 포도주도 원하지 않으며, 단지 우리 육체의 의지만을 원하고 있다. 그것의 열망은 궁리 불가능한 것을 궁리하느라 스스로를 고문하는 우리 정신의 고통에는 전혀 눈길을 주지 않는다. 우리의 정신이 해체되어 제단 위에 놓였을 때까지, 나는 땅의 아들의 목소리를 듣지 못했으며, 그러고 나서야 나는 땅의 아들이 고통을 가장 많이 당하는 존재로서 구원을 필요로 하고 있다는 것을 알 수 있었다. 그는 선택된 존재이다. 이유는 그가 퇴짜를 가장 많이 당했기 때문이다. 이런 말을 해야 한다는 사실 자체가 좋지 않은 일이지만, 아마 내가 제대로 듣지 못했거나 깊은 곳의 말을 오해했을 수도 있다. 이런 말을 하는 것이 구차하지만, 그래도 나는 말해야 한다.

깊은 곳은 조용하다. 그는 일어나서 지금 태양을 보고 있으며, 산 자들 사이에 있다. 불안과 불화, 회의(懷疑)와 생명의 충만도 그와 함께 일어났다.

좋아, 그것이 마무리되었다. 실재하지 않던 것이 실재하고, 실재하던 것이 실재하지 않고 있다. 그러나 나는 그런 상황을 받아들이지 않을 것이고, 받아들이고 싶지도 않고, 받아들일 수도 없다. 오, 인간의 비열함이여! 오, 우리 안에 있는, 내켜하지 않는 마음이여! 오, 회의와 절망이여! 오늘은 진정 성(聖)금요일이다. 구세주가 죽어서 지옥으로 내려가서 신비들을 마무리한 날이다. 오늘은 우리가 우리 안에서 예수 그리스도를 완성시키고 지옥으로 내려간 성금요일이다. 오늘은 우리가 그리스도의 완전을 고대하며 신음하고 울부짖는 성금요일이다. 우리가 그렇게 울부짖는 이유는 예수 그리스도의 성취 후에 우리가 지옥으로 가기 때문이다. 그리스도는 너무나 막강하기 때문에 그의 영역은 온 세상을 다 덮으며, 오직 지옥만 그의 영역 밖에 있다.

훌륭한 동기와 순수한 양심을 갖고 사랑의 법을 지키면서 이 영역의 경계를 넘는 데 성공했던 자는 누구인가? 살아 있는 자들 중에서 누가 그리스도이며 누가 살아 있는 육신으로 지옥까지 여행하는가? 그리스도의 영역을 지옥까지 확장하는 자는 누구인가? 맑은 정신이면서 취한 자는 누구인가? 하나이던 존재에서 둘인 존재로 내려가는 자는 누구인가? 분리되어 있는 것들을 결합시키기 위해 자신의 심장을 찢는 자는 누구인가?

내가 바로 이름없는 존재인 그 자이다. 자기 자신을 모르고, 자신의 이름조차 모르는 그 자 말이다. 나에겐 이름이 없다. 이유는 아직 존재하지 않고 생성 과정에 있기 때문이다. 나 자신에게 나는 재세례파이며 한 사람의 이방인이다. 지금 이 순간의 나는 그렇지 않다. 그러나 지금 이 순간의 전이나 후의 나는 분명 그렇다. 나 자신을 낮추었다는 점에서, 나는 나 자신을 다른 존재로 향상시켰다. 나 자신을 받아들였다는 점에서, 나는 나를 둘로 나누었다. 나 자신을 나 자신과 결합시켰다는 점에서, 나는 나 자신의 더 작은 부분이 되었다. 나의 의식 안에선 이것이 나다.

*나는 부활을 위해 불순한 물로 세례를 받았다. 지옥의 불에서 날아온 불꽃이 세례용 물통 위에서 나를 기다리고 있었다. 나는 불순으로 몸을 씻고 먼지로 몸을 깨끗이 닦았다. 나는 그를 맞아들이고 받아들였다. 신성한 형제를, 땅의 아들을, 양성(兩性)의 불순한 존재를. 그리고 하룻밤 사이에 그는 인간이 되었다. 그에게서 가운데 앞니 두 개가 났고 빛이 아래로 그의 턱을 덮고 있다. 나는 그를 붙잡았고, 그를 극복했으며, 그를 포옹했다. 그는 나로부터 많은 것을 요구했음에도 불구하고 모든 것을 갖고 왔다. 이유는 그가 부자이기 때문이다. 땅도 그의 것이다. 그러나 그의 검정 말은 그의 곁을 떠났다.*

정말로, 나는 거만한 적을 잡아 쓰러뜨렸다. 나는 더 위대하고 더 강한 존재를 강제로 나의 친구로 만들었다. 이제 그 어떤 것도 어두운 존재인 그로부터 나를 떼어놓아서는 안 된다. 내가 그를 떠나길 원한다면, 그는 나의 그림자처럼 나를 따를 것이다. 내가 그에 대해 생각하지 않더라도, 그는 이상할 만큼 가까이 있을 것이다. 내가 그를 거부한다면, 그는 공포로 돌변할 것이다. 나는 그를 충분히 찬미해야 하고, 그를 위한 제물로 음식을 준비해야 한다. 식탁에서도 나는 그를 위한 음식을 접시에 담는다. 예전에 인간들을 위해 했을 일을 지금 나는 그를 위해 해야 한다. 그래서 인간들은 나를 보고 이기적이라고 생각한다. 왜냐하면 내가 나의 친구와 동행하고 있다는 것을, 또 많은 낮을 그에게 바치고 있다는 사실을 그들이 모르기 때문이다. 그러나 동요가 일어났다. 땅 속에서 조용히 일어난 지진 같기도 하고, 멀리서 들리는 포효 같기도 하다. 길들이 시원(始原)과 미래로 열렸다. 기적들과 무시무시한 신비들이 가까이 있다. 나는 과거의 일들과 미래에 일어날 일들을 느낀다. 일상적인 것 그 너머에 끝없는 심연이 입을 떡하니 벌리고 있다. 땅이 지금까지 숨겨왔던 것을 나에게 주고 있다.

저주 받은 용이 태양을 삼켰다. 용의 배가 절개되었으나, 그래도 용은 피와 함께 태양의 황금을 내놓아서는 안 된다. 이것은 '아트마빅투'(Atmavictu)[37]를 되돌려주는 것이다. 풍성하게 번식하는 초록색 표면을 파괴한 자는 내가 지크프리트를 죽이는 것을 도왔던 젊은이이다.

37 '생명의 숨결'

1919년 11월. 너무나 아름답게 다듬어진 이 보석은 분명히 '철학자의 돌'이다. 다이아몬드보다도 더 단단한 돌이다. 그러나 이 돌은 4가지 명백한 특징, 즉 폭과 높이, 깊이, 시간을 통해 우주로 팽창한다. 그렇기 때문에 이 돌은 눈에 보이지 않으며, 당신은 아무것도 느끼지 않는 가운데 그것을 관통할 수 있다. 이 돌에서 물병자리의 물줄기 4개가 흐르고 있다. 이것은 아버지와 어머니의 가운데 놓여 있는 부패하지 않는 씨앗이며, 완전한 상태에 대항하는 단자(單子)다.

1919년 12월 4일. 앞 보석의 뒷면이다. 보석 안에 있는 자는 이런 그림자를 갖고 있다. 이것은 창조 작업을 끝낸 뒤의 아트마빅투이다. 그는 끊임없는 역사로 돌아갔다. 거기서 그는 시작을 다시 했다. 한 번 더 그는 돌의 잔류물이 되어 자신의 창조를 마무리했다. 이즈두바르의 형태로 그는 크게 성장했으며, 그로부터 필레몬과 카가 나왔다. 필레몬은 돌을 주었고, 카는 태양을 주었다.

1920년 1월 4일. 이것은 성수를 뿌리는 존재이다.
용의 몸에서 피어난 꽃들에서 카비리[38]가 자라난다. 위쪽의 건물은 신전이다.

38 그리스 신화에 등장하는 난쟁이들을 일컫는다. 들판의 과일을 지킨 마법적인 존재이다.

18장

# 세 명의 예언자들

놀랄 일들이 더 가까이 다가왔다. 나는 나의 영혼을 불러서 멀리서 소리가 들려오고 있는 그 홍수 속으로 들어가 보라고 부탁했다. 이 일이 일어난 때는 나의 '블랙 북'(Black Book)[39]에 기록된 대로 1914년 1월 22일이다. 이리하여 나의 영혼은 총알 같이 어둠 속으로 뛰어들었다. 깊은 곳에서 나의 영혼이 외쳤다. "그러면 내가 갖고 나가는 것을 모두 받을 텐가?"

**나:** "그대가 주는 것은 받을 거야. 나에겐 판단하거나 거부할 권리가 없어."

**영혼:** "그렇다면 잘 들어. 여기 아래에 우리 아버지들이 쓰던 옛날 갑옷과 녹슨 장비가 있어. 거기엔 살인용 가죽 장식들이 달려 있고. 벌레 먹은 창 손잡이들과 찌그러진 창끝, 깨어진 화살, 썩은 방패, 두개골, 사람과 말의 뼈, 옛날 대포, 투석기, 횃불 부스러기, 백병전 무기, 돌화살촉, 돌 몽둥이, 예리한 뼈 등등. 옛날의 전투가 이 땅에 남긴 모든 것이 있어. 너는 이것들을 다 받을 건가?"

**나:** "받아야지. 나의 영혼이여, 그대가 더 잘 알잖아."

---

39 칼 융이 1913년부터 1932년까지 기록한 7권의 일기를 말한다. 표지가 검다고 해서 이런 이름으로 불린다.

**영혼:** "색이 칠해진 돌도 발견했어. 마법의 상징이 그려진 뼛조각, 주문을 새긴 가죽 부적, 납으로 만든 작은 판들, 사람의 이빨과 머리카락과 손톱이 가득 든 지저분한 주머니들, 단단히 묶은 목재, 검은색 구체(球體), 곰팡내 나는 동물 가죽. 암흑이던 선사시대의 미신 행위에 쓰인 온갖 물건들이 있어. 이것도 받을 건가?"

**나:** "다 받을 게. 내가 어떻게 거부할 수 있어?"

**영혼:** "그런데 그런 것들보다 더 나쁜 것도 있어. 동족 살해, 살인적 구타, 고문, 아이를 제물로 바치는 행위, 민족 말살, 방화, 배신, 전쟁, 반란도 있어. 그것도 받을 텐가?"

**나:** "거기 있다면 당연하지. 내가 어떻게 판단할 수 있겠는가?"

**영혼:** "전염병, 자연 재해, 침몰한 선박, 초토화된 도시들, 무서운 야만성, 기근, 인간의 비열함, 산더미 같은 공포도 발견했어."

**나:** "그럴 테지."

**영혼:** "과거의 모든 문화의 보물들과 장엄한 신들의 이미지, 널따란 신전, 그림, 파피루스 뭉치, 지금은 없어진 글이 적힌 양피지, 잃어버린 지혜가 가득 담긴 책들, 고대 성직자들의 설교와 찬송가, 수천 세대를 내려오는 이야기도 발견했어."

**나:** "전체 세계가 고스란히 남아 있군. 그 범위가 어느 정도인지 나로서는 짐작하지 못하겠는데. 그걸 내가 어떻게 다 받지?"

**영혼:** "그러나 너는 모든 걸 다 받길 원하지 않았어? 너는 너의 한계를 모르고 있어. 네 스스로 한계를 짓지 못하는 거니?"

**나:** "나 자신을 제한해야겠어. 누가 그런 엄청난 세계를 이해할 수 있겠어?"

**영혼:** "스스로 만족할 줄 알고 겸손한 마음으로 너의 정원을 가꾸도록 해."

**나:** "알았어. 이해 불가능할 정도로 광대한 것 중에서 큰 부분을 정복해봐야 별 소용이 없다는 걸 나는 알아. 그보다는 작은 것을 정복하는 게 더 낫지. 잘 보살핀 작은 정원이 제대로 보살피지 않은 큰 정원보다 나아. 두 정원 모두 그 무한한 것에 비하면 똑같이 작지만, 보살핌의 손길은 달라."

**영혼:** "가위를 들고 너의 나무의 가지들을 다듬도록 하렴."

땅의 아들이 몰고 온 홍수 같은 어둠으로부터, 나의 영혼은 나에게 미래를 가리키는 고대의 물건들을 찾아주었다. 나의 영혼이 내게 준 것은 3가지였다. 전쟁의 비참함과 마법의 어둠, 종교의 선물이었다.

영리한 사람이라면 이 3가지가 모두 같은 성격을 지니고 있다는 것을 이해할 것이다. 세 가지는 모두 카오스와 그 힘의 폭발을 의미한다. 그것들이 카오스의 결합을 의미하는 것과 똑같다. 전쟁은 너무나 명백하며 모두가 볼 수 있는 것이다. 마법은 어둡고 아무도 볼 수 없는 것이다. 종교는 아직 와야 하지만, 그것 또한 분명할 것이다. 당신은 그런 잔학한 전쟁의 공포들이 우리를 덮칠 것이라고 생각했는가? 당신은 마법이 존재한다고 생각했는가? 당신은 새로운 종교에 대해 생각했는가? 나는 긴 밤들을 하얗게 밝히며 앉아서 다가올 것을 미리 보면서 몸을 떨었다. 당신은 나를 믿는가? 나는 지나치게 걱정하지는 않는다. 나는 무엇을 믿어야 하는가? 나는 무엇을 믿지 말아야 하는가? 나는 보았고, 나는 전율했다.

그러나 나의 영혼은 그 기괴한 것들을 이해하지 못하고 닥쳐올 일들의 심각성을 제대로 인식하지 못했다. 나의 욕망의 힘이 시들어갔다. 수확의 손들이 힘없이 내려졌다. 나는 앞으로 다가올 시대의 무시무시한 사건의 무게를 느꼈다. 나는 어디서 어떤 식으로 그 사건이 벌어질 것인지를 보았다. 그러나 그 어떤 말로도 그걸 담아내지 못한다. 그 어떤 의지도 그걸 정복하지 못한다. 나로서는 달리 할 수 있는 방법이 없었다. 나는 그것이 다시 깊은 곳으로 가라앉도록 내버려 두었다.

나는 그걸 당신에게 주지 못한다. 단지 나는 다가올 것의 길에 대해서만 이야기할 수 있을 뿐이다. 밖에서 당신에게 오는 선(善)은 거의 없다. 당신에게 닥칠 것은 모두 당신의 안에 있다. 그러나 거기에 무엇이 있단 말인가! 나는 시선을 다른 곳으로 돌리고, 귀를 막고, 모든 감각을 부정하고 싶다. 나는 당신들 같은 사람이 되고 싶다. 아무것도 모르고 또 아무것도 보지 않는 그런 사람이 되고 싶은 것이다. 그건 너무나 엄청나고 너무나 뜻밖이다. 그러나 나는 그것을 보았으며, 나의 기억은 나를 가만 내버려두지 않을 것이다. 그럼에도 나는 미래를 쭉 살피고 싶은 욕망을 죽인다. 지금 나는 꽃을 피우고 있는 나의 작은 정원으로, 돌아가고 있는 사정을 훤히 파악할 수 있는 그 작은 정원으로 돌아간다. 그 작은 정원은 보살핌을 잘 받을 것이다.

미래는 미래의 사람들에게 남겨 둬야 한다. 나는 작은 것들과 실재하는 것들로 돌아간다. 이유는 그것이 위대한 길이고 다가올 것의 길이기 때문이다. 나는 나의 단순한 현실로, 더없이 작은 나의 존재로 돌아간다. 그리고 나는 전지용 칼을 들고 지나치게 훌쩍 커버린 모든 것을 정리한다. 내 주위로 숲이 무성하고, 덩굴 식물들은 나의 키보다 훨씬 더 높이 올라가 있다. 나는 끝없는 성장 속에 완전히 묻혀 있다. 깊은 곳은 결코 마르지 않는다. 그곳은 모든 것을 준다. 모든 것이 다 있는 것은 아무것도 없는 것만큼 좋다. 작은 것을 간직하라. 그러면 당신은 무엇인가를 가진 존재가 될 것이다. 당신의 야망과 탐욕을 인식하고 알거나, 당신의 열망을 키우고 배양하거나, 당신의 열

망을 해석하고 이용하거나, 당신의 열망을 지배하거나, 당신의 열망에 해석과 의미를 부여하는 것은 다 부질없는 짓이다.

그것은 자신의 경계를 넘어서는 모든 것처럼, 광기다. 당신이 아닌 것을 어떻게 당신 안에 담아둘 수 있는가? 정말로, 당신은 당신이 아닌 모든 것을 당신의 지식과 이해력의 지배하에 두기를 원하는가? 당신은 당신 자신을 알 수 있다는 사실을 기억하라. 그런 사실을 깨닫는 것만으로도 충분하다. 그러나 당신은 당신 외의 다른 사람들과 모든 일에 대해서는 알지 못한다. 당신 너머에 있는 것을 알려고 드는 것을 경계하라. 조심하지 않을 경우에, 당신의 예단(豫斷)이 자기 자신을 잘 알고 있는 사람들의 생명을 질식시킬 것이다. 이해력 있는 사람은 자기 자신을 알 것이다. 그것이 그 사람의 한계다.

살을 저미는 고통으로, 나는 나 자신의 너머에 놓여 있는 것에 대해 아는 척 했던 부분을 잘라낸다. 나는 나 자신을, 나 자신 너머에 놓여 있는 것들에 대한 교활한 해석의 고리로부터 잘라낸다. 그리고 나의 칼은 더 깊이 파고들면서, 나 자신에게 부여했던 의미들로부터도 나를 단절시킨다. 의미 있는 모든 것이 나에게서 다 떨어져나갈 때까지, 내가 더 이상 나 같지 않을 때까지, 내가 나 자신이 누구인지를 모른다는 것을 알 수 있을 때까지, 나는 뼛속까지 벤다.

나는 빈곤하고 텅 비고 싶다. 냉혹한 것 앞에 발가벗고 서고 싶다. 나의 육체이고 싶고, 그 육체의 빈곤이고 싶다. 나는 땅에서 태어나고 싶고 땅의 법을 살고 싶다. 나는 인간 동물이고 싶고, 그 동물의 모든 공포와 욕망을 받아들이고 싶다. 나는 태양이 작열하는 땅 위에 아무것도 갖추지 않은 채 빈곤한 몸으로 홀로 서 있는 사람의 울부짖음과 축복을 겪고 싶다. 자신의 욕망과 내면에 은밀히 숨어 있는 포악한 동물들의 먹이가 된 상태에서 말이다. 그 울부짖음과 축복은 이런 자들의 것이다. 귀신들에게 놀라며 먼 곳의 신들을 꿈꾸었던 자들, 가까운 것에 속하면서 아득히 먼 것들의 적(敵)이 되었던 자들, 부싯돌로 불을 피우고 들판의 농작물을 파괴한 그 미지의 힘들에게 자신의 가축마저 빼앗긴 자들, 또 알지도 못하고 인식하지도 못한 가운데 가까이 있는 것을 바탕으로 살면서 먼 곳에 있는 것을 신의 은총으로 받았던 그런 자들 말이다.

그는 아이였고 불확실했음에도 확신으로 충만했으며, 연약했음에도 엄청난 힘으로 축복을 받았다. 그는 자신의 신이 도움을 주지 않자 다른 신을 택했다. 그리고 이 신마저도 도움을 주지 않자, 그는 그 신을 혹평했다. 그리고 보라, 신들이 한 번 더 돕지 않았는가. 따라서 나는 의미가 실린 모든 것을, 카오스가 나에게 짐 지운 신성하고 사악한 모든 것을 버린다. 정말로, 신들과 악마들과 혼란스런 괴물들을 증명하고, 그것들을 조심스레 양육하고, 그것들을 조심스레 끌고 다니고, 그것들을 헤아리고 이름을 불러주고, 불신과 회의에 맞서 믿음으로 그것들을 보호하는 일은 이젠 나의 의무가 아니다.

자유로운 인간은 오직 자유로운 신들과 악마들만을 안다. 이런 신들과 악마들은 스스로 자제할 줄 알고 또 자신의 능력으로 효력을 발휘한다. 만약에 이 신들과 악마들이 효력을 발휘하지 못한다면, 그건 어디까지나 그들의 문제다. 나는 그 부담을 나 자신으로부터 제거할 수 있다. 그러나 만약에 그 신들과 악마들이 효력을 발휘한다면, 그것들은 나의 보호를 필요로 하지도 않고, 나의 보살핌을 필요로 하지도 않고, 나의 믿음을 필요로 하지도 않을 것이다. 따라서 당신은 말없이 기다리면서 그 신들과 악마들이 제대로 힘을 발휘하는지 보기만 하면 된다. 그러나 만약에 그 신들과 악마들이 힘을 발휘한다면, 현명하게 대처해야 한다. 왜냐하면 호랑이가 당신보다 더 강하기 때문이다. 당신은 자신으로부터 모든 것을 벗어던질 수 있어야 한다. 그렇게 하지 않으면 당신은 노예가 된다. 설령 당신이 신의 노예일지라도 노예는 노예다. 삶은 자유로우며 언제나 길을 스스로 선택한다. 삶 자체만으로도 충분히 제한적이다. 그러니 추가로 제한을 더 쌓지 않도록 하라. 그래서 나는 나를 구속하는 모든 것을 잘라냈다. 나는 여기에 서 있었고, 수수께끼 같은 세상의 잡다한 것들은 저기에 놓여 있었다.

그리고 어떤 공포가 나에게 밀려왔다. 내가 꽁꽁 묶여 있는 것은 아닐까? 저곳의 세상은 무한한 곳이 아닐까? 그리고 나는 나의 약점을 알게 되었다. 허약함에 대한 자각이 없고 무력함에 대한 두려움이 없다면, 빈곤과 허약함과 준비 미비는 도대체 어떻게 되는가? 그래서 나는 선 채로 공포를 느꼈다. 그때 나의 영혼이 나에게 속삭였다.

19장

# 마법의 선물

**영혼:** "무슨 소리 안 들려?"

**나:** "아무 소리도 안 들리는데. 무슨 소리?"

**영혼:** "뭔가 울리는 소리."

**나:** "울림이라고? 뭔데? 아무 소리도 안 들려."

**영혼:** "귀를 더 기울여 봐."

**나:** "왼쪽 귀에 뭔가 들리는 것 같아. 그게 뭘 의미하지?"

**영혼:** "불운이야."

**나:** "알아들었어. 행운과 불운도 갖고 싶어."

**영혼:** "그렇다면 너의 손을 들고 너에게로 오는 것을 받아."

**나:** "그게 뭔데? 지팡인가? 검은색 뱀인가? 진주 두 개가 눈이고 목에 황금 고리를 두른, 뱀처럼 생긴 검은 지팡이인가? 마법의 지팡이 같지 않아?"

**영혼:** "마법의 지팡이야."

**나:** "마법으로 내가 뭘 해야 하는데? 마법의 지팡이는 불운인가? 마법은 불운이야?"

**영혼:** "그걸 갖는 사람에겐 불운이란다."

**나:** "옛날 격언처럼 들리는데. 나의 영혼이여, 그대는 얼마나 엉뚱한지 몰라! 마법으로 내가 뭘 해야 하지?"

**영혼:** "마법이 너를 위해 많은 것을 할 거야."

**나:** "그대가 내 안에서 욕망과 갈등을 휘저어 놓지 않을까 겁이 나네. 그대도 알잖아. 사람은 흑마술[40]과 힘 안들이고 공짜로 얻는 것에 대한 욕망을 절대로 죽이지 못한다는 걸."

**영혼:** "마법은 쉽지 않아. 그건 희생을 요구해."

**나:** "사랑의 희생을 요구하는가? 아니면 인간성의 희생을? 그렇다면, 지팡이를 돌려 줄 거야."

**영혼:** "경솔하게 굴지 마. 그런 희생을 요구하지는 않아. 다른 희생을 요구해."

**나:** "어떤 희생인데?"

**영혼:** "마법이 요구하는 희생은 위안이야."

**나:** "위안이라고? 내가 제대로 이해한 거니? 그대를 이해하기는 정말 힘들어. 그게 무슨 뜻이야?"

**영혼:** "위안을 희생하면 돼."

**나:** "그게 무슨 말이야? 내가 주는 위안을 희생시켜야 한다는 말인가, 아니면 내가 받는 위안을 희생시켜야 한다는 말인가?"

**영혼:** "둘 다야."

**나:** "헷갈리네. 너무 애매해."

**영혼:** "너는 검은 지팡이를 위해서 위안을 희생시켜야 해. 네가 주는 위안과 네가 받는 위안을 똑같이 희생시켜야 해."

**나:** "사랑하는 사람의 위안을 받아서도 안 된다는 말인가? 그리고 내가 사랑하는 사람에게 위안을 줘도 안 되고? 이것은 곧 인간성의 일부를 상실한다는 뜻인데. 그리고 자기 자신에게 엄격해야 한다는 말이고. 또 인간성이 빠져나간 자리를 다른 것들이 채울 텐데."

**영혼:** "그건 그래."

**나:** "마법의 지팡이가 이런 희생을 요구한단 말이냐?"

**영혼:** "그래."

**나:** "마법의 지팡이를 위해 이런 희생을 해도 괜찮은가? 지팡이를 받아야만 하는 건가?"

**영혼:** "지팡이를 받고 싶다는 거야, 안 받고 싶다는 거야?"

**나:** "모르겠어. 내가 검은 지팡이에 대해 아는 게 없지 않니? 누가 주는 거야?"

**영혼:** "네 앞에 놓여 있는 어둠이 준단다. 너에게 다음에 닥칠 것이 바로 그거야. 너는 그걸 받고 어둠에게 너의 제물을 바칠 거니?"

**나:** "어둠에게, 맹목적인 어둠에게 제물을 주는 것은 힘든 일이야. 도대체 어떤 제물인데!"

**영혼:** "본성이야. 본성이 위안을 주고, 본성이 위안을 받잖아?"

**나:** "거창한 단어를 쓰는구나. 너는 나에게 어떤 고독을 요구하고 있는 거냐?"

**영혼:** "이건 너의 불운이고, 검은 지팡이의 권

---
40 악마의 힘을 빌리는 요술을 말한다.

# 사랑의 승리

이 그림은 9개월 동안 미완성으로 남아 있다가 1921년 1월 9일에 마무리되었다. 완성되지 못할 뻔 했던 이 그림은 4중의 희생을 표현하고 있다. 살아 있는 모든 존재들의 핵심인 4가지 기능을 보여주는 냉혹한 바퀴이다.

력이야."

**나:** "그대는 정말 음울하고 불길하게 말하는구나! 그대는 얼음 같이 가혹한 갑옷 속에 나를 쑤셔 넣고 있는 거야? 청동 등딱지 같은 것으로 나의 가슴을 잠그고 있는 거야? 난 생명의 온기가 좋아. 내가 그걸 버려야 한단 말인가? 마법을 위해서? 대체 마법이 뭔데?"

**영혼:** "너는 마법을 몰라. 그러니 판단하지 않도록 해. 넌 뭣 때문에 신경을 곤두세우고 있는 거니?"

**나:** "마법! 마법으로 내가 뭘 해? 나는 마법을 믿지 않아. 마법을 믿을 수 없어. 나의 가슴이 식고 있어. 내가 인간성의 큰 부분을 마법에게 희생해야 한다고?"

**영혼:** "내가 충고하는데, 이것에 맞서려고 하지 마. 무엇보다 그런 식으로 계몽된 듯 행동하지 마. 마치 너의 깊은 곳이 마법을 믿지 않는 것처럼 말이야."

**나:** "그대는 냉혈한이야. 그러나 난 마법을 믿지 못해. 어쩌면 마법에 대해 완전히 잘못 알고 있을지도 모르지."

**영혼:** "맞아, 네가 말하는 것으로 봐서 나도 그렇게 생각해. 맹목적인 판단은 버려. 그렇지 않으면 넌 절대로 이해하지 못해. 아직도 몇 년을 더 허비할 텐가?"

**나:** "인내심을 가져. 나의 과학이 아직 압도되지 않았어."

**영혼:** "지금이 바로 네가 그걸 압도할 때야!"

**나:** "그대는 너무 많은 것을 요구하고 있어. 어쨌든, 과학은 삶에 필수잖아? 과학이 곧 삶이잖아? 과학을 모르고 사는 사람들도 있긴 하지만. 그렇다고 마법을 위해 과학을 눌러야 한다고? 그건 섬뜩하고 무서워."

**영혼:** "두렵다고? 삶을 위태롭게 하고 싶지 않다고? 너에게 이 문제를 제기하는 것이 바로 삶이지 않아?"

**나:** "이 모든 것들 때문에 어리둥절하고 혼란스러워. 나에게 깨우침의 말을 해주지 않을래?"

**영혼:** "오, 그렇다면 네가 갈망하고 있는 것이 위안이니? 넌 마법의 지팡이를 원한다는 거니, 원하지 않는다는 거니?"

**나:** "그대야말로 나의 가슴을 갈가리 찢어놓는구나. 나는 생명을 따르고 싶어. 그런데 그게 이렇게나 어렵다니! 내가 검정 지팡이를 원하는 것은 그것이 어둠이 나에게 허락한 첫 번째의 것이기 때문이야. 난 이 지팡이가 무엇을 의미하는지 몰라. 또 그것이 무엇을 줄 것인지에 대해서도 몰라. 단지 나는 그것이 갖고 있는 것을 느낄 뿐이야. 무릎을 꿇고 이 어둠의 사자(使者)를 맞이하고 싶어. 지금 검정 지팡이를 받아서 쥐고 있어. 수수께끼 같은 물건이 지금 내 손에 잡혀 있어. 강철같이 차갑고 무거워. 진주로 만든 뱀의 눈들이 나를 보고

있어. 그 시선에 눈이 부실 정도야. 신비의 선물이여, 너는 무엇을 원하는가? 지금까지 있었던 세상들의 모든 어둠이 네 안에서, 단단하고 검은 강철인 네 안에 함께 모여 있구나. 너는 시간이고 운명인가? 거칠고 영원히 위안을 받지 못하는 본성의 본질이면서 동시에 신비한 모든 창조력의 총합인가? 원초적인 마법의 말들이 너에게서 나오는 것 같아. 신비한 효과가 네 주위에서 일어나는 것 같아. 너의 안에는 어떤 강력한 기술들이 잠자고 있는가? 네가 나에게 터질 것 같은 긴장감을 안겨주고 있어. 너는 어떤 무서운 표정을 지을 것인가? 너는 무서운 신비를 일으킬 것인가? 너는 폭풍과 추위와 천둥과 번개를 몰고 올 것인가? 아니면 들판을 열매로 풍성하게 하고 임신한 여자들의 육체에 축복을 내릴 것인가? 너의 존재를 뒷받침하는 증거는 무엇인가? 아니면 어둠의 자궁의 아들이여, 너에겐 그런 증거조차 필요 없는가? 너는 흐릿한 어둠에 만족하는가? 그 어둠의 응결(凝結)과 결정(結晶)이 너이지 않은가? 나의 영혼 안 어디다가 너를 머물게 하면 좋을까? 나의 심장에? 나의 심장이 너의 사당, 너의 지성소가 되어야 하는가? 그렇다면 네가 장소를 골라라. 난 너를 받아들였어. 너는 터질 것 같은 긴장을 몰고 왔어! 나의 신경이 끊어지고 있지 않은가? 나는 밤의 사자(使者)를 받아들였어."

**영혼:** "그 안에 가장 강력한 마법이 살고 있어."

**나:** "나도 그걸 느끼지만 거기에 부여된 악몽 같은 힘을 말로 옮기지는 못하겠어. 나는 웃길 원했어. 이유는 너무나 많은 것이 웃음 속에서 달라지고 해결되기 때문이야. 그러나 내 안에서 웃음이 죽고 있어. 이 지팡이의 마법은 쇠만큼 단단하고 죽음만큼 차가워. 나의 영혼이여, 나를 용서해. 조급하게 굴고 싶지 않지만, 지팡이와 함께 나타난 이 견딜 수 없는 긴장을 터뜨릴 일이 일어날 것만 같아."

**영혼:** "너의 눈과 귀를 열고 기다려 봐."

**나:** "나, 지금 떨고 있어. 이유는 모르겠어."

**영혼:** "간혹 큰 일이 벌어지기 전에 몸이 떨려."

**나:** "나의 영혼이여, 난 미지의 힘들 앞에 머리를 숙이고 있어. 미지의 신들 모두에게 제단을 바치고 싶어. 난 복종해야 해. 나의 가슴 속에 있는 검정색 쇠가 나에게 비밀스런 힘을 주고 있어. 그건 반항 같기도 해. 인간들에 대한 경멸 같다고 할까."

아, 몽매한 행동, 침해, 살해! 심연이여, 속죄받지 못한 자들을 풀어주라. 우리를 구원할 자는 누구인가? 우리의 지도자는 누구인가? 시커먼 황무지를 뚫고 나아갈 길들은 어디에 있는가? 신이시여, 우리를 포기하지 마소서! 신이시여, 당신은 무엇을 불러내고 있는가? 당신의 손을 당신 위의 어둠까지 뻗고, 기도하고, 절망하고, 손을 비틀고, 무릎을 꿇고, 이마를 먼지 속에 박고 외치되, '그'의 이름을 부르지도 말고, '그'를 보지도 마라. '그'를 이름과 형태가 없는 상태로 남겨 두라. 왜 형태 없는 것에 형태를 부여해야 하는가? 왜 이름 없는 것에 이름을 정해 줘야 하는가? 그 위대한 길로 들어서서 가장 가까이 있는 것을 이해하라. 멀리 보지도 말고, 원하지도 말 것이며, 그냥 당신의 손을 높이 들어 올려라. 어둠의 선물은 수수께끼들로 가득하다. 수수께끼들에도 불구하고, 그 길은 계속 전진할 수 있는 존재들 모두에게 활짝 열려 있다. 수수께끼와 이해 불가능한 것들에 복종하라. 끝없는 깊이의 심연 위로 현기증을 일으키는 다리들이 아찔하게 놓여 있다. 그래도 이해할 수 없는 수수께끼들을 따르도록 하라.

수수께끼들을, 그 끔찍한 수수께끼들을 견뎌내라. 그것은 여전히 어두우며, 끔찍한 것은 계속 커가고 있다. 뭔가를 낳는 생명의 흐름에 실종되었거나 삼켜진 우리는 다가올 것을 창조하느라 여념이 없는 위압적인 비인간적인 힘들에게 다가서고 있다. 그 깊은 곳이 얼마나 많은 미래를 싣고 있는가! 그곳 밑에서 수천 년 동안 실들이 엮어지지 않았는가? 수수께끼들을 보호하고, 그것들을 당신의 가슴에 품고 따뜻한 온기를 불어넣도록 하라. 따라서 당신이 미래를 싣고 있는 것이다.

우리의 내면에서 미래의 긴장이 더 이상 참을 수 없는 지경에 이르렀다. 긴장이 좁은 균열을 뚫고 터져 나와 새로운 길들을 만들어야 할 때다. 당신은 짐을 벗어던지길 원하고 있고, 달아날 수 없는 것으로부터 달아나길 바라고 있다. 달아나는 것은 기만이며 우회다. 겉으로 드러나는 복합성과 균열, 유혹을 보지 않도록 눈을 감아라. 오직 한 길밖에 없으며, 그것은 당신의 길이다. 오직 하나의 구원밖에 없으며, 그것은 당신의 구원이다. 그런데 당신이 도움을 찾으려고 주변을 두리번거리고 있는 이유는 무엇인가? 당신은 도움이 외부에서 올 것이라고 믿는가? 다가올 것은 당신 안에서 창조되고 당신에게서 온다. 그러니 당신의 내면을 들여다보도록 하라. 비교하지도 말고, 평가하지도 마라. 어떤 길도 당신의 길과 같지 않다. 다른 모든 길은 당신을 속이고 유혹하고 있다. 당신은 당신의 안에 있는 길을 성취해야 한다.

오, 모든 인간들과 그들의 길이 당신에게 낯설게 되었구나! 따라서 당신은 당신 안에서 그들을 다시 발견하고 그들의 길을 알아보아야 할 것이다. 그러나 너무나 나약하구나! 의심도 깊고! 두려움도 크고! 그런 당신은 당신의 길을 계속 가지 못할 것이다. 당신은 언제나 적어도 한쪽 발은 당신의 길이 아닌 곳에

올려놓길 원한다. 그 위대한 고독을 피하기 위해서! 어머니의 품 같은 위안이 언제나 당신과 함께 하도록 하기 위해서! 그러면 누군가가 당신을 알아보고 인정하며, 신뢰하고, 위로하고 용기를 북돋울 테니까. 또 당신이 당신의 길에서 벗어나기라도 하면, 누군가가 당신을 그의 길로 잡아당길 테니까. 다른 사람의 길에서는 당신을 제쳐놓기가 더 쉬워진다. 마치 당신이 당신 자신이 아닌 것처럼! 그러면 누가 당신의 행동을 성취해야 하는가? 누가 당신의 미덕과 악덕을 갖고 다녀야 하는가? 당신은 당신의 삶을 스스로 마무리하지 않으며, 그러면 죽은 자들이 제대로 살지 않은 당신의 삶을 살기 위해 당신을 무섭게 포위할 것이다. 모든 것은 성취되어야 한다. 시간이 핵심이다. 그런데 왜 당신은 이미 살았던 것들을 차곡차곡 쌓으면서 살지 않은 것을 썩도록 내버려두는가?

그 길의 파워는 대단하다. 그 길 안에서 천국과 지옥이 함께 자라고, 거기서 아래의 파워와 위의 파워가 합쳐진다. 기원과 주문(呪文)이 그렇듯이, 그 길의 본질은 마법적이다. 저주와 공적(功績)도 그 위대한 길 위에서 일어난다면 역시 마법적이다. 마법은 사람들이 사람들에게 거는 것이다. 그러나 당신의 마법적 행위는 당신의 이웃에 영향을 미치지 않는다. 그것은 가장 먼저 당신에게 영향을 미친다. 당신이 그 마법에 버틸 때에만, 눈에 보이지 않는 효과가 당신에게서 당신의 이웃으로 건너간다. 대기 중에는 내가 생각한 것보다 훨씬 더 많은 마법이 있다. 그러나 마법은 파악되지 않는다. 들어보라.

*위는 막강하다.*
*아래도 막강하다.*
*하나의 안에 두 가지 힘이 있다.*
*북쪽이여, 이리로 오라*
*서쪽이여, 바짝 다가오라*
*동쪽이여, 위로 흘러라*
*남쪽이여, 넘쳐 흘러라.*

*중간의 바람들이 십자가를 묶는다.*
*양쪽 끝의 기둥들이 그 중간의 기둥들에 의해 결합된다.*
*계단들이 위에서 아래로 이어진다.*
*가마솥에서 물이 끓으며 거품을 일으킨다.*
*검붉은 재가 둥근 바닥을 덮는다.*
*밤이 위로부터 푸르고 깊게 내려앉는다.*
*땅이 아래에서 시커멓게 솟아오른다.*

*어느 은자가 치료의 약을 조제하고 있다.*
*그는 4가지 바람에 제물을 바친다.*
*그는 별을 맞이하고 땅에 손을 댄다.*
*그는 손에 빛을 발하는 뭔가를 쥐고 있다.*
*그의 주변에서 꽃들이 싹을 틔운다. 새 봄의*

축복이 그의 팔다리를 스친다.
새들이 주변을 날고, 숲 속의 수줍은 동물들이 그를 바라본다.
그는 인간들로부터 멀리 떨어져 있지만, 그들의 운명의 끈들이 그의 손을 통과하고 있다.
부디, 당신의 간청이 그에게 닿기를, 그리하여 그의 약이 강해져 가장 깊은 곳의 상처를 치유할 수 있게 되기를.
당신을 위해 그는 천국과 땅 사이에서 외로이 기다리고 있다. 땅이 그에게까지 솟고 또 하늘이 그에게까지 내려오기를.
모든 사람들은 여전히 먼 곳에서 어둠의 벽 뒤에 서 있다.
그러나 나는 멀리서 들려오는 그의 말을 듣는다.
그는 어느 가난한 필경사를, 잘 듣지 못하고 글을 쓰면서 말을 더듬는 사람을 선택했다.
나는 그를, 그 은자를 알아보지 못한다. 그는 무슨 말을 하고 있는가? 그는 "나는 인간을 위해 두려움과 절망에 시달리고 있어."라고 말한다.
나는 옛날의 룬 문자[41]들을 발굴했으며, 말들을 위한 격언은 결코 인간에게까지 닿지 않는다. 그리하여 말은 그림자가 되었다.
따라서 나는 옛날의 마법의 도구들을 갖고 뜨거운 물약을 준비해 비밀리에 섞었다. 거기엔 아무리 현명한 사람도 결코 짐작하지 못할 고대의 힘들이 담겨 있다.
나는 인간의 모든 생각과 행동의 뿌리들을 달였다.
나는 별이 총총했던 수많은 밤을 가마솥을 지키며 보냈다. 그 약은 영원히 끓는다. 나에겐 당신의 기도와 무릎 꿇으려는 자세와 필사적인 노력과 인내가 필요하다. 그리고 당신의 지대한 욕망과 당신의 지순한 의지, 당신의 겸손한 복종이 필요하다.
은자여, 당신은 누구를 기다리고 있는가? 당신은 누구의 도움을 필요로 하는가? 당신에게 도움을 주기 위해 달려올 사람은 아무도 없다. 이유는 모두가 당신에게 기대며 당신의 치유의 기술을 고대하고 있기 때문이다.
우리 모두는 철저히 무능력한 사람들이며 당신보다 더 많은 도움이 필요하다. 우리들에게 도움을 주오. 그러면 다음에 우리가 당신을 도울 수 있을 것이오.
은자가 말한다. "이렇게 절실히 필요한 상황인데도 아무도 나를 돕지 않겠다고? 당신들이 나를 다시 돕도록 만들기 위해서, 먼저 내가 당신들을 돕기 위해 나의 일을 가만 내버려 둬야 하는가? 하지만 나의 약이 충분히 숙성해서 강해지지 않는다면, 내가 어떻게 당신들을 도울 수 있겠는가? 이 약은 당신들을 돕게 되

41 고대 게르만인들의 문자를 말한다.

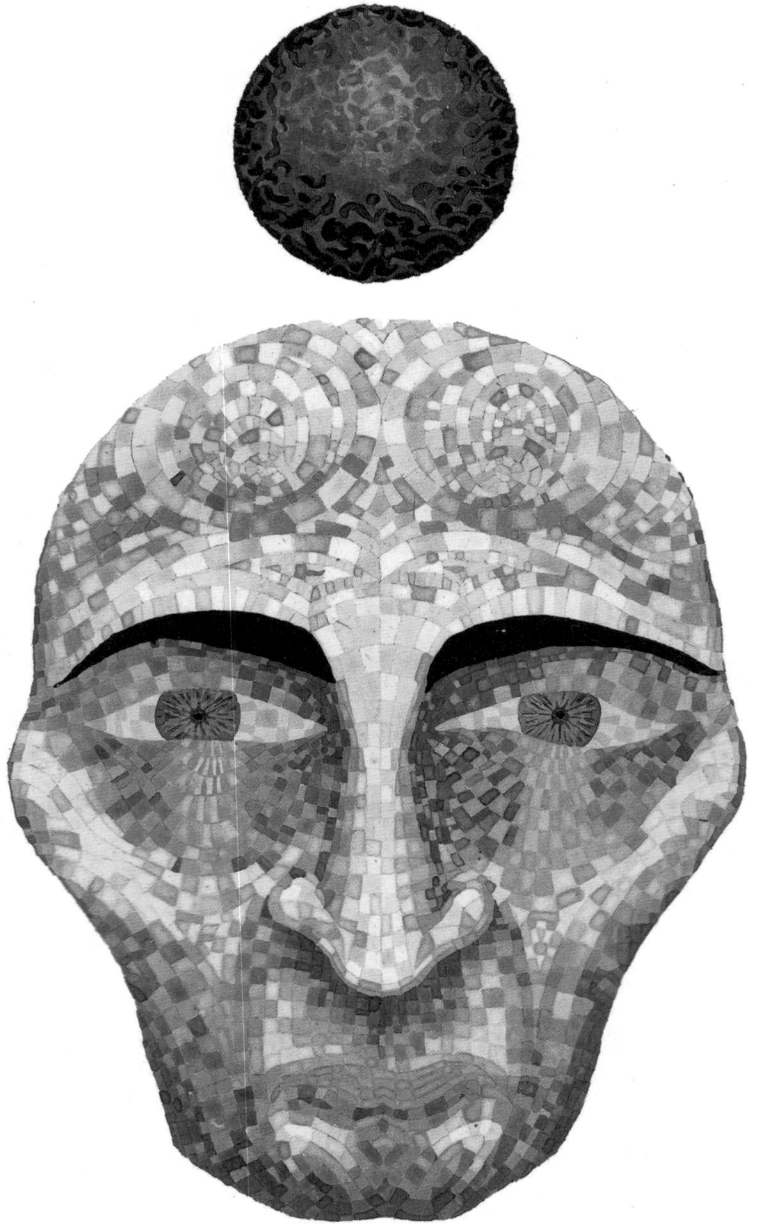

어 있어. 당신들은 나에게서 무엇을 바라고 있는가?"

우리에게로 오라! 당신이 경이를 조제하며 거기 서 있는 이유가 무엇인가? 당신의 마법의 치료약이 우리를 위해 무엇을 할 수 있는가? 당신은 치유의 약을 믿는가? 삶을 보라. 그리고 삶이 당신의 도움을 얼마나 간절히 요구하고 있는지를 보라!

은자가 말한다. "이 바보들아, 당신들은 한 시간도 나와 함께 이걸 지켜보지 못하는가? 그러면 힘들고 지루한 일이 마무리되고, 즙이 충분히 달여질 텐데. 조금만 더 달이면 돼. 당신들이 기다리지 못하는 이유가 뭐야? 당신들의 조급증이 최고의 걸작을 파괴해야 하는 이유가 뭐야?"

최고의 걸작이라고? 우리는 지금 살아 있지 않아. 냉기와 무감각이 우리를 꽉 붙잡고 있어. 은자여, 당신의 걸작은 영원히 완성되지 않을 것이네. 그것이 날마다 앞으로 나아간다 하더라도 완성은 불가능해.

구원의 작업은 끝이 없어. 그런데 당신이 이 작업의 종말을 기다리는 이유가 무엇인가? 설령 그 기다림이 끝없는 세월 동안에 당신을 돌로 바꿔놓는다 할지라도, 당신은 그 종말까지 견디지 못할 것이다. 그리고 만약에 당신의 구원이 종말을 고한다면, 당신은 다시 당신의 구원으로부터 구원을 받아야 할 것이다.

은자가 말한다. "가벼운 혀가 쏟아내는 비탄의 소리가 내 귀에까지 들리는구나! 얼마나 애처로운 푸념인가! 어리석은 회의주의자들 같으니! 제멋대로 구는 어린애들 같으니! 인내하라. 오늘 밤이 지나면 완성될 테니!"

우리는 단 하룻밤도 더 기다리지 못한다. 이미 충분히 인내했다. 천 날의 밤을 하룻밤이라고 하는 당신은 신인가? 우리들에겐 이 하룻밤이 천 날의 밤 같다. 구원의 작업을 포기하라. 그러면 우리가 풀려날 것이다. 당신은 우리를 위해 어느 정도의 세월을 챙겨두고 있는가?

은자가 말한다. "정말 황당한 인간들의 무리로군. 신과 짐승의 잡종 같은 바보들아, 나에겐 여전히 그 약에 넣을 너의 살점이 한 점 필요해. 내가 정말로 너희들의 가장 소중한 고기 조각인가? 내가 너희들을 위해 끓여지는 게 그만한 가치가 있는 일인가? 한 사람이 나서서 너희들을 위해 십자가에 못 박히도록 하라. 한 사람이면 충분해. 그가 나의 길을 가로막는다. 그래서 나는 그의 길을 걸을 수도 없고, 너희들을 위해서 치료의 음료나 불사의 피 약을 만들 수도 없어. 그래서 나는 차라리 너희들을 위한 약과 가마솥과 비술(秘術)을 포기하려 한다. 왜냐하면 너희들이 기다려 주지도 않고 그 성취를 인정하지도 않을 것이기 때문이다. 나는 너희들의 간청과 비굴한 태도, 기도를 거부한다. 너희들은 구원의 결여로부터도 해방되고 구원으로부터도 해방될 수 있어! 너희들의 가치는 충분히 높이 올라갔어. 한 사람이 너희들을 대신해 죽었기 때문이야. 이제 너희들 한 사람 한 사람이 그 사람을 위해 삶으로써 너희들의 가치를 입증하도록 해. 아니, 인간들을 위해서 어떤 작업을 마무리되지 않은 상태로 내버려 둔다는 것이 얼마나 어려운 일인지 몰라! 그러나 인간들을 위해서, 나는 구원자가 되는 길을 삼가고 있다. 보라! 지금 나의 약이 발효를 끝냈다. 나는 나 자신의 한 조각을 음료에 섞지 않았어. 하지만 인간성의 한 조각을 떼어냈어. 보라, 그것이 거품이 이는 진한 약을 정화시켰어.

얼마나 달콤하고,
또 얼마나 쓴가!
아래도 약하고
위도 약하다.

하나의 형태가
두 개가 된다.
북쪽이여, 솟아나 사라지거라.
서쪽이여, 원래의 자리로 물러가거라.

동쪽이여, 쭉 펼쳐져라.
남쪽이여, 차차 죽어 사라지거라.
그 사이의 바람들이
십자가에 못 박힌 자를 풀어놓는다.

양쪽의 기둥들이
그 사이의 기둥들에 의해 분리되어 있다.
단계들은 넓은 길들이고,
끈기 있는 길들이다.
거품이 폭폭 튀던 가마솥이 점점 식는다.

재는 속까지
회색이 된다. 밤이 하늘을 덮고
그 깊은 아래에 검은 땅이 펼쳐진다.

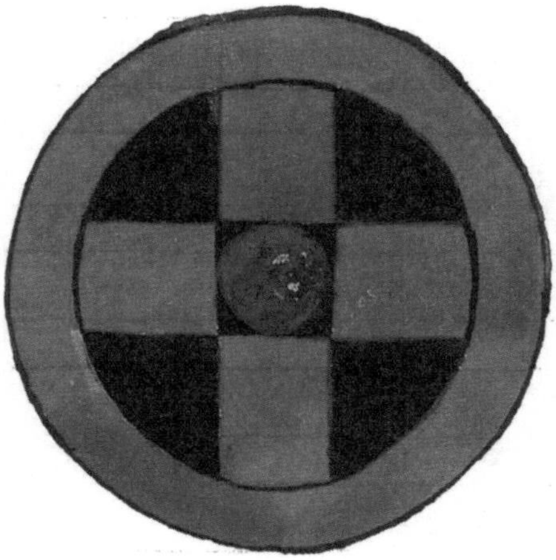

낮이 다가오고 있고,
구름 위로 먼 태양이 떠오른다.
어떤 은자도 치유의 약을 달이지 않는다.
바람이 사방에서 불며 그 풍요로움에 웃는다.
그리고 은자는 사방의 바람을 조롱한다.
그는 별들을 보았고, 땅을 건드렸다.

1922년 11월 25일 완성. 무스필리(Muspilli: 9세기의 독일 서사시로 세상이 불로 멸망한다는 내용을 담고 있다/옮긴이)에서 불이 나와서 생명의 나무에 붙는다. 이로써 순환이 마무리된다. 하지만 그것은 알 세계 안의 순환이다. 그 은자의 이름 모를 이상한 신이 그 알을 품고 있다. 연기와 재에서 새로운 생명체들이 형성된다.

*그리하여 그의 손은 빛을 발하는 무엇인가를 꼭 쥐고 있으며,*
*그의 그림자가 점점 커져 하늘에 닿았다.*

설명할 수 없는 일이 일어난다. 당신 자신을 버리고 온갖 가능성 쪽으로 달아나고 싶은 마음이 간절해진다. 끝없이 변화하는 것의 신비를 당신 스스로 훔칠 수 있다면, 어떤 죄라도 무릅쓸 수 있을 것 같다. 그러나 그 길은 끝이 없다.

20장

# 십자가의 길

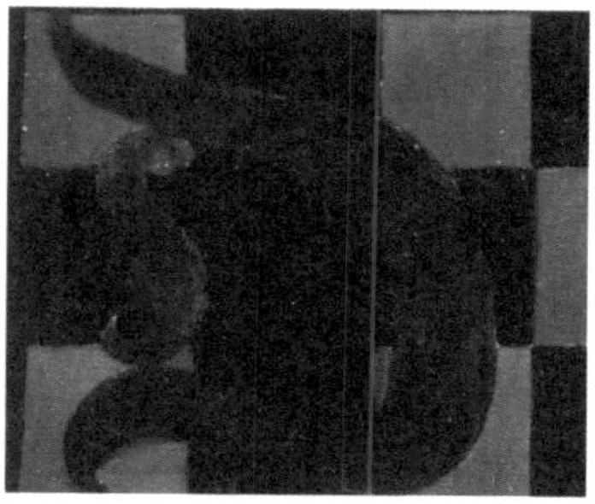

나는 검정색 뱀을 보았다. 십자가의 기둥을 감으며 위로 올라가고 있었다. 뱀은 십자가에 못 박힌 사람의 몸 안으로 들어갔다가 변형되어 그의 입으로 나왔다. 이제 하얀 뱀이 되었다. 이번에는 죽은 자의 머리를 왕관처럼 감았다. 그의 머리에서 한 줄기 빛이 번쩍였다. 동쪽에서 태양이 빛을 발하며 떠올랐다. 나는 가만히 서서 그 장면을 지켜보면서 혼란을 느꼈다. 엄청난 무게가 나의 영혼을 눌렀다. 그러나 나의 어깨에 앉은 하얀 새가 나에게 말했다. "비가 내리게 하고, 바람이 불게 하고, 물이 흐르게 하고, 불이 타게 하라. 만물이 소생하도록 하고, 성장 중인 것들이 전성기를 맞도록 하라."

2. 정말로, 그 길은 십자가에 못 박힌 사람을 관통하고 있다. 그것은 곧 그 길이 자신의 삶을 사는 것을 결코 하찮게 여기지 않았던 사람을, 그리하여 장엄의 경지까지 오를 수 있었던 사람을 관통한다는 뜻이다. 그는 단지 알아 둘 가치가 있는 것을 가르치는 데서 그치지 않고, 그 가르침을 온몸으로 살았다. 자신의 삶을 충실히 사는 것을 자신의 책임으로 끌어안으려면 겸손이 얼마나 커야 하는지 분명하지 않다. 자신의 삶 속으로 들어가기를 원하는 사람이 느끼는 혐오는 거의 측정이 불가능하다. 혐오

가 그 사람을 병들게 할 것이다. 그는 자기 자신을 구토하게 만든다. 그의 내장이 그를 아프게 만들고, 그의 뇌는 권태에 빠진다. 그 사람은 차라리 그 상황에서 도망칠 계략을 짤 것이다. 이유는 자신만의 길을 걷는 데 따르는 고통에 필적할 만한 것이 없기 때문이다. 그것은 불가능하다 싶을 만큼 어려워 보인다. 너무나 어려운 까닭에 세상의 어떤 일도 그 고통보다는 나을 것처럼 보인다. 꽤 많은 사람들이 자기 자신에 대한 두려움 때문에 타인을 사랑하는 쪽을 택한다. 일부 사람들의 경우에 자기 자신과 싸움을 벌이기 위해 어리석은 짓을 한다고 나는 믿는다. 따라서 나는 나 자신에게 이르는 길을 가로막을 온갖 것에 매달린다.

3. 자기 자신에게 다가가는 자는 낮은 곳으로 내려간다. 이 시대 앞에 왔던 가장 위대한 그 예언자에게 애처롭고 터무니없는 형태들이 나타났다. 그 예언자의 본질을 말해주는 형태들이었다. 그는 그 형태들을 받아들이지 않고 오히려 다른 것들보다 먼저 그것들을 쫓아버렸다. 그러나 최종적으로, 그는 자신의 빈곤과 최후의 만찬 같은 것을 하고 동정심 때문에 자신의 본질인 이 형태들을 받아들이지 않을 수 없었다. 이것이 바로 우리 안에 있는 가장 낮은 것을 받아들이는 것이다. 그러나 이것이 힘센 사자를 격분하게 만들었으며, 이 사자는 잃었던 것을 찾아서 다시 깊은 곳의 가장 어두운 곳에 갖다 놓았다. 그리고 권력을 가진 모든 자들과 마찬가지로, 위대한 이름을 가진 그 존재도 태양처럼 산(山)의 자궁으로부터 솟아오르길 원했다. 그러나 그에게 무슨 일이 일어났는가? 그의 길이 그를 십자가에 못 박힌 존재 앞으로 이끌었고, 그는 격노하기 시작했다. 그는 조롱과 고통을 당하던 그 존재에게 격노했다. 이유는 그 자신의 본질의 힘이 그로 하여금 그리스도가 우리보다 앞에 걸었던 길을 꼭 그대로 밟도록 했기 때문이다. 그럼에도 그는 자신의 권력과 위대성을 큰 소리로 선언했다. 어느 누구도 그의 권력과 위대성에 대해, 발 밑의 땅이 사라져 버렸던 그 사람보다 더 큰 소리로 말하지 않는다. 최종적으로, 그의 내면에서 가장 낮은 것, 즉 그의 무능이 그에게 왔다. 이것이 그의 정신을 십자가에 못 박았다. 그래서 그가 예측한 대로, 그의 영혼이 육신보다 먼저 죽었다.

4. 자신이 가진 가장 위험한 무기로 자신을 겨누지 않은 사람은 자신보다 더 높이 올라가지 못한다. 자기 자신보다 더 높이 솟기를 원하는 사람은 아래로 내려가서 자신을 자기 자신 위로 끌어올리며 제물을 바치는 곳으로 힘들게 나아가야 한다. 그러나 손으로 움켜쥘 수 있는 성공, 즉 눈에 보이는 외적 성공은 길을 잃게 만든다는 것을 깨달으려면, 그 사람에게 무슨 일이 일어나야 한다. 또 사람이 동료 인

간들을 지배하려는 권력욕을 포기하고, 그렇게 함으로써 다른 사람들이 영원히 자신과 똑같기를 원하는 마음을 품게 하려면, 그 사람의 인간성에 어떤 고통이 가해져야 한다. 인간이 자신의 눈을 뜨고, 자신의 길을 보고, 자기 자신을 적(敵)으로 여기고, 자신의 진정한 성공을 알 수 있기까지, 아주 많은 피가 흘려져야 한다. 당신은 당신 자신과 함께 살아갈 수 있어야 하며, 당신의 이웃에 피해를 입히며 살아서는 안 된다. 군집 동물은 자기 형제의 기생충이나 페스트가 되지 않는다. 그런데 인간인 당신은 자신이 한 마리 동물이라는 진리조차 망각했다. 당신은 실제로 다른 곳의 삶이 더 낫다고 믿는 것 같다. 당신의 이웃도 그렇게 생각한다면, 당신에게 화가 있을 것이다. 그러나 당신은 당신의 이웃도 그렇게 생각한다고 믿고 있다. 누군가가 어린애처럼 구는 태도를 멈추기 시작해야 한다.

5. 당신의 갈망은 당신 안에서 스스로를 충족시킨다. 당신의 신에게 바치는 제물 중에서 당신 자신보다 더 값진 제물 음식은 없다. 부디 당신의 탐욕이 당신을 소모시키길…. 그래야만 탐욕이 지쳐서 조용해질 테니 말이다. 그러면 당신은 잠도 잘 잘 것이고 매일의 태양을 하나의 선물로 여기게 될 것이다. 만약에 당신이 다른 것들과 다른 사람들을 삼킨다면, 당신의 탐욕은 영원히 만족하지 못하는 상태로 남을 것이다. 이유는 당신의 탐욕이 언제나 더 많은 것을, 가장 값진 것을 원할 것이기 때문이다. 당신의 탐욕이 당신을 갈망하고 있는 것이다. 따라서 당신은 당신의 욕망이 당신 자신의 길을 밟도록 강제한다. 당신은 도움이나 조언이 필요한 경우에 다른 사람들에게 부탁할 수 있다. 그러나 당신 자신이 아닌 다른 사람에게 무엇인가를 원하거나 기대하거나 요구해서는 안 된다. 이유는 당신의 갈망이 오직 당신 안에서만 만족을 얻을 수 있기 때문이다. 당신은 당신 자신의 불에 델까 두려워한다. 부디, 그 어떤 것도 당신이 당신 자신의 불에 데지 않도록 막고 나서는 일이 없기를…. 다른 사람들도 동정심에서 그렇게 막고 나서지 않기를. 그리고 그보다 더 위험한, 당신 자신에 대한 당신의 동정심이 그렇게 막고 나서는 일이 없기를.

6. 당신의 탐욕의 불꽃이 당신을 다 태우고, 그리하여 당신이 오롯이 재로만 남을 때, 당신의 요소들 중에서 확고한 것은 하나도 없게 된다. 그럼에도 당신 자신을 태운 그 불꽃은 많은 것을 밝혀주었다. 그러나 만약에 당신이 겁에 질려 당신의 불로부터 달아난다면, 당신은 동료 인간들을 그슬리게 하며, 당신이 당신 자신을 욕망하지 않는 한, 당신의 탐욕의 괴로움은 결코 사라지지 않는다.

7. 입은 말과 기호, 상징을 뱉는다. 말이 하

나의 기호라면, 거기엔 아무런 의미가 담겨 있지 않다. 그러나 말이 상징이라면 이야기는 완전히 달라진다. 그런 말은 모든 것을 의미한다. 길이 죽음 속으로 들어가고, 그래서 우리가 썩은 것들과 무서운 것들에 둘러싸여 있을 때, 그 길은 어둠 속에서 위로 솟으며 구원의 상징으로서 말이 되어 입에서 나온다. 그 길은 태양을 높은 곳으로 이끈다. 이유는 그 상징 안에 속박된 채 어둠과 싸움을 벌이고 있는 인간의 힘의 분출이 담겨 있기 때문이다. 우리의 자유는 우리 밖에 있지 않고 우리 안에 있다. 사람은 외적으로 묶여 있으면서도 여전히 자유를 느낄 수 있다. 이유는 그 사람이 내면의 속박을 폭발시켰기 때문이다. 사람은 분명히 강력한 행동을 통해 외적 자유를 성취할 수 있지만, 사람이 내면적 자유를 창조하는 것은 오직 상징을 통해서만 가능하다.

8. 상징은 입에서 나오는 말이다. 그러나 그 말은 사람이 하는 말이 아니다. 힘과 중대한 필요성을 지닌 말로서, 자기의 깊은 곳에서 나와서 제 스스로 혓바닥 위로 올라가는 그런 말이다. 그것은 놀랍기도 하고 아마 비합리적으로 들리기도 할 것이다. 그러나 사람은 그것을 상징으로 받아들인다. 이유는 그것이 의식적인 정신에 낯설기 때문이다. 사람이 그 상징을 받아들인다면, 그것은 지금까지 존재한다는 사실조차 모르고 있던 새로운 방의 문을 여는 것이나 마찬가지이다. 그러나 그 상징을 받아들이지 않는다면, 그것은 부주의하여 새로운 방의 문을 그냥 지나치는 것이나 마찬가지이다. 이 문이 안의 방들로 들어가는 유일한 문이기 때문에, 새로운 방의 문을 지나쳐 버린 사람은 다시 밖의 거리로 나가서 외적인 모든 것에 노출되어야 한다. 그러나 그의 영혼은 엄청난 갈증에 시달린다. 왜냐하면 외적 자유란 것이 영혼에게는 아무런 소용이 없기 때문이다. 구원은 많은 문을 거치는 먼 길이다. 이 문들이 바로 상징들이다. 각각의 새로운 문은 처음에 무심코 보아서는 눈에 보이지 않는다. 정말이지, 처음에는 문이 만들어져야 할 것처럼 보인다. 이유는 사람이 원천(源泉), 즉 상징을 뽑아 올려야만 문이 존재하기 때문이다.

맨드레이크[42]를 발견하려면, 검은 개가 필요하다. 상징이 창조되려면 먼저 선한 것과 악한 것이 언제나 결합되어야 하기 때문이다. 상징은 떠올려질 수 있는 것도 아니고 발견될 수 있는 것도 아니다. 그것은 만들어질 뿐이다. 상징이 되어가는 과정을 보면 자궁 안에서 인간의 생명이 자라는 것과 비슷하다. 임신은 자발적인 성교를 통해 이뤄진다. 그런 다음에는 세심한 주의를 통해 새 생명이 커간다. 그러나 만약에 깊은 곳이 임신을 한다면, 그 상징은

42 독성이 강한 식물로 그 뿌리가 마취제로 쓰인다.

저절로 성장하다가 정신으로부터 태어날 것이다. 신의 탄생에 어울리는 과정이다. 그러나 똑같은 방식으로, 어떤 어머니는 괴물처럼 자기 아이 위로 몸을 던지며 아이를 다시 삼켜버리고 싶어 할 수 있다.

아침에 새로운 태양이 떠오를 때, 말이 나의 입에서 나왔다가 무자비하게 죽음을 당한다. 이유는 내가 그것이 구세주였다는 것을 몰랐기 때문이다. 만약에 내가 새로 태어난 아이를 받아들인다면, 아이는 무럭무럭 자랄 것이다. 즉시 아이는 나의 전차 몰이꾼이 된다. 말은 안내자이며, 저울의 바늘처럼 쉽게 좌우로 흔들리는 중도(中道)이다. 말은 아침마다 물에서 솟아나와 사람들에게 법을 선언하는 신이다. 외적인 법들과 외적인 지혜는 영원히 불충분하다. 이유는 세상에는 오직 한 가지의 법과 지혜만, 말하자면 나의 일상의 법과 나의 일상의 지혜만 있기 때문이다. 신은 밤마다 스스로 새롭게 탄생한다.

신은 여러 형태로 변장하여 나타난다. 처음 모습을 드러낼 때, 신은 밤의 특성 일부와 자신이 밤의 마지막 시간에 몸을 담그고 재생을 위해 노력하던 그 밤의 물의 성격을 보인다. 따라서 신의 겉모양은 이중적이고 모호하다. 정말로, 그 모습은 심장과 마음을 찢어놓기도 한다. 신은 자신의 모습을 드러내면서 나를 오른쪽으로도 부르고 왼쪽으로도 부른다. 양쪽에서 나를 부르는 소리가 들린다. 그럼에도 신은 이쪽이나 저쪽만을 원하지는 않는다. 신은 중도(中道)를 원한다. 그러나 중도는 그 먼 길의 시작이다.

그러나 인간은 이 시작을 절대로 볼 수 없다. 사람은 언제나 이쪽만을 보면서 저쪽을 보지 않거나 저쪽만을 보면서 이쪽을 보지 않는다. 사람은 저쪽뿐만 아니라 이쪽이 자체에 담고 것조차도 절대로 보지 않는다. 출발점은 정신과 의지가 차분히 정지해 있는 곳이다. 출발점은 나의 격분과 나의 반항을, 최종적으로 나의 두려움을 가장 강하게 불러일으키는 정지의 상태다. 이유는 내가 더 이상 아무것도 보지 못하고 더 이상 어떤 것도 원할 수 없기 때문이다. 적어도 나에겐 그렇게 보인다. 그 길은 그 전까지 움직이던 모든 것이 정지해 있는 매우 특이한 길이다. 그 길은 맹목적인 기다림이 필요하고, 경계하며 조심스럽게 귀를 기울여야 하고, 손으로 더듬으며 나아가야 하는 길이다. 그 길로 들어서는 사람은 자신이 폭발하고 말 것 같다는 생각이 강하게 든다. 그러나 해결은 바로 이처럼 팽팽한 긴장에서 태어나며, 해결은 거의 언제나 예상하지 않은 곳에서 나타난다.

하지만 무엇이 해결인가? 그것은 옛날의 그 무엇인데도 언제나 새로워 보인다. 이유는 오래 전에 흘러간 것이 변화된 세계에 다시 돌아오기 때문이다. 새로운 시대에 옛날의 것을 태어나게 하는 것이 창조다. 이것은 새로운 것의 창조이며, 그것이 나를 구원한다. 구원은 과제의 해결이다. 과제는 새로운 시대에 낡은 것에게 생명을 부여하는 것이다. 인간의 영혼은 언제나 제 길을 따라 움직이는 황도대(黃道帶)의 큰 바퀴와 같다. 아래로부터 위로의 끊임없는 움직임에 나타나는 모든 것은 이미 거기에 존재하고 있다. 그 큰 바퀴의 어느 부분도 다시 나타나는 것은 없다. 그렇기 때문에 이미 있던 모든 것이 위로 흐르고 있고, 이미 있던 것들이 다시 나타나고 있다. 이유는 이것들이 인간 본성의 타고난 특성을 이루는 모든 것이기 때문이다. 그것은 흘러간 것들이 다시 돌아오며 일으키는 전진 운동의 핵심에 속한다. 오직 무지한 자만이 이를 이상히 여길 뿐이다. 그럼에도 똑같은 것이 영원히 반복되는 것 그 자체에 의미가 들어 있는 것이 아니라, 어떤 주어진 시간에 그 재창조가 이뤄지는 방식에 의미가 들어 있다.

의미는 끊임없이 일어나는 창조의 방식과 방향에 있다. 그러나 나는 나의 전차를 모는 자를 어떻게 창조하는가? 아니면 나 자신이 나의 전차를 모는 존재가 되기를 원하는가? 나는 의지와 목적으로만 나 자신을 안내할 수 있을 뿐이다. 그러나 의지와 목적은 나 자신의 일부에 지나지 않는다. 따라서 의지와 목적은 나의 전체를 표현하기에 충분하지 않다. 목적은 내가 예측할 수 있는 것이고, 의지는 예측한 어떤 목적을 원하는 마음이다. 하지만 어디서 내가 목적을 발견하는가? 나는 이미 나에게 알려진 것에서 목적을 찾는다. 따라서 나는 미래의 자리에 현재를 놓는다. 이런 식으로, 나는 비록 미래에 도달할 수 없음에도 불구하고 인위적으로 일관된 미래를 하나 엮어낸다. 현재에 끼어들기를 원하는 모든 것은 나에게 방해 요소로 나타나며, 나는 나의 목적을 살리기 위해서 방해 요소를 몰아내려 들 것이다. 이리하여 나는 삶의 전진을 차단한다. 그러나 내가 의지와 목적 없이 어떻게 나의 전차를 모는 존재가 될 수 있겠는가? 따라서 현명한 사람은 자신의 전차를 모는 존재가 되길 원하지 않는다. 의지와 목적이 틀림없이 목표에 닿는 한편으로 미래의 생성에 방해가 되기도 한다는 사실을 그 사람이 잘 알고 있기 때문이다.

미래는 나로부터 자라난다. 나는 미래를 창조하지 않는데도 미래를 창조하게 된다. 의도를 갖고 정교하게 창조하는 것이 아니라, 오히려 의지와 목적에 반하게 창조한다. 만약에 내가 미래를 창조하길 원한다면, 그때 나는 나의 미래에 반하는 방향으로 움직인다. 그리고 만약에 내가 미래를 창조하길 원하지 않는다면, 그때 나는 미래의 창조에 충분히 가담하지 않고 있다. 그러면 모든 것이 피할 수 없는 법칙들에 따라 일어나고, 나는 그 법칙들의 희생이 된다. 고대인들은 운명을 강제하기 위해 마법을 고안했다. 고대인들은 외적 운명을 결정하기 위해 마법이 필요했다. 우리 현대인은 내적 운명을 결정하고 우리가 떠올리지 못하는 길을 발견하기 위해 마법을 필요로 한다. 이 마법이 어떤 종류의 마법이 되어야 하는가, 하는 문제를 놓고 나는 오랫동안 고민했다. 그리고 결국엔 아무것도 발견하지 못했다. 자기 안에서 마법을 발견하지 못하는 자들은 누구나 초심자가 되어야 한다. 그래서 나는 나 자신이 직접 아주 먼 나라로, 나도 익히 들어 명성을 알고 있는 어떤 위대한 마법사가 살았던 나라로 갔다.

21장

# 마법사

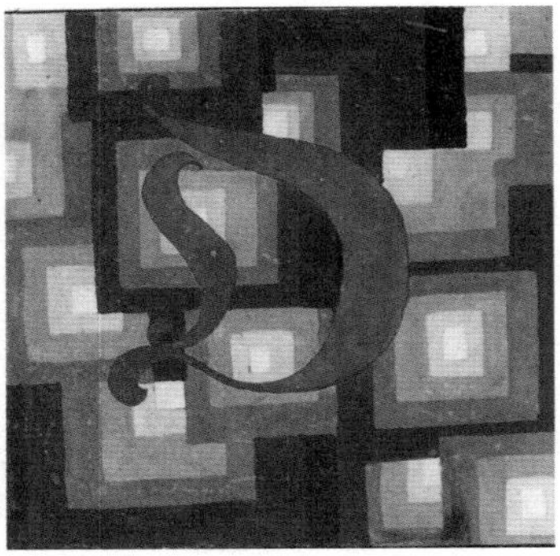

오랫동안 찾아 헤맨 끝에, 나는 그 나라에서 작은 튤립 꽃밭이 딸린 자그마한 집을 발견했다. 마법사 필레몬(*Φ Ι Λ Η Μ Ω Ν*)이 아내 바우키스(*Β Α Υ Κ Ι Σ*)[43]와 함께 사는 곳이다. 필레몬은 늙음을 추방하려 했으나 아직 뜻을 이루지 못한 마법사 중 한 사람이다. 그러나 그는 노년을 멋있게 살고 있으며, 그의 아내 역시 똑같이 하고 있다. 그들의 관심사는 매우 좁아진 것 같다. 차라리 유치하다는 표현이 맞을 것 같다. 그들은 튤립 꽃밭에 물을 주고 새로 핀 꽃들에 대해 서로 이야기를 나눈다. 그들의 시절은 빛바랜 그림처럼 흐려지고 있으며, 그들의 나날은 과거의 빛만 받고 있는 상태이다. 그들은 겨우 다가올 것의 어둠에만 놀라는 모습을 보일 뿐이다.

왜 필레몬은 마법사인가? 그는 자신을 위해서 불멸을, 저 건너편의 삶을 꿈꾸고 있는가? 그는 아마 직업적인 마법사였을 것이며, 지금은 현역에서 은퇴해서 연금으로 생활하는 마법사처럼 보인다. 그의 갈망과 창의적인 본능은 다 소진되었다. 그는 지금 스스로 일군 휴식의 세월을 즐기고 있으며, 완전히 무능력한 상

---

**43** 필레몬과 바우키스는 그리스 신화에 등장하는 부부이다. 제우스와 헤르메스가 홍수를 일으키기 전에 살려둘 인간을 찾기 위해 변장을 하고 인간 세상에 내려왔을 때 가난한 가운데서도 유일하게 이들을 환대했다는 이야기가 있다.

태다. 튤립이나 심고 자그마한 정원에 물을 주는 외에는 아무것도 하지 못하는 다른 노인들과 다를 바가 하나도 없다. 마법의 지팡이는 지금 모세의 여섯 번째 책과 일곱 번째 책, 그리고 'ΕΡΜΗΣ ΤΡΙΣΜΕΜΕΓΙΣΤΥΣ'(헤르메스 트리스메기스투스)[44]의 지혜와 함께 찬장에 놓여 있다. 필레몬은 늙었으며 정신박약의 징후를 다소 보이고 있다. 그는 지금도 여전히 귀신에 홀린 가축의 치료를 위해 주문을 몇 마디 중얼거려 주고 약간의 현금이나 음식 선물을 받는다. 그러나 이 주문들이 지금도 여전히 효력을 발휘하는지, 그리고 그가 그 주문의 의미를 이해하고 있는지는 확실하지 않다. 그러나 그가 무엇을 중얼거리는가 하는 문제는 별로 중요하지 않은 것만은 분명하다. 가축들이 자력으로 회복할 수도 있기 때문이다. 저기 정원에서 필레몬이 허리를 구부린 채 걷고 있다. 떨리는 손에 물뿌리개가 쥐어져 있다. 바우키스는 부엌 창에 서서 말없이 그를 바라보고 있다. 그녀는 이미 이런 장면을 천 번도 더 보았다. 그때마다 장면이 조금씩 흐려지고 있다. 시력이 점점 떨어지고 있는 것이다.

나는 정원 문에 서 있다. 그들은 나그네를 알아보지 못했다. "필레몬 마법사 영감님, 어떻게 지내십니까?" 나는 그를 큰 소리로 부른다. 그래도 그는 나의 소리를 듣지 못한다. 귀가 아주 먹은 것 같다. 나는 그에게 다가가 팔을 잡는다. 그가 몸을 돌리며 나를 맞는다. 어딘가 거북한 모습이다. 몸을 떨고 있다. 허연 수염을 기르고 있다. 하얗게 센 머리카락은 듬성듬성하다. 얼굴에는 주름이 깊다. 눈은 회색이고 늙었다. 두 눈에선 이상한 빛이 난다. 살아 있는 빛이라고 할까. "나는 잘 지낸다만, 나그네, 자네는 여기서 뭘 하고 있는가?"

**나:** "들리는 소문에 따르면, 당신이 마법을 이해하고 있다고 그러더군요. 저는 마법에 관심이 많아요. 마법에 대한 이야기를 들려주실 수 있을까요?"

**필레몬:** "뭘 들려줘? 이야기할 게 하나도 없어."

**나:** "영감님, 그러지 마시고요. 마법을 배우고 싶어요."

**필레몬:** "틀림없이 자네가 나보다 많이 배웠어. 그런데 내가 자네한테 뭘 가르쳐 준단 말인가?"

**나:** "인색하게 그러지 마십시오. 영감님의 경쟁자가 될 뜻은 추호도 없으니까요. 그냥 영감님이 어떤 경지까지 이르렀는지, 그리고 영감님의 마법이 어떤 것인지 알고 싶을 뿐입니다."

---

**44** 영어로 옮기면 'Hermes Trismegitsus'가 되고, 한글로 옮기면 '세 번 위대한 신'이란 뜻이다. 연금술과 점성술, 백(白)마법에 훤하다는 뜻이다. 그리스의 신 헤르메스와 이집트의 신 토트가 결합된 신이다.

**필레몬:** "뭘 원하는 거야? 옛날에는 나도 이곳 저곳의 사람들을 도와주었어. 병들었거나 불행에 처한 사람들을."

**나:** "영감님께서 하신 것이 정확히 무엇이었습니까?"

**필레몬:** "꽤 간단해. 공감을 갖고 했지."

**나:** "영감님, 그 말은 터무니없고 모호합니다."

**필레몬:** "그러면 어쩌라고?"

**나:** "그 말은 동정심을 표현함으로써 사람을 도왔다는 뜻도 되고, 교감을 일으키는 미신적인 수단으로 사람을 도왔다는 뜻도 됩니다."

**필레몬:** "둘 다야."

**나:** "그게 영감님의 마법의 전부라는 뜻입니까?"

**필레몬:** "더 있었어."

**나:** "그게 뭐죠?"

**필레몬:** "그건 자네가 상관할 바가 아니야. 자네는 건방지게 남의 일에 참견하길 좋아하는군."

**나:** "제발, 저의 호기심을 나쁘게 받아들이지 말아 주십시오. 최근에 마법에 관한 이야기를 들은 적이 있는데, 그 일로 흘러간 관행에 대한 관심이 부쩍 커졌습니다. 제가 여길 찾은 것은 영감님께서 마법을 이해하고 있다는 소문을 들었기 때문이지요. 만일 오늘날에도 대학에서 마법을 가르친다면, 저는 거기서 배웠을 겁니다. 그러나 마지막 마법 대학도 오래전에 문을 닫았어요. 오늘날엔 마법에 대해 아는 교수가 더 이상 없습니다. 그러니 너무 예민하게 구두쇠처럼 그러시지 마시고 영감님의 기술에 대해 조금만 들려주십시오. 분명히 영감님께서도 그 비결을 무덤까지 갖고 가고 싶지는 않으실 테죠, 그렇죠?"

**필레몬:** "이야기를 듣고 나면 자네가 웃을 게 뻔한데. 그런데 내가 자네한테 마법에 대해 들려줘야 할 이유가 있어? 모든 것이 나와 함께 묻히는 게 더 낫지. 그러면 훗날 언제든 발견될 수 있어. 인간에게서 마법이 사라질 수는 없어. 마법이란 것이 우리 모두와 함께 다시 태어나기 때문이야."

**나:** "무슨 뜻입니까? 영감님은 인간이 내면에 마법을 갖고 태어난다고 믿습니까?"

**필레몬:** "물론 그렇지. 그러나 자네한테는 이 대답이 우습게 들릴 걸."

**나:** "아닙니다. 웃지 않을 겁니다. 저 자신부터 시간과 공간을 초월하여 모든 인간들이 똑같이 마법의 관습을 가졌다는 사실에 대해 이상하게 생각해 왔거든요. 영감님도 아시다시피, 저도 이미 그와 비슷한 생각을 갖고 있습니다."

**필레몬:** "자네는 마법을 뭐라고 생각하는데?"

**나:** "솔직히 말씀드리면, 아무것도 아니라고, 거의 아무것도 아니라고 생각합니다. 제가 볼

때 마법은 자연보다 열등한 인간들의 무익한 도구 중 하나인 것 같아요. 저는 마법에서 달리 명확한 의미를 전혀 발견하지 못했어요."

**필레몬:** "자네의 교수들도 아마 그 정도로만 알고 있을 걸."

**나:** "맞습니다. 하지만 영감님께선 마법에 대해 무엇을 알고 계십니까?"

**필레몬:** "대답하지 않는 게 낫겠어."

**나:** "영감님, 숨기지 마십시오. 그러면 영감님도 저 만큼밖에 모른다고 짐작할 겁니다."

**필레몬:** "마음대로 해."

**나:** "영감님의 대답은 다른 사람들보다 마법에 대해 더 명확히 이해하고 계신다는 암시를 풍깁니다."

**필레몬:** "웃기는 친구로군. 어쩌면 이렇게도 끈질긴가! 그러나 내가 자네한테 호감을 느끼는 것은 자네의 이성이 자네가 나를 멀리하도록 하지 않았다는 점이야."

**나:** "사실입니다. 저는 무엇인가를 배우고 이해하고자 할 때마다 소위 이성을 집에다 떼어놓고 옵니다. 그렇게 하면 이해하고자 하는 문제에 진지하게 접근할 수 있습니다. 이것도 서서히 배우게 된 요령입니다. 요즘 학계에는 그와 정반대의 예들이 많지요."

**필레몬:** "어떤 경우에 자네 스스로 가장 쉽게 이해할 수 있게 되던가?"

**나:** "마법이라는 주제에서 벗어나지 않으셨으면 합니다."

**필레몬:** "자네의 이성을 집에 떼어놓고 왔다면서, 마법에 대해 더 많이 배우려 드는 이유가 뭔가? 혹시 자네는 일관성을 이성의 한 부분으로 여기지 않는가?"

**나:** "그렇게 생각합니다. 영감님은 상당히 탁월한 궤변가처럼 보입니다. 교묘하게 저로 하여금 집을 한 바퀴 돌게 하다가 다시 문으로 이끄는 그런 궤변가 말입니다."

**필레몬:** "자네한테는 그렇게 보일 수 있어. 자네가 지성의 관점에서 모든 것을 판단하기 때문이지. 잠시 이성을 접어둔다면, 자네는 또한 일관성도 포기하게 될 걸세."

**나:** "그건 어려운 시험입니다. 그러나 제가 어떤 문제를 통달하길 원한다면, 영감님의 요구에 따라야겠지요. 좋습니다. 귀를 기울이고 있습니다."

**필레몬:** "자네는 뭘 듣고 싶은가?"

**나:** "나를 밖으로 끌어내시지는 않겠지요. 그냥 무슨 말씀이든 기다리고 있습니다."

**필레몬:** "내가 아무 말도 안 한다면?"

**나:** "그러면 저는 황당한 마음으로 물러나면서 필레몬은 적어도 나에게 가르쳐 줄 뭔가를 틀림없이 갖고 있는 교활한 여우라고 생각하겠지요."

**필레몬:** "이보게, 이것으로 자네는 마법에 대해 뭔가를 배웠어."

**나:** "이 말을 곰곰 씹어봐야겠군요. 다소 의외의 말로 다가온다는 점을 인정합니다. 저는 마법을 다소 다른 것으로 생각했거든요."

**필레몬:** "그것이 자네가 마법에 대해 아는 것이 얼마나 적은지, 그리고 마법에 대한 이해가 얼마나 잘못되어 있는지를 잘 보여주고 있어."

**나:** "그렇다면, 저는 그 문제에 완전히 틀린 방향으로 접근했다는 점을 인정해야 합니다. 영감님의 말씀을 통해 이런 문제들은 일상적인 이해를 따르지 않는다고 짐작하게 되었습니다."

**필레몬:** "마법도 마찬가지야."

**나:** "그래도 영감님은 저의 기를 죽이지 못합니다. 반대로, 저는 지금 더 많은 것을 듣고 싶어 안달입니다. 지금까지 제가 안 것은 기본적으로 부정적입니다."

**필레몬:** "이것으로 자네는 두 번째 중요한 사항을 알았어. 무엇보다, 자네는 마법이 어떤 사람이 알 수 있는 것의 부정(否定)이라는 점을 알아야 해."

**나:** "존경하는 필레몬 영감님, 그 말 역시 소화하기 어려운 지식입니다. 그런데도 저에겐 조금의 고통도 야기하지 않아요. 사람이 배울 수 있는 것의 부정이라고요? 그것은 배워질 수 없는 것이라는 뜻이지요, 그렇지 않아요? 저의 이해력이 바닥을 드러내고 있어요."

**필레몬:** "자네가 기본적으로 알아둬야 할 세 번째 사항이 바로 그거야. 말하자면, 자네가 이해할 것은 아무것도 없다는 뜻이야."

**나:** "그건 새롭고 낯설다는 점을 인정해야겠습니다. 그렇다면 마법에 관한 것들 중에서 이해할 수 있는 것은 아무것도 없다는 뜻입니까?"

**필레몬:** "바로 그거야. 정확히 말해서, 이해력을 벗어나 있는 모든 것이 마법이야."

**나:** "그렇다면 악마는 어떻게 마법을 가르치고 배울 수 있지요?"

**필레몬:** "마법은 가르쳐지는 것도 아니고 배워지는 것도 아니야. 자네가 이 마법을 배우길 원하는 것부터가 바보 같은 짓이야."

**나:** "그렇다면 마법은 기만에 지나지 않는군요."

**필레몬:** "조심해. 자네는 다시 추론을 시작했어."

**나:** "이성 없이 존재하기가 어렵습니다."

**필레몬:** "마법이 어려운 이유도 바로 거기에 있어."

**나:** "그런 것이라면 마법은 어려운 것이지요. 그렇다면 이렇게 결론을 내리고 싶군요. 마법의 고수가 되려면 이성을 철저히 잊어버리는 것이 피할 수 없는 조건이라고 말입니다."

**필레몬:** "그렇다고 봐야겠지."

**나:** "정말, 이건 심각한 문젠데요."

**필레몬:** “자네가 생각하는 것만큼 심각하지 않아. 이성은 나이가 들면 약해져. 그게 기본적으로 충동의 카운터파트이기 때문이야. 충동은 늙을 때보다 젊을 때 훨씬 더 강하잖아. 젊은 마법사를 본 적 있는가?”

**나:** “아뇨, 마법사는 당연히 나이가 많지요.”

**필레몬:** “자네도 알다시피, 그렇다네.”

**나:** “그렇다면 숙련자의 전망이 좋지 않군요. 마법의 신비들을 경험하려면 늙을 때까지 기다려야 하니 말입니다.”

**필레몬:** “늙기 전에 이성을 포기한다면, 젊은이도 빨리 유익한 무엇인가를 경험할 수 있어.”

**나:** “제가 볼 때, 그건 위험한 실험인 것 같은데요. 인간은 큰 소동이 있지 않고는 이성을 포기하지 못하지요.”

**필레몬:** “누구나 다 쉽게 마법사가 될 수 있는 건 아니야.”

**나:** “덫을 놓으셨군요.”

**필레몬:** “자네는 뭘 원하는가? 그런 게 마법이야.”

**나:** “늙은 악마. 당신은 나로 하여금 아무 생각 하지 않는 늙은 나이를 부러워하도록 만들고 있어요.”

**필레몬:** “늙기를 원하는 젊은이야! 그러면 왜 늙기를 원하는 거야? 마법을 배우길 원하면서도 젊음 때문에 감히 마법을 배우려 하지 못하는군.”

**나:** “늙은 사냥꾼, 당신은 지금 무시무시한 그물을 던지고 있어요.”

**필레몬:** “아마 자네는 몇 년을 더 기다려야 할 거야. 머리카락이 희끗해지고, 자네의 이성이 다소 흐려질 때까지.”

**나:** “경멸하는 말 듣고 싶지 않아요. 어리석게도 당신의 허풍에 말려들고 말았어요. 나는 당신의 말을 이해하지 못해요.”

**필레몬:** “그러나 마법에 이르는 길에선 어리석음이 일종의 발전이야.”

**나:** “도대체 당신은 마법으로 뭘 이루려고 합니까?”

**필레몬:** “자네가 보다시피, 나는 살아 있어.”

**나:** “다른 노인들도 마찬가지로 살아 있어요.”

**필레몬:** “맞아. 하지만 자네는 내가 어떻게 살아 있는지 보았는가?”

**나:** “분명히, 유쾌한 장면은 아니었어요. 말이 나온 김에 다 말하자면, 세월이 당신의 얼굴에도 흔적을 뚜렷이 남겼어요.”

**필레몬:** “나도 알고 있어.”

**나:** “그렇다면, 무엇이 당신에게 이점을 줍니까?”

**필레몬:** “그건 눈에 뚜렷이 나타나지 않아.”

**나:** “어떤 이점이기에 눈에 두드러지지 않는단 말입니까?”

**필레몬:** “그것을 나는 마법이라고 불러.”

**나:** “당신은 지금 악순환의 고리를 따라 움직이고 있어요. 악마가 당신을 이기길….”

**필레몬:** “그게 마법의 또 다른 강점이야. 악마조차도 나를 이기지 못해. 자네는 마법을 이해하기 시작했어. 그러니 자네는 마법에 소질이 있어.”

**나:** “고마워요, 필레몬. 이것으로 됐어요. 현기증이 느껴져요. 안녕히 계십시오!”

나는 작은 정원을 떠나 길을 따라 걷는다. 주위에서 사람들이 몇 명씩 무리를 지어 나를 훔쳐보고 있다. 그들의 쑤군거림이 들린다. “저기 그 사람이 가고 있어. 늙은 필레몬의 학생. 저 사람은 늙은이와 오랫동안 대화를 했어. 그는 뭔가를 배웠어. 그는 신비들을 알고 있어. 지금 그가 할 수 있는 정도만 할 수 있어도 좋으련만.” 나는 그들에게 “조용히 해, 이 바보들아!”라고 소리를 지르고 싶다. 그러나 나는 그렇게 하지 못한다. 나 자신이 실제로 뭔가를 배웠는지 알 수 없기 때문이다. 그리고 내가 입을 다물고 있기 때문에, 그 사람들은 내가 필레몬으로부터 마법을 배웠다는 확신을 더욱 강하게 품는다.

사람이 배울 수 있는 마법적 관행이 있다고 믿는 것은 잘못이다. 사람은 마법을 이해하지 못한다. 사람은 오직 이성과 일치하는 것만 이해할 수 있을 뿐이다. 마법은 비(非)이성과 일치한다. 우리는 비이성을 이해하지 못한다. 세상은 이성과 조화를 이룰 뿐만 아니라 비이성과도 조화를 이룬다. 사람이 세상을 이해하기 위해 이성을 동원할 때, 이해되지 않는 그 부분이 바로 비이성에 해당한다.

이 만남은 마법적이고 이해력의 범위를 벗어나 있다. 마법적 이해란 말은 비(非)이해를 이르는 표현이다. 마법적으로 작동하는 모든 것은 이해가 불가능하다. 그리고 이해가 되지 않는 것은 종종 마법적으로 작동한다. 이해가

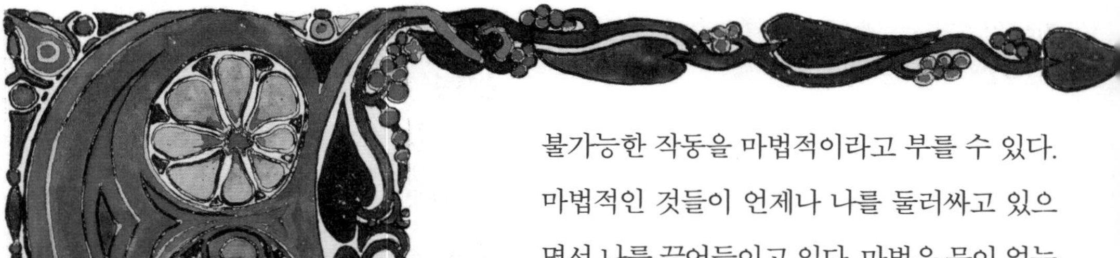

불가능한 작동을 마법적이라고 부를 수 있다. 마법적인 것들이 언제나 나를 둘러싸고 있으면서 나를 끌어들이고 있다. 마법은 문이 없는 공간도 열고, 출구가 없는 공간으로도 이어진다. 마법적인 것은 좋고 사악하며, 좋지 않고 사악하지 않다. 마법은 위험하다. 왜냐하면 비

이성과 조화를 이루는 것들이 혼란을 일으키고, 유인하고, 선동하기 때문이다. 그런 마법의 첫 번째 희생자는 언제나 나이다.

이성이 작용하는 곳에선 사람들이 마법을 전혀 필요로 하지 않는다. 그렇기 때문에 우리 시대엔 더 이상 마법이 필요하지 않다. 이성을 갖고 있지 않은 사람들만이 이성의 결여를 대체하기 위해 마법을 필요로 할 뿐이다. 그러나 이성과 어울리는 것을 마법과 함께 놓는 것은 완전히 분별없는 짓이다. 이유는 그것들이 서로 아무 상관이 없기 때문이다. 그 두 가지는 그런 식으로 함께 놓이는 것만으로도 서로 피해를 입게 된다. 그래서 이 시대의 합리적인 사람은 마법을 절대로 이용하지 않는다.

그러나 자신의 내면에서 카오스를 연 사람들에겐 마법은 다른 것이다. 이해할 수 없는 존재들의 사자(使者)와 소통하거나 그들에게 간청할 때 마법이 필요하다. 세상은 이성과 비이성으로 이뤄져 있다는 것을 우리는 인정했으며, 또한 우리의 길이 이성뿐만 아니라 비이성도 필요로 한다는 것을 이해했다. 이 구분은 임의적이며 이해력의 수준에 따라 크게 달라진다. 그러나 세상의 아주 큰 부분이 우리의 이해력을 벗어나 있다고 확신해도 무방하다. 우리는 이해 불가능한 것과 불합리한 것을 동등하게 평가해야 한다. 비록 그것들이 그 자체로 반드시 동등한 것은 아닐지라도 말이다. 그러나 이해 불가능한 것들 중 일부는 단지 현재 이해가 불가능한 것일 뿐이며 내일이면 이성과 조화를 이룰 수도 있다. 그러나 사람이 그것을 이해하지 못하는 한, 그것은 불합리한 것으로 여겨진다. 이해 불가능한 것이 이성과 조화를 이룬다면, 사람들은 그것을 이해하려고 노력할 것이다. 그러나 이해 불가능한 것이 불합리한 것이라면, 그것을 열기 위해선 마법적 관행이 필요하다.

마법의 관행은 이해되지 않는 것을 이해되지 않는 방법을 통해 이해 가능한 것으로 바꿔놓는 것이다. 마법의 길은 자의적이지 않다. 이유는 그것이 이해될 수 있는 것이기 때문이다. 그러나 마법의 길은 이해되지 않는 토대에서 나온다. 게다가 토대라고 말하는 것조차도 맞지 않다. 왜냐하면 토대라는 것이 이성과 조화를 이루는 것이기 때문이다. 그렇다고 토대가 없는 것들에서 나온다고 말하지도 못한다. 그런 경우에 이 문제에 대한 논의가 더 이상 가능하지 않게 되기 때문이다. 마법의 길은 저절로 일어난다. 누군가가 카오스를 활짝 열어젖히면, 마법 또한 일어날 것이다.

카오스에 이르는 길은 가르칠 수 있지만, 마법을 가르치는 것은 불가능하다. 마법에 대해서는 침묵을 지키는 수밖에 없다. 이 때문에 마법은 도제(徒弟)제도에 적합한 것처럼 보인다. 이런 관점이 혼란스럽지만, 마법이란 것은 원래 그렇다. 이성이 질서와 명쾌함을 확고히 다진 곳에서, 마법은 명쾌함의 결여와 혼란을 낳는다. 이해되지 않는 것을 이해 가능한 것으로 마법적으로 바꿔놓는 작업에는 이성이 필요하다. 이유는 오직 이성을 통해서만 이해가 가능하기 때문이다. 이때 이성을 활용하는 방법에 대해서는 누구도 말하지 못한다. 그러나 카오스의 열림이 무엇을 의미하는지를 표현하려고 노력하다 보면 이성을 활용하는 방법이 저절로 나타난다.

마법은 삶의 한 길이다. 만약에 어떤 사람이 최선을 다해 전차(戰車)를 몰다가 어느 순간에 보다 훌륭한 다른 존재가 전차를 몰고 있다는 것을 알게 되었다면, 그때 거기에 마법이 작용하고 있다. 마법의 효과가 어떨 것이라고 말하는 것은 불가능하다. 왜냐하면 마법적인 것들이 어떤 법칙을 따르는 것이 아닌 까닭에 결과를 미리 알 수 없기 때문이다. 말하자면, 마법은 정해진 규칙 없이 우연히 일어난다. 그러나 조건은 있다. 모든 것을 나무의 성장으로 바꿔놓기 위해서, 마법을 전적으로 받아들여야 한다는 것이다. 모든 사람이 많이 갖고 있는 어리석음도 마법의 일부이며, 아마 대단히 멋없는 것으로 여겨질 무미건조함도 마찬가지이다.

따라서 나 자신의 행복과 나의 다른 반쪽의 행복을 위해서 어느 정도의 고독과 고립은 삶의 불가피한 조건이다. 그렇지 않으면 사람은 충분히 자기 자신이 될 수 없다. 정지나 다름없는 삶의 느림도 불가피하다. 그런 삶에 따르는 불확실성이 아주 큰 부담으로 작용하겠지만, 그래도 나는 서로 충돌을 빚고 있는 영혼의 두 가지 힘들을 하나로 묶어서 나의 생명이 종말을 맞을 때까지 그 힘들이 서로 진정한 결혼관계를 유지하도록 만들어야 한다. 그 마법사가 필레몬이라 불리고 그 아내가 바우키스라 불리는 것도 똑같은 이치다. 나는 예수 그리스도가 자신의 내면에서, 그리고 그의 예를 통해 타인들의 내면에서 따로 분리시켰던 것을 하나로 묶었다. 이유는 나의 존재의 한쪽 반이 선(善) 쪽으로 노력할수록 다른 반쪽은 지옥 쪽으로 더 가까이 다가가기 때문이다.

쌍둥이자리의 달[45]이 끝났을 때, 인간들은 자신의 그림자에게 말했다. "네가 나야." 그렇게 말한 이유는 사람들이 그때까지 자신의 정신을 또 하나의 인격체로 여기며 자기 주변에 두고 있었기 때문이다. 이리하여 둘이 하나가 되었다. 이 충돌을 통해 무시무시한 것이 생겨났다. 정확히 말하면, 문화라고 불리며 그리스도의 시대까지 이어진 의식의 샘이 생겨난 것이다. 그러나 영원한 '대조의 법칙'에 따라, 물

45 이 달은 춘분점이 황도를 한 바퀴 도는 데 걸리는 약 25,800년을 말하는 플라톤 년(Platonic Year)을 기준으로 하는 플라톤 월을 뜻한다.

고기자리는 결합되었던 것이 다시 지하의 세계와 지상의 세계로 갈라지는 때를 암시했다. 성장의 힘이 멈추기 시작하면, 그때엔 결합되었던 것들이 상반된 것들로 나뉜다. 그리스도는 아래에 있는 것을 지옥으로 보냈다. 이유는 아래에 있는 것이 선을 향해 노력하기 때문이다. 그렇게 되어야 했다. 그러나 분리된 것이 영원히 분리된 상태로 남을 수는 없다. 그것들은 다시 결합될 것이고, 물고기자리의 달은 곧 끝날 것이다. 성장을 이루려면 두 가지가 다 필요하다. 그래서 우리는 선과 악을 서로 매우 가까이 두고 있다. 왜냐하면 우리가 선 쪽으로 너무 깊이 빠지는 것은 곧 악으로 너무 깊이 빠지는 것과 다를 바가 없다는 것을 알고 있기 때문이다.

그러나 우리는 그 때문에 방향을 잃고 있으며, 모든 것이 더 이상 산에서 계곡으로 흐르지 않고 대신에 계곡에서 산 쪽으로 조용히 성장하고 있다. 우리가 절대로 막지 못하거나 숨기지 못하는 것이 바로 우리의 열매이다. 흐르는 강은 출구가 전혀 없는 호수와 바다가 된다. 만약에 그 물이 수증기가 되어 하늘로 올라가서 구름이 되어 비로 땅에 떨어지지 않는다면, 어떤 일이 벌어지겠는가. 따라서 바다는 하나의 죽음인 동시에 위로 올라가는 곳이기도 하다. 자신의 정원을 돌보는 필레몬이 바로 그런 처지에 있다. 우리의 손들은 묶여 있으며, 각자는 자신의 위치에 조용히 앉아 있어야 한다. 그런 가운데 사람은 눈에 보이지 않게 올라갔다가 먼 땅에 비로 내린다. 땅 위의 물은 절대로 비로 내릴 수 있는 구름이 아니다. 오직 임신한 여자만이 아이를 낳을 수 있을 뿐이며, 아직 임신하지 않은 여자는 결코 아이를 낳지 못한다.

오 필레몬이여, 하지만 당신은 당신의 이름으로 나에게 어떤 신비를 암시하고 있는가? 신들이 이 땅을 떠돌다가 잠을 청할 때, 모든 사람이 그 부탁을 거절하는데도 그들에게 잠자리를 제공한 당신은 진정 신을 사랑한 사람이다. 당신은 아무런 의심 없이 신들을 환대한 사람이다. 홍수가 나서 모든 사람들이 삼켜질 때, 그 신들은 당신의 집을 황금 신전으로 바꿈으로써 환대에 보답했다. 카오스가 폭발했을 때에도 당신은 살아남았다. 사람들이 신들을 소리쳐 불러도 아무런 대답이 돌아오지 않을 때, 그때도 여전히 지성소를 지키고 있던 사람이 바로 당신이었다. 정말로, 살아남는 자는 사랑을 베푸는 자이다. 왜 우리는 그것을 보지 않았는가? 그리고 신들이 정확히 언제 모습을 드러냈는가? 바로 바키우스가 소중한 손님들에게 유일하게 남은 거위를 대접하길 원했을 때였다. 그 같은 행동이 어리석음에 축복이 내리게 했다. 거위가 신들에게로 달아났으며, 그때 신들은 마지막 남은 것까지 내놓았

던 가난한 주인들에게 모습을 드러냈다. 따라서 나는 사랑을 베푸는 사람은 살아남게 된다는 것을, 그리고 그 사람은 아무런 보답을 바라지 않고 신들을 환대한 사람이라는 것을 알았다.

오, 필레몬이여, 정말이지 나는 당신의 오두막이 신전이라는 것을 몰랐으며, 필레몬과 바우키스가 지성소에서 신들을 섬기고 있다는 것을 몰랐다. 이 마법의 능력은 가르칠 수 있는 것도 아니고 배울 수 있는 것도 아니다. 둘 중 하나가 마법의 능력을 갖고 있거나 갖고 있지 않을 것이다. 이제 나는 당신의 마지막 신비를 알고 있다. 당신이 사랑을 베푸는 자라는 것이다. 당신은 분리되어 있던 것을 결합시키는 일에, 말하자면 위와 아래를 함께 묶는 일에 성공했다. 이 점을 우리는 오랫동안 모르고 있지 않았던가? 아니야, 우리는 알았다. 아니, 우리는 그걸 몰랐다. 그것은 언제나 이런 식이었음에도, 그것이 그런 식이었던 적은 절대로 없었다. 만약에 필레몬이 오랜 세월동안 널리 알려졌던 지식을 나에게 가르쳐줄 뜻이었다면, 왜 내가 그에게 오기까지 그렇게 먼 길을 방랑해야 했겠는가? 아아, 우리는 영겁의 시간 이래로 모든 것을 알고 있었다. 그럼에도 모든 것들 하나하나가 성취되기 전까지는 우리는 그것을 절대로 알지 못할 것이다. 누가 사랑의 신비를 규명하는가?

오, 필레몬이여! 당신은 지금 어떤 가면 뒤에 숨고 있는가? 당신은 나에게 사랑을 베푸는 사람이란 인상을 주지 않았다. 그러나 당신으로 인해 나의 눈이 뜨였으며, 나는 당신이 자신의 영혼을 사랑하는, 자신의 영혼의 보물을 갈망하며 걱정스럽게 지키는 사람이라는 것을 알았다. 인간들을 사랑하고, 인간들의 영혼을 사랑하고, 자신의 영혼을 사랑하는 사람들이 있다. 신들을 환대했던 주인인 필레몬이 바로 그런 사람이다.

오, 필레몬이여, 당신은 몸을 돌돌 감은 한 마리 뱀처럼 햇빛 아래 누워 있다. 당신의 지혜는 뱀의 지혜이다. 냉정하고 약간의 독을 지녔으면서도 역시 작은 양의 독으로 상처를 치

유하는 그 뱀의 지혜 말이다. 당신의 마법은 사람들을 마비시키고, 그리하여 그들을 강하게 만든다. 그러면 사람들은 자기 자신을 자기 자신으로부터 떼어놓는다. 그러나 그들이 당신을, 말하자면 자신의 영혼을 사랑하는 당신을 사랑하고, 당신에게 감사하는 마음을 품는가? 아니면 그들은 당신이 가진 마법의 뱀의 독 때문에 당신을 저주하는가? 그들은 고개를 젓고 서로 쑥덕거리면서 당신과 거리를 두고 있다.

필레몬, 당신은 여전히 한 사람의 인간인가, 아니면 사람은 자신의 영혼을 사랑하는 자가 되기 전까지는 아직 인간이 아닌가? 필레몬, 친절하게도 당신은 지저분한 방랑자들을 아무런 거리낌 없이 당신의 오두막으로 받아들였다. 이어 당신의 집은 황금 신전이 되었다. 나는 불만을 품은 상태에서 당신의 테이블을 떠났는가? 당신은 나에게 무엇을 주었는가? 당신이 나를 식사에 초대했던가? 당신은 불가해한 여러 가지 색깔로 빛났다. 어디서도 당신은 나에게 자신을 사냥감으로 내놓지 않았다. 당신은 나의 손아귀를 피했다. 나는 어디서도 당신을 발견하지 못했다. 당신은 지금도 여전히 한 사람의 인간인가? 당신은 뱀에 훨씬 더 가깝다.

나는 당신을 붙잡아서 당신을 당신으로부터 떼어내려 했다. 이유는 기독교인들이 자신의 신을 삼키는 것을 배웠기 때문이다. 그리고 그 신에게 일어나는 일이 인간에게도 일어나기까지 얼마나 많은 세월이 걸릴 것인가? 나는 거대한 땅 속을 들여다본다. 울부짖는 소리밖에 들리지 않고, 사람들이 서로를 잡아먹으려 드는 악다구니밖에 보이지 않는다.

오, 필레몬이여, 당신은 절대로 기독교인이 아니다. 당신은 자신이 잡아먹히도록 내버려두지도 않았고 나를 잡아먹지도 않았다. 이 때문에 당신은 강의실도 갖지 않았고, 기둥이 있는 홀도 갖추지 않았다. 학생들이 쭉 둘러서서 선생에 대해 이야기하고 선생의 말을 생명의 비약(秘藥)으로 여기며 삼키는 그런 공간 말이다. 당신은 기독교도도 절대로 아니고 이교도도 절대로 아니다. 그러나 당신은 신들을 접대한 친절한 주인이고, 생존자이며, 영원한 존재이고, 모든 영원한 지혜의 아버지이다.

하지만 나는 불만을 느낀 상태에서 당신을 떠났는가? 아니다. 내가 당신을 떠난 것은 내가 진정으로 만족했기 때문이다. 그런데 나는 무엇을 삼켰는가? 당신의 말은 나에게 아무것도 주지 않았다. 당신의 말은 내가 나 자신으로 남도록 했으며 회의(懷疑)를 품도록 만들었다. 그래서 나는 나 자신을 먹어치웠다. 그리고 이것 때문에, 필레몬이여, 당신은 기독교인이 절대로 아니다. 이유는 당신이 당신 자신을 스스로 성숙시키고, 인간들에게도 그와 똑같이 하도록 강요하고 있기 때문이다. 이것이 인간들을 대단히 불쾌하게 만든다. 인간의 안에 있는 동물에게는 자기 자신보다 더 혐오스런 것이 없기 때문이다. 이 때문에 인간 동물은 기어 다니거나 뛰어다니거나 헤엄치거나 날아다니는 생명체들을, 아니, 자신의 종족까지 먹어치우다가 마침내는 자기 자신까지 뜯어먹는다. 그러나 여기서 얻는 자양분의 영양이 훌륭하며, 그래서 인간 동물은 금방 물린다. 이 때문에, 오 필레몬이여, 우리는 물린 상태에서 당신의 테이블에서 일어난다.

필레몬이여, 당신의 길은 교훈적이다. 당신은 나를 건전한 어둠 속에 남겨두고 있다. 거기엔 내가 보거나 찾는 것이 하나도 없다. 당신은 어둠 속에서 빛나는 빛도 절대로 아니며, 영원한 진리를 확고히 다져 인간 이해력의 밤의 불을 끄는 구원자도 절대로 아니다. 당신은 타인들의 어리석음과 농담을 위한 공간을 남겨두고 있다. 오, 축복 받은 필레몬이여, 당신은 타인으로부터 어떤 것도 원하지 않으며 당신 자신의 정원에서 꽃들을 돌본다. 당신을 필요로 하는 사람은 당신에게 묻고, 현명한 필레몬이여, 당신도 당신에게 필요한 것을 사람들에게 묻고 그 대답에 대해 대가를 지불할 것이라고 나는 짐작한다. 그리스도는 사람들을 뭔가를 바라는 존재로 만들어버렸다. 이유는 그 후로 사람들이 대가는 전혀 지급하지 않으면서 구원자로부터 선물을 기대하게 되었기 때문이다. 주는 것은 권력만큼이나 유치하다. 주는 사람은 스스로 강력하다고 생각한다. 베푸는 미덕은 전제 군주의 하늘빛 외투다. 필레몬이여, 당신은 현명하다. 당신은 주지 않는다. 당신은 자신의 정원이 꽃을 피우길 원한다. 모든 것은 그 자체로부터 성장하기 때문이다.

필레몬이여, 나는 당신이 구원자처럼 행동하지 않는 것을 높이 찬양한다. 당신은 길 잃은 양들을 쫓아다니는 양치기가 절대로 아니다. 당신은 인간의 존엄을 믿기 때문이다. 인간이 굳이 양이 되어야 할 필요가 없다. 그러나 만약에 어쩌다가 인간이 한 마리 양처럼 된다면, 당신은 그에게 양의 권리와 존엄을 줄 것이다. 양들이 인간으로 바뀌어야 할 이유가 있는가? 어쨌든 세상에는 충분한 그 이상의 인간이 있다.

필레몬이여, 당신은 다가올 것들의 지혜를 알고 있다. 그러므로 당신은 늙었고 매우 오래된 존재이다. 당신이 오랜 세월 동안 나의 위로 우뚝 솟아 있었던 것과 마찬가지로, 당신은 미래 속에서도 현재의 위로 우뚝 솟아 있다. 당신이 거쳐 온 과거의 길이는 무한하다. 당신은 전설이고 닿을 수 없는 존재이다. 당신은 주기적으로 돌아왔고 앞으로도 돌아올 것이다. 당신의 지혜는 눈에 보이지 않으며, 당신의 진리는 인간의 경험을 초월하며, 그 진리는 주어진 어느 시점에선 완전히 비(非)진리일 수 있지만 영겁의 세월 안에선 언제나 진리이다. 그러나 당신은 생명의 물을 뿌리며, 그 물을 먹으며 당신의 정원의 꽃들은 활짝 피어난다. 그 생명의 물은 별의 물이요, 밤의 이슬이다

필레몬이여, 당신은 무엇을 필요로 하는가? 당신은 작은 것들을 위해서 사람들을 필요로 한다. 이유는 큰 것들과 위대한 것들은 모두 당신 안에 있기 때문이다. 그리스도는 인간들을 망쳐놓았다. 인간들에게 오직 한 존재, 즉 신의 아들인 그에 의해서만 구원을 받을 수 있다고 가르쳤기 때문이다. 그 후로 사람들은 보다 중요한 것을, 특히 자신의 구원을 타인에게 요구해오고 있다. 그 때문에 어떤 양이 어디선가 길을 잃을 경우에 양치기가 비난의 소리를 듣게 되었다. 필레몬이여, 당신은 인간이며, 당신은 인간들이 양이 아니라는 것을 증명하고 있다. 그 이유는 당신이 자신의 안에서 가장 위대한 것을 찾고 있기 때문이다. 그리하여 마르지 않는 단지로부터 땅을 비옥하게 할 물이 당신의 정원으로 흐르고 있다.

필레몬이여, 당신은 혼자인가? 주변에 아무도 보이지 않아. 바키우스는 당신의 다른 반쪽이고. 당신은 꽃과 나무와 새들과는 함께 살아도 인간들과는 어울려 살지 않는다. 당신은 인간들과 함께 살면 안 되는가? 당신은 지금도 인간인가? 당신은 인간들에게 아무것도 원하지 않는가? 사람들이 모여 당신에 관해 이러쿵저러쿵 소문을 지어내고 동화 같은 유치한 이야기들을 꾸며내고 있는 것이 당신에겐 보이지 않는가? 당신은 그들에게 가서 당신도 사람이며 그들처럼 죽게 되어 있고, 또 그들을 사랑하고 싶다는 말을 전하고 싶지 않은가? 필레몬이여, 비웃고 있는가? 나는 당신을 이해한다. 지금 당장 당신의 정원으로 달려가 당신에게서 나 자신이 내면으로부터 이해해야 할 것을 떼어 오고 싶다.

오, 필레몬이여, 나는 그대를 이해한다. 나는 즉시 당신을 구세주로 만들어 버렸다. 자신을 소진시키고, 선물을 풍부하게 갖고 있는 그

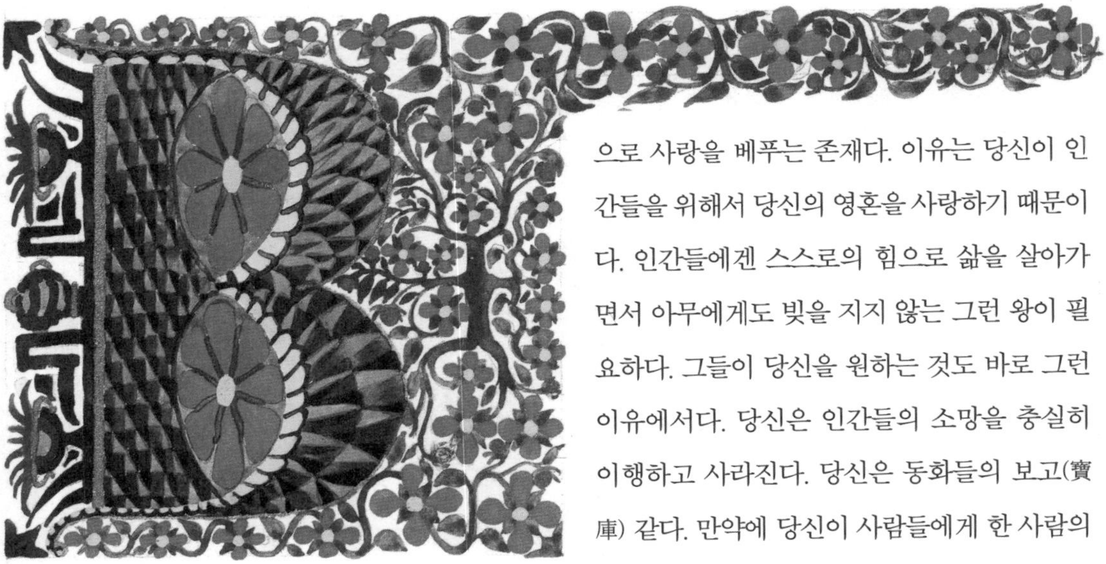

런 구세주로 말이다. 그런 것이 인간들의 모습이라고 당신은 생각하고 있다. 그들은 여전히 모두 기독교도다. 그러나 그들은 더 많은 것을 원한다. 그들은 현재 그대로의 당신을 원하며, 그렇지 않으면 당신은 그들에게 필레몬이 아닐 것이며, 만약에 그들이 당신에게서 자신들의 전설을 전하는 존재를 발견하지 못한다면 그들도 위안을 받지 못할 것이다. 그렇기 때문에 만약에 당신이 그들에게 다가가면서 당신도 그들과 똑같이 죽을 운명을 타고 났고 그들을 사랑하고 싶다는 뜻을 전한다면, 그들은 비웃을 것이다. 만일 당신이 그렇게 한다면, 당신은 더 이상 필레몬이 아닐 것이다. 그들은 필레몬을 원하지, 그들과 똑같은 질병에 시달리는 인간을 원하지 않는다.

필레몬, 나는 당신을 이해한다. 당신은 진정으로 사랑을 베푸는 존재다. 이유는 당신이 인간들을 위해서 당신의 영혼을 사랑하기 때문이다. 인간들에겐 스스로의 힘으로 삶을 살아가면서 아무에게도 빚을 지지 않는 그런 왕이 필요하다. 그들이 당신을 원하는 것도 바로 그런 이유에서다. 당신은 인간들의 소망을 충실히 이행하고 사라진다. 당신은 동화들의 보고(寶庫) 같다. 만약에 당신이 사람들에게 한 사람의 인간으로 다가간다면, 당신은 스스로를 욕되게 할 것이다. 그들에겐 필레몬이 인간이 아니기 때문에, 그들 모두가 비웃으며 당신을 거짓말쟁이나 사기꾼이라고 부를 것이다.

필레몬이여, 나는 당신의 얼굴에서 주름을 보았다. 당신은 한때 젊었고 인간들 사이에서 한 사람의 인간이 되기를 원했다. 그러나 기독교도 동물들이 당신의 이교도적인 인간성을 사랑하지 않았다. 이유는 그들이 당신에게서 그들에게 필요했던 바로 그것을 느꼈기 때문이다. 그들은 낙인이 찍힌 존재를 언제나 찾았다. 그러다가 그들이 다른 어딘가에서 자유롭게 지내고 있던 그를 발견했을 때, 그들은 그를 황금 새장에 가두고 그로부터 남자다운 힘을 빼앗아버렸다. 그리하여 그는 마비되어 조용히 앉아 있게 되었다. 그런 다음에 그들은 그를 찬미하며 그에 관한 동화들을 꾸며냈다. 이것을 그들은 숭배라고 부른다는 것을 나는 알고 있다. 그리고 만약에 그들이 진짜 그런 존재를 발견하지 못한다 하더라도, 그들에겐 적어도 '신성한 희극'을 대표하는 것이 직업인 교황이 있다. 그러나 진정한 존재는 언제나 자기 자신을 부정한다. 왜냐하면 사람이 한 사람의 인간이 되는 것보다 더 높은 것을 알지 못하기 때문이다.

필레몬이여, 지금 웃고 있는가? 나는 당신을 이해한다. 다른 사람들과 같은 인간이 된다는 것이 당신을 지치게 만들었다. 그리고 당신은 인간적인 존재가 되는 것을 진정으로 좋아했기 때문에 자발적으로 인간적인 모습을 가두어 버렸다. 그러면 적어도 당신이 사람들이 당신에게 원하는 그런 존재가 될 수 있을 것이기 때문이다. 오, 필레몬이여, 따라서 나는 당신이 인간들과 함께 있지 않고 꽃들과 나무들, 새들, 흐르거나 고인 물들과 함께 있는 것을 보고 있다. 이런 것들은 당신의 인간성을 더럽히지 않으니 말이다. 꽃들과 나무들과 새들에게 당신은 필레몬이 아니고 한 사람의 인간이다. 그런데 그것이 얼마나 고독하고 얼마나 무자비한 일인가!

*오, 필레몬, 당신은 왜 웃고 있는가? 아아, 난 당신을 이해하지 못하겠어. 그러나 내가 당신 정원의 푸른색 공기를 보고 있지 않는가? 어떤 행복한 그늘이 당신을 감싸고 있는가? 태*

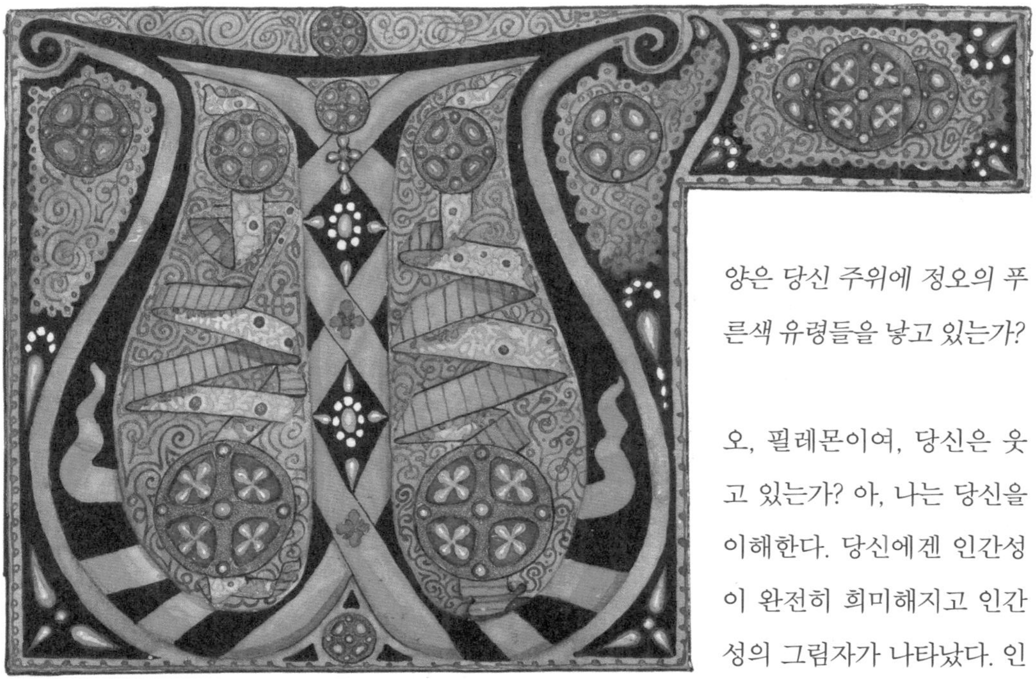

*양은 당신 주위에 정오의 푸른색 유령들을 낳고 있는가?*

오, 필레몬이여, 당신은 웃고 있는가? 아, 나는 당신을 이해한다. 당신에겐 인간성이 완전히 희미해지고 인간성의 그림자가 나타났다. 인간성의 그림자가 인간성 자체보다 훨씬 더 위대하고 행복하구나! 죽은 자들의 정오의 푸른 그림자들! 오, 필레몬이여, 저기에 당신의 인간성이 있다. 당신은 죽은 자들의 스승이고 친구다. 죽은 자들은 당신의 집 그늘 속에서 한숨을 쉬며 서 있다. 죽은 자들은 당신의 나무들의 가지 밑에서 살고 있다. 그들은 이슬 같은 당신의 눈물을 마시고, 당신의 가슴의 선함으로 자신들의 몸을 덥히고, 당신의 지혜의 말을 간구하고 있다. 당신의 지혜의 말은 그들에게 더없이 충만하고, 생명이 넘치는 소리로 들린다. 오, 필레몬이여, 해가 가장 높이 솟은 정오에 나는 당신을 보았다. 당신은 어떤 푸른 그림자와 대화하며 서 있었다. 그림자의 이마엔 피가 눌러 붙어 있었고, 경건한 고통이 그림자를 더욱 짙게 만들었다. 필레몬이여, 그 정오의 손님이 누구였는지 나는 짐작할 수 있다. 나 자신이 얼마나 바보스럽고, 또 얼마나 맹목적인지! 오, 필레몬이여, 그건 바로 당신이었어! 그렇다면 나는 누구인가! 나는 머리를 내저으면서 나의 길을 간다. 사람들의 시선이 나의 뒤를 따르고, 나는 침묵을 지킨다. 오, 절망의 침묵이여!

*오, 정원의 스승이여! 나는 반짝이는 태양 아래에서 저 멀리서 당신의 어두운 나무를 보고 있다. 나의 거리는 인간들이 살고 있는 계곡으로 이어지고 있다. 나는 떠돌이 걸인이다. 그*

*리고 나는 침묵을 지킨다.*

사이비 예언자들을 전멸시키는 것은 인간에게 유익한 일이다. 만약에 인간들이 살인을 원한다면, 그때 그들은 가짜 예언자들을 죽일 수 있다. 만약에 신들의 입이 침묵을 지킨다면, 그때 신들은 저마다 자신의 말을 들을 수 있을 것이다. 인간들을 사랑하는 자는 침묵을 지킨다. 오직 가짜 선생들만 가르친다면, 사람들은 그런 선생들을 죽이고 그 죄의 길에서조차도 진리를 발견하기 시작할 것이다. 깜깜한 밤이 지나야만 낮이 오는 법이다. 그러니 빛들을 가리고 침묵을 지켜라. 그러면 밤이 어두워지고 소리도 없어질 것이다. 태양은 우리의 도움 없이도 솟아오른다. 대단히 몽매한 오류를 아는 자만이 빛이 어떤 것인지를 아는 법이다.

오, *정원의 스승이여, 당신의 마법의 숲이 높*

**'바가바드 기타'(Bhagavad Gita)는 이렇게 말한다. '법의 쇠퇴가 있고 불공평이 증대될 때마다, 나는 나 자신을 내세운다. 경건한 사람들을 구하고 죄악을 저지르는 사람들을 파괴하고 법을 확립하기 위해, 나는 시대마다 다시 태어난다.'**
**그림 위 왼쪽에 '예언자의 아버지, 사랑하는 필레몬'이라고 쓰여 있다.**

*은 곳에서 나를 향해 빛나고 있었습니다. 모든 도깨비불의 아버지인 당신이여, 나는 당신의 기만의 망토를 숭배합니다.*

나는 나의 길을 계속 걷는다. 반질반질 윤이 나는 쇳조각이 나를 동행하고 있다. 열 번의 불로 단단히 벼린 것이다. 그걸 나는 나의 옷 안에 단단히 감추고 있다. 또 아무도 몰래 코트 안에 사슬 갑옷을 입고 있다. 하룻밤 사이에 나는 뱀들을 좋아하게 되었으며 그들의 수수께끼를 풀었다. 나는 길가의 따뜻한 바위 위에 있는 뱀들 옆에 앉는다. 나는 뱀들을, 방심하는 사람의 발뒤꿈치를 무는 냉혹한 악마들을 교활하고 잔인하게 잡는 방법을 알고 있다. 나는 뱀들의 친구가 되어 부드러운 곡조로 피리를 불었다. 그러나 나는 눈을 어지럽히는 알록달록한 뱀 가죽으로 나의 동굴을 장식한다. 나는 길을 걷다가 붉은 바위를 맞닥뜨렸다. 그 위에 무지개 빛깔의 커다란 뱀이 누워 있었다. 이제 필레몬으로부터 마법을 배운 터라, 나는 다시 피리를 끄집어내 뱀이 스스로 나의 영혼이라고 믿도록 하기 위해 마법의 노래를 부드럽게 연주했다.

뱀이 마법에 충분히 걸렸을 때, 나는 뱀에게 속삭였다. "나의 영혼이여, 나의 여동생이여, 지금 무슨 말을 하고 싶은 거니?" 뱀은 우쭐해하며 너그러운 맘으로 말했다. "네가 하는 모든 것 위로 풀이 자라도록 할 테야."

**나:** "마음에 위로가 되는 말인데, 말을 그다지 많이 하지는 않는구나."

**영혼:** "넌 내가 말을 많이 하길 바라니? 너도 알다시피, 나도 진부할 수 있어. 그런 식으로 한 번 해볼까?"

**나:** "내가 힘들 것 같아. 난 그대가 저 건너편에 있는 모든 것들과, 말하자면 대단히 위대하고 대단히 비상한 것들과 밀접히 연결되어 있다고 믿고 있거든. 그래서 진부한 것이 그대에겐 낯설 것이라고 생각했지."

**영혼:** "진부함도 나의 한 요소야."

**나:** "내가 나 자신에 대해 그런 식으로 말한다면, 별로 놀랍지 않을 것 같지만."

**영혼:** "네가 범상치 않을수록, 나는 더 평범해질 수 있어. 그것이 나에겐 진정한 휴식 같은 거야. 오늘은 내가 나 자신을 고문하는 일이 더 이상 필요하지 않다는 걸 네가 느꼈을 것 같은데."

**나:** "그래, 느낄 수 있어. 난 그대의 나무가 나를 위해 열매를 더 이상 맺지 않게 될까 걱정이야."

**영혼:** "벌써 걱정이라고? 바보처럼 굴지 말고, 내가 쉬도록 해 줘."

**나:** "난 그대가 평범해지길 원한다는 걸 눈치챘어. 그러나 사랑하는 나의 친구야, 난 그대의 말을 마음에 담아두지 않을 거야. 어느 때

왼쪽에 아랍어로 "딸들"이라고 적혀 있다. 그림 둘레의 글은 이런 내용이다. '하느님의 심오한 지혜입니다. 그것은 하느님께서 우리의 영광을 위하여 천지 창조 이전부터 미리 마련하여 감추어 두셨던 지혜입니다. 성령께서는 하느님의 깊은 통찰에 이르기까지 모든 것을 다 통찰하십니다.'

보다 지금 그대를 더 잘 알게 되었으니까."

**영혼:** "네가 점점 더 친숙하게 느껴지는구나. 네가 존경심을 잃기 시작하는 것은 아닌지 걱정이 되네."

**나:** "화났어? 그런 걱정은 안 해도 돼. 나는 비애감과 진부함이 서로 아주 가까운 사이라는 것을 들어서 알고 있어."

**영혼:** "그렇다면 영혼의 생성이 뱀 모양의 길을 따른다는 것을 네가 깨달았단 말인가? 낮이 얼마나 빨리 밤이 되고, 밤이 얼마나 빨리 낮이 되는지 너는 보았어? 물과 마른 땅이 어떻게 자리를 서로 바꾸는지 보았어? 그리고 발작적인 모든 것은 파괴적일 뿐이라는 것도?"

**나:** "그것을 모두 보았어. 나는 잠시 햇살 속에서 따스한 돌 위에 누워 있고 싶어. 아마 태양이 나를 배양할 거야."

그러나 그 뱀이 살며시 나에게 기어와 나의 두 발을 부드럽게 감았다. 어둠이 내리고 밤이 되었다. 내가 뱀에게 말했다. "이 말을 어떻게 전해야 할지 난감하네. 단지들이 모두 끓고 있거든."

**영혼:** "밥을 짓고 있나 보지 뭐."

**나:** "최후의 만찬인가?"

**영혼:** "모든 인간성과의 결합이겠지."

**나:** "무섭기도 하고 달콤하기도 한 생각이군. 이 식사 자리에서 손님이 되고 동시에 요리가 된다니."

**영혼:** "그것도 예수 그리스도의 가장 큰 기쁨이었어."

**나:** "얼마나 신성하고 얼마나 죄스러운 일인가! 뜨겁고 차가운 모든 것이 서로를 향해 흐르고 있으니! 광기와 이성이 서로 결혼하길 원하고 있어. 새끼 양과 늑대가 나란히 평화롭게 놀고 있어. 모든 긍정과 부정이 함께하고 있어. 상반된 것들이 서로 부둥켜안고 있고, 서로 눈길을 나누고 있고, 서로 섞고 있어. 그것들은 고통스런 쾌락 속에서 자신들이 하나임을 깨닫고 있어. 나의 가슴은 난폭한 전투로 가득해. 어두운 강과 밝은 강의 물결이 함께 밀려오고 있어. 어두운 강의 물결을 밝은 강의 물결이 덮치고 있어. 이런 걸 난 지금까지 한 번도 경험하지 못했어."

**영혼:** "사랑하는 친구야, 적어도 너에겐 새로울 거야."

**나:** "그대가 나를 조롱하고 있는 것 같은데. 하지만 눈물과 웃음은 하나야. 나는 더 이상 눈물도 느끼지 않고 웃음도 느끼지 않아. 긴장으로 몸이 팽팽해지는데. 사랑하는 마음도 하늘에 닿고, 그에 저항하려는 마음도 그 높이만큼 닿고 있어. 두 마음은 서로 뒤엉켜 있고, 서로를 놓아주지 않고 있어. 과도한 긴장이 마치 감정의 극치를 암시하는 것처럼 보여."

**영혼:** "넌 자신을 감상적으로, 또 철학적으로 표현하는구나. 이 모든 현상을 더 쉽게 전달할 수도 있을 텐데. 예를 들어, 네가 벌레에서 트리

스탄(Tristan)과 이졸데(Isolde)[46]로 성장하는 길에 사랑에 빠졌다는 식으로 말할 수도 있잖아."

**나:** "그래, 알아. 그럼에도 …."

**영혼:** "지금도 여전히 종교가 너를 괴롭히고 있어, 그렇지? 아직도 얼마나 많은 방패가 더 필요한 거야? 솔직히 말하는 게 좋을 거야."

**나:** "이죽거리는 건 아니지?"

**영혼:** "그러면 안 되나? 오늘날엔 도덕성과 부도덕성이 하나가 되었잖아?"

**나:** "지옥의 악마 같으니라고. 그대는 지금 나를 놀리고 있어. 하지만 선과 악도 서로 뒤엉킨 채 천국까지 올라갔다는 걸 말해둬야겠네. 농담하는 것이 아니라 투덜거리는 거야. 기쁨과 고통이 함께 비명을 지르고 있으니 말이다."

**영혼:** "그렇다면 너의 이해력은 어디 있어? 너 지금 완전히 바보가 되어 버렸어. 어쨌든, 너는 사고로 모든 것을 해결할 수 있었어."

**나:** "나의 이해력? 나의 사고? 나에겐 더 이상 이해력 같은 건 없어. 그런 건 나와 아무 상관이 없어."

**영혼:** "그렇다면 너는 자신이 믿었던 것을 모두 부정하는구나. 너는 너라는 존재를 완전히 망각했어. 너는 심지어 파우스트까지 부정하고 있어. 온갖 유령들을 지나치면서 차분하게 걸었던 그 파우스트 말이다."

**나:** "난 이제 더 이상 감당하지 못하겠어. 나의 정신도 역시 유령이야."

**영혼:** "아, 알았어. 네가 나의 가르침을 따르고 있구나."

**나:** "불행하게도 그렇게 되어 버렸네. 그것이 나에게 고통스런 기쁨을 안겨주었어."

**영혼:** "너는 고통을 쾌락으로 바꿔놓는구나. 넌 마음이 뒤틀려 있고 맹목적이야. 그냥 겪어봐, 이 바보야."

**나:** "이 불운이 나를 행복하게 만들어야 해."

이제 뱀이 화가 나서 나의 심장을 물려 들었다. 그러나 숨겨진 나의 갑옷에 독 묻은 뱀의 송곳니가 부러졌다. 뱀은 화들짝 놀라 뒤로 물러서며 쉬 소리를 내며 말했다. "너 이제 보니 마치 심오한 존재처럼 처신하고 있구나."

**나:** "그건 내가 왼발에서 오른발로, 또 반대로 오른발에서 왼발로 걸음을 옮기는 기술을 연구했기 때문이야. 그걸 다른 존재들은 아득한 옛날부터 별 생각 없이 해왔는데 말이야."

뱀이 다시 몸을 세웠으며, 우연인 듯 꼬리를 자기 앞에 대고 있었다. 부러진 송곳니를 나에게 보여주지 않으려는 뜻이었다. 뱀이 차분하고 거만하게 말했다. "그렇다면 네가 최종적으로 그걸 깨달았단 말이냐?" 그러나 나는 뱀에게 웃으며 말했다. "꾸불꾸불한 삶의 선은 결국엔 나를 피하지 못해."

46 리하르트 바그너의 오페라 '트리스탄과 리졸데'의 주인공들이다.

진리와 신앙은 어디에 있는가? 따뜻한 신뢰는 어디에 있는가? 당신은 이 모든 것들을 인간들 사이에서 발견할 수 있지만, 인간과 뱀 사이에선 결코 발견하지 못한다. 뱀들이 인간의 영혼이라 하더라도, 인간과 뱀 사이엔 진정한 신뢰가 있을 수 없다. 그러나 사랑이 있는 곳이면 어김없이 뱀 같은 것이 거주하고 있다. 그리스도 본인도 자신을 한 마리 뱀에 비유했다. 그리스도의 사악한 형제인 적(敵)그리스도는 늙은 용이다. 사랑에 나타나는, 인간성 그 너머에 있는 것은 뱀과 새의 특성을 지니고 있다. 뱀은 종종 새를 유혹하지만, 새가 뱀을 유혹하는 일은 그보다 드물다. 사람은 그 중간에 선다. 당신에게 새처럼 보이는 것이 당신의 다른 반쪽에겐 뱀처럼 보인다. 그리고 당신에게 뱀처럼 보이는 것이 당신의 다른 반쪽에겐 새처럼 보인다. 따라서 당신은 인간의 형태로만 다른 반쪽을 만날 것이다. 만약에 당신이 생성을 원한다면, 그땐 새와 뱀 사이에 싸움이 벌어질 것이다. 만약에 당신이 생성하지 않고 그냥 존재하기를 원한다면, 그때 당신은 당신 자신과 다른 사람들에게 한 사람의 인간이 될 것이다. 생성중인 사람은 사막이나 감옥에 속한다. 왜냐하면 그가 인간의 속성 그 너머에 있기 때문이다. 만약에 인간들이 생성을 원한다면, 그때 그들은 동물들처럼 행동해야 한다. 만약에 우리가 지옥을 통과하는 길을 선택하지 않는다면, 어느 누구도 우리를 생성의 악으로부터 구하지 못한다.

왜 내가 그 뱀이 마치 나의 영혼인 것처럼 행동했을까? 나의 영혼이 한 마리 뱀이었기 때문인 것 같다. 이 같은 지식이 나의 영혼에게 새로운 얼굴을 부여하며, 그 후로 나는 나의 영혼에 스스로 마법을 걸어 그 영혼을 나의 힘에 복종시키기로 작정했다. 뱀들은 슬기롭다. 나는 나의 영혼 뱀이 자신의 지혜를 나에게 전해주기를 바랐다. 뚜렷한 목적 없이 두 가지 요소가 서로 맞서는 상태에서 긴장하며 보낸 그 하룻밤만큼 삶이 의문스러웠던 날은 평생에 한 번도 없었다. 지금까지 서로 갈등을 빚던 두 가지 요소가 나의 존재 안에서 하나가 되었으니…. 아무것도 움직이지 않았다. 신도 움직이지 않고, 악마도 움직이지 않았다. 그래서 나는 마치 생각을 지우려는 듯 햇빛 아래에 누워 있던 뱀에게 다가갔다. 뱀의 두 눈은

1927년 1월 9일, 친구 헤르만 지그(Hermann Sigg) 죽다. 향년 52세.

아무것도 보지 못했다. 두 눈이 반짝이는 햇살 속에서 깜빡이고 있었으니까.

내가 뱀에게 말했다. "신과 악마가 하나가 되었는데, 이제 세상이 어떻게 돌아갈 것 같니? 그들이 생명을 멈추게 하기로 합의할 것 같은가? 상반된 것들의 갈등은 피할 수 없는 삶의 조건에 속하는 것이 아닌가? 상반된 것들의 결합을 인정하고 거기에 맞춰 사는 사람은 정지되어 있는가? 그런 사람은 철저히 현실적인 삶의 쪽에 서 있으며, 더 이상 한쪽에만 속하는 것처럼 행동하지도 않고 다른 반쪽과 싸우는 것처럼 행동하지도 않아. 그 사람은 양편 모두이며, 양편의 갈등에 종지부를 찍어. 그 사람은 생명으로부터 이 짐을 넘겨받음으로써 동시에 생명으로부터 힘을 얻지 않았는가?"

뱀이 몸을 돌리며 기분 나쁜 투로 말했다. "정말로, 나를 귀찮게 구는구나. 나에겐 상반된 것들이 분명히 생명의 한 요소야. 너도 아마 그걸 깨달았을 텐데. 너의 혁신이 나에게서 힘의 원천을 박탈하고 있어. 나는 비애감으로 너를 유혹할 수도 없고 진부함으로 너를 괴롭힐 수도 없어. 조금 당황스러워."

**나:** "당황스럽다면, 내가 조언을 해줘야 하는 것이 아닌가? 네가 깊은 땅속으로 내려가서 하데스[47]에게 묻거나 천상의 존재들에게 물으면, 누군가가 조언을 해 줄 거야."

**영혼:** "너, 상당히 건방져졌구나."

**나:** "건방져진 것은 내가 아니라 필요성이야. 나는 살아야 하고 움직일 수 있어야 해."

**영혼:** "너에겐 넓은 땅이 있어. 그런데 그 이상 무엇을 더 원하는가?"

**나:** "호기심 때문이 아니라, 필요성 때문이야. 나는 양보하지 않을 거야."

**영혼:** "내가 양보할 게. 내키진 않지만. 나에겐 이런 식의 처신이 익숙하지 않아."

**나:** "미안하지만 급히 해야 할 일이 있어. 깊은 곳에게 우리의 전망이 그다지 밝아 보이지 않는다고 일러주렴. 이유는 우리가 생명으로부터 중요한 장기(臟器)를 하나 잘라냈기 때문이야. 그대도 알다시피, 내가 그 죄인은 아니야. 그대가 나도 모르는 사이에 나를 이 길로 이끌었을 뿐이야."

**영혼:** "넌 사과를 거절할 수 있었어."

**나:** "이런 농담은 이제 그만해. 그 이야기라면 그대가 나보다 더 잘 알잖아. 진담이야. 우리에겐 공기가 좀 필요해. 너의 길을 벗어나지 말고 불을 갖다 줘. 주위가 너무 오랫동안 어두웠어. 너는 게으름뱅이냐, 아니면 겁쟁이냐?"

**영혼:** "나 작업하러 간다. 내가 갖고 올라오는 거나 잘 챙겨."

---

47 그리스 신화에서 죽음을 관장하는 신.

서서히, 신의 옥좌가 광대한 공간 속으로 올라온다. 그 뒤를 신성한 삼위일체와 천국의 모든 것이 따르고, 마지막으로 사탄이 나타난다. 사탄은 저항하면서 저승에 집착한다. 그는 저승을 놓지 않으려 한다. 지상 세계가 그에겐 너무 오싹하다.

**영혼:** "넌, 그 녀석을 꼭 잡고 있는 거니?"

**나:** "잘 왔네, 이 어둠의 골칫거리야! 나의 영혼이 너를 세게 잡아당겼겠지?

**사탄:** "왜 이런 소동이야? 날 이렇게 강제로 끌어올린 데 대해 강력히 항의한다."

**나:** "진정해. 네가 올라오리라고는 상상도 못했어. 넌 맨 마지막에 나왔어. 네가 가장 힘들 것 같은데."

**사탄:** "나한테 원하는 게 뭐야? 시건방진 녀석아, 나에겐 네가 필요하지 않아."

**나:** "우리가 너와 함께 있는 것은 좋은 일이야. 넌 정말 독단으로 똘똘 뭉쳐진 녀석이지."

**사탄:** "그런 수다는 필요 없어. 무슨 이유야! 빨리 말해. 얼어 죽을 것 같아."

**나:** "잘 들어, 우리들에게 방금 무슨 일이 일어났어. 우리가 상반된 것들을 서로 결합시킨 거야. 특히, 너하고 신을 결합시켰어."

**사탄:** "제발, 왜 이런 터무니없는 소란을 피우는 거야? 그런 엉터리 짓을 왜 하냐고?"

**나:** "제발, 어리석은 짓이 아니야. 통합이 중요한 원리야. 결코 끝나지 않을 투쟁을 우리가 중단시켰어. 자유로워진 우리의 손을 진정한 삶을 위해 쓰게 될 거야."

**사탄:** "일원론의 냄새가 풀풀 나는군. 나는 이런 인간들 일부에 대해 이미 주시하고 있었어. 그들을 위해 특별한 방까지 따뜻하게 데워놓았어."

**나:** "네가 오해하고 있어. 우리에게 일어난 일들은 보기만큼 합리적이지 않아. 단 한 가지의 옳은 진리 같은 것은 있을 수 없어. 너무도 이상하고 놀라운 일이 한 가지 벌어졌어. 상반된 것들이 서로 결합한 뒤로, 정말 뜻밖에도 더 이상 아무런 일이 일어나지 않은 거야. 이해할 수 없는 일이야. 모든 것이 제자리에 평화롭게 조금의 움직임도 없이 남아 있어. 삶이 완벽한 정지 상태로 변해버린 거야."

**사탄:** "당연하지, 이 바보야. 네가 모든 걸 뒤죽박죽으로 만들어 놓았으니까."

**나:** "조롱할 필요 없다니까. 우리의 의도는 진지했어."

**사탄:** "너의 진지함이 우리에게 고통이야. 지옥의 질서가 뿌리째 흔들렸어."

**나:** "그렇다면 너도 문제들이 심각하다는 걸 깨달았겠네. 나의 질문에 대답해. 이 상황에선 어떻게 해야 하는 거야? 뭘 해야 할지 더 이상은 모르겠거든."

**사탄:** "당연히 알기 어렵지. 너에게 조언을 하고 싶어도 하기 어려워. 너는 앞을 보지 못하

는 바보거든. 경솔하고 건방진 인간이야. 차라리 이 문제에서 손을 떼는 게 어때? 너는 세상의 질서를 어떻게 이해하고 있는데?"

**나:** "너의 말을 듣고 보니 네가 속이 많이 상했다는 것을 알겠네. 그런데 보라고. 신성한 삼위일체는 이 사태를 냉철하게 받아들이고 있어. 이 혁신을 싫어하지 않는 것 같은데."

**사탄:** "아, 삼위일체는 너무나 비합리적이기 때문에 그 반응을 믿어서는 안 돼. 강력히 조언하는데, 삼위일체 상징들을 심각하게 받아들이지 마."

**나:** "선의의 조언 고마워. 하지만 너도 관심이 있는 것 같은데. 너라면 지능이 탁월해서 공평한 심판을 내릴 걸로 기대되는데."

**사탄:** "내게! 공평한 심판을 기대한다고! 차라리 네가 심판해. 만약에 네가 활력이 전혀 없는 평형 상태의 이 절대성을 고려하고 있다면, 너는 너의 주제넘은 행동으로 인해 생긴 정지 상태가 곧 그 절대성과 비슷하다는 사실을 깨닫게 될 거야. 그러나 내가 충고를 한다면, 나는 전적으로 너의 편에 설 거야. 너 역시 이 정지 상태를 참을 수 없는 것으로 결론을 내릴 테니까."

**나:** "뭐라고? 네가 내 편에 선다고? 그거 이상한데."

**사탄:** "그다지 이상할 것도 없어. 절대적인 것은 언제나 살아 있는 것에 적대적이야. 그래도 아직은 내가 생명의 진정한 주인이잖아."

**나:** "그건 의심스러워. 너의 반응이 지나치게 개인적이거든."

**사탄:** "나의 반응은 개인적인 것과는 거리가 멀어. 나는 침착하지 못한 상태에서 생명을 재촉하고 있어. 나는 만족해 본 적이 한 번도 없고, 평온해 본 적도 한 번도 없어. 나는 모든 것을 무너뜨렸다가 급히 다시 쌓아. 나는 야망이고, 명예욕이고, 행위에 대한 욕망이야. 나는 새로운 사상과 행위를 자극하는 활력이야. 절대적인 것은 따분하며 성장하지 않아."

**나:** "맞아, 널 믿어. 그래서 어떤 조언을 할 건데?"

**사탄:** "내가 너에게 해줄 수 있는 최선의 조언은 해로운 쇄신을 가능한 한 빨리 폐지하라는 거야."

**나:** "그렇게 해서 얻어질 것은 뭔데? 우리는 다시 처음부터, 그러니까 무(無)에서 시작해야 하고 틀림없이 똑같은 결론에 이르게 될 거야. 어떤 존재가 한 번 알아버린 것을 다시 원위치로 돌리는 것은 불가능해. 그러니 너의 조언은 조언이 아니야."

**사탄:** "하지만 네가 구분과 불화가 없는 상태에서 존재할 수 있을까? 만약에 살기를 원한다면, 너는 무엇인가를 해야 하고, 어떤 집단을 대표해야 하고, 반대를 극복해야 해."

**나:** "그건 도움이 안 돼. 우리는 서로를 적으

1928년. 방어 시설이 잘 갖춰진 황금 성을 보여주는 이 이미지를 그렸을 때, 리하르트 빌헬름(Richard Wilhelm)이 프랑크푸르트로부터 천 년 전에 쓰여진 황금성에 관한 책을 나에게 보내주었다.

로 보고 있어. 이제 이런 수작에 신물이 났어."
**사탄:** "삶이란 게 다 그런 거야."
**나:** "내가 볼 때, 그건 네가 무엇을 삶이라고 부르느냐에 따라 달라져. 네가 생각하고 있는 삶은 올라가고 때려 부수는 것, 단언과 의심, 초조하게 질질 끌고 다니는 것과 성급한 욕망과 관계가 있어. 너는 절대적인 것과 그것의 참을성 있는 인내가 부족해."
**사탄:** "맞는 말이야. 나의 삶은 거품을 일으키고, 성난 파도를 일으켜. 나의 삶은 붙잡고, 던지고, 열렬히 바라고, 불안해하는 것으로 채워져 있어. 그런 게 삶이야. 그렇지 않아?"
**나:** "하지만 절대적인 것도 역시 살고 있어."
**사탄:** "그건 절대로 삶이 아니야. 그것은 정지이거나 정지와 마찬가지 상태야. 그건 지루할 정도로 천천히 살고, 수천 년의 세월을 낭비하고 있어. 네가 이제 막 창조한 비참한 조건과 똑같아."
**나:** "네가 나를 계몽하려 드네. 너는 개인적인 삶이지만, 명백한 정지는 관대한 영원의 삶이야. 신성의 삶이라고! 이번엔 네가 나에게 조언을 잘 해줬어. 그래서 너를 보내주마. 잘 가!"

사탄은 두더지처럼 날렵하게 굴로 다시 기어들어간다. 삼위일체의 상징과 그 일행은 침착하고 평화롭게 천국으로 올라간다. 나는 나에게 적절한 것을 끌어올려준 뱀에게 감사한다. 모든 사람은 자신의 말을 이해한다. 그 말이 개인적이기 때문이다. 우리는 다시 긴 삶을 살 수 있다. 우리는 수천 년의 세월을 보낼 수 있다.

오, 신들이여, 어디서 시작할 것인가? 고통에서, 아니면 기쁨에서? 그것도 아니면 그 사이에 놓여 있는 뒤섞인 감정에서? 시작은 언제나 더없이 작다. 무(無)에서 시작한다. 만약에 내가 거기서 시작한다면, 나는 무(無)의 바다로 떨어지는 "무엇인가"의 작은 방울을 본다. 그것은 무(無)가 무한한 자유까지 스스로를 확장시키는 저 아래에서 다시 시작하는 것에 관한 것이다. 아직 아무 일도 일어나지 않았다. 세상이 시작해야 한다. 태양도 아직 태어나지 않았다. 물기를 머금은 창공도 아직 분리되지 않았다. 우리는 아직 우리 아버지들의 어깨 위로 올라가지 않았다. 우리의 아버지들이 아직 생성 단계에 있지 않기 때문이다. 그들은 이제 방금 죽어서 피에 굶주린 유럽의 자궁 안에서 쉬고 있다.

우리는 뱀과 결합한 상태에서 광대함 속에 서서, 우리가 아직 모르는 미지의 건축물의 초석으로 어떤 돌을 삼을 수 있을 것인지 생각하고 있다. 가장 오래된 것이 좋을까? 그것은 하나의 상징으로 적절하다. 우리는 눈으로 파악할 수 있는 무엇인가를 원한다. 우리는 낮이 엮고 밤이 푸는 그런 그물에 싫증이 나 있다. 아마 악마가 그 그물을 창조하겠지? 엉터리 이해력과 탐욕스런 손들을 가진 그 무가치한 당파(黨派) 말이다. 악마는 신들이 자신의 알들을 안전하게 보관해 둔 거름더미에서 나왔다. 만약에 볼품없는 형태의 그 야비한 가슴에 황금의 씨앗이 들어 있지 않다면, 나는 그 무가치한 것을 나로부터 차버리고 싶다.

어둠과 악취의 아들아, 일어나라! 너는 영원한 오물 구덩이의 쓰레기와 찌꺼기에 어찌 그리도 질기게 집착하는가! 난 너를 혐오하긴 해도 무서워하진 않아. 너는 내 안에 있는 비난받을 만한 온갖 것들의 형제거든. 오늘 무거운 해머로 너를 벼리게 될 거야. 너의 몸에서 신들의 금이 쏟아지도록 하기 위해서란다. 너의 시대는 끝났어. 이제 몇 년 남지 않았어. 오늘로서 너의 심판의 날도 끝나. 부디, 너의 껍질이 산산조각나길. 우리의 손으로 너의 씨앗을, 그 황금의 씨앗을 잡고 미끌미끌한 진흙에서 해방시킬 수 있기를. 악마인 너는 얼어붙기를. 우리가 너를 차갑게 해서 벼릴 거니까. 강철이 얼음보다 더 단단해. 신성한 경이를 도둑질한 너, 어미 원숭이 같은 너, 몸을 신들의 알로 가득 채워 스스로를 무겁게 만든 너, 그런 너는 우리의 모습으로 다듬기에 적절할 거야. 따라서 우리는 너를 저주해. 그건 너 때문이 아니라 황금의 씨앗 때문이야.

도둑질을 일삼는 심연 같은 너, 너의 육체에서 매우 쓸모 있는 형태들이 생겨나고 있어! 이 형태들은 근본적인 정령들로서 주름진 옷을 입고 나타나고 있어. 못생겼으면서도 웃음을 안겨주는 카비리다. 애늙은이 같고, 난쟁이 같고, 주름살이 많고, 그저 그런 정도의 비밀스런 기술을 알고 있으며, 우스꽝스런 지혜를 알고 있고, 형성되지 않은 금의 최초의 형성이고, 해방된 신들의 알에서 기어 나오는 벌레이고, 최초의 것이고, 태어나지 않은 것이고, 아직 보이지 않는 그런 존재들이다. 너의 출현은 우리들에게 어떤 의미를 지니는가? 너는 접근 불가능한 보물 창고에서 어떤 새로운 기술들을 갖고 오는가? 너는 아직도 식물처럼 땅에 뿌리를 내리고 있으며, 그러면서 인간과 비슷한 몸에 동물의 얼굴을 하고 있다. 우리는 난쟁이이면서 물건의 영혼인 너의 본질을 이해하지 못한다. 너는 바보스러울 만큼 감미롭고, 신비롭고, 원시적이고, 세속적이다. 너의 기원은 가장 낮은 곳이다. 엄지왕자(Tom Thumbs)[48]야, 너는 거인이 되기를 원하니? 너는 땅의 아들의 추종자인가? 너는 땅을 딛고 있는 신의 두 발인가? 너는 뭘 원하니? 말해 봐!

**카비리:** "당신을 낮은 천성의 지배자로 맞이하러 왔어."

**나:** "지금 나한테 말하고 있는 거니? 내가 너희들의 지배자라고?"

**카비리:** "지금까지는 그렇지 않았어. 그러나 이제부터 당신이 지배자야."

**나:** "너희들이 그렇다니 받아들이지 뭐. 너희들의 추종을 바탕으로 내가 뭘 할 수 있을까?"

**카비리:** "우리는 아래에서 위로 옮겨지지 않을 것을 갖고 있어. 우리는 은밀히 올라가는 즙이야. 강제로 올라가는 것이 아니라 관성에 의해 빨려 올라가서 자라고 있는 것들에 붙어. 우리는 살아 있는 물질의 미지의 길들과 설명 불가능한 법칙들을 알고 있어. 우리는 땅 속에서 잠자고 있는 것들을, 죽어서 살아 있는 것들 속으로 아직 들어가지 않고 있는 것들을 갖고 올라가. 당신 같은 인간들의 방식으로는 아무리 해봤자 헛수고가 될 일을 우리는 천천히 수월하게 하고 있어. 우리는 당신들에게 불가능한 일을 완성시키고 있어."

**나:** "그러면 내가 너희들에게 무엇을 맡겨야 하니? 어떤 어려운 일을 너희들에게 넘길 수 있을까? 내가 할 수 없는 일 중에서 너희들이 더 잘 할 것이 무엇일까?"

**카비리:** "당신은 물질의 무기력 상태를 망각하고 있어. 안으로부터 자체적으로 하나로 결합된 상태에서 스스로 섭취하면서 오직 서서히 올라올 수만 있는 것을, 당신은 힘으로 억지로 끌어올리길 바라고 있어. 그 수고를 아끼도록 해. 그렇게 하지 않으면 당신이 우리 작업을 망치고 말 거야."

**나:** "믿을 수 없는 존재인 너희들을, 너희 노예들과 노예의 영혼들을 내가 믿어도 되는 거니? 그래, 좋아, 일을 시작해. 그렇게 해 봐."

**나:** "너희들에게 시간을 많이 준 것 같네. 나는 너희들에게 내려가지도 않았고, 너희들의 작업을 방해하지도 않았어. 나는 낮의 빛 속에 살며 낮의 일을 했어. 너희들은 뭘 했니?"

**카비리:** "우리는 많은 것들을 위로 옮겨서 토대를 다졌어. 돌을 하나씩 쌓았어. 이제 당신은 단단한 토대 위에 서 있어."

**나:** "그래, 토대가 더 단단해진 것 같아. 나는 지금 위로 쭉 뻗고 있어."

**카비리:** "당신을 위해 시퍼렇게 번득이는 칼을 하나 벼려놓았어. 그걸로 당신을 얽어매고

---
**48** 영국 민속 이야기 속의 주인공으로, 그의 몸집은 자기 아버지의 엄지손가락 크기 만 하다.

있는 매듭들을 자를 수 있어."

**나:** "알았어. 칼을 단단히 잡고 높이 번쩍 들어 내려치겠어."

**카비리:** "또 당신 앞에 당신을 묶고 있는 매듭도 갖다 놓았어. 아주 정교하게 엮은 매듭이더군. 그걸 내려쳐. 예리한 칼이라야만 끊을 수 있어."

**나:** "보여 줘. 정말 대단한 매듭이군! 불가사의로 평가받을 만한 걸작인데. 뿌리들이 정교하게 서로 얽혀 있어! 그런 식으로 얽히게 할 수 있는 존재는 오직 눈 먼 직조공인 어머니 대지뿐이야! 복잡하게 뒤얽힌 하나의 커다란 공(球)과 수많은 작은 매듭들. 하나같이 정교하게 서로 연결되게 얽혀 있어. 아니, 이건 인간의 뇌잖아! 내가 헛것을 보고 있나? 너희들 무슨 짓을 하고 있는 거야? 나의 뇌를 내 앞에 놓다니! 나의 뇌를 자르라고 시퍼런 칼을 나에게 줬단 말이냐? 너희들은 도대체 무슨 생각을 하고 있었던 거야?"

**카비리:** "자연의 자궁이 뇌를 엮어냈고, 땅의 자궁이 쇠를 주었어. 그렇다면 어머니가 당신에게 두 가지를, 말하자면 얽힘과 끊음을 준 거야."

**나:** "신비스럽기 짝이 없구나! 진정으로 너희들은 내가 나의 뇌를 사형시키길 원하는 것인가?"

**카비리:** "저급한 천성의 지배자로서 그 역할엔 당신이 적격이야. 사람은 자신의 뇌에 얽혀들고, 사람에게겐 동시에 그 얽힘을 끊을 칼도 주어졌어."

**나:** "너희들이 말하는 얽힘이라는 것이 도대체 뭐야?"

**카비리:** "그건 당신의 광기이고, 칼은 광기의 극복이야."

**나:** "이 악마의 후손들아, 누가 내가 미쳤다고 그러더냐? 진흙과 배설물의 뿌리인 땅의 정령들아, 너희가 나의 뇌의 섬유질이 아닌가? 그런데 나더러 너희들을 끊으라고 설득하는 거냐? 너희들은 스스로 파괴하는 길을 생각하고 있는 건가? 어째서 자연이 스스로를 파괴하길 원하는 생명체를 낳았을까?"

**카비리:** "망설이지 마라. 우리 자체가 얽힘이기 때문에 우리에겐 파괴가 필요해. 새로운 땅을 정복하길 원하는 자는 자기 뒤에 있는 다리들을 다 무너뜨려야 해. 우리를 더 이상 존재

하지 않도록 해 줘. 모든 것들이 원래의 기원으로 거꾸로 흘러가는 수많은 도관(導管)이 바로 우리거든."

**나:** "나의 뿌리를 잘라야 한단 말인가? 나를 왕으로 받드는 백성을 죽여야 한다고? 나의 나무가 시들도록 해야 한다고? 너희들은 정말로 악마의 아들이로구나."

**카비리:** "내려쳐. 우리는 주인을 위해 죽길 원하는 하인들이야."

**나:** "그러면 어떤 일이 벌어지는데?"

**카비리:** "당신은 더 이상 당신의 뇌가 아닐 것이지만 광기 밖에 존재하게 될 거야. 당신의 광기가 당신의 뇌라는 것이 보이지 않는가? 뇌에 집착하면 당신이 난폭해져. 내려쳐! 길을 발견하는 자는 자신의 뇌 위로 솟아오르게 되어 있어. 당신은 그 뇌 속의 '엄지왕자'야. 뇌를 벗어나야 당신은 거인의 형태를 취할 수 있어. 우리는 확실히 악마의 아들들이야. 하지만 당신이 뜨겁고 어두운 것을 갖고 우리를 버리지 않았는가? 그래서 우리는 악마의 천성도 일부 갖고 있고 당신의 천성도 일부 갖고 있어. 악마는 이렇게 말하고 있어. 존재하는 모든 것이 가치 있는 것은 그것이 죽기 때문이라고. 그 악마의 아들들로서 우리는 파괴를 원하지만, 당신의 창조물로서 우리는 우리 자신을 파괴하길 원하고 있어. 우리는 죽음을 통해서 당신 안에서 솟아오르길 원하고 있어. 우리는 온 사방에서 빨아들이는 뿌리야. 이제 당신은 필요한 모든 것을 갖추었어. 그러니 우리를 자르고 찢어 버려."

**나:** "하인인 너희들이 없어 섭섭하지 않을까? 주인으로서 나에겐 노예들이 필요한데."

**카비리:** "주인이 직접 하면 돼."

**나:** "이 모호한 악마의 아들들아, 그 말은 곧 너희들의 파멸이야. 나의 칼이 너희들을 내려칠 거야. 이 칼날은 영원히 유효할 거야."

**카비리:** "아, 아! 우리가 두려워했던 일이, 우리가 바랐던 일이 드디어 일어났구나."

나는 새로운 땅에 발을 내딛는다. 끌어올려진 것들이 다시 거꾸로 흘러서는 안 된다. 누구도 내가 지은 것을 무너뜨리지 못할 것이다. 나의 탑은 철로 만들어졌으며 이음매도 전혀 없다. 악마도 벼려져 탑의 토대 속으로 들어

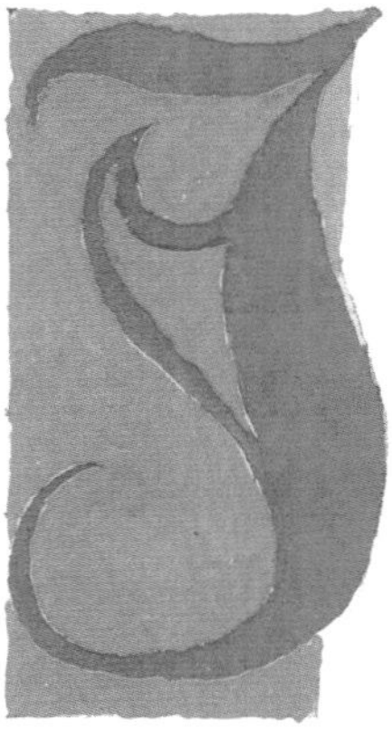

갔다. 카비리가 탑을 지었으며, 그 뛰어난 건축가들은 탑의 벽 위에서 칼에 희생되었다. 탑이 서 있는 산의 정상보다 더 높이 올라가듯이, 나는 내가 자라나온 뇌보다 더 높이 서 있다. 나는 단단하게 되어 다시는 해체될 수 없게 되었다. 나는 더 이상 뒤로 흐르지 않는다. 나는 나 자신의 자기의 주인이다. 나는 나의 탁월에 감

탄한다. 나는 강하고 아름답고 부자다. 드넓은 땅과 푸른 하늘이 내 앞에 펼쳐지며 나의 탁월에 머리를 숙였다. 나는 누구의 시중을 들지도 않고, 또 누구의 시중을 받지도 않는다. 나는 스스로를 돕고 있다. 나 자신이 스스로 일한다. 그러므로 나는 나에게 필요한 것을 갖고 있다.

나의 탑은 수천 년의 세월 동안 점점 더 커져 불사(不死)의 건물이 되었다. 그것은 가라앉지 않는다. 그러나 그 탑은 거듭 지어질 수 있으며 또 거듭 지어질 것이다. 나의 탑을 제대로 이해하는 사람은 거의 없다. 그것이 높은 산꼭대기에 서 있기 때문이다. 많은 사람이 그 탑을 볼 것이지만 그것을 이해하지는 못할 것이다. 따라서 나의 탑은 이용되지 않은 채 남을 것이다. 그 어떤 사람도 탑의 부드러운 벽들을 기어오르지 않는다. 누구도 뾰족한 지붕에 오르지 않는다. 오직 산 속에 숨겨진 입구를 발견하고 또 내부의 미로를 통해 올라갈 수 있는 자만이 탑에 닿을 수 있다. 그런 사람은 거기서 모든 것을 조망하는 자의 행복과 자신의 힘으로 사는 자의 행복을 누릴 것이다. 이것은 이뤄지고 창조되었다. 그것은 인간의 잡다한 생각의 짜깁기를 통해 생겨난 것이 아니고, 내면의 뜨거운 열기로 벼린 것이었다. 카비리가 그 물질을 산으로 날랐으며, 그들은 그 건축물의 기원의 신비를 지키는 자로서 자신들의 피로 건물을 축성(祝聖)했다. 나는 그것을 세상의 표면으로 짓지 않고 그 표면 너머에 있는 더 낮은 것과 더 높은 것으로 지었다. 따라서 그것은 새롭고 이상하며, 인간들이 살지 않는 평원을 굽어보고 있다. 이것이 토대이고 시작이다.

나는 저 건너편의 뱀과 하나가 되었다. 나는 건너편의 모든 것을 나 자신 속으로 받아들였다. 이로써 나는 나의 시작을 구축했다. 이 일이 마무리되었을 때, 나는 대단히 흡족했다. 나는 나의 저편에 아직도 남아 있는 것이 무엇인

지 호기심이 발동했다. 그래서 나의 뱀에게 다가가 다정하게 물었다. 저 건너편으로 기어가서 거기서 무슨 일이 벌어지고 있는지 알아 와서 나에게 알려줄 수 없느냐고. 그러나 뱀은 싫증을 느끼며 그 따위 일은 절대로 하지 않겠다고 말했다.

**나:** "강요하고 싶은 생각은 없다만 누가 알아, 뭐가 있을지? 유익한 뭔가를 발견할 수 있을 거야." 그러자 뱀이 잠시 망설이더니 깊은 곳으로 사라졌다. 곧 뱀의 목소리가 들려왔다. "지옥에 도달한 것 같아. 여기 목을 맨 인간이 하나 있어." 얼굴이 뒤틀린 추한 인간이 내 앞

에 서 있다. 그는 귀가 툭 튀어나왔으며 곱사등이다. 그가 말했다. "난 교수형에 처해진 독살자야."

**나:** "무슨 죄를 저질렀기에?"

**그:** "부모와 아내를 독살했어."

**나:** "왜 그런 짓을 했지?"

**그:** "신을 공경하기 위해서."

**나:** "뭐라고? 신을 공경하기 위해서라고? 그게 무슨 뜻이야?"

**그:** "먼저, 세상에서 벌어지는 모든 일은 신을 위한 거야. 둘째, 나 자신만의 생각이 있었어."

**나:** "어떤 생각에서 그런 짓을 했어?"

**그:** "그들을 사랑했기에 그들을 비참한 삶에서 빨리 벗어나게 해 주고 싶었어. 영원한 축복의 세계로 보내고 싶었던 거야. 그래서 그들이 잠자리에 들기 전에 음료를, 독을 태운 음료를 줬어."

**나:** "그런 짓을 해놓고도 당신은 아직 그런 죄를 저지르게 한 이기심을 깨닫지 못했어?"

**그:** "나는 외로웠고 무척 불행했어. 난 두 아이를 위해 살아야겠다고 생각했어. 이 아이들의 미래는 더 밝을 것으로 예상되었으니까. 아내보다 내가 건강 상태가 더 좋았어. 그래서 내가 살기로 한 거였어."

**나:** "당신 아내도 살인에 동의했는가?"

**그:** "아니. 그래도 아내도 분명히 동의했을 거야. 그러나 아내는 나의 의도에 대해 전혀 몰랐어. 불행히도, 살인 행위가 발각되었고 나는 사형 선고를 받았어."

**나:** "저승에서 그들을 다시 만났는가?"

**그:** "그건 이상하고 의문스런 이야기야. 난 내가 지옥에 있는 게 아닌가 싶어. 간혹 나의 아내도 여기 있다는 느낌이 들어. 그러다가도 어떤 때는 그런 느낌이 사라져 버려. 나 자신에 대해서도 확신하지 못하겠어."

**나:** "그곳은 어떤 모습이야?"

**그:** "간혹 아내가 나에게 말을 걸고 나도 대답하고 있는 것 같아. 그러나 지금까지 살인이나 아이들에 대한 이야기를 나눈 적은 한 번도 없었어. 우리는 여기저기서 오직 사소한 것들에 대해서만 함께 이야기할 뿐이야. 전생에서 살았던 일상적인 것들 말이야. 그런데 철저히 비개인적인 것으로 들려. 마치 서로가 더 이상 아무런 관계가 없는 것처럼. 그러나 일들의 본질은 우리하고 아무런 관계가 없는 것 같아. 부모님은 더 드물게 봐. 어머니를 만나야 한다고 생각하고 있어. 아버지는 언젠가 여기 와서 어딘가에서 잃어버린 자기 담뱃대에 대한 이야기를 했어."

**나:** "그런데 뭘 하며 시간을 보내나?"

**그:** "우리에겐 시간이란 것은 없어. 그렇기 때문에 보낼 것도 따로 없어. 아무 일도 일어나지 않아."

**나:** "지독하게 따분하겠군."

**그:** "따분하다고? 그런 생각은 한 번도 안 해 봤는데. 따분하다고? 아마 그럴지도 모르지. 그러나 재미있을 일도 하나도 없어. 사실 여긴 언제나 거의 똑같아."

**나:** "악마가 괴롭히지 않아?"

**그:** "악마? 그런 것은 보지 못했는데."

**나:** "당신이 저승에서 왔는데 악마에 대해 이야기할 게 하나도 없단 말이야? 믿기지 않아."

**그:** "나도 육체를 갖고 있을 때엔 죽은 자들과 이야기하는 것이 재미있을 것 같다는 생각을 종종 했어. 그러나 지금 그런 예상은 나에게 아무런 의미가 없어. 내가 말했듯이, 이곳의 모든 것은 비개인적이고 모두 사실들뿐이거든. 내가 아는 한, 죽은 자들의 대화는 그런 식이야."

**나:** "아주 삭막하겠구나. 당신은 가장 깊은 지옥에 있는 것 같네."

**그:** "신경 안 써. 이제 가도 돼? 안녕."

별안간 그가 사라졌다. 그러나 나는 뱀 쪽으로 몸을 돌리며 말했다. "저승에서 온 이 따분한 손님은 무슨 의미인가?"

**영혼:** "내가 그를 만난 곳은 저쪽이야. 다른 많은 것들처럼 끊임없이 비틀거리며 떠돌고 있던데. 나는 그를 차선책으로 택했어. 그가 좋은 예가 되겠다는 인상을 주었기 때문이야."

**나:** "그런데 저승은 그처럼 흐릿한가?"

**영혼:** "그래 보여. 위를 지나면서 보면 거기엔 움직임밖에 없어. 모든 것이 그림자 같은 분위기를 풍기며 뒤로 밀려났다가 앞으로 밀려오기를 반복하고 있어. 개인적인 것은 전혀 없어."

**나:** "그러면 개인적인 것들은 어떻게 되는 건가? 최근에 사탄이 나에게 강한 인상을 남겼는데, 사탄은 마치 자신이 개인적인 것의 본질인 것처럼 행동했거든."

**영혼:** "물론, 사탄은 그럴 수 있어. 그는 영원한 적이니까. 또 네가 개인적인 삶과 절대적인 삶을 조화시키지 못하고 있기 때문이기도 해."

**나:** "이들 상반된 것들을 통합시킬 수는 없을까?"

**영혼:** "그것들은 상반된 것들이 아니야. 단순히 다른 것들일 뿐이야. 하루를 한 해의 정반대로 볼 수 없는 것이나, 부셸[49]을 큐빗[50]의 정반대로 볼 수 없는 것이나 마찬가지야."

**나:** "계몽적이긴 하지만 다소 따분하네."

**영혼:** "언제나처럼, 저승에 대한 이야기는 그런 거야. 저승은 계속 시들어가고 있어. 우리가 상반된 것들을 서로 결혼시키고 균형을 찾게 한 뒤로 특히 더 그래. 나는 죽은 자들이 곧

---

49 과일이나 곡식 등의 무게를 재는 단위.

50 가운데 손가락에서 팔꿈치까지의 길이.

전멸할 것이라고 믿어."

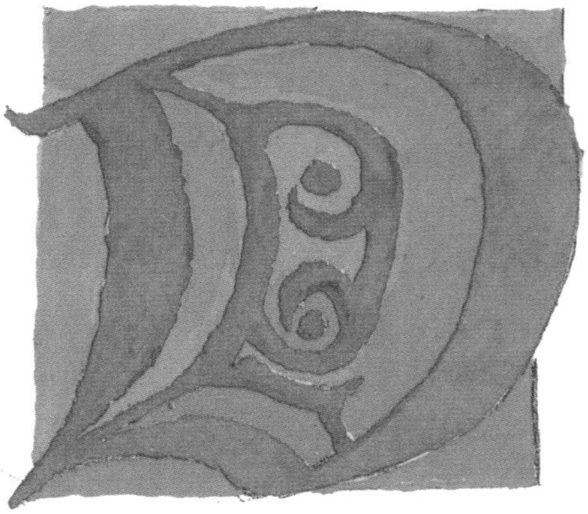

악마는 인간 천성에 담긴 어둠의 총합이다. 빛 속에 사는 자는 신의 이미지가 되려고 애를 쓰고, 어둠 속에 사는 자는 악마의 이미지가 되려고 애를 쓴다. 나는 빛 속에 살기를 원한다. 때문에 내가 깊은 곳을 건드렸을 때 태양이 나를 찾으러 나섰다. 깊은 곳은 어둡고 뱀 같았다. 나는 깊은 곳과 나 자신을 결합시켰으며 그것을 억압하지 않았다. 뱀의 본성을 취했다는 점에서 보면, 나는 어느 정도의 굴욕과 복종을 나 자신의 일부로 받아들였다고 할 수 있다.

만약에 내가 뱀처럼 되지 않았다면, 뱀 같은 모든 것들의 본질이 나에게 어느 정도 힘을 행사했을 것이다. 그러면 악마에게 나를 지배할 권력을 일부 주었을 것이고, 악마는 나로 하여금 자신과 협정을 맺도록 강요하고 나왔을 것이다. 악마가 교활하게 파우스트를 속였던 것과 똑같이. 그러나 나는, 마치 남자가 여자와 결합하듯이, 나 자신과 뱀을 통합시킴으로써 악마를 제압할 수 있었다.

그리하여 나는 악마가 영향력을 행사할 가능성을 아예 차단해 버렸다. 이 영향력은 오직 그 사람의 뱀 같은 성격을 통해서만 나타나는데, 이때 사람은 대체로 그 영향력을 자신의 탓으로 돌리지 않고 악마의 탓으로 돌린다. 메피스토펠레스[51]는 나의 뱀 같은 성격에 매료된 사탄이다. 사탄 자체는 악의 핵심이고, 발가벗었으며, 그런 까닭에 유혹의 힘이 전혀 없고 영리하지도 않다. 사탄은 설득의 힘을 갖지 않은 순수한 부정(否定)이다. 그러기에 나는 사탄의 파괴적인 영향에 저항하며 그를 붙잡아 족쇄를 단단히 채웠다. 그의 후예들이 나의 시중을 들었으며, 나는 그들을 칼로 내려쳐 제물로 삼았다.

따라서 나는 견고한 어떤 구조를 건설했다. 이를 통해 나 자신은 안정과 지속성을 획득하고 개인적인 것의 동요에 견딜 수 있었다. 그래서 내 안의 불멸성이 구조되었다. 나의 건너편에 있던 어둠을 낮 속으로 끌어냄으로써, 나는 나의 건너편을 비웠다. 따라서 죽은 자들이 만족한 상태에 있기 때문에 그들의 요구가 사

51 독일의 민속 이야기에 등장하는 대표적인 악마로, 괴테의 '파우스트'에도 나온다.

라졌다.

나는 죽은 자들의 협박에 더 이상 시달리지 않는다. 내가 뱀을 받아들임으로써 그들의 요구를 수용했기 때문이다. 그러나 이를 통해서 나는 또한 죽은 자들의 무엇인가를 나의 낮으로 넘겨받았다. 그럼에도 그건 필요한 일이었다. 이유는 죽음이란 것이 모든 것들 중에서 가장 영속적이며 어떠한 경우에도 면제되지 않는 것이기 때문이다. 죽음은 나에게 인내심과 강인한 정신을 주었다. 나 자신의 요구만을 만족시키기를 원했던 한, 나는 개인적이었으며, 따라서 세상의 의미에서 말하는 그런 삶을 살고 있었다. 그러나 내가 내 안에 있는 죽은 자들의 요구를 인정하고 그들을 충족시켰을 때, 나는 초기의 개인적 노력을 포기했으며, 세상은 나를 한 사람의 죽은 인간으로 여겨야 했다. 이유는 개인적 노력을 과하게 벌이는 과정에 죽은 자들의 요구 사항을 깨닫고 그들을 만족시키려고 노력하는 사람 모두에게 어떤 엄청난 냉기가 들이닥치기 때문이다.

그 사람이 마치 어떤 신비한 독이 자신의 개인적 관계들의 살아 있는 특성들을 마비시킨 것처럼 느끼고 있는 사이에, 죽은 자들의 목소리는 그 사람의 건너편에서 침묵을 지키고 있으며, 따라서 위협과 두려움과 불안이 멈추게 된다. 이유는 그때까지 그의 내면에 주린 상태에서 숨어 있던 모든 것들이 낮에 더 이상 그와 함께 살지 않기 때문이다. 이제 그의 삶은 아름답고 풍요해진다. 그가 자기 자신으로 돌아와 있기 때문이다.

그러나 타인들의 행운만을 원하는 자들은 어김없이 추하다. 왜냐하면 그런 사람이 자기 자신을 무능하게 만들기 때문이다. 살인자는 자신의 성장을 죽임으로써 다른 사람들이 강제로 축복을 받도록 하려 드는 사람이다. 바보는 사랑을 위해서 자신의 사랑을 죽이는 사람이다. 그런 사람은 타인에게 개인적이다. 그의 건너편은 잿빛이고 비개인적이다. 그는 자신의 모든 것을 타인들에게 쏟으며, 따라서 자기 자신에게 아무것도 쏟지 못한다. 죽은 자들의 요구 사항을 인정한 사람은 자신의 추함을 건너편으로 추방했다. 그는 더 이상 자신을 탐욕스럽게 타인들에게 강제하지 않고, 아름다움 속에서 홀로 살면서 죽은 자들과 대화한다. 그러나 죽은 자들의 요구 사항도 충족되는 날이 온다. 만약에 그때도 사람이 고독 속에서 인내하고 있다면, 아름다움은 건너편으로 사라지고 황무지가 이쪽으로 올 것이다. 하얀 단계 뒤에 검은 단계가 올 것이며, 천국과 지옥은 거기에 영원히 있다.

내 안에서, 그리고 나 자신에게서 아름다움을 발견했기 때문에, 나는 나의 뱀에게 말했다. "지금 돌아보니 그래도 성취한 게 있구나."

**뱀:** "아직 성취된 게 하나도 없어."

**나:** "무슨 말이야? 성취된 게 없다니?"

**뱀:** "이건 시작일 뿐이야."

**나:** "거짓말이야."

**뱀:** "너, 지금 나하고 싸우자는 거냐? 네가 더 잘 알잖아?"

**나:** "난 아무것도 몰라. 그러나 우리가 어떤 목표를 이미 이뤘다는 생각이 드는데. 비록 일시적이긴 하지만. 만약에 죽은 자들까지 전멸된다 하더라도, 달리 무슨 일이 일어나겠어?"

**뱀:** "그렇게 되면 살아 있는 자는 삶을 처음 시작해야 해."

**나:** "의미심장한 말 같기도 한데 농담처럼 들려."

**뱀:** "너, 건방져지고 있구나. 농담 아니야. 삶이 새로 시작되어야 해."

**나:** "네가 말하는 삶은 무슨 뜻인데?"

**뱀:** "삶이 시작되어야 한다는 뜻이야. 넌 오늘 공허한 느낌이 들지 않아? 그걸 삶이라고 부를 수 있어?"

**나:** "네 말이 맞지만, 나는 매사를 최대한 좋은 얼굴로 받아들이려 노력하고 있어."

**뱀:** "차라리 그게 편할 수 있어. 그래도 너는 훨씬 더 높은 것을 요구해야 해."

**나:** "그렇게 하기가 무서워. 내가 나 자신의 요구를 충족시킬 수 있을지 자신하지 못하겠고. 그렇다고 네가 그 요구를 충족시킬 수 있을 것이라는 생각이 드는 것도 아니고. 그러나 내가 너를 충분히 신뢰하지 않아서 그럴 수도 있어. 아마 내가 인간적인 면에서 너에게 더 가까이 끌리면서 네가 지나칠 만큼 세련되었다는 것을 깨닫게 된 때문이 아닌가 싶어."

**뱀:** "그건 조금도 중요하지 않아. 네가 나를 이해하고 나를 구현할 수 있을 거라고는 생각하지 마."

**나:** "그러면 어떻게 해야 하는데? 나는 준비가 되어 있거든."

**뱀:** "너는 지금까지 이룬 것만으로도 보상을 받을 자격이 충분해."

**나:** "멋진 생각이로구나. 이것으로도 보상을 받을 수 있다니."

**뱀:** "내가 너에게 이미지들로 보상하마. 자, 보아라."

엘리야와 살로메! 순환이 완성되고, 신비의 문이 다시 열렸다. 엘리야가 앞을 보게 된 살로메의 손을 잡고 이끌고 있다. 그녀는 얼굴을 붉힌 채 눈을 깜박이면서 시선을 아래로 떨어뜨리고 있다.

**엘리야:** "자, 내가 자네에게 살로메를 주겠네. 그녀는 이제 자네 거야."

**나:** "제발, 제가 살로메를 어떻게 하라고요? 저는 이미 결혼한 몸이고, 우리는 터키인들이 아니에요."

**엘리야:** "이 답답한 친구야, 이렇게 다루기 어려워서야. 아름다운 선물이 아닌가? 이 아이를 치료한 것이 자네가 아닌가? 이 아이의 사랑을 자네가 겪은 고생에 대한 보답으로 받아들이지 않겠는가?"

**나:** "조금 이상한 선물 같군요. 기쁨보다 부담이 더 큰 선물이지요. 저는 살로메가 감사하면서 나를 사랑한다는 것만으로도 행복해요. 저도 그녀를 사랑합니다만. 덧붙여 말씀드리자면, 제가 그녀에게 베푼 보살핌은 엄격히 따지면 저의 뜻에 따라 자유롭게 나온 것이 아니라 어쩔 수 없이 나온 것이었습니다. 만약에 자의 반 타의 반으로 맞게 된 저의 시련이 그런 엄청난 결과를 낳았다면, 저는 그것으로도 이미 대만족입니다."

살로메가 엘리야에게 말했다. "그를 그냥 두세요. 그는 이상한 사람이에요. 그의 동기를 하늘은 알겠지요. 하지만 그는 심각한 것 같아요. 나는 추하지 않고, 대체로 매력적이라고 확신해요."

살로메가 나에게 말했다. "나를 거절하시는 이유가 뭐예요? 나는 당신의 하녀가 되어 당신을 돌보길 원해요. 당신 앞에서 노래를 부르고 춤을 출 것이고, 당신을 위해 사람들을 쫓아낼 것이며, 당신이 슬플 때마다 위로할 것이고, 당신이 행복할 때 같이 웃을 거예요. 당신의 모든 생각을 나의 가슴에 담을 것이고, 당신이 나에게 하는 모든 말을 새길 것입니다. 나는 매일 당신을 위해 장미를 꺾을 것이고, 나의 모든 생각은 당신을 받들 것이고 당신을 향할 것입니다."

**나:** "당신의 사랑에 감사해요. 당신이 사랑에 대해 하는 말은 참으로 듣기 좋아요. 그것은 음악이고, 아득한 향수(鄕愁)입니다. 보세요. 당신의 착한 말에 내 눈에서 눈물이 떨어지고 있어요. 당신 앞에 무릎을 꿇고 당신의 손에 백번도 더 입을 맞추고 싶어요. 당신의 손이 나에게 사랑을 주려 하기 때문이지요. 당신은 사랑에 대해 너무 아름답게 말하고 있어요. 이

보다 더 아름다운 말은 없을 것 같아요."

**살로메:** "왜 말 뿐입니까? 나는 당신의 것이, 완전히 당신의 것이 되고 싶어요."

**나:** "당신은 나를 칭칭 감으며 나의 피를 쏟게 만드는 뱀과 같아요. 당신의 달콤한 말이 나를 휘감고 있고, 나는 십자가에 못 박힌 사람처럼 서 있어요."

**살로메:** "왜 지금도 십자가에 못 박히지요?"

**나:** "확고한 필연이 나를 십자가로 내던진 것을 당신은 알지 않아요? 나를 절름발이로 만드는 것은 불가능하지요."

**살로메:** "필연을 극복하고 싶지 않아요? 당신이 필연이라고 부르는 것이 정말 불가피한 것입니까?"

**나:** "들어봐요. 당신이 나에게 속하게 되는 것이 진정 당신의 운명인지 의심이 들어요. 나는 당신의 독특한 삶에 끼어들고 싶지 않아요. 이유는 당신이 죽을 때까지 그런 삶을 영위하도록 도울 자신이 없어서랍니다. 만약에 언젠가 내가 당신 옆에 해진 옷처럼 누워 있어야 한다면, 당신이 얻을 게 뭐가 있겠어요?"

**살로메:** "당신의 말은 끔찍해요. 그러나 나는 당신을 너무나 사랑하기 때문에 당신의 삶이 종말을 고할 때 나 역시 당신 옆에 누울 수 있어요."

**나:** "당신을 보내는 것이 대단한 고통이 될 것이라는 사실을 알고 있어요. 그러나 당신이 나를 위해 이것을 할 수 있다면, 나 또한 당신을 위해 그렇게 할 수 있어요. 나는 슬퍼하지 않고 길을 계속 갈 것입니다. 이유는 언젠가 내가 꾸었던 꿈을 잊지 않았기 때문이지요. 나의 몸이 날카로운 바늘들 위에 놓여 있고, 나의 가슴 위로 청동 바퀴가 구르며 가슴을 으깨는 그런 꿈이었어요. 나는 사랑을 생각할 때마다 이 꿈을 떠올려야 해요. 그래도 사랑해야 한다면, 나는 준비가 되어 있어요."

**살로메:** "나는 그런 희생을 원하지 않아요. 당신에게 기쁨을 안겨주길 바라고 있어요. 나는 당신에게 기쁨이 될 수 없는 건가요?"

**나:** "모르겠어요. 그럴 수도 있고 그렇지 않을 수도…."

**살로메:** "그렇다면 시도는 해 보지요."

**나:** "시도는 행위와 똑같아요. 그런 시도엔 희생이 따라요."

**살로메:** "나를 위해 희생을 감수할 수 없는가요?"

**나:** "당신으로 인해 고통을 겪은 터라 지금 나는 무척 허약하고 피곤해요. 당신을 위해서 임무를 더 맡을 수도 있겠지만, 그럴 경우에 쓰러지고 말 것입니다."

**살로메:** "당신이 나를 받아주지 않더라도, 나는 당신을 받아들일 수 있는 것 아닙니까?"

**나:** "그건 받고 안 받고의 문제가 아닙니다. 만약에 그것이 특별한 무엇이라면 베푸는 것

이 되어야겠지요."

**살로메:** "나 자신을 당신에게 주겠습니다. 그냥 받기만 하세요."

**나:** "마치 홍정하듯이! 그러나 이건 사랑에 얽히는 문제입니다. 그런 일은 생각만으로도 무서워요."

**살로메:** "그렇다면 당신은 내가 당신과 함께 있으면서 동시에 함께 있지 않기를 원한다는 말이군요. 그건 불가능합니다. 당신한테 무슨 문제가 있어요?"

**나:** "또 하나의 운명을 어깨에 짊어질 힘이 부족해요. 그것 아니고도 져야 할 게 충분히 많아요."

**살로메:** "하지만 내가 당신이 짐을 질 수 있도록 도와주면 되지 않아요?"

**나:** "당신이 어떻게 도울 수 있어요? 당신이 나를, 전혀 길들여지지 않은 짐을 지고 다녀야 할 거예요. 그 짐은 내가 짊어져야 하는 것 아닙니까?"

**엘리야:** "자네 말이 진리야. 각자가 자기 짐을 져야지. 다른 사람에게 짐을 맡기길 원하는 자는 그 사람의 노예야. 각자가 자신의 삶을 영위하는 것은 그리 힘들지 않아."

**살로메:** "하지만 아버지, 내가 저 사람의 부담을 일부 져주면 안 됩니까?"

**엘리야:** "그러면 그가 너의 노예가 될 거야."

**살로메:** "아니면 주인과 지배자가 되든지."

**나:** "그럴 수는 없어요. 당신은 자유로운 존재가 되어야 합니다. 나는 노예가 될 수도 없고 주인이 될 수도 없어요. 나는 인간들을 갈망하고 있어요."

**살로메:** "나는 인간 존재가 아닙니까?"

**나:** "당신 자신의 주인이 되고 당신 자신의 노예가 되십시오. 나의 것이 될 게 아니라 당신 자신의 것이 되도록 하십시오. 나의 짐을 질 것이 아니라 당신 자신의 짐을 지시오. 그러면 당신은 나에게 인간적인 자유를 줄 수 있어요. 나에겐 다른 사람을 소유할 권리보다 그것이 더 소중하지요."

**살로메:** "나를 내쫓고 있군요."

**나:** "당신을 내쫓는 것이 아닙니다. 당신은 나로부터 멀어져서는 안 돼요. 그러나 당신의 욕망에서가 아니라 당신의 충만의 결과 나에게 무언가를 주길 바랍니다. 나는 당신의 빈곤을 채워주지 못해요. 당신이 나의 갈망을 충족시켜주지 못하는 것과 마찬가지예요. 만약에 당신의 추수가 풍요롭다면, 당신의 정원에서 딴 과일을 나에게 조금 보내주세요. 만약에 당신이 오히려 풍요에 시달린다면, 나는 넘쳐흐르는 당신의 기쁨의 뿔로부터 마실 겁니다. 그것이 나에겐 향유(香油)가 될 것입니다. 나는 만족한 자들의 식탁에서만 나 자신을 만족시킬 수 있어요. 갈망하는 자들의 빈 사발 앞에서는 만족하지 못해요. 나는 내가 짊어져야 하

는 것까지 떠넘기고 싶지 않아요. 당신은 아무것도 갖고 있지 않아요. 그런데 어떻게 당신이 줄 수 있겠어요? 당신은 주는 한 요구하게 됩니다. 엘리야 영감님, 들어보세요. 당신께선 이상한 방식으로 감사의 뜻을 표하고 있어요. 당신 딸을 줄 것이 아니라, 그녀 혼자 힘으로 자립하도록 해 주세요. 그녀는 사람들 앞에서 노래를 하거나 춤을 추거나 피리를 연주하길 원하고, 사람들이 반짝이는 동전을 그녀의 발 앞으로 던지는 것을 보길 원해요. 살로메, 당신의 사랑 감사해요. 만약에 당신이 진정으로 나를 사랑한다면, 관중들 앞에서 춤을 추세요. 사람들을 즐겁게 해주세요. 그러면 사람들이 당신의 아름다움과 예술을 칭송할 겁니다. 그리고 만약에 풍부한 결실을 거두거든, 창문으로 나에게 장미 한 송이 던져줘요. 당신의 기쁨의 샘이 넘쳐흐르거든, 그때 나에게 한 번 더 춤을 추고 노래를 불러줘요. 나는 사람들의 기쁨을, 그들의 충만함과 자유를 갈망하고 있어요. 그들의 빈곤을 갈망하는 것이 아닙니다."

**살로메:** "정말 이해할 수 없는 사람이군요."

**엘리야:** "지난번에 본 이후로 자네 많이 변했어. 아주 다른 언어를 쓰고 있어. 언어가 낯설게 들려."

**나:** "영감님, 제가 변했다는 사실을 당신도 알아차렸을 것이라고 믿어요. 그러나 당신 또한 변한 것 같아요. 당신의 뱀은 어디 있어요?"

**엘리야:** "어디론가 가버렸어. 누가 훔쳐간 것으로 믿고 있어. 그 후로 우리에겐 모든 것이 조금 음울하게 돌아가고 있어. 그래서 만약에 자네가 나의 딸을 받아줬더라면, 내가 조금 행복할 수 있었을 거야."

**나:** "당신의 뱀이 있는 곳을 나는 알아요. 내가 갖고 있어요. 지하에서 갖고 왔어요. 그 뱀이 나에게 강인함과 지혜와 마법의 능력을 주었어요. 지상 세계가 뱀을 필요로 하고 있어요. 그렇지 않으면 지옥이 유리하게 돌아갔을 것입니다. 우리에게 피해를 안기면서 말입니다."

**엘리야:** "이 못된 도둑 녀석, 썩 꺼지지 못해! 신이 자네를 벌할 거야."

**나:** "당신의 저주는 아무 소용없어요. 뱀을 가진 자는 저주에 끄떡없어요. 절대로. 영감님, 현명하게 처신하세요. 지혜를 가진 사람은 누구나 권력을 탐하지 않는 법이랍니다. 권력을 가진 자만이 권력을 휘두르길 거부할 수 있을 뿐입니다. 살로메, 울지 말아요. 운이란 당신 자신이 짓는 것이지, 당신에게 찾아오는 것이 아니에요. 가세요, 불행한 나의 친구들이여, 밤이 깊어지고 있어요. 엘리야, 당신의 지혜에서 권력의 거짓된 빛을 지우도록 하시오. 그리고 살로메, 우리의 사랑을 위하여 춤추는 것을 잊지 마시오."

내 안에서 모든 것이 완성되었을 때, 나는 예기치 않게 그 신비들로, 그러니까 정신과 욕망의 어두운 권력을 처음 보여준 장면으로 돌아갔다. 내가 내 안에서 쾌락을 성취하고 나 자신에 대한 통제력을 확보한 것과 똑같이, 살로메는 자기 안에서 쾌락을 잃고 다른 사람을 향한 사랑을 배웠으며, 엘리야는 지혜의 권력을 잃고 다른 사람의 정신을 인정하는 것을 배웠다. 따라서 살로메는 유혹의 힘을 잃고 사랑이 되었다. 나도 나 자신의 안에서 쾌락을 이루었기 때문에 나 자신에 대한 사랑을 원한다. 그러나 그건 정말 힘든 일이 될 것이며 나를 쇠고리처럼 옥죌 것이다. 나는 살로메를 쾌락으로 받아들였지만 그녀를 사랑으로서 거부한다. 그러나 그녀는 나와 함께 있기를 바란다. 그렇다면 내가 어떻게 나 자신에 대한 사랑을 간직할 수 있는가? 사랑은 다른 사람에게 속한다고 나는 믿고 있다. 그러나 나의 사랑은 나와 함께 있기를 원한다. 나는 그 점이 무섭다. 바라건대 나의 사고의 힘이 나에게서 사랑을 끌어내서 세상 속으로, 사물들 속으로, 사람들 속으로 밀어 넣어 주었으면 좋겠다. 무엇인가가 인간들을 서로 결합시켜야 하고, 무엇인가가 다리가 되어 주어야 하니까. 만약에 나의 사랑까지도 나를 원한다면, 그것이야말로 참으로 견디기 어려운 유혹이다. 신비여, 다시 그대의 커튼을 열어라! 나는 이 전투를 끝까지 치르고 싶다. 어두운 심연의 뱀이여, 이리 오너라.

살로메의 울음소리가 여전히 들리고 있다. 그녀가 무엇을 원하고 있는 것인가, 아니면 내가 아직도 무엇을 원하고 있는 것인가? 그녀는 나에게 주어진 꺼림칙한 보상이다. 누구라도 희생을 치르지 않고는 건드릴 수 없는 보상이다. 건드렸다 하면 더 큰 희생을 요구하는 보상이다.

**뱀:** "넌 희생을 치르지 않고 살겠다는 뜻인가? 삶은 뭔가 희생을 요구하는 것이 아니니?"

**나:** "나는 이미 희생을 치렀다고 믿고 있어. 난 살로메를 거부했어. 그만하면 충분한 희생이 아닌가?"

**뱀:** "너에겐 너무 작은 희생이지. 이미 말했듯이, 너는 너 자신에게 요구할 수 있어."

**나:** "그 저주 받은 논리로, 희생을 요구할 수 있다는 뜻인가? 내가 이해하는 바는 그렇지 않아. 나의 실수는 분명히 나 자신에게 이로웠어. 말해 봐, 내가 나의 감정을 뒤로 억눌렀다면, 그것으로 충분하지 않아?"

**뱀:** "너는 전혀 너의 감정을 뒤로 억누르고 있지 않아. 그러느니 차라리 살로메를 놓고 더 이상 괴로워하지 않는 게 더 적절해."

**나:** "만약에 네가 진실을 말하고 있다면, 그건 꽤 나쁜 일인데. 살로메가 지금도 울고 있는

것이 그 때문인가?"

**뱀:** "그래, 그것 때문이야."

**나:** "그렇다면 어떻게 해야 하지?"

**뱀:** "아, 너는 또 행동을 원하는구나? 사람은 생각도 할 수 있어."

**나:** "하지만 뭘 생각해야 하는 거야? 생각할 것이 무엇인지 전혀 모르겠는데. 아마 네가 조언을 할 수 있을 거야. 나는 지금 나 자신의 머리 위로 올라가야 한다는 기분이 드는데, 그렇게 하지 못하겠어. 너는 뭘 생각하고 있니?"

**뱀:** "아무 생각도 안 해. 그리고 조언도 없어."

**나:** "그렇다면 저 건너편에 물어봐. 천국이나 지옥으로 가봐. 거기에 조언이 있을지도 모르잖아."

**뱀:** "지금 위로 당겨지고 있어."

그러면서 뱀은 한 마리 작은 새가 되어 구름 속으로 사라졌다. 나의 시선은 오랫동안 그 새를 따랐다.

**새:** "내 말 들려? 나 지금 한참 멀리 날아왔어. 천국은 정말 멀어. 지옥은 땅과 아주 가깝지. 여기서 너를 위한 무엇인가를 발견했어. 버려진 왕관이야. 천국의 무한한 공간에 난 어떤 길에 놓여 있었어. 황금 왕관이야."

그 왕관이 이미 내 손에 쥐어져 있다. 황금 왕관이다. 안쪽에 글자가 새겨져 있다. "사랑은 절대로 끝나지 않느니라." 천국의 선물이다. 그러나 이게 무슨 뜻인가?

**새:** "나 돌아왔어. 만족스러운가?"

**나:** :"약간. 어쨌든 이 의미 있는 선물 고마워. 그러나 무슨 뜻인지 잘 모르겠어. 너의 선물이 미심쩍어."

**새:** "그러나 그 선물은 천국에서 온 거야."

**나:** "그건 분명히 매우 아름다워. 그러나 우리가 천국과 지옥에 대해 세세히 이해했다는 것을 너도 잘 알잖아."

**새:** "과장해서 말하지 않도록 해. 어쨌든 천국과 지옥 사이엔 차이가 있어. 내가 본 것을 근거로 판단한다면, 천국도 지옥과 마찬가지로 거의 아무 일도 일어나지 않아. 물론, 일이 일어나는 방식이야 다르겠지만 말이다. 하지만 어쨌든 일이 일어나야지 특별한 방식으로 일어나든지 말든지 할 것 아닌가."

**나:** "수수께끼 같은 말을 하는구나. 깊이 새겨 듣는 사람을 병들게 할 수 있는 말이야. 너는 왕관에 대해 어떻게 생각하는데?"

**새:** "왕관에 대해 어떻게 생각하느냐고? 아무 생각 안 해. 왕관 자체가 말하고 있는데 뭐."

**나:** "거기 새겨진 글자를 통해서?"

**새:** "맞아. 너도 그 뜻을 충분히 알고 있잖아?"

**나:** "어느 정도는. 그러나 그것이 그 문제를 더 모호하게 만들고 있어."

**새:** "그럴 뜻인데 뭐."

여기서 갑자기 새가 뱀으로 바뀌었다.

**나:** "네가 나를 당황하게 만들고 있어."

**뱀:** "나의 의견에 동의하지 않는 자에게만 그렇게 보이지."

**나:** "나는 선뜻 동의하지 못하겠어. 하지만 어떻게 쉽게 동의할 수 있겠어? 허공에 그런 식으로 매달려 있는 것이 섬뜩해 보여."

**뱀:** "너에겐 이런 희생이 그렇게도 어렵니? 너도 문제를 해결하길 원한다면 공중에 매달려 있을 줄 알아야 해. 살로메를 봐!"

**나:** (살로메에게) "살로메, 당신은 지금도 흐느끼고 있어요. 당신은 아직 마음을 정하지 않았어요. 나는 주저하고 있고요. 나도 이런 망설임이 싫어요. 나는 당신과 나를 위해 이렇게 매달려 있어요. 처음에는 내가 십자가형에 처해졌고, 지금은 그냥 매달려 있어요. 고귀한 측면이 덜하지만, 고통이 덜한 것은 절대로 아닙니다. 나를 용서하시오. 당신을 망쳐놓으려 한 점에 대해서. 나는 나의 자기 희생을 통해서 당신이 앞을 볼 수 있도록 치료했던 때처럼 당신을 구원하는 일에 대해 생각했어요. 아마 나는 당신을 위해 세 번째로 목을 내놓아야 할 것 같아요. 우리에게 고통의 예수 그리스도를 데려다 준 당신의 옛 친구 요한처럼 말입니다. 당신은 만족할 줄 모릅니까? 당신은 합리적인 존재가 되는 길을 전혀 보지 못하고 있는 가요?"

**살로메:** "사랑하는 이여, 내가 당신을 위해 무엇을 할 수 있겠어요? 나는 당신을 완전히 버렸어요."

**나:** "그렇다면 지금도 울고 있는 이유가 뭔가요? 당신의 눈물을 보면 내가 가슴 아파한다는 것을 잘 알 텐데요."

**살로메:** "당신은 검정색 뱀 지팡이를 갖고 있기 때문에 어떤 일에도 끄떡 않는 존재인 줄 알았어요."

**나:** "그 지팡이의 효험이 나에게는 제대로 통하지 않는 것 같아요. 그러나 한 가지 점에선 그게 도움을 주고 있어요. 내가 높은 곳에 매달려 있더라도 질식하지 않는다는 점에서는 적어도 도움이 되고 있어요. 마법의 지팡이가 내가 매달려 있는 것을 견딜 수 있도록 도와주고 있는 게 틀림없어요. 당신은 이 끈을 끊고 싶다는 생각이 들지 않아요?"

**살로메:** "내가 어떻게 그렇게 해요? 당신은 너무 높이 매달려 있어요. 내가 닿을 수 없는 생명의 나무의 꼭대기에 있어요. 뱀의 지혜를 아는 당신이 스스로 끊을 수 없어요?"

**나:** "내가 오랫동안 매달려 있어야 하는가?"

**살로메:** "당신 스스로 도움을 고안해 낼 때까지."

**나:** "그렇다면 나의 영혼의 새가 천국에 가서 가져온 왕관에 대해 당신은 어떻게 생각하는가요?"

**살로메:** "지금 뭐라 했어요? 왕관이라고요? 당신이 왕관을 갖고 있다고요? 행운의 왕관인

데, 뭐가 불만인가요?"

**나:** "교수형에 처해진 왕은 교수형을 당하지 않은 시골길의 거지의 처지를 부러워하는 법이지요."

**살로메:** "(황홀경에 빠진 채)왕관이라고! 당신이 왕관을 갖고 있다고!"

**나:** "제발, 살로메. 왕관이 무슨 뜻인가요?"

**살로메:** "(황홀경에 빠진 채)왕관, 당신이 왕관을 썼어! 나와 당신에게 어떻게 이런 축복이!"

**나:** "아아, 당신은 왕관으로 뭘 하려고 하는데? 도무지 이해가 되지 않아요. 나는 지금 이루 형용할 수 없는 고통을 겪고 있어요."

**살로메:** (잔인한 목소리로) "그렇다면 이해할 때까지 그렇게 매달려 있어요."

나는 침묵을 지키며 땅 위 높은 곳 신성한 나무의 흔들리는 가지에 매달려 있다. 두 손은 묶여 있고, 완전히 속수무책이다. 그렇게 나는 3일 낮과 3일 밤을 묶여 있다. 어디서 도움이 올 것인가? 저기 새로 변한 나의 뱀이 하얀 깃털 옷을 입고 앉아 있다.

**새:** "아무 것도 우리를 도우러 오지 않으니, 네 머리 위로 길게 걸려 있는 구름에게 도움을 요청해야겠다."

**나:** "구름한테 도움을 청하겠다고? 그것이 가능할까?"

**새:** "어쨌든 시도해보겠어."

새는 하늘로 박차고 오르는 종달새처럼 날렵하게 날아가 점점 작아지다가 하늘을 덮고 있는 잿빛 구름 장막 속으로 사라진다. 나의 시선은 갈망하듯 새를 따르고 있다. 이제 나의 머리 위론 끝없이 펼쳐지는, 구름 낀 하늘만 보일 뿐이다. 그러나 왕관에 새겨진 글은 외우기 쉽다. "사랑은 결코 끝나지 않느니라." 내가 영원히 매달리게 되어 있다는 뜻일까? 나의 새가 왕관을, 영원한 생명의 왕관을, 순교의 왕관을 갖고 왔을 때, 내가 의심을 품은 것은 틀린 일이 아니었다. 무서울 정도로 애매하고 불길한 물건이다.

나는 지쳐 있다. 매달려 있어서 지치기도 하지만 이해할 수 없는 것을 생각하느라 지치기도 하다. 신비의 왕관은 황금빛을 반짝이며 나의 발아래 땅 위에 놓여 있다. 나는 공중에 정지해 있다. 아니, 매달려 있다. 더 나쁜 것은 하늘과 땅 사이에 매달려 있다는 사실이다. 매달려 있는 상태 자체에 질리지는 않는다. 그런 상태에 영원히 탐닉할 수 있을 테니까. 그러나 사랑은 절대로 끝나지 않는다고 한다. 사랑이 절대로 끝나지 않는다는 말이 정말 진리일까? 만약에 이것이 그들에게 축복의 메시지였다면, 나에게 그것은 무슨 의미인가?

갑자기 늙은 까마귀가 "그건 생각하기 나름이야."라고 말했다. 나에게서 그리 멀지 않은 가지에 앉아 장례 음식을 기다리며 철학적 사색에 빠진 까마귀였다.

**나:** "그것이 전적으로 생각에 달린 이유가 뭐야?"

**까마귀:** "네가 사랑과 너의 다른 반쪽에 대해 어떻게 생각하느냐 하는 문제가 중요하다는 뜻이야."

**나:** "알았어, 이 재수 없는 늙은 새야. 넌 천상의 사랑과 세속의 사랑을 말하는 것이로군. 천상의 사랑은 완벽하게 아름다울 것이지만, 우리는 인간이야. 인간이기 때문에, 나는 완벽하고 훌륭한 인간이 되는 것을 목표로 잡았어."

**까마귀:** "넌 이데올로기 신봉자로구나."

**나:** "멍청이 같은 까마귀야, 꺼져 버려!"

나의 얼굴에서 매우 가까운 곳에서 나뭇가지 하나가 움직인다. 검은 뱀이 그 가지를 칭칭 감은 채 나를 보고 있다. 뱀의 눈에서 진주 같은 빛이 나며 눈을 부시게 만든다. 나의 뱀이 아닌가?

**나:** "여동생인 마법의 검은 지팡이야, 너 어디서 오는 거니? 네가 새가 되어 천국으로 날아가는 것을 보았는데, 어떻게 네가 여기 있어? 도움을 받을 길을 찾았니?"

**뱀:** "나는 나의 반쪽일 뿐이야. 나는 하나가 아니고 둘이야. 여기서 나는 뱀 같은 성격으로만, 마법 같은 성격으로만 있어. 그러나 여기서 마법은 쓸모가 없어. 그래서 나는 지금 이 나뭇가지를 감고 추가적인 발달을 기다리고 있어. 너는 생활 속에서는 나를 이용할 수 있지만 매달려 있는 상태에서는 나를 이용하지 못해. 최악의 경우에 나는 너를 하데스로 데려갈 준비가 되어 있어. 그 길을 알고 있으니까."

내 앞에서 공기가 압축되면서 어떤 검은 형태가 나타난다. 사탄이다. 기분 나쁜 웃음을 짓고 있다. 사탄이 나에게 말을 건다. "상반된 것들이 서로 화해할 때 어떤 일이 생기는지 봤지! 그러니 그걸 철회해. 그러면 즉시 너는 녹음이 짙어지고 있는 땅으로 내려설 거야."

**나:** "취소 안 해. 난 어리석지 않아. 이 모든 것이 그것 때문이라면, 그냥 내버려 둬."

**뱀:** "너의 모순은 어디 갔어? 제발, 삶의 기술에 중요한 이 원칙을 잊지 않도록 해."

**나:** "내가 여기에 이렇게 매달려 있다는 사실도 충분히 모순이야. 난 지겹도록 모순되게 살았어. 그런데 넌 뭘 더 원하는 거야?"

**뱀:** "아마 모순은 제자리에 있겠지?"

**나:** "그만 해! 어느 곳이 바른 자리이고 어느 곳이 틀린 자리인지, 내가 어떻게 알아?"

**사탄:** "상반된 것들을 잘 아는 자는 누구나 왼쪽과 오른쪽을 구별할 줄 알아."

**나:** "조용히 해. 너는 거기에 이해관계가 걸려 있는 당사자잖아. 나의 흰 새가 도움의 손길을 갖고 오면 좋겠는데. 나 자신이 약해지고 있지 않나 두려워."

**뱀:** "바보처럼 굴지 마. 약함도 하나의 방편이야. 마법도 실수를 저지르잖아."

**사탄:** "그렇다면, 너에겐 아직 약해질 용기가 없는 거니? 너는 완전한 인간이 되기를 바라고 있어. 인간들이 그렇게 강하니?"

**나:** "나의 하얀 새여, 지금 돌아오는 길을 잃고 헤매고 있는 거니? 아니면 나하고 함께 살 수 없어 아주 떠나 버린 거냐? 아, 살로메! 저기 살로메가 오고 있네. 살로메! 이리 와요. 또 한 밤이 지나갔어요. 당신의 울음소리가 들리지 않았는데도, 나는 매달려 있었고 지금도 매달려 있어요."

**살로메:** "난 이제 더 이상 울지 않아요. 나의 안에서 행운과 불운이 균형을 이루고 있기 때문이에요."

**나:** "나의 하얀 새가 내 곁을 떠난 뒤 아직 돌아오지 않았어요. 나는 아는 것도 없고 이해할 수 있는 것도 없어요. 이게 왕관하고 관계있는 건가요? 말해 봐요!"

**살로메:** "내가 뭘 말할 수 있겠어요? 당신 자신에게 물어봐요."

**나:** "그렇게 할 수 없어요. 나의 뇌는 납덩이 같아요. 오직 도움을 간청할 수 있을 뿐이지요. 모든 것이 추락하고 있는지 아니면 제 자리에 서 있는지조차 알 길이 없어요. 나의 희망은 오직 나의 하얀 새뿐이지요. 아, 그 새가 이렇게 매달려 있는 것을 의미하는 것은 아니겠지?"

**사탄:** "상반된 것들의 화해가 바로 그런 거야! 모든 것들에게 동등한 권리를 부여하는 것이라고! 그건 어리석은 짓이야!"

**나:** "새가 날갯짓하는 소리가 들려! 너야? 이제 돌아왔어?"

**새:** "땅을 사랑한다면 너는 계속 그렇게 매달려 있을 것이고, 하늘을 사랑한다면 너는 공중을 떠돌 거야."

**나:** "땅은 무엇이고, 하늘은 무엇이냐?"

**새:** "네 아래에 있는 모든 것이 땅이고, 네 위에 있는 모든 것이 하늘이야. 만약에 네가 네 위에 있는 것을 추구하면 날아다니게 될 것이고, 만약에 네가 네 아래에 있는 것을 추구하면 그렇게 매달려 있을 거야."

**나:** "나 위에는 뭐가 있고, 나 아래에는 뭐가 있어?"

**새:** "너의 위는 너의 앞과 너의 위에 있는 것들이고, 너의 아래는 너의 밑으로 다시 돌아오고 있는 것들이야."

**나:** "그리고 왕관은 무슨 뜻이야? 나를 위해 왕관의 수수께끼를 풀어 줘!"

**새:** "왕관과 뱀은 상반된 것이며 하나야. 십자가에 못 박힌 자가 머리에 왕관처럼 뱀을 쓰고 있는 것을 보지 못했어?"

**나:** "아니, 너의 말을 도무지 이해하지 못하겠어."

**새:** "왕관이 너에게 무슨 말을 갖다 줬어? '사랑은 결코 끝나지 않느니라.'라고 했어. 그것이 왕관과 뱀의 신비야."

**나:** "그렇다면 살로메는? 살로메에겐 어떤 일이 일어나야 하는가?"

**새:** "너도 잘 알잖아. 살로메는 바로 네 자신의 속성이야. 날아 봐. 그러면 그녀가 날개를 키울 거야."

구름이 갈린다. 하늘은 저무는 세 번째 날의 일몰로 온통 붉다. 태양이 바다로 떨어진다. 나는 태양과 함께 나무 꼭대기에서 땅으로 미끄러진다. 부드럽고 평화롭게 밤이 내린다.

공포가 나를 엄습했다. 카비리, 너희들은 누구를 산으로 옮겼니? 그리고 내가 너희들 안에서 누구를 희생시켰니? 너희들은 나를 직접 차근차근 올려주었다. 그러면서 나를 사람들이 접근하지 못하는 바위산의 탑으로, 나의 교회로, 나의 수도원으로, 나의 처형장으로, 나의 감옥으로 바꾸었다. 나는 나 자신의 안에 갇히는 저주를 받고 있다. 나는 나 자신의 성직자이자 신도이며, 판사이자 심판 받는 사람이며, 신이자 인간 제물이다.

카비리여, 너희들은 정말 훌륭한 업적을 이루었구나! 너희들이 카오스로부터 결코 깨뜨릴 수 없는 엄격한 법을 하나 탄생시켰으니. 그 법은 이해되고 받아들여지고 있다.

그 비밀스런 작용의 완성이 가까워지고 있다. 나는 내가 본 것을 능력껏 글로 묘사했다. 단어들은 빈약하고, 아름다움은 단어들에 수반되지 않는다. 하지만 진리는 아름답고 아름다운 것은 진리인가?

사랑에 대해 아름다운 단어로 말할 수 있다. 하지만 생명에 대해서는 어떤가? 생명은 사랑보다 위에 서 있다. 그러나 사랑은 생명의 피할 수 없는 어머니이다. 생명이 억지로 사랑이 되어야 하는 것은 아니지만, 사랑은 생명이 되어야 한다. 사랑은 고통이 될 수 있지만, 생명은 그렇지 않다. 사랑이 생명으로 충만한 한, 그 사랑은 존중되어야 한다. 그러나 만약에 사랑이 자체적으로 생명을 낳았다면, 그 사랑은 이제 빈 칼집으로 변하고 덧없는 것이 되었다.

나는 나를 낳은 어머니에게 반대하는 말을 하고, 나는 아이를 갖는 자궁으로부터 나 자신을 분리시킨다. 나는 사랑을 위한 말은 더 이상 하지 않지만 생명을 위한 말은 한다.

말이 나에게 무거워졌으며, 말은 몸부림을 친 끝에 영혼으로부터 거의 자유로워졌다. 청동 문들이 닫혔다. 불도 다 타고 재만 남았다. 샘들은 바닥을 드러냈다. 바다가 있던 곳은 마른 땅이 되었다. 나의 탑은 사막에 서 있다. 자신의 사막에서 은자가 될 수 있는 자는 행복하다. 그는 살아남는다.

육체의 힘이 아니라 사랑의 힘이 생명을 위

해서 깨어져야 한다. 생명이 사랑보다 위에 서 있기 때문이다. 한 인간은 자신의 생명이 발달할 때까지 어머니를 필요로 한다. 그 다음에 인간은 자기 어머니로부터 분리된다. 그래서 생명이 발달할 때까지 사랑이 필요하다. 그 다음에 생명은 사랑으로부터 분리될 것이다. 아이를 어머니로부터 분리시키는 것도 어렵지만, 생명을 사랑으로부터 분리시키는 것은 훨씬 더 어렵다. 사랑은 소유하고 집착하려 하지만, 생명은 더 많은 것을 원한다.

만물의 시작은 사랑이지만, 사물들의 존재는 생명이다. 이 구분은 끔찍하다. 가장 어둡고 가장 깊은 곳의 정신이여, 그대가 나로 하여금 사랑하는 자는 누구나 살지 않으며 사는 자는 누구나 사랑하지 않는다는 말을 하도록 강요하는 이유가 무엇인가? 난 언제나 거꾸로 받아들였는데! 그렇다면 모든 것을 정반대로 바꿔 놓아야 하는가? 필레몬의 사원이 서 있는 곳이 바다가 될 것인가? 필레몬의 그늘진 섬이 가장 깊은 땅으로 가라앉을 것인가? 예전에 모든 인간들과 땅들을 삼켜버렸던 그 홍수의 소용돌이 속으로? 아라라트 산[52]이 솟은 곳이 바다의 바닥이 될 것인가?

침묵하는 땅의 아들아, 너는 무슨 혐오스런 말을 투덜거리는가? 너는 나의 영혼의 포옹을 물리치길 원하는가? 나의 아들아, 너는 너 자신을 사이에 놓기를 원하는가? 너는 누구냐? 그리고 누가 너에게 그런 권력을 주느냐? 내가 얻으려 애쓰는 모든 것을, 내가 나 자신으로부터 끌어내고 있는 모든 것을 너는 다시 거꾸로 돌려놓고 파괴하기를 원하는가? 너는 신성한 모든 것이 적대시하고 있는 그 악마의 아들이다. 너는 힘을 압도적으로 키워가고 있다. 너는 나를 놀라게 만들고 있다. 나를 나의 영혼에 안겨 행복하도록 내버려두고, 신전의 평화를 방해하지 마라.

저리 꺼져 버려! 네가 나를 찔러 마비시키고 있구나. 내가 너의 길을 원하지 않으니까. 내가 맥없이 너의 발아래에 무너져 내려야만 하는가? 너 악마와 악마의 아들아, 말해 보아라! 너의 침묵은 견딜 수 없고, 어리석기 짝이 없어.

내가 나의 영혼을 이겼다. 나의 영혼은 나를 위해 무엇을 낳았는가? 아! 괴물, 아들, 무시무시한 악한, 말더듬이, 바보의 뇌, 원초적인 도마뱀! 너는 땅의 왕이 되기를 원하는 거냐? 너는 거만하고 자유로운 인간들을 추방하고, 아름다운 여인들에게 마법을 걸고, 성(城)들을 부수고, 유서 깊은 성당들의 배를 가르길 원하는 거냐? 연못의 수초를 머리에 두르고, 눈을 휘둥그레 뜬 게으른 개구리처럼 우둔한 존재

52 터키에 있는 산으로, '창세기'를 보면 노아의 방주가 닿은 곳으로 되어 있다.

같으니! 그러고도 너는 너 자신을 나의 아들이라고 부르길 원하는 거냐? 너는 절대로 나의 아들이 아니고, 악마의 새끼다. 악마의 아버지가 나의 영혼의 자궁 속으로 들어갔고, 너의 안에서 육체가 되었다.

사기꾼들 중에서도 가장 교활한 사기꾼인 필레몬이여, 나는 당신을 알아보았어! 당신은 나를 속였어. 당신은 나의 순수한 영혼에 무시무시한 벌레를 잉태시켰어. 이 빌어먹을 허풍선이 필레몬, 당신은 나를 위해 신비들을 흉내내고, 별들의 망토로 나를 덮어주고, 나와 함께 바보 그리스도의 코미디를 하고, 오딘[53]처럼 나를 익살스럽게 나무에 매달고, 나로 하여금 살로메를 호릴 주문을 고안하도록 했어. 그 사이에 당신은 나의 영혼에게 그 벌레를 잉태시켰어. 사기에 사기, 사기의 연속이었어! 가증스런 악마의 농간이었어!

당신은 나에게 마법의 힘을 주었어. 당신은 나에게 왕관을 씌워주었어. 당신은 나에게 권력의 광휘를 입혀주었어. 그래서 내가 당신의 아들에게 가짜 요셉 아버지의 역할을 하도록 했어. 당신은 비둘기 둥지에 자그마한 바실리스크를 넣었어.

매춘부 같은 나의 영혼이여, 너는 이 사생아를 가졌어! 나를 망신시켰어! 어처구니없게도, 내가 적(敵)그리스도의 아버지라니! 내가 얼마나 너를 불신했는데! 그 불신이 얼마나 엉성했으면, 이 파렴치한 행위의 심각성을 짐작하지 못했을까!

너는 무엇을 깨뜨리고 있는 거야? 너는 사랑과 생명을 둘로 분리시켰어. 이런 터무니없는 분리로부터, 개구리와 개구리의 아들이 나오네. 우스꽝스럽고 혐오스런 장면이 아닌가! 저항할 수 없는 도래(到來)! 그들은 달콤한 물이 흐르는 강가에 앉아 개구리들의 밤의 노래에 귀를 기울일 것이다. 이유는 그들의 신이 개구리들의 아들로서 태어났기 때문이다.

살로메는 어디 있는가? 풀리지 않는 사랑의 문제는 어디 있는가? 더 이상의 질문은 없다. 나의 시선은 다가오고 있는 것들로 향했다. 살로메는 내가 있는 곳에 있다. 여자는 당신이 아니라 당신의 가장 강력한 것을 따르고 있다. 그리하여 여자는 좋은 쪽만 아니라 나쁜 쪽으로도 당신의 아이들을 낳는다.

내가 밤이 내리는 가운데 비구름으로 덮인 땅 위에 홀로 외로이 서 있을 때, 나의 뱀이 나에게 기어와 이야기를 하나 들려주었다.

"옛날 옛적에 어떤 왕이 살았는데, 그에게 자식이 없었어. 그런데 그는 아들을 하나 갖기를 소원했지. 그래서 숲속의 마녀를 찾아가 자

53 북구 전설에 등장하는 중요한 신. 전쟁의 신이고 영웅을 지키는 신이었다.

신의 모든 죄를 고백했어. 마치 그 여자가 신의 임명을 받은 성직자라도 되듯이 말이야. 그러자 그녀가 말했어. '존경하는 왕이시어, 당신은 하지 말아야 할 짓을 했군요. 그러나 그것은 모두 지난 일입니다. 앞으로 당신이 어떻게 하느냐가 중요합니다. 수달 비계 한 덩어리를 땅 속에 묻고 9개월을 기다리십시오. 그런 다음에 비계 묻은 곳을 파 보십시오.' 그 말을 듣고 왕은 집으로 돌아갔어. 자신이 숲속의 마녀 앞에서 죄를 고백한 사실에 부끄러움과 슬픔을 느꼈지. 그래도 그는 밤을 틈타 그녀의 조언에 따라 정원에 구덩이를 파고 수달 비계를 담은 단지를 묻었어. 비계를 구하는 데도 힘이 들었지. 그리고 9개월의 세월이 흐르기를 기다렸어.

때가 되자, 그는 다시 밤에 비계 묻은 곳으로 가서 단지를 파냈어. 정말 놀랍게도, 단지 안에 아이가 잠을 자고 있었던 거야. 비계 덩어리는 온데간데 없고. 왕은 뛸 듯이 기뻐하며 아이를 데려와 아내의 품에 안겼어. 그녀는 즉시 아이에게 젖을 물렸어. 그러자 젖이 줄줄 나왔어. 아이는 무럭무럭 자라 크고 튼튼해졌어. 아이는 어른이 되면서 다른 누구보다 더 크고 강해졌어. 아들이 20세가 되었을 때, 그가 아버지 앞에 와서 이렇게 말했단다. '나는 당신이 요술을 부려 나를 얻었고 내가 인간으로 태어나지 않았다는 것을 알고 있습니다. 당신은 죄의 회개를 통해 나를 만들었고, 그 점이 나를 강하게 만들었습니다. 나는 여자의 몸에서 태어나지 않았는데, 그것이 나를 영리한 존재로 만들고 있습니다. 나는 강하고 영리합니다. 그래서 당신한테 왕국의 왕관을 요구합니다.' 왕은 자기 아들이 모든 것을 알고 있다는 사실에 깜짝 놀랐다. 그러나 그보다 더 놀라운 것은 아들의 권력욕이었다. 그는 곰곰 생각했다. '무엇이 너를 만들었지? 수달 비계지. 누가 너를 낳았지? 땅의 자궁이지. 내가 너를 단지에서 끄집어냈고, 마녀 때문에 내가 수치심을 느꼈지.' 그래서 그는 자기 아들이 은밀히 죽음을 당하도록 내버려 두기로 작정했어.

그러나 그의 아들이 다른 누구보다 더 강했기 때문에, 왕은 아들이 두려웠으며 따라서 계략을 꾸미기로 했단다. 그는 다시 숲속의 마녀에게로 가서 조언을 청했어. 그녀는 이렇게 말했어. '존경하는 왕이시어, 이번에는 아무런 죄를 고백하지 않는군요. 그건 당신이 죄를 범할 생각을 품고 있기 때문이지요. 수달 비계를 넣은 다른 단지를 땅 속에 묻고 9개월을 그냥 두도록 해요. 그런 다음에 다시 파 보세요.' 왕은 마녀가 시키는 대로 했어. 그런데 그날 이후로 아들이 자꾸만 허약해져 갔어. 왕이 9개월 뒤에 단지가 묻힌 곳으로 갔을 때, 그는 동시에 자기 아들의 무덤을 파야 했어. 왕은 빈 단지 옆에 구덩이를 파서 죽은 아들을 묻었어.

그러나 왕은 슬펐어. 슬픔을 이기지 못하게 되자, 왕은 어느 날 밤에 다시 숲 속의 마녀를 찾아 조언을 청했어. 그녀는 왕에게 말했지. '존경하는 왕이시어, 당신은 아들을 원했습니다. 하지만 아들이 왕이 되기를 원하고 또 왕이 될 힘과 영리함을 갖추자, 당신은 더 이상 아들을 원하지 않았습니다. 이 때문에 당신은 아들을 잃었습니다. 그런데 불평하시는 이유가 뭡니까? 존경하는 왕이시어, 당신은 원한 모든 것을 이루었습니다.' 그러자 왕이 이렇게 말했단다. '자네 말이 맞아. 나는 아들을 간절히 원했어. 그러나 나는 이 슬픔을 원하진 않았어. 양심의 가책을 치유할 길이 어디 없는가?' 마녀가 말했다. '존경하는 왕이시어, 아들의 무덤으로 가서 그 단지에 다시 수달 비계를 넣고 9개월 후에 단지를 파 보시오.' 왕은 그렇게 했지. 그 날 이후로 그는 행복해졌어. 그런데 행복한 이유를 알지는 못했어.

9개월이 지나, 그는 다시 단지를 팠어. 아들의 시신은 사라졌고, 대신에 단지 안에 어떤 아이가 잠을 자고 있었어. 그는 죽은 아들이라고 생각했지. 그는 아이를 안고 집으로 갔고, 그날부터 아이는 다른 아이들이 1년 동안 자랄 것을 1주일 만에 자랐어. 스무 번의 주가 지나자, 아들이 아버지 앞에 나타나 왕국을 요구했어. 그러나 아버지는 경험을 통해 사태가 어떻게 전개될 것인지를 알고 있었지. 아들이 그런 요구를 하자, 늙은 왕은 왕좌에서 일어나 기쁨의 눈물을 흘리며 아들을 끌어안고 아들에게 왕관을 씌워주었어. 그리하여 왕이 된 아들은 늘 아버지에게 감사하는 마음을 품고 아버지가 살아 있는 내내 존경심을 품게 되었지."

그러나 나는 나의 뱀에게 말했다. "나의 뱀아, 솔직히 말해서 난 네가 동화까지 들려줄 수 있다는 것을 몰랐어. 너의 동화를 어떤 식으로 해석해야 하지?"

**뱀:** "네가 늙은 왕이고 아들을 하나 두고 있다고 상상해 봐."

**나:** "아들이 누군데?"

**뱀:** "네가 조금 전에 너를 행복하게 만들지 않았던 아이에 대한 말을 했던 것 같은데."

**나:** "뭐라고? 설마 내가 그 아이에게 왕관을 씌워줘야 한다는 말은 아니겠지?"

**뱀:** "그러면 누구한테 씌워줄 건데?"

**나:** "그건 위험한 짓이야. 그렇다면 마녀는?"

**뱀:** "마녀는 엄마 같은 여자고, 너는 그 여자의 아들이어야 해. 너는 네 안에서 스스로 부활하는 아이이기 때문이야."

**나:** "아니, 그럴 수 없어. 내가 어른이 되는 것은 불가능한가?"

**뱀:** "충분히 어른다워. 그리고 어린애의 단계를 뛰어넘었고. 그것이 네가 어머니를 필요로 하는 이유야."

**나:** "내가 아이라니 창피해 죽겠어."

**뱀:** "그래서 너는 너의 아들을 죽여. 창조자는 어머니를 필요로 해. 네가 여자가 아니기 때문이지."

**나:** "이건 끔찍한 진리야. 나는 모든 면에서 한 사람의 어른이 될 수 있다고 생각했고 그렇게 되기를 바랐어."

**뱀:** "너는 아들을 위해서 그러면 안 돼. 창조한다는 것은 어머니와 아이를 의미해."

**나:** "내가 계속 아이로 남아야 한다는 생각을 견디지 못하겠어."

**뱀:** "너의 아들을 위해서 너는 아이여야 하고 아들에게 왕관을 넘겨줘야 해."

**나:** "내가 아이로 남아야 한다는 생각 때문에 창피해 죽겠어. 몸이 다 떨려."

**뱀:** "권력의 타락을 예방하는 건전한 해독제야! 아이가 되는 데에 저항하지 마. 그렇지 않으면 너는 네가 무엇보다 간절히 원하는 너의 아들에게 저항하는 꼴이 돼."

**나:** "그 말은 맞아. 나는 아들과 존속을 원해. 그러나 그에 대한 대가가 너무 커."

**뱀:** "아들이 더 높은 곳에 서 있어. 너는 아들보다 더 작고 약해. 쓰라리지만 그것이 피할 수 없는 진리야. 반항하지 마. 아이들이 행실을 잘 배워야 하잖아."

**나:** "어찌 이런 모욕이!"

**뱀:** "웃기는 인간 같으니! 나는 너에게 인내심을 발휘할 거야. 온 땅이 가뭄으로 갈라터지고 모든 이들이 생명의 물을 구하러 너에게로 온다면, 나의 샘들은 너를 위해 흘러야 하고 구원의 물을 줄 수 있어야 해. 그러니 너 자신을 아들에게 종속시키도록 해."

**나:** "그러면 나는 그 절대적인 것을 어디서 얻는단 말인가? 나의 지식과 능력은 형편없고, 권력도 충분하지 않으니."

이 말에 뱀은 몸을 움츠려 혹처럼 보이는 상태에서 말했다. "내일을 추구하지 마. 너에겐 오늘로도 충분해. 수단에 대해 걱정할 필요도 없어. 모든 것이 자라도록 하고, 모든 것이 싹을 틔우도록 해. 그러면 아들은 스스로 자라게 되어 있어."

그 신화가 시작된다. 노래로 부르는 것이 아니라, 삶으로 살아야 하는 신화이며 제 스스로 노래하는 신화다. 나는 아들에게 나 자신을 종속시킨다. 마법으로 부자연스럽게 태어난 아들에게, 강가에 서서 자기 아버지들과 대화하고 아버지들의 밤의 노래를 듣는 개구리들의 아들에게 말이다. 정말로 그 아들은 신비로 가득하고 모든 인간들보다 힘이 더 세다. 어느 인간도 그를 생기게 하지 않았으며, 어떤 여자도 그를 낳지 않았다.

부조리가 오래된 어머니 속으로 들어갔으며, 아들은 가장 깊은 땅 속에서 자라났다. 아들은 자라나 죽음을 당했다. 그는 다시 일어났으며, 마법의 방법으로 새롭게 생겨나 그 전보다 더 빨리 성장했다. 나는 아들에게 분리된 것을 결합시키는 왕관을 주었다. 그래서 아들은 나를 대신해서 분리되었던 것을 연결시킨다. 나는 아들에게 권력을 주었고, 따라서 그가 지배한다. 이유는 그가 힘과 영리함에서 다른 존재들보다 낫기 때문이다.

나는 아들에게 기꺼이 양보하지는 않았으며 통찰력을 바탕으로 그렇게 했을 뿐이다. 어떤 인간도 위와 아래를 서로 연결시키지 못한다. 그러나 인간처럼 성장하지 않았으면서도 여전히 인간의 형태를 가진 그는 그것들을 연결시킬 수 있다. 나의 권력은 마비되었지만, 나는 나의 아들 안에서 존재를 이어가고 있다. 나는 아들이 백성을 잘 다스릴 수 있을 것인가 하는 염려를 내려놓는다. 나는 고독하고, 백성은 아들에게 환호한다. 나는 과거에 막강했지만 지금은 무력하다. 나는 과거에 강했지만 지금은 약하다. 그날 이후로 아들이 모든 힘을 자신의 것으로 만들었다. 나에겐 모든 것이 완전히 거꾸로 뒤집어졌다.

예전에 나는 아름다운 것들의 아름다움을, 정신이 풍요로웠던 것들의 정신을, 강한 것들의 힘을 사랑했다. 그리고 어리석은 것들의 어리석음을 비웃고, 약한 것들의 나약함과 야비한 것들의 야비함을 경멸하고, 나쁜 것들의 나쁨을 혐오했다. 그러나 지금은 추한 것들의 아름다움을, 바보스런 것들의 정신을, 허약한 것들의 힘을 사랑해야 한다. 또 현명한 것들의 어리석음을 동경하고, 강한 것들의 약함과 관대한 것들의 야비함을 존경하고, 나쁜 것들의 선(善)을 높이 평가해야 한다. 그러면 조롱과 멸시, 증오는 어디에 있는가?

그것들은 권력의 증표로 아들에게 넘어갔다. 아들의 조롱은 지독하다. 반짝이는 두 눈에서 경멸의 빛이 얼마나 강하게 뿜어 나오는지! 그의 증오는 탁탁 소리를 내며 타는 불과 같다. 선망의 대상인 신들의 아들, 너에게 누가 복종하지 않을 수 있겠는가? 아들은 나를 두 개로 깨뜨리고 두 개로 잘랐다. 그는 분리된 것들에 멍에를 메운다. 아들이 없으면, 나는 완전히 깨어지고 말 것이지만, 나의 삶은 그와 함께 계속되었다. 나의 사랑은 나와 함께 남았다.

그리하여 나는 아들의 지배에 분개와 분노를 느낀 나머지 어두운 표정으로 고독한 생활을 시작했다. 아들이 어떻게 나의 권력을 가로챌 수 있지? 나는 나의 정원으로 들어가 물가의 바위 위에 외로이 앉아 골똘히 생각에 잠겼다. 나는 밤의 동반자인 뱀을 불러냈다. 황혼녘이면 나와 함께 바위에 앉아 자신의 지혜를 들려주던 뱀이었다. 그러나 그때 나의 아들이 물에서 나왔다. 머리에 왕관을 쓴 채였다. 머리는 사자의 갈기처럼 휘날렸고, 몸은 번들거리는 뱀 가죽으로 덮여 있었다. 아들이 나에게 말했다.

"당신의 생명을 요구하러 왔어요."

**나:** "무슨 뜻이니? 네가 이제 신이 되었단 말이냐?"

**그:** "나는 다시 올라가고 있어요. 난 육신이 되었으며, 지금 나는 영원한 빛으로, 태양의 영원한 깜부기불로 돌아가고 있어요. 세속적인 것은 당신에게 남겨둡니다. 당신은 인간들과 함께 남을 거예요. 당신은 불멸의 무리들 속에 충분히 오랫동안 끼어 있었어요. 당신의 일은 땅에 속합니다."

**나:** "무슨 그런 말이 있어! 너는 땅과 지하 세계에서 뒹굴지 않았어?"

**그:** "인간 짐승이 되었었지요. 그러나 이제 다시 나의 나라로 올라갑니다."

**나:** "너의 나라가 어딘데?"

**그:** "빛 속에, 알 속에, 태양 속에, 가장 깊고 가장 압축된 곳에, 영원히 갈망하는 깜부기불 속에 있어요. 그래서 태양이 당신의 가슴에서 솟아나 차가운 세상을 비추지요."

**나:** "어떻게 그렇게 감쪽같이 변형시킬 수 있어!"

**그:** "이제 당신의 시야에서 사라지고 싶어요. 당신은 음울한 고독 속에서 살아야 해요. 신들이 아닌 인간들이 당신의 어둠을 밝혀야 합니다."

**나:** "넌 정말 강하고 진지하구나! 너의 두 발을 나의 눈물로 씻고, 나의 머리로 말려주고 싶어. 지금 내가 헛소리를 하고 있구나. 내가 여자인가?"

**그:** "여자이기도 합니다. 어머니이기도 하고, 임신도 했고. 출산이 당신을 기다리고 있어요."

**나:** "오, 성령이여, 당신의 영원한 빛 한 줄기만 나에게 주오!"

**그:** "당신은 아이를 잉태하고 있어요."

**나:** "나는 지금 임신한 여자의 고통과 두려움과 절망을 느끼고 있어. 나의 신이여, 그대는 나를 떠나는가?"

**그:** "당신은 아이를 잉태하고 있어요."

**나:** "나의 영혼이여, 그대는 지금도 존재하는가? 뱀인 너, 개구리인 너, 마법의 힘으로 태어났다가 나의 손에 묻혔던 너. 그대는 바보스런 형태로 나에게 나타났던 것을 조롱하고 경멸하고 혐오했지? 자신의 영혼을 보고 그걸 손으로 느낀 사람들에게 화 있을진저! 나의 신이여! 나는 당신의 손 안에서 무력하지요."

**그:** "임신한 여자는 운명입니다. 나를 놓아 주십시오. 나는 영원의 영역으로 올라갑니다."

**나:** "그러면 너의 목소리를 다시는 듣지 못하게 되는 거니? 어찌 이런 속임수가! 내가 지금

뭘 묻고 있는 거야? 너는 내일 다시 나와 이야기를 나눌 거지, 그렇지? 우리는 거울 속에서 거듭 잡담을 할 거지?"

**그:** "꾸짖지 마십시오. 나는 있으면서도 있지 않을 것입니다. 당신은 나의 목소리를 듣기도 하고 듣지 못하기도 할 것입니다."

**나:** "수수께끼 같은 이상한 소리를 하고 있구나."

**그:** "그런 것이 나의 언어이며, 그에 대한 이해는 당신에게 맡기겠습니다. 당신 외에 어떤 사람도 당신의 신을 갖고 있지 않아요. 당신의 신은 언제나 당신과 함께하고 있는데도, 당신은 다른 사람에게서 그 신을 보고 있으며, 따라서 그 신이 절대로 당신과 함께하지 못하고 있습니다. 당신은 당신의 신을 가진 것 같은 사람들을 당신에게로 끌어 들이려고 노력하고 있어요. 당신은 그들이 그 신을 갖고 있지 않다는 것을, 당신만이 그 신을 갖고 있다는 것을 알게 될 것입니다. 따라서 당신은 인간들 속에서도 외롭지요. 군중 속에 있지만 홀로인 셈이지요. 다수 속의 고독, 이걸 깊이 생각해 보세요."

**나:** "침묵을 지키며 너의 말을 깊이 되새겨 보라는 뜻으로 들리는구나. 하지만 나는 그렇게 할 수 없어. 네가 나를 버리고 가는 지금, 나의 가슴에서 피가 흐르고 있어."

**그:** "가게 해주십시오. 새로운 형태로 당신에게 돌아올 것입니다. 태양이 보이지요? 산 너머로 질 때 얼마나 붉습니까? 오늘의 일은 끝났고, 새로운 태양이 떠오릅니다. 그런데 당신은 왜 오늘의 태양을 슬퍼합니까?"

**나:** "밤이 와야 하는가?"

**그:** "밤은 낮의 어머니 아닙니까?"

**나:** "이 밤 때문에 난 절망이야."

**그:** "왜 한탄합니까? 그게 운명입니다. 가게 해 주십시오. 나의 날개들이 자라고, 영원한 빛을 향한 욕망이 나의 안에서 한껏 부풀어 올랐어요. 당신은 더 이상 나를 잡지 못합니다. 눈물을 거두시고, 기쁨의 외침으로 내가 올라가도록 해주십시오. 당신은 들판의 인간이니, 수확에 대해 생각하십시오. 나는 가벼워졌습니다. 아침 하늘로 날아오르는 새처럼 말입니다. 나를 잡지 마십시오. 나를 탓하지 마십시오. 이미 나는 공중으로 떠올랐어요. 생명의 약동이 나에게서 빠져나갔어요. 이 지고의 쾌락을 더 이상 억누르지 못하겠어요. 나는 올라가야 합니다. 마지막 줄이 끊어졌습니다. 나의 날개가 나를 붕 띄우고 있습니다. 빛의 바다 속으로 솟아오르고 있습니다. 저 아래로 당신이 가물가물해지고 있습니다. 당신이 나로부터 사라지고 있습니다."

**나:** "너 어디로 갔니? 무슨 일이 벌어졌어. 내가 절름발이가 되었구나. 그 신이 나의 시야를 벗어나지 않았는가?"

신은 어디에 있는가?

무슨 일이 일어났는가?

이 공허, 이 공허를 어쩌나! 인간들에게 당신이 어떤 식으로 사라졌는지에 대해 알려야 하는가? 내가 신에게 버림받은 고독의 복음을 설교해야 하는가?

신이 떠난 지금, 우리는 모두 사막으로 들어가서 이마에 재를 뿌려야 하는가?

나는 그 신이 나와 다른 무엇이라고 믿는다.

그 신은 기쁨에 겨운 채 높이 올라갔다.

나는 고통의 밤 속에 그대로 남아 있다.

더 이상 신과 함께하지 못하고, 나 홀로 있다.

이제 닫혀라, 청동 문들이여!

참상과 살인의 홍수가 밀려왔던 문들이여.

신을 탄생시키기 위해 열었던 문들이여.

산들이 그대를 묻고, 바다가 그대 위로 흐르기를.

나는 나의 자기에게, 충동적이고 불쌍한 어떤 형상에게 왔다. 나의 나! 나는 이 동료를 나의 동행으로 원하지 않았다. 나는 나 자신이 그와 함께 있는 것을 발견했다. 나는 행실 나쁜 여자나 비열한 인간을 더 좋아할 것이지만, 나 자신의 나는 절대로 아니다. 나 자신의 나는 나를 오싹하게 만든다.

하나의 대작(大作)이 필요하다. 사람이 수십 년의 세월을 쏟을 수 있고 필요에 의해서 만드는 그런 작품. 나는 나 자신의 내면에서 '중세'의 파편 하나를 건져 올려야 한다. 우리는 오직 타인들의 중세만을 마무리했을 뿐이다. 나는 일찍부터, 그러니까 은자들이 점점 모습을 감춰가던 그 시기에서 시작해야 한다. 금욕주의와 종교 재판, 고문이 바로 가까이 있으면서 영향을 끼치고 있다. 야만인에겐 야만적인 교육 수단이 필요하다. 나의 나, 너는 야만인이다. 나는 너와 함께 살기를 원한다. 따라서 나는 너로 하여금 완전히 중세적인 어떤 지옥을 철저히 거치도록 할 것이다. 너와 함께 사는 것이 괜찮을 만한 수준이 될 때까지. 너는 생명의 그릇이 되고 자궁이 되어야 하며, 따라서 나는 너를 정화시킬 것이다.

중요한 기준은 자기 자신과 홀로 있는 것이다.

이것이 그 길이다.

# 정밀 검증

1

나는 저항한다. 나는 나 자신이 이처럼 속이 텅텅 빈 무(無)라는 사실을 받아들일 수 없다. 나는 무엇인가? 나의 나는 무엇인가? 나는 언제나 나의 나를 전제하고 있다. 지금 나의 나가 내 앞에 서 있다. 나는 지금 나의 나 앞에 있다. 지금 나는 너, 즉 나의 나에게 말을 걸고 있다.

우리는 외롭고, 우리의 존재가 참을 수 없을 만큼 지루해질 것처럼 보인다. 우리는 무엇인가를 하고, 오락거리를 고안해야 한다. 예를 들면, 나는 너를 교육시킬 수 있다. 먼저 너의 중대한 결점에서부터 시작하도록 하자. 나의 머리에 가장 먼저 떠오르는 너의 결점 말이다. 너에겐 적절한 자존감이 전혀 없다는 것이 큰 결점이다. 그렇다면 너는 스스로 자랑스러워할 만한 훌륭한 자질을 전혀 갖추고 있지 않단 말인가? 너는 유능해지는 것이 하나의 기술이라고 믿고 있어. 그러나 사람은 그런 기술을 어느 정도 배울 수 있어. 제발, 그렇게 하려무나. 너는 그것이 어렵다는 것을 발견하고 있어. 하기야, 모든 시작은 다 어려운 법이야. 곧 너는 그것을 더 잘 배우게 될 거야. 너는 이 점에 대해 의문을 품고 있는가? 그런 의심은 전혀 필요 없어. 너는 그것을 배울 수 있어야 해. 그렇지 않으면 내가 너와 함께 살 수 없어. 그신이 생겨나서 내가 정확히 모르는 무슨 일인가를 하기 위해 불같은 천국들 온 곳으로 자신을 펼친 이후로, 우리는 서로를 의지해 왔어. 그러므로 너는 너 자신을 향상시키는 것에 대해 생각해야 하며, 그렇게 하지 않으면 우리의 삶이 정말 비참해질 거야. 그러니 너 자신을 다잡고 너 자신을 높이 평가하도록 해! 너는 그렇게 하고 싶지 않은가?

가엾은 피조물 같으니! 네가 노력하지 않으면, 나는 너를 고문하게 될 거야. 네가 애통해하는 것은 도대체 뭔가? 아마 채찍이 도움이 되겠지?

지금 그것이 너를 괴롭히고 있지 않아? 그것을 받아들이도록 해. 바로 그거야. 거기서 무슨 냄새가 나지? 피 냄새가 나지 않아? '하느님의 더 큰 영광'을 추구하던 중세의 냄새가 나지 않아?

혹은 너는 사랑을, 아니면 사랑이라는 이름으로 불리는 것을 원하는가? 구타가 아무런 결실을 맺지 못한다면, 사랑으로 가르칠 수도 있어. 그렇다면 내가 너를 사랑해야 하는가? 너를 나에게로 부드럽게 밀착시켜야 하는가?

나는 네가 하품을 하고 있다고 진정으로 믿고 있어.

지금 네가 어떻게 말을 하고 싶어 하겠니? 그러나 나는 네가 말을 하도록 가만 내버려 두지 않을 거야. 그냥 두면, 결국엔 네가 나의 영혼이라고 주장하고 나설 테니까. 그러나 나의 영혼은 불의 벌레와, 저 위의 천국으로, 높은 원천으로 날아올라간 개구리의 아들과 함께 있어. 나는 불의 벌레가 거기서 뭘 하고 있는지 알고 있는가? 그러나 너는 나의 영혼이 아니야. 너는 속이 텅 비었고 벌거벗은 나의 무(無)야. 그런데 이 불쾌한 존재인 나에겐 스스로를 무가치한 존재로 고려할 권리조차 주지 않아.

사람들이 너에게 절망할 수 있어. 너의 감수성과 바라는 마음이 합리적인 수준을 넘어서고 있으니 말이다. 그리고 나는 왜 하고많은 사람들 중에서 꼭 너와 살아야 하는가? 나는 그렇게 해야 한다. 왜냐하면 나에게 어떤 아들을 주었다가 빼앗아 간 그런 이상한 불행이 닥쳤기 때문이다.

나는 나 자신이 그런 진실을 너에게 털어놓아야 한다는 사실에 대해 유감스럽게 생각하고 있어. 맞아, 너는 바보스러울 만큼 민감하고, 독선적이고, 난폭하고, 신뢰할 수 없고, 비관적이고, 비겁하고, 스스로에게 정직하지 못하고, 독을 품고 있고, 복수심에 불타고 있어. 너의 유치한 자존심과 권력 욕구, 평판에 대한 욕심, 터무니없는 야망, 명성에 대한 끝없는 갈망에 대해선 이루 다 말로 하기 힘들어. 겉으로 꾸미는 행동과 거드름 피우는 언행은 너와 어울리지 않는데, 너는 그런 것들을 최대한 이용하고 있어.

너는 내가 너와 함께 사는 것이 공포가 아니고 즐거움이라고 믿고 있는가? 절대로 그렇지 않아! 그러나 나는 너를 힘껏 죄면서 너의 살갗을 서서히 벗기겠다고 너에게 약속하겠어. 나는 너에게 껍질이 벗겨질 기회를 줄 거야.

네가, 그 많은 사람들 중에서 하필 왜 네가 다른 사람들에게 할 일을 가르쳐주길 원했지?

이리 오렴. 내가 새로운 가죽을 그대에게 꿰매줄 테니. 그러면 너는 새 가죽의 효과를 느낄 수 있을 거야.

너는 다른 사람들에 대해 불평하고 싶어 하는구나. 다른 사람들이 너를 부당하게 대한다거나, 너를 이해하지 못한다거나, 너를 오해한다거나, 너의 감정을 상하게 한다거나, 너를 무시한다거나, 너를 인정해주지 않는다거나, 너를 근거도 없이 비난한다는 식이구나. 그 외에 다른 불평은 없는가? 여기서 너의 허영심이, 너무나 터무니없는 너의 허영심이 보이지 않아?

너는 고통이 아직도 끝나지 않았다고 불평하고 있어.

그런데 그 고통이 이제 막 시작이라는 것을 알려주고 싶어. 너는 인내심도 전혀 없고, 진지함도 전혀 없어. 너는 오직 자신의 쾌락이 걸린 일에서만 인내심을 칭송하고 있어. 나는 네가 인내심을 배우도록 하기 위해 고통을 배로 늘릴 생각이야.

너는 고통을 견디기 어려운 것으로 느끼지만, 세상에는 그보다 더 심하게 상처를 입히는 일들이 있어. 너는 아주 순진하게 굴면서 타인들에게 그런 심한 고통을 안겨주면서도 정작 자신은 모른 척 그걸 피하고 있어.

그러나 너는 침묵을 배워야 할 거야. 이를 위해, 나는 너의 혀를 뽑아버릴 거야. 네가 조롱하고 모독하고 심지어 농담까지 했던 그 혀를 말이다. 나는 네가 내뱉은 말 중에서 부당하고 사악한 말을 하나씩 바늘로 찔러서 너의 몸에 꽂을 거야. 그러면 그 말들이 얼마나 아픈지 너도 느낄 수 있을 거야.

너는 너 자신도 이 고통에서 쾌락을 끌어내고 있다는 점을 인정하는가? 나는 네가 즐거움에 질려서 구토를 할 때까지 쾌락을 계속 높여갈 거야. 그러면 너는 스스로를 괴롭히는 일에서 쾌락을 얻는 것이 무슨 의미인지를 알게 될 거야.

너, 나에게 반기를 드는 거냐? 내가 고삐를 더 바짝 죄고 있어. 그것 뿐이야. 뻔뻔한 기미가 더 이상 남지 않을 때까지, 나는 너의 뼈까지 부숴버릴 거야.

너와 잘 지내고 싶으니까. 그리고 나는 너와 잘 지내야 해. 지긋지긋하지만 네가 나의 나이니까. 무덤까지 함께 가야 하는 그런 존재이니 말이다. 너는 내가 너 같은 바보를 평생 동안 내 주위에 두기를 원한다고 생각하니? 만약에 네가 나의 나가 아니라면, 나는 아마 오래 전에 너를 갈가리 찢어버렸을 거야.

그러나 나는 너를 다소 괜찮은 존재로 만들기 위해 미련하게도 연옥까지 너를 데리고 다니고 있어.

네가 신에게 도움을 청할 수 있다고?

자애로운 옛날의 신은 죽었어. 그건 잘된 일이야. 그렇지 않았다면, 그 신이 부도덕하게 굴면서 뉘우치는 너의 태도에 동정심을 보이고 자비를 베풀면서 내가 너를 처벌하지 못하도록 막았을 테니까. 너는 사랑의 신이나 자비로운 신은 아직 일어나지 않았다는 것을 알아야 해. 대신에 불의 벌레 같은 것이 기어 올라왔어. 온 땅에 불의 비를 내리게 하는 무서운 어떤 실체가 나타나서 비탄을 낳고 있어. 그러니 그 신에게 외쳐. 그러면 신이 너의 죄를 사하기 위해 불로 너를 태울 거야. 너 자신을 똬리 틀듯 돌돌 감고 피를 흘리도록 해. 너는 오랫동안 이런 치료를 필요로 했어. 맞아, 언제나 남들이 잘못을 저지르지. 그러면 너는? 너는 순수하고, 올바르지. 너는 너의 훌륭한 권리를 옹호해야 하고, 선하고 자비로운 신을 너의 편에 두고 있어. 언제나 동정심으로 죄를 용서해 주는 신 말이다. 통찰을 얻어야 하는 것도 네가 아니라 언제나 타인이었지. 너는 처음부터 모든 통찰에 대해 독점권을 누리고, 언제나 네가 옳다고 확신하고 있어. 그러니 너의 자비로운 신에게 진정으로 큰 소리로 외치도록 해. 그러면 그 신이 너의 소리를 듣고 너에게 불을 내릴 거야. 너는 너의 신이 시뻘겋게 단 상태에서 땅 위를 기어 다니는, 평평한 두개골을 가진 불의 벌레가 되었다는 것을 아직 모르고 있니?

그런 네가 탁월한 존재가 되기를 원했다니! 얼마나 우스꽝스런 일인가. 너는 열등했고, 지금도 마찬가지로 열등해. 그렇다면 너는 누구냐? 혐오감을 불러일으키는 찌꺼기지.

너는 아마 다소 무력하겠지? 그래서 나는 너를 구석에 놓아둘 거야. 거기서 너는 정신을 차릴 때까지 누워 있을 수 있어. 만약에 네가 더 이상 아무것도 느끼지 않는다면, 그런 절차도 아무 소용이 없어. 어쨌든, 우리는 슬기롭게 나아가야 해. 너를 바로잡는 일에 그런 야만적인 수단이 필요하다는 사실은 네 자신에 대해 많은 이야기를 들려주고 있어. 중세 초기 이후로 너의 진보는 아주 사소했어.

오늘 너는 낙심하고, 열등하고, 품위가 떨어졌다는 느낌을 받았니? 그 이유를 내가 설명해줄까?

너의 과도한 야망은 끝이 없어. 너의 근거들은 물질의 선한 점에 초점을 맞추지 않고 너의 허영심에 초점을 맞추고 있어. 너는 인류를 위해서 일하지 않고 너 자신의 이익을 위해서 일하고 있어. 너는 일의 완성을 위해 노력하지 않고 사람들의 인정을 받으려 노력하고 있으며, 너 자신의 이익을 지키려고 노력하고 있어. 너에게 쇠로 만든 가시 면류관을 씌워 주고 싶어. 그러면 날카로운 가시가 너의 살점을 파고들겠지.

이젠 우리는 네가 영리함을 바탕으로 추구하고 있는 그 비열한 속임수에 대해 이야기해야 해. 너는 능숙하게 말하고, 너의 능력을 남용하고, 빛과 그림자를 너의 뜻에 따라 멋대로 강화하거나 약화시키고, 자신의 훌륭함과 높은 신앙심을 크게 떠들고 있어. 너는 타인들의 선한 신앙을 이용하고, 회심의 미소를 지으면서 타인들을 너의 덫으로 끌어들이고, 너의 우월에 대해 넌지시 암시하면서 너 자신이 타인들에게 아주 소중한 존재라고 말하고 있어. 너는 겸손한 척 굴면서 자신의 강점에 대해 언급하지 않아. 너를 대신해서 다른 누군가가 그 점에 대해 언급해 주기를 은근히 기대하면서 말이야. 그러다가 다른 사람들이 너의 장점에 대해 언급하지 않으면, 너는 실망하고 마음의 상처를 받아.

너는 위선적인 평정심에 대해 설교하고 있어. 하지만 평정심이 진정으로 중요할 때, 너는 차분할 수 있니? 절대로 그렇지 않다. 너는 거짓말을 하고 있어. 너는 화가 나서 제정신이 아닐 것이며, 너의 혀는 무서운 단검에 대해 말하고, 너는 복수에 관한 꿈을 꿀 거야.

너는 회심의 미소를 지으면서도 속으로 분개하고 있어. 너는 타인에게 햇살을 선뜻 허용하지 않아. 이유는 네가 너를 좋아하는 사람들에게 햇살을 할당하기를 원하기 때문이야. 그런데 네가 그 사람들을 좋아하는 이유는 단지 그들이 너를 좋아하기 때문이지. 너는 주변의 모든 행복을 시기하고 있으며, 너는 그러면서도 버릇없이 그와 정반대라고 주장하고 있어.

너는 언제나 너의 맘에 드는 것에 대해서만 생각하고 있으며, 그것을 근거로 너는 자신이 다른 인간들보다 위에 있다는 느낌을 받으면서 책임감을 조금도 느끼지 않아. 그러나 너는 자신이 생각하고 느끼고 행동하는 모든 일에서 인류에게 책임을 져야 해. 사고와 행동 사이에 어떤 차이가 있는 것처럼 꾸미지 않도록 해. 너는 누릴 자격도 없는 혜택에만 의존하고 있어. 네가 생각하고 느끼는 것을 말이나 행동으로 옮길 것을 강요당하지 않고 있는 거야.

그러나 너는 아무도 너를 보지 않는 모든 일에서 파렴치하게 굴고 있어. 만약에 다른 사람이 그런 점을 너에게 지적한다면, 너는 그게 사실이라는 점을 잘 알면서도 몹시 기분 나빠 할 거야. 너는 다른 사람들의 결점을 보면 그들을 나무라려 들지 않니? 그들이 자신들을 향상시키도록 하기 위해서? 맞아. 그런데 고백해. 너는 스스로를 향상시켰니? 무슨 근거로 너는 타인들에 대한 의견을 밝힐 권리를 누리는 거니? 너 자신에 대한 너의 의견은 어떤가? 그리고 그 의견을 뒷받침할 합당한 근거는 어디에 있는가? 너의 근거들은 지저분한 구석에 쳐 놓은 거짓말들의 거미줄이야. 너는 타인들을 판단하고 또 그들에게 할 일을 제시하고 있어. 네가 그런 식으로 행동하는 것은 너 자신 안에 질서가 전혀 없고 네가 불순하기 때문이야.

그렇다면 너는 진정으로 어떤 식으로 생각하고 있니? 내가 볼 때, 너는 심지어 인간들을 가지고 생각하는 것 같아. 그들의 인간적 존엄 따위는 너의 안중에 없어. 너는 감히 인간들을 이용해서 생각하고, 인간들을 너의 무대의 등장인물로 이용하고 있어. 마치 인간들이 너가 생각하는 대로 움직이는 존재인 것처럼 말이다. 너는 그렇게 함으로써 네 자신이 수치스런 권력 행위를 저지르고 있다고 생각해 본 적이 있는가? 그것은 네가 타인들을 비난하는 이유로 제시하고 있는 그런 권력 행위만큼이나 나쁜 거야. 말하자면, 인간이 동료 인간을 말로는 사랑한다고 하면서도 실제로 보면 자신의 목적을 위해 이용하는 태도 말이다. 너의 죄는 별도로 떨어진 상태에서 커가고 있지만, 그렇다고 해서 그 죄가 절대로 덜 중대하거나 덜 냉혹하거나 덜 상스럽지 않아.

너의 안에 숨겨져 있는 것을 나는 햇살 속으

로 모조리 끌어낼 거야. 그 뻔뻔스러운 것들을! 너의 탁월성을 나의 발로 뭉개버릴 거야.

나에게 너의 사랑 따위에 대해 말하지 마라. 네가 사랑이라고 부르는 것에선 이기심과 욕망이 스며 나오고 있어. 그런데도 너는 그런 사랑에 대해 온갖 훌륭한 말을 다 늘어놓고 있어. 그 말들이 훌륭할수록, 소위 너의 사랑은 그만큼 더 병적이야. 나에게 너의 사랑에 대해선 절대로 말하지 마라. 너는 그냥 입을 닫고만 있어. 입을 열었다 하면 거짓말이니.

나는 네가 너의 수치심에 대해 말하기를 원하고 있어. 그리고 멋진 말을 늘어놓을 것이 아니라, 네가 존경받고 싶어 하는 사람들 앞에서 귀에 거슬리는 소리를 떠들썩하게 털어놓았으면 하는 마음이야. 너는 존경이 아니라 조롱당할 만 해.

나는 너에게서 네가 자랑으로 여기는 내용물을 모두 태워버릴 거야. 그러면 너는 내용물을 다 쏟은 그릇처럼 텅 빌 거야. 네가 내세울 건 바로 그 공백과 비참이야. 이제 너는 생명의 그릇이 되어야 해. 그러니 너의 우상들을 모두 죽이도록 해.

자유는 너의 것이 아니야. 형식이 너의 것이야. 권력은 너의 것이 아니야. 고통과 깊은 고민이 너의 것이야.

너는 자기 비하에서 미덕을 끌어내야 해. 그러면 나는 너의 자기 비하를 사람들 앞에 양탄자처럼 깔 거야. 사람들은 더러운 발로 그 위를 걸어야 하고, 너는 너 자신이 너를 밟고 다니는 그 모든 발보다 더 불결하다는 것을 꼭 봐야 해.

내가 야수 같은 너를 길들인다면, 나는 다른 사람들에게도 그들의 야수를 길들일 기회를 주는 거야. 길들이기는 언제나 나의 나인 너로 시작하는 거야. 다른 어떤 곳에서도 시작할 수 없어. 나의 어리석은 형제인 네가 특별히 더 난폭해서 그런 것이 아니야. 너보다 더 난폭한 사람들도 있어. 그러나 나는 네가 다른 사람들의 난폭함을 견뎌낼 수 있을 때까지 너에게 채찍을 가해야 해. 그러고 나면 내가 너와 함께 살 수 있어. 만약에 누군가가 너에게 몹쓸 짓을 한다면, 나는 너를 죽도록 괴롭힐 거야. 말하자면, 네가 너에게 가해진 잘못을 용서할 때까지, 단순히 입발림의 말로만 아니라 아주 나쁜 감수성까지 지닌 너의 그 무거운 가슴으로 진정으로 용서할 수 있게 될 때까지, 너를 괴롭힐 것이란 뜻이야. 너의 감수성은 너만 가진 특별한 형식의 폭력이야.

그러니 나의 고독에 빠진 형제여, 잘 듣도록 해. 네가 또 다시 민감하게 구는 경우에 대비해서, 나는 온갖 종류의 고문을 준비해 두었어. 너는 열등감을 느껴야 해. 너는 다른 사람들이 너의 순수함을 보고 더럽다고 말한다는 사실을, 너의 불결을 바라고 있다는 사실을,

너의 낭비를 인색(吝嗇)으로 칭송하고 너의 탐욕을 미덕으로 높이 평가하고 있다는 사실을 견뎌낼 수 있어야 해.

아가리가 넓은 너의 큰 잔을 복종의 쓴 물로 가득 채우도록 하라. 너는 너의 영혼이 아니니까. 너의 영혼은 천국들의 지붕까지 태운 그 불의 신과 함께 있어.

너는 아직도 여전히 민감한가? 나는 네가 복수를 위해 은밀한 계획을 짜고 있다는 것을, 기만적인 속임수를 구상하고 있다는 것을 알고 있어. 그러나 너는 바보에 지나지 않아. 너는 운명에 복수를 못해. 유치하기 짝이 없게도, 너는 바다에 채찍질을 하려 들지 모르겠어. 대신에 더 훌륭한 다리들을 건설하도록 해. 그것이 너의 지력을 낭비하는 더 좋은 방법이야.

네가 이해 받기를 원한다고? 우리가 필요로 하는 것이 바로 그거야. 그게 전부야! 네 자신을 이해하도록 해. 그러면 너는 충분히 이해를 받을 거야. 너 자신을 이해하는 일만으로도 충분히 힘들 거야. 어머니들의 귀여운 아이들은 이해받기를 원하지. 너 자신을 이해하도록 해. 그것이 민감성으로부터 너 자신을 보호하는 최선의 길이야. 이해받기를 원하는 너의 유치한 갈망도 당연히 충족될 거야. 내가 짐작하기에, 너는 다시 타인들을 너의 욕망의 노예로 만들기를 원하고 있는 것 같은데? 그러나 내가 너와 함께 살아야 한다는 것을, 나는 그런 식으로 비열하게 칭얼대는 것을 더 이상 참아주지 않을 것이라는 점을 너는 잘 알고 있어.

## 2

나의 나에게 이런 말들을 포함해 분노의 말을 더 많이 한 뒤에, 나는 나 자신과 홀로 있는 것을 견뎌내기 시작한다는 것을 알아차렸다. 그러나 민감성이 여전히 나의 안에서 자주 일어났으며, 그때마다 나는 나 자신에게 채찍을 휘둘러야 했다. 그리고 나는 자학의 쾌락까지 사라질 때까지 그런 식으로 나를 몰아붙였다.

그러던 어느 날 밤에 나는 어떤 목소리를 들었다. 그 목소리는 저 멀리서 들려왔으며, 나의 영혼의 목소리였다. 나의 영혼은 "너, 정말 멀리 떨어져 있구나!"라고 말했다.

**나:** "그대가 나의 영혼인가? 높고 아주 먼 것 같은데, 그대는 지금 어디서 말을 하고 있는 거야?

**영혼:** "너 위에 있어. 나는 별도의 세계야. 나는 태양처럼 되었어. 나는 불의 씨앗들을 받았어. 너는 지금 어디 있어? 안개에 싸여 있어서 너를 찾지 못하겠어."

**나:** "나는 지금 아래 흐릿한 땅 위에, 그 불이 우리에게 남긴 시커먼 연기 속에 있어. 나의

시선은 너에게 닿지 않아. 그러나 너의 목소리는 점점 가까이 들리고 있어."

**영혼:** "땅이 느껴져. 땅의 무게가 나에게 스며들고, 축축한 냉기가 나를 휘감고, 예전의 고통의 우울한 기억이 나를 압도하고 있어."

**나:** "땅의 연기와 어둠 속으로 내려오지 않도록 해. 나는 나 자신이 태양처럼 남기 위해 여전히 노력하고 있다는 사실을 좋아해. 그렇지 않으면 아마 나는 아래쪽의 땅의 어둠 속에서 살아갈 용기를 잃고 말 거야. 그냥 그대의 목소리만 듣도록 해 줘. 그대를 직접 다시 보고 싶은 마음은 전혀 없어. 무슨 말이든 해 봐! 깊은 곳에서, 아마 나에게로 흐르고 있는 이 두려움이 시작되는 그 깊은 곳에서 말을 끄집어내 봐."

**영혼:** "그럴 순 없어. 너의 창조력의 원천이 거기서 흘러나오기 때문이야."

**나:** "너는 나의 불확실성을 보고 있군."

**영혼:** "불확실한 길은 좋은 길이야. 불확실한 길에 가능성이 있어. 동요하지 말고 창조하도록 해."

나는 날개들이 급히 휙 지나가는 소리를 들었다. 나는 그 새가 널리 뻗은 신의 불같은 빛의 광휘 속에 있는 구름보다 더 높이 올라갔다는 것을 알았다.

나는 나의 형제, 그러니까 나의 나 쪽으로 몸을 돌렸다. 그는 슬픈 모습으로 서서 땅을 내려다보며 한숨을 내쉬었다. 어쩌면 죽어 있었을지도 모른다. 엄청난 고통의 짐이 그를 짓누르고 있었으니까. 그러나 어떤 목소리가 나로부터 말했다.

"그건 힘든 일이야. 제물로 바쳐진 것이 왼쪽과 오른쪽으로 떨어져. 그리고 너는 생명을 위해서 십자가에 못 박히게 될 거야."

그래서 나는 나의 나에게 말했다. "나의 형제여. 너는 이 말에 대해 어떻게 생각하니?"

그러나 그는 한숨을 깊이 내쉬며 불평의 말을 투덜거렸다. "그건 괴로워. 나는 많이 힘들어."

이 말에 나는 이렇게 대답했다. "나도 알지만, 그건 바뀌질 수 있는 것이 아니야." 그러나 나는 그것의 실상이 어떤지는 알지 못했다. 왜냐하면 미래가 무슨 일을 품고 있는지 아직 모르고 있었기 때문이다(이 일은 1914년 5월 21일에 일어났다). 고통에 짓눌린 상태에서, 나는 구름을 올려다보며 나의 영혼을 소리쳐 불러 물었다. 이어서 나는 나의 영혼의 목소리를, 행복하고 밝은 목소리를 들었다. 나의 영혼은 이렇게 대답했다.

"나에게 행복한 일이 아주 많이 일어났어. 나는 더 높이 올라가고 있고, 날개도 자라고 있어."

나는 이 말을 들은 뒤에 괴로움에 사로잡혀 외쳤다. "인간들의 심장에 흐르는 피로 살고 있는 주제에!"

나의 영혼이 웃는 소리가 들렸다. 아니면 웃는 것이 아니었는가? "나에겐 붉은 피보다 더 소중한 음료는 없지."

무력한 분노가 나를 휘감았고, 그래서 나는 소리를 질렀다. "만약에 네가 그 신을 따라서 영원의 영역까지 간 나의 영혼이 아니라면, 나는 너를 인간들의 가장 끔찍한 재앙이라고 부를 거야. 그런데 누가 너를 움직이고 있는 거야? 나는 신성은 인간성이 아니라고 알고 있어. 신성은 인간성을 파괴해 버려. 나는 신성은 가혹함이고 잔인함이라는 것을 알고 있어. 너를 직접 손으로 느낀 사람은 자신의 손에서 피를 절대로 지우지 못하게 되니까. 나는 너에게 예속되었어."

나의 영혼이 대답했다. "화도 내지 말고, 불평도 하지 마라. 피를 흘리는 희생자들이 너의 옆으로 쓰러지도록 그냥 내버려 둬. 그것은 네가 가혹해서 그런 것도 아니고 네가 잔인해서 그런 것도 아니야. 그저 필연일 뿐이야. 생명의 길엔 그렇게 쓰러진 것들이 널려 있어."

**나:** "아, 알았어. 생명의 길은 전쟁터나 다름없지. 나의 형제여, 무엇이 너와 동행하고 있니? 너는 괴로워하고 있니?"

이에 나의 나가 대답했다. "어떻게 내가 괴로워하지 않고 불평하지 않을 수 있겠어? 내가 죽은 자들을 짊어지고 있는데, 그들을 끌고 갈 수 없으니."

그러나 나는 나의 나를 이해하지 못했으며, 따라서 그에게 이렇게 말했다. "친구야, 너는 이교도냐! 죽은 자들이 그들의 죽은 자를 장사 지내도록 하라[54]는 말도 들어보지 못했어? 왜 네가 죽은 자들을 지려 하는 거야? 네가 죽은 자들을 끌고 다니는 것이 결코 그들을 위하는 일이 아니야."

이어서 나의 나가 울부짖었다. "그러나 떨어진 존재들이 너무 불쌍한 걸. 그들은 빛에 닿을 수 없어. 혹시 내가 그들을 끌고 올라간다면…?"

**나:** "이건 무슨 말이야? 그들의 영혼도 능력껏 성취를 이뤘어. 그러다 그들은 운명을 만났어. 그 일은 우리에게도 그대로 일어날 거야. 너의 동정은 병이야."

그러나 나의 영혼이 높은 곳에서 외쳤다. "그가 동정심을 품도록 가만 내버려 둬. 동정심이 생명과 죽음을 결합시키니까."

나의 영혼이 외친 이 말이 나를 아프게 찔렀다. 나의 영혼은 동정에 대해 말했다. 동정심을 전혀 보이지 않은 채 신을 따라 높이 올라간 나의 영혼이 말이다. 그래서 나는 나의 영

54 '마태복음' 8장 22절. '내가 그대에게 부여한 높은 영적 소임을 게을리하지 마라. 삶의 일상적인 일은 영적으로 죽은 자들에게 맡겨라'라는 뜻이다.

혼에게 물었다.

“그러면 너는 왜 그랬어?”

내가 이런 질문을 던진 것은 나의 인간적 감수성이 그 시기의 흉측함을 파악하지 못했기 때문이다. 나의 영혼이 대답했다.

“나는 너의 세상에 있을 수 없어. 나는 너의 땅의 오물로 나 자신을 더럽히고 있어.”

**나:** “나는 땅이 아닌가? 나는 오물이 아닌가? 내가 네가 그 신을 따라 높은 영역으로 올라가도록 강요하는 실수를 저질렀단 말인가?”

**영혼:** “아니야. 그것은 내적 필연이었어. 나는 위쪽 세계에 속해.”

**나:** “네가 사라졌는데도 회복 불가능할 정도의 상실을 겪은 사람은 아무도 없지 않으냐?”

**영혼:** “반대로, 네가 최고의 혜택을 누렸어.”

**나:** “내가 이 문제에 관한 나의 인간적인 감정을 중요하게 여긴다면, 회의(懷疑)가 나를 엄습할지도 몰라.”

**영혼:** “넌 뭘 알아차렸는데? 네가 보고 있는 것이 언제나 진실이 아니어야 하는 이유가 뭐야? 네가 네 자신을 웃음거리로 만드는 짓을 그만두지 않는 것이 너의 특별한 잘못이야. 너는 이번 한번만이라도 너의 길에 그대로 있을 수 없을까?”

**나:** “너는 내가 인간들에 대한 사랑 때문에 회의(懷疑)를 품고 있다는 것을 알고 있잖아.”

**영혼:** “아니야, 그건 너의 약함 때문이고, 너의 의심과 불신 때문이야. 너의 길을 계속 지키며 너 자신으로부터 달아나지 않도록 해. 세상엔 신의 의도가 있고, 인간의 의도가 있어. 이 의도들은 신의 버림을 받은 어리석은 사람들의 안에서 서로 엇갈리고 있어. 너도 간혹 그런 사람들에 포함돼.”

나의 영혼이 하는 말 모두가 내가 눈으로 직접 확인할 수 없는 것들에 관한 것이었고, 또 나도 나의 나를 고통스럽게 만드는 것을 눈으로 볼 수 없기 때문에(이유는 이 일이 전쟁이 발발하기 두 달 전에 일어났기 때문이다), 나는 그 모든 것을 나의 안에서 개인적인 경험으로 이해하기를 원했다. 따라서 나는 그것들을 이해할 수 없었으며, 나의 믿음이 약했기 때문에 그것들을 믿을 수도 없었다. 그리고 나는 우리 시대에는 믿음이 약한 것이 차라리 더 낫다고 믿고 있다. 우리 현대인은 인간들이 선하고 합리적인 것을 받아들이게 하는 가장 적절한 수단이 단순한 믿음이었던 그런 유치한 시대를 오래전에 벗어났다. 따라서 우리가 오늘날 다시 강력한 믿음을 갖기를 원한다면, 우리는 옛날의 유치한 시대로 다시 돌아가게 될 것이다. 그러나 우리는 너무나 많은 지식을 갖추고 있으며, 우리 안에서 일어나고 있는, 지식에 대한 갈망 또한 너무도 강하다. 그래서 우리는 믿음보다 지식을 필요로 한다. 그러나 믿음의 힘은 우리가 지식을 획득하는 것을 방해할 것이다. 믿음은 확실히 강력한 그 무엇이긴 하지만, 그것은 공허하다. 그리고 만약에 신과 함께하는 우리의 삶이 오직 믿음에만 근거한다면, 삶에 한 인간의 전체가 개입할 가능성은 거의 없다. 그렇다면 우리는 무엇보다 먼저 무조건 믿기만 해야 하는 것인가? 이 말은 너무나 비천하게 들린다. 이해력을 가진 인간은 그냥 믿기만 할 것이 아니라, 능력이 닿는 범위 안에서 최대한 지식을 얻으려고 노력해야 한다. 믿음이 전부가 아니며, 당연히 지식도 전부가 아니다. 믿음은 우리에게 지식의 안전과 풍요를 주지 못한다. 지식을 갈망하는 경우에 가끔 너무나 많은 믿음을 잃게 된다. 믿음과 지식은 서로 균형을 이룰 수 있어야 한다.

그러나 지나치게 믿는 것도 마찬가지로 위험하다. 왜냐하면 오늘날 모든 사람이 자신만의 길을 발견해야 하고 자신의 내면에서 이상한 것들과 강력한 것들이 가득한 건너편을 만나고 있기 때문이다. 사람은 지나친 믿음으로 인해 모든 것을 글자 그대로의 의미로 받아들이기 쉬우며, 그러면 광인이나 다름없는 사람이 될 것이다. 믿음의 유치함이 현재의 필연 앞에서 허물어지고 있다. 영혼의 발견으로 인해 야기된 혼동을 깨끗이 정리하기 위해서 지식을 분화시킬 필요가 있다. 따라서 사물들을 쉽게 믿으며 그냥 받아들일 것이 아니라 보다 훌륭한 지식을 얻을 때까지 기다리는 것이 훨씬 더 바람직하다.

이런 식의 고려를 바탕으로, 나는 나의 영혼에게 말했다.

"그 모든 것을 받아들여야 한다고? 너는 내가 어떤 뜻에서 이런 질문을 하는지 잘 알고 있어. 이런 식으로 묻는 것은 어리석거나 믿지 않는 것이 아니라 보다 높은 유형의 회의(懷疑)라고 할 수 있어."

이 말에 나의 영혼이 대답했다. "너의 말을 이해하지만, 그것은 받아들여져야 해."

나는 이렇게 대답했다. "그것을 받아들이는 데 따를 고독이 나를 무섭게 하고 있어. 나는 은둔자에게 닥치는 광기가 무서워."

이에 나의 영혼이 대답했다. "네가 이미 알고 있듯이, 나는 오랫동안 너에게 고독을 예고해 왔어. 광기를 그렇게 무서워할 필요가 없어. 나의 예상이 맞아."

이 말이 나를 잔뜩 불안하게 만들었다. 나의 영혼이 예측하는 것을 나 자신이 거의 받아들일 수 없다는 느낌이 들었기 때문이다. 내가 그 예측을 이해하지 못했으니 말이다. 나는 언제나 그 예측을 나 자신과 관련해서 이해하기를 원했다. 그래서 나는 나의 영혼에게 말했다. "어떤 오해로 인한 두려움이 나를 괴롭히고 있는 거니?"

"그것은 너의 불신이고 너의 의심이야. 너는 너에게 요구되는 희생의 크기를 믿고 싶어

하지 않아. 그러나 의심은 계속 커지다가 더 심각한 결과를 낳게 될 거야. 위대성은 위대성을 요구해. 너는 아직도 여전히 보잘것없는 존재로 남으려 하고 있어. 내가 너에게 포기에 대해, 무관심에 대해 말하지 않았던가? 너는 다른 인간들보다 더 큰 희생을 원하는 거니?"

나는 "아니야."라고 대답했다. "아니야, 그렇지 않아. 그러나 나는 나 자신의 길을 가려다가 다른 사람들에게 피해를 입히게 되지 않을까 두려워."

"네가 피하고자 하는 것이 뭐야?" 나의 영혼이 말했다. "회피 같은 것은 절대로 없어. 너는 너의 길을 가야만 해. 다른 사람들이 선하든 악하든, 그들에 대해선 신경을 쓰지 말고. 너는 신성한 것을 건드렸어. 그런데 다른 사람들은 그런 것을 건드리지 않았어."

나는 기만이 두려워서 나의 영혼이 하는 말을 그대로 받아들일 수 없었다. 따라서 나는 나의 영혼과 대화를 하지 않을 수 없도록 만드는 이 길도 받아들이고 싶지 않았다. 나는 인간들과 대화하는 것을 더 좋아했다. 그러나 나는 고독 쪽으로 나아가야 한다는 느낌을 받았으며, 그와 동시에 나는 익숙한 길로부터 벗어나는 나의 사고의 고독에 두려움을 느꼈다. 내가 이런 생각에 깊이 빠져 있을 때, 나의 영혼이 나에게 말을 걸었다. "내가 너를 위해 어두운 고독도 예측하지 않았어?"

이에 나는 이렇게 대답했다. "알고 있어. 하지만 그런 일이 실제로 일어나리라곤 진정으로 생각하지 않았어. 그런데 일이 꼭 그런 식으로 전개되어야 하는 거니?"

"너는 '예스'라고 말할 수 있을 뿐이야. 너는 너의 이유에 신경을 쓰는 외에 달리 할 것은 전혀 없어. 만약에 어떤 일이든 일어나야 한다면, 그것은 오직 이 길에서만 일어날 수 있어."

이에 내가 외쳤다. "그렇다면 고독에 저항해 봐야 아무 소용이 없단 말인가?"

"전혀 필요 없는 짓이지. 너는 너의 일을 하지 않을 수 없어."

나의 영혼이 이렇게 말했을 때, 턱수염을 허옇게 기른 깡마른 얼굴의 노인이 나에게 다가왔다. 나는 그에게 어떻게 해야 좋은지 물었다. 이에 노인은 이렇게 대답했다.

"나는 이름 없는 존재야. 그러니까 고독 속에 살다가 죽어간 수많은 사람들 중 하나야. 시대 정신과 보편적으로 인정되는 진리가 우리에게 그것을 요구했어. 나를 봐. 그대는 이걸 배워야 해. 일들이 지금까지 그대에게 지나치게 선했어."

그의 말에 나는 되물었다. "그렇지만 이것이 너무도 다른 우리 시대에도 또 다시 필연이란 뜻인가요?"

"그것은 어제 진리였던 것처럼 오늘도 여전

히 진리야. 그대가 한 사람의 인간이고, 따라서 인류의 목표를 위해 피를 흘려야 한다는 것을 잊지 않도록 해. 불평하지 말고 고독을 열심히 실천하도록 해. 그러면 때가 되면 모든 것이 준비를 갖추게 될 거야. 그대는 진지해져야 하고, 따라서 과학과 거리를 두도록 해. 과학엔 유치한 것이 너무 많아. 그대의 길은 깊은 곳으로 향하고 있어. 과학은 지나치게 피상적이고, 단순한 언어이고 단순한 도구에 불과해. 그러나 그대는 일을 시작해야 해."

나는 무엇이 나의 일인지 알지 못했다. 모든 것이 어두웠으니까. 그리고 모든 것이 무거워지고 의심스러워졌으며, 끝없는 어떤 슬픔이 나를 사로잡았으며 그 슬픔은 여러 날 동안 이어졌다. 그러던 어느 날 밤에 나는 어느 노인의 목소리를 들었다. 그는 느리게, 또 무겁게 말했으며, 그의 문장들은 서로 연결되지 않는 것 같고 무서울 정도로 부조리해 보였다. 그래서 광기에 대한 두려움이 다시 나를 엄습했다. 그가 이런 말을 했기 때문이다.

"아직 시대의 말로(末路)가 아니야. 최악의 것은 맨 마지막에 오는 법이야.

가장 먼저 때리는 손이 가장 잘 때리지.

난센스가 가장 깊은 샘들에서 흘러나오고 있어. 나일 강에서 흘러나오듯이 넉넉히.

아침이 밤보다 더 아름다워.

꽃들은 시들 때까지 향기를 뿜어.

성숙은 가능한 한 봄 늦게 오며, 그렇지 않으면 성숙은 그 목적을 놓치고 말아."

그 노인이 1914년 5월 25일 밤에 나에게 말한 이 문장들은 전혀 의미 없는 말처럼 보였다. 나는 나의 나가 고통 속에서 몸부림치고 있는 것을 느꼈다. 나의 나가 신음을 토하면서 자신의 등에 얹혀 있는 죽은 자들의 짐에 대해 불평을 늘어놓았다. 나의 나는 죽은 자를 천 명이나 짊어지고 다녀야 하는 것 같았다.

이 슬픔은 1914년 6월 24일까지 사라지지 않았다. 그날 밤에 나의 영혼이 나에게 말했다. "가장 위대한 것이 가장 터무니없는 것이 되었어." 이 말을 끝으로 나의 영혼으로부터 더 이상 말이 없었다. 이어서 전쟁이 발발했다. 이 사건이 내가 그때까지 경험했던 것을 다시 보도록 나의 눈을 활짝 열어주었다. 이 사건은 또 내가 이 책 앞부분에 썼던 모든 내용에 대해서 말할 용기를 나에게 주었다.

## 3

이후로 깊은 곳의 목소리들은 1년 내내 침묵을 지켰다. 여름에 다시, 나 홀로 물 위에 있을 때, 나는 나에게서 그리 멀리 떨어지지 않은 곳에서 물수리 한 마리가 호수로 내리꽂히는 것을 보았다. 물수리는 큰 고기를 한 마리 잡아 꽉 움켜쥔 채 하늘 높이 날아올랐다. 그 때 나의 영혼의 목소리가 들렸다. 나의 영혼은 이런 말을 했다. "그것은 아래에 있는 것이 위로 옮겨지게 된다는 것을 보여주는 신호야."

그 뒤 어느 가을날 밤에, 나는 어떤 노인의 목소리를 들었다(이번에는 나는 노인이 필레몬이라는 것을 알았다). 노인은 이렇게 말했다.

"너를 완전히 거꾸로 돌려놓고 싶어. 또 너를 지배하고 싶어. 너를 주화처럼 양각하고 싶어. 너와 함께 일했으면 싶은데. 사람이 너를 사고 팔 수 있어야 해. 너는 이 손에서 저 손으로 옮겨질 수 있어야 해. 자신의 의지대로 하는 것은 너에겐 해당되지 않아. 너는 전체의 의지야. 황금은 절대로 자신의 의지대로 주인이 되지 않아. 그럼에도 황금은 전체를 지배하며, 모두가 경멸하면서도 탐욕스럽게 원하는 그런 대상이며, 불변의 지배자야. 황금은 놓인 자리에서 그냥 기다리고 있을 뿐인데도 그렇지. 황금을 보는 자는 그것을 갈망하게 되어 있어. 황금은 사람을 따라다니지 않고 그 자리에서 침묵을 지키며 가만히 있어. 밝은 빛을 내는 자태 그대로. 자신감에 넘치고, 자신의 권력을 입증할 필요가 전혀 없는 그런 왕의 모습이야. 모두가 황금을 추구하고 있지만 그것을 발견하는 자는 극소수야. 터무니없을 만큼 작은 조각도 대단히 높이 평가받아. 황금은 스스로는 주지도 않고 낭비하지도 않아. 모두가 황금을 발견하는 즉시 자신의 것으로 가지며, 그 황금을 눈곱만큼도 잃지 않으려 노심초사하지. 그러면서도 모두가 황금에 의존하고 있다는 점을 부정하고 있어. 그럼에도 사람은 모두 황금을 갈망하면서 은근히 손을 뻗고 있어. 그런 황금이 자신의 필요를 증명하고 있는가? 황금의 가치는 인간들의 갈망에 의해 증명되고 있어. 그것을 취하는 자가 그것을 갖는 거야. 황금은 동요하지 않아. 황금은 잠을 자면서도 빛을 발해. 그 찬란함이 감각을 혼란시켜. 말 한마디 없는 가운데서도, 황금은 인간이 바람직하다고 여기는 모든 것을 약속하고 있어. 황금은 망할 자를 망가뜨리고, 상승하는 자를 돕지.

눈부신 덩어리 하나가 축적되어 있으며, 이 덩어리는 가질 자를 기다리고 있어. 인간들은 황금이라면 어떤 재난도 무릅쓰려 들지 않는가? 황금은 가만히 기다리고 있으며 인간의 재난을 조금도 줄여주지 않아. 재난이 클수록, 또 시련이 클수록, 금의 가치는 더욱 커지지. 황금은 지하에서, 녹은 용암에서 자라고 있어. 황금은 바위와 광맥 속에 숨겨진 채 서서히 모습을 드러내. 인간은 황금을 캐내려고, 황금을 높이 들어 올리려고 온갖 교활한 짓을 다 하고 있어."

그러나 나는 낙담하면서 소리를 질렀다. "오, 필레몬! 너무 모호한 말씀이에요!"

그러나 필레몬은 말을 계속 이었다.

“가르칠 뿐만 아니라 거기에 따르는 책임을 부정하기 위해서지. 그렇지 않으면 내가 왜 가르쳤겠나? 만약에 내가 가르치지 않는다면, 나는 책임을 부정할 필요가 없어. 그러나 만약에 가르쳤다면, 나는 직후에 책임을 부정해야 해. 이유는 다른 사람들을 가르치는 경우에 내가 그들이 받아들여야 할 것을 줘야 하기 때문이지. 그 사람이 습득한 것은 좋지만, 습득되지 않은 선물은 좋지 않아. 자기 자신을 낭비한다는 것은 많은 것을 억누르길 원한다는 뜻이야. 주는 자의 주위를 기만이 울타리처럼 둘러싸고 있어. 이유는 그 사람의 활동 자체가 기만적이기 때문이야. 그는 자신의 선물을 철회하고 자신의 미덕을 부정해야 해.

침묵의 짐은 내가 너에게 얹고자 하는 나의 자기의 짐보다 더 커지 않아. 그러므로 나는 말하고 가르치고 있어. 나의 말을 듣는 자가 혹시 내가 시도할지 모르는 계략으로부터 스스로를 지킬 수 있으면 좋겠네.

최고의 진리는 또한 노련한 기만이기도 해. 그래서 나도 성공적인 계략의 가치를 깨닫지 못하는 한 그 계략에 빠져 허우적거리게 되어 있어.”

그때 나는 다시 놀라며 소리를 질렀다. “오, 필레몬! 인간들은 당신과 관련해서 자신들을 기만했으며, 따라서 당신은 인간들을 속이고 있어요. 그러나 당신의 깊은 속을 헤아릴 줄 아는 자는 자기 자신을 헤아릴 줄 알지요.”

그러나 필레몬은 침묵을 지키면서 희미하게 빛을 발하고 있는 불확실성의 구름 속으로 물러났다. 그는 내가 나 자신의 생각에 골똘히 빠지도록 내버려 두었다. 그때 나의 머리에 이런 생각이 떠올랐다. 인간들 사이에 높은 장벽을 세우고, 인간들을 상호 부담보다는 상호 미덕으로부터 보호할 필요가 있다는 생각이 들었던 것이다. 만약에 사람이 다른 사람으로부터 기대하면서 자신의 짐을 최소한으로 지는 것이 높은 미덕이라면, 인간이 어떻게 타인의 짐을 질 수 있겠는가?

그러나 죄는 아마 그 마법에 있을 것이다. 만약에 내가 나 자신을 망각하는 것을 미덕으로 여긴다면, 나는 나 자신을 타인을 지배하는 이기적인 독재자로 만들 것이고, 따라서 나는 다른 존재를 나의 주인으로 만들기 위해 다시 나 자신을 굴복시킬 것이다. 이때 나의 주인은 언제나 나에게 나쁜 인상을 남길 것이며, 그러므로 내가 타인에게 굴복하는 것은 그 타인에게도 유익하게 작용하지 않는다. 틀림없이, 이런 식의 상호 작용은 사회를 떠받치긴 하겠지만, 개인의 영혼은 훼손되기 마련이다. 왜냐하면 그럴 경우에 인간이 언제나 자기 자신이 아니라 타인을 기준으로 사는 방법을 배우게 되기 때문이다. 내가 볼 때엔, 사람은 가능하다면 그런 가르침과 달리 자신을 망각해서는 안 되며 다른 사람들도 자신을 망각하지 않도록 이끌어야 한다. 그러나 만약에 모두가 자신을 양보한다면 어떤 일이 벌어지겠는가? 그건 정말 어리석은 짓이다.

자신의 자기와 함께 사는 것이 아름다운 일이거나 유쾌한 일이라는 뜻은 절대로 아니다. 그것이 자기의 구원에 이로운 일이라는 뜻이다. 덧붙여 말하자면, 사람이 자기 자신을 포기하는 것이 과연 가능한 일인가? 그런 경우에 사람은 자기 자신의 노예가 된다. 이것은 자기 자신을 받아들이는 것과 정반대 현상이다. 만약에 사람이 자기 자신의 노예가 된다면, 이런 일이 자신을 포기하는 모든 사람들에게 실제로 일어나고 있는데, 그 사람은 그때부터 자신의 자기에 의해 살아지게 된다. 사람이 자신의 자기를 살지 않고, 자기가 스스로 살아가는 것이다.

자기 자신을 망각하는 미덕은 자신의 본질로부터 부자연스럽게 소외되는 것이며, 따라서 그 사람의 본질은 발달 기회를 박탈당하게 된다. 어떤 사람이 미덕을 통해서, 예를 들어, 다른 사람의 짐을 대신 짊어져 줌으로써 그 타인이 자신의 자기로부터 억지로 벗어나도록 하는 것은 하나의 죄이다. 이 죄는 반드시 우리에게로 되돌아오게 되어 있다.

만약에 우리가 우리 자신을 우리의 자기에게 종속시킨다면, 그것만으로도 너무나 충분한 복종이다. 구원이라는 위대한 단어를 감히 쓴다면, 그 구원 작업은 언제나 가장 먼저 우리 자신을 대상으로 해야 한다. 이 구원 작업은 자기 자신에 대한 사랑 없이는 행해질 수 없다. 그런데 구원 작업은 반드시 이뤄져야 하는 것인가? 만약에 어떤 사람이 주어진 조건을 견뎌낼 수 있고 구원의 필요성을 느끼지 않는다면, 구원 과정은 필요하지 않은 것이 아닌가. 구원이 필요하다는 성가신 감정은 최종적으로 누구에게나 넌더리난다는 느낌을 품게 만든다. 그러면 사람은 자신으로부터 구원의 감정을 떨쳐버리려 노력하게 되고, 따라서 그 사람은 구원 작업에 돌입하게 된다.

내가 볼 때, 구원이라는 사상에서 온갖 아름다운 의미를 제거하는 경우에 우리가 큰 혜택을 누릴 수 있고 또 그렇게 할 필요가 있는 것 같다. 그렇게 하지 않으면, 우리는 다시 자신을 기만할 것이다. 왜냐하면 우리가 말을 좋아하고, 또 구원이라는 위대한 말을 통해서 어떤 아름다운 미광(微光)이 그 사상 위로 퍼져 나가기 때문이다. 그러나 구원 작업이 그 자체로 아름다운 것인지에 대해서는 적어도 회의를 품을 수 있다. 로마인들 사이에 야만적이고 지하적인 온갖 것들에 대한 호기심이 이미 발동한 상태였다는 점을 고려한다면, 로마인들은 교수형에 처해진 그 유대인을 보고 고상하다고 느끼지 못했을 것이며, 또 야만스럽고 천박한 상징들이 많이 놓여 있었을 지하 묘지에 대한 과도한 열광이 로마인들의 눈에는 유쾌한 빛이 결여된 것으로 보였을 것이다.

사람이 본의 아니게 구원 작업에 끌려 들어간다고 말하는 것이 가장 정확하고 가장 그럴듯하게 들리는 것 같다. 말하자면, 구원이 필요하다는 저항 불가능한 감정에 맞서고 있는 악처럼 보이지 않으려다 보면, 저절로 구원 작업에 개입하게 된다는 뜻이다. 이런 식으로 구원 작업에 발을 들여놓는 것은 아름답지도 않고 유쾌하지도 않으며 겉모양도 매력적이지 않다. 그리고 그 작업 자체가 너무나 힘들고 고통스럽기 때문에, 그 일을 맡고 나서는 사람은 자신을 병든 사람으로 여겨야지, 자신의 풍요를 다른 사람들에게 나눠주길 원하는, 건강 넘치는 그런 사람으로 여겨서는 안 된다.

따라서 우리는 우리 자신의 구원에 다른 사람을 이용해서도 안 된다. 타인은 우리의 발을 올려놓을 디딤돌이 절대로 아니다. 우리는 우리 자신과 함께 남는 것이 훨씬 더 바람직하다. 구원에 대한 욕구는 오히려 사랑에 대한 욕구의 증대로 나타나며, 우리는 사랑으로 다른 사람을 행복하게 해 줄 수 있다고 생각한다. 그런 한편으로 우리는 열망으로 넘쳐나고 있으며 우리 자신의 조건을 변화시키길 원한다. 그리고 우리는 이 목적을 위해 타인들을 사랑한다. 만약에 우리가 이미 우리의 목적을 성취했다면, 다른 사람은 우리를 냉정하게 가만 둘 것이다. 그러나 우리도 자신의 구원을 위해 타인을 필요로 한다는 말은 맞는 말이다. 아마 타인이 우리에게 자발적으로 도움을 줄 것이다. 이유는 우리가 병에 걸렸거나 무력한 상태에 있기 때문이다. 그에 대한 우리의 사랑은 이타적이다. 그러나 이런 경우에도 사랑이 이타적이라는 말은 거짓말일 것이다. 그 사랑의 목적이 우리 자신의 구원에 있기 때문이다. 이타적인 사랑이 진정할 수 있는 경우는 오직 자기의 요구 사항이 옆으로 밀쳐질 수 있을 때뿐이다. 그러나 언젠가는 자기의 차례가 오게 되어 있다.

자기의 측면에서 보면, 이타적인 사랑은 정말로 죄다.

우리는 자기와의 연결을 다시 확립하기 위해 종종 우리 자신에게로 가야 한다. 이유는 자기가 우리의 악덕에 의해서만 아니라 미덕에 의해서도 너무나 자주 떨어져 나가기 때문이다. 미덕뿐만 아니라 악덕도 언제나 밖에서 살기를 원하기 때문에 나타나는 현상이다. 그러나 우리는 끊임없는 외적 삶을 통해서 자기를 망각하고, 그 때문에 우리는 우리의 최고의 노력에서 은밀히 이기적이게 된다. 우리가 우리 안에서 무시하고 있는 것은 타인들에게 하는 우리의 행동에 은밀히 섞여 든다.

자기와의 결합을 통해서, 우리는 신에게 닿는다.

나는 이 말을 꼭 해야 한다. 고대인들이나 이런 저런 권위자들의 의견이 그래서가 아니라, 나 자신이 직접 경험했기 때문이다. 그 일은 나의 안에서 이런 식으로 나타났다. 그리고 그 일은 분명히 내가 기대하지도 않았고 바라지도 않은 방식으로 일어났다. 이런 형태로 신을 경험하는 것은 기대하지도 않았고 바라지도 않은 일이었다. 나는 그것이 하나의 속임수였다고 말할 수 있기를 바라고, 그 경험을 부정할 수 있기를 바란다. 그러나 나는 그 경험이 상상하기 어려울 만큼 나를 강하게 사로잡았다는 점을, 그리고 지금도 그것이 여전히 나의 안에서 작용하고 있다는 점을 부정하지 못한다. 그래서 만약에 그것이 하나의 기만이라면, 나의 신은 기만이다. 더욱이, 그 신은 허상이다. 그리고 만약에 이것이 나에게 일어날 수 있는 최악의 괴로움이라면, 나는 그 경험을 인정하고 그 안에서 신을 찾아야 할 것이다. 어떤 통찰도, 어떤 반대도 이 경험의 힘을 능가할 만큼 강하지 않다. 그리고 설령 신이 어떤 의미 없는 혐오 속에서 모습을 드러냈다 하더라도, 나는 오직 그 안에서 신을 경험했다고 맹세할 수 있을 뿐이다. 심지어 나는 나의 경험을 충분히 설명하고 그 경험을 이미 알려진 것들과 결합시킬 수 있는 어떤 이론을 제시하는 것도 그다지 어렵지 않다는 것까지 알고 있다. 나는 그 이론을 제시하면서 지적인 측면에서 만족할 수 있지만, 그럼에도 그 이론은 내가 신을 경험했다는 지식의 아주 작은 부분조차도 설명하지 못한다. 나는 그 경험 자체의 확고함에 의해서 신을 알아본다. 나는 그 경험에 의해 신을 인식하지 않을 수 없다. 나는 신을 믿기를 원하지 않는다. 나는 신을 믿을 필요가 없다. 나는 신을 믿지도 못한다. 내가 어떻게 그런 것을 믿을 수 있겠는가? 나의 정신이 그런 것들을 믿게 되려면 심각한 혼동이 일어나야 할 것이다. 그 본질을 따지자면, 신이야말로 가장 일어날 성 싶지 않은 것이 아닌가. 일어날 가능성도 없을 뿐만 아니라, 우리의 이해력에도 불가능한 것이다. 오직 병에 걸린 뇌만이 그런 허상을 볼 수 있을 것이다. 나는 착각과 감각적 기만에 압도당한 그런 병든 사람과 비슷하다. 그러나 나는 신은 우리를 병들게 한다는 점을 말해야 한다. 나는 병을 앓으면서 신을 경험한다. 살아 있는 신은 질병처럼 우리의 이성을 괴롭힌다. 신은 영혼을 취하게 만든다. 신은 인간을 현기증 나는 혼란 속으로 몰아넣는다. 신은 몇 개의 조각으로 깨어질까?

신은 우리의 영혼이 어떤 상태에 있을 때에 우리에게 나타난다. 그러므로 우리는 자기를 통해서 신에게 닿는다. 우리가 자기를 통해 신에게 닿을지라도, 자기가 신은 아니다. 신이 나타날 때, 신은 자기의 뒤에 있고, 자기 위에 있고, 자기 자체이다. 그러나 신은 우리의 병으로 나타나며, 우리는 이 병을 치료해야 한다. 우리는 신으로부터 우리 자신을 치료해야 한다. 왜냐하면 신이 우리의 가장 무거운 상처이기도 하기 때문이다.

무엇보다도, 신의 권력은 전적으로 자기 안에 있다. 이유는 우리가 자기와 함께 있지 않은 탓에 자기가 완전히 신 안에 있기 때문이다. 우리는 자기를 우리 쪽으로 끌어당겨야 한다. 따라서 우리는 자기를 놓고 신과 한바탕 싸움을 벌여야 한다. 왜냐하면 신이 자기를 경계가 없는 곳으로, 말하자면 분해 쪽으로 몰아붙이는, 깊이를 헤아릴 수 없는 그런 막강한 움직임이기 때문이다.

따라서 신이 우리에게 나타날 때, 우리는 가장 먼저 무력해지고, 사로잡히고, 분열되고, 병들고, 대단히 강한 독에 마비되지만, 최고의 건강에 취하게 된다.

그럼에도 우리는 그런 상태로 남지 못한다. 우리의 육체의 모든 힘이 화염 속의 지방(脂肪)처럼 모두 타 버리기 때문이다. 따라서 우리는 자기를 신으로부터 자유롭게 해방시키려고 노력해야 한다. 그래야 우리가 살 수 있기 때문이다.

우리의 이성이 신을 부정하고 오직 병에 대해서만 이야기하는 것은 틀림없이 가능하고 또 꽤 쉬운 일이기도 하다. 따라서 우리는 병든 부분을 받아들이고 그것을 치료할 수 있다. 그러나 그것은 상실을 수반하는 치료일 것이다. 우리는 생명의 일부를 잃는다. 우리는 계속 살아가겠지만, 신에 의해 절름발이가 된 상태로 살아갈 것이다. 불이 벌겋게 탄 곳에, 죽은 재가 놓여 있다.

나는 우리가 선택권을 갖는다고 믿고 있다. 나는 신의 살아 있는 기적들을 더 좋아했다. 나는 매일 나의 삶 전체를 놓고 무게를 달고 있으며, 신의 불타는 듯한 찬란을 합리성의 재보다 더 높고 더 충만한 생명으로 여기고 있다. 나에게 재는 자살이다. 나는 아마 그 불을 끌 수 있었지만, 나는 나 자신에게 신의 경험을 부정하지 못한다. 나는 나 자신을 이 경험으로부터 차단하지도 못한다. 나는 또 그렇게 하기를 원하지도 않는다. 나 자신이 살기를 바라기 때문이다. 나의 삶은 그 자체로 온전하기를 원한다.

그러므로 나는 나의 자기를 보살펴야 한다. 이런 식으로 나는 자기를 획득해야 한다. 그러나 나는 나의 삶이 온전해지도록 하기 위해서 자기를 획득해야 한다. 왜냐하면 삶을 충실히 살 가능성이 있는 때에 삶을 훼손시키는 것이 죄처럼 여겨지기 때문이다. 따라서 자기를 돌보는 것은 신을 보살피는 일임과 동시에 인류를 돌보는 일이다. 나 자신이 적절히 처신한다면, 나는 인류에게 나를 부담지우지 않을 것이고 신으로부터 나의 자기를 치유할 것이다.

나는 나의 자기를 신으로부터 자유롭게 떼어 놓아야 한다. 이유는 내가 경험한 신은 사랑 그 이상으로 증오이기도 하고, 아름다움 그 이상으로 혐오이기도 하고, 지혜 그 이상으로 무의미이기도 하고, 권력 그 이상으로 무기력이기도 하고, 어디에나 있는 존재 그 이상으로 나의 창조물이기도 하기 때문이다.

그 다음날 밤에, 나는 다시 필레몬의 목소리를 들었다.

"더 가까이 다가와서 신의 무덤 속으로 들어가도록 하라. 너의 작업이 벌어지는 장소는 지하 납골당이어야 해. 신이 너의 안에서 살아서는 안 되고, 네가 신의 안에서 살아야 해."

이 말이 나를 혼란스럽게 만들었다. 그 전까지 나는 신으로부터 나 자신을 자유롭게 풀어놓는 일에 대해 생각했기 때문이다. 그러나 필레몬은 나에게 신의 속으로 더 깊이 들어가라고 조언했다.

그 신이 위쪽의 영역으로 올라갔기 때문에, 필레몬도 마찬가지로 달라졌다. 필레몬은 처음에 아득히 먼 땅에 사는 마법사로 나에게 나타났지만, 이제 나는 그가 가까이 있다는 것을 느꼈다. 그리고 그 신이 올라갔기 때문에, 나는 필레몬이 나를 취하게 만들고 나에게 낯설고 감수성이 다른 언어를 주었다는 것을 알았다. 그 신이 올라갔을 때, 이 모든 것은 희미해졌으며, 오직 필레몬만이 그 언어를 간직했다. 그러나 나는 필레몬이 나와 다른 길들을 계속 걸었다는 것을 느꼈다. 내가 이 책 앞부분에 쓴 글의 대부분은 아마 필레몬이 나에게 전한 내용일 것이다. 따라서 나는 취한 상태나 마찬가지였다. 그러나 지금 나는 필레몬이 나와 뚜렷이 구분되는 어떤 형태를 취했다는 것을 눈치 챘다.

## 4

몇 주일 뒤에, 그림자 3개가 나에게 다가왔다. 나는 그들의 축축한 숨결을 근거로 그들이 죽은 자들이라는 것을 알 수 있었다. 첫 번째 형상은 여자의 형상이었다. 그녀는 가까이 다가오면서 약한 회오리 소리를 냈다. 태양 풍뎅이의 날갯짓 소리 같았다. 그때 나는 그녀를 알아보았다. 그녀는 살아 있을 때의 모습을 보여주었다. 말하자면, 나를 위해서 이집트인들의 신비들을, 즉 붉은 태양 원반과 황금 날개들의 노래를 재현했다는 뜻이다. 그녀는 여전히 그림자로 남아 있었으며, 나는 그녀의 말을 거의 이해하지 못했다. 그녀는 이렇게 말했다.

"내가 죽을 때엔 밤이었어. 너는 여전히 낮

속에 살고 있고. 너 앞엔 아직 날들이 있고 해(年)들이 있어. 넌 뭘 시작할 건가. 내가 말을 갖게 해 다오. 오, 네가 듣지 못하는 말을! 얼마나 어려운지. 나에게 말을 다오!"

나는 낙담한 채 대답했다. "나는 당신이 찾고 있는 말을 몰라."

그러자 그녀가 외쳤다. "상징, 매개체. 상징이 필요해. 우리는 상징을 갈망하고 있어. 우리를 위해 빛을 만들어."

"내가 어떻게 그걸 말들 수 있어? 나는 당신이 요구하는 상징이 뭔지 몰라."

그래도 그녀는 고집을 부렸다. "너는 상징을 찾을 수 있어. 찾아 봐."

바로 그 순간에 그 표시가 나의 손에 놓였으며, 나는 그것을 보고 깜짝 놀랐다. 그때 그녀가 기쁜 듯 큰 소리로 나에게 말했다.

"바로 그거야. 그것이 HAP야. 우리가 애타게 갈망했던 상징 말이다. 우리에게 필요한 상징이야. 그것은 지극히 단순하고, 아주 시시하고, 당연히 신을 닮았으며, 신의 다른 쪽 극단이야."

"당신이 HAP를 필요로 하는 이유가 뭔가?" 내가 물었다.

"그는 빛 속에 있고, 다른 신은 밤 속에 있어."

이에 나는 대답했다. "오, 그게 무슨 뜻인가? 정신의 신이 밤 속에 있다고? 그것이 그 아들인가? 개구리들의 아들? 그가 우리의 낮의 신이라면, 우리에게 화 있을진저!"

그러나 죽은 자는 의기양양하게 말했다.

"그는 육신의 정신이고, 피의 정신이야. 그는 육체의 모든 액체의 추출물이고, 정액과 내장, 생식기, 머리, 발, 손, 관절, 뼈, 눈과 귀, 신경과 뇌의 정신이야. 그는 가래와 분비물의 정신이야."

이 말에 나는 공포에 질려 소리를 질렀다. "당신은 악마의 성격을 가졌는가? 번쩍번쩍 빛나는 나의 신성한 빛은 어디 있어?"

그러나 그녀는 이렇게 말했다. "너의 육체는, 너의 살아 있는 육체는 너와 함께 있어, 나의 소중한 사람이여. 계몽적인 생각은 육체에서 나오고 있어."

내가 말했다. "지금 어떤 생각에 대해 말하고 있어? 그럴 만한 생각이 전혀 떠오르지 않는데."

"그것은 한 마리 벌레처럼, 한 마리 뱀처럼 기어 다니고 있어. 여기 있다 싶으면 저기서 나타나지. 지옥의 눈 먼 도롱뇽 같아."

"그러면 나는 산 채로 묻혀야 함에 틀림없어. 오, 소름끼쳐! 오, 썩는 냄새! 나는 거머리처럼 찰싹 달라붙어야 하는가?"

"그럼. 피를 빨아. 피를 실컷 빨아. 시체로 배를 채우는 거야. 안에 즙이 있어. 구역질날 게 확실하지만 영양은 풍부해. 너는 이해하려

들 것이 아니라 그냥 빨아야 해!"

"끔찍해! 절대로 안 해!" 나는 화를 내며 소리를 질렀다.

그러나 그녀는 이렇게 말했다. "네가 화를 낼 건 하나도 없어. 우리에겐 이 식사가 필요해. 인간들의 생명이 담긴 즙 말이야. 우리가 너의 생명을 공유하길 원하기 때문이지. 그러면 우리는 너에게 더 가까이 다가갈 수 있고, 알아두면 좋은 소식을 너에게 주고 싶거든."

"정말 터무니없는 말이야! 도대체 무슨 말을 하는 거야?"

그러나 그녀는 나를 바라보았다. 내가 살아있는 존재들 틈에서 그녀를 마지막으로 보던 날, 그녀가 나를 바라보던 눈길 그대로였다. 그날 그녀는 이집트인들이 남긴 신비들 중 일부를 그 의미도 모르는 상태에서 나에게 보여주었다. 그녀는 나에게 이렇게 말했다.

"나를 위해서, 우리를 위해서 그것을 해. 너는 나의 유산을 기억하고 있어? 빨간 태양 원반과 황금 날개, 생명과 영원의 화환을. 불멸성, 이것에 대해 알아야 할 게 있어."

"이 지식에 닿는 길은 지옥이야."

이때부터 나는 우울한 생각에 깊이 잠겼다. 이유는 나 자신이 이 길이 압박감과 불가해한 분위기, 고독감을 안겨줄 것이라고 의심했기 때문이다. 그리고 나의 안에 있는 온갖 약한 요소와 소심함에 맞서 오랜 시간 갈등을 빚은 끝에, 나는 신성한 오류이고 영원히 유효한 진리인 이 고독을 나 스스로 떠안기로 결정했다.

그리고 사흘째 되는 날 밤에 나는 나의 죽은 연인을 불러서 부탁했다. "벌레들과 땅을 기어 다니는 생명체들의 지혜를 나에게 가르쳐줘. 그리고 나에게 그 정신들의 어둠을 열어줘!"

그러자 그녀가 속삭였다. "피를 줘. 그러면 내가 피를 마시고 다시 말을 할 수 있을 거야. 너는 권력을 아들에게 넘기겠다고 했을 때 거짓말을 하고 있었던 거냐?"

"아니. 거짓말이 아니었어. 그러나 나는 나 자신이 이해하지 못하는 말을 했어."

"네가 이해할 수 없는 말을 할 수 있다면, 너는 운이 좋은 거야." 그녀가 말했다. "그러니 잘 들어. HAP는 지금도 여전히 가라앉은 채로 있는 교회의 토대가 아니고 꼭대기야. 우리는 이 교회가 필요해. 우리가 그 안에서 너와 함께 살 수 있고 너의 삶에 관여할 수 있기 때문이지. 너는 너 자신을 해치면서까지 우리를 배제시켰어."

"나에게 말해 봐. HAP는 당신이 살아 있는 자들과 공동체를 형성할 것이라고 기대하고 있는 교회의 표시인가?"

그녀는 못마땅하다는 듯 낮은 소리로 속삭였다. "피를 줘. 피가 필요해."

"그렇다면 나의 심장에서 피를 빨아." 내가

말했다.

그러자 그녀가 "고마워."라고 대답했다. "너의 피는 생명력으로 넘쳐. 그림자 세계의 공기는 아주 희박해. 우리가 바다 위를 나는 새처럼 공기의 대양 위를 날고 있기 때문이야. 많은 것들이 한계 너머까지 갔어. 그러다가 바깥 공간의 막연한 길들 위에서 퍼덕거리기도 하고 어쩌다 낯선 세상들을 만나기도 하지. 그러나 아직 가까이 있고 불완전한 우리는 공기의 바다 속에 잠기고, 땅으로, 산 자들에게로 돌아가는 것을 좋아해. 너는 내가 들어갈 수 있는 그런 동물의 형태는 안 갖고 있는 거냐?"

이 말에 나는 깜짝 놀라서 목소리를 높였다. "뭐라고? 당신이 나의 개가 되고 싶다고?"

"그래, 가능하다면." 그녀가 대답했다. "나는 너의 개라도 되고 싶어. 나에게 너는 상상할 수 없을 만큼 소중한 존재야. 나의 희망이지. 나는 내가 남겨 놓은 것들이 빨리 완전해지는 것을 보고 싶은 마음이 여전히 간절해. 나에게 피를 줘. 많은 피를!"

"그렇다면 마셔." 나는 절망하며 말했다. "마셔. 그래야만 무슨 일이든 일어날 테니."

그녀가 망설이는 듯한 목소리로 속삭였다. "브리모(Brimo)[55]. 네가 그녀를 이런 이름으로 부를 것이라고 짐작해. 그 늙은 존재. 그 일은 그렇게 시작되지. 아들을 낳은 존재. 막강한 HAP인 그 아들은 그녀의 수치심으로부터 자랐으며, 땅 위로 구부리고 있는 천상의 아내를 얻으려고 애를 썼어. 브리모가 위와 아래에서 아들을 감싸고 있으니까. 그녀가 그를 낳아 길러. 아래에서 태어난 그는 위를 수정시키지. 아내가 그의 어머니이고 어머니가 그의 아내이기 때문이야."

"어찌 이런 가증스런 가르침을! 이것으로도 그 끔찍한 신비는 아직 충분하지 않은가?" 나는 분노와 혐오감에 외쳤다.

"만약에 하늘이 임신해 그 열매를 더 이상 붙들어두지 못하는 상황에 이른다면, 하늘은 죄의 짐을 지고 다닐 인간을 낳아. 그것이 생명의 나무고, 영원의 나무야. 나에게 너의 피를 줘! 잘 들어! 이 수수께끼는 끔찍해. 천상의 존재인 브리모가 임신했을 때, 그녀는 용을 낳았어. 후산이 먼저 있고, 아들 HAP가 나오고, HAP를 짊어지고 있던 존재가 나왔어. HAP는 아래의 반항이지만, 그 새가 위에서 와서 HAP의 머리 위에 앉아. 그것이 평화야. 너는 하나의 그릇이고. 말해 봐, 하늘이여, 그대의 비를 내려줘. 너는 하나의 껍질이야. 빈 껍질들은 쏟지 않아. 그것들은 받지. 사방의 모든 바람으로부터 물이 한 줄기 흐르도록 해 주길. 또 다른 밤이 다가오고 있다고 너에게 말해주고 싶어. 하루, 이틀, 많은 날들이 종말을 맞았어.

55 마법과 주문의 여신인 헤카테와 동일시되는 죽음의 여신.

낮의 빛이 아래로 내려가며 그림자를, 태양의 그림자를 밝게 비추고 있어. 생명은 하나의 그림자가 되고, 그림자는 스스로 생명을 불어넣고 있으며 그림자가 너보다 더 커. 너는 너의 그림자가 너의 아들이라고 생각하는가? 너의 아들은 정오에 작아지고, 자정에 하늘을 가득 채워."

그러나 나는 지치고 절망했으며, 더 이상 들어줄 수 없었다. 그래서 나는 죽은 자에게 이렇게 말했다.

"그러면 당신은 나의 밑에서, 물 위의 나무들 아래에서 살았던 그 끔찍한 아들에 대해 말하고 있는가? 그가 천국들이 퍼붓고 있는 정신인가 아니면 땅이 낳은 영혼 없는 벌레인가? 오, 하늘이여, 오, 사악하기 짝이 없는 자궁이여! 당신은 그림자를 위해서 나로부터 생명을 빨기를 원하는가? 그리하여 인간성이 전적으로 신성을 위해 낭비되어야 하는가? 나는 살아 있는 자들 대신에 그림자들과 함께 살아야 하는가? 살아 있는 자들에 대한 갈망은 오직 죽은 자인 당신에게만 해당되는 것인가? 당신은 살 시간을 갖지 않았는가? 당신은 그 시간을 이용하지 않았는가? 살아 있는 자가 영원성을 살지 않은 당신을 위해서 생명을 내놓아야 하는가? 말해 보라, 무언의 그림자들이여. 나의 문 앞에 서서 나의 피를 요구하고 있는 그림자들이여!"

죽은 자의 그림자가 목소리를 높이며 말했다. "너는 도대체 아는 거니 모르는 거니? 살아 있는 자들이 너의 생명을 갖고 무슨 짓을 하고 있는지를? 살아 있는 자들이 너의 생명을 너도 모르는 사이에 조금씩 낭비하고 있어. 그러나 너는 나와 함께 너 자신의 삶을 살고 있어. 이유는 내가 너에게 속하기 때문이지. 나는 눈에 보이지 않는 가운데 너를 따르고 있으며, 공동체의 일원이야. 너는 살아 있는 자가 너를 보고 있다고 믿니? 그들은 오직 너의 그림자만을 보고 있어. 너를 보고 있는 것이 아니야. 너는 하인이고, 전달하는 자이고, 그릇일 뿐이야."

"장황하게 이야기하는군! 내가 당신에게 좌지우지되고 있다고? 내가 더 이상 낮의 빛을 볼 수 없다고? 살아 있는 육체를 가진 그림자가 되어야 한다고? 당신은 형체도 없고, 손에 잡히지도 않으며, 무덤의 냉기를, 공백의 숨결을 발산하고 있어. 내가 산 채로 묻히도록 하기 위해서? 당신은 지금 무슨 생각을 하고 있는 거야? 내가 볼 때 너무 이른 것 같아. 그러려면 먼저 내가 죽어야 하니까. 당신은 나의 가슴을 즐겁게 해줄 꿀을 갖고 있고 또 나의 손을 따뜻하게 덥혀줄 불을 갖고 있는가? 음산한 그림자들인 당신들은 무엇인가? 어린 아이들의 유령들! 당신은 나의 피로 무엇을 원하는가? 정말이지, 당신은 인간들보다도 형편

없어. 인간들은 조금이나마 주기나 하지, 당신은 뭘 주는가? 당신은 생계를 꾸리고 있는가? 따스한 아름다움? 혹은 기쁨? 아니면 이 모든 것들은 당신의 음산한 지옥으로 가야 하는가? 그 대가로 당신은 무엇을 제공하는가? 신비? 살아 있는 자가 신비로 살 수 있는가? 만약에 살아 있는 자가 그런 것으로 살지 못한다면, 나는 당신의 신비를 속임수로 여길 거야."

그러나 그녀가 나의 말을 가로막으며 외쳤다. "성급한 인간 같으니. 그만 해. 너 때문에 숨이 다 막히려고 해. 우리는 그림자들이야. 너도 그림자가 되어 봐. 그러면 우리가 주는 것을 잡을 수 있을 테니까."

"나는 당신의 어둠 속으로 내려가기 위해 죽고 싶지는 않아."

"그러나 넌 죽을 필요가 없어. 그냥 있어도 묻히고 말 거니까."

"부활을 기대하면서? 지금 농담하는 거냐!"

그러나 그녀는 차분히 말했다. "너는 무슨 일이 일어날지 낌새를 채고 있어. 너 앞에 삼중의 벽이 있어 앞이 보이지 않지. 너의 갈망과 감정은 지옥으로 보내 버려! 아무튼 너는 우리를 사랑하지 않아. 그래서 우리는 너에게 많은 희생을 요구하지 않아. 너의 사랑과 인내에 빠져서 계속 네가 바보짓을 하도록 만들고 있는 인간들이 오히려 너에게 더 많은 것을 요구하고 있어."

"나의 죽은 자여, 당신은 지금 나의 언어로 말하고 있는 것 같군."

그녀가 경멸하는 말투로 나에게 대답했다. "인간들은 사랑을 해. 너도 마찬가지고! 어떻게 그런 실수를! 네가 사랑한다는 것은 네가 네 자신으로부터 달아나기를 원한다는 것뿐이야. 너는 인간들에게 무슨 짓을 하고 있는 거니? 너는 인간들이 과대망상증을 품도록 유혹하고 구슬리고 있으며, 결국엔 너는 인간들의 과대망상증의 희생자가 되고 말아."

"그러나 사랑이 나를 슬프게 하고, 아프게 하고, 나를 향해 울부짖고 있어. 나는 어떤 위대한 갈망을 느끼고 있고, 부드러운 모든 것은 불만을 터뜨리고 있으며, 나의 가슴은 그리워하고 있어."

그러나 그녀는 무자비한 모습을 보였다. "너의 가슴은 우리의 것이야." 그녀가 계속 말을 이었다.

"너는 인간들에게 뭘 원해? 인간들에게 맞서 자기 방어를 한다고? 네가 인간들을 목발로 삼지 않고 너 자신의 두 발로 걷기 위해서? 인간들은 지나친 요구를 싫어하면서도 언제나 자신으로부터 달아나기 위해 사랑을 원하고 있어. 이런 행태는 사라져야 해. 어리석은 자들이 밖에 나가서 흑인들에게 복음을 설교하는 이유가 뭐야? 자기 나라에서는 복음을 경멸하면서. 이런 위선적인 설교자들이 사랑에 대해, 신의 사랑과 인간의 사랑에 대해 말해놓고는 전쟁을 벌이고 잔인한 행위를 저지르면서 그런 짓을 합리화하는 데 똑같은 복음을 이용하는 이유가 무엇인가? 무엇보다 먼저, 그들 자신이 사기와 자기 기만의 시커먼 진흙 구덩이에 빠져 있는 마당에 뭘 다른 사람들에게 가르친단 말인가? 그들은 자신의 집부터 깨끗이 청소하고, 자신의 악마를 찾아 내쫓았는가? 이런 일을 그들은 하나도 하지 않았어. 그래서 그들은 자기 자신으로부터 달아나고, 자기 자신에게 해야 할 것을 다른 사람들에게 할 수 있기 위해 사랑을 설교하고 있어. 그러나 대단히 소중하게 여겨지는 이 사랑은 자신의 자기에게 쏟을 경우에만 불처럼 타는 법이야. 이 위선자들과 거짓말쟁이들은 너와 마찬가지로 이 같은 사실을 눈치 챘으며, 그래서 다른 사람들을 사랑하는 쪽을 택하고 있어. 그런 것이 사랑이란 말이냐? 그것은 남을 속이는 위선일 뿐이야. 위선은 언제나 당신 안에서 시작하고, 무엇보다 사랑으로 시작해. 자기 자신을 무자비하게 해치는 사람이 사랑으로 다른 사람들에게 선한 행동을 할 것이라고 너는 진정으로 믿는가? 절대로. 당연히 너도 그것을 믿지 않지. 그런 사람은 단지 다른 사람들에게 스스로를 해치는 방법에 대해 설교할 수 있을 뿐이야. 그 사람이 다른 사람들로 하여금 동정을 표현하도록 강요할 테니까. 따라서 너는 그림자 같은 존재가 되어야 해. 인간들이 필요로 하는 것이 그런 거니까. 만약에 네가 네 자신의 사랑의 위선과 어리석음으로부터 벗어나지 못한다면, 다른 사람들이 어떻게 너의 사랑의 위선과 어리석음을 피할 수 있겠어? 모든 것이 네 자신으로부터 시작하기 때문이야. 그러나 너의 말(馬)은 아직도 히힝 울음소리를 자제하지 못하고 있어. 그런데 더욱 불행하게도, 너의 미덕은 꼬리를 흔드는 개이고, 으르렁거리는 개이고, 핥는 개이고, 짓는 개야. 그것을 너는 인간적인 사랑이라고 부르고 있어! 그러나 사랑은 자기 자신을 참고 인내하는 거야. 사랑은 그것으로 시작해. 사랑은 진정으로 너 자신에 관한 거야. 너는 아직 기질이 부드러워지지 않았어. 네가 자신의 고독을 받아들이고 사랑하는 것을 배울 때까지, 다른 불들이 너를 태워야 해.

너는 사랑에 대해 무엇을 묻는 거냐? 사랑이 뭐야? 무엇보다 살아가는 것, 그것은 사랑 그 이상이야. 전쟁이 사랑이니? 너는 인간의 사랑이 여전히 무엇에 좋은지 보게 될 거야. 인간의 사랑은 다른 수단들과 다를 바가 없는 하나의 수단이야. 따라서 무엇보다 고독이야. 네 자신을 향한 온갖 부드러움이 너로부터 다 탈 때까지. 너는 얼어붙는 법을 배워야 해."

"내 앞엔 무덤밖에 보이지 않아." 내가 대답했다. "내 위에 어떤 지독한 의지가 있지?"

"신의 의지지 뭐. 너보다 더 강해. 너는 노예고, 너는 그릇이야. 너는 위대한 존재의 손아귀로 떨어졌어. 그는 동정 같은 건 몰라. 너의 기독교 가리개는 이제 내려졌어. 너의 눈을 멀게 만들었던 장막 말이야. 신은 다시 강해졌어. 인간들의 멍에가 신의 멍에보다 가벼워. 그래서 모든 사람들이 자비를 베풀며 서로를 멍에로 이으려 하고 있는 거야. 그러나 인간들의 손아귀로 떨어지지 않는 사람은 신의 손아귀로 떨어져. 그런 인간에게 재난이 있을진저! 달아날 길은 어디에도 없어."

"그게 자유라고?" 내가 외쳤다.

"가장 숭고한 자유지. 너 자신을 통해서, 너 위에는 오직 그 신만 있어. 이런저런 것을 최대한 편안하게 받아들이도록 해. 신은 문들을 빗장으로 걸어 잠그고 있어. 너는 열지 못해. 너의 감정이 강아지처럼 낑낑거리도록 내버려 둬. 높은 곳의 귀는 듣지 못해."

"하지만." 내가 물었다. "인간 때문에 화를 내는 일도 없단 말인가?"

"화? 나는 너의 화를 비웃고 있어. 신은 오직 권력과 창조만 알아. 신은 명령하고, 너는 행동하는 거야. 너의 걱정이 가소로울 뿐이야. 세상엔 오직 한 가지 길, 신의 군사적인 길밖에 없어."

죽은 자는 이런 무자비한 말을 나에게 했다. 나는 어느 누구에게도 복종하길 원하지 않았기 때문에 이 목소리에 복종해야 했다. 그리고 그녀는 신의 권력에 대해서도 가차 없이 말했다. 나는 이 말을 받아들여야 했다. 우리는 새로운 빛을, 핏빛 붉은 태양을, 고통을 수반하는 기적을 맞이해야 한다. 어느 누구도 나를 강제하지 못한다. 오직 내 안에 있는 낯선 의지만 명령하고 있으며, 나는 달아날 근거를 전혀 발견하지 못하기 때문에 달아나지 못한다.

내 앞으로 나타나고 있는 태양은 피와 통곡의 바다를 건넜으며, 그래서 나는 죽은 자에게 말했다.

"그것은 기쁨의 희생이어야 하는가?"

그러나 죽은 자는 이렇게 대답했다. "그 희생을 네가 직접 한다면야, 그건 틀림없이 기쁨의 희생이지. 기쁨은 만들어지는 것도 아니고 추구하는 것도 아니야. 그것은 와야 할 때엔 반드시 오게 되어 있어. 나는 너의 봉사를 요구하고 있어. 너는 너 자신의 개인적 악에 봉사해서는 안 돼. 그러면 불필요한 고통이 따르게 되어 있어. 진정한 기쁨은 단순해. 진정한 기쁨은 스스로 오고 스스로 존재하는 거야. 여기저기서 추구하고 그러는 것이 아니야. 컴컴한 밤을 만날 위험을 감수하면서, 너는 너 자신을 나에게 바치고 기쁨 따위를 추구해서는 안 돼. 기쁨은 절대로 준비될 수 있는 것이 아니며 저절로 존재하거나 아예 존재하지 않는 거야. 네가 할 일은 너의 임무를 완수하는 거야. 그것 외에는 아무것도 없어. 기쁨은 성취에서 오지, 갈망에서 오는 것이 아니야. 나는 권력을 갖고 있어. 나는 명령하고, 너는 복종해야 하는 거야."

"당신이 나를 파괴할까 봐 무서워."

그러나 그녀는 이렇게 대답했다. "나는 단지 부적절한 것만을 파괴하는 생명이야. 그러니 너도 절대로 서투른 도구가 되지 않도록 노력해. 너는 너 자신을 지배하길 원하는가? 그런데 너는 너의 배를 모래 위로 몰고 있어. 돌을 하나씩 차곡차곡 쌓아서 너의 다리를 건설하도록 해. 그러나 조타 장치를 잡을 생각은 하지 마. 너는 나의 도움을 피하길 원하는 순간에 길을 잃고 말 거야. 내가 없는 상태에서 구원은 절대로 있을 수 없어. 그런데 네가 꿈을 꾸고 망설이는 이유가 뭐야?"

나는 이렇게 대답했다. "당신이 알다시피, 나는 앞을 보지 못하며 어디서 시작해야 할지 모르고 있어."

"그것은 언제나 이웃으로 시작해. 교회는 어디 있어? 공동체는 어디에 있고?"

이에 나는 화가 나서 소리를 질렀다. "미친 소리 그만 해. 당신이 왜 교회를 들먹여? 내가 예언자야? 어떻게 내가 스스로 그런 존재라고 주장할 수 있어? 나는 다른 사람들보다 조금도 더 많이 알 자격이 없는 한 사람의 인간일 뿐이야."

그러나 그녀는 이렇게 대답했다. "나는 교회를 원하고 있어. 너나 다른 사람들을 위해서도 교회는 필요해. 교회가 없다면, 너는 내가 너의 발아래에 무릎을 꿇도록 강요하고 있는 사람들을 어떻게 할 건데? 아름답고 자연스런 것들이 끔찍하고 어두운 것들 속으로 깃들면서 길을 보여줄 거야. 교회는 자연스런 것이야. 신성한 의식(儀式)은 해체되어 정신이 되어야 해. 다리는 인류 그 너머로, 아주 멀리 하늘의 침범 불가능한 곳으로 이어져야 해. 확고한 의미를 가진 외부 기호들에 바탕을 둔 정신들의 공동체가 있어."

"들어 봐." 나는 외쳤다. "그것은 생각해 볼 가치도 없어. 이해도 안 돼."

그러나 그녀는 말을 계속했다. "죽은 자들과 연대하는 것은 너와 죽은 자들 모두에게 필요한 거야. 죽은 자들의 어떤 것과도 섞지 말고, 그들과 따로 서서 서로 할 일만을 하면 돼. 죽은 자들이 너에게 속죄의 기도를 요구하고 있어."

그리고 이 말을 할 때, 그녀는 목소리를 높이고 나의 이름으로 죽은 자를 불러냈다.

"그대, 죽은 자들이여, 내가 그대들을 부르노니.

그대, 삶의 고통을 벗어던지고 떠난 자들의 그림자들이여, 이리로 오시오!

나의 피가, 나의 생명의 즙이 그대들의 식사

와 음료가 될 것이오.

나를 통해서 그대 자신들을 이어가시길. 그러면 생명과 말이 그대의 것이 될 것이오.

늘 움직이고 있는 시커먼 그대들이여, 이리로 오시오. 내가 나의 피로, 살아 있는 존재의 피로 그대들을 기운 나게 할 것이니. 그러면 그대들은 나의 안에서 나를 통해서 말과 생명을 얻을 것이오.

신이 나로 하여금 그대들에게 이런 기도를 올리도록 강요하고 있어요. 그대들이 생명을 얻을 수 있도록. 우리가 그대들을 너무 오랫동안 외로이 둔 것 같습니다.

연대의 끈을 연결하도록 해 주십시오. 그러면 살아 있는 이미지와 죽은 이미지가 하나가 될 것이고, 과거가 현재 속에서 계속 살게 될 것입니다.

우리의 욕망이 우리를 살아 있는 세계로 이끌고, 우리는 우리의 욕망 속에서 길을 잃었나이다.

이리로 와서 살아 있는 피를 마십시오. 실컷. 그러면 우리는 눈에 보이고 파악 가능하고 현존하는 존재가 되고 싶은 생생한 갈망의 힘으로부터 보호를 받을 수 있을 것입니다.

우리의 피를 통해서, 언쟁과 불화, 추함, 폭행, 굶주림 같은 악을 낳고 있는 욕망을 마십시오.

먹고 마십시오. 이것이 나의 육체라오. 그것은 그대를 위해 살고 있지요. 먹고 마십시오. 이것이 나의 피라오. 이 피의 욕망은 그대를 위해 흐르고 있지요.

이리로 와서 그대들의 구원과 나의 구원을 위해서 나와 최후의 만찬을 축하하도록 해요.

그대들과의 연대가 필요합니다. 그래야만 나 자신이 살아 있는 자들의 공동체에도 희생되지 않고 나의 욕망에도, 그대들의 욕망에도 희생되지 않을 것입니다. 정말이지, 나와 그대들의 시기심은 결코 만족을 모르며, 따라서 악을 낳고 있지요.

나를 도와주십시오. 나의 욕망이 그대들을 위한 제물의 불이라는 것을 잊지 않도록 말입니다.

그대들은 나의 공동체입니다. 나는 살아 있는 자들을 위해 살 수 있는 것을 살고 있습니다. 그러나 나의 갈망의 과잉은 그대들, 그대 그림자들에게 속합니다. 우리는 그대들과 더불어 살 필요가 있지요.

우리에게 행운을 내리시고, 우리가 구원의 빛으로 축복 받을 수 있게 우리의 닫힌 정신을 열도록 해 주십시오. 부디 그런 일이 일어나도록 해주시길!"

죽은 자는 이 기도를 끝낸 뒤에 내 쪽으로 몸을 돌리며 말했다.

"죽은 자들이 필요로 하는 것은 아주 많아. 그러나 신은 제물의 기도를 전혀 필요로 하지 않아. 신은 좋은 의지도 전혀 갖고 있지 않고 나쁜 의지도 전혀 갖고 있지 않아. 신은 친절하고, 실제로는 그렇지 않은데도 무서워 보이지만 너에게만 그렇게 보여. 그러나 죽은 자들은 너의 기도를 들어. 죽은 자들이 아직 인간의 본성을 갖고 있기 때문이고, 좋은 의지와 나쁜 의지로부터 아직 자유롭지 않아서 그래. 이해가 잘 안 되니? 인류의 역사는 너보다 더 길고 또 더 현명해. 죽은 자들이 하나도 없었던 때가 있었어? 터무니없는 기만이라고! 인간이 죽은 자들을 잊으면서 자신이 이제 막 진정한 삶을 시작했다고 생각하기 시작한 것은 극히 최근의 일이야. 그러면서 죽은 자들을 격분하게 만든 거지."

5

죽은 자는 이런 말을 한 뒤에 사라졌다. 나는 우울한 기분과 혼란스런 느낌에 빠졌다. 내가 위를 다시 올려다보자, 높은 영역에서 나의 영혼이 떠돌고 있는 것이 보였다. 나의 영혼은 멀리 신으로부터 흘러나오고 있는 찬란함에 환하게 빛나고 있었다. 나는 나의 영혼을 향해 큰 소리로 외쳤다.

"그대는 여기서 일어난 일을 알고 있어. 그대는 그 일이 인간의 능력과 이해력을 능가한다는 것을 알고 있어. 그러나 나는 그대와 나를 위해서 그것을 받아들이고 있어. 생명의 나무에서 십자가형에 처해지는 거야. 오, 이 괴로움! 오, 고통스런 침묵! 그것이 불같은 천국과 영원한 충만을 건드린 그대, 나의 영혼이 아니라면, 나는 어떻게 해야 하는가?

나는 나 자신을 인간 동물들 앞에 던진다. 오, 더없이 비겁한 고통! 나는 나의 미덕을, 나의 최고의 능력을 찢어야 해. 왜냐하면 그런 것들이 인간 동물의 측면에선 여전히 가시들이기 때문이야. 최선의 것을 추구하다가 죽는 것이 아니라, 생명을 위해서 가장 아름다운 것을 더럽히고 찢어내는 거야.

아, 내가 나의 시체와 최후의 만찬을 하지 않도록 막아줄 건전한 기만은 어디에도 없단 말인가? 죽은 자들이 나를 통해 살기를 바라고 있어.

그대는 왜 나를 기독교 세계에서 쏟아져 나오는 인간의 오물을 마시는 존재로 본 거냐? 나의 영혼이여, 그대는 불같은 충만을, 멀리 보는 눈을 충분히 갖추고 있지 않았어? 그대는 아직도 신성의 눈부신 하얀 빛 속으로만 날기를 원하는가? 그대는 나를 어떤 공포의 그늘 속으로 던져 넣고 있는가? 악마의 웅덩이는 그 진흙이 빛을 발하는 너의 옷까지 더럽힐 만큼 깊은가?

그대는 나에게 그런 고약한 짓을 할 권리를

어디서 얻는가? 구역질나는 오물이 담긴 그릇을 나에게서 지나가게 해 줘. 그러나 만약에 이것이 그대의 뜻이 아니라면, 불같은 하늘까지 올라가서 불평하고, 불쾌한 존재인 신의 옥좌를 뒤엎어 버리고, 신들 앞에서 인간의 권리를 선포하고, 인간의 악명 높은 행위에 대해 신들에게 복수를 해. 이유는 신들만이 인간 벌레에게 잔악한 행위를 하도록 부추길 수 있기 때문이야. 나의 운명으로도 충분하도록 해 주고, 인간이 인간의 운명을 떠안도록 해 주라.

오, 나의 어머니 인류여, 신이라는 끔찍한 벌레를, 인간들의 목을 졸라 질식시키는 존재를 그대로부터 떼어내도록 하라. 신의 끔찍한 독 때문에 신을 숭배하는 일이 없도록 하라. 독은 한 방울이면 충분하다. 그리고 모든 공백이고 모든 충만인 신에게 한 방울이 무슨 의미를 지니겠는가?"

이런 말들을 외칠 때, 나는 필레몬이 내 뒤에 서서 그 말들을 나에게 주었다는 것을 알아차렸다. 그가 눈에 띄지 않게 나의 옆으로 왔으며, 나는 선하고 아름다운 무엇인가가 가까이 있다는 것을 느꼈다. 이어서 그는 부드럽고 깊은 목소리로 나에게 말했다.

"오, 인간이여, 너의 영혼으로부터도 신성을 벗겨내도록 해. 그걸 최대한 멀리 버리도록 해. 너의 영혼이 너와 함께 다니다니 얼마나 우스운 일인가! 너의 영혼이 아직도 너에게 신성한 힘을 부당하게 행사하고 있어! 너의 영혼은 다루기 힘든 아이이고, 동시에 피에 굶주린 정령이며, 인간들을 괴롭히는 고문자야. 그런 것으로 따지자면 영혼과 비교할 만한 것이 없어. 이유는 바로 영혼이 신성을 갖고 있기 때문이지. 왜 영혼이 그래야 하는데? 너의 영혼이 어디서 신성을 얻는 거야? 바로 네가 너의 영혼을 존경하기 때문이야. 죽은 자들도 똑같은 것을 원하고 있어. 그런데 죽은 자들이 차분히 있지 못하는 이유가 뭔가? 그들이 아직 저편으로 건너가지 않았기 때문이야. 그들이 제물을 원하는 이유가 무엇인가? 그래야만 그들이 살 수 있기 때문이지. 그러나 그들이 여전히 인간들과 함께 살기를 원하는 이유는 무엇인가? 그들이 지배하길 원하기 때문이지. 그들은 여전히 권력 욕구를 품은 상태에서 죽었기 때문에 권력에 대한 갈망을 아직 죽이지 못하고 있어. 어린이와 늙은이, 사악한 부인, 죽은 자의 정령, 악마 같은 것들은 비위를 맞춰 줄 필요가 있는 존재들이야. 영혼을 두려워하고, 영혼을 경멸하고, 영혼을 사랑하도록 해. 신을 대하듯이. 그런 존재들이야말로 우리로부터 멀리 떨어져 있어야 하느니라! 그래도 절대로 그들을 잃는 일은 없어야 하느니라! 그런 일이 벌어지면, 그들이 뱀만큼이나 악의적이고, 난데없이 뒤에서 불쑥 덮치는 호랑이만큼이나 피에 굶주린 모습을 보이게 되기 때문이야. 인간이 길을 잃으면 한 마리 동물이 되고, 영혼이 길을 잃으면 악마가 되지. 사랑과 두려움, 경멸, 증오의 마음으로 영혼을 주시할 것이며, 영혼이 너의 시야를 벗어나는 일이 일어나지 않도록 하라. 영혼은 강철벽 뒤나 아주 깊은 지하 저장소에 가둬둬야 하는, 악마 같으면서도 신성한 보물이야. 영혼은 늘 밖으로 나가서 빛나는 아름다움을 흩뿌리길 원해. 조심해야 한다. 네가 이미 배신을 당했으니까! 너는 너의 영혼보다 더 불성실하고 더 교활하고 더 가증스런 여자를 절대로 발견하지 못할 거야. 그런데 내가 어떻게 영혼의 아름다움과 완전의 기적을 찬양할 수 있겠는가? 그녀는 불멸의 젊음의 광휘 속에 서 있지 않은가? 그녀의 사랑은 취하게 하는 포도주이고, 그녀의 지혜는 뱀들의 원초적인 영리함이 아닌가?

인간들을 영혼으로부터 보호하고, 영혼을 인간들로부터 보호하라. 영혼이 감옥 속에서 울부짖고 노래하는 것에 귀를 기울이되, 영혼이 도망가도록 내버려두지는 마라. 즉시 그녀가 매춘부로 돌변할 테니까. 그녀의 남편으로서 너는 그녀를 통해 축복을 받았고, 따라서 저주를 받았다. 그녀는 '엄지왕자들'과 거인들로 이뤄진 악령의 종족에 속하고, 인간과의 관계는 아주 멀어. 그녀를 인간의 관점에서 이해하려다가는 아마 네가 이성을 잃고 말 걸.

인간이여! 신들이 사냥감으로 택한, 절망과 고통에 빠져 있는 약한 인간이여! 실망한 영혼이 너의 주위에 엮어놓은 피 묻은 장막을, 그리고 죽음을 부르는 존재가 엮어 놓은 잔인한 그물을 갈가리 찢어라. 그리고 은총으로부터 추락한 사건의 후유증에서 아직 회복하지 못한 채 오물과 권력을 맹목적으로 갈망하고 있는 그 신성한 매춘부를 꼭 붙잡고 있어라. 그녀를 온갖 지저분한 똥개와 피를 섞으려 드는 음탕한 암캐로 여겨 가두도록 하라. 그녀를 붙잡아라. 그만하면 이미 충분하다. 그녀가 한 번쯤은 너의 고통을 맛보도록 해 주라. 그러면 그녀가 인간과 인간이 신들로부터 빼앗은 망치를 느끼게 될 것이다.

인간의 세상에서 인간이 지배하기를. 인간의 법들이 유효하기를. 그러나 영혼들과 악령들과 신들을, 그들이 요구하는 것을 제공하면서 그들의 방식대로 다루도록 하라. 그러나 인간에게는 절대로 짐을 지우지 말 것이며, 인간에게는 아무것도 요구하지 말고 기대하지도 마라. 악마 같은 너의 영혼과 신 같은 너의 영혼이 너로 하여금 믿도록 하려는 것이 있겠지만, 그래도 너는 인간에 어울리는 것을 경건하게 행하면서 꾹 참고 침묵을 지켜라. 타인이 도움이나 의견을 청해 오지 않거든, 너는 타인에게 영향을 미치려 들지 말고 너 자신에게 영향을 미치려 해야 한다. 너는 타인이 하는 것을 이해하는가? 절대로 그렇지 않다. 네가 어떻게 타인의 행위를 이해할 수 있겠는가? 타인이 네가 하는 행동을 이해할 수 있는가? 그런데 너는 타인에 대해 생각하고 타인에게 영향을 행사할 권리를 어디서 얻는단 말인가? 너는 너 자신을 게을리했어. 너의 정원에 잡초가 무성해. 너는 이웃에게 질서에 대해 가르치길 원하고 이웃의 결점을 뒷받침할 증거를 제시하고 있어.

왜 네가 타인들에게 침묵을 지켜야 하는가? 너 자신의 악령들에 대해서도 할 말이 아주 많기 때문이다. 그러나 만약에 네가 너의 의견이나 조언을 청하지 않은 타인에게 영향력을 행사하거나 그 사람에 대해 생각한다면, 네가 그렇게 하는 이유는 네가 네 자신과 너의 영혼을 구분하지 못하고 있기 때문이다. 그래서 너는 너의 영혼의 추정에 희생이 되고 너의 영혼이 매춘을 하도록 돕고 말아. 아니면 너는 너의 영혼이나 신들에게 너의 인간의 권력을 넘겨줘야 한다고 믿는가? 혹은 네가 신들이 타인들에게 영향을 미치도록 유도하는 것을 유익하고 경건한 일로 여기는가? 앞을 보지 못하는 맹목적인 존재여, 그런 것이 바로 기독교인의 뻔뻔스러움이라네. 신들은 터무니없는 우상숭배자인 너의 도움을 필요로 하지 않아. 터무니없는 우상숭배자인 너는 네 자신이 마치 신처럼 보이고, 그래서 인간들을 향상시키고, 비난하고, 교육시키고, 창조하길 원할 거야. 그런 너 자신은 완전하니? 그러니 침묵을 지키고, 너의 일에나 신경을 쓰고, 매일 너 자신의 부족을 보려무나. 너 자신의 도움을 절실히 필요로 하고 있는 것은 바로 너야. 너는 너의 의견을 지킬 줄 알아야 하고, 너 자신을 위해서 훌륭한 조언을 늘 준비해야 하며, 동정심을 베풀고 돕겠다는 마음으로 매춘부처럼 타인들에게 달려가지 않도록 해. 너는 신처럼 굴 필요가 없어. 주제넘게 나서는 것이 악령이 아니면 무엇이 악령이란 말인가? 그러니 타인들이 각자 할 일을 하도록 그냥 둘 것이며, 타인들이 너를 통해서 일을 하는 일이 없도록 해. 그렇게 하지 않으면 너 자신이 타인들에게 악령이 될 거야. 타인들의 일은 타인들에게 맡겨 둘 것이며, 서투른 사랑이나 걱정, 보살핌, 조언, 예단 등으로 타인들을 가로막지 않도록 해. 그렇게 하지 않으면, 네가 악령들의 짓을 할 것이고, 너 자신이 악령이 되어 미친 듯이 날뛰게 될 거야. 그러나 악령들은 타인들에게 조언하고 도우려 드는 무력한 인간들의 헛소리에 내심 기뻐하고 있어. 그러니 조용히 있으면서 너 자신을 구원하는 힘든 과제를 성취하도록 해. 그때 악령들은 스스로를 괴롭혀야 하고, 자기 자신을 자신의 영혼과 구분하지 않아 악령들에게 조롱당하고 있는 너의 동료 인간들도 마찬가지로 그래야 해. 맹목적인 너의 동료 인간 존재들을 그들의 의지에 따라 살도록 가만 두는 것이 잔인한 일인가? 만약에 네가 그들의 눈을 뜨게 할 수 있다면, 그것이 오히려 더 잔인한 일일 것이다. 그러나 너는 그들이 너의 의견과 도움을 간청할 때에만 그들의 눈을 뜨게 해 줄 수 있을 뿐이다. 그들이 너에게 도움을 청하지 않는다면, 그건 너의 도움이 필요하지 않다는 뜻이야. 그럼에도 불구하고 네가 그들을 억지로 돕고 나선다면, 너는 그들의 악령이 되어 그들의 맹목성을 높이게 돼. 이유는 네가 나쁜 예를 제시하기 때문이야. 인내와 침묵의 코트를 머리 끝까지 뒤집어쓰고 자리에 가만히 앉아서 악령이 자신의 일을 끝내도록 내버려 둬. 만약에 악령이 뭔가 일어나게 한다면, 그건 기적일 거야. 그러면 너는 열매가 열린 나무 밑에 앉아 있는 셈이 될 테지.

악령들이 너를 자극해서 자신의 일들을 떠안기길 원한다는 것을 잘 알고 있어라. 그건 악령들의 일이지, 너의 일이 아니야. 그런데 바보같이 너는 그것이 너이고 그것이 너의 일이라고 믿고 있어. 왜 그럴까? 네가 너 자신과 너의 영혼을 구분하지 못하기 때문이야. 그러나 너는 너의 영혼과 별개야. 너는 마치 너 자신이 영혼인 것처럼 다른 영혼들과 어울리려 들어서는 안 돼. 너는 영혼이 아니라, 자신의 완전을 위해서 모든 힘을 쏟아야 하는 무력한 인간이야. 그런 네가 왜 타인에게 기대려 드니? 네가 타인에게서 보고 있는 것이 지금 너 안에서 간과되고 있는데. 너는 너의 영혼이 들어 있는 감옥 앞을 지키는 간수가 되어야 해. 너는 너의 영혼의 내시야. 너의 영혼을 신들과 인간들로부터 보호하거나, 신들과 인간들을 너의 영혼으로부터 보호하는 그런 존재 말이다. 권력은 약한 인간에게 주어졌어. 신들까지 마비시키는 독이야. 힘이 너보다 훨씬 더 열등한 작은 벌에게 주어진 독침 같은 거야. 너의 영혼은 이 독을 빼앗아서 그것으로 신들까지 위태롭게 할 수 있어. 그러니 영혼을 비밀로 감추고, 너 자신을 영혼과 구분해. 너의 동료 인간들뿐만 아니라 신들도 살아야 하기 때문이야."

필레몬이 말을 끝냈을 때, 나는 필레몬이 말을 하는 동안에 나에게 점점 가까이 다가왔던 나의 영혼 쪽으로 몸을 돌리며 이렇게 말했다.

"필레몬이 하는 말을 들었어? 그의 말이 너에겐 어떻게 들렸어? 그의 조언이 훌륭해?"

그녀가 대답했다. "조롱하지 마. 내 말을 듣지 않으면, 너는 자책감에 시달릴 거야. 나를 사랑하는 것 잊지 마."

"증오와 사랑을 결합시키는 것은 나에게 어려운 일이야." 내가 대답했다.

그러나 나의 영혼은 이렇게 말했다.

"나도 이해해. 그렇지만 너는 그것이 똑같다는 것을 알고 있어. 증오와 사랑은 나에겐 같은 것을 의미해. 나와 비슷한 부류의 모든 여자들처럼, 나에겐 형식은 별로 중요하지 않아. 나에겐 모두가 나에게 속하거나 아니면 모든 것이 아무에게도 속하지 않는 것이 그보다 훨씬 더 중요해. 나는 네가 타인들에게 보이는 증오에도 시기심을 느껴. 나는 모든 것을 원해. 네가 사라진 뒤에 내가 시작하려 하는 그 위대한 여행엔 모든 것이 필요하니까. 시절이 좋을 때 미리 준비해 둬야 하거든. 그때까지 나는 필요한 준비를 해야 해. 지금도 많은 것이 모자라니까."

"그리고 너는 내가 너를 감옥에 가두는 데 동의하니?" 내가 물었다.

그녀는 이렇게 대답했다. "물론이지. 거기서도 나는 평화를 누리고 마음의 평정을 누릴 수 있어. 너의 인간 세상은 너무 많은 피로 나를 취하게 만들어. 얼마나 심한지, 이러다가 내가 미쳐버리는 것이 아닌가 하는 걱정이 들 정도야. 철문, 석벽, 싸늘한 어둠, 참회. 그런 것은 구원의 축복이야. 피 중독이 나를 사로잡으면서 그 끔찍한 창조적 충동 때문에 나를 살아 있는 물질 속으로 거듭 던질 때, 내가 고통을 겪는다는 사실을 너는 의심하지 않지. 예전엔 창조적 충동이 나를 생명이 없는 것들 쪽으로 이끌면서 나의 안에서 끔찍한 생식 욕망을 불러일으켰는데 말이다. 그러니 나를 잉태하는 물질로부터, 말하자면 입을 크게 벌리고 있는 공백이라는 발정난 여성성으로부터 제거해 주라. 그리고 나를 강제로 감금시키도록 해. 거기서 나는 저항과 나 자신의 법칙을 발견할 수 있어. 거기서 나는 그 여행에 대해 생각할 수 있어. 죽은 자가 말했던 떠오르는 태양과 아름다운 소리로 퍼덕이는 황금 날개에 대해 생각할 수 있어. 감사하는 마음을 품도록 해. 너는 나에게 감사를 표하고 싶지 않니? 맞아, 넌 앞을 보지 못하고 맹목적이지. 너야말로 나로부터 최고의 감사를 받을 만해."

이 말에 나는 기쁨에 겨워 외쳤다.

"너란 존재는 얼마나 아름답고 신성한가!" 그런데 그와 동시에 분노가 나의 깊은 곳에서 치밀고 올라왔다.

"아, 이 괴로움! 너야말로 나를 지옥 곳곳으로 끌고 다녔어. 나를 죽을 만큼 괴롭혔어. 맞아, 난 너의 감사의 말을 갈망하고 있어. 그래, 나는 네가 나에게 감사를 표한다는 사실에 감동하고 있어. 나의 피 속엔 비열한 개의 본성이 흐르고 있어. 그래서 내가 괴로워하고 있는 거야. 나를 위해서. 하기야, 그것이 너를 감동시킬 일은 아니지! 너는 어디 있든, 어떤 모습이든 신성하고, 무서울 만큼 위대해. 지금으로선 아직 나는 너의 내시 문지기일 뿐이고, 너 못지않게 감옥에 갇힌 신세야. 말해 봐, 하늘의 첩이여, 신성한 괴물이여! 내가 너를 늪에서 낚아 올리지 않았는가? 너는 그 시커먼 구덩이를 얼마나 좋아하니? 피를 빨지 않고 말해 봐. 너 자신의 힘으로 노래해 봐. 너는 인간들을 마구잡이로 빨아댔어."

그러자 나의 영혼은 사람의 발에 밟힌 벌레처럼 몸부림을 치면서 외쳤다. "동정심을 발휘해! 동정심을!"

"동정심? 너는 내게 동정심을 품은 적 있어? 잔인하기 짝이 없는 짐승 같은 고문자! 넌 지금까지 동정적인 마음을 한 번도 품지 않았어. 너는 인간의 양식(糧食)으로 살았고, 나의 피를 마셨어. 그것이 너의 살을 찌웠지? 너는 인간 동물의 고통을 존경하는 것을 배울 거니? 너희 영혼들과 신들은 인간이 없으면 무엇을 원할 건가? 네가 인간을 갈망하는 이유가 뭔가? 분명히 말해 봐, 이 매춘부야!"

나의 영혼이 훌쩍거렸다. "말이 안 나오네. 너의 비난이 무서워."

"넌 이제 진지해 질 거냐? 생각도 두 번 하고 그럴 건가? 이 영혼 없는 영혼아, 겸손을 배우고, 다른 인간적인 미덕도 일부 배울 건가? 맞아, 너에겐 영혼이 전혀 없지. 이 개자식 같은 것아, 너는 너 자체가 전부이니. 너는 인간의 영혼을 좋아할 건가? 네가 영혼을 갖도록 하기 위해서, 내가 너의 땅 위 영혼이 되어야 하는가? 알다시피, 나는 너의 학교에도 갔어. 거기서 영혼처럼 대단히 모호하게, 신비할 만큼 위선적으로 처신하는 법을 배웠어."

내가 이런 식으로 나의 영혼에게 말하는 동안에, 필레몬은 나와 약간 떨어진 곳에 말없이 서 있었다. 그러나 지금 그는 앞으로 걸음을 옮기며 손을 나의 어깨에 올리고 나의 이름으로 말했다.

"처녀 영혼이여, 그대의 이름으로 축복받고 찬양 받기를. 그대는 여자들 중에서 선택된 자야. 그대는 신을 낳는 자야. 그대를 찬양하느니라! 명예와 명성은 영원히 그대의 것이야.

그대는 황금 신전에 살고 있어. 사람들이 멀리서 찾아와서 그대를 칭송하고 있어.

그대의 부하인 우리는 그대의 말을 받들고 있어.

우리는 그대가 우리와 함께 기념했던 피의 식사를 떠올리며 제물로 바쳐진 음료를 분배하면서 붉은 포도주를 마시고 있어.

우리는 그대를 먹여 살렸던 인간들을 기념하는 제물 식사로 검은 닭을 준비하고 있어.

우리는 그 제물 식사 자리에 우리의 친구들을 초대했으며, 그들은 그대가 슬픔에 빠진 남녀 하인들과 헤어지면서 받았던 덩굴과 장미 화환을 들고 있어.

이 날이 기쁨과 생명을 축하하는 축제가 되도록 하자. 축복받은 존재인 그대가 영혼이 되는 방법을 배운 인간들의 땅에서 되돌아가는 여정을 시작하는 그런 날로 말이야.

그대는 높이 올라갔다가 사라진 그 아들을

따르고 있어.

그대는 우리를 그대의 영혼으로 위로 데려가고, 그대는 거기서 혼이 불어넣어진 존재로서 불멸의 권리를 주장하면서 신의 아들 앞에 서도록 해.

우리는 기뻐할 것이고, 좋은 일들이 그대를 따를 거야. 우리는 그대에게 힘을 실어주마. 우리는 인간들의 땅에 있고, 우리는 살아 있어."

필레몬이 말을 끝낸 뒤, 나의 영혼은 슬퍼하면서도 기뻐하는 것 같기도 하고 망설이면서도 다시 얻은 자유에 행복해 하는 것 같은 표정으로 우리를 떠나 위로 올라갈 준비를 서둘렀다. 그러나 나는 그녀의 안에 비밀스런 무엇인가가 있다고, 그녀가 나에게 숨기는 무엇인가가 있다고 의심했다. 그래서 나는 그녀가 올라갈 수 있도록 놓아주지 않고 그녀에게 이렇게 말했다.

"무엇이 너의 발길을 붙잡고 있지? 네가 숨기고 있는 것이 뭐야? 혹시 황금 그릇 아니야? 네가 인간들로부터 훔친 보석 아니야? 그것이 너의 옷을 뚫고 빛나고 있는 황금 보물 아니야? 네가 인간들의 피를 마시고 인간들의 신성한 육신을 먹을 때 훔친 아름다운 그것은 뭐니? 진실을 말해. 네 얼굴에 거짓말이라고 쓰여 있어."

"나는 아무것도 훔치지 않았어." 그녀가 짜증을 내며 말했다.

"너, 거짓말하고 있어. 증거가 없으면 나에게 뒤집어씌우려 드니. 이젠 네가 벌을 받지 않고 인간으로부터 훔치던 때는 지나갔어. 인간의 신성한 유산은 모두 내놔. 네가 탐욕스럽게 요구했던 모든 것을 말이다. 너는 종복과 걸인으로부터 훔쳤어. 신은 부자고 막강해. 너는 신에게 훔칠 수 있어. 신의 왕국엔 상실이 전혀 없어. 이 고약한 거짓말쟁이야, 너는 인간을 괴롭히고 강탈하는 일을 언제나 그만둘 거야?"

그러나 그녀는 비둘기 같이 순진무구한 표정으로 나를 보며 부드럽게 말했다.

"난 너를 의심하지 않아. 나는 네가 잘 되기를 바라고 있어. 나는 너의 권리를 존중해. 너의 인간성을 인정해. 나는 너로부터 어떤 것도 빼앗지 않았어. 또 너에게 어떤 것도 숨기지 않아. 너는 모든 것을 갖고 있고, 나는 아무것도 갖고 있지 않아."

"아직도 넌 뻔뻔스러울 만큼 거짓말을 많이 하고 있어." 내가 소리를 질렀다. "넌 나의 것인 경이로운 것을 갖고 있을 뿐만 아니라 신들과 영원한 충만에도 접근할 수 있어. 그러니 이 거짓말쟁이야, 네가 훔친 것을 모두 내놔."

이제 그녀는 초조한 모습을 보였다.

"네가 그런 걸 어떻게 알 수 있어? 난 너를 더 이상 알아볼 수 없어. 넌 미쳤어. 아니 그보다 더 심해. 유치하기 짝이 없는 원숭이 같아. 빛을 발하는 것이 보이면 무엇에든 팔을 뻗는 그런 원숭이 같아. 그러나 나는 나의 것을 빼앗기지 않을 거야."

이어 나는 화가 나서 외쳤다. "거짓말쟁이. 넌, 거짓말하고 있어. 나는 황금을 보았어. 나는 보석의 영롱한 빛을 보았어. 나는 그것이 나의 것이라는 사실을 알고 있어. 넌 그걸 나에게서 빼앗으면 안 돼. 돌려줘!"

이어 그녀는 눈물로 저항하며 말했다. "나는 그것과 헤어지고 싶지 않아. 그건 나에게 아주 중요한 거야. 넌 나의 마지막 장식을 나에게서 빼앗길 원하는 거야?"

"신들의 황금으로 너를 장식하면 되잖아. 땅에 얽매여 사는 인간 존재들의 보잘것없는 보물을 갖고 그렇게 하려 들어서는 안 되지. 네가 자신의 배와 지갑을 채우면서 빈곤을 설교하는 거짓말쟁이 성직자처럼 인간에게 땅의 빈곤과 궁핍에 대해 설교를 했으니, 이젠 네가 하늘의 빈곤을 맛보도록 해."

"넌 나를 지독히도 괴롭히는구나." 그녀가 울부짖었다. "나에게 이것 하나만은 남겨 줘. 너희 인간들은 그래도 여전히 충분히 많이 갖고 있어. 난 이것 없이는 절대로 존재하지 못해. 비할 데 없는 이것 하나만 말이다. 이것 때문에 신들도 인간들을 부러워하잖아."

"난 불공평하게 행동하지 않아." 내가 대답했다. "그러나 나의 것을 나에게 먼저 돌려주고, 네가 필요한 것을 간청하도록 해. 그게 뭐야? 말해 봐!"

"아, 난 그것을 간직할 수도 없고 숨길 수도 없어. 그것은 사랑이야. 따뜻한 인간의 사랑, 피, 따뜻한 붉은 피, 생명의 성스런 원천, 분리된 채 갈망하고 있는 모든 것들의 결합 말이야."

내가 말했다. "그렇다면 네가 하나의 자연권과 재산으로 요구하는 것이 사랑이란 뜻이군. 이젠 너는 그걸 간청해야 돼. 너는 인간의 피에 취하고, 인간은 굶고 있어. 사랑은 나의 것이야. 난 사랑하길 원해. 그러나 나를 통해서 너를 사랑하지는 않아. 너는 한 마리 개처럼 기어 다니며 사랑을 구걸해야 해. 넌 너의 손을 들고 굶주린 개처럼 꼬리를 흔들며 알랑거려야 할 거야. 내가 열쇠를 쥐고 있어. 나는 사악한 너희 신들보다 훨씬 더 공정한 집행자가 될 거야. 너희들은 달콤한 기적인 피의 원천 주위로 몰려들 거야. 너는 네가 필요한 것을 받기 위해서 선물을 짊어지고 와야 할 거야. 나는 어떤 신도 자신을 위해 신성한 샘을 차지하지 못하도록 샘을 지키고 있어. 신들은 기준 같은 것은 전혀 모르고, 자비도 몰라. 신들은 가장 소중한 것만 마시고 취해. 암브로

시아(ambrosia)[56]와 넥타르(nectar)[57]는 인간들의 살이고 피며, 진정으로 고귀한 식사야. 신들은 취해서 음료수를, 가난한 자들의 소유물을 낭비하고 있어. 왜냐하면 신들에겐 심판관으로서 그들을 다스릴 신도 전혀 없고 영혼도 전혀 없기 때문이야. 뻔뻔함과 과도함, 가혹함, 냉담함이 너의 본질이야. 탐욕을 위한 탐욕, 권력을 위한 권력, 쾌락을 위한 쾌락, 무절제와 탐욕. 악령들이여, 인간으로 하여금 너희들을 알아보게 하는 것이 바로 이런 것들이야.

그래, 악마들과 신들, 악령, 영혼들은 사랑을 위해서 땅바닥을 기는 법을 배워야 해. 네가 생생한 달콤함을 어딘가에서, 누구로부터 한 방울이라도 얻으려면 그렇게 해야 해. 사랑을 위해서 인간들로부터 겸손과 긍지를 배워.

그대 신들이여, 그대들에게서 첫 번째로 태어난 아들이 인간이야. 인간은 아름다우면서도 추한 신의 아들을 낳았고, 이 아들은 그대들 모두에게 부활이야. 그러나 이 신비 역시 그대들을 성취시키고 있어. 그대들이 나의 부활인, 인간들의 아들을 낳았으니 말이야. 그 아들은 경이롭고 끔찍한 측면에서 결코 그대들보다 덜하지 않으며, 그의 지배가 그대들에게도 도움이 될 거야."

이어서 필레몬은 나에게로 다가와 한 손을 들어 올리며 말했다.

"신과 인간은 똑같이 기만의 낙담한 희생자들이며, 운 좋게 축복을 받았으며, 힘이 없으면서 막강해. 영원히 풍요로운 우주는 땅의 천국과 신들의 천국에서, 지하 세계에서, 그리고 위의 세계들에서 다시 펼쳐지고 있어. 멍에로 고통스럽게 결합되어 있는 것들에게 다시 분리가 찾아오고 있어. 무한한 다수가 지금까지 함께 묶일 것을 강요받았던 것들을 대체하고 있어. 이유는 다양성만이 부(富)이고, 피이고, 수확이기 때문이지."

하룻밤과 하룻날이 지나고 다시 밤이 찾아왔을 때, 나는 주위를 두리번거렸다. 나의 영혼이 머뭇거리며 기다리고 있는 것이 보였다. 그래서 나는 그녀에게 이렇게 말했다.

"뭐야, 네가 아직도 여기 있어? 길을 찾지 못한 거야? 아니면 내가 한 말의 뜻을 알아듣지 못한 거야? 너는 도대체 땅에 있는 너의 영혼인 인간을 존경하는 거니? 내가 너를 위해 견디며 고통 받은 것을 떠올려봐. 내가 나 자신을 어떤 식으로 낭비했는지를, 내가 너 앞에 누워 몸부림치던 모습을, 내가 너에게 피를 준 것을 말이다! 너에게 강하게 요구할 게 하나 있어. 인간을 존경하는 걸 배우라는 거야. 내가 인간에게 약속된 땅을, 젖과 꿀이 흐른다는

56 그리스 신화에서 신들이 먹는 음식 또는 음료를 일컫는다. 이것을 먹으면 불사의 존재가 된다고 한다.

57 그리스 신화에서 신들이 마시는 생명의 물을 말한다.

땅을 보았기 때문이야.

나는 약속된 사랑의 땅을 보았어.

나는 그 땅 위의 태양의 장엄함을 보았어.

나는 초록의 숲을, 황금 포도원을, 인간의 마을들을 보았어.

나는 가파른 경사면에 만년설을 이고 있는 높은 산을 보았어.

나는 땅의 비옥함과 행운을 보았어.

나 외에는 아직 아무도 인간의 운명을 보지 못했어.

나의 영혼인 너는 죽을 운명을 타고난 인간들이 너의 구원을 위해 땀을 흘리고 고통을 겪도록 했어. 이제 나는 너에게 이 땅 위의 인류의 운명을 위해서 그렇게 하라고 요구하고 있어. 잘 들어! 나는 지금 나의 이름과 인류의 이름으로 말하고 있어. 이유는 우리의 권력과 영광이 곧 너의 것이고, 왕국과 우리의 약속된 땅이 너의 것이기 때문이야. 그러니 네가 가진 모든 것을 이용해서 그것을 이루도록 해! 그래, 나는 침묵을 지키고 있으마. 너를 가만 내버려 둘 거야. 모든 건 너에게 달려 있어. 인간이 창조하지 못하도록 거부당한 것을 네가 생기게 할 수 있어. 나는 서서 기다리고 있어. 너 자신을 괴롭히도록 해. 그러면 네가 그걸 발견할 수 있을 거야. 네가 인간에게 구원을 안겨줘야 하는 의무를 다하지 않는데, 너의 구원이 무슨 말인가? 잘 들어! 너는 나를 위해 일해야 할 거야. 나는 침묵을 지키고 있을 테니."

그러자 나의 영혼이 이렇게 말했다.

"그렇다면 내가 작업을 시작해야겠네. 그러나 먼저 네가 용광로를 만들어야 해. 그 도가니에다가 낡은 것과 깨어진 것, 닳은 것, 사용하지 않은 것, 망가진 것들을 던져 넣어. 그러면 그것이 새로운 용도에 쓰이도록 다시 만들어질 거야.

그것은 고대인들의 관습이고, 조상들의 전통이며 옛날부터 지켜져 왔어. 그것도 이제 새로운 용도에 맞게 개조되어야 해. 그것은 제련소 같은 곳에서 일어나는 실천이고 배양이며, 내부로, 뜨거운 축적물 속으로 다시 들어가는 거야. 거기서 불의 열기를 통해서 녹이 없어지고 깨어진 곳이 다시 온전해지는 거야. 그것은 신성한 의식이야. 나의 작업이 성공할 수 있도록 나를 도와줘.

땅을 건드리고, 너의 손을 물질 속으로 집어넣고, 그 물질의 모양을 조심스럽게 다듬어. 물질의 힘은 위대해. HAP이 물질에서 오지 않았어? 공백을 채우고 있는 것이 물질이지 않아? 물질을 형성함으로써, 나는 너의 구원을 다듬고 있어. 네가 HAP의 힘을 의심하지 않는다면 그것의 어머니인 물질의 힘을 어떻게 의심할 수 있겠어? 물질은 HAP보다 더 강해. 이유는 HAP가 땅의 아들이기 때문이지. 가장 단단한 물질이 최고야. 너는 가장 단단한 물질을 형성해야 해. 그것이 생각을 강화해."

## 6

나는 나의 영혼의 조언에 따라 물질을 갖고 그녀가 나에게 준 생각들을 형태로 다듬었다. 그녀는 종종 우리 뒤에 있는 지혜에 대해 길게 말했다. 그러나 어느 날 밤 갑자기 그녀가 불안과 초조를 감추지 못하는 표정으로 나에게 와서 이렇게 외쳤다. "내가 지금 뭘 보고 있지? 미래가 무엇을 품고 있지? 벌겋게 타는 불? 어떤 불이 공중을 떠돌고 있어. 불이 점점 더 가까워지고 있어. 하나의 불꽃. 아니, 불꽃이 수없이 많아. 불붙은 기적 같아. 타고 있는 불이 몇 개야? 나의 사랑이여, 그것은 영원한 불의 은총이야. 불의 숨결이 너에게 내리고 있어!"

그러나 나는 두려워하며 외쳤다. "끔찍하고 무서운 일이 일어나지 않을까 걱정 돼. 정말 무서워. 네가 방금 선언한 것들이 끔찍하기 때문이야. 모든 것이 부서지고 깨어지고 파괴되어야 하는가?"

"인내심을 가져." 그녀가 먼 곳을 응시하며 말했다. "불들이 너를 둘러싸고 있어. 시뻘건 석탄의 바다 같아."

"나를 고문하지 마. 넌 지금 어떤 끔찍한 신비를 갖고 있는 거니? 말해 봐, 이렇게 간청하고 있으니. 아니면 너는 또 다시 거짓말을 하고 있는 거니? 속이기만 하는 악령처럼. 배신을 일삼는 너희 유령들은 도대체 무슨 의미야?"

그러나 그녀는 차분하게 대답했다. "나도 너의 두려움을 원해."

"왜? 나를 괴롭히려고?"

그러나 그녀는 말을 계속했다. "너의 두려움을 이 세상의 지배자 앞에 갖다 놓으려고. 세상의 지배자는 너의 두려움을 제물로 원하거든. 그는 너의 희생을 아주 높이 평가할 거야. 그는 너에게 은총을 베풀고 있어."

"나에게 은총을? 그게 무슨 뜻이지? 나는 나 자신을 그로부터 숨기길 원하고 있는데. 나의 얼굴은 이 세상의 지배자를 피하고 있어. 나의 얼굴에 낙인이 찍혀 있고, 표시가 있고, 금지된 것을 보았기 때문이야. 그래서 나는 이 세상의 지배자를 피하고 있어."

"그러나 너는 그의 앞에 와야 해. 그는 너의 두려움에 대해 이미 들어서 알고 있어."

"네가 나에게 이 두려움을 주입했어. 너는 왜 나를 누설한 거야?"

"너는 그에게 봉사하라는 부름을 받았어."

그러나 나는 불평하며 외쳤다. "제기랄, 세 번 천벌을 받은 운명 같으니! 왜 너는 나를 가만 내버려두지 않는 거니? 그가 나를 제물로 선택한 이유가 뭐야? 그의 앞에 서는 일이라면 수많은 사람들이 기꺼이 몸을 던지려 나설 텐데! 왜 그것이 나여야 하는데? 난 그럴 수 없어. 나는 그 앞에 나서고 싶지 않아."

그러나 영혼이 말했다. "너는 숨겨 둬서는 안 되는 말을 갖고 있어."

"나의 말이 도대체 뭐야? 그것은 아이가 말을 더듬는 것에 지나지 않아. 그것은 나의 빈곤이고, 나의 무능이고, 달리 하지 못하는 무능일 뿐이야. 그리고 너는 이것을 세상의 지배자 앞으로 끌고 가기를 원하는 거니?"

그러나 나의 영혼은 먼 곳을 직시하면서 말했다. "나는 지구 표면을 볼 수 있어. 그 위를 연기가 뒤덮고 있어. 불의 바다가 위에서 물려들고 있어. 불의 바다가 도시와 마을들에 불을 지르고, 산 위를 구르고, 계곡을 내달리고, 숲을 태우고 있어. 사람들은 미치고 있고, 너는 옷에 불이 붙고 머리카락이 그슬린 채 불 앞으로 가고 있어. 너의 눈길에선 광기가 느껴지고, 혀는 바싹 마르고, 목소리는 거칠고 불쾌해. 너는 앞으로 나아가고 있어. 너는 다가올 일을 선언하고, 산을 오르고, 모든 계곡 속으로 들어가고, 놀람에 말을 더듬고, 불의 고통을 외치고 있어. 너는 불의 흔적을 달고 있고, 사람들은 너의 모습에 경악하고 있어. 그들은 불을 보지 못하고, 너의 말을 믿지 않지만, 그들은 너의 육체의 자국을 보며 무의식적으로 네가 불타는 고통을 전하는 메신저가 아닌가 하고 의심하고 있어. 무슨 불이야? 그들이 무슨 불이냐고 묻고 있어. 너는 말을 더듬고 있어. 너는 불에 대해 뭘 알고 있지? 나는 타고 남은 불을 보았고, 타고 있는 불을 보았어. 신이시여, 저희들을 구해주소서."

나는 절망에 빠져 이렇게 외쳤다. "나의 영혼아, 내가 뭘 선언해야 하는 거니? 설명해 봐? 불을? 무슨 불을?"

"고개를 들고, 너의 머리 위에서 타고 있는 불꽃을 봐. 위를 봐. 하늘이 벌겋잖아."

이 말을 남기고 나의 영혼은 사라졌다.

그러나 나는 여러 날 동안 불안하고 혼란스런 상태에 빠져 지냈다. 그 사이에 나의 영혼은 침묵을 지켰으며 어디서도 보이지 않았다. 그러던 어느 날 밤에 시커먼 군중이 나의 문을 두드렸다. 나는 공포에 몸을 떨었다. 그때 나의 영혼이 나타나 급히 말했다. "그들이 여기 나타나서 너의 문을 부수고 열 거야."

"사악한 무리들이 나의 정원으로 쳐들어오려고? 내가 약탈당하고 거리로 쫓겨나야 한단 말인가? 너는 나를 한 마리 원숭이로 만들고 어린애 장난감으로 만들고 있어. 그런데 오, 나의 신이여, 내가 이 바보들의 무리로부터 벗어날 수 있는 날은 언제나 올까? 그러나 나는 이 빌어먹을 것들을 갈가리 찢어버리고 말 거야. 너희들이 내게 원하는 건 뭐야?"

그때 나의 영혼이 나를 가로막고 나서며 말했다. "넌 도대체 무슨 소리를 하는 거야? 시커먼 존재들이 말할 때까지 기다려."

나는 맞받았다. "내가 어떻게 너를 믿을 수 있어? 넌 나를 위하지 않고 너 자신을 위하고 있어. 네가 그까짓 악마의 혼동으로부터 나를 보호할 능력도 없다면, 네가 무슨 소용이란 말인가?"

"조용히 해." 그녀가 대답했다. "그렇지 않으면 네가 일을 그르치고 말 테니."

그녀가 이 말을 할 때, 오, 하얀 사제복을 입은 필레몬이 나에게 다가와서 나의 어깨에 손을 얹었다. 그때 나는 시커먼 존재들에게 말했다. "그렇다면 그대들 죽은 자들이 말해 보시오." 그 즉시 그들이 여러 목소리로 외쳤다. "우리는 예루살렘에서 돌아왔어. 거기서도 우리가 추구하던 것을 찾지 못했어. 우리는 너에게 우리를 받아주길 간청하고 있어. 너는 우리가 갈망하는 것을 갖고 있어. 그건 너의 피가 아니라 너의 빛이야. 그게 전부야."

그때 필레몬이 목소리를 높이며 그들에게 이렇게 가르쳤다(이것이 죽은 자들에게 한 최초의 설교다).

"자 들어라. 먼저 무(無)로 시작할 것이다. 무는 충만과 똑같다. 영원 속에서 가득 차는 것은 빈 것이나 다름없지. 무는 비어 있으면서 가득 차 있어. 무에 대해 달리 말할 수도 있지. 예를 들면, 무는 희거나 검다고 할 수 있어. 아니면 무는 존재하지 않거나 존재한다고 할 수 있어. 끝없이 영원한 것은 전혀 아무런 자질을 갖지 않은 것이나 마찬가지야. 모든 자질을 다 갖추고 있기 때문이지.

우리는 이 무 또는 충만을 플레로마(Pleroma)[58]라고 불러. 그 안에선 사고와 존재가 중단돼. 영원하고 끝없는 것은 어떠한 자질도 소유하고 있지 않기 때문이야. 그 안엔 아무도 없어. 누구라도 있다면 그는 플레로마와는 완전히 다를 것이고, 플레로마와 다른 무엇인가로 자신을 두드러지게 할 자질을 갖고 있을 것이니까.

플레로마 안에는 아무것도 없으면서 모든 것이 있어. 플레로마에 대해 생각하는 것은 소용없는 일이야. 플레로마가 자기 용해를 의미하기 때문이지.

창조는 플레로마에 있는 것이 아니라 그 자체로 있어. 플레로마는 창조의 시작이고 끝이야. 플레로마는 창조 속으로 스며들어. 햇빛이 공기 속으로 스며들 듯이. 플레로마가 온 곳으로 스며들지라도, 창조는 거기에 어떠한 역할

---

58 '신약성경'에 '충만'이라는 뜻으로 쓰인다. 특히 그노시스주의에서 많이 사용되었다. 쉽게 말하면 '신의 권력의 완전성'을 뜻한다.

도 하지 않아. 완전히 투명한 몸통이 그곳을 스며드는 빛을 통해 빛이 되지도 않고 어둠이 되지도 않는 것과 똑같아.

그러나 우리는 플레로마 그 자체야. 우리가 영원하고 끝없는 것의 한 부분이기 때문이지. 그래도 우리는 플레로마 안에서 어떠한 역할도 하지 않아. 우리가 플레로마로부터 무한히 제거되어 있기 때문이지. 공간적으로나 시간적으로가 아니라 근본적으로 제거되어 있어. 우리는 시간과 공간 안에 한정되는 피조물로서, 우리의 본질에서 플레로마와 구별돼.

그럼에도 우리가 플레로마의 부분들이기 때문에, 플레로마는 우리 안에도 있어. 가장 작은 점 안에서조차도, 플레로마는 끝없고, 영원하고, 완전해. 작고 큰 것이 플레로마 안에 담겨 있는 특성들이기 때문이야. 완전하고 언제나 지속되고 있는 것은 무(無)야. 그러므로 나는 오직 비유적으로만 피조물에 대해 플레로마의 한 부분이라고 말하고 있어. 왜냐하면 실제로 플레로마는 어디에서도 나눠지지 않기 때문이야. 그것이 무이니까. 우리는 또한 완전한 플레로마이기도 해. 비유적으로 말하면, 플레로마가 우리 안에 있는 가장 작은 점이기 때문이지. 존재하는 것이 아니라 단지 존재하는 것으로 짐작되는 점 말이야. 그리고 플레로마가 우리 주위의 끝없는 창공이기 때문이기도 해. 그런데 플레로마가 모든 것이고 무라면, 우리가 굳이 플레로마에 대해 논하는 이유가 뭘까?

내가 플레로마에 대해 언급하는 이유는 무엇인가를 시작하기 위해서야. 또 그대들을 망상으로부터 놓여나도록 하기 위해서야. 밖이나 안 어딘가에 고정된 무엇인가가 있거나, 어쨌든 처음부터 확립된 무엇인가가 있다는 착각 말이네. 소위 고정되어 있고 확실한 모든 것은 상대적일 뿐이야. 변화에 종속되어 있는 것만이 고정되어 있고 확실할 수 있을 뿐이지.

그러나 창조는 변화에 종속되고 있으며, 따라서 창조만이 고정되어 있고 결정되어 있어. 왜냐하면 창조가 특징들을 갖고 있기 때문이야. 정말이지, 창조 자체가 특징이야.

그래서 우리는 이렇게 물어. 창조가 어떻게 존재가 되지? 피조물들은 세상의 존재로 바뀌지만 창조는 그렇지 않아. 창조가 바로 플레로마의 자질이기 때문이야. 물론 비(非)창조, 영원한 죽음도 마찬가지로 플레로마의 자질이지. 창조도 항상 존재하고, 죽음도 항상 존재해. 플레로마는 모든 것을, 말하자면 분화와 비(非)분화를 갖고 있어.

분화가 창조야. 창조는 분화돼. 분화는 창조의 핵심이며, 따라서 창조는 분화해. 그러므로 인간은 분화해. 인간의 본질이 분화니까. 따라서 인간은 존재하지 않는, 플레로마의 자질들을 분화시켜. 인간은 인간 자신의 본질 때문에 그 자질들을 분화시켜. 따라서 인간은 존재하지 않는, 플레로마의 자질들에 대해 이야기해야 하는 거야.

그대들은 이렇게 말하지. '그런 것에 대해 말하는 것이 무슨 소용이야?' 그대들은 플레로마에 대해 생각하는 것이 그만한 가치가 없다고 말하지 않았는가?

내가 플레로마에 대해 언급한 것은 그대들을 우리가 플레로마에 대해 생각할 수 있다는 망상으로부터 자유롭게 풀어주기 위해서였어. 우리가 플레로마의 특성들을 구분할 때, 그것은 실제로 우리 자신의 분화된 상태를 바탕으로 말하는 것일 뿐이야. 그러니까 우리 자신의 분화에 대해 말하고 있는 것이지. 플레로마에 대해서는 사실상 아무것도 말하지 않은 거야. 그럼에도 우리는 우리 자신의 분화에 대해 말할 필요가 있어. 그래야만 우리가 자신을 충분히 분화시킬 수 있을 테니까. 우리의 핵심적인 본질은 분화야. 만약에 이 본질에 충실하지 못하다면, 우리는 자신을 충분히 분화시키지 않고 있는 거야. 그러므로 우리는 특성들을 구분해야 해.

그대들은 이렇게 물어. '자기 자신을 분화시키지 않으면 어떤 피해가 따르는가?' 만약에 분화를 하지 않는다면, 우리는 우리의 본질 밖으로, 창조 밖으로 나아가며 플레로마의 다른 특성인 비(非)분화로 떨어져. 그러면 우리는 플레로마 그 자체 속으로 떨어지고 창조된 존재가 되기를 중단하게 되지. 무(無) 속으로 용해되는 셈이야. 이것이 바로 피조물의 죽음이야. 따라서 우리가 분화하지 않는 것은 곧 죽는 것이나 마찬가지야. 그래서 피조물의 핵심은 분화 쪽으로 나아가려고 노력하고, 원초적이고 위험한 동일성에서 벗어나려고 애를 쓰고 있어. 이것이 '개성화 원리'라고 불리는 거야. 이 원리가 피조물의 핵심이지. 이것을 근거로, 그대들은 비(非)분화와 비(非)구별이 피조물에 중대한 위험을 야기하는 이유를 알 수 있어.

그러므로 우리는 플레로마의 특징들을 구분해야 해. 이 특징들은 상반된 것들의 짝이야. 이런 것들이 있어.

효과적인 것과 비효과적인 것,
충만과 공백,
살아 있는 것과 죽은 것,
다른 것과 같은 것,
빛과 어둠,
뜨거움과 차가움,
에너지와 물질,
시간과 공간,
선과 악,
아름다움과 추함,
하나와 다수 등.

상반된 것들의 짝은 플레로마의 존재하지

않는 특성들이야. 플레로마의 특징들이 존재하지 않는 것은 그것들이 스스로를 지워 버리기 때문이야. 우리가 플레로마 자체이기 때문에, 우리는 우리 안에 이 특성들을 모두 갖고 있어. 우리의 본질이 분화에 근거를 두고 있기 때문에, 우리는 분화라는 이름 안에, 그리고 분화의 징후 안에 이 특성들을 갖고 있어. 그것은 곧 이런 뜻이지.

첫째, 우리 안에서 이 특성들은 분화되고 분리되어 있어. 그래서 그것들은 서로를 상쇄하지 못하고 효과를 발휘해. 따라서 우리는 상반된 것들의 짝들의 희생자인 셈이야. 플레로마는 우리 안에서 찢어져 있어.

둘째, 이 특성들은 플레로마에 속하는 거야. 우리는 분화의 이름으로, 그리고 분화의 징후하에서만 그 특성들을 가져야 하고 살아야 해. 우리는 이 특성들로부터 우리 자신을 분화시켜야 해. 이 특성들은 플레로마 안에서 서로를 상쇄하지만, 우리 안에서는 그렇게 하지 않아. 그 특성들로부터 분리되는 것이 우리를 구하는 길이야.

선한 것이나 아름다운 것을 추구할 때, 우리는 우리의 본질을, 그러니까 분화를 망각하고 있는 것이나 마찬가지야. 그러면 우리는 플레로마의 특성들, 다시 말해 상반된 짝들의 주문(呪文)에 걸리고 말아. 우리는 선한 것과 아름다운 것을 성취하려고 노력하지만, 실은 그와 동시에 악한 것과 추한 것을 붙잡게 돼. 이유는 플레로마 안에서 추한 것과 악한 것은 아름다운 것과 선한 것과 동일하기 때문이야. 그러나 분화인 우리의 본질에 충실한 상태를 유지한다면, 우리는 우리 자신을 선한 것과 아름다운 것, 따라서 악한 것과 추한 것으로부터 분화시키는 거야. 그러면 우리는 플레로마의 주문에 걸리지 않아. 말하자면 무와 죽음 속으로 떨어지지 않게 된다는 뜻이야.

이 대목에서 그대들은 이런 반대를 제기할 것 같아. 내가 다름과 같음도 플레로마의 특성이라고 말하지 않았느냐고. 우리가 독특성을 이루기 위해 노력한다는 것이 도대체 무엇인가? 그렇게 하는 것이 우리의 본성에 충실한 것이 아니지 않는가? 그럼에도 불구하고 우리가 독특성을 추구하면서 동일성으로 떨어져야 하는 것인가?

플레로마는 전혀 아무런 특성들을 갖고 있지 않다는 사실을 잊지 말아야 해. 우리 인간이 사고를 통해서 이 특성들을 창조할 뿐이야. 따라서 그대들이 독특성이나 동일성, 또는 다른 어떤 특성이라도 추구한다면, 그때 그대들은 플레로마에서 그대들에게로 흘러나오는 생각들을 추적하고 있는 거야. 즉 플레로마의 존재하지 않는 특성들에 관한 생각들을 말이네. 이런 생각들을 추적하고 있는 한, 그대들은 다시 플레로마로 떨어지고 또 독특성과 동일성을 동시에 획득하게 되지. 그대들의 사고가 아니라 그대들의 본질이 분화야. 그러므로 그대들은 독특성으로 생각되는 것을 추구할 것이 아니라 그대들 자신들의 본질로 여겨지는 것을 추구해야 돼. 따라서 기본적으로 한 가지 노력밖에 없어. 자신의 본질을 추구하는 것이지. 이런 노력을 펴고 있다면, 그대들은 플레로마와 그것의 특성에 대해선 알 필요도 없으며, 그럼에도 그대들은 자신의 본질을 통해서 목표를 정확히 성취할 수 있어. 그러나 생각이 우리를 우리의 본질과 분리시키기 때문에, 나는 그대들에게 생각에 굴레를 씌우는 데 필요한 지식을 가르쳐야 해."

죽은 자들이 불평을 투덜거리면서 멀어지고, 그들의 외침도 멀리 사라졌다.

그러나 나는 필레몬 쪽으로 몸을 돌리며 말했다. "아버지시여, 당신은 이상한 가르침들을 펼쳐 놓았어요. 고대인들도 그와 비슷한 내용을 가르치지 않았습니까? 그리고 그 가르침은 사랑과 진리로부터 배제된, 비난받아 마땅한 이단이었지 않습니까? 당신이 서양의 어두운 피의 들판에서 밤바람이 휘저어 끌어올린 이 죽은 자들의 무리에게 그런 가르침을 전한 이유가 무엇입니까?"

그러자 필레몬은 이렇게 대답했다. "나의 아들아, 이들 죽은 자들은 너무 이르게 삶을 끝낸 자들이야. 이들은 추구하는 자들이었으며, 그래서 아직도 자신의 무덤 위를 떠돌고 있어. 그들의 삶은 불완전했어. 이유는 그들이 자신들의 믿음이 막은 세상 그 너머로 나아가는 길을 전혀 몰랐기 때문이지. 그러나 아무도 그들에게 가르쳐주지 않기 때문에, 내가 가르쳐줘야 해. 그것이 사랑이 요구하는 바야. 그들이 비록 투덜거릴지라도 듣기를 원하기 때문이지. 하지만 내가 고대인들의 이 가르침을 전해야 하는 이유는 무엇인가? 그들의 기독교 신앙이 한때 이 가르침을 버리고 박해했기 때문에, 나는 그런 식으로 가르치고 있어. 그러나 그들은 기독교 믿음을 거부했으며, 따라서 그 신앙에 의해 부정당했어. 그들은 이것을 모르고 있고, 따라서 내가 가르쳐줘야 해. 그래야 그들의 삶이 성취될 것이고, 그들이 죽음 속으로 들어갈 수 있어."

"하지만 오, 현명하신 필레몬이여, 당신은 당신이 가르친 내용을 믿습니까?"

"나의 아들아, 네가 왜 그런 질문을 하지? 내가 어떻게 나 자신이 믿는 것을 가르칠 수 있겠어? 누가 그런 믿음을 가르칠 권리를 나에게 주는가? 내가 그것을 가르친 것은 내가 그것을 믿기 때문이 아니라 내가 그것을 알기 때문이야. 만약에 내가 더 잘 알고 있다면, 아마 더 잘 가르칠 수 있었을 테지. 그러나 나 자신이 많은 것을 믿는다고 말하는 것은 쉬운 일이야. 그래도 믿음을 버린 자들에게 내가 어떤 믿음을 가르쳐야 하는가? 너에게 물어 보자. 어떤 것에 대해 잘 모르는데 그것을 더 열심히 믿는 것이 과연 훌륭한 일인가?"

나는 이렇게 반박했다. "하지만 당신은 세상사가 당신이 말하는 그대로라고 확신하고 있잖아요?"

이 말에 필레몬은 이렇게 대답했다. "나는 그것이 인간이 알 수 있는 최고의 것인지에 대해선 전혀 몰라. 그러나 나는 그것 이상으로 알지 못하고 있으며, 따라서 나는 이 일들이 내가 말하는 대로라고 확신하고 있어. 만약에 이 일들이 그와 다르다면, 나는 달리 말했을 거야. 내가 그것들이 실제와 다르다는 것을 알 것이기 때문이지. 그러나 이 일들은 내가 아는 그대로야. 나의 지식이 바로 이것들 자체이기 때문이야."

"아버지시여, 당신은 틀리지 않는다는 것을 당신 자신이 보증합니까?"

이에 필레몬은 이렇게 대답했다. "이런 일에는 실수라는 것이 있을 수 없어. 단지 지식의 차원만 다를 뿐이야. 이것들은 네가 알고 있는 그대로야. 다만 너의 세계 안에서는 사물들이 언제나 네가 알고 있는 것과 다르고, 따라서 너의 세계 안에서만 실수가 있어."

이 말을 한 뒤, 필레몬은 허리를 굽혀 손으로 땅을 건드린 뒤에 사라졌다.

## 7

그날 밤 필레몬은 내 옆에 서 있었고, 죽은 자들은 더 가까이 다가와서 벽을 끼고 줄을 서서 외쳤다. "신에 대해 알고 싶어요. 신은 어디 있습니까? 신은 죽었습니까?"

그러자 필레몬이 일어서서 말했다(이것이 죽은 자들에게 한 두 번째 설교다).

"신은 죽지 않았어. 신은 어느 때와 똑같이 살아 있어. 신은 창조야. 왜냐하면 신이 분명한 그 무엇이고, 따라서 플레로마로부터 분화되었기 때문이야. 신은 플레로마의 한 특성이며, 내가 창조에 대해 말한 모든 것은 신에게도 적용돼.

그러나 신은 창조보다 훨씬 덜 명확하고 훨씬 덜 확정적이라는 점에서 창조와 구분돼. 신은 창조보다 덜 분화되었어. 이유는 신의 본질의 바탕이 효과적인 충만이기 때문이야. 신은 명확하고 분화되어 있다는 점에서만 창조며, 그런 존재로서 신은 플레로마의 충만을 효과적으로 표현한 거야.

우리가 분화시키지 않는 모든 것은 플레로마로 떨어지고, 상반된 것에 의해 상쇄되어 버려. 따라서 우리가 신을 분화시키지 않는다면, 우리에겐 효과적인 충만이 지워져 버리게 돼.

게다가, 신은 플레로마 자체야. 창조되었거

나 창조되지 않은 것 안에서 가장 작은 점이 플레로마 자체인 것과 다를 게 하나도 없어.

효과를 발휘하는 공백은 악마의 본질이야. 우리가 플레로마라고 부르는 무(無)의 최초의 표현이 바로 신과 악마야. 플레로마가 존재하든 안 하든 전혀 아무런 차이가 없어. 이는 플레로마가 스스로를 완전히 지워버리기 때문이야. 창조는 그렇지 않아. 신과 악마가 창조된 존재인 한, 그들은 서로를 지우지 않으며 효과적인 존재로서 서로 반대하며 서 있어. 우리는 신과 악마가 존재한다는 점을 뒷받침하는 증거를 전혀 필요로 하지 않아. 인간이 신과 악마에 대해 줄곧 이야기하는 것만으로도 충분해. 설령 신과 악마가 없더라도, 신과 악마의 분명한 본질 때문에 창조가 플레로마로부터 그것들을 영원히 새롭게 구별할 거야.

분화가 플레로마로부터 끌어내는 모든 것은 상반된 것들의 짝이며, 따라서 악마는 언제나 신에게 속해.

이 불가분성은 대단히 밀접하며, 경험을 통해 알 수 있듯이, 이 불가분성은 그대들의 삶에서 플레로마 자체만큼 확고해. 이유는 신과 악마가 똑같이 플레로마와 아주 가까운 곳에서 있기 때문이지. 상반된 모든 것이 상쇄되고 결합하는 그 플레로마 말이다.

충만과 공백, 생성과 파괴는 신과 악마를 구분하는 요소야. 효과성은 둘 다에게 공통적인 요소지. 효과성이 그것들을 결합시키고 있어. 따라서 효과성은 신과 악마 그 위에 서 있으며, 그것은 신 위에 있는 어떤 신이야. 그것이 효과성을 통해서 충만과 공백을 결합시키기 때문이지.

이것은 그대들이 아는 바가 전혀 없는 어떤 신이야. 아는 것이 전혀 없게 된 이유는 인류가 그를 망각해 버렸기 때문이지. 우리는 그를 '아브라크사스'(ABRAXAS)[59]라고 불러. 아브라크사스는 신과 악마보다 더 불명확해.

아브라크사스를 신과 구분하기 위해, 우리는 헬리오스 신 또는 태양이라고 불러. 아브라크사스는 효과야. 비효과적인 것 외에는 아무것도 그에게 맞서지 않으며, 따라서 그의 효과적인 본질은 자유롭게 스스로 풀어놓지. 비효과적인 것은 존재하지도 않고 저항하지도 않아. 아브라크사스는 태양 위에, 그리고 악마 위에 서 있어. 그는 불가능할 것 같은 가능성이고, 비현실적인 효과를 발휘해. 만약에 플레로마가 어떤 핵심을 갖고 있다면, 그 본질의 표현이 아브라크사스일 거야 .

아브라크사스는 효과성 그 자체이지만, 어떤 특별한 효과가 아니고 일반적인 효과야.

그는 비현실적인 효과를 발휘해. 이유는 그가 명확한 효과를 전혀 발휘하지 않기 때문이야.

59 그노시스파의 주문(呪文)으로, 거기에 쓰인 글자를 숫자로 읽으면 365가 된다.

그는 또한 창조야. 그가 플레로마와 구분되기 때문이야.

태양은 명확한 효과를 발휘하고, 악마도 그래. 따라서 태양과 악마가 우리에게 불명확한 아브라크사스보다 더 효과적인 것처럼 보이는 거야.

아브라크사스는 힘이고, 지속이고, 변화야."

이 대목에서 죽은 자들이 큰 소란을 일으킨다. 그들이 기독교인이었기 때문이다.

그러나 필레몬이 연설을 끝내자, 죽은 자들은 하나씩 차례로 다시 어둠 속으로 물러났으며, 분노에 찬 그들의 소리도 멀리 사라져갔다. 떠들썩한 소란이 완전히 가라앉았을 때, 나는 필레몬 쪽으로 몸을 돌리며 탄성을 질렀다.

"현자이시어, 저희들을 불쌍히 여기시길! 당신은 인간들로부터 기도를 올릴 신들을 빼앗고 있어요. 당신은 거지로부터 구호품을 빼앗고, 굶주린 자로부터 빵을 빼앗고, 추위에 떠는 자로부터 불을 빼앗고 있어요."

이에 필레몬은 이렇게 대답했다. "나의 아들아, 죽은 자들은 기독교 신자들의 믿음을 부정해야 했으며, 따라서 그들은 어떤 신에게도 기도를 할 수 없어. 그런데 내가 그들이 믿을 수 있고 또 기도 올릴 수 있는 신을 가르쳐야 했는가? 그들이 부정했던 바로 그것을. 왜 그들이 신을 부정했는가? 그들이 그렇게 하는 외에 달리 할 수 있는 것이 없었기 때문이야. 그리고 그들이 다른 선택을 전혀 갖고 있지 않았던 이유는 무엇인가? 이 인간들이 알지 못하는 사이에, 세상이 대년(大年)[60]의 그 달로 들어갔기 때문이야. 거기선 사람은 자신이 아는 것만을 믿어야 해. 그것은 아주 어려운 일이지만, 오랫동안 앓고 있는 병을 치료하는 방법이기도 해. 그 병은 사람이 알지도 못하는 것을 믿었다는 사실 때문에 생긴 거야. 나는 나와 그들이 모두 알고 있는 신에 대해, 말하자면 믿거나 기도할 그런 신이 아니라 인간이 알 수 있는 그런 신에 대해 가르치고 있어. 나는 죽은 자들에게 이 신을 가르치고 있어. 죽은 자들이 입교를 원하고 가르침을 원했기 때문이야. 그러나 나는 살아 있는 인간들에게는 이 신을 가르치지 않아. 그들은 나의 가르침을 원하지 않기 때문이지. 내가 그들을 가르쳐야 하는 이유가 뭔가? 그래서 나는 그들로부터는 기도를 듣는 존재를, 하늘에 있는 그들의 아버지를 빼앗지 않아. 살아 있는 자들에게 나의 어리석음이 무슨 소용이 있겠어? 죽은 자들은 구원을 필요로 해. 이유는 그들이 자신들의 무덤 위를 떠돌며 무리를 지어 대기하고 있고, 신앙과 신앙의 부정이 마지막 숨을 거두었

60 '플라톤년'(Platonic Year)라고도 불린다. 춘분점이 황도대를 한 바퀴 도는 데 걸리는 시간을 뜻한다. 1대년은 약 25,800년이다.

다는 것에 대해 알기를 간절히 바라고 있기 때문이지. 그러나 병에 걸렸거나 죽음에 다가선 사람은 누구나 지식을 원하며 관용을 희생시켜."

이에 나는 이렇게 대답했다. "당신은 끔찍하기 짝이 없는 신을 가르치고 있는 것 같아요. 선과 악, 인간의 고통과 기쁨에 전혀 신경을 쓰지 않는 신 말입니다."

필레몬이 말했다. "나의 아들아, 너는 이들 죽은 자들이 사랑의 신을 믿다가 부정했다는 것을 보지 않았어? 그런 그들에게 내가 자비로운 신에 대해 가르쳐야 하는가? 그들은 자신들이 악마라고 부른 악한 신을 이미 오래 전부터 부정한 끝에 그 사랑의 신마저 부정해야 했어. 따라서 그들은 창조된 온갖 것들이 아무런 의미를 지니지 않는 그런 신을 알아야 했어. 그런 것들이 그 신에게 아무런 의미를 지니지 않는 이유는 그 자신이 창조자이고, 창조된 모든 것이고, 창조된 모든 것의 파괴이기 때문이야. 그들은 아버지처럼 자비롭고, 선하고 아름다운 그런 신을 부정하지 않았어? 그들이 특별한 자질들과 특별한 어떤 존재를 갖고 있다고 생각했던 신을? 그러므로 나는 어떤 특성도 부여할 수 없는 신을, 모든 특성을 갖추고 있어서 아무것도 갖추고 있지 않은 것이나 마찬가지인 그런 신을 가르쳐야 했어."

"오, 아버지시여, 하지만 인간들이 어떻게 그런 신 안에서 결합할 수 있습니까? 그런 신에 대한 지식 자체가 인간의 끈을, 그리고 선하고 아름다운 것에 기초한 모든 사회를 파괴하는 것이나 마찬가지이지 않습니까?"

나의 질문에 필레몬은 이렇게 대답했다. "이들 죽은 자들은 사랑과 선과 아름다움의 신을 부정했어. 그들은 그 신을 부정해야 했으며, 그래서 그들은 사랑과 선과 아름다움 안에서의 결합과 연대를 부정했어. 따라서 그들은 서로를 죽였고 인간들의 연대를 해체시켰어. 그런데 내가 그들에게 사랑 안에서 그들을 결합시킨 신을, 그들이 부정했던 그 신을 가르쳐야 하는가? 그래서 나는 그들에게 통합을 해체시키고, 인간적인 모든 것을 공격하고, 막강하게 창조하고 강력하게 파괴하는 신을 가르치고 있어. 사랑이 결합시키지 못하는 자들을 두려움이 강제로 결합시킬 수 있어."

이 말을 한 뒤, 필레몬은 재빨리 몸을 굽히며 손으로 땅바닥을 건드린 뒤에 사라졌다.

## 8

다음날 밤에, 죽은 자들이 어느 늪에서 안개처럼 다가와 외쳤다. "최고의 신에 대해 더 많은 것을 들려주십시오."

필레몬이 앞으로 나서면서 말하기 시작했

다(이것이 죽은 자들에게 한 세 번째 설교다).

"아브라크사스는 이해가 어려운 신이야. 그의 힘은 너무나 막강해. 이유는 인간이 그 힘을 보지 못하기 때문이야. 그는 태양으로부터 '최고의 선'을 끌어내고, 악마로부터 '무한한 악'을 끌어내지만, 아브라크사스로부터 대단히 불명확한 생명(LIFE)을, 그러니까 선과 악의 어머니를 끌어내지.

생명은 '최고의 선'보다 작고 약한 것 같으며, 따라서 아브라크사스의 권력이 모든 생명력의 빛나는 원천인 태양의 권력을 능가한다고 말하기는 어려워.

아브라크사스는 태양이며, 동시에 영원히 흡입하는 공백의 협곡이고, 감소시키고 분해시키는 자의 협곡이고, 악마의 협곡이야.

아브라크사스의 권력은 두 부분으로 되어 있어. 그러나 그대들은 그것을 보지 못해. 그대들의 눈에는 이 권력의 호전적인 상반된 요소들이 상쇄되어서 보이지 않기 때문이야.

태양신이 말하는 것은 생명이고, 악마가 말하는 것은 죽음이야.

그러나 아브라크사스는 생명이면서 동시에 죽음인, 신성하면서 저주 받은 단어를 말하고 있어.

아브라크사스는 똑같은 말과 똑같은 행동으로 진리와 거짓말을, 선과 악을, 빛과 어둠을 낳고 있어. 그래서 아브라크사스는 무서워.

아브라크사스는 순간적으로 먹이를 덮치는 사자처럼 훌륭해. 그는 봄날처럼 아름다워.

그는 위대하면서 자그마한 판(Pan) 같아.

그는 프리아포스[61]야.

그는 지하 세계의 괴물이고, 천 개의 팔을 가진 폴립(polyp)이고, 똬리를 튼 날개 달린 뱀들의 무리야.

그는 최초의 자웅동체야.

그는 물에 살다가 땅으로 나가는 두꺼비와 개구리들의 왕이야. 두꺼비와 개구리들의 노래는 정오 때와 자정 때에 높아져.

그는 공백과의 결합을 추구하는 충만이야.

그는 신성한 생식(生殖)이야.

그는 낮의 가장 밝은 빛이고, 광기의 가장 어두운 밤이야.

그에게 기대를 거는 것은 맹목이야.

그를 인식하는 것은 병이야.

그를 숭배하는 것은 죽음이야.

그를 두려워하는 것은 지혜야.

그에게 저항하지 않는 것은 구원이야.

신은 태양 뒤에 거주하고, 악마는 밤 뒤에 거주하고 있어. 신이 빛으로부터 밖으로 끌어내는 것을, 악마가 밤에 흡입해 버려. 그러나 아브라크사스는 세상이고, 세상의 생성이고

61 고대 그리스 종교에서 다산의 신이었으며, 거대한 남근 형상으로 표현되었다.

세상의 소멸이야. 태양신에서 오는 모든 재능 위로, 악마가 저주를 뱉고 있어.

그대들이 태양신에게 요구하는 모든 것은 악마로 하여금 어떤 행동을 하도록 하고 있어. 그대들이 태양신을 통해 창조하는 모든 것은 악마에게 효과적인 권력을 부여하고 있어.

그런 것이 무서운 아브라크사스야.

그는 창조된 존재 중에서 가장 강력하고, 그의 안에서 창조는 스스로를 두려워하고 있어.

그는 창조가 플레로마와 그것의 무(無)에 명백히 반대한다는 점을 표현하고 있어.

그는 아들이 어머니에게 품는 공포야.

그는 어머니가 아들에게 품는 사랑이야.

그는 땅의 기쁨이고 하늘의 잔인성이야.

그의 모습 앞에서 인간의 얼굴은 얼어 버려.

그의 앞에선 질문도 없고 대답도 없어.

그는 창조의 생명이야.

그는 분화의 결과야.

그는 인간의 사랑이야.

그는 인간의 언어야.

그는 인간의 겉모습이고 그림자야.

그는 기만적인 현실이야."

이 대목에서 죽은 자들이 아우성을 치고 고함을 질렀다. 그들이 불완전했기 때문이다.

그러나 한바탕 소란과 외침이 잦아들었을 때, 나는 필레몬에게 "아버지시여, 저는 이 신을 어떻게 이해해야 합니까?"라고 물었다.

필레몬은 이렇게 대답했다.

"나의 아들아, 왜 너는 신을 이해하길 원하는 거냐? 이 신은 알려지게 되어 있지 이해되는 것은 아니야. 그를 이해한다면, 그런 경우에 너는 그가 이것 또는 저것이라거나 이것이고 저것은 아니라는 식으로 말할 수 있어. 따라서 너는 그 신을 너의 손바닥에 넣게 되는데, 그 때문에 너의 손은 그를 던져 버려야 해. 내가 아는 신은 이것이고 저것이며, 또 이 다른 것이고 저 다른 것이야. 그러므로 어느 누구도 이 신을 이해하지 못하지만, 그를 아는 것은 가능해. 그래서 나도 그에 대해 말하고 가르치는 거야."

이에 나는 강하게 반박했다. "하지만 이 신은 인간들의 정신에 절망적인 혼동을 야기하고 있지 않습니까?"

이 말에 필레몬은 이렇게 대답했다. "이들 죽은 자들은 통일과 연대의 질서를 부정했어. 그들이 정확한 잣대를 갖고 지배한, 하늘에 계신 아버지에 대한 믿음을 거부했기 때문이라네. 그들은 그를 거부해야 했어. 그래서 나는 그들에게 척도도 전혀 없고 경계도 전혀 없는 카오스를 가르치고 있어. 이 카오스에선 정의와 불공정, 관대함과 엄격함, 인내와 화, 사랑과 증오 같은 것은 무(無)야. 나도 알고 죽은 자들도 아는 신이 아닌 다른 신을 내가 알지도 못하면서 어떻게 가르칠 수 있겠어?"

나는 되물었다. "오, 엄숙한 아버지시여, 그렇다면 당신은 영원히 이해 불가능한, 자연의 잔인한 모순을 신이라고 부릅니까?"

이에 필레몬은 이렇게 대답했다. "그것을 그것 아닌 다른 이름으로 뭐라고 부를 수 있겠어? 만약에 우주와 인간의 가슴 안에서 일어나는 사건들의 압도적인 본질이 법이라면, 나는 그것을 법이라고 부를 거야. 그럼에도 그것은 절대로 법이 아니고 운이고 불규칙성, 죄, 실수, 어리석음, 부주의, 불법이지. 그래서 나는 그것을 법이라고 부르지 못해. 너도 이것이 그래야만 한다는 것을 알고 있지만, 또 동시에 그것이 그럴 필요가 없으며, 가끔은 그렇지 않을 것이라는 것도 알고 있어. 그것은 압도적이며 마치 영원한 법칙을 따르고 있는 것처럼 일어나며, 어떤 때에는 한 줄기 돌풍이 불어 티끌 하나를 작품들 속에 집어넣고, 그러면 이 허공이 하나의 탁월한 힘이 되며 철(鐵)의 산(山)보다도 더 강해져. 따라서 너는 영원한 법은 동시에 절대로 법이 아니라는 것을 알고 있어. 그래서 나는 그것을 법이라고 부르지 못해. 그러나 그것이 그것 아닌 다른 어떤 이름으로 불려야 하나? 내가 알기로, 인간의 언어는 언제나 불가해함이라는 어머니의 자궁을 신이라고 불렀어. 정말로, 이 신은 있기도 하고 없기도 해. 왜냐하면 과거에 있었고, 현재에 있고, 미래에 있을 모든 것이 존재와 비(非)존재로부터 비롯되기 때문이지."

그러나 필레몬은 이 말을 끝낸 뒤 손으로 땅을 짚고 용해되었다.

## 9

그 다음날 밤에, 죽은 자들이 우르르 몰려와서 웅성거리며 말했다.

"신들과 악마들에 대해 말해주시오."

그러자 필레몬이 나타나 말하기 시작했다 (이것이 죽은 자들에게 한 네 번째 설교다).

"태양신이 최고의 선이고, 악마는 그와 정반대야. 따라서 그대들에겐 신이 둘이야. 그러나 세상엔 높고 선한 것들도 많고, 사악하기 짝이 없는 것들도 많아. 이들 중에 악한 신이 둘 있어. 하나는 '불타는 존재'이고, 다른 하나는 '성장하는 존재'야.

불타는 존재는 불꽃의 형태인 에로스야. 이 존재는 태움으로써 빛을 발해.

성장하는 존재는 생명의 나무야. 이 나무는 점점 커가는, 살아 있는 물질을 축적함으로써 푸르러져.

에로스는 불꽃을 피우다가 죽어. 그러나 생명의 나무는 무한한 시간을 통해서 꾸준히, 그리고 느리게 자라고 있어.

선과 악은 불꽃 속에서 결합해.

선과 악은 생명의 나무의 성장 속에서 결합해. 신성의 측면에서 보면, 생명과 사랑은 정반대편에 서지.

신들과 악마들의 숫자는 별들의 무리만큼 많아.

각각의 별은 하나의 신이며, 하나의 별이 채우고 있는 공간은 하나의 악마야. 그러나 전체의 텅 빈 충만이 플레로마야.

아브라크사스는 전체의 효과이며, 오직 비효과적인 것만이 그에게 반대해.

4는 주요 신들의 숫자야. 4가 세상의 크기를 나타내는 숫자이기 때문이야.

하나는 시작, 즉 태양신이야.

둘은 에로스야. 에로스는 둘을 서로 묶어주고 스스로를 밝음 속에서 활짝 펼치지.

셋은 생명의 나무야. 그것은 공간을 육체들로 가득 채우지.

넷은 악마야. 그것은 닫혀 있는 모든 것을 열어 줘. 악마는 형태를 갖추고 있는 육체적인 모든 것을 용해시켜. 그는 파괴자야. 그의 안에서 모든 것이 무(無)로 돌아가.

신들의 다수성과 다양성을 인식할 수 있는 나는 행복해. 그러나 서로 모순되는 이 다수를 단 하나의 신으로 대체하려는 그대들에게 화 있을진저. 그렇게 하면서, 그대들은 이해할 수 없는 고통을 만들어내고, 창조 자체를 훼손시키고 있어. 창조의 본질과 목표가 곧 분화이니 말이다. 그대들이 다수를 하나로 바꿔놓으려고 노력하는 마당에 어찌 그대들 자신의 본성에 충실할 수 있겠는가? 그대들이 신에게 하는 행위는 그대로 그대들 자신에게 하는 것이나 마찬가지야. 그대들 모두가 똑같아지고, 따라서 그대들의 본성이 쓸모없게 되어 버려.

평등이 팽배한 것은 신을 위해서가 아니라 오직 인간을 위해서야. 신들은 막강하며 그들의 다수성을 견뎌낼 수 있어. 신들은 별들처럼 엄청난 거리에 의해 서로 떨어진 상태에서 고독 속에 살고 있어. 그래서 신들은 함께 어울려 살고 영적 교류를 필요로 하고 있어. 그래야만 신들이 그 분리를 참아낼 수 있기 때문이지. 구원을 위해서, 나는 그대들에게 비난 받아 마땅한 것을 가르치고 있어. 그것 때문에 나도 거부당했어.

신들의 다수성은 인간들의 다수성과도 부합해.

무수히 많은 신들이 인간적인 상태를 기다리고 있어. 무수히 많은 신들은 지금까지 인간이었어. 인간은 신들의 본성을 공유하고 있어. 인간은 신들에게서 와서 신들에게로 가는 거야.

따라서 플레로마에 대해 곰곰 생각하는 것이 아무런 소용이 없듯이, 다수의 신들을 숭배하는 것은 그만한 가치가 없는 일이야. 특히 첫 번째 신, 효과적인 충만, '최고의 선'을 숭배하는 것은 더더욱 가치가 없는 일이야. 우리의 기도로 우리는 거기에 아무것도 더 더하지 못해. 당연히, 거기서 아무것도 얻지 못하지. 효과적인 공백이 모든 것을 삼켜버리니까. 밝은 신들이 천상의 세계를 이루고 있어. 천상의 세계는 다수이며 무한히 확장하고 무한히 증가하고 있어. 태양신이 그 세계의 최고 지배자야.

어두운 신들은 땅의 세계를 형성하고 있어. 땅의 세계는 단순하며 무한히 줄어들고 쇠퇴하고 있어. 땅의 세계 맨 아래의 지배자는 악마야. 악마는 달의 정령이고, 지구의 위성이고, 작고, 춥고, 땅보다 더 죽어 있어.

하늘의 신들의 힘과 땅의 신들의 힘엔 차이가 전혀 없어. 하늘의 신들은 확장하고, 땅의 신들은 축소되고 있어. 양쪽 방향은 무한해."

이 대목에서 죽은 자들이 분노 섞인 웃음과 조롱을 쏟아내면서 필레몬의 말을 가로막았다. 그들이 뒤로 물러나자, 그들의 반대와 조롱, 웃음도 희미해져갔다. 그때 나는 필레몬 쪽으로 몸을 돌리며 말했다.

"오, 필레몬, 당신이 실수를 한 것 같군요. 교회의 아버지(敎父)들이 성공적으로 극복한 미신을 가르치는 것처럼 보이는데요. 정신이 감각적인 것들과 연결된 충동적인 욕망의 힘으로부터 풀려날 수 없을 때에만 가능한 다신 숭배를 가르치고 있으니 말입니다."

그러자 필레몬이 대답했다.

"나의 아들아, 이들 죽은 자들은 지고한 유일신을 거부했어. 그런 상황에 내가 어떻게 그들에게 유일한 신에 대해 가르칠 수 있어? 그들은 당연히 나를 믿어야 해. 그러나 그들은 자신의 믿음을 부정했어. 그래서 나는 그들에게 내가 아는 신을, 다양하고 확장된 신을, 본질이기도 하고 외양이기도 한 신을 가르치고 있어. 죽은 자들도 그 신을 의식하지 않더라도 그 신에 대해 알고 있어.

이들 죽은 자들은 모든 존재들에게, 그러니까 하늘과 땅 위, 물속에 있는 존재들에게 이름을 붙였어. 이들은 사물들의 무게를 재고 숫자를 헤아렸어. 그들은 말과 소, 양, 나무, 땅뙈기, 샘 등을 헤아렸으며, 이것은 이런 목적에 좋고 저것은 저런 목적에 좋다는 식으로 평가했어. 그들이 경이로운 그 나무를 어떻게 했는가? 그 신성한 개구리에게 무슨 일이 일어났는가? 그들이 개구리의 황금 눈을 보았는가? 그들이 피를 뿌리고 고기를 먹기 위해 잡은 7,777마리의 가축에 대한 속죄는 어디에 있는가? 그들은 땅의 배에서 파낸 신성한 광석에 대해 참회했는가? 절대로 그렇게 하지 않았어. 그들은 모든 것에 이름을 붙이고, 무게를 달고, 숫자를 헤아리고, 배분했어. 그들은 자기 좋을 대로 했어. 그런데 정작 그들이 한 것이 무엇이었는가! 너는 막강한 것을 보았어. 그러나 그들은 자신도 모르는 사이에 사물들에게 권력을 안겨주었어. 이미 사물들이 말을 하는 시대가 왔어. 고기 한 점은 이렇게 말해. 몇 사람이야? 광석 조각도 말해. 몇 사람이야? 바다의 배도 말해. 몇 사람이야? 집도 말해. 몇 사람이야? 그리고 사물들이 일어나서 헤아리고 무게를 재고 할당하고 수백 만 명의 인간들을 삼키고 있어.

너의 손은 땅을 움켜쥐고, 그 후광을 찢어내고, 사물들의 뼈의 무게를 달고 숫자를 헤아렸어. 하나이고 유일하고 멍청한 그 신이 아래로 끌어내려져 어떤 더미 위로 던져지지 않았어? 맞아, 이 신이 너에게 뼈들의 무게를 달고 숫자를 헤아리라고 가르쳤어. 그러나 이 신의 달(月)은 점점 끝나가고 있어. 새로운 달이 문 앞에서 기다리고 있어. 따라서 모든 것이 원래의 모습을 되찾아야 하고, 그러므로 모든 것이 달라져야 해.

이것은 내가 고안한 다신 숭배가 절대로 아니야! 그러나 많은 신들이 목소리를 크게 높이면서 인간성을 갈가리 찢고 있어. 너무나 많은 인간들이 평가되고, 헤아려지고, 할당되고, 난도질당하고, 삼켜졌어. 그러므로 나는 많은 사물에 대해 이야기하듯이 많은 신들에 대해 이야기해. 이유는 내가 신들에 대해 알고 있기 때문이지. 왜 내가 그들을 신들이라고 부를까? 그들의 우월성 때문이야. 너는 신들의 우월한 힘에 대해 알고 있는가? 지금이 네가 그것을 배울 수 있는 때야.

이들 죽은 자들은 나의 어리석음을 비웃고 있어. 그러나 만약에 죽은 자들이 순박한 눈을 가진 수소를 위해 속죄를 했다면, 그들이 과연 자신들의 형제들에게 맞서면서 잔인한 손을 휘두를 수 있었을까? 그들이 반짝이는 광석에 대해 참회했다면? 그들이 신성한 나무들을 숭배했다면? 그들이 황금색 눈을 가진 개구리의 영혼과 화해했다면? 죽은 것들과 살아 있는 것들은 무슨 말을 하는가? 인간과 신들 중에 누가 더 위대한가? 정말로, 이 태양은 달 같은 것이 되었으며, 밤의 마지막 시간의 수축으로부터 아직 새로운 태양이 올라오지 않았어."

필레몬은 이 말을 끝내고 몸을 낮춰 땅에 입을 맞추면서 "어머니시여, 당신의 아들이 강해지게 해주소서."라고 말했다. 그런 다음에 그는 몸을 곧추세우고 하늘을 올려다보며 "새로운 빛이 나타날 그대의 자리가 너무나 어둡구나."라고 말했다. 이어 그는 사라졌다.

10

그 다음날 밤이 되자, 죽은 자들이 시끌벅적하게 서로 밀치면서 다가왔다. 죽은 자들은 조롱 섞인 투로 소리를 질렀다. "바보야, 우리에게 교회와 성찬에 대해 가르쳐 봐."

그러자 필레몬은 그들 앞으로 나가서 말하기 시작했다(이것이 죽은 자들에게 한 다섯 번째 설교다).

"신들의 세계는 영성과 성욕으로 나타나. 하늘의 신들은 영성으로 나타나고, 땅의 신들은 성욕으로 나타나.

영성은 임신하고 포용하며 여자 같고, 따라서 우리는 그것을 '천상의 어머니'(Mater Coelestis)라고 불러. 성욕은 낳게 하고 창조하지. 성욕은 남자 같고, 따라서 우리는 그것을 '남근'(Phallus) 또는 땅의 아버지라고 불러. 남자의 성욕은 땅의 요소가 더 강하고, 여자의 성욕은 영적 요소가 더 강해. 남자의 영성은 하늘의 요소가 더 강하며, 그것은 보다 큰 것 쪽으로 움직이고 있어.

여자의 영성은 땅의 요소가 더 강하고, 그것은 보다 작은 것 쪽으로 움직이고 있어.

허위적이고 악마적인 것이 남자의 영성이며, 그것은 작은 것 쪽으로 움직이고 있어.

허위적이고 악마적인 것이 여자의 영성이며, 그것은 큰 것 쪽으로 움직이고 있어.

각 영성은 각자의 자리로 가게 되어 있어.

만약에 남자와 여자가 각자의 영적인 길을 분리시지지 않는다면, 남녀는 서로에게 악마가 돼. 이유는 창조의 본질이 분화이니까.

남자의 성욕은 땅의 요소 쪽으로 가고, 여자의 성욕은 영적인 것 쪽으로 가고 있어. 만약에 남자와 여자가 자신들의 성욕을 구분하지 않는다면, 남녀는 서로에게 악마가 돼.

남자는 더 작은 것을 알게 될 것이고, 여자는 더 큰 것을 알게 될 거야.

남자는 자신을 영성과 성욕으로부터 분리시킬 거야. 남자는 영성을 어머니라고 부르면서 어머니를 하늘과 땅 사이에 놓을 거야. 남자는 성욕을 팔로스라 부르면서 그를 자신과 땅 사이에 놓을 거야. 왜냐하면 어머니와 팔로스가 신들의 세계를 드러내는 초인적인 악령이기 때문이지. 어머니와 팔로스는 우리에게 신들보다 더 큰 영향을 미치고 있어. 이유는 어머니와 팔로스가 우리의 본질과 아주 가깝기 때문이지. 만약에 그대들이 자신을 성욕과 영성으로부터 분화시켜 그것들을 그대들 위나 앞에 있는 어떤 본질로 여기지 않는다면, 그대들은 플레로마의 특성으로서 그것들에게로 넘겨지게 돼. 영성과 성욕은 그대들의 자질이 아니며, 그대들이 소유하거나 포함하고 있는 것이 아니야. 오히려 그것들이 그대들을 소유하고 포함하고 있어. 이유는 그것들이 막강한 악령들이고, 신들의 현시이기 때문이지. 따라서 그것들은 그대들 그 너머까지 닿으며, 그것들 자체로 존재하고 있어. 어떤 인간도 독립적으로 영성을 갖지 못하고, 어떤 인간도 독립적으로 성욕을 갖지 못해. 대신에 인간은 영성의 법칙의 적용을 받고, 성욕의 법칙의 적용을 받고 있어. 따라서 어느 누구도 이 악령을 피하지 못해. 그대들은 그것들을 악령으로, 공통의 과제와 위험으로, 삶이 부과하는 공통의 짐으로 볼 거야. 마찬가지로 삶도 그대들에겐 공통의 과제이고 위험이지. 신들이 그렇듯이 말이야. 그 점에선 아브라크사스가 가장 끔찍해.

인간은 허약하고, 따라서 연대가 불가피해. 만약에 그대들의 연대가 어머니의 영향 아래에 있지 않다면, 그 연대는 팔로스의 영향 아래에 있어. 연대의 부재는 고통이고 병이야. 모든 것들 안에서 연대는 분할이고 해체야.

분화는 단일성으로 이어져. 단일성은 연대와 반대야. 그러나 신들과 악령, 그리고 그들의 무적의 법에 비하면 인간이 약하기 때문에, 인간에겐 연대가 반드시 필요해. 그건 신들을 위해서가 아니라 인간을 위해서야. 신들이 그대들에게 연대를 형성하도록 강요하고 있어. 신들이 그대들에게 연대를 강요하는 한, 연대는 필요하지만 나쁜 점이 더 많아.

공동체 안에서 모든 사람은 다른 사람들에게 복종해야 해. 공동체가 유지되기 위해선 그래야 해. 그대들도 공동체를 필요로 하니까.

단일성 안에서 모든 사람은 다른 사람들 위에 서야 해. 그래야만 모든 사람이 자신을 고수하며 예속을 피할 수 있으니까.

공동체에선 자제가, 단일성에선 방종이 합당하지.

공동체는 깊이이고, 단일성은 높이야.

공동체 안에서 옳은 조치는 순화되며 지켜지고 있어.

단일성 안에서 옳은 조치는 순화되며 강화되고 있어.

공동체는 우리에게 따스함을 안겨주고, 단일성은 우리에게 빛을 줘."

11

필레몬이 말을 끝내자, 죽은 자들은 침묵을 지키며 꼼짝하지 않은 채 기대하는 표정으로 필레몬을 바라보았다. 그러나 필레몬은 죽은 자들이 말없이 기다리고 있다는 사실을 확인하고는 말을 계속 이어갔다(이것이 죽은 자들에게 한 여섯 번째 설교다).

"성욕이라는 악령은 한 마리 뱀으로 우리의 영혼에 다가와. 이 악령은 반은 인간의 영혼이며, '사고-욕망'이라 불려.

영성이라는 악령은 하얀 새로 우리의 영혼 속에 내려와. 이 악령은 반은 인간의 영혼이며, '욕망-사고'라 불려.

뱀은 땅의 영혼이고, 반 악령이며, 정령이고, 죽은 자들의 혼과 비슷해. 죽은 자들처럼,

뱀은 땅의 것들 안에 우글거리면서 우리로 하여금 땅의 것들을 무서워하도록 만들거나, 땅의 것들이 우리의 내면에 갈망을 일으키도록 만들고 있어. 뱀은 여자의 본성을 갖고 있으며, 땅의 마법에 걸린 죽은 자들의 집단을, 그러니까 단일성으로 넘어가는 길을 발견하지 못한 자들의 집단을 영원히 찾고 있어. 뱀은 매춘부야. 뱀은 악마와 사악한 정령들을 꾀고 있어. 뱀은 짓궂은 독재자이고 고문자이며, 사악하기 짝이 없는 무리를 영원히 유인하고 있어. 하얀 새는 인간의 반(半) 천상의 영혼이야. 하얀 새는 어머니와 살고 있으며 이따금 내려가고 있어. 새는 남자 같으며 효과적인 생각이야. 새는 순결하고, 고독하고, 어머니의 사자(使者)야. 새는 땅 위를 높이 날아. 새는 단일성을 추구하고 있어. 새는 아주 먼 곳의 존재들로부터 지혜를 갖고 와. 이 존재들은 오래 전에 출발해서 완벽에 도달한 이들이야. 새는 우리의 말을 어머니에게까지 갖고 올라 가. 어머니가 간섭하고 경고하지만, 어머니는 신들과 맞설 때엔 무력해. 어머니는 태양의 그릇이야. 뱀은 내려가서 교활하게 남근 악령을 불구로 만들거나 남근 악령을 부추겨. 뱀은 땅의 매우 간교한 생각들을 갖고 올라 와. 온갖 구멍과 틈으로 기어들어가서 모든 것들이 갈망을 품도록 만들 그런 생각들을 말이다. 뱀은 스스로 그렇게 되기를 바라지 않겠지만, 실은 우리에게 유익한 존재임에 틀림없어. 뱀은 우리의 이해력이 닿지 않는 곳으로 달아나며, 그렇게 함으로써 뱀은 인간의 지식이 발견하지 못하는 길을 우리에게 보여주고 있어."

필레몬이 말을 끝냈을 때, 죽은 자들은 경멸의 눈길로 보다가 이렇게 말했다. "신들과 악령, 영혼에 대한 말은 그만하시오. 오래 전부터 알고 있는 내용이니까."

그러나 필레몬은 미소를 지으며 대답했다. "가엾은 영혼들이여, 육체는 가난하고 정신이 부자인 영혼들이여, 그 육신은 비계 덩어리였고 정신은 야위었어. 그러나 그대들은 영원한 빛에 어떻게 도달할 건가? 그대들은 나의 어리석음을 조롱하고 있어. 그대들도 어리석음을 갖고 있으면서. 그러니 그대들은 그대 자신을 조롱하고 있는 거야. 지식은 사람을 위험으로부터 해방시켜 주지. 그러나 조롱은 그대들의 믿음의 이면(裏面)이야. 검정이 흰색보다 가치가 덜한가? 그대들은 신앙을 거부하고 조롱을 계속 지켜왔어. 그래서 그대들은 신앙으로부터 구제되었는가? 아니야. 그대들은 자신을 조롱에, 따라서 다시 신앙에 얽어맸어. 그래서 그대들이 비참한 거야."

그러나 죽은 자들은 화를 내며 소리를 질렀다. "우리는 비참하지 않아. 우리는 영리해. 우리의 사고와 감정은 맑은 물처럼 순수하고. 우리는 우리의 이성을 칭송해. 우리는 미신을 조롱하고 있어. 당신은 당신의 오래된 어리석음이 우리에게까지 닿는다고 믿는가? 어린애 같은 망상이 당신을 사로잡고 있어. 당신의 어리석음이 우리에게 무슨 소용이 있단 말인가?"

필레몬이 대답했다. "그대들이 무슨 유익한 일을 할 수 있겠는가? 나는 그대들을 아직도 삶의 그림자에 묶어두고 있는 것들로부터 그대들을 자유롭게 풀어놓고 있어. 이 지혜를 받아들이고, 이 어리석음을 그대들의 현명함에 보태고 이 불합리를 그대들의 이성에 더하도록 해. 그러면 그대들은 그대 자신들을 발견하게 될 거야. 만약에 그대들이 인간들이었다면, 그대들은 자신들의 삶을 시작할 것이고, 그대들의 삶의 길은 이성과 불합리 그 사이일 것이며, 그대들은 영원한 빛에 맞춰 살게 될 거야. 이 영원한 빛의 그림자를 그대들은 이미 살았어. 그러나 그대들은 죽었기 때문에, 이 지식이 그대들을 삶으로부터 자유롭게 풀어놓고 그대들로부터 인간들에 대한 욕심을 지워줄 거야. 이 지식은 또 그대들의 자기를 빛과 그림자가 드리우는 그늘로부터 자유롭게 할 것이다. 인간에 대한 연민이 그대들을 압도할 것이고, 그대들은 강물에서 빠져나와 단단한 땅에 닿을 것이고, 영원한 소용돌이에서 벗어나서 든든한 휴식의 바위로, 말하자면 끊임없는 흐름을 끊어놓는 어떤 원(圓) 속으로 들어갈 것이며, 불꽃도 시들다가 꺼질 거야.

나는 빛을 발하는 불을 피웠어. 나는 살인자에게 칼을 주었어, 나는 아문 상처들을 다시 찢어놓았어. 나는 모든 움직임에 속도를 붙였어. 나는 광인에게 취하게 하는 음료를 더 많이 주었어. 나는 차가운 것을 더 차게 만들었어. 나는 뜨거운 것을 더 뜨겁게, 어리석은 것을 더 어리석게, 선한 것을 더 선하게, 약한 것을 더 약하게 만들었어.

이 지식은 제물을 바치는 자의 도끼야."

그러나 죽은 자들이 외쳤다. "당신의 지혜는 어리석은 저주야. 당신은 바퀴를 거꾸로 돌리길 원하는가? 그러면 당신이 완전히 찢어지고 말 텐데. 맹목적이기 짝이 없어!"

이에 대해 필레몬은 이렇게 대답했다.

"세상은 그렇게 돌아가고 있어. 땅은 제물의 피로 다시 초록이 되었고 열매를 맺게 되었어. 꽃은 싹을 틔웠고, 파도는 다시 해안으로 밀려오고, 산허리에 하얀 구름이 걸려 있고, 영혼의 새가 인간들에게로 돌아오고, 들판에서 괭이 소리가 들리고, 숲에서 도끼 소리가 들려. 바람이 나무를 스치고, 태양은 아침 이슬에 반짝이고, 행성들은 그 새를 보고, 땅에서 팔이 많이 달린 것이 올라오고, 바위가 말을 걸고, 풀이 속삭이고 있어. 인간은 자신을 발견했고, 신들은 하늘을 떠돌고 있고, 그 충만함은 황금 방울과 황금 씨앗을 낳고, 황금 씨앗은 깃털을 달고 두둥실 떠다니고 있어."

지금 죽은 자들은 침묵을 지키다가 필레몬을 응시하면서 슬그머니 기어서 사라졌다. 그러나 필레몬은 땅으로 몸을 낮추면서 "그것이 성취되었지만, 완성되지는 않았어. 땅의 열매인 싹이여 올라오라. 하늘이여, 생명의 물을 부어주오."라고 말했다.

그런 다음에 필레몬은 사라졌다.

다음날 밤에 필레몬이 나에게 접근했을 때, 나는 아마 매우 깊은 혼란에 빠져 있었을 것이다. 그때 내가 이렇게 소리를 쳤으니 말이다. "오, 필레몬, 당신이 뭘 했어요? 무슨 불을 붙였어요? 뭘 깨뜨렸어요? 창조의 바퀴가 정지했어요?"

그러나 필레몬은 이렇게 대답했다. "모든 것이 정상적인 경로를 밟고 있어. 아무 일도 일어나지 않았어. 그럼에도 묘사할 수 없는 멋진 신비가 일어났어. 내가 빙빙 도는 원에서 빠져나왔어."

"그게 대체 뭐죠?" 나는 외쳤다. "나의 입술에서 당신의 말이 나오고 있어요. 나의 귀에서 당신의 목소리가 들리고 있어요, 안에서부터 나의 눈이 당신을 보고 있어요. 정말로, 당신은 마법사 같아요! 당신이 회전하는 원에서 빠져 나왔다고요? 아니, 이렇게 헷갈릴 수가! 당신이 나이고, 내가 당신인가요? 창조의 바퀴가 정지한 것처럼 느껴지지 않았어요? 그런데 당신이 빙빙 도는 원에서 빠져나왔다고요? 나는 정말로 그 바퀴에 묶여 있어요. 나는 바퀴가 도는 것을 느끼고 있어요. 그런데도 창조의 바퀴가 나에게도 정지해 있는 것처럼 느껴져요. 아버지시여, 도대체 어떻게 했는지 나에게 가르쳐 주십시오!"

이어 필레몬이 말했다. "난 단단한 곳 위로 올라섰어. 그것을 꼭 붙잡았으며 그것을 파도로부터, 탄생의 순환으로부터, 끝없는 사건의 회전 바퀴로부터 구해냈어. 바퀴는 이제 정지했어. 죽은 자들이 그 가르침의 어리석음을 받아들였고, 그들은 진리에 의해 눈이 멀어졌고 실수에 의해 보고 있어. 그들은 그 어리석음을 인식하고, 느끼고, 후회했어. 그들은 다시 와서 겸허한 맘으로 묻게 될 거야. 그들이 거부했던 것이 그들에게 가장 소중한 것이 될 것이니까."

나는 필레몬에게 질문을 던지길 원했다. 그 수수께끼가 나를 괴롭혔기 때문이다. 그러나 그는 이미 땅을 건드린 뒤 사라져 버렸다. 그리고 밤의 어둠은 고요했으며 나에게 아무런 대답을 내놓지 않았다. 나의 영혼도 머리를 흔들며 말없이 서 있을 뿐, 필레몬이 암시만 하고 답을 제시하지 않은 미스터리에 대해 아는 것은 없었다.

## 12

또 하루 낮이 가고, 이레째 밤이 찾아 왔다.

그리고 죽은 자들이 다시 왔다. 이번에는 비열한 제스처를 써가며 말했다. "한 가지를 잊었어요. 인간에 대해 가르쳐주길 바랍니다."

이어서 필레몬이 내 앞으로 나서면서 말하기 시작했다(이것이 죽은 자들에게 한 일곱 번째 설교다).

"인간은 일종의 관문이야. 그 문을 통해서 그대들은 신들이나 악령, 영혼의 외부 세계에서 내부 세계로, 큰 세계로부터 좁은 세계로 들어가. 작고 무의미한 것이 인간이며, 이미 인간은 그대들 뒤에 있으며, 다시 그대들은 끝없는 공간 안에서, 보다 작거나 내적인 무한 속에서 자신을 발견하지.

헤아릴 수 없을 만큼 먼 거리에, 외로운 별 하나가 천정(天頂)에 서 있어.

이것이 이 한 인간의 한 신이고, 이것이 그의 세계이고, 그의 플레로마이고, 그의 신성이야.

이 세상 속에서 인간은 아브라크사스이고, 자신의 세계의 창조자이며 파괴자야.

이 별은 인간의 신이고 목표야.

이것은 인간을 안내하는 신이야.

그의 안에서 인간은 자신의 휴식처로 가지.

그를 향해서, 죽은 뒤에 영혼의 긴 여행이 시작돼.

그의 안에서, 인간이 넓은 세상에서 끌어낸 모든 것이 찬란히 빛나고 있어.

이 한 신에게 인간은 기도할 거야.

기도가 그 별의 빛을 더욱 밝게 만들어.

그 별은 죽음 위로 다리를 놓고 있어.

그 별은 보다 작은 세상을 위한 삶을 준비시키고, 보다 큰 것에 대한 가망 없는 욕망을 누그러뜨리고 있어.

보다 큰 세상이 차가워질 때, 그 별이 빛을 반짝여.

인간이 아브라크사스의 눈부신 광경에서 눈을 뗄 수 있는 한, 인간과 그의 한 신 사이엔 아무것도 서 있지 않아.

인간은 여기 있고, 신은 저기 있어.

약함과 무(無)는 여기 있고, 영원히 창조적인 힘은 저기 있어.

여기엔 어둠과 차갑고 습한 냉기밖에 없고, 저기엔 절대적인 태양이 있어."

그러나 필레몬이 말을 끝냈을 때, 죽은 자들은 침묵을 지켰다. 그들로부터 그들의 무게가 바닥으로 떨어졌고, 그들은 마치 밤에 양떼를 지키는 목자의 불 위로 피어오르는 연기처럼 위로 올라갔다.

그러나 나는 필레몬 쪽을 향해 말했다. "걸출한 존재이시여, 당신은 인간이 일종의 관문이라고 가르쳤습니까? 신들의 행렬이 지나가는 관문이라는 뜻입니까? 생명의 강이 흐르는 관문입니까? 전체 미래가 끝없는 과거 속으로 흘러가는 관문입니까?"

나의 질문에 필레몬은 이렇게 대답했다.

"이들 죽은 자들은 인간의 변형과 발달을 믿었어. 죽은 자들은 인간이 아무것도 아니고 덧없는 존재라고 확신하고 있었어. 그들에겐 이것보다 더 분명하게 느껴지는 것은 없었어. 그럼에도 그들은 인간이 심지어 자신의 신들까지 창조한다는 것을 알고 있었어. 당연히 신들이 아무 소용이 없다는 것도 알고 있었지. 그래서 그들은 자신들이 모르고 있는 것을, 인간이라는 존재는 신들의 기차가 지나가는 관문일 뿐만 아니라 모든 시대가 오고 가는 관문이라는 것을 배워야 했어. 인간은 관문을 자처하지도 않고, 창조하지도 않고, 그것으로 고통을 겪지도 않아. 이유는 인간이 존재, 즉 유일한 존재이고 또 인간이 세상의 순간, 즉 영원한 순간이기 때문이야. 이것을 깨닫는 인간은 누구나 불에 타는 것을 중단하고 연기가 되고 재가 되지. 그는 영원히 지속되고, 그의 일시성은 끝나. 그는 존재하고 있는 누군가가 되었어. 너는 불꽃에 대해, 마치 그것이 생명인 것처럼 꿈을 꾸고 있어. 그러나 생명은 지속이고, 불꽃은 죽어 사라져. 나는 생명을 계속 이어왔으며, 나는 생명을 불로부터 구했어. 그것이 불의 꽃의 아들이야. 너는 내 안에서 그것을 보았어. 나 자신은 빛의 영원한 불의 성격을 갖고 있어. 그러나 나는 너를 위해 그것을 구한 존재야. 검고 황금빛인 씨앗과 그 씨앗의 푸른 별빛 말이다. 너 영원한 존재, 길고 짧음이 무엇이더냐? 순간과 영원한 지속이 무엇이더냐? 존재인 너는 매 순간 영원해. 시간이 무엇이냐? 시간은 피어올랐다가 타며 죽는 불이야. 나는 존재를 시간으로부터 구했어. 존재를 시간의 불과 시간의 어둠으로부터, 신들과 악마들로부터 구원했다는 말이야."

그러나 나는 그에게 말했다. "걸출한 존재여, 당신은 검고 황금빛인 보물과 그 보물의 푸른 별빛을 언제 나에게 주실 건가요?"

필레몬이 대답했다. "네가 신성한 불꽃에 타기를 원하는 모든 것을 내놓을 때가 바로 그때야."

## 13

그리고 필레몬이 이런 말을 했을 때, 밤의 그림자들 쪽에서 황금색 눈을 가진 검은 형체가 내 쪽으로 다가왔다. 나는 깜짝 놀라며 소리를 질렀다. "당신은 적인가? 당신은 누구야? 당신은 어디서 온 거야? 한 번도 본 적이 없는데! 말해 봐, 당신이 원하는 게 뭐야?"

시커먼 형체가 말했다. "난 저 멀리서 왔어. 동쪽에서 왔어. 내 앞에 가고 있는 빛나는 불, 필레몬을 따르고 있어. 나는 당신의 적이 아니라 이방인일 뿐이야. 나의 피부는 검고 나의 눈은 금빛으로 빛나."

나는 겁을 먹은 목소리로 물었다. "당신은 뭘 갖고 왔어?"

"나는 자제를 갖고 왔어. 인간적인 기쁨과 고통을 자제한다고 할 때의 그 자제 말이다. 동정은 소외를 낳아. 공감하되 동정하지는 마. 세상에 대해 공감하는 마음을 품고, 타인에게 의지를 행사하려는 태도를 버려.

동정은 오해받고 있으며, 그래서 동정이 효과를 발휘하고 있는 거야.

갈망을 멀리하고, 두려움에 대해선 생각도 하지 마.

사랑을 멀리하고, 전체를 사랑하도록 해."

나는 두려운 마음으로 그를 보면서 말했다. "당신이 들판의 흙만큼 검고 쇠만큼 검은 이유가 뭔가? 나는 당신이 무서워. 왜 이리 고통이 심하지. 당신이 내게 무슨 짓을 한 거야?"

"나를 죽음이라고 불러도 괜찮아. 태양과 함께 솟아오르는 죽음 말이야. 나는 차분한 고통과 오랜 평화를 갖고 왔어. 나는 너에게 보호의 장막을 쳤어. 바로 삶의 한가운데에서 죽음이 시작하는 거야. 나는 너의 온기가 절대로 멈추지 않도록 너에게 여러 겹의 덮개를 씌우고 있어."

이에 나는 이렇게 대답했다. "당신은 비탄과 절망을 갖고 왔어. 나는 인간들 틈에 있길 원했어."

그러나 그가 말했다. "너는 베일로 가린 존재로서 인간들에게 갈 거야. 너의 불은 밤에 빛을 발하고. 너의 태양 같은 본질은 너를 떠나고 이제는 별의 본성이 시작하고 있어."

"당신은 잔인해." 나는 한숨을 내쉬었다.

"단순한 것은 잔인해. 단순한 것은 다양한 것과 결합하지 못해."

이 말을 남기고, 신비한 검은 형체는 사라졌다. 그러나 필레몬은 묻고 싶어 하는 진지한 표정으로 나를 보았다. 필레몬이 말했다. "나의 아들아, 너는 그를 제대로 보았는가? 너는 그로부터 듣게 될 거야. 그러나 지금 이리 오너라. 그래야 그 검은 형체가 너를 위해 예언한 것을 내가 수행할 수 있으니까."

필레몬은 이런 말을 하면서 나의 눈을 건드려 응시하게 한 뒤에 나에게 놀라운 신비를 보여주었다. 나는 그것을 이해할 수 있을 때까지 오랫동안 바라보았다. 하지만 내가 본 것이 무엇이었던가? 나는 밤과 시커먼 땅을 보았으며, 땅 위로 하늘이 무수한 별빛 속에 서 있었다. 그리고 나는 그 하늘이 어떤 여자의 형태를 취하고 있는 것을 보았다. 그녀가 두른 별들의 망토는 일곱 겹이었으며, 망토가 그녀를 완전히 감싸고 있었다.

그리고 내가 그것을 보았을 때, 필레몬이 이렇게 말했다.

"높은 영역에, 이름 없는 영역에 서 있는 어머니여, 나와 그를 감싸며 신들로부터 보호하고 있는 어머니여, 그가 당신의 자식이 되기를 원하나이다.

그의 출생을 받아주소서.

그가 새롭게 태어나도록 해주소서. 저는 저 자신을 그로부터 분리시켰습니다. 냉기가 점점 더 강해지고 있고, 냉기의 별은 더욱 밝게 빛나고 있습니다.

그는 어린 시절의 연대를 필요로 하고 있습니다.

당신은 신의 뜻을 받드는 뱀을 낳았으며, 그 뱀을 출생의 고통으로부터 해방시켜 주었습니다. 이 인간을 태양의 거처로 받아주십시오. 그에겐 어머니가 필요합니다."

어떤 목소리가 높은 곳에서 마치 떨어지는 별처럼 들려왔다.

"나는 그를 아이로 받아들이지 못해. 그는 먼저 자신을 깨끗이 정화해야 해."

필레몬이 말했다. "그의 불순은 무엇입니까?"

그러자 그 목소리가 말했다. "불순은 섞임이야. 그는 인간의 고통과 기쁨을 포함하고 있어. 그는 절제가 완전해지고 인간들과의 섞임으로부터 자유로워질 때까지 고립된 상태로 있어야 해. 그러면 그가 아이로 받아들여질 수 있어."

바로 그 순간에, 나의 환상은 끝났다. 그리고 필레몬도 사라졌고, 나는 홀로 남았다. 그리고 나는 그 목소리가 말한 대로 분리된 상태로 남았다. 그러나 나흘째 되던 날 밤에 나는 이상한 형체를 보았다. 기다란 코트와 터번을 두른 남자였다. 그의 눈은 현명한 의사의 눈처럼 인자하고 영리한 빛을 발했다. 그가 나에게 접근하면서 "너에게 기쁨에 대해 말하고 싶군."이라고 말했다. 그러나 나는 이렇게 대답했다. "나에게 기쁨에 대해 말하고 싶다고? 나는 인간들의 수많은 상처로부터 피를 흘리고 있어."

그러자 그가 말했다. "내가 치료를 갖고 왔어. 여자들이 나에게 이 기술을 가르쳐 주었어. 여자들은 병든 아이들을 치료하는 방법을 알거든. 너의 상처가 너를 아프게 하고 있는가? 당장 치료가 가능해. 유익한 조언에 귀를 기울이고, 화를 내지 마."

이에 나는 "당신이 원하는 게 뭐야? 나를 유혹하려는 거야? 아니면 나를 조롱하는 거야?"라고 대꾸했다.

그러자 그가 말을 가로막고 나섰다. "무슨 생각을 하는 거야? 내가 너에게 낙원의 축복을, 치료의 불을, 여자들의 사랑을 갖다 주는데."

그래서 나는 다시 물었다. "당신은 개구리 연못으로 내려가는 것에 대해 생각하고 있는가? 많은 것 안에서 용해되는 것에 대해, 흩어지거나 갈가리 찢어지는 것에 대해 생각하고 있는가?"

그러나 내가 이 말을 할 때, 늙은 노인이 필레몬으로 변신했으며, 나는 그가 나를 유혹하던 마법사였다는 것을 알았다. 그러나 필레몬은 말을 계속 이었다.

"너는 아직 해체를 한 번도 경험하지 못했어. 너는 갈가리 찢어져 바람에 흩어져야 해. 인간들이 너와 함께할 최후의 만찬을 준비하고 있어."

"그러면 나에게 남는 건 뭡니까?"

"너의 그림자만 남지. 너는 땅 위로 물을 흘려보내는 강이 될 거야. 그 강은 깊은 곳을 향해 모든 계곡과 흐름을 추구하고 있어."

그 말에 나는 비탄에 빠져 물었다. "그렇게 되면 나의 단일성은 어디에 남는단 말입니까?"

이에 필레몬이 대답했다. "너는 너 자신으로부터 그것을 훔칠 거야. 너는 떨리는 손으로 눈에 보이지 않는 그 영역을 붙잡고 있을 거야. 그러면 그것이 뿌리를 잿빛 어둠 속으로, 땅의 신비 속으로 내리고, 잎으로 무성한 가지들을 황금 공기 속으로 밀어 올려.

동물들이 그 가지에 살고 있어.

인간들은 그늘에서 쉬고 있고.

그들의 중얼거림이 아래에서 위로 올라오고 있어.

1천 마일 깊이의 깊은 낙담은 그 나무의 수액이야.

그 나무는 오랜 시간 푸를 거야.

나무 꼭대기엔 고요가 깃들어 있어.

나무의 깊은 뿌리에도 마찬가지로 고요가 깃들어 있어."

필레몬의 말을 근거로, 나는 삶으로 살지 않은 사랑을 통해서 일어나는 섞임을 상쇄하기 위해서 사랑에 진실해야 한다는 것을 깨달았다. 나는 섞임이 자발적 헌신을 대신하는 하나의 속박이라는 것을 이해했다. 필레몬이 나에게 가르쳤듯이, 자발적 헌신에서 흩어짐이나 해체가 일어난다. 흩어짐이나 해체는 섞임을 상쇄한다. 그러므로 나는 사랑에 진실해야 하고, 사랑에 자발적으로 헌신해야 한다. 나는 해체의 고통을 겪고, 따라서 위대한 어머니, 즉 별의 본성을, 말하자면 인간과 사물에 속박된 상태로부터의 해방을 얻는다. 인간과 사물에 얽매여 있는 상태라면, 나는 나의 삶을 목적지까지 끌고 가지도 못할 뿐만 아니라 나 자신의 깊은 본성에 도달하지도 못한다. 죽음도 나의 안에서 하나의 새로운 생명으로 시작하지 못한다. 이유는 내가 죽음을 두려워만 하기 때문이다. 그러므로 나는 사랑에 진실해야 한다. 그렇지 않고서 어떻게 내가 속박의 해체와 흩어짐에 이를 수 있겠는가? 사랑에 진실하고 모든 고통과 아픔을 기꺼이 받아들이지 않고서야 내가 어떻게 죽음을 경험할 수 있겠는가? 내가 나 자신을 해체에 자발적으로 바치지 않는 한, 나의 자기의 일부는 은밀히 인간과 사물과 함께 남으면서 나를 그것들과 묶어놓는다. 그러면 나는 싫든 좋든 인간들과 사물들의 일부가 되어야 하며, 그들과 섞여야 하고, 그들에게 얽매이는 수밖에 없다. 오직 사랑에 충실하고 사랑에 자발적으로 헌신하는 태도만이 이 결합과 혼합을 용해시킬 수 있으며, 나의 자기 중에서 인간과 사물과 은밀히 연결되어 있는 부분을 나에게 돌려줄 수 있다. 그렇게 되어야만 별의 빛이 성장하고, 나도 별의 본성에, 말하자면 단순하고 유일한 것에, 나의 가장 진실하고 깊은 자기에 도달할 수 있게 된다.

사랑에 지속적으로 진실하기는 어렵다. 이유는 사랑이 모든 죄들 위에 서 있기 때문이다. 사랑에 진실하기를 원하는 사람은 당연히 죄를 극복해야 한다. 사람이 죄를 깨닫지 못하는 것보다 더 흔한 것도 없다. 사랑에 진실하기 위해 죄를 극복하는 것은 너무나 어려운 일이다. 그래서 나의 발도 앞으로 나아가기를 망설였다.

밤이 오자, 흙색 옷을 걸친 필레몬이 은색 물고기를 한 마리 쥔 채 나에게 다가오면서 말했다. "나의 아들아, 이걸 봐라. 내가 낚시로 잡은 물고기다. 이걸 너에게 갖고 온 것은 너의 마음을 편안하게 해 주기 위해서야." 나는 놀란 표정으로 그를 보다가 문 앞의 어둠 속에 어떤 그림자가 장엄한 의상을 걸치고 서 있는 것을 보았다. 그의 얼굴은 창백했고, 이마의 주름으로 피가 흘렀다. 그러나 필레몬은 무릎을 꿇고, 땅에 손을 대면서 그 그림자에게 말했다.

"나의 주인이여, 형제여, 당신의 이름을 찬양합니다. 당신은 우리를 위해서 대단히 훌륭한 일을 했습니다. 당신은 동물들로 인간들을 만들고, 인간들이 치료할 수 있도록 당신의 생명을 바쳤습니다. 당신의 정신은 끝없는 시간 동안 우리와 함께 있었습니다. 그리고 인간들은 여전히 당신에게 기대를 걸고 있고, 당신이 그들을 어여삐 여기길 바라고 있으며, 당신을 통해 신의 자비와 죄의 사함을 간청하고 있습니다. 당신은 인간들에게 베푸는 일에 지치지 않았습니다. 나는 당신의 성스런 인내를 찬양합니다. 인간들이 배은망덕하지 않습니까? 인간들의 갈망은 무한하지 않습니까? 인간들은 아직도 당신에게 요구하고 있지요? 그들은 너무나 많은 것을 받았는데도 여전히 거지들입니다.

보십시오, 나의 주인이여, 형제여, 인간들은 나를 사랑하지 않습니다. 그러면서 당신을 탐욕스럽게 갈망하고 있습니다. 그들은 또 이웃의 소유물까지 욕심내고 있습니다. 그들은 이웃을 사랑하지 않으며 이웃이 가진 것을 원하고 있습니다. 그들이 정말로 자신의 사랑에 충실하다면 탐욕적일 수 없을 것입니다. 그러나 주는 존재는 누구나 욕망을 불러일으키게 됩니다. 인간들은 사랑을 배우면 안 되는 겁니까? 사랑 앞에 정직하면 안 됩니까? 자발적인 헌신을 배우면 안 됩니까? 그러나 인간들은 당신에게 요구하고 갈망하고 구걸하고 있으며, 경외심을 불러일으키는 당신의 삶으로부터는 전혀 아무런 교훈을 배우지 않았습니다. 그들은 당신의 삶을 흉내만 낼 뿐 자신의 삶을 당신이 산 것처럼은 절대로 살지 않습니다. 경외심을 불러일으키는 당신의 삶이 모두에게 각자의 본성과 사랑에 충실하면서 자신의 삶을 능동적으로 사는 방법을 보여주고 있는데도 말입니다. 당신은 간통한 여자를 용서하지 않았습니까? 당신은 매춘부와 세리와 함께 앉지 않았습니까? 당신은 안식일의 명령을 위반하지 않았습니까? 당신은 당신 자신의 삶을 살았지만, 인간들은 그렇게 하지 못하고 있습니다. 대신에 인간들은 당신에게 기도하고, 당신에게 요구하고, 당신에게 당신의 일이 불완전하다는 점을 영원히 일깨우고 있습니다. 그럼에도 인간들이 모방하지 않고 자신의 삶을 살려고 노력하기만 하면, 당신의 일은 완성될 것입니다. 인간들은 아직 어린애 같고, 은혜를 망각하고 있습니다. 그들이 이런 식으로 말을 하지 못하기 때문입니다. '저희들에게 안겨주신 구원에 대해 주님께 감사드립니다. 저희들은 그 구원을 가슴으로 진정으로 받아들였으며, 주님의 일을 저희들 안에서 스스로 이어가는 것을 배웠습니다. 주님의 도움을 통해서 저희들은 내적으로 구원 작업을 계속하면서 성숙을 이뤘습니다. 주님 덕분에, 저희들은 주님의 일을 끌어안고, 주님의 속죄의 가르침을 이해하고, 주님께서 우리를 위해 피를 흘리는 투쟁을 통해 벌인 일을 저희 안에서 마무리했습니다. 저희들은 부모의 소유물을 탐내는 배은망덕한 자식이 아닙니다. 저희들의 주인이신 주님 덕분에, 저희들은 주님의 재능을 최대한 이용하고 그것을 땅에 묻지 않으며 저희들의 손을 쭉 펴면서 주님이 주님의 일을 우리 안에서 완성하기를 간구합니다. 저희들은 주님의 어려움과 일을 스스로 끌어안기를 원합니다. 그러면 주님께서 긴 하루 힘든 일을 끝낸 노동자처럼 거친 손을 무릎에 내려놓고 쉬실 수 있겠지요. 자신의 일을 완성시키고 쉬는 죽은 자는 틀림없이 축복받은 존재이지요.'

나는 인간들이 이런 식으로 당신을 진지하게 받아들이기를 원했습니다. 그러나 인간들은 당신을, 나의 주인이고 형제인 당신을 전혀 사랑하지 않았습니다. 그들은 당신에게 평화의 가치를 지불하는 것을 꺼렸습니다. 그래서 인간들은 당신의 일을 미완으로 남겨 놓고 있습니다. 인간들이 당신의 동정과 당신의 보살핌을 영구히 필요로 하는 그런 존재로 남아 있다는 뜻입니다.

그러나 나의 주인이고 형제인 당신은 당신의 일을 마무리했다고 나는 믿고 있습니다. 자신의 생명과 진실, 사랑, 영혼을 온전히 바친 존재는 자신의 일을 완성했기 때문이지요. 한 개인이 인간들을 위해 할 수 있는 모든 것을 당신은 마무리 지었습니다. 인간들 모두가 각자 구원 작업을 해야 할 때가 왔습니다. 인류는 나이가 더 들었고, 새로운 달이 시작되었습니다."

필레몬이 말을 끝냈을 때, 나는 위를 올려보다가 그 그림자가 서 있던 자리가 비어 있다는 사실을 확인했다. 이어 나는 필레몬 쪽으로 몸을 돌리며 말했다. "아버지시여, 당신은 인간들에 대해 말했습니다. 저도 인간입니다. 저를 용서하시길!"

그러나 필레몬은 어둠 속으로 옮어지며 녹아들었고, 나는 나 자신에게 요구되는 것을 하기로 작정했다. 나는 나의 천성의 모든 기쁨과 고민을 받아들였으며, 나의 사랑에 진실하고, 자신의 삶을 사는 모두에게 닥치는 고통을 기꺼이 겪으려 들었다. 그리고 내가 홀로 서 있는데 두려움이 밀려왔다.

14

어느 날 밤에 모든 것이 침묵을 지킬 때, 나는 여러 목소리가 중얼거리는 소리와 함께 필레몬의 목소리를 다소 분명하게 들을 수 있었다. 연설을 하는 것 같았다. 더 주의 깊게 귀를 기울이자, 그의 말이 들려왔다.

"후에 내가 지하 세계의 죽은 육체를 임신시켰을 때, 그리고 그 육체가 그 신의 뱀을 낳았을 때, 나는 인간들에게로 가서 그들의 불행과 광기가 하늘을 찌르고 있는 것을 보았어. 또 인간들이 서로를 죽이고 있는 것도 보았으며, 그들이 각자의 행동을 뒷받침할 근거를 찾고 있는 것도 보았어. 인간들이 그런 짓을 한 것은 그들에게 그것과 다르거나 그것보다 더 나은 것이 없었기 때문이야. 그러나 그들은 설명하지 못하는 것은 하지 않는 데에 익숙하기 때문에 그들이 살해를 계속하지 않을 수 없게 만드는 이유들을 고안했어. 현자가 말하더군. 그만해, 너희들은 제정신이 아니야, 라고. 제발 좀 그만해. 너희들이 입힌 피해를 똑바로 보라고. 그러나 바보들은 비웃었어. 이유는 하룻밤 사이에 현자에게 명예가 주어졌기 때문이야. 왜 인간들은 자신의 어리석음을 보지 않지? 어리석음이 그 신의 딸이야. 그래서 인간들은 살해를 멈출 수 없어. 그렇게 함으로써 그들은 자신도 모르는 가운데 그 신의 뱀을 이롭게 하지. 그 신의 뱀을 이롭게 하는 일이라면 목숨을 걸 만하잖아. 그런 신에도 불구하고 사는 것이 훨씬 더 나을 거야. 그러나 그 신의 뱀은 인간의 피를 원하고 있어. 인간의 피가 그 신의 뱀을 먹이고 그 신의 뱀이 빛을 발하도록 해. 죽이고 죽기를 원하지 않는 것은 그 신을 속이는 것이나 마찬가지야. 살아가는 존재는 누구나 그 신을 속이는 존재가 되었어. 살아가는 존재는 누구나 스스로 자신의 생명을 창조하고 있어. 그러나 뱀은 피를 얻을 것이라는 희망 때문에 기만당하기를 바라고 있어. 자신의 생명을 신들로부터 훔치는 인간들의 숫자가 많아질수록, 피가 뿌려진 들판에서 거둬들이는, 뱀을 먹일 수확도 더 많아질 거야. 그 신은 인간의 살해를 통해서 점점 더 강해지고 있어. 뱀은 쏟아지는 피를 통해 점점 더 뜨거워지고 불같아지고 있어. 뱀의 지방은 시뻘건 불꽃으로 타고 있어. 불꽃은 인간들의 빛, 부활한 태양의 첫 번째 광선, 가장 먼저 나타나는 빛인 '그'가 되었어."

나는 필레몬이 하는 말을 이해할 수 없었다. 나는 그것을 놓고 오랫동안 깊이 생각했다. 그건 틀림없이 죽은 자들에게 한 말이었다. 나는 어떤 신의 부활에 따를 잔학한 행위에 공포를 느꼈다.

곧 나는 꿈에서 엘리야와 살로메를 보았다. 엘리야는 겁에 질린 모습으로 나타났다. 그래서 그 다음날 밤에 불이 꺼지고 살아 있는 모든 것이 침묵에 빠졌을 때, 나는 엘리야와 살로메를 불러냈다. 그들로부터 나의 질문에 대한 답을 듣기 위해서였다. 엘리야가 앞으로 나서며 말했다.

"나는 허약해졌고 가난해. 나의 아들이여, 나의 권력의 여분은 너에게로 갔어. 네가 나에게서 너무 많은 것을 가져갔어. 너는 나로부터 너무 멀리 벗어났어. 나는 이해할 수 없는 이상한 것들에 대해 들었으며, 그래서 나의 깊은 곳의 평화가 깨어지게 되었어."

그래서 나는 그에게 "하지만 뭘 들었어요? 무슨 소리를 들었어요?"라고 물었다.

엘리야가 대답했다. "혼란스럽기 짝이 없는 소리였어. 경고와 이해할 수 없는 내용의 목소리였어."

이어 내가 물었다. "무슨 소리를 들었지요? 어떤 목소리였습니까?"

"뚜렷하지 않았어. 말 자체가 혼란스러웠어. 그 목소리는 맨 먼저 뭔가를 자르거나 수확하는 데 쓰는 칼에 대해 말했어. 어쩌면 으깨어 즙을 내야 하는 포도에 대해 말했을 수도 있어. 아마 붉은색 옷을 입고 있는 존재가 포도 짜는 기계를 밟을 것이고, 그러면 거기서 피가 흘러나오겠지. 그 다음에 목소리는 아래에 묻혀 있는 금에 대해 말했어. 건드리는 자는 모조리 죽이는 그런 금이라지. 이어 목소리는 무섭게 타는 불에 대해, 우리 시대에 타오를 불에 대해 말했어. 그런 다음에 저주의 말이 있었어. 그 말에 대해선 이야기하지 않는 게 낫겠어."

"저주의 말이라뇨? 그게 뭐였죠?"라고 내가 물었다.

그는 이렇게 대답했다. "신의 죽음에 관한 말이야. 세상에는 오직 한 신만 있으며, 신은 죽을 수 없어."

이어 나는 이렇게 대답했다. "엘리야, 나는 크게 놀랐어요. 당신은 세상에 일어난 일을 모르고 있어요? 세상이 새로운 옷으로 갈아입었다는 것을 모르고 있어요? 유일신은 사라지고, 대신에 많은 신들과 악령들이 인간에게 왔다는 것을 모르고 있어요? 정말, 나는 놀랐어요. 정말로 놀랐어요! 어떻게 당신이 그런 걸 모를 수 있지요? 당신은 새로 생긴 것들에 대해 전혀 모르고 있어요? 그래도 당신은 미래를 알 수 있잖아요! 선견지명이 있잖아요! 아니면 당신은 현재에 대해선 몰라야 하는 건가요? 당신은 결국 현재에 있는 것은 무엇이든 부정하는가요?"

여기서 살로메가 나의 말을 가로막고 나섰다. "지금 있는 것들은 전혀 어떤 즐거움도 주지 않아요. 기쁨은 오직 새로운 것에서만 오는 거예요. 당신의 영혼도 새로운 남편을 좋아할 거예요. 정말 재미있군. 당신의 영혼은 변화를 사랑해요. 당신은 당신의 영혼에게 충분히 즐거운 존재가 아니에요. 그 점에서 당신의 영혼은 가르칠 수 없는 존재이며, 따라서 당신은 당신의 영혼이 미쳤다고 믿고 있어요. 우리는 단지 다가오는 것만을 사랑해요. 현재 있는 것은 사랑하지 않아요. 오직 새로운 것만이 우리에게 기쁨을 줄 수 있어요. 엘리야는 현재 있는 것에 대해서는 생각하지 않아요. 오직 다가올 것에 대해서만 생각하지요. 그래서 그는 그것을 알고 있어요."

내가 대답했다. "그가 뭘 알고 있지요? 그걸 말해야 해요."

엘리야가 말했다. "이미 말했어. 내가 본 이미지는 진홍색 불같은 색깔이고, 반짝이는 금이었어. 내가 들은 목소리는 아주 먼 곳의 천둥 같고, 숲 속을 휘젓는 바람 같고, 지진 같았어. 나의 신의 목소리는 아니었고, 천둥 같은 이교도의 환호성이었어. 나의 조상들은 알았겠지만, 나는 한 번도 들어보지 못한 그런 부름이었어. 그 목소리는 선사 시대처럼 들렸어. 먼 해안의 숲에서 들려오는 것 같았어. 거기엔 황야의 모든 소리들이 섞여 있었어. 그 목소리는 공포로 가득했음에도 조화로웠어."

이에 대해 나는 이렇게 대답했다.

"훌륭하신 노인이시여. 당신은 정확히 들었어요. 제가 생각했던 그대로군요. 얼마나 멋진 일입니까! 그것에 대해 설명해 드릴까요? 어쨌든, 제가 세상이 새로운 얼굴을 얻었다고 말씀드렸지요. 세상 위로 새로운 덮개가 던져졌어요. 당신이 그걸 모르고 계시다니 얼마나 이상한지!

옛날의 신들이 새로워졌어요. 유일신은 죽었어요. 정말로 그 신은 죽었지요. 유일신은 다수로 해체되었고, 따라서 세상이 하룻밤 사이에 풍요로워졌어요. 그리고 개별 영혼에도 무슨 일이 일어났어요. 누가 그런 것에 대해 설명하길 좋아할까만! 그러나 그에 따라 인간들도 하룻밤 사이에 마찬가지로 풍요로워졌어요. 당신이 이 같은 사실을 모르다니, 어떻게 그런 일이 가능하지요?

유일신이 둘로, 그러니까 다중의 신과 하나의 신이 되었지요. 다중의 신의 육체는 많은 신들로 이뤄져 있고, 하나의 신의 육체는 한 사람의 인간이지만 그는 태양보다 더 밝고 더 강하지요.

영혼에 대해서 뭐라고 말씀드려야 할까요? 당신은 영혼이 다양해졌다는 것을 눈치 채지 못했습니까? 영혼은 가장 가까우면서도 가장 먼 것이 되었으며, 그럼에도 영혼은 예전처럼 하나이지요. 가장 먼저, 영혼은 스스로를 뱀과 새로 나누고, 다시 아버지와 어머니로, 또 다시 엘리야와 살로메로 나누었지요. 나의 선한 동료여, 어떠신지요? 그것이 당신을 괴롭힙니까? 맞아요, 당신은 나로부터 이미 아득히 멀리 떨어져 있다는 것을 깨닫고 있음에 틀림없어요. 그래서 나는 당신을 나의 영혼의 일부로 거의 생각하지 못하지요. 당신이 나의 영혼에 속한다면 여기서 벌어지고 있는 일을 알았겠지요. 따라서 나는 당신과 살로메를 나의 영혼으로부터 분리시켜서 둘을 악령들 속에 넣어야 해요. 당신은 근본적으로 오래되었고 언제나 존재하고 있는 것과 연결되어 있어요. 그래서 당신은 인간들의 존재에 대해 전혀 알지 못하고 오직 과거와 미래에 대해서만 알고 있어요.

그럼에도 불구하고 당신이 나의 부름에 와 준 것은 잘한 일이지요. 현재 벌어지고 있는 일에 가담하도록 해요. 현재 벌어지고 있는 것은 당신이 참여할 수 있는 그런 것이 되어야 하니까요."

그러나 엘리야는 시무룩한 표정으로 대답했다. "나는 이런 다양성을 좋아하지 않아. 그런 것을 생각하는 자체가 쉽지 않아."

이어서 살로메가 말했다. "단순한 것만이 유쾌할 뿐이에요. 다양성 따위에 대해서는 생각할 필요가 없어요." 그래서 나는 이렇게 대답했다. "엘리야, 당신은 그런 것에 대해 전혀 생각할 필요가 없어요. 그것은 생각하는 것이 아니라, 보이는 것일 뿐입니다. 그림과 비슷하지요."

이어 나는 살로메에게 말했다. "살로메여, 단순한 것만이 유쾌하다는 말은 진리가 아닙니다. 시간이 지나면 그것도 싫증이 나게 되어 있어요. 사실은 다양한 것이 당신을 사로잡지요."

그러나 살로메는 엘리야 쪽을 보며 말했다. "아버지, 내가 보기에 인간들이 우리를 능가하는 것 같아요. 그의 말이 맞아요. 다수가 더 유쾌하지요. 하나는 너무 단순하고 언제나 똑같아요."

엘리야가 슬픈 표정을 지으며 이렇게 말했다. "이 경우에 하나는 어떻게 되는 거야? 하나도 많은 것 옆에서 그대로 여전히 존재하는 건가?"

내가 대답했다. "그것이 오래되고 뿌리 깊은 당신의 실수랍니다. 하나는 다수를 배척한다는 생각 말입니다. 그러나 개별적인 것들이 많이 있습니다. 개별적인 것들의 다수가 하나의 복합적인 신이며, 이 신의 육체에서 많은 신들이 나오지만, 한 가지 사물의 독특성은 다른 신이며, 이 신의 육체는 한 사람의 인간이지만 그 정신은 이 세상만큼 넓지요."

그러나 엘리야는 머리를 흔들며 말했다. "아들아, 그것이 새로운 것이구나. 새로운 것은 선한가? 이미 있었던 것은 선하며, 그것은 앞으로도 선할 거야. 그것이 진리가 아닌가? 세상에 언제 새로운 것이 있었던가? 그리고 네가 새롭다고 부르는 것이 선했던 적이 있었던가? 네가 새로운 이름을 붙일 뿐이지, 모든 것은 똑같아. 새로운 것은 없어. 새로운 것은 있을 수 없어. 그렇지 않다면 내가 어떻게 앞을 내다볼 수 있겠어? 나는 과거를 보면서 거기서 미래를 보고 있어. 거울을 보듯이. 그리고 나는 새로운 것이 일어나는 것을 보지 못했어. 모든 것이 아득히 먼 옛날부터 쭉 있어 왔던 것들의 반복에 지나지 않아. 너의 존재는 무엇인가? 하나의 겉모습이고, 쏜살같이 내닫는 하나의 빛이야. 내일이면 그것은 더 이상 진실이 아니야. 그건 이미 가버린 뒤이지. 마치 없었던 것처럼 말이야. 살로메야, 이리로 오렴. 자, 이제 가자꾸나. 인간들 세상에서 하나가 오해를 받고 있어."

그러나 살로메는 뒤를 돌아보며 나에게 속삭였다. "존재와 다양성이라는 개념이 아주 그럴 듯하게 들려요. 그것이 새로운 것도 아니고 영원히 진리인 것도 아닐지라도 말예요."

이어서 그들은 어두운 밤 속으로 사라졌고, 나는 나라는 존재가 의미하는 과제로 돌아갔다. 그리고 나는 나의 과제로 보이는 모든 것을 정확히 하려고 노력했으며, 나 자신에게 필요하다고 느껴지는 모든 길을 걸으려고 노력했다. 그러나 나의 꿈들이 힘들어지고 불안으로 가득해졌다. 나는 이유를 몰랐다. 어느 날 밤에 나의 영혼이 갑자기 나를 찾아와서 걱정하는 것처럼 말했다. "내 말 잘 들어. 나는 깊은 고민에 빠졌어. 어두운 자궁의 아들이 나를 포위하고 있어. 그래서 너의 꿈도 사나워진 거야. 네가 깊은 곳의 고민을, 너의 영혼의 고통을, 신들의 고통을 느끼고 있기 때문이야."

그래서 내가 물었다. "내가 도와줄 수 있어? 아니면 인간이 신들의 중재자로 스스로 높이 올라가는 것은 불필요한 일인가? 인간들이 신의 중개를 통해 구원을 받은 뒤, 인간이 신들의 구세주가 되는 것이 주제넘은 짓인가?"

그러나 나의 영혼은 "네가 진리를 말하고 있어."라고 대답했다. "신들이 인간 중개자와 구원자를 필요로 하고 있어. 그것으로 인간은 신성한 영역으로 건너갈 수 있는 길을 닦을 수 있고. 내가 너에게 무서운 꿈을 준 것도 너의 얼굴을 신들 쪽으로 돌려 놓기 위해서였어. 나는 신들의 고통이 너에게 닿도록 했어. 그러면 네가 고통을 겪고 있는 신들을 기억할 테니. 인간들이 너의 세계의 지배자들이라는 이유로, 너는 인간들을 위해 너무 많은 것을 하고 있어. 너는 사실 신들을 통해서만 인간들을 도울 수 있어. 직접적으로 돕지는 못해. 그러니 신들의 격한 고통을 누그러뜨려 주도록 해."

나는 나의 영혼에게 물었다. "그렇다면 말해 봐. 어디서 시작해야 되지? 나는 신들의 고통도 느끼고 동시에 나의 고통도 느끼고 있어. 그럼에도 그건 나의 고통이 아니며, 진짜이기도 하고 아니기도 해."

그러자 나의 영혼이 "바로 그거야. 둘 사이에 분리가 일어나야 해."라고 말했다.

"하지만 어떻게? 뾰족한 묘책이 떠오르지 않아. 너는 방법을 알고 있을 텐데."

이 말에 나의 영혼이 이렇게 대꾸했다. "너의 지력은 금방 바닥을 드러내는구나. 그러나 신들은 바로 네가 가진 인간의 지력을 필요로 하고 있어."

나는 재빨리 덧붙였다. "나는 신들의 재치가 필요하고, 그래서 우리는 오도 가도 못하고 있어."

"아니야, 너는 너무 서두르는 것 같아. 인내심 있는 비교만이 해결책을 내놓을 수 있어. 한쪽이 서둘러 결정을 내리는 것으로는 해결이 안 돼. 노력이 요구돼."

그래서 나는 "신들이 무슨 일로 고통을 겪는데?"라고 물었다.

나의 영혼이 대답했다. "글쎄, 네가 신들에게 고민을 안겼잖아. 그 이후로 신들이 고통을 겪고 있어."

"당연히 그래야지. 신들은 인간들을 충분히 괴롭혔어. 이제 그들이 고통을 맛봐야 해." 내가 외치듯 말했다.

그러자 나의 영혼은 이렇게 대답했다. "하지만 신들의 고통이 너에게까지 닿는다면? 그런 경우에 신들의 고통에서 네가 얻을 게 뭐야? 너는 모든 고통을 신들에게 떠넘길 수는 없어. 아니면 신들이 너를 그 고통 속으로 끌어들일 거야. 어쨌든, 신들은 그렇게 할 권력을 갖고 있어. 확실히, 나는 인간들도 재치를 통해서 신들에게 행사할 수 있는 놀라운 권력을 갖고 있다는 점을 고백해야 해."

이어서 내가 대답했다. "나는 신들의 고통이 나에게 닿았다는 것을 알고 있어. 따라서 나는 내가 신들에게 양보해야 한다는 것도 알고 있어. 신들의 요구가 뭐야?"

"신들은 복종을 원하고 있어." 나의 영혼이 대답했다.

이에 나는 이렇게 대답했다. "할 수 없는 일이지만, 나는 신들의 욕망이 무서워. 그래서 이렇게 말해 두고 싶어. 나는 나 자신이 할 수 있는 것을 하길 원해. 따라서 나는 신들이 겪도록 둬야 했던 온갖 고통을 절대로 다시 떠안지 않을 거야. 그리스도도 추종자들의 고통을 덜어주지 않고 오히려 고통을 쌓았어. 나는 스스로 조건들을 정해두고 있어. 신들은 이 점을 인정해야 하고, 거기에 따라 자신들의 욕망을 해결해야 해. 무조건적인 복종 같은 것은 이제 더 이상 없어. 이유는 인간이 신들의 노예 역할을 그만두었기 때문이야. 인간은 신 앞에서 존엄을 지킬 수 있어야 해. 인간은 신들에게 반드시 필요한 팔다리 같은 존재야. 신들에게 굽히는 일은 더 이상 없어. 그러니 신들의 소망을 말해 봐. 서로가 적절한 역할을 맡을 수 있는 길을 모색해야 하니까."

나의 영혼이 대답했다. "신들은 자신들을 위해서 네가 하고 싶어 하지 않는 일도 해 주길 바라고 있어."

여기서 나는 큰 소리를 질렀다. "당연히 그럴 것이라고 생각했어. 물론 신들이 원하는 것은 그런 거겠지. 그러나 신들도 내가 원하는 것을 할 건가? 나는 나의 노동의 결실을 원해. 신들은 나를 위해 무엇을 할 것인가? 그들은 자신들의 목표를 달성하길 원하지만, 나의 목표는 어떡하고?"

이 말이 나의 영혼을 격분시켰다. 그녀가 말했다. "너야말로 믿을 수 없을 만큼 반항적이고 도전적이군. 신들이 강하다는 사실을 고려해야지!"

이에 나는 이렇게 대답했다. "나도 알아. 하지만 무조건적인 복종은 더 이상 없어. 신들은 그 강한 힘을 언제 나를 위해 쓸 건데? 신들도 내가 그들을 위해서 나의 힘을 쓰기를 원하고 있어. 신들이 나에게 주는 대가가 뭔가? 그들이 고통을 겪는 것인가? 인간은 고통을 겪었고, 그래도 신들은 아직 만족하지 못하고 인간에게 안길 새로운 고통거리를 고안하느라 혈안이 되어 있어. 신들은 인간이 맹목적으로 굴도록 가만 내버려 두었어. 그러다 보니 인간은 세상에 신들이 없다고, 세상에는 오직 사랑스런 아버지 같은 유일신밖에 없다고 믿었어. 그래서 오늘날 신들과 갈등을 빚는 사람은 미친 것으로 여겨지게 되었어. 따라서 신들은 무한한 권력 욕구 때문에 신들을 인정하는 사람들을 위해서 이런 수치심까지 준비했어. 맹목적인 사람을 이끄는 것도 결코 쉬운 일은 아니기 때문이지. 신들은 자신의 노예들까지 타락시킬 거야."

"너는 신들에게 복종하지 않을 것이란 말이지?" 나의 영혼이 크게 놀라며 외쳤다.

그런 나의 영혼에게 나는 이렇게 대답했다. "그만하면 이미 충분해. 나는 그렇게 믿어. 지금까지 신들은 만족을 몰랐어. 이유는 신들이 너무나 많은 제물을 받았기 때문이야. 맹목적인 인간들의 제단에 피가 흘러 넘치고 있어. 그러나 결핍이 만족을 낳아. 풍요가 만족을 낳는 것은 아니야. 신들이 인간들로부터 결핍을 배울 수 있기를. 누가 나를 위해 무슨 일을 하는가? 내가 제기해야 하는 질문은 이거야. 어떤 경우든 나는 신들이 해야 할 일을 대신 하지 않을 거야. 신들에게 나의 제안에 대해 어떻게 생각하는지 물어 봐."

그때 나의 영혼은 스스로 둘로 나뉘었다. 한 마리 새로서 나의 영혼은 높은 곳의 신들에게로 올라갔고, 한 마리 뱀으로서 나의 영혼은 낮은 곳의 신들에게로 기어갔다. 그녀는 곧 돌아와서 곤란한 기색을 보이며 말했다. "네가 복종하길 원하지 않는다는 소리에 신들이 격노했어."

그래서 나는 "그런 일엔 이제 별로 신경 쓰지 않아."라고 대답했다. "나는 신들을 달래려고 온갖 짓을 다 했어. 이제 신들이 자신의 몫을 했으면 해. 신들에게 말해주렴. 나는 기다릴 수 있어. 이젠 어느 누구도 나에게 무엇을 하라는 식으로 지시하는 것을 용납하지 않을 거야. 신들이 인간의 봉사에 대한 대가를 어떻게 치를 것인지 고민하기를. 이제 넌 가도 돼. 내일 아침에 부를 테니, 그때 신들이 어떤 것을 고안했는지 나에게 말해 줘."

나의 영혼이 떠날 때, 나는 그녀가 충격을 받은 상태에서 걱정이 많다는 사실을 확인할 수 있었다. 이유는 그녀가 신들과 악령들의 종족에 속하며, 나를 자신과 같은 부류로 바꿔놓으려고 지속적으로 노력해왔기 때문이다. 나의 인간성이 나에게 나 자신이 인간에 속하기 때문에 인간에 봉사해야 한다는 점을 확신시키기를 원하듯이. 내가 잠을 잘 때, 나의 영혼이 다시 찾아와 꿈속에서 교묘하게 나를 뿔 달린 악마로 바꿔놓았다. 내가 나 자신을 무서워하도록 만들기 위해서였다. 그러나 그 다음 날 밤에 나는 나의 영혼을 불러 이렇게 말했다. "너의 속임수는 이미 들통 났어. 그런 건 아무 소용없어. 너는 나를 놀라게 만들지 못해. 이젠 메시지를 내놓도록 해!"

나의 요구에 그녀는 이런 식으로 대답했다. "신들이 굴복했어. 네가 법의 강제성을 깨뜨렸어. 그래서 내가 너를 악마로 그렸던 거야.

악마가 신들 중에서 어떤 강제에도 굴복하지 않는 유일한 존재거든. 악마는 영원한 법에 맞서는 반항아이고, 그의 행동 덕분에 영원한 법에도 예외가 있게 되었지. 그래서 영원한 법이라고 해서 모두가 복종할 필요는 없는 거야. 이런 측면에서 악마는 이로운 존재야. 그러나 신들의 동의를 구하지 않고는 그런 일이 일어날 순 없어. 이런 우회가 필요해. 그렇지 않으면 너는 악마에도 불구하고 신들의 법에 희생되고 말 거야."

이 대목에서 영혼은 나의 귀에 가까이 다가와서 속삭였다. "신들은 심지어 때때로 외면할 수 있게 된 것에 대해 행복해 하고 있단다. 이는 기본적으로 신들이 영원한 법에 예외가 전혀 없을 경우에 그것 자체가 생명에 나쁘다는 것을 잘 알고 있기 때문이지. 신들이 악마에게 관대하게 대하는 것도 그런 뜻이야."

이어서 나의 영혼은 목소리를 높이며 크게 외쳤다. "신들이 너를 가엾이 여겨 너의 제물을 받아들였어!"

그리하여 악마는 내가 예속으로 생긴 섞임으로부터 나 자신을 정화시키는 일을 도와주었고, 일방성의 고통은 나의 심장을 관통했으며, 찢어짐에 따른 상처는 나를 강하게 단련시켰다.

## 15

어느 더운 여름날 정오였다. 나는 나의 정원에서 산책을 하고 있었다. 키 큰 나무들이 드리운 그늘에 닿았을 때, 나는 향기로운 풀밭을 걷고 있던 필레몬을 만났다. 그러나 내가 그에게 다가서려 할 때, 반대편에서 푸른색 그림자가 하나 나왔다. 필레몬은 이 그림자를 보자 이렇게 말했다.

"사랑하는 이여, 당신을 정원에서 발견하게 되는군요. 세상의 죄들이 당신의 용모에 아름다움을 부여했어요.

세상의 고통이 당신의 모습을 활짝 펴게 했어요.

당신은 진정으로 한 사람의 왕이오.

당신의 진홍색은 피지요.

당신의 하얀 모피는 양극(兩極)의 냉기에서 온 눈이지요.

당신의 왕관은 천상의 태양의 육체이고, 그것을 당신은 머리에 쓰고 있지요. 나의 스승이여, 사랑하는 이여, 형제여! 정원에 오신 것을 환영합니다!"

그러자 그림자가 대답했다. "오, 시몬 마구스, 아니, 그대의 이름이 어떻든 무슨 상관이오. 당신이 나의 정원에 있는 것인가, 아니면 내가 당신의 정원에 있는 것인가?"

필레몬이 말했다. "오, 스승이시어, 당신이

나의 정원에 있지요. 헬레나, 아니 당신이 그녀를 어떤 이름으로 부르든, 그녀와 나는 당신의 종입니다. 당신은 우리와 함께 머물면 됩니다. 시몬과 헬레나는 필레몬과 바우키스가 되었으며, 따라서 우리는 신들을 접대한 집 주인이지요. 우리는 당신의 끔찍한 벌레에게도 숙식을 허용했지요. 그리고 당신이 이리로 오셨기에, 우리는 당신을 기꺼이 맞이하고 있습니다. 당신을 에워싸고 있는 것은 우리의 정원이지요."

그러자 그림자가 반문했다. "이 정원이 나의 정원이 아니라고? 천상들의 세계와 정신들의 세계가 나의 세계가 아니라고?"

이에 필레몬은 이렇게 말했다. "오, 스승이시여, 당신이 지금 있는 곳은 인간들의 세계이지요. 인간들이 변했어요. 인간들은 더 이상 신들의 노예도 아니고 더 이상 신들을 속이는 사기꾼도 아니며 더 이상 당신의 이름으로 한탄하지도 않지요. 대신에 인간들은 신들을 환대하고 있어요. 그 끔찍한 벌레, 즉 사탄이 당신 앞에 왔어요. 그를 당신은 형제로 받아들이고 있어요. 당신이 신성한 본성을 갖고 있다는 점에서 보면 그렇지요. 동시에 당신은 그를 아버지로 받아들이고 있어요. 당신이 인간의 본성을 갖고 있다는 점에서 보면 그렇지요. 그가 사막에서 현명한 조언을 했을 때, 당신은 그를 무시했어요. 당신은 그 조언을 받아들였지만 벌레는 무시했어요. 그 벌레가 지금 당신과 함께하는 자리를 발견하고 있어요. 그러나 그가 있는 곳에 당신도 같이 있을 것입니다. 내가 시몬이었을 때, 나는 마법의 책략을 써서 그를 피하려 했고, 결과적으로 나는 당신을 피했어요. 내가 그 벌레 같은 존재에게 나의 정원에 자리를 내준 지금, 당신이 나에게 왔어요."

그림자가 대답했다. "내가 당신의 계략에 넘어간 건가? 당신이 비밀리에 나를 붙잡은 건가? 기만과 거짓말이 언제나 당신의 버릇이 아니었던가?"

그러나 필레몬은 이렇게 대답했다. "스승이시어, 사랑하는 분이시어. 당신의 본성은 또한 뱀의 본성이기도 하다는 점을 인정하십시오. 당신은 뱀처럼 그 나무 위로 올려 지지 않았는가요? 당신은 허물을 벗는 뱀처럼 당신의 육신을 벗어놓지 않았는가요? 당신은 뱀처럼 치료의 기술을 실천하지 않았는가요? 당신은 승천하기 전에 지옥에 가지 않았는가요? 거기서 당신은 구렁텅이에 빠져 있던 당신의 형제를 보지 않았는가요?"

그때 그림자가 말했다. "당신은 진실을 말하고 있어. 당신은 거짓말을 하고 있지 않아. 그렇다 하더라도 당신은 내가 당신에게 갖다 준 것이 무엇인지 알고 있는가?"

필레몬은 "그건 알지 못합니다."라고 대답하며 이렇게 덧붙였다. "나는 다만 한 가지는 알고 있어요. 그 벌레 같은 존재를 접대하는 자는 또한 그의 형제를 필요로 할 것이라는 점을 말입니다. 아름다운 나의 손님이시여, 당신이 나에게 갖고 온 것이 무엇입니까? 벌레의 선물은 비탄과 혐오였지요. 당신은 우리에게 뭘 주시려 하십니까?"

그러자 그림자가 대답했다. "나는 너희들에게 고통의 아름다움을 가져 왔어. 그것이 그 벌레를 환대한 자들 누구에게나 필요한 것이거든."

**에필로그**

나는 이 책을 놓고 16년 동안 작업을 벌였다. 1930년에 연금술과 가까워지면서 이 책에서 멀어지게 되었다. 그 끝의 시작은 1928년에 찾아왔다. 리하르트 빌헬름(Richard Wilhelm)이 도교 경전인 『태을금화종지』(太乙金華宗旨)라는 책을 나에게 보내준 때였다. 그 책에 이 책의 내용이 많이 담겨 있었다. 그래서 나는 더 이상 이 책을 진행할 수 없었다. 피상적인 관찰자에게는 이 책이 광기처럼 보일 것이다. 만약에 내가 원래의 경험이 지닌 압도적인 힘을 고스란히 흡수할 수 없었다면, 이 책은 아마 그런 것이 되었을 수도 있었을 것이다. 연금술의 도움으로, 나는 마침내 그것들을 하나의 전체로 배열할 수 있었다. 이 경험들이 소중한 무엇인가를 포함하고 있다는 것을 나는 언제나 알고 있었다. 그래서 나로서는 그 경험들을 "소중한" 방식으로, 말하자면 값진 책으로 기록하고 그 경험을 상기하는 과정에 떠오른 이미지들을 그림으로 최대한 훌륭하게 그리는 방식 외에 달리 방법이 없었다. 나는 이 작업이 터무니없을 만큼 불충분하다는 것을 잘 알았다. 그러나 원래의 경험을 온전히 담아내지 못했고 작업이 벅찼음에도 불구하고 나는 이 책에 충실하려고 노력했다. 비록 또 다른 가능성이 …….

## 칼 구스타프 융 연보

* 1875년 7월 26일= 스위스 투르가우 주 케스빌에서 태어나다. 아버지 요한 폴 융은 스위스 개혁 교회의 목사였으며, 어머니 에밀리에 프라이스베르크는 돈 많은 명문가의 딸이었다. 칼 융은 이 부부의 넷째로 태어났으나 유일하게 살아남은 자녀였다.
* 1876년= 융의 아버지, 라우펜으로 발령을 받다. 융의 어머니 에밀리에가 정신적 혼란과 우울증에 시달리다. 에밀리에가 밤이면 귀신이 나타난다는 말을 곧잘 한 탓에 칼 융은 어릴 때부터 공포에 시달렸다. 어머니가 우울증을 앓고 병으로 자주 입원함에 따라 아들과 떨어져 있는 시간이 많았다. 이런 현실이 융의 여성관에 영향을 강하게 미친다.
* 1879년= 융의 아버지가 클라인위닝겐으로 발령을 받는다. 에밀리에가 친정과 가까운 이곳으로 옮기면서 정신적 안정을 되찾는다.
* 1887년= 칼 융, 바젤 인문 김나지움에 입학하다.
* 1895년= 과학과 의학을 공부하기 위해 바젤 대학에 입학하다.
* 1900년= 바젤 대학을 졸업한 뒤 취리히의 부르크횔츨리 정신병원에서 오이겐 블뢸러 교수 밑에서 일하다. 여기서의 활동은 1909년까지 이어진다.
* 1902년= 취리히 대학에서 '소위 신비현상의 심리학과 병리학에 대해'(On the Psychology and Pathology of So-Called Occult Phenomena)라는 논문으로 박사학위를 받다.
* 1903년= 스위스의 부자가문 출신인 엠마 로첸버그와 결혼하다. 둘 사이에 아이가 다섯 태어났다. 엠마가 1955년 세상을 떠날 때까지 둘의 결혼관계는 지속되었다. 그러나 융은 몇몇 여자와 염문을 뿌렸다. 러시아 출신으로 최초의 여성 정신분석학자였던 사비나 스피렐레인(Sabina Spirelrein)과 동료였던 토니 볼프(Toni

Wolff)와 깊은 관계였던 것으로 전해졌다.

* 1905년= 취리히 대학에서 정신의학 강의를 맡다. 이 강의는 1913년까지 이어졌다.
* 1906년= 지그문트 프로이트와 서신 교환을 시작하다. 이듬해 빈에 있던 프로이트를 방문한다. 이 자리에서 꼬박 13시간 동안 프로이트와 대화를 나눴다.
* 1907년=『조발성 치매의 심리학』(The Psychology of Dementia Praecox)을 쓰다.
* 1909년= 취리히의 부르크휠츨리 정신병원을 그만두고 프로이트와 함께 미국을 방문하다. 그러나 융이『무의식의 심리학』(Psychology of the Unconscious)을 집필하는 사이에 프로이트와의 관계에 긴장이 고조되었다. 둘은 리비도와 종교의 본질에 대해 의견대립을 보였다. 또한 융은 1909년에 스위스 퀴스나흐트에 정신분석 의료기관을 열고 죽을 때까지 열정적으로 운영했다.
* 1910년= 세계정신분석협회(IPA) 회장에 선출되다.『변용의 상징들』(Symbols of Transformation)을 쓰고 미국 뉴욕의 포드햄대학에서 강연을 하다.
* 1912년= 칼 융이 자신은 프로이트와 학문적으로 다르다고 선언했다.『무의식의 심리학』 발표하다.
* 1913년= 세계정신분석협회 회장직을 내놓다. 이로써 프로이트와 최종적으로 결별하게 되었다. 이 시기에 환상과 환청에 시달리며 자신이 정신분열증에 걸린 게 아닌가 하고 걱정하는 사태가 벌어진다.『RED BOOK』의 집필을 시작하다. 융은 이 책을 16년 동안 쓰다가 옆으로 밀쳐놓은 뒤 틈틈이 손질을 했으나 세상을 떠날 때까지 끝내 마무리 짓지 못하게 된다.
* 1919년= '원형'이란 용어를 처음 사용하다.
* 1920년= 영국 콘월에서 세미나를 개최하다. 이후 두 번 더(1923년, 1925년) 영국에서 세미나를 연다.
* 1921년= '심리유형'을 발표하다.
* 1923년= 북미의 푸에블로 인디언 방문하다.
* 1925년= 동아프리카로 심리학적 탐험을 떠난다. 케냐와 우간다 등을 돌면서 그곳 원주민들의 심리학을 이해하려고 노력한다.
* 1929년= 중국 도교 서적『태을금화종지』(太乙金華宗旨)에 대해 언급하다.
* 1932년= 취리히 국립폴리테크닉대학의 심리학 교수로 취임하다. 이 학교에서 칼 융은 1940년까지 학생들을 가르친다.
* 1937년= 인도를 여행하다. 힌두철학은 상징의 역할과 무의식의 이해에 중요한 역할을 맡는다.
* 1944-1945년= 바젤대학 의료심리학 교수가 되다.『심리학과 연금술』(Psychology and Alchemy)출간하다.

* 1948년= 취리히에 칼 구스타프 융 연구소 설립하다.

* 1950년= 『욥에 대한 회신』(Answer to Job) 발표해 논란을 불러일으키다.

* 1957년= 자서전 『기억 꿈 회상』(Memories, Dreams, Reflections) 출간.

* 1958년= 『인간과 상징』(Man and his Symbols) 집필 시작. 이 책은 1961년 융의 사후에 출간됨.

* 1961년= 취리히 근처의 퀴스나흐트에서 세상을 떠나다. 향년 85세.

# 칼 융 레드 북


**초판 1쇄 발행** 2020년 1월 15일
**초판 2쇄 발행** 2024년 6월 10일

**원제** Red Book
**지은이** 칼 구스타프 융
**옮긴이** 김세영, 정명진
**펴낸이** 정명진
**디자인** 정다희
**펴낸곳** 도서출판 부글북스
**등록번호** 제300-2005-150호
**등록일자** 2005년 9월 2일

**주소** 서울시 노원구 공릉로 63길 14(하계동 청구빌라 101동 203호) (01830)
**전화** 02-948-7289
**전자우편** 00123korea@hanmail.net
**ISBN** 979-11-5920-117-2 03180